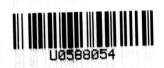

說郛三種

拾

[明] 陶宗儀 等編

上海古籍出版社

說郛續目録

廬陽客記

吳郡楊循吉

府治環郭諸山

治合肥縣境

山總一十有九

有高峻 有平遠 特多流泉

鎭山一 大蜀 遠見二百里

名山一 浮槎 歐陽公作泉記

府東諸山

東巢縣境

山總二十有六

紫薇觀秀麗類餘杭西湖

產靈藥 有溫泉

名山一 金庭洞天

又東南無爲州境

山總三十有八

濵江皆山山最多

州居山中 民淳朴

古蹟一 濡須隖 三國時孫權築

府南諸山

南左偏廬江縣境

山總一十有二

山多深曲而類不甚高大

產礬 出美泉

名山一 冶父

南右偏舒城縣境

山總一十有五

山高大產材木

有泉堰灌田萬頃

名山一 龍眠 李伯時有書堂

府西諸山

西六安州境

山總一十有六

高峻險阻 多野獸林木

又西南霍山縣境

山總一十有二

或直起如筆或曲折通水或黃或白或並
立水中
名山一　南嶽一名天柱峯高七千七百七十丈
奇境一　潛臺石山如臺有河中流
又西南英山縣境
山總八
勢多尖峭奇險　亦有溫泉
奇境一　石險有大石絕流而生三孔注水
諸水

巢湖周圍四百餘里納諸水而注之江自府以南至
東皆主之
其西北有合肥縣界
合肥之水凡六其四源肥水源李陵山泒河源大蜀山金斗河源鷄鳴山店埠河源圖疃其二輸三河茅河其七歸歸淮一歸巢湖五歸合山一
其西爲舒城縣界
舒城之水凡四皆有源南溪桃溪七里河石塞河俱發源邑西陽山其一輸七里河接溪通湖其三歸並歸巢湖
其西南爲廬江縣界

廬江之水凡十一其八源會市河源馬槽山清野河源冶父山秀溪源馬槽山石槽河源褩山尨洋河源秀山沙溪河源大四山黃墩河源褩山黃泥河源秀山其三匯沙湖黃陂湖白湖其一輸沙湖其十歸歸巢湖二歸沙湖一歸黃陂湖三歸江四
其東爲巢縣界
巢之水凡四其一源柘臯河源浮槎山其一渟濡舒水其二輸天河黃裕河其三歸歸湖一歸江二
其東南爲無爲州界
無爲之水凡十五其源二襄河源青檀山水安河源白石山其八

輸運河馬腸河裕溪河口泥汊河三溪河直皁河朴樹河其四入與龍河夾江河一箭河柵港河其二復出與龍河夾江河其七歸皆歸江
自府以西至南凡一州二縣水惟兩支
一支六安州及霍山縣水入淮
六安之水凡五其一源白沙河源天柱山其五流三爲奔流三澗二爲平流白沙河馬柵河其一歸白沙歸淮
霍山之水凡二異源漫水河源羅田多雲山隘山河源英山縣界分水嶺同歸皆歸淮
一支英山水入蘄

英山之水凡三其二源英山落梨同源分水嶺北澗源馬鞍其一輸北澗輸英山其一歸並歸蘄水

盧士問

盧士問曰夫郡以山爲勢吾盧之山前後而後約何耶客曰吾館盧未踰十旬而其山已歷歷胸中夫大蜀盧鎮也郡既主之矣若夫諸山則有盧江舒城列吾前而左無爲右六安是爲三案皆不遠千里來爲我賓所謂以寡制衆信乎盧之美也於是有巢湖焉其容浩浩而惟中是處譬猶腹也能無裕如乎士又

問曰雖然姑舍是而談水可乎曰夫水必有源也而又有歸也然後克利而無害不然不涸且溢雖禹不能爲功焉今是湖也其瀉之不及則滙而渟焉其得道也則滔滔而往焉大槩不過之乎江而已耳之江則之海矣夫壑莫大於江海而盧之水率以是爲歸豈非天地自然之道哉曰西三支之水如之何曰六霍注淮英注蘄地勢則然固不必皆攝然罔不朝宗于海焉抑可以見水之非一而稱富矣士曰然則子之爲志也厥要何先曰山先紀水先脉若是焉耳子毋庸詰士乃歸而卒業以客爲知盧之事

居山雜志 山在吳縣西名金山

吳郡楊循吉

山勢第一

山高可五十丈中隆傍掖厥向東也右轉而南有嶺焉卽深者由之其前皆沃野可畊以諸壑爲灌溉而餘則潤流之聲淙淙不絕有溪焉山人之所鑿也亦與大渠通而天旱多涸遊船或不能至

山始爲多徑以入多雜樹藤蘿扶疎傍列鬱然清勝及門有池潤水注焉立而前眺已極平遠之懷旣而

行路彌曲樹益蒙密路窮池見綠波如鏡稍登則舍佛若禪之廬皆犖是望滋遠矣陟右得長岡隆坡有松有竹拾級行數十武山乃半亦有屋甚麗憑闌可遐覽隱隱見城郭也自是而上皆荒峻不可卽矣

山少右列一小嶺若障蔽然山由北來已數里至是將轉故結也

多暇子曰山水之勝昔之人皆樂遊之然或命侶戒徒卽乎窮巖絕壑之境而館餼無所不旣憊耶於此有佛者焉完室堂修釜鬲以惟客之供然後往有歸而登臨之道備由是言之縉紳先生之於遊觀方將假以爲資也而又何訾乎

贊曰吳埜南服結此羣山美峯惟金實秀其間巍巍深靜可以容與弗捿隱徙爰居釋侶乃有殿堂隨巖下高羹芝饌苓其樂陶陶嗟余觧傳风尚丘壑投老于歸孤蹤是托

品石第二

山故多美石巉巉高聳皆碧綠色或至十餘丈有壁立之勢其左有石焉尤偉而峭或題其上曰最勝字

徑丈餘筆力奇勁翩翩動人相傳是五代隱士陸適書好事者梯而觀焉爲之剔蘚而出之今已爲山下愚民斧去前此猶有見者一石方二丈餘平坦如砥在山半嘉木蔭覆其名曰繙經之石

石梁一自然所生也橫架兩壁之上脉理不連無所根蒂又非礱琢而成葢完石也其下空洞僅通人行或有至天台國清者曰其梁正類是

多暇子曰自夫鴻蒙判而其凝峙者爲山於是有石以生之夫石者山之骨相也千態萬狀厥類不一然

吾獨取夫怪怪奇奇者焉彼固化工之所深譏也譬之于士亦豈以狂狷爲非材也哉

贊曰節彼南山有石森峙惟鬼干雲百尺以起粤惟最勝黛色歸然隱人題之禊半于千盤陀孔夷允副繙誦藉弗用茅廉峭凝重天台石梁自古攸聞構空乃類亦駭人羣

品泉第三

山中泉最甘美掬之嗽亦芳潔有味味與常水不同又煑以茗荈投以果箭益佳雖屢啜靡厭一泉在山壁上落下有小石池承之冬夏不竭名曰珍珠泉細

其滴之碎也釋之棲最高者汲以飲供可數人

山顛有石池常貯清泉雖大旱水弗縮釋以其奇也名之雲瀨

一池在寺門内名曰梵功而居山之下泉流所歸頗汚濁不可食魚鱉群游焉以澣濯漑皆取是

多暇子曰余聞陸羽善味水第其品有三皆在吳然余嘗焉而莫得其美有以怪羽之吾欺也及遊金山飲其泉天然玉腴而氷寒其甘流芳滋宜有除痾去疾之力雖不品於羽其爲美泉無疑也自余行西山多矣若白雲七寶徒有其名不足飲獨於兹泉輒心賞之嘗以語野人或有操瓢而往者庶幾信吾言乎

贊曰瑱寶融融汙爲靈波攸適奚之匪江則河石池渟泓有蘊其澤酌彼芳甘世味咸斥維德不孤厥類孔繁延齡潤物異出同源壁既零珠巔亦横瀨處卑宜謙下流斯誠

山居第四

下退居中爲碧山堂左曰演妙右曰凝寂皆軒也其

前後並有松竹環遶又有流泉經於堦下匯爲小池種蓮花其中其左轉對北嶺新作萬松堂至是松益修也

北退居在寺左啟扉幽僻有山池清樾有南軒最美近望翠巒可居字之曰望翠其後亦多美竹

中山居山之最勝者也有高樓臨長松大竹推聰清鬱宜暑宜雪上有小閣尤靜美題名者多在此

上山居地益高前臨壑無餘地皆杉檜容葉亦其下作閣爲護始可行下視心動信危處也有靜篤軒

清淡山居在北居上最多美竹善煑茶

多暇子曰善棲山者不修室園巖以爲寢取林以爲垣風雨虎狼之患弗及斯已矣若是者弗煩構架得其自然古列仙之儔所以無累而獨立也自是而下則有崇土木於丘壑者點綴剞劂頗戾眞尚上士嗤之然學道未極於玄解則彼巢居穴處之爲似不可希也故山房潔清差愈於廛里之紛冗或可資游處而發簡寂亦無棄焉

贊曰悠悠山世厭埋懸殊逵士蘊識搜謐以居人

襟本弘隘由塵納碧幛清湍質療紛沓高窗面嶺幽閣梯雲杉檜翳如巖花度芬瑳厥淨徒匪緣弗至俗慕苟馳山胡爾界

游觀第五

天全公初歸每以良辰與客遍游西山故茲寺亦屢至焉嘗賦滿庭芳詞所謂水長新波山横爽氣尤膾炙以非專詠故不具錄也

參政樓閣劉公昌景泰中官南都時送山禪正旭詩曰袈裟何地更相逢一錫東歸隔萬峯松偃舊題僧牖夕花薰晴殿佛香濃空山晚叫巢雲鶴古洞春藏作雨龍定起有詩還自寫下方驚聽夜深鐘公先墓與山近故晚年多游之

西湖醉老杜公序來游賦詩閶閭城外翠雲開揚子江心白浪灣踏破芒鞋蹤跡徧始知人世兩金山蓋解嘲也杜亦進士有詩名

内閣吏部侍郎匏菴吳公寬贈禪定鄂住陽山詩云文殊蘭若今何在說在陽山缽缺傍入定不知風雨過白龍應向鉢中藏其後居蘇起復將行與文太僕

宗儒游焉

吏部侍郎洞庭王公鏊弘治庚申以侍讀學士覲親還鄉遂來游賦詩石徑幾窮忽又通重重臺閣半浮空一林蒼翠瀟湘雨萬頃青橫穲稏風鈴語上方雲氣白詩題壞壁蘚痕紅不雷玉帶空歸去慚愧山僧問長公時給事中毛眞甫實同游三月一日也

毛給事詩冠蓋如雲勝會難石林終日坐盤桓宦途一往知無暇且得青山此借看

進士都玄敬未第時常來游其清明登覽詩云早行

上翠微嵐重濕人衣過雨春山秀承筐野蕨肥松泉聊自賞桃李未全飛更擬蒔芳草留連日暮歸

多暇子曰大游則徧歷五嶽小游則棲遲一丘蒙莊稱鵬鷃之適其爲逍遥一也

贊曰鬱矣翠山縈帶西郭含嘉吐秀古色玄漠維春之日人士于遨載彼旨酒言憩松阜浮生多艱亦有止息勿荒以湎厭道斯得表襮名公來賦其詩林谷有耀休聲來貽

草木第六

山稚多靈芝時産地上多碧色山人遇採得之弗貴也亦有蕨有苓

美竹高者至數丈其名曰毛竹亚山左右皆有之三伏蔭其下無暑氣然獨宜山岡則生移之平陸則弗活其餘竹類甚多無踰此品游人多愛刻名其上題蹟可經數年不壞久之益若蟲書古篆可觀

山有岡有大松七株皆亭亭參漢可以盤桓寄詠故是勝處

山有楊梅二樹結實雖小而味帶酸甘自爲佳品歲收曝之爲茗供功

含桃五六樹在北麓花時粲爛如錦實亦甜美而多爲鳥雀偷食故尤貴之游人至數顆以供而已

巖下有枇杷一樹已及百年翠葉扶踈亦可愛

多暇子曰東南之美匪惟竹箭也雨露所滋沃野所産爲良材碩果莫不有焉是以冬夏青葱茂若垂雲纍纍甘酸足充賓豆而巖居者樂而忘其憂矣

贊曰有繁佳品叢此山椒詩書多識著美惟喬徂徠秉操明堂之具篔簹挺節君子之素含桃珠赤

盧橘丸金俱登瑚璉同爲世歆瞻彼巖阿孰擅其秀爛焉物表靈芝獨茂

飲食第七

乳餅者吳之上味然市鬻殊不佳茲山之下田家賣者最美故以爲款客之極饌而游人多挈以歸城爲贈遺益珍之甚

山中雨後多生菌其一名曰草北有數種惟春末最多八月雖有而不時其小者可食山人饜之而城居不多得也樵童得者負以筠籠多售於楓橋市郭人

爭買之與珍異等以其非植而有故也
山之竹生笋欲養以爲竹弗食又法不踐之則害竹
故或鍰而烹之誠美也又八九月竹下皆有小萌擿
以投茗杯中亦佳品
山家多養蜂採蜜謂之曰杜瓮以和藥作湯並佳
松至三月華以杖扣其枝則紛紛墜落張衣裓盛之
囊負而歸調以蜜作餅遺人曰松華餅市無鬻者
多暇子曰夫溪澗之毛可羞王公約之至也口食萬
錢筋無所下泰之尤也故有坦坦之樂戚戚之憂知

足與否而已矣傳云禮與其奢也寧儉儉之風雖不
及又足病乎奢之尚雖所同又可襲乎或謂余不當
以佛齋箴士奉斯紀山也非紀釋也因事著誡夫奚
不可哉
贊曰昔在上古民未粒食農師肇興爰有后稷戒
奢崇儉風炳于簫箪瓢自樂回也稱賢慨惟茲山
厥產亦夥素饌列陳品目瑣瑣清齋淡泊靈府天
游咄嗟可致姑免多求
事勝第八

山之曉多白雲滃滃然彌亘巖谷類飛絮縈繞間巖
滃鬱出其上畫家所作初疑以爲幻設至是始悟其
眞有之也及雲開霧散松檜若沐灝氣之來浹人肺
臟亦奇觀之甚偉者也
居山尤宜觀雨雨將至則冷風颯然爲之驅倚閣遥
望瞑雲四合暘絲潚空或斜飛亂舞谷響林僁眞有
溟濛混沌之態至靜夜憑枕竹樹交戞流泉時下與
簷滴相應和有琴筑聲
晚山多綠烟起于麓輕籠淡抹其横如練而夕陽掩

映紫翠萬狀尤宜霞遥暎諸巒隱若金碧山最宜月
四山無人一輪在霄間下照空谷樹影參錯極可游
雪晝遐望皆銀峯玉嶂光明照徹迥有佳致及飛鳥
時歸林動屑墜紛紛點石斯時擁爐煨榾柮持茗杯
閱高士傳則山家之極致也
多暇子曰體無定適得其志則樂夫山巖之勝信美
矣然而游者率一覽而去挽而止之鮮不望望然掉
臂者彼固以爲荒閒岑寂非人情之所堪也樂是者
則不然以爲事謝酬酢則旣寡乎鞅掌矣而又有烟

雲雪月四時之景變陳而爲之助抑何在而非適哉是以希文之於醴泉和靖之於虎丘皆寄業山刹其道成焉

贊曰崇山廻合昏旦氣殊爲雲爲霞丹素紛如時雨霽泉寒雪皓谷烟月奇麗尤宜雅矚或憩于軒或憑於闌方衆應接未止虛閒稱也實吾獲此幽賞孰記法華西軒是槩

武夷游記

新都吳拭

山與水相映發者武夷匡廬耳匡廬水在山外武夷水在山中匡廬雖峙江湖浩蕩間終是主客相偶不能盡發其奥武夷則清溪九曲流出其中凡一石一木皆相映左右是以武夷可以舟游匡廬必須杖屨兩山者必欲兼之而後可不則願從武夷也何則蓋余欲取足于意目之所能受人苦不足我乃厭餘耳故游而復述之以補人情缺陷

武夷余夢常往焉庚申冬始得與皮囊共餘無與偕者自虎林取三衢道水陸馳十四日至溫嶺夜大雪明日霽從建江買舟三十里進武夷谿登冲佑觀訪道士冷因之因之導余謁三清殿殿制覛拜章臺後爲賓雲亭穹碑林立皆仰摩不及螭首又後爲玉皇閣宋理宗金龍玉簡在焉穿廡而出從二門度望仙橋蒼松夾道平逵如掌而山脉遠發于小阜則昔之同亭處今爲會眞廟阜之下人家落落散不成村其曾孫苗裔乎日漸薄仰見青霞兩朶混植鴻濛白雲

游其腰紅日射其下耳目心神眩于奇詭踔厲應之不小暇因之曰此大王幔亭二峰也刹那間兩峰如阿閦佛遂不再見而余仰以襆被寄頓廟中不復歸闔闢矣詰旦命舟因之偕焉從一曲中望兜鍪峰峰如其名屼勢壓人覺東南獅子諸峰皆羣伏莫敢仰視如李密見秦王也右爲鐵坂嶂紺碧巃疊拓開甚麗直下爲止止庵則木稀崗瘠無可述及至玉女峰北折爲二曲始覺有異幽谿一掌前後若塞兩壁撑天大槩似峽中而綠蘿碧荇或少過之南折觀仙船

巖巖自受船處下半者强上半者弱弱者額强者削虛插嵯峨奇不依石仰視高鳥猶是船底游魚耳移舟登水樂石薄職灑影微颸自瀾泉窵改容鳴泉瀧瀧終無一字可犯思議詠朱子詩猶不特意取厖礫書三曲二字于石以當染指左折至大藏峰峰爲四曲長前後對岸諸山如羣兒戲矮翁其十三仙之蛻宅曰金雞洞洞下曰臥龍潭柔漪染面沉翠流襟忽晴嵐一抹從北展開堆螺刺筍瑰詭靚媚若肘余者抑余者挺而挽余舟者捷馳而前要余者皆五六曲

英靈一時吐發直過更衣臺歷玉華天柱晚對諸峰如困萬戟中妍怪豐瘦轉捩殊態一喜一怒具有深情又泊平林渡謁文公祠祠負隱屏峰一𣲖直拔獨抱蓊鬱而北戶距雲窩僅數百武遂捨舟從磴道仰觀接筍卓上無端犕潤飛動絕似仲珪筆其下崖石刻露與之爲怪或懸而墜或削而孳羸而突者或額或鼻譎而弁者或目或口或噴簷牙仰甍俯檻如嵌版屋藤樹雲蘿相蔽以爲幽賞倚石作垣柴扉不設而雲窩賓雲之堂左次矣林影欲昏夕陰下地月色

漸谿上來呼酒數酌復登舟西折過七曲得巖三石二蒼屛天壺三仰諸峰皆掠鏡擢鬟夜來媚人及北折百花巖經皷子並蓮諸勝寒猿叫影空霧濛濛宿烏驚光威霜肅肅身是遠游賦中人不復帶世間想乃折上芙蓉灘是爲九曲矣忽霜風淒緊不能進因之引白烟一帶曰毛竹洞指漁燈一點曰齊雲峰如覔月見指耳遂返覺來時所揔諸勝咸無半面識者緣去來向背兼多變幻之賚意態頓改而余亦欣然有新接矣再旦望接筍峰從仰止亭投石門歷鐵象

巖皆揷磴爲階錯落不一俯仰上下出没石林間若排扉若穿扃若迷路引還若蹙之時有無而萃之驟判合也登漸隘忽豁然高峰四軼窪中隆外如仰釜微缺從缺處一石嶔崁飛動舞瀑蜿蜒而下晴雨亂飛浴蒼滌碧分道綫流各傳琮響積雲在崖氷柱時墜凜乎其不可留乃折步左掖而上一壁聳百餘尋揭于雲表莫測攸躋若拆鑿木而下未及者反豎于上也懸三梯級各以百計其懸處得凹之半左削右虚舍慄守視而上梯窮壁復胷而凸出從胷上環盤

一徑僅容半蹋拾距用趾履滑攀索膝胷而行如胡僧和南而復盤旋者三十步徑斷續以棧復十步許得定心亭既脱險艱而諸峰亦各挾所有以償余值然絡爲餘險所奪忽忽不能給賞俯瞰皆白雲凊谿幾曲如秋電之過目不敢察視也少頃因之至氣敗色死汗出如豆似空飲理中湯者復少頃登龍脊雙壁離立界兩瀑而中扳數十仞下望如雞胸骨窄束不能雁行賈勇上征屢奮屢息頳縟綠繡兩壁墜雪鉤枝餘花嫋嫋差得自怡遂由仙奕亭上絶頂登玄

元道院松竹蔽虧蓊菁鬱翠風蘭露蕙芬馥四時汪麗陽所謂反眞復命處也問㴑頤窩尋棲霞所白雲在足青天四垂日月度楣梁間雷電虹霓屏下方不得至也及下出石門望懸梯如腋下短帶耳上下崖石其崇五之翠乳欲零穴胃如蛙赭肯蒼容窮刻極刻殆太始氏崇嵐釀烟意匠磨盪叱而化石非石能也復西望仙掌峰取石巖道登天游觀道視接筍稍夷然亦岌嶪穠磴乍治乍亂登三里許忽一石從左扳起與仙掌相拒如峽而磴遊人趣此若酷暑之得

氷室更三里渡胡麻澗隨流而東行數百步入天游觀隱屏峰實拱之及出一覽亭則隱屏若可蹴而造也屏挾接筍玉華二峰如人竪掌中三指高不逾眉其餘諸峰環侍高者拊膝卑者承踵皆孩而顛撫之褧之谿上魁然雄傲人以不可攀者悉岔中玩石耳清谿九曲畫指而盡聽灘聲在風際摇盪如饒婦炒寒豆憶昨之白烟漁火又是過眼空花不足思也至若三友堂勝覽亭皆夜郎王之比漢耳既返道士劉曲水爲談山中事娓娓可聽是夕月色甚佳不能寐

復出一覽亭觀白雲敷岩如海而衆峰各萌頭茁角作水族異狀狀亦各有所擬獨隱屏如巨鯨翹首北顧峰頭懸兩燈差可以擬目亦奇觀也不識仙船此時作何浮動晨際再撫危欄攬羣峰之髻拂拭初陽稜稜露爽韶秀倍初相見時乃飫玩之而後從胡麻澗上行三里許有山當庵古木幽淸流泉繞出令人有息心想及至萬香林但有贊歎不能名狀則蓬首垢衣三旬九食亦甘心而願止焉自此從玉柱峰東行雲徑闃寂了無人聲惟覺泉石洒然一勺一拳具

足仙韻草木藤蘿俱有香氣耳天心菴以峰名杜豁巖以人顯皆相去六七里從萬峰脚下縈廻取路如循永巷中越磵渡壑喜其湫洑嶒岏骨齒斷齶黛綠丹碧斑駁成文泉水濺之皆活也登九井巖巖巔有泉如井者九淸澈暎星漢汲一則八井俱動想一脉也穿蘿而南折爲水簾洞丹崖百尺瀉水如珠飄洒隨風淸聲瑟瑟恨多篤屋挿坊有道官氣然復頽敗無人烟火俱寂而殘陽古廟之致又在耳由是北折遶劉官寨再折過紫嶺峰山勢倣譎愈出愈奇如讀

荆軻傳節節鼓舞群峭摩天姸秀可人較之谿上諸峰如甥之似舅子之肖親兄弟之相彷彿者往往然也涉一澗曰襲芳迴流而行數百步有瀑潺潺然落谷中此澗之源也從瀑旁取徑數折而登不患無褰裳濡足之勢約二里稍東折度雲門雲門者一石與崖附會而成衕不百武衕盡盡處復一澗曰流雲又瀑之源也嘉樹扶蘇人家閒靜復有柳岸柴扉小橋流水之趣于峰之上得未嘗有橋之西有深窈庵擁竹萬竿規制宏敞毛道人一呆靜處也由左披而西

爲開閒室爲白雲鄉皆連亘相接總之俱屬爲盧岫耳岫之北一徑裊裊投雲而沒似可以致遠而因之逼歸甚急曰明日望有値役果爾卽盧岫已惠于望外矣旣下仍從涉澗處南折歷紫霞嶂又折趨馬頭巖想捷徑也有凝雲庵碧桃源翠竹窠諸處皆石門松徑來往與麋鹿相値于數里之間石根雲樹縱横道路虬蟠千萬條磵石之爲獅象鵰鷲騰上而飲下欲攫人者又非筭數之所能及但覺遠近有情拒迎有法相師而轉求勝焉及下馬鞍巖稍東折二三里

山始舒緩控揣亦息而遊人嚮之驚寬動鬼者亦不覺其縣釋而氣平也度鷄蘇坂望三姑尚遠至蘭湯度忽大王在側矣雖然三日遊歷山水之勝不十之一況又從跋涉了日課與馳馬看花等何關眺賞武夷須一歲窮耳余心實許焉噫三日遊又同襲時夢矣

太湖泉志　　歙　潘之恒

太湖之石名天下而泉獨無聞焉然其澄瑩甘冷與宅泉不類惜其生于僻遠不為桑苧翁所賞耳不然其品當不在惠山下也然則不遇賞鑒湮沒於荒山窮谷之中者獨泉也哉予故表而出之無亦使玆泉之悲乎不遇也

無礙泉

在西洞庭水月寺東

水月寺東入小青嶋至縹緲峰下有泉瑩徹冬夏不涸甘涼異於他泉紹興中李彌大胡茂老以無礙名泉彌大有詩

毛公泉

在毛公壇下

毛公煉丹井也旁有石池深廣袤丈大旱不涸

石井泉

在嚴家山下古樟東南

最宜煎茶前輩謂不減蝦蟇巖下水

鹿飲泉
在上方塢
惠泉
在法華寺旁
軍坑泉
在鍋坑之西
洞庭記云吳王領軍過此軍渴大啾一聲有泉湧出得以飲軍後泉衕破成池至今存焉
龍山泉

在龍山之下太湖石間
有穴深丈餘名石井其泉味甘色白歲旱不涸歲潦湖水沒井而不相混
黃公泉
在綺里之西徐勝塢
漢夏黃公嘗隱於此有井至今存焉青令無茶有味井旁百餘家多姓夏或云其後也
華山泉
在華山寺旁

其源有三靈泉冢泉鑑泉也
海眼泉
在東洞庭豐圻之頂
山頂有巨石上有二穴涓涓如人目冬夏不盈不竭其深不測
柳毅泉
在郁家湖口
井甚淺可俯探也而水旱不盈不涸蘇州誌云柳毅泉在太湖濱大風撓之不濁大旱不耗所以爲

美
靈源泉
在碧螺峰下
世說昔有患目者濯之輒愈因名
青白泉
在法海之廢址
有二池其泉一青一白
悟道泉
在翠峰之山居

雪竇演法時寺有千僧有天衣懷禪師者願汲水供衆久而無倦忽蹉跌而化桶涌白蓮花故名其泉最宜煎茶不在惠山之下

隱君泉

在馬跡

半塘小志

歙　潘之恒

千佛閣元至正年間建頹傑出今巋然獨存

大雄殿今存者　國初洪武間寺僧南宗重建其西方殿演法堂廊廡俱燬天王殿山門俱破敗不堪壖空地欹側東舟上人欲築却敵障之支流泊寺者浚令深入造二橋跨之以愍舟楫使善禪師血經重歸殆將有興矣

雉兒塔舊壘石所成規制古秀舊址千佛閣下雲間陳繼儒云今王穉登半偈菴中者是余至半塘寺後惟落落長松而已此塔宜還本處以標靈迹昔廬州有坐化猫峽中有坐化胡孫李公擇家有坐化蚯蚓阜有鵓鴿舍利無爲軍永寧縣有雀棲于庭累日不去取視之已立化矣至于僧爽聽經之雞生公點頭之石歷歷載在古册無足怪者何疑于雉兒塔乎艮由師說法洞入雉兒腹中有情無情總歸一心法界若于此處致疑便成異類姑語之曰待雉兒重生與汝究竟此段大事

彩雲橋在寺左跨山塘自天禧四年始建後以官舫過虎丘增起舊址别建石橋名曰彩雲從里號也

銀杏樹在天王殿前可泉上人房之側木大五抱藤繞修條鱗次鬣張儼如龍甲而體無枯瘁當夏有濃陰可庇十乘余題曰龍樹友人太倉王伯謙萬曆癸卯携子茂才讀書寺中愛其婆娑芟除蕪穢而置欄楯焉王百谷每就其房招余清淡

松林在千佛閣後僅存百株風濤鼓之如數部鼓吹晴嵐烟翠映帶閣閒儼然宋人圖畫余每泊舟冶坊

濱口對之留連忘歸且得避遊舟之惡氣有詩記事載集中（瀕吳音作邦俗作浜）

竹苑在大雄殿西北隅守一上人房最盛余每造之其徑實甚窄狹以拒顯貴人惟當容王子猷嘯詠其下耳

翠幄在寺東東舟上人房合抱樹四五當門游者衣皆染綠而庭積美蔭如坐翠波中余誦華嚴經其下有媚容者剪伐長條以破其陰是猶惡蓮葉爲蔽波光酷敗人意

宋敕賜半塘壽聖院咸淳六年庚午中元日朝奉大夫集英殿修撰常楙撰記

諸寺奇物記

遯園居士

寶光寺

寶光寺有西域來貝多婆力叉經長可六七寸廣半之葉如細猫竹筍殼而柔膩如芭蕉梵典言貝多出摩伽陁國長六七丈經冬不彫其葉可寫字貝多婆力叉此翻葉樹也經字大如小赤豆𢺳行蠕蠕如蚯豸不識其爲何經也外以二木片夾之其木如杉而紋細緻可愛南都諸寺中僅有此經而已記又言此

貝葉經保護可六七百年

幽棲寺

祖堂幽棲寺有歷代祖師像黄貞甫勝部命工臨摹載歸天竺供養

弘覺寺

牛首弘覺寺禪堂有丹竈投以薪火風自内生甚熾烈須更發熱如去薪火即止

靜海寺

靜海寺有水陸羅漢像乃西域所畫太監鄭和等携至每夏間張掛都人士女競往觀之

定林寺

方山定林寺有乳鍾即所稱景陽鍾也鍾有一百八乳乳乳具聲故名乳鍾又有象皮鼓云是象皮所鞔

天界寺

天界寺有佛牙濶寸長倍寸之五萬曆中僧人真淳獻之尚書五臺陸公公因具金函檀龕迎之供于寺之毘盧閣牙得之天台山中

永慶寺

永慶寺有古藏經板刻工雅紙色古澹非宋刊則元刊也較今南藏本稍低而狹以木匣函之今俱爲人所竊去無復存矣

靈谷寺

靈谷寺有寶誌公遺法被四面繡諸天神像中繡三十三天崑崙山香水海高一丈二尺濶如之齊梁時物

西千十寺記

豫章謝廷讃

水西寺

淳熙志云太平興國寺在縣西南唐至德二載建號興唐寺寺門踞兩峯間下瞰溪流州西勝處也唐末楊氏改爲延壽寺而民間亦呼爲水西寺寺有戒壇國朝之制歲以誕聖日開壇爲沙彌受三百六十戒祠部給戒牒凡天下壇七十有二云

應夢羅漢院

淳熙志云應夢羅漢院者唐末寺僧清瀾與婺州僧貫休游休爲畫十六梵僧象相傳國朝嘗取入禁中後感夢歙僧十五六輩求還遂復以賜汪内相詩所謂秖應夢乞歸巖寺要使邦人習氣移者也今畫本一二存福聖院者雪竇長老嗣宗出家處宗有同業僧智珍嘗爲長蘆壽禪師延壽堂主亦有學卒年八十餘

如意寺

余秋日宿如意寺月餘矣偶閱張喬游歙州興唐寺詩有鳥歸鐘斷之句以爲指雪竇泉耳乃雪竇秖爲背井獨如意寺泉爲第一在異僧白水羅願甘泉上故知喬之詠泉以此

經藏寺

余徧歷名刹藏經閣所在而有興唐以經藏命寺蓋從陝州五張寺經藏碑得名耳碑文出庾子山之筆南陽張元高五子同居共捨爲寺伽藍肇建即以五張爲名寺主三藏大法師法映邑主洛州刺史張隆等財法行檀身心罄竭兼化鄉邑黑白數千造一功

德輪見成三百餘部故得雲書金檢並入香城今無論銀函東度金蹬南翔即求弘農一片石亦不可得龍藏永閟五張笑人

福聖寺

寺爲雪竇禪師祝髮處長卿偕余來游則寺無僧井亦無泉因悟方干贈雪竇詩所云飛泉濺禪石瓶屨參生苔不誣也程仲貞曾共王公與習淨此中日未下春蹲虎出據危石閒院之人不知也曾是日劇飲狂呼撞鐘伐鼓爲戲虎怖不入已而仲貞獨闌出見

報公與諸人五色無王梯樓而上持建瓴瓦樵
虎乃去以故寺無人居又以証獨夜任風雷雪
入入定深耳

妙法寺

卿與余同息與國長卿下榻妙法余下榻如意交
情昕夕陶陶也三日以來長卿別我習靜萬山觀中
愛而不見搔首踟躕

太平興國叢林

按經誡唐指莊語唐肆唐空也如桐城之名盛唐亦

指盛唐山得名也宋人不解以唐爲國號改興唐爲
興國然則盛唐亦改爲盛國與

等覺寺

齊物論曰方其夢也栩栩然蝶也其覺也蘧蘧然周
也周之爲蝶蝶之覺也周之爲周蝶之夢也則必有
分者應無所分也謂之等覺

五明院

院即周季蒙讀書處季蒙常亭午手帶一經徙倚殿
左巨蛇如椽投地丈餘蹣跚勃窣繞殿趨季蒙斗室

深山陡絶虫鳥親人無無明亦無無明盡矣

淨名寺

謝詩云竟日山頭坐翠微菩提明鏡覺皈依嗚
解禪心定葉底枝頭處處飛
山史云謝曰可西干十寺紀搜輯頗詳而時有
外之致足稱良史才

西浮籍

吳郡錢希言

長江

揚子江湖小信僅達皖城口大信乃至小孤山下而還不復過潯陽矣唐人詩潯陽向上不通潮以此

京口

潤州故有西津渡名最古而無題詠獨孟襄陽揚子津望京口詩有江風白浪起愁殺渡頭人之句疑即稱此地歟

金陵

石帆瓜步群峰與幕府盧龍相掎角大江流金陵界者二百餘里稱天險焉

燕子磯北頫大江與弘濟相望磯之得名非王謝美談徒以其形如燕子耳景亦孤絶僅僅一卷

石頭城吳時悉土阜後乃墉山為城塹江為險耳張九齡有候使石頭驛詩念君石頭驛寄書黄雀樓談者以玆山當楚之九疑云

新林浦一名新林港在今西善橋謝朓之宣城出新林白板橋賦詩紀事故李白有明發新林浦空吟謝朓詩之句也

三山即晉王濬伐吳地三峰排列若几案間物雖無取秀拔駢羅而澄江如練風景依然千載驚人佳句故當擊節

秦淮與外江夾二洲曰白鷺宋曹彬大破江南兵駐於此李白詩三山半落青天外一水中分白鷺洲摹寫曲盡

歷陽

横江渡與當塗牛渚磯相望此處風浪迅猛商帆多從夾中行故李白登昇元閣詩有人言横江好我道横江惡之語

姑孰

采石山枕牛渚之北謫仙樓在焉樹木蒙茸峰崖陡削江流齧亂石作濊濊聲舟行可攀蘿而上不知太白精靈何之能復騎鯨下雲中否也

此去牛渚山僅里許山下有磯古津渡也温嶠燃犀袁宏詠史晉人風流多不傳特傳衣錦捉月事以爲

佳話耳

太平郡治去江干數里許檣影嵐容盡在雉堞之上東望有白紵山晉桓溫領妓人奏白紵歌處又有謝公宅太白度牛渚磯至姑孰悅謝家青山欲終焉遺墟尚存

蕪湖隸太平今稱巖邑桂潭連蒴岸桃李映成蹊此梁元帝泛蕪湖作也

秋浦

舊傳秋浦景物宛如瀟湘洞庭豈因太白之歌河漢

其說乎既無千林萬木亦不聞鳴禽啼猿獨清溪一掬潺湲尚堪浣漱

皖城

皖爲吳彊畫處表裏山川其雄視部中者有潛山焉武帝乾封之明年南廵而東登禮灊之天柱山號曰南岳者此也城東有劉伶墓垂楊撲江陰羅數里帆影盡綠

雷港驛

雷港驛在皖之望江一名雷池即古大雷口也鮑照嘗登大雷岸與妹書故唐人詩中往往稱大雷書

小孤山

小孤山枕江北岸孤峰峭拔石陡厓傾與南岸峯山對峙如門江流至此盤束而出矣上有神女廟其彭郎磯相望盈盈故俗有彭郎娶小姑之語

楚小志

吳郡錢希言

洞庭山

山海經云洞庭之山帝之二女居之按二女即娥皇女英死於江湘之間者九歌所稱湘君湘夫人是也君山之名疑出此廻環有十二峰雲鬟欲墜雨鬟如愁蒼梧千里眞堪目斷

雲夢澤

雲夢澤一名巴丘湖昔人所稱荆藪是也即在華容縣東南與洞庭相脉絡若安陸雲夢浪得名耳

瀟湘

瀟湘本二水名今已合流若章貢矣攷之二水俱滙洞庭湖口或云瀟在永湘在衡未是

章華臺

章華臺旁土城故址云是靈王細腰宫也舞榭歌臺烟消燼滅美人香骨化作車塵惟留得破寺鐘聲共白楊蕭蕭相和耳

渚宫

渚宫即楚項襄王之離宫而宋玉之故宅也梁元帝即位楚宫即此相傳城西南某衛尉別業尚是五代高從誨池亭故地夏時藕花菱葉清漣碧漪髣髴南朝餘艶

仲宣樓

仲宣樓枕郡東南公安門上飛甍揷霄刻桷麗日清池激岸長楊絡堤信美消憂殆非虛語

庾樓

庾樓去郡東南二里一名明月樓制亦華整但不無假借於武昌耳余謂武昌近日諸公無一風流好事若庾太尉者今幷其樓已亡之安得不令荆人士擅美千秋惡知其非有也

道士洑

道士洑一帶石壁更奇映江面作翡翠色畧如何家雕鏤屏風架列華整游者謂入峽山川似之

赤壁

論赤壁者紛紛聚訟惟江夏之說合於史矣古黃赤壁葢赤鼻山云特以蘇公兩賦藉爲故實耳然其屹

立江濱居然占黃岡之勝宜乎蘇公屬厭此地歟

黃陂

黃陂之北有木蘭山即古時朱氏女子代父從征者也傳爲木蘭將軍冢廟俱在

武昌樓

武昌樓巍峩壯麗第覺西門柳色蕭索無聊惟有隔江漢陽樹猶歷歷如故耳漢川門與武昌門東西對峙江面七里三分望大別小別之勝便思褰裳

鸚鵡洲

鸚鵡洲雖跨漢江而尾連黃雀故圖經屬武昌郡云

李白詩鸚鵡洲橫漢陽渡水引寒烟沒江樹風景依俙今其洲在秋漲中不可見至水落乃出耳千載詞人俠骨自香何必生秋蘭春杜

黃雀磯

黃雀磯枕武昌西門登之可攬三湘七澤之勝黃雀一云黃鵠傳是費禕得仙事或稱王子安益崔顥詩中所懷乘白雲者取此今俗指呂公何異對痴人談夢耶

大別山

暮登大別山望對江鄂王城林樾映蔚煙霏黯靄天然一幅梅道人圖于時月桂黃屋鴟吻不踰時漱灩滿晴川覩者悠悠忘去

小別山

小別山在漢川縣南俗名甑山亦謂其形如甑也春秋傳吳與楚戰濟漢而陳自小別至於大別即此

女郎山

女郎山在漢陽城西上有神女廟劉夢得詩云鄂渚

濛濛烟雨微女郎魂逐莫雲歸祇應常在漢陽渡化作鴛鴦一對飛竟不知何所指俗傳爲雲事甚亡當不如呼作解珮人

郎官湖

郎官湖舊名南湖即南湖秋月白王宰夜相邀處李白後與尚書郎張謂泛月其中號爲郎官賦詩紀事郡城中遺跡尚存

漢陽渡

漢陽渡口有烟波灣其水清澈相傳此水晴則嵐烟

起風則水波生故名倘亦取李白詩中義乎時余逗舟灣下曉望隔江烟樹忽憶杜樊川落月照古渡武昌門未開真入畫矣

朔雪北征記

東海屠隆

丙子計偕以除夕抵廣陵次日大風於是捨舟與蒼頭奴各覓一騎行是時積雪載途山林阬谷間深數尺騎時時蹶至大桃長阪間一望浩皛如銀海雖意態慘澹時復快人夜四鼓飯罷輒上馬行屠子騎頗駿宵行皆獨先奴不能從單騎走大野中天色昏黑沉寥空濶馳數十里無人烟而或遇間騎襍沓來弓刀之聲甚厲比馬首相接了不交一語各東西馳去矣或厲聲問咄何人單騎宵行屠子則馬上拱手徐曰書生爾亦竟舍之馳去若歲霜被髮殘星在衣縷鞚微吟抱影自照寫其孤寂之悰往往使人悽絶矣元夕抵徐州復雪霽解鞍覽彭城故都登項王戲馬臺作詩吊之其人嘯咤風生氣蓋一世其事雖無成亦雄豪壯士矣哉復想昭烈領徐州牧鼎足之基實開拓於此裴徊久之明日雪益甚馬足陷冰雪中瘃且裂鉅野數十里前無村落民居不可以止乃下馬徒步亦復蹈冰雪薄暮抵一孤村落落茅茨數椽爲

大雪覆壓幾圮矣是夕宿茅屋中上漏下濕牀頭積雪盈尺襆被如冰旦起上馬行

烏蠻瀧夜談記

明　董傳策

世稱蜀中峽粵中瀧余未遊蜀未獲睹峽狀迺今遊粵渡諸瀧眞誠江道巨險即亡論府江險最甚其在左江諸瀧若烏蠻灘其著者也歲戊午冬余時以入戍遡流而渡越庚申秋余從戍所出送家嚴君至蒼梧出而順流入而遡流合往還爲一渡焉又越甲子春轅門檄余探海徼倭寇事迺又從戍所出渡蓋七歲中三渡險瀧幸無他患苦艮嘆奇遭哉艮嘆奇遭

哉於時余挾橫槎仙子陸生者登謁伏波祠夜泊烏蠻灘上談漢事笑指岸祠謂曰若覩此公作何狀夫逸夫之與豪傑士未易同日語矣彼所爲窮堅老壯斷斷赤心報國眞漢奇男子若屬玄脩逸適無意人世事迺亦過式斯祠乎陸君曰嘻蠖伏鴻翔誠當其時可矣風流遷客何遽惱人如是余又笑謂曰若胡廼殊時論耶夫嚴子陵馬文淵斯二人蓋同光武時然子陵委志高尚就徵不屈思以其身挽世靡競之風而文淵垂老功名屢請出塞至不憚衝炎涉瘴以

身殉國夫斯二人雖殊趣廼其致非繇一轍者與子陵當仕而處以矯貪文淵當休而出以矯猾世之儌寵避難者視二人宜媿死焉夫談理性者類擯其人爲未學然彼豪傑士顧又莫能效嚬拾瀋依樣畫葫蘆云陸君者王陽明子之徒也聆至此而蹙額改容余復曰王先生自比伏波旣建社稷功猶不辭思田之役雖委曲招就諸黠酋尚稽正法獨其憂國奉公効節不顧私良無異伏波武溪事云屬者安南不廷皇赫斯怒三將軍臨關按兵承望相指無能當上任

使者然無事後謗忌廼於是益信王先生所爲非顧毀譽計利害者卽其學非空譚比矣陸君曰足下不聞灘聲乎夫今淙淙奔湍聽之若激而覽覩之若飛舞者彼其中有不能平也然而巨險迫人焉自古功名之際蓋難處矣故爲嚴陵則易爲伏波王先生則難走故烏蠻人敢忘烏蠻巨險哉子休矣談無所用之矣廼相與假寐舟中明晨北發與之舍而談逸遊事

邊堠紀行

元　張耀卿

歲丁未夏六月初吉赴召北上發自鎭陽信宿過中山時積陰不雨有頃開霽西望恒山之絕頂（所謂神峯者）聳拔若靑蓋然自餘諸峯歷歷可數因顧謂同侶曰吾輩此行其速返乎此退之衡山之神也翌日出保塞過徐河橋西望琅山森若劒戟而葱翠可挹已而由良門定與抵涿郡東望樓桑蜀先主廟經良鄉度瀘溝橋以達于燕居旬日而行北過雙塔堡新店驛

入南口度居庸關出關之北口則西行經楡林驛雷家店及於懷來縣縣之東有橋橫水而上下皆石橋之西有居人聚落而縣郭蕪沒西過雞鳴山之陽有邸店曰平與其嶺建僧舍焉循山之西而北沿桑乾河以上河有石橋由橋而西乃德興府道也北過一邸曰定防水經石梯子至宣德州復西北行過沙嶺子口及宣平抵驛出得勝扼胡嶺下有驛曰孛落自是以北諸驛皆蒙古部族所分主也每驛各以王者之名名之由嶺而上則東北行始見毳幕氊車逐水

草畜牧而已非復中原之風土也尋過撫州惟荒城在焉北入昌州居民僅百家中有廨舍乃國王所建也亦有倉廩隸州之鹽司州之東有鹽池周廣可百里土人謂之狗泊以其形似故也州之北行百餘里有故壘隱然連亘山谷壘南有小廢城問之居者云此前朝所築堡障也城有成者之所居自堡障行四驛始入沙陀際沙陀所及無塊石寸壤遠而望之若岡陵丘阜然既至則皆積沙也所宜之木榆柳而已又皆樛散而叢生其水盡鹹鹵也凡經六驛而出陀

復西北行一驛過魚兒泊泊有二焉周廣百餘里中有陸道達于南北泊之東涯有公主離宮宮之外垣高丈餘方廣二里許中建寢殿夾以二室皆以龜軒旁列兩廡前峙眺登樓之頗快目力宮之東有民匠雜居稍成聚落中有一樓榜曰迎暉自泊之西北行四驛有長城頹址望之綿延不盡亦前朝所築之外堡也自外堡行一十五驛抵一河深廣約什滹沱之三北語云翕陸連漢言駒駒河也夾岸多叢柳其水東注甚湍猛居人云中有魚長可三四尺春夏及秋捕之皆不能至冬可鑿氷而捕也瀕河之民雜以蕃漢稍有屋室皆以土冒之亦頗有種藝麻麥而已河之北有大山曰窟速吾漢言黑色也自一舍外望之黯然若有茂林者迫而視之皆蒼石也蓋常有陰靄之氣覆其上焉自黑山之陽西南行九驛復臨一河深廣加翕陸連三之一魚之大若木之捕法亦如之其水始西流深急不可涉北語云渾犯剌漢言兔兒也遵河而西行一驛有契丹所築故城可方三里背山面水自是水北流矣由故城西北行三驛過畢里

紇都乃弓匠積養之地又經一驛過大澤泊周廣約六七十里水極澄徹北語謂吾悮竭腦兒自泊之南而西分道入和林城相去約百餘里泊之正西有小故城亦契丹所築也由城四望地甚平曠可百里外皆有山山之陰多松林瀕水則青楊叢柳而已中即和林川也居人多事耕務悉引水灌之間亦有蔬圃時孟秋下旬糜麥皆槁問之田者云已三霜矣由川之西北行一驛過馬頭山居者云上有大馬首故名之自馬頭山之陰轉而復西南行過忽蘭赤斤迺奉

部曲民匠種蒔之所有水曰竭未河注之東北又經一驛過石堠石堠石驛道旁高五尺許下周四十餘步正方而隅巍然特立于平地形甚奇峻遙望之若大堠然由是名焉自堠之西南行三驛過一河曰唐古以其源出于西夏故也其水亦東北流水之西有峻嶺嶺之石皆鐵如也嶺陰多松林其陽帳殿在焉乃避夏之所也迨中秋後始啟行東道過石堠子至忽蘭赤斤（山名形似豬故名之也）東北迤邐入山自是且行且止行不過一舍止不過信宿所過無名山大川不可

殫記至重九日王師麾下會於大牙帳灑白馬湩修時祀也其什器皆用樺不以金爲飾尚質也十月中旬方至一山崦間避冬林木甚盛水堅凝人競積薪儲水以爲禦寒之計其服非毳革則不可食則以羶肉爲常粒米爲珍比北歲除日輒遷帳易地以爲賀正之所日大宴所部於帳前自王以下皆衣純白裘三日後方詣大牙帳致賀禮也正月晦復西南行二月中旬至忽蘭赤斤東行及馬頭山而止趂春水飛放故也四月九日率麾下復會于大牙帳灑白馬

湩什器亦如之每歲惟重九四月九凡致祭者再其餘節則否自是日始回復由驛道西南往避夏所也大率遇夏則就高寒之地至冬則趍陽煖薪木易得之處以避之過以往則今日行而明日留逐水草便畜牧而已此風土之所宜習俗之大略也僕自始至迨歸遊于王庭者凡十閱月每遇燕見必以禮接之至于供帳衾褥衣服食飲藥餌無一不致具曲則眷顧之誠可知矣自度衰朽不餌其何以得此哉原正之意出於好善忘勢爲吾夫子之道而設抑欲以致

天下之賢士也其何足以當之後必有賢于隗者至焉因紀行李之本末故備誌之戊申夏六月望日太原張德輝謹誌

滇行紀畧

吳郡馮時可

十七日至蘭谿令劉宇烈來會余問蜀道渠言古棧道如坦塗鳥聲泉聲花香草香甚可娛人何愁攀援三峽差險然當二三四月七八九月皆爲安流惟多集長年以人力勝水力則馮夷陽侯何必爲梗

廿八日至豫章憲副任時芳來訪言由滇入蜀道甚便從瀘州至内江僅二百里中有玉蟾寺天下絶奇嘉定凌雲亦復不下公足跡偏天下然未涉蜀道如

讀佛經未嘗閲華嚴何能盡佛道

廿九日少司馬衛淇竹至舟言蜀道之難生平往來仕途八經三峽熟悉險阻蜀船取輕不能多載其板甚薄須齊力急濟縱有險處一鼓已過陽侯無能爲也然五月以後誰敢犯峽

四月初十日抵安莊州守萬像請觀雙明洞去城可二里其岩石高數十丈如奇雲怪風相垂相角洞中如殿閣仰望杳然左右兩岩若雙闕然故名雙明各有飛梁展轉相通水自岩底流出清瀾綠波大有勝致有台蕩間岩洞不能過也

十一日發安莊過牒水巖水從兩崖間下濶十餘丈上若白練空懸下若白雲倒飛其聲殷　如雷上下皆有清潭碧玉黛綠相映宇内瀑布以[illegible]爲第一次則廬山三疊

十六日游碧雲洞石乳若蓮花倒垂折而右稍晦命人扶曳而進忽見天窗陽臺迸射諸態互呈洞高數仞内起三峯下有獅象龍蛇最爲逼眞仙佛胡人則影肖耳此洞甲于黔中雙明華蓋猶當遜武

曲靖亦要地然方滇中諸郡獨貧以有市場人烟不至蕭瑟士女亦稱妍冶

廿二日行百里至滇省山川開遠土地廣平城郭壯麗街衢整潔士女粧束言語皆如金陵其氣候不寒不煖裘葛可無備惟風最多皆西南風舊志雨師好黔風伯好滇

滇地雖平實高於黔日晷亦與中原不同日減二三刻夜增二三刻四季如春日炙如初夏稍陰如早秋一雨遂如深秋夜卧必擁綿各郡皆然惟永昌臨安

夏間差熱耳無日無風春尤顛狂凡風皆西南風若東南風卽媒雨

午日覯溫泉出門可十餘里其泉在平地用修謫居嘗浴于此

碧玉泉相近有曹溪寺有泉甚清一日三潮以辰午酉三時水必漲滿其餘半涸貴州省有泉一日五十盈五十涸人稱聖泉安寧城北有虎丘亦美勝用修未嘗至姑蘇虎丘時游此以寄想

七日飯響水關至捨資驛一路皆高岡上下數十百

折箐林幽窈大有黔巫意八日行四十五里至廣通縣亦有高坡松竹最繁

九日出門行田疇中陟一岡上下三十里至石劍舖置頓又四十里抵楚雄府是郡寄山麓望如村落城內民居不甚殷賑是日風甚大滇中無日無風故人面多黑

十日出門過金蟾寺上有九曲水頗具勝致

十四日過白崖石崖嶄絶其色如雪上定西嶺最高峻有削壁懸空上鐫天柱二字然此可稱雲屏不足稱天柱也

城外石馬井水無異惠泉感通寺茶不下天池伏龍特此中人不善焙製耳徽州松蘿茶舊亦無聞偶虎丘有一僧往松蘿菴如虎丘法焙製遂見嗜于天下恨此泉不逢陸鴻漸此茶不逢虎丘僧也

滇中多風至大理風嘗寂寂葢滇風常來自西此城正當點蒼西障風爲所扞耳獨雲氣無論陰晴常有山頂晴則雲明雨則雲晦雲所不到翠色殊常

仲夏廿七日游崇聖寺出北門二里許寺前平遠下

臨洱水古杉圍繞青蒼干霄中有三浮屠大者高三百餘丈其二差小諸別院甚多出門見前山環抱丹翠相錯大有勝致但以不得登蒼山巔爲歉顛高六十里上有白雲擁護白雪堆積行者恐迷且墜且無栖宿處有沈隱士曾一登言其勝甲寰區眞神仙窟也

滇南最爲善地六月卽如深秋不用挾扇衣葛一也嚴冬雖雪滿山頭而寒不侵膚不用圍爐服裘二也地氣高爽無梅濕三也花木高大有十丈餘其茶花

如碗大樹合抱三也雞足蒼松數十萬株雲氣如錦四也日月與星比別處倍大而更明五也花卉多異品六也望後至二十月猶圓滿七也冬日不短八也溫泉處處皆有九也岩洞深杳奇絕十也獨離家太遠家書萬金如異域然然居其地者必不捨此而他慕矣

銀山鐵壁謾談

明　李元陽

曉起騎行幾二十里路人乃云赤獨子去容雲巳旬日矣衆相顧色阻南沙謂予曰銀山鐵壁去此不遠盍往遊焉遂折北而去諸君相尾問程或言遠或言近各有難色遲回不進南沙與予恐爲所阻遂策馬亟馳行六十里至鄧隱峰道場登八角亭東北有鐵崖壁立石色熒然頃之月出爛如銀界洗盞更酌夜分不寐南沙曰隱峰傳中言鬼使不見隱峰何也予

上大修行人具六通鬼神但具五通故人能見鬼而鬼不見人也南沙又曰鬼常見人而人不見鬼何也予曰常人有漏而鬼神無障也明日將拄杖登頂寺僧曰頂由閻王鼻行僧住此十餘年亦不敢度予二人笑而不聽竟趨鼻側山脊如刀背僅容一足長約十步兩傍如削下臨萬仞不可凝視罡風吹衣足不能立予曰列子履萬仞之瞼足二分垂外何如乃去鞾鞋趺坐徘徊取棋枰對奕南沙忽推棋東行比予回顧渠已度鼻矣予亦側身起立逐其武而東遂相

與同登山頂予曰君無議擬予無思量乃能至此向使議擬思量東瞻西顧則私意起而反惑安能至此哉南沙曰士之立朝能以無議擬思量之心行之何事不辦坐未有頃寺僧憑樵者送茶各飲一琖樵者指長城外曰此爲黃花鎭此爲居庸關又西爲某關又東爲某鎭皆有烟光微茫中萬里龍沙風霾無際令人氣吞　眼監寰區矣罡風稍定挺身度鼻而回初無難者回入僧院崔都尉京山自外來曰聞二公在此願得同遊遂與觴爲山蔌坐月下說長城險

易京山問曰邊儲奈何南沙曰才力雄富則士馬精妍今九邊蕭條軍士羸弱無怪其來卽跪而受刃也予曰若罷官及鹽法皆令輸粟實邊三年斯富强矣京山曰予忝宗臣如盲如聾願極言其詳庶斯遊不空耳予曰齎銀易於運米運米易於輓粟人所知也而必欲貴粟者以其有九利也夫輓粟則車輛多徃過來續常有百萬輛在邊緩急可以聯作車城以禦侮一利也車輛多則騾畜多可以糞屯田益邊農變斥鹵爲沃壤二利也人畜多則邊人得賣芻草賃房

舍易沙場爲閭閻三利也車輛多則人多人多則貿易多華貨塡委不見邊愁四利也粟價旣貴則邊農日富屯田日闢五利也輸粟者衆主客雜居一遇有警各出智謀以爲我用六利也商賈所聚婚媾相鄰各愛其身各護其家斯有固志七利也邊人旣安土樂生則百工所萃器械不期利而自利城壘不期修而自修八利也且百金易懷斗粟難攜侵漁之患不杜而自絕九利也在漢文景之富强用此道也京山憮然曰不圖山遊而得國謀也夜分各就宿明日京

山早發來別予二人尚未下榻飯巳由捷路向昌平道中多木柵如圈初不知其故既而問樵人乃知其爲致虎圈也意頗悔來然巳無及矣南沙曰生死有命順之從人告饑遂就流泉而飯甚甘之馬上作銀山鐵壁歌夜投昌平公署不食而卧覺甚安適起相謂曰客舍數年無此好睡得非心閒耶遂行明日荆川少海携酒來相勞順之湛泉亦至因爲言山水之情狀諸君頗以不遊爲恨荆川名順之編修武進人湛泉名與齡驗封郎山西人少海名翰考功郎順慶

人南沙名過職方郎富順人子則名元暘字仁甫號
中谿大理人爲御史

游台宕路程

會稽陶望齡

九月廿七日癸巳發足甲午早過嵩壩巳時揚帆行觀蔡山湖未至三界二里宿乙未過嵊浦謁清風廟歌石屋詩凡再過申時步上竹山頭十月朔丙申早至嵊問海門疾留飯飯後行晚至南明丁酉觀千佛巖坐上方僧房望月峽遂登絶頂碁枰石飲著法輪石上午後入新昌飲吕道州家還宿寺中戊戌發南明入城飲俞春元家巳時行二十里過小石佛鋪觀吕尚書祖墓二三里過桃墅廟沿惆悵溪又行五六里過斑竹山有峰峭如蓮花初開山景始佳土人言從斑竹小峰横度有洞名桃原又數里至三盤盤盡遂躋慧墅嶺暮宿太平菴門有竹栢甚幽戊戌從太平菴行二十里有小村落半里至牛姑嶺嶺高五倍慧墅數折遂上絶頂衆峰纍纍平處如桌上覆盂又如佛頂上螺髻車馬行其上乍低乍昂如蟻風從螺中蹣跚也始予游五洩上響鐵嶺嶺窮忽爲平野溪流峰峙聚落雞犬畧如下方十里始下山意殊異之

及登慧堅其上平衍略如五泄紫閬乃悟向所見亦恒事耳不謂復有牛姑也譬如層臺重閣梯磴累進爲觀益奇矣台山如百出句大寶蓮花躡頂上行如在鬚瓣上二十里山忽微窪下望忽見平疇古木梵刹隱見蓋萬年寺也寺前後皆巨杉大倶二十圍峰澗廻合形勢幽曠有南北二藏經皆貯以重屋後有立雪齋精潔可喜萬年飯後過石橋五里經萬松菴徼闢爲崦水竹可愛從此至石橋嶺下皆溪澗美檝水行石上巖出溪表眞幽絕之境雨中褰帷望之連

稱大奇惜不與同行者賞之過小嶺下趨望見銀瀑未至上方廣少折而下爲曇花亭亭下卽石梁巳亥再觀石梁遂下趨有廢亭址仰望飛梁巨溜其觀始佳是日遂登華頂下宿於天封華頂寺上登二里許至頂有禮經臺降魔塔稍下半里有太白書堂右軍墨池寺下有方塘數畝金鯽數百尾天封羅漢像甚精庚子從天封還趨華頂後路踰高察嶺度寒風闕行約三十里從支徑入大慈寺此定光所訖銀地也寺東南有佛隴二字還登大路由銀地嶺至塔頭眞

覺寺卽智者塔全身處從嶺上望高明寺如井中也少憩眞覺遂下趨寺新鑄鐵像甚精後有白華菴寺左右巨石如扆兀立正方其下常蔟生蘭蕙故名香谷巖稍東有靈響巖過而右有圓通洞洞斜下有盤石二重可坐觀瀑是日宿於寺寺僧多善遊意菴午亭胷有丘壑眞無盡師弟子也辛丑偕高明數衲還上金地嶺過塔頭折而踰從仄徑步下觀龍潭夏英公竦有銘瀑水蜿蜒石上石常爲水所磨盪滑甚不可置足水濶處令人負而涉下有石井不能究觀也

復上攀險行數里人皆喙息爲桐栢岡久乃得平地約行十里下瞰川原有小山環繞中闢一境卽桐栢廢宮宮僅三楹祀三淸右小屋有夷齊石像甚古旁設大庚皮栗卽宮田官收之耳飯畢步往觀瓊臺雙闕奇甚然從上望之其峭塹殊特之趣十不得一若從澗入踰石門限且躋且涉乃盡得其幽奇耳恨奇塗巳謬所躋險絕不能下觀悵然而去初從眞覺來至桐栢以爲迫遁人境在平地矣逮下趨石梯數十轉不啻萬丈乃及山趾更相與歎茲山之高絕不知

其身之從天而來也下山七里過紫凝一名飛瀑山即天台賦所云瀑布飛流以界道者也又數里望見赤城其後拔起四五峰如衔最後一峰特嚴麗四面壁立皆方色眞作紅霞色也若今敵臺奇峭不可狀時日已晡蝸繞而登至半山有巖甚巨如夏屋架檻爲寺復上千級爲上巖亦依巖爲寺道家名爲玉京洞天前蔭美竹從竹間見晚烟野色甚媚絶頂有古浮圖迫暮不及登下山已暝秉炬行六七里始至國清其規模宏壯當在淨慈靈隱之上大殿法堂皆新

成有新賜大藏藏經閣始未就也宿塔院晨起循覽寒拾舊龕右方藏堂殿前二方幢門外左岡浮圖萬工池已廢淤池上有七佛小塔七座遂行數里經天台縣七里舖觀蟠松又四十餘里飯華巖寺二鼓至台州浮橋登舟明日午刻至黃巖薄暮步入郭謁同年蔡禮部甲辰發黃巖早度盤山於嶺頭望見有異峰如數朶花蕚又有若大林者二其上黝黑而下似疏明石也而幼美兄眞以爲茂林詢之即鴈山之邪下嶺時隱時見將至嶺店驛其觀漸親諸客皆喜若過都見天寧浮圖也晚宿驛舍門内有豫章樹四人繫手絜之不盡十圍後庭羅生皆美人蕉路旁多茶梅盛花乙巳行五里至章義樓始入鴈山山色如古敦彝所謂丹砂翡翠瓜皮大綠靡不畢具體骨旣異姿復嫵秀他山輔之若龍蚓鶴鷺絶類而上矣觀老僧巖至謝公嶺未度折而東半里至石梁洞始讀李孝光游記云石梁如巨梯倚屋檐端不得其狀迫至其下始信蓋洞口石忽折而其端斜綴於右闔不甚肖梁眞梯耳洞明敞可坐數百人黃巖令令人張席

其下久之始出踰嶺入内谷客皆驚咤張口不復闔始行谷外見玉璞遠謂之玉也從澗口度所見尤異亟欲下趨舁者曰此靈峰路也遂舁以進澗左右巨峰如置戾諸峰拔起矛槊旂幢如行武庫憇懸石上有潭澄綠復進有石類橋而中斷下有潭曰照膽色如藍旋溪澈可喜至靈峰寺寺右有羅漢洞李孝光云如合兩掌從合掌根直上千級者也闢爲數層平臺臺上設大士及十六羅漢像其言從豐處望青天如片氷亦善喻也洞前諸峰異名孝光取其雅語者

偃芝駢笋俱酷似其異名他處往往有之然皆强名不若此之逼眞耳洞以矩那稱朱末邑人劉允升者始甃石路築臺置欄楯傾貲營構事具石碣人或言其嘗二女以繼之今有居士像及二鬟者其女也出澗行六七里崖巘奇壯皆如崇墉麗譙至響巖忽層壁錯峙如水忽濤浪木生嵯節疑其中有異境雨方至遂憩靈巖詢寺僧云從此入即淨明寺廢址五峰記中所言著屐從屋脇中出尋有石階八九轉夾大石欹如行巷中仰頭見青天如曲池水者是也今

亦謂之一線天既宿靈巖謀以詰辰還覓之惜雨不果鴈山四大景石梁龍湫及二靈石梁稍劣龍湫以水勝耳石林之奇無若二靈靈峰銳而富靈巖簡而壯丙午過觀音巖踰馬鞍嶺觀龍湫剪刀峰飯能仁寺越四十九盤過窰嶺宿窰奥驛丁未過白沙嶺望大海至樂清入舟夜半至館頭易舟涉甌江早晴江行雲物甚佳辰刻至江中孤嶼止僧蓮泉房循覽江心寺文卓二祠登東西二浮圖輔時黃四如山人蔡孝廉來訪戊申偕黃山人步入州觀王暘谷園宅松竹甚美出南門買舟游陽湖觀王氏別墅飯墅傍小菴放步數里訪三隱還江心移寓入舟宿明日乘潮行七十里旦至青田又明日經石門洞步上觀瀑癸丑辰刻至處州游南明寺觀石梁高陽洞天榻葛稚川米南宮大字明日登陸踰馮公嶺飯郤金館晚至縉雲宿丁氏祠乙卯發縉雲約十里過姑婦峰下從仄徑渡水觀仙人榜山峭壁里許石根或如蟲蝕蝕處甚類人足跡者曰仙人跡巖本險絕上類下削不可上趾有石拒人類戶鄭中丞爲剗其腹再折而升

鑿細徑崖腹如引絙纔容兩屐其頰出處可庇風雨如行修廊也度板扉鑿盆險迫約百武有精舍祀老子顏曰超妙中丞田居時常奉爲鍊師者相與踵息於中今尚有道士守之循故跡而下有溪滙石壁下可汜舟而游榜曰小赤壁宋人刻名姓凡數方由仙榜巖行五里即見石笋峰初車從嶺頭下旒笋又從外遠望之類粘綴於山不甚殊特意謂小於靈巖之天柱及步入上清宮出笋背乃懸絕特起至其下仰視之眇不見其頂之所屆乃如其峻拔高偉天柱不

及也峯首有松十餘株相傳上有鼎湖湖有蓮花金色近誕宮前有宋人刻詩二碑詞翰皆美道士畏客聞人聲皆竄去有一老翁升屋上令人大呼問宮後金龍天堂二洞所在擿其耳以對乃返石筍根下筍腰有立石附生長數丈類人枝指曰童子峯其林立山麓若童子者不可算欲攀援上觀之徑窮而止初暘谷有三洞中洞若青荷葉舒而榦下挺似别爲兩牖者右方有穴規圓若日月者二其一差小從穴中可度西洞其東洞多舟人題名李暘冰有篆書初暘

谷三字今不可覓

榕城隨筆

武林凌登名

閩中多榕樹因號榕城閩以北無此其在江南則冬青之屬也而枝榦柔脆榦既生枝枝又生根垂垂著地流蘇少着物即縈繫或就本榦自相依附若七八樹叢生者多至數十百條合并爲一蜿蜒樛結柯葉蕤茂其偶成章者垂若幰葢曲若虬龍似亦可觀

福州驛名三山取三山門峙以成

藩司堂後榕樟二樹合爲一大可合抱柯榦連卷枝

葉葰楙夕陽西度落霞孤飛紫翠萬狀殊有風致其堂匾曰嘉樹

西南隅一山曰烏石視九仙稍高石色微黑磊磊出山巔亭曰淸虛傍一石聳然鐫隣霄臺三字

出南門二十里曰南臺長橋跨江奔濤觸石舳艫鱗次自此數十里閭民居櫛比頗見蕃盛

過峽江二十五里爲靈濟宮蓋南唐時二徐眞君有功于閩者歷代祠祀其神靈炳歲旱往禱輒應多有祈夢者

行五六里許田間有小山自石崗嶺倅亂許泥水漿之石間一榕亭亭如蓋榕下班荊觴咏應自宜人惜未有好事者爲之表章耳間之土人曰蝦蟆山

桄榔樹幹似椶櫚層層向上特節稀于椶耳其葉頗類竹而大其幹中空兩分之可爲閣溜

興化郡城負太平山前倚壺公峭屛壁立登眺則海島一望

閩中果以荔枝爲勝自五月至六月以次成熟大抵最後者最佳

榕城隨筆　六　二

清源山在泉州西門外其上有三十六洞天岩壑幽勝擬拚竟日之遊風雨婁其遂阻登陟僅于楊貫師第中一遥睇而已

漳南產柑橘其種不一而類皆碩大蘆柑爲最紅柑次之蘆柑色稍黃紅柑則正赤皆佳種也三衢所產似亦當稍讓連江一種差小而味亦甘當在武林蜜橘之列

八閩惟福興泉漳四郡瀕海古今所稱海錯之盛然惟福之西施舌朱蚶泉之蠣房洵稱殊味餘品殊似碌碌

漳于八閩爲極南得氣最煖其人生不識霜雪之狀隆冬不禦裘絮桃李以臘月華大寒之候桂香襲人特爲可愛

三

西吳枝乘

陳留謝肇淛

五代時江南多故獨吳興未嘗被兵避亂者多家焉諺曰放爾生放爾命放爾湖州作百姓

五月夏至前五日吳興太湖中白魚向湖側淺水菰蒲之上產子民得採之隋時貢於洛

湖民力本射利計無不悉尺寸之堤必樹之桑環堵之隙必課以蔬富者田連阡陌桑麻萬頃而別墅山庄求木竹之勝無有也薦紳亦然近日效法吳中間

一有之然人士往往竊嗤之曰胡不以置典肆逐什一之利而居此無用爲噫亦可歎也

正月望日則城中巨商相率於慈感寺放火炮以爲勝負賭財物轟霹之聲河水爲沸多至費數百金

三月朔日則民間婦女簪蓬於首無貴賤皆然清明後千百成群進香於道場山迨日初夕紅紫靚妝半醉笑語步堤上歸亦有進香於天竺者間爲桑中之約近來衣冠子女間相効矣

吳興以四月爲蠶月家家閉戶官府勾攝徵收及里閈往來慶弔皆罷不行謂之蠶禁是月也有鳥飛其聲曰着山看火湖民謂之蠶鳥又有小蝦亦以蠶時出市民謂之蠶花蠶熟則絕無矣

湖多右族齮齕齊民民畏之甚於畏吏自甲午歲一變之後奸民不逞反得爲政豪貴雖斂手而淳謹之風澌滅盡矣

烏程歸安雖均爲附郭而烏民醇甚其催科令申而已歸則日夜鞭朴不前也即薦紳有受二邑廛者課亦一完一逋詰其所以曰吾以從俗也可大一噱

秦時烏巾程林二氏者善造酒故以名邑相沿至今然二氏絕無其後而釀亦寖薄元美謂虛名似督郵信矣邇來沈氏三白乃甲江南

湖人於茗不數顧渚而數羅岕然顧渚之佳者其風味已遠出龍井下岕稍清雋然葉粗而作草氣丁長孺嘗以半角見餉且教余烹煎之法迨試之殊類羊公鶴此余有解有未解也余嘗品茗以武夷虎丘第一淡而遠也松羅龍井次之香而艷也天池又次之常而不厭也餘子瑣瑣勿置齒牙

吳興槎頭鯿爲海內佳味東門外之葫茯與之齊名土人稱大頭菜小頭魚云德清長橋產蟶然味不及閩中遠甚其他諸茭山筍黃雀紫蟹皆珍品也

菓實芰藕菱芡皆佳而楊梅殊絕出太子灣者大幾如卵甘不勝口

長興之顧渚山有鳥如鸜鵒而小蒼黃色每至正二月作聲云春起也至三四月作聲云春去也採茶人呼爲報春鳥

湖民以蠶爲田故謂勝意則增饒失手則坐困蠶以兩蠶共作繭者爲同功繭值即倍常其絲以三繭抽者爲合羅絲歲以充　御服士庶家不得有也

吳興毛穎之技甲天下元時馮應科者擅長至與子昂舜舉並名今世猶相沿尚之其知名者曰翁氏陸氏張氏皆鐃毫也

鏡亦以吳興爲良範金固不殊其水清冽能發光也最知名者薛氏

孫吳時吳興有八絕吳範善風角劉惇善星文趙達善筭嚴武善圍棊宋壽善古夢皇象善書曹弗興善畫夏姬善相又元時吳興三絕趙子昂書錢選畫馮應科筆

吳興沈爲右族雖蔓衍不億然皆稱休文氏矣孟貞羅爲武康人邑中無孟姓者僅一孟郊井云土人不甚諱也人之幸不幸如此

管道昇書傳者絕少在吳興者錯龍殿畫竹耳然志不言管氏作又以爲子昂讀書其中所作則眞否固未辨也

禮白嶽紀

嘉禾李日華

余昔連舉子而殤家君曰里中禮白嶽者生子輒育曷以辦香遥祀之果舉兒亨越四日而鄉書至則余與薦焉今上辛卯秋八月也余方治公車裝壬辰春竟第留都下家君殛代余禮嶽自是歲一遣蒼頭潮奉香惟謹今歲庚戌夏家君忽苦脾疾已而益劇余方皇皇醫療禱顧間蒼頭潮者夜忽驚呼妻訊之則曰主方

遣我禮嶽追明余請於家君曰白嶽神最靈兒當躬往祈安奈湯藥未可委人其具疏疏悃令潮先乎則呼命潮潮因述夜夢相與嗟異嘆余念甫畢而神已告矣潮以五月一日行家君疾漸愈至九月秋爽氣體益平復余遁以八日治行辰刻登舟夜泊石門

九日由謝村取餘杭道曲溪淺渚被水皆菱角有深淺紅及慘碧三色舟行俯手可取而不設牆壍僻地淳俗此亦可見余坐蓬底閱所携康樂集遇一秀句輒引一酹酒渴思解奴子康素工掠食偶一命之甚資咀嚼平生耻爲不義此其愧心者也夜泊楊家橋去縣尚二十里明晨登陸矣成一律以應令節

十日從餘杭埠口覓筍輿銜煙而發

三十里至青山坡石皆沉紫色老苔漬之極其古秀畫家所未能狀也

又十里至五棚又十里至馬溪橋溪流得雨瀧瀧有聲橋左一大士廟老僧進杯茗

五里至臨安西市汪鋪饋食皆淡味古云山中無鹽豉故壽其然耶

十一日五里至青溪渡溪多馬卵石一路多水碓泉流甚壯又五里至錢王鋪又十里至化龍館十里至横塘又十里至藻溪時雨初霽雲氣亂如奔馬四山多謫斜聲

三里至瓶窰河口溪聲瀧瀧跨溪建一觀音閣老僧煎茗施行者土人趙老角巾褐衣來迎客云閣本其所建生二子一椽史一諸生平生步履不越溪上日聽水聲看山色而已談吐頗有味馬少遊輩人耳

七里至戴石十里至鎮郭有萬壽寺樹木頗陰森而

像設荒落五里至方圓鋪十里至太陽鋪盡日行雨山合沓間一峰吐雲一峰送日夾路野松雨蒸日炙香氣撲人衣袖爲沾漬者𢡟之皆有龍麝氣

十二日雨十里至盧嶺十里至昌化縣縣在萬山中無城儒學倚一峰下面對稠林森秀之極十里至白石橋十里至手挖巡司十里至朱栁有睢陽雙節廟十里遶溪行六七里四面峰巒廻合疑無徑路踰一小嶺又三里至結口宿焉是日雨不止衣袍沾濕僕夫頗疲頓余於輿上領略雲山滃濛之狀沉綠深黛

中時露薄赭倏斂倏開非襄陽米老斷不能與造化傳神乃曰此老高自標置固非浪語向余不知畫法不爲此行在萬山中適値澍雨亦何由證入哉憶余初從餘杭渡口晴色可匊止西望有晦昧之意今乃知余來時正山靈醖雨之候也余實步步入雨境耳

十三日大晴自煩口起行五里至高路五里至横溪橋十里至嶺脚過車盤嶺五里至順溪五里至楊家塘五里至昱嶺關五里至新橋鋪上老竹嶺嶺當兩山廻合處嶺以東水皆流入太湖嶺以西水皆流入浙江山勢兩背相抵曲澗蛇行其間萬杉森森四望疑無出竇而竹嶺稍通一線亦半假人力鑿治眞一夫當關之勝也氣候新晴愈覺澄朗諸峰曉色澄翠施藍日光射之遠者如半空朱旗近者如塗金錯繡丹楓蒼檜點綴其間萬壑屯雲千松漱玉到此又思李昭道父子畫法不爲虛設大小米如中書堂淡滃判押挈其總領而已

山有艸花紅媚可人葉如牡丹而小土人名之秋牡棠我地秋海棠生墻陰濕地花如豆蔻葉如莧乃斷腸艸非此種也今因改名秋牡丹以配之且令僮輩

擕其種歸不知肯滋殖否

度老竹嶺西脚飽店酒頗醇美十里至王干巡司廣業嶺鍾嶺黄土嶺所謂王干三嶺也一過老竹即爲歙地山形非不雄壯而勢稍散澗土人工殖利山下開塘蓄魚處人竊取則作磚牆圍之每亘數十百步以雜樹與桕子利薄多改殖橦子搾油轉售故無紅葉點綴鑿石煅灰多作窖穴白堊淋漓可厭叅陶白徛卓之策行則孫綽謝眺盧浩然之趣不免減損物

之不能兩大固其理歟
又十里至杷柞里宿
十四日三里至徐鴉七里至蘊村五里至斜干有槐源大石橋五里至蛇坑五里至賜麟橋五里至山後鋪五里至鄭坑五里至七賢橋土人云昔有七賢者作七井七庵爲糜以食餓者又共作此橋利濟詰其姓名則不知爲何拂碑碑泐不可讀一里至方村一里至北岸一里至大佛鋪吳氏住處喬木陰森俗傳半夜夫妻八百丁者有衍慶橋蜻蜓灣四里至蔡鴉

口六里至章祁鋪有越汪公祠詰土人不知公爲何人余按唐杜咸咸部將王雄誕傳稱歙守汪華在郡稱王已十年雄誕攻降之至今歙人稱汪王其即華耶祔其子孫耶五里至郎源口
又五里至桐木嶺二里至七里廟有八相公祠二里至新安第一關六里至城遶城行一里至河西橋橋有十七洞下俯大溪雄跨勝吳江垂虹也余以山人裝竹兜前行不敢過諸豪貴交人亦無從物色余番息旅館無事作山中十三聲詩亦經行所感也

十五日十里至巖市鎮街衢縱橫車轂湊學聚之雄勝者以禮嶽故不敢遲徊流覽入一小肆中午餐几案楚楚薰爐硯屏若蘊人位置壁有文太史書一幅題句云秋色點霜催木葉清江照影落扶疎高人自愛扁舟穩開夫長竿不釣魚長洲文璧
十里至楊村十里高橋十里萬安橋十里休寧縣縣治壯麗江南北所未見冒雨行四十里至巖脚沐浴更衣躡級而上日已晻曖矣至天門有青童二人執炬導余歸黄庭院

院主陳建宇吳立齋具精疏款余羽流俱能酒酣肆雄快絶無城市蝸跡卑趨之態恨無展隆妙手作醉道士圖貽之耳
十六日五鼓起盥櫛同羽流鼓吹詣拜表臺上章天風獵獵清寒砭人骨如置余九霄鬱羅之府塵海浩浩俱出履帶下也
歸院午飱羽流乞書扇者麇集漫占語應之不復計其工拙
天門外石室中遇張蠟頭一百二三十歲人

十七日登下山改從溪路取嚴州道
十八日至休寧過落日臺
乘月行五十里至屯溪
十八日易船行四十里至辰山渡二十五里至篁團
山山多翠篁十九日行十里至綿溪有汪五峰蔡
二十日晚至黃館驛易檝客汪姓者船夜行五十里
二十一日至七里瀧過嚴先生釣臺
五十里至桐廬五十里至新店
四十里至富陽連日大東北風水勢既濶行灣曲中

霧氣茫茫浩如泛海
二十二日辰刻霧未解風勢未定余從富陽起陸覓
官輿一乘驛騎四疋以行沿山度領七十里至六和
塔一望烟江無際余向所乘舟竟不知何處始信置
足實地之為快也
又十日至出山埠覓西湖擽船至昭慶雲山房宿焉
舟中遇同載一僧從雲棲來號慧文頗知詩因言雲
棲若下有一穴僅容一人側卧有一僧處之上則艸
莽蔚下則澗水瀺灂僧寒暑不出慧文作詩贈之
曰岩上艸蕭蕭岩下水瀺瀺中有上皇人側身卧其
間癡憨似布袋撒顛類寒山乞食尚無瓢世故豈相
擱自言無體面要求方寸間其風可想矣
二十三日從松毛塲覓舟得渺客舫子夜行泊石門
二十四日抵家晡矣

蓬櫳夜話

嘉禾李日華

余遊白嶽從餘杭津頭覓四力令踐更舁輿余坐睡輿中聞其相語頗厭已忽聞一二語有異不覺叩之則纚纚陳説大都猥雜中不無新余聽者毋回至屯溪有王老者受僱年七十餘矣駕雙槳撥棹終日擫擫不休沿流指點陳蹟好稱説往事既抵巖灘易賈人艅艎有四賈人雄談自恣往往雜排調連三日夕余蹋蹐蓬櫳中聽雨無事摭其可悦與一路異聞劄績投囊中

鞔村主人其先窖藏穀十餘屋傳其子一日發之悉化爲錢又復禁閉迨其孫錢栩栩飛出一一貼壁拂之不下俄化爲字令儒者辨之一一都是好文鄉里閧稱鞔村家有文章就視窮詰皆錢穀轉轉幻化異哉

柳椅小逆旅余因月黑漫投之先有赭頰長髯幅巾據案者旁二客佐飲雄談大劇無復顧忌縷數天下津要百貨所殖亹亹若視已臧否京輦百司又非刺時宰毋一激烈輒一拍案相與引滿鯨吸既醉慢罵呼主人曰我鷄鳴時當出小有營行李寄樓毋令人所窺主人唯唯惟謹余念必江湖大俠一夜快其談吐迨曉登樓無所有唯血剝狼鼠皮一竿倚柱而已

夜投屯溪胡氏酒館館人醉歸踉蹌與余接語又引余袖令視其二女二女匿笑帷中不肯出時於燈後閃露偶一瞥眼皆姝色也女又擁琵琶絃唱蔡郎詞斷續窈嬝余襆被不能寐知其欲爲眩亂乃詭呼店嫗寄行橐久之檢視橐中悉布衲草屩始寂然不復

弄姿越二日上賈人船有操舟健兒與余僕語宛轉詰之卽其二婿也往來溪中如織歲一二省家不能信宿留也

老竹嶺溪水皆南流入錢塘江溪深迅不可測中多礁石相傳劉伯温窖金在石下誠意伯毋數十年一遣人來取土人妄意鑿之終不可得

沿溪行數里有冷水亭云洞賓插劍石間既拔去泉一股迸出至今暑月濟渴奇冷

休邑有智尼擁高貲與貴室往還深垣密扃雖白晝

莫能窺也曾一催暴客隣人集炬捍之既散尼割一
書冊給衆令明旦相質取酬金自是歲每一二發率
割質如故一少尼廉其非盜實隣者僞張以取酬因
欲相訐尼曰不可吾歲損所餘以豢若曹令遠近知
盜終不勝捍猶樹兵意也訶之是自撤備而樹怨吾
不復安枕矣

新安市有槖鴝和尚行負一槖遇空濶處趺坐良久
啟槖鴿冲出飛遶一匝師舉槖鴿即投入有人問曰
爲是師識鴿歸爲是鴿知師意師曰總不與麼乃是

汝心自爲湊逗曰有時槖舉鴿不至鴿至槖不舉如
何曰恁汝上度畢竟意旨何如師踢翻槖縱鴿不知
所往

玄隱老人善黄冶變化之術兼知禽遁八門太乙星
紀靈飛秘要咸通其微因攻而煉壘甓成經萬杵僅
一螺具諸神用研水得瀋吮吸入喉痾疾悉愈以作
符籙百鬼震慴書疏干求靡不遂意婚帖諧合訟牒
據勝舍而㒷之雨霧風霰一如所指老人寶愛不盡
以遺子孫相傳有好道者用以書性命二字懸靜室
中自然證眞獲果超升雲天後其子懷墨施用種[illegible]
亂志書性命字以卒

羽人陳玄卿爲余言黄山入二三十里當盤互處陰
崖開歛倏忽無度雲漏日明則循蹊覓綫而行霧湊
嵐深則旋面易向而去處處索津時時問路及其既
出劃然天地眞如從胚腪中來也

黄山淵中生斑魚如蝘蜓而無足善含水登木隱樹
杪叢葉中仰口水汪汪然渴鳥過而飲之輒銜翕曳
而入水恣其嚵嚼小虫設機陷物隱慘乃爾可畏哉

黄山多猿猱春夏採雜花果於石窪中醞釀成酒香
氣溢發聞數百步野樵深入者或得偷飲之不可多
多即減酒痕覺之衆猱伺得人必嬲死之

歙人工製腐豈皆紫石細稜一具直二三金葢硯材
也故受磨絕膩滑無滓煮食不用鹽豉有自然之甘

箬山一老王姓以砂鍋炕腐成片窨之味獨勝相傳
許文懿公在中書遇不得意輒投其筆曰人生幾何
時乃舍吾鄉炕腐而合[illegible]火肉耶人因目此爲許腐
[illegible]大[illegible]腐[illegible]雜珍錯其中有一

盎費至千錢者是直以腐爲名耳非許公所好也

黟縣人喜於夏秋間醢腐令變色生毛隨拭去之俟稍乾投沸油中灼過如製鐵法漉出以他物芼烹之云有海中鰣魚之味羽流衲子競以此觧茹淡之饞即貴倨亦多嗜之者然余曾一染指直臭腐耳未覩其神奇也

五代時汪華僭有此土與其妻廵行山川堵築險要以修四塞之固出入張一眞珠凉傘爲美觀一日天驟風掣傘入雲表良久墮下珠悉迸落草間因生草綴珠名眞珠傘云

說郛續目錄

居家制用

吳郡陸梭山

古之爲國者冢宰制國用在于歲之杪五穀皆入然後制國用用地小大視年之豐耗三年耕必有一年之食九年耕必有三年之食以三十年之通制國用雖有凶旱水溢民無菜色國既若是家亦宜然故凡家之田疇足以贍給者亦當量入以爲出然後用度有準豐儉得中怨讟不生子孫可守今以田疇所收除租稅及種蓋糞治之外所有若干以十分紡之留

三分爲水旱不測之備一分專存米穀不可變易銀鈔輕齎但當逐年增置倉廩其六分作十二月之用閏月則分作十三月之用取一月合用之數約爲三十分日用其一茶飯魚肉賓客酒漿子孫紙筆先生束修幹事奴僕等皆取諸其間可餘而不可盡用至七分爲得中不及五分爲太嗇蓋於所餘太多則家益富將至僭移無度則入于罪戾矣其所餘者別置簿收管以爲伏臘裘葛修葺墻屋醫藥賓客弔喪問疾時節饋送又有餘則以周給鄰族之貧弱者賢士之窮困者佃人之饑寒者過往之無聊者毋以妄施僧道蓋僧道本是蠹民況今之僧道無不豐足施之適足以濟其嗜欲長其過惡而費農夫血汗勤劳所得之物未必不增吾冥罪其何福之有其田疇不多日用不能有餘則一味節嗇裘葛取諸蠶績墻屋取諸蓄養雜種蔬菜皆以助用不可侵過次日之物若一日侵過無時可補則便有廢家之漸當謹戒之其有田少而用廣者但當清心儉素經營足食之路於接待賓客弔喪問疾時節饋送會合飲食之事一切不講免致干求親舊以滋過失責望故素有所怨尤負諱逋借以招恥辱家居如此方爲稱宜而遠吝侈之

咎積是成俗豈惟一家不憂水旱天菑雖一郡一縣皆無憂矣其利豈不博哉

右上篇

居家之病有七曰呼曰遊曰飲食曰土木曰爭訟曰玩好曰惰慢有一於此皆能破家其次貧薄而務周旋豐餘而尚鄙猥事雖不同其終之害或無以異但在遲速之間耳夫豐餘而不用者疑若無害也然已豐餘則人望以周濟今乃恝然則失人之情既失人之情則人不佑之惟恐無其隙苟有隙可乘則争

媒蘖之雖其子孫亦懷不滿之意一旦入手若決隄破防矣前所言存留十之三者爲豐餘之多者制也苟所餘不能三分則存二分亦可又不能存二分則存一分亦可又不能存一分則宜節嗇用度以存贏餘然後家可長久不然一旦有意外之事家必破矣記曰喪用三年之仂注謂仂什一也正今所存留三分數凡喪葬所費其豐儉之節當以此爲準今謂人家婚禮當視喪禮所費則豐儉亦似得中其有貧者豈可復立準則所謂斂手足形還葬而無椁人豈有非之者則婚禮宜假無所廢所謂迨其謂之足矣前所言一切不講者非謂絕其事也謂不能以貨財爲禮耳如弔喪則以先往

居家制用　三

後罷爲助賓客則糕蘇不費清談而已至如奉親至急也啜菽飲水盡其懽斯之謂孝祭祀宜嚴也蔬食菜羹足以致其敬凡事皆然則人固不我責而我亦何慊哉如此則禮可不廢而財不匱矣前所言以六分爲十二月之用以一月合用之數約爲三十分者非爲必於其日用盡但約見每月每日之大槩其間用度自爲贏縮惟是不可先次侵過恐難追悔宜先餘而後用以無貽鄙吝之譏世言皆謂用度有何窮盡蓋是未嘗立法所以豐儉皆無準則好豐者妄用以破家好儉者多藏以斂怨無法可依必至於此愚今考古經國之制爲居家之法隨貲産之多寡制用度之豐儉合用萬錢者用萬錢不謂之侈合用百錢者用百錢不謂之鄙是取中可久之計也

右下篇

至元六年歲在庚辰春正月甲子笠澤陸泳原

重鐫于農圃堂

居家制用　四

清齋位置

雁門文震亨

位置之法煩簡不同寒暑各異高堂廣榭曲房奥室各有所宜即如圖書鼎彝之屬亦須安設得所方如圖書雲林清秘高梧古石中僅一几一榻令人想見其風致眞令神骨俱冷故韻士所居入門便有一種高雅絕俗之趣若使前堂養鷄牧豕而後庭侈言澆花洗石政不如凝塵滿案環堵四壁猶有一種蕭寂氣味耳

坐几

天然几一設于室中左邊東向不可迫近牕檻以逼風日几上置舊研一筆筒一筆規一水中丞一研山一古人置研俱在左以墨光不閃眼且于燈下更宜書冊鎭紙各一時時拂拭使其光可鑒乃佳

坐具

湘竹榻及禪椅皆可坐冬月以古錦製縟或設皐比俱可

椅榻屛架

齋中僅可置四椅一榻他如古須彌座短榻矮几壁几之類不妨多設忌靠壁平設數椅屛風僅可置一面書架及櫥俱列以置圖史然亦不宜太雜如書肆中

懸畫

懸畫宜高齋中僅可置一軸于上若懸兩壁及左右對列最俗長畫可挂高壁不可用挨畫竹曲挂畫卓可置奇石或時花盆景之屬忌置朱紅漆等架堂中宜挂大幅横披齋中宜小景花鳥若單條扇面斗方挂屛之類俱不雅觀畫不對景其言亦謬

置鑪

于日坐几上置倭臺几方大者一上置鑪一香盒大者一置生熟香小者二置沉香香餅之類筯瓶一齋中不可用二鑪不可置于挨畫卓上及瓶盒對列夏月宜用磁鑪冬月用銅鑪

置缾

隨缾製置大小倭几之上春冬用銅秋夏用磁堂屋宜大書室宜小貴銅瓦賤金銀忌有環忌成對花宜

瘦巧不宜煩雜若插一枝須擇枝柯奇古二枝須高下合插亦止可一二種過多便如酒肆惟秋花插小瓶中不論供花不可閉牕戶焚香烟觸即萎水仙尤甚亦不可供于書卓上

小室

几榻俱不宜多置但取古製狹邊書几一置于中上設筆硯香合薰鑪之屬俱小而雅別設石小几一以置茗甌茶具小榻一以供偃臥趺坐不必挂畫或置古奇石或以小佛櫥供鎏金小佛于上亦可

臥室

地屏天花板雖俗然臥室取乾燥用之亦可第不可彩畫及油漆耳面南設臥榻一榻後別留半室人所不至以置薰籠衣架盥匜廂奩書燈之屬榻前僅置一小几不設一物小方杌二小櫥一以置香藥玩器室中精潔雅素一涉絢麗便如閨閣中非幽人眠雲夢月所宜矣更須穴壁一貼爲壁牀以供連牀夜話下用抽替以置履襪庭中亦不須多植花木第取異種宜秘惜者置一株于中更以靈璧英石伴之

亭榭

亭榭不蔽風雨故不可用佳器俗者又不可耐須得舊漆方面粗足古朴自然者置之露坐宜湖石平矮者散置四傍其石墩瓦墩之屬俱置不用尤不可用朱架架官磚于上

敞室

長夏宜敞室盡去窓檻前梧後竹不見日色列木几極長大者于正中兩傍置長榻無屏者各一不必挂畫蓋佳畫夏日易燥且後壁洞開亦無處宜懸挂也

北牕設湘竹榻置簟于上可以高臥几上大硯一青綠水盆一尊彝之屬俱取大者置建蘭一二盆于几案之側奇峯古樹清泉白石不妨多列湘簾四垂望之如入清涼界中

佛室

內供烏絲藏佛一尊以金鎔甚厚慈容端整妙相具足者爲上或宋元脫紗大士像俱可用古漆佛櫥若香象唐象及三尊並列接引諸天等象號曰一堂并朱紅小木等櫥皆僧寮所供非居士所宜也長松石

洞之下得古石像最佳案頭以舊磁淨瓶獻花淨碗
酌水石鼎爇印香夜燃石燈其鐘磬旛幢几榻之類
次第鋪設俱戒纖巧鐘磬尤不可並列用古倭漆經
廂以盛梵典庭中列施食臺一幡竿一下用古石蓮
座石幢一幢不植雜草花數種石須古製不則亦以
水蝕之

鼂采清課

鉛山費元祿

去鉛山三十里爲河口九陽港龍門關在其下先正
父清湖公始卜居而得湖上湖上以中具五湖而得
名也岑湖在其東葉湖在其西後湖在其北清湖在
其南而官湖在其中靈山鶩湖九陽白鶴章巖馬鞍
峩眉諸山羅列棊布則障然其閒田疇相因林莽相
望可耕可漁眞隱者之居也

河口余家始遷居時僅二三家今閱世七十餘年而
百而千當成邑成都矣山川風氣清明盛麗居之可
樂平原廣隰東西數十里靈嶽鶩湖章巖鶴嶺岡巒
靡迤四顧可挹葛水湖波流出乎地故瞻眺之美闤
闠之人與縉紳先生競勝而園林亭榭秀甲一時每
花時春事元夕燈棚歌聲伎館鐘鼓絲竹千家寮曉
士女雲集鬭雞蹴踘白打摴蒱賞心樂事技藝雜遝
蓋其舟車四出皆鎭所輳鉛山之重鎭也

家太僕在告治甲秀園於官湖之傍余因就園中隙
地構一小館顏曰鼂采清閟幽邃差足自適近爲好

事者所跡科頭箕踞不耐見客編籬隔絕置一浮居
湖中高韻之士始爲一渡俗子談詨市朝名利人我
是非事者輙謝絕之矣磯頭桃柳土客書庾肩吾桃
花舒王澗柳葉暗金溝之句友人吳孟堅題以隔凡
吾素志違世眞可作世外之遊矣

鼂采湖舊名官湖與清湖咫尺一坡爲隔風恬境適
輙携酒詣之箕踞其上清駛瑩澈游魚可數念太白
兩水夾明鏡雙橋落彩虹顧謂座上客曰此坡可名
夾鏡坡矣

夫河山有臨眺之美纓組有羈紲之苦世變從來亦
多故矣若乃禽慶託五嶽之蹤范蠡泛西施之樂山
公厠竹林之游留侯追赤松之好撫景興懷良有深
致而智非逸羣行不高世局促一世爲鄙甚矣南山
之南北山之北何適不可倚岫帶流枕臯築舍席豐
艸以爲裀紉幽蘭而作佩仰睇飛鴻俯視鱗泳尋方
外之交賞丘中之彥揚扢古今劇談稼穡貝葉編經
桐陰得句陶琴無絃桓笛三弄岨峽伐松夜游作燭
齊萬物于一朝等修齡于晷刻大丈夫志願盡此未
爲不適也區區委足世網就縶塵韁非直仲尼執
所耻咄咄子陵白眼笑人

夫自宇宙以來有夔龍周召高議文陛之上必有巢
許皓光冥棲幽谷之中若使聖明之世不覩逸民則
巖壑爲尸冢而芝术雲霞爲糠粃矣

鼂采湖中余置舟一以淡勝南園置舟一以濃勝南
園命棹輙鼓吹行酒余惟携筆牀茶竈令童子吹短
笛而已興致不同亦各言其適也

夫孔北海客滿四筵管幼安繩穿一榻方軌各殊操

尚不一不佞習嬾已成累心都盡琴書縱癖魚鳥經
心雖朋好覲臨好音惠我而時覺紛呶處女閼戶終
兄掩巾類謝過門一區自領豈敢傲世蓋非至人或
希除境况志行不逮古人疎拙且安吾鄙養痾躭疾
應馬呼牛卽無用於世而雌黃不設煩懊不經吾有
餘樂矣夏五六月漫筆於此

夫遊道有三曰天曰神曰人天遊則形神俱化神則
意往形留人則抗志絕俗玩物采眞而已若士汗漫
九垓軒轅隱几于華胥殆難擬議禽慶勑斷婚嫁

幼輿置身丘壑庶幾差近兼之者東方曼倩乎臨世濯足希古振纓每讀其傳亟賞其言

余以秋冬治詩史春夏治文義旦食露英晝遊近阜彈琴於據梧擊壺於前檻押於夾鏡馳於峨眉烹茗竹壚晤言一室常恐俗物來敗人意淸愛之福不盡饗之爲快

又云不能卜居名山即於岡阜廻複及林木幽翳處闢地五畝築室數楹緬槿爲籬結茅爲亭以一畝蔭竹樹一畝栽花菓二畝種瓜菜四壁淸曠空諸所有畜山童灌園薙艸置二三牀着亭下挾書研以伴孤寂携琴奕以遲良友凌晨杖策抵暮言旋此亦可以娛老

吳越郊原多治蠶桑時少婦倩女淡妝索手提筐出採園田一望輕裾薄縠舉袂相屬笑語之聲相聞何異桑間士女圖也每夕陽言歸小舟盪槳斜風微起偎船競渡宛在之態可掬所謂採蓮從少慣十五便乗潮奇興不淺矣

杜子美促織微細哀音動人之作初謂偶然及入豫

章都城秋涼作客四壁寒蛩而一燈熒熒憶懸簷夜話白雲含冷不勝淒然乃知此老體物之妙造境愈淡造語彌精

巖棲幽事

華亭陳繼儒

吾家於陵及華山處士世有隱德余輩膠粘五濁羈鎖一生每憶少年青松白石之下何止浩歎丁酉始得築婉孌草堂于二陸遺址故有長者爲營栽竹地中年方愜作山心之句然山中亦不能如道家保鍊吐納以當餘年即佛藏六千卷隨讀隨輟惟喜與鄰翁院僧談接花藝果種秫劚苓之法其餘一味安穩本色而已暇時集其語爲巖棲幽

事藏之土室齊此非伊吕契稷之業也世有所謂大人先生者其勿哂諸

多讀兩句書少說一句話

香令人幽酒令人遠石令人雋琴令人寂茶令人爽竹令人冷月令人孤棋令人閒杖令人輕水令人空雪令人曠劍令人悲蒲團令人枯美人令人憐僧令人淡花令人韻金石彝鼎令人古

凡山具設經籍機杼以善族訓家備藥餌方書以辟邪衛疾儲佳筆名繭以點繪賦詩留清醪雜蔬以[illegible]賓獨酌補破衲舊笠以犯雪當風畜綺石奇墨古玉異書以排悶永日製柳絮桃蘆花被以連牀夜話御黃面老僧白頭漁父以遣老忘機

客過草堂叩余岩棲之事余倦于酬答但拈古人詩句以應之問是何感慨而甘棲遯曰得閒多事外知足少年中問是何功課而能遣日曰種花春掃雪看籙夜焚香問是何利養而獲終老曰研田無惡歲酒國有長春問是何往還而破寂寥曰有客來相訪通名是伏羲

余喜賞雪每戲云古今二鈍漢袁安閉門子猷返棹底是避寒作許題目

人有一字不識而多詩意一偈不參而多禪意一勺不濡而多酒意一石不曉而多畫意淡宕故也

多少箴不知何人所作其詞云少飲酒多啜粥多茹菜少食肉少開口多閉目多梳頭少洗浴少羣居多獨宿多收書少積玉少取名多忍辱多行善少干祿便宜勿再往好事不如無

山居勝於城市葢有八德不責苛禮不見生客不混

酒肉不蒞田宅不問炎凉不闞曲直不徵文逋不談
仕籍如反此者是飯僧牛店販馬驛也
山鳥毎至五更喧起五次謂之報更蓋山居眞率漏
聲也余憶曩居小崑山下時梅雨初霽座客飛觴適
聞庭蛙請以節飲因題聯云花枝送客蛙催鼓竹籟
喧林鳥報更可謂山史實録
裒訪古帖置之几上其益有五消永日汰俗情一益
也分別六書宗泒二益也多識古文奇字三益也先
賢風流韻態如在筆端且可以搜其遺行逸籍交遊
岩棲幽事　三
宅墓四益也不必鈎搨日與聚首如薰修法自然得
解五益也
徐孺子問以朝事嘿然不答有味乎斯言
山谷賦苦筍云苦而有味如忠諫之可活國多而不
害如舉士而能得賢可謂得擘筍三昧洶洶乎如㵎
松之發淸吹浩浩乎如春空之行白雲可謂得煎茶
三昧
醫書中有天地國脉圖曰氣鍾東南文章太盛亦是
天地一病

寤言空谷跫然客至方相與討松桂洒雲烟而負才
之士輒欲拈題鬬韻豪咏苦吟幽人當此眞如淸流
之著落葉深林之沸鳴蟬也所謂詩人不在大家省
得三五十首唱酬亦非細事
蘇子由毎云多疾病則學道宜多憂患則學佛宜以
肉食無公卿福以血食無聖賢德然則何居而後可
曰隨常而已
翰林九生法一生筆鈍毫為心軟而復健二生紙新
出篋笥潤滑易書即受其墨若久露風日枯燥難用
岩棲幽事　四
三生研用則貯水畢則乾之不可浸潤四生水義在
新汲不可久停停不堪用五生墨隨要隨研多則泥
鈍六生手攜執勞腕則無准七生神凝神靜思不可
煩躁八生目寐息適寤分明九生景天氣淸朗人心
舒悅乃可言書
瓶花置案頭亦各有相宜者梅芬傲雪偏繞吟魂杏
蕊嬌春最憐粧鏡梨花帶雨靑閨斷腸荷氣臨風紅
顏露齒海棠桃李爭艷綺席牡丹芍藥乍迎歌扇芳
桂一枝足開笑語幽蘭盈把堪晤仙儔以此引類連

情境趣多合

牡丹須著以翠樓金屋玉砌雕廊白鼻猧兒紫絲步障丹青團扇紺綠鼎彝才子書素練以飛觴美人拭紅綃而度曲不然乃措大賞花耳

古隱者多躬畊余筋骨薄一不能多釣弋余禁殺二不能多有二頃田八百桑余貧瘠三不能多酌水帶索余不耐苦飢四不能乃可能者唯嘿處淡飯著述而已然著述家切弗批駁先賢但當拈已之是不必証人之非

有兒事足一把茅遮屋若使薄田耕不熟添個新生黃犢閑來也教兒孫讀書不爲功名種竹澆花釀酒世家閉戶先生右調清平樂余齋中書付兒曹以爲家券

以蹊徑之奇怪論則畫不如山水以筆墨之精妙論則山水決不如書

宣和時酒店壁間有詩云是非不到釣魚處榮辱常隨騎馬人

四時之景莫如初夏余嘗夜飲歸作會減字浣溪沙云梓樹花香月半明棹歌歸去蟪蛄鳴曲曲柳灣茅屋矮挂魚罾笑指吾廬何處是一池荷葉小橋橫燈火紙窗修竹裏讀書聲

人無意意便無窮

陸平翁燕居日課云以書史爲園林以歌咏爲鼓吹以理義爲膏粱以著述爲文繡以誦讀爲菑畬以記問爲居積以前言往行爲師友以忠信篤敬爲修持以作善降祥爲因果以樂天知命爲西方

雪景莫若山山雪莫若月下余嘗目擊而賦四言詩云夜起岩扉淡而無風月直松際雞鳴雪中葢實景也

種樹之法莫妙于東坡曰大者不能活小者老夫又不能待惟擇中材而多帶土碓者爲佳

箕踞于斑竹林中徙倚于青石几上所有道笈梵書或校讐四五字或泰諷一兩章茶不甚精壺亦不燥香不甚良灰亦不死短琴無曲而有弦長謳無腔而有音激氣發于林樾好風送之水涯若非羲皇以上定亦稽阮兄弟之間

採茶欲　藏茶欲燥烹茶欲潔
裝潢舊碑石刻法帖篆額斷不可去不然却似賢人
不著冠耳
硯宜頻易新水去塵璽宜頻易故囊去濕
山谷云相茶瓢與相邛竹同法不欲肥而欲瘦但須
飽風霜耳
吾子彦所述書室中修行法心閑手懶則觀法帖以
其可逐字放置也手閑心懶則治迂事以其可作可
止也心手俱閑則寫字作詩文以其可兼濟也心手

俱懶則坐睡以其不强役于神也心不定宜看詩及
雜短故事以其易于見意不滞于久也心閑無事宜
看長篇文字或經註或史傳或古人文集此又甚宜
于風雨之際及寒夜也又曰手冗心閑則思心冗手
閑則卧心手俱閑則著書作字心手俱冗則思早畢
其事以寧吾神
抄本書如古帖不必全帙皆是斷璧殘珪
古鼎彝尊卣不獨鑒賞示戒几盤鼎防刻也周舟防
溺也奕車瓢防覆也

小兒輩不當以世事分讀書當令以讀書通世事
名妓翻經老僧釀酒將軍翔文章之府書生踐馬
之場雖乏本色故自有致
磨墨如病夫把筆如壯士
朱紫陽答陳同父書奉告老兄早暮相攛掇留取閒
漢在山裏咬菜根了却幾卷殘書
古人以書畫爲柔翰弱翰故開卷張冊從容爲上
經史子集以雕相傳而碑刻則并古人手蹟以存故
好古尚友之士相與共訪而傳之

着棋不若抄書談人過不若述古人佳言行
讀史要耐訛字正如登山耐仄路踏雪耐危橋閒居
耐俗漢看花耐惡酒此方得力
僧要眞不要高
洞庭張山人云山頂泉輕而清山下泉清而重石中
泉清而甘沙中泉清而冽土中泉清而厚流動者良
于安靜負陰者勝于向陽山削者泉寡山秀者有神
眞源無味眞水無香
吾鄉荇菜爛煑之其味如蜜名曰荇酥郡志不載

爲漁人野夫所食此見于農田餘話俟秌明水清勝
載菊泛郊舲艫擣橙并試前法同與尊絲薦酒
三月茶笋初肥梅風未困九月蓴鱸正美秌酒新香
勝客晴窓出古人法書名畫焚香評賞無過此時
住山須一小舟朱欄碧幄明檽短帆舟中雜置圖史
鼎彝酒漿荈脯近則峰泖而止遠則北至京口南至
錢塘而止風利道便移訪故人有見留者不妨一夜
話十日飲遇佳山水處或高僧野人之廬竹樹蒙茸
草花映帶幅巾杖履相對夷然至於風光淡爽水月

空清鐵笛一聲素鷗欲舞斯亦避喧謝客之一良策
也
邵堯夫云但看花開落不言人是非
古云鶴笠鷺蓑鹿裘鵲冠魚枕杯猿臂笛與夫畫圖
之屋廬詩意之山水皆可遇而不可求即可求而不
可常余惟紙窓竹屋夏葛冬裘飯後黑甜日中白醉
而已
閩有紅茉莉蜀有紫繡毬楚有紅梨花燕有黃石榴
天台有黃海棠白海棠白紫碧桂花白玫瑰洛陽

黃芍藥昌州有香海棠
凡蘭皆有一滴露珠在花蕊間此謂蘭膏甘香不啻
沆瀣多取損花
讀書能轉音能破句是眞能讀書人溫故知新盡此
矣
漢高手勑子云每上疏宜自書勿使人也夫帝王且
然況士大夫子弟乎今數行字輒付侍史書之豈非
惰習
品茶一人得神二人得趣三人得味七八人是名施

茶
余嘗過一山隣老而嗜花紅紫暎戶弄孫負日使人
不復知有城居車馬之鬧況京都滚滚塵耶余贈以
詩云有個小門松下開堂前名藥繞畦栽老翁抱孫
不抱甕恰欲灌花山雨來
焚香倚枕人事都盡夢境未來僕于此時可名卧隱
便覺蹩坏住山爲煩
吾山無薇蕨然梅花可以點湯薝蔔玉蘭可以蘸麵
牡丹可以煎酥玫瑰薔薇茱萸可以釀醬枸杞苜蓿

紫荆藤花可以佐饌其餘豆莢瓜狐菜苗松粉又可
以補筍脯之闕此山癯食譜也
掩戶焚香清福已具如無福者定生他想更有福者
輔以讀書
世人但愛秋月而不知秋日之妙白雲碧漢大勝平
時桂落間庭乃契斯語
仇山村詩云艱危頗得文章力嫁娶各隨男女緣又
云無求莫問朝廷事有耻難交市井人
吳人於十月采小春茶此時不特逗漏花枝而尚喜
日光晴暖從此蹉過霜凄雁凍不可復堪

東坡與蒲傳正書云千乘姪屢言大舅全不作活計
多買書畫奇物常與錢今退居之後決不能食淡味
龍杜門絕客貧親知相干決不能不應副此數事豈
可無備不可但言我有好兒子不消與營産業也書
畫奇物老坡近年視之不啻如糞土也此言中余膏
育所謂真實語者不誑語者書而榜之壁間爲山居
第一戒
居山有四法樹無行次石無位置屋無宏肆心無機
事
不能卜居名山即于崗阜廻複及林水幽翳處闢地
數畝築室數楹插槿作籬編茅爲亭以一畝蔭竹樹
一畝栽花果二畝種瓜菜四壁清曠空諸所有畜山
童灌園薙草置二三胡牀著亭下挾書研以伴孤寂
携琴奕以遲良友凌晨杖策抵暮言旋此亦可以娛
老矣
東坡乙帖云僕行年五十始知作活大要是慳耳而
文以美名謂之儉素然吾儕爲之則不類俗人真可

謂淡而有味者詩云不戢不難受福不那口體之欲
何窮之有每加節儉亦是惜福延壽之道住京師宜
用此策也余以爲山林人此策尤不可少
桐帽本蜀人作以桐木作而漆之棕鞵亦出蜀中南
叢林皆作吳人不能製也
韻書字學幽旨山居清暇不可不習
有客謂山居亦屬難山隣難山友難山僕難余謂如
此則山堂前草深一丈矣不如勿斷家事擇二三童
子自隨其強幹者以備烹煑樹蓺文弱者以備酒掃

抄寫子孫能相體者則送供養賓朋能相念者則餽問舍此以外靡知其它不然東坡所謂老穉紛紛口衆食貧孤寂未必不佳也

田家月令宜粘置茆堂左右間使修理牆屋不失囱調攝起居不失節炰製物料不失常種蒔花木不失候

讀書當如鬬草遇一樣采一樣多一樣斷一樣

莫言婚嫁蚤婚嫁後事不少莫言僧道好僧道後心不了惟有知足人鼾鼾直到曉惟有偷閑人憨憨直

到老

章應物歐陽修皆作滁州太守應物遊瑯邪山則曰鳴騶響幽澗前旌耀崇岡永叔遊石子澗則曰使君厭騎從車馬留山前行歌招野叟共步青林間山遊如是乃不犯李義山松間喝道也

林水錄

吳郡彭年

孟門即龍門之上口也實謂黄河之巨阨兼孟津之名矣此石經始禹鑿河中漱廣夾岸崇深傾崖返捍巨石臨危若墜復倚古之人有言水非石鑿而能入石信哉其中水流交衝素氣雲浮往來遥觀者常若霧露霑人窺深悸魂其水尚崩浪萬尋懸流千丈渾洪贔怒鼓若山騰濬波頽疊迄于下口方知慎子下龍門流浮竹非駟馬之追也

河水又東與教水合出垣縣北教山其水南流歷鐘鼓上峽懸洪五丈飛注流壑夾岸深高壁立直上輕崿秀舉百有餘丈峰次青松元巖頳石於中歷落有翠柏生焉丹青綺分望若圖繡矣

成皐城西北隅有小城周三里北而列觀臨河苕苕孤上景明中言之壽春路直兹邑昇眺清遠勢盡川陸羈途游至有傷深情

汜水又北右合石城水其山復澗重嶺敧疊若城山頂泉流瀑布懸瀉下有濫泉東流洩注邃有數十石

哇哇有聲野蔬巖側石窟數口隱跡存焉而不知誰
所經始也
澮水出河東絳縣東澮交東高山水出絳山東至寒
泉奮湧揚波北注懸流奔壑十一許丈青崖若點點
素湍如委練望之極爲奇觀矣
晉水出晉陽縣西懸壅山山海經曰懸壅之山晉水
出焉今在縣之西南昔智伯之遏晉以水灌晉陽其
川上原後人踵其遺蹟蓄以爲沼沼西際山枕水有
唐叔虞祠水側有涼堂結飛梁於水上左右雜樹交

陰希見曦景至有淫朋密友羈遊宦子莫不尋梁契
集用相娛慰於晉川之中最爲勝處
清水出河內修武縣之北黑山黑山在縣北白鹿山
之東清水所出也南峰北嶺多結禪栖之士東巖西
谷又是刹靈之圖竹柏之懷與神心妙遠仁智之性
共山水効深更爲勝境也
沁水東逕野王縣故城北水北舊有華嶽廟廟側有
攢栢數百根對郭臨川負岡蔭渚青青彌望奇可玩
也
丹水又東南歷西巖下巖下有大泉湧發洪源巨輪
淵深不測蘋藻冬芹竟川含綠雖嚴辰肅月燕變暄
萋
淇水出沮如山水出山側頹波湍注衝激横山山上
合下開可減六七十步巨石磥砢交積隍澗傾瀾漭
盪勢同雷轉激水散氛曖若霧合
二館之城澗曲泉清山高林茂風煙披薄觸可栖情
方外之士尚馮依舊居取暢林木其水東南入于易
水

又有一水道源廬奴縣之西北東流至唐城西北隅
堨而爲湖俗謂之唐池蓮荷被水勝遊多萃其上信
爲嬉處也
博水又東南逕穀梁亭南又東逕陽城縣散爲澤渚
渚水潛漲方數里匪直蒲筍是豐實亦偏饒菱藕至
若孌童丱及弱年女子或單舟采菱或疊舸折芰長
歌陽春愛深淥水掇拾者不言疲謠詠者自于時行
旅過矚亦有慰於羈望矣
徐水又東南流歷石門中世俗謂之龍門也其山上

合下開開處高六丈飛水歷其間南出乘崖傾瀾泄
注七丈有餘濟盪之音奇爲壯猛觸石成井水深不
測及素波白濤激襄四陸闞之者驚神臨之者駭魄
矣
巨馬水又東酈亭溝水注之余六世祖樂浪府君自
涿之先賢鄉爰宅其陰西帶巨川東翼茲水枝流津
通纓絡墟圃匪直田魚之贍可懷信爲遊神之勝處
也
桑乾枝水又東流津委浪通結兩湖東湖西瀉淵潭

相接水至清深晨鳧夕鴈泛濫其上黛甲素鱗潛躍
其下俯仰池潭意深魚鳥所寡唯良木耳
濕水又東北逕白狼堆南魏烈祖道武皇帝於是遇
白狼之瑞故斯阜納稱焉阜上有故宮廟樓榭基雉
尙崇每至鷹隼之秋羽獵之日肆閱淸野爲昇眺之
逸地矣
武周川水又東南流水側有石祇洹舍并諸窟室比
丘尼所居也其水又東轉逕靈巖南鑿石開山因崖
結構其容巨壯誠世所希山堂水殿烟寺相望林淵
錦鏡綴目新眺
南則絕谷累石爲關址崇墉峻壁非輕功可舉山岫
層深側道褊峽林障邃險路才容軌曉禽暮獸寒鳴
相和羈官遊子聆之者莫不傷思矣
汝水又東逕懸瓠城北今汝南郡治城之西北汝水
枝別左出西北流又屈西東轉又西南會汝形若垂
瓠灣中有地數頃上有栗園水渚即栗洲也樹木高
茂望若屯雲積氣矣
潁水又東五渡水注之春夏雨泛水自山頂而迭相

灌澍崿流相承爲二十八浦山下大澤周數里而淸
深肅潔水中有立石高十餘丈廣二十許步上甚平
整緇素之士多泛舟昇陟取暢山情
洧水又屈而東南流逕零鳥塢西側塢側有水懸流
赴壑一匹有餘直注澗下淪積成淵嬉游者矚望奇
爲佳觀
郭緣生曾游北邑踐夷門升吹臺終古之跡緬焉盡
在
睢陽縣有盧門亭城內有高臺甚秀廣巍然介立超

焉獨上謂之叅臺亦曰升臺焉當昔全盛之時故與
雲霞競遠矣
西園多士平臺盛賓鄒馬之客咸在伐木之歌屢陳
是用追芳昔娛神游千古故亦一時之盛事今也歌
堂淪宇律管埋音孤基塊立無復曩日之望矣
萊蕪谷澗中出草藥饒松栢林藿緜濛崖壁相望或
傾岑阻徑或廻巖絕谷清風鳴條山壑俱響言是昔
人居山之處薪爨煙墨猶存谷中林木緻密行人尠
有能至矣
林水錄　六
陽水東逕故七級寺禪房南水北則長廡偏駕局閣
承阿林之際則繩坐疏班錫鉢閒設所謂修修釋子
眇眇禪棲者也
寒泉溯山頂望之交橫似若瀑布頹波激石散若雨
灑勢同厥源風雨之池其水西流入于函水
漢水又東逕嵐谷北口嶠遠溪深澗峽吹近氣蕭蕭
以瑟瑟風颼颼而颾颾故川谷擅其目矣
檀溪水出自鴨湖北逕漢陰臺西臨流望遠俯眺農
圃情逸灌蔬意寄漢陰故因名臺矣溪之陽有徐元
直崔州平故宅悉人居故習鑿齒於謝安書云每省
家舅司檀溪念崔徐之友未嘗不撫膺躊躕惆悵終
日矣
沔水中有魚梁州有龐德公所居士元居漢之陰在
南白沙故世謂是地爲白沙曲矣司馬德操宅洲之
陽望衡對宇懽情自接泛舟褰裳率爾休暢豈待還
桂柂於千里貢深心於永思哉水南有層臺號曰景
昇臺言表盛遊於此常所止憇表性好鷹嘗登此臺
歌野鷹來曲其聲頗似孟達上堵吟矣
林水錄　七
楊水又東北流得東赤湖口湖周五十里城下陂地
皆來會同湖東有清暑臺秀宇層明通望周博游者
登之以暢遠情
山陰縣西四十里有二溪東溪廣一丈九尺冬煖夏
冷西溪廣三丈五尺冬冷夏煖二溪北出行三里至
徐村合成一溪廣五丈餘而溫涼又雜
東南地卑萬流所湊濤湖泛決觸地成川枝津交渠
世家分夥故川舊瀆難以取悉雖粗依縣地緝綜所
纏亦未必一得其實也

義陽郡有九渡水注之水出雞翅山谿澗瀯委沿遡九渡矣於溪之東山有一水發自山椒下數丈素湍直注頽波秀壑可數百丈望之若霏幅練矣下注九渡水

淯水之北有積石焉世謂女靈山其山平地介立不連岡以成高峻石孤峙下托勢以自遠四面壁絶極能靈舉遠望亭狀罕極捎霄矣北面有如頹落劣得道步好事者時有扳陟耳

溳水出竟陵之新陽縣東澤中口徑二丈五尺垠岸

重沙端淨可愛靖以察之則淵泉如鏡聞人聲則揚湯奮發無所復見矣其熱可以燖雞洪瀾百餘步冷若寒泉

肥水東側有一湖三春九夏紅荷覆水

大巫山非惟三峽所無乃當抗峯岷峨偕嶺衡疑其翼附羣山並槩青雲更就霄漢辨其優劣耳

自三峽七百里中兩岸連山略無闕處重巖疊嶂隱天蔽日自非亭午夜分不見曦月至於夏水襄陵沿泝阻絶王命急宣有時朝發白帝暮到江陵其間千二百里雖乘奔御風不以疾也春冬之時則素湍綠潭迴清倒影絶巘多生檉柏懸泉瀑布飛漱其間清榮峻茂良多趣謂每至晴初霜旦林寒澗肅常有高猿長嘯屬引淒異空谷傳響哀轉久絶故漁者歌曰巴東三峽巫峽長猿鳴三聲淚沾裳

自黃牛灘東入西陵界至峽口一百許里絶壁或千許丈其石彩色形容多所像類林木高茂略盡冬春猿鳴至清山谷傳響泠泠不絶其疊崿秀峯奇構異形固難以辭叙林木蕭森離離蔚蔚乃在霞氣之表

仰矚俯映彌習彌懽流連信宿不覺忘返

陸抗城爲墉四面大險江南岸有山孤秀從江中仰望壁立峻絶袁崧爲郡嘗登之矚望焉故其記云今自山南上至其嶺嶺容十許人四面望諸山畧盡其勢俯臨大江如縈帶焉視舟如鳧鴈矣

袁崧嘗言江北多連山登之望江南諸山數十百重莫識其名高者千仞多奇形異勢自非煙褰雨霽不辨見此遠山矣余嘗往返十許過正可再見遠峯數點耳

夷道縣爲二江之會北有湖里淵淵上橘柚蔽野桑麻闇日西望狼山諸嶺重峯疊秀青翠相臨時有丹霞白雲遊曳其上城東北有望堂地特峻下臨青江遊矚之名處也

夏口城孫權所築依山傍江開勢明遠憑墉藉阻高觀枕流上則遊目流川下則激浪崎嶇寔舟人之所艱也

堂琅縣西北行上高山羊腸繩屈八十餘里或攀木而升或繩索相牽而上緣陟者若將階天故袁休明

巴蜀志云高山嵯峨巖石磊落傾側縈廻下臨峭壑行者扳緣牽援繩索

自朱提至僰道有水步道有黑水羊官水至嶮難三津之阻行者苦之故俗謂之語曰楢溪赤木盤蛇七曲盤羊烏櫳氣與天通

更始水注引漬水石門空岫陰深邃澗闇寄傾崖上合恒有落勢行旅避瘴將有遥之處無不危心於其下

五嶺者天地以隔內外况綿途於海嶺顧九嶺而彌邈非復行路之逕岨信幽荒之冥域者矣

咸驩巳南麏麂滿岡鳴咆命嚋警嘯聒野孔雀飛翔蔽日籠山

林邑記曰松原以西鳥獸馴良不知畏弓寡婦孤居散髮至老南移之嶺崪不踰仞倉庚懷春於其北翡翠熙景乎其南雖嚶鳴接響城隔殊非獨步難遊俗姓塗分故也

狼山溪水所逕皆石山略無土岸其木虛映俯視游魚若乘空也淺處多五色石冬夏激素飛青傍多茂

木空岫靜夜聽之恒有清響百鳥翔禽哀鳴相和巡頽浪者不覺疲而忘歸矣

又東歷臨沅縣西爲明月池白壁灣灣狀半月清潭鏡澈上則風籟空傳下則泉響不斷行者莫不擁檝嬉游徘徊愛境

沅水潤側茂竹便娟致可玩也又東帶綠蘿山頽巖臨水懸蘿釣渚漁詠幽谷浮響若鐘沅水又東逕平山西南臨沅水寒松上蔭清泉下注栖托者不能自絕於其側

都梁縣左右二罡對峙重岨齊秀間可二里西有小山山上有渟水既清且淺其中悉生蘭草綠葉紫莖芳風藻川蘭馨遠馥

益陽縣之左右處處有深潭漁者咸輕舟委浪謠詠相和羅君章所謂其聲綿邈者也

羅君章湘中記曰湘水之出於陽朔則觴爲之舟至洞庭日月若出入於其中也

衡山在縣西南有三峯一名紫蓋一名容峯容峯最爲竦傑自遠望之蒼蒼隱天故羅含云望若陣雲非

清霽素朝不見

衡山東南二面臨映湘川自長沙至此江湘七百里中有九背故漁者歌曰帆隨湘轉望衡九面有飛泉望之若幅練在山矣

麓山東臨湘川西傍原隰息心之士多所萃焉

湘水縣北有空泠峽驚浪雷奔濬同三峽

湘川清照五六丈下見底石如樗蒲矣五色鮮明白沙如霜雪赤崖若朝霞

君山東北對編山山多篦竹兩山相次去數十里廻峙相望孤影若浮

朝夕塘水出東山西有塘水從山下注塘一日再增再減盈縮以時未嘗愆期同於潮水因名此塘爲朝夕塘矣

武水又南入里山山名藍豪廣圓五百里悉曲江縣界崖峻阻巖嶺干天交柯雲蔚霾天晦景謂之瀧中懸湍迴注崩浪震天名之瀧水

泠水東出泠君山山暴峯之孤秀也晉太元十八年崩千餘丈於是懸澗瀑掛傾流注壑頹波所入灌于

瀧水

始興縣北湯泉泉源沸涌浩氣雲浮以腥物投之俄頃即熟其中時有細赤魚游之不爲灼也

靈石一名逃石高三十丈廣圓五百丈其傑處臨江壁立霞駁有若績焉水石驚瀨傳響不絕商舟淹留聆翫不已

含洭縣堯山盤紆數百里有赭崿迭起冠以青林與雲霞亂采山上有白石英山下有平陵有大堂基耆舊云堯行宮所

其縣南湘陂村村有圓水廣圓可二百步一邊暖一邊冷冷處極清綠淺則見石深則無底暖處水白且濁玄素既殊凉暖亦異厥名除泉其猶江乘之半湯泉也

郴口華石山孤峯特聳枕帶雙流東則黃溪來水之交會也兩岸連山石泉懸溜行者輒徘徊留念情不極巳

大江南贛水總納洪流東西四十里而清潭遠漲綠波凝淨而會注于江川

廬山山川明淨風澤淸廣氣爽節和土沃民逸嘉遁之士繼響窟巖龍潛鳳采之賢往者忘歸矣秦始皇漢武帝及太史公司馬遷咸升其巖望九江而眺鍾彭焉

廬山東有石鏡照水之所出有一員石懸崖明淨照見人影晨光初曜則延曜入石毫細必察故名石鏡焉

新安溪有四十七瀨濬流驚急奔波聒天

信安水懸百餘丈瀨勢飛注狀如瀑布瀨邊有如石狀床上有石牒長三尺許有似雜綵玷也其水分納衆流混波東逝逕定陽縣夾岸緣溪悉生支竹及芳枳水連雜以霜菊金橙白沙細石狀若凝雪石溜湍波浮響無輟山水之趣尤深人情

秦望山在州城正南爲衆峯之傑陟境便見秦始皇登之以望南海自平地以取山頂七里縣磴孤危峭路險絶扳蘿捫葛然後能升山上無高木當出地迴多風所致山南有嶕峴峴裏有大城越王無餘之舊都也

又有玉笥竹林雲門天柱精舍並踈山創基架林裁宇

諸暨縣洩溪溪廣數丈中道有兩高山夾溪造雲壁立凡有三洩洩懸三十餘丈廣十丈中二洩不可得至登山遠望乃得見之下洩懸百餘丈水勢高急聲震水外上洩懸二百餘丈望若雲垂此是瀑布土人號爲洩也

六溪列溉散入江夾溪上下崩崖若傾東有簟山南有黃山與白石三山爲縣之秀峯山下衆流前導湍

石激波浮嶮四注
浦陽江又東逕石橋橋頭有盤石可容二十人坐溪水兩傍悉高山山有石壁二十許丈溪中相攻聶響外發未至橋數里便聞其聲
嵊山下有亭亭帶山臨江松嶺森蔚沙濃草淨極慰春情
嶀山與嵊山接二山雖曰異縣而峯嶺相連其間傾澗懷烟泉溪引露吹畦風馨觸岫延賞是以王元琳謂之神明境

林水錄　八　十六

浦陽江自嶀山東北逕太康湖車騎將軍謝玄田居所在
江曲悉是桐梓森聳可愛民居號為桐亭樓樓兩面臨江盡升眺之趣蘆人漁子汎濫滿焉
湖中築路東出趣山路甚平直有三精舍高甍凌虛乘簷帶窗俯眺平烟杳在下水陸寧晏足為避地之鄉矣
眺浦西通山陰浦而達於江江廣一百丈狹處二百步高山帶江重崄被水江間漁商川交樵隱故桂棹

蘭棲望景爭途
會稽縣南有蘭風山山少木多石驛路帶山傍江路邊皆作欄干山有三嶺枕帶長江苕苕孤危望之若傾緣山之路下臨大川皆作飛閣欄干乘之而渡謂此三嶺為三石頭
漁浦山北三山孤立水中湖外有青山黃山澤蘭山重岫疊嶺參差入雲澤蘭山頭有深潭山影臨水水色青綠山中有諸塢有石樓所右臨白馬潭潭之深無底

林水錄　八　十七

越王無彊為楚所伐去瑯琊止東武人隨居山下遠望此山其形似龜越起靈臺於山上又作三層樓以望雲物川土明秀亦為勝地故王逸少云從山陰道上猶如鏡中行也
東陽記云信安縣有縣室坂晉中朝時有民王質伐木至室中見童子四人彈琴而歌質因留倚柯聽之童子以一物如棗核與質質含之便不復饑俄頃童子曰其歸承聲而去斧柯漼然爛盡既歸質去家已數十年親情凋落無復向時比矣

湖南有天柱山湖口有亭號曰蘭亭亦曰蘭上里太守王羲之謝安兄弟數往造焉太守王廙之移亭在水中晉司空何無忌之臨郡也起亭於山椒極高盡眺矣

山棲志

吳興愼蒙

梁竦自負其才鬱鬱不得意登山遠望歎息曰大丈夫生當封侯死當廟食如不然閑居足以養志詩書足以自娛州郡之職徒勞人耳

向長字子平讀易至損益卦喟然歎曰吾已知富不如貧貴不如賤但未知死何如生耳男女娶嫁旣畢勑斷家事勿相關肆意與同好北海禽慶俱遊五嶽名山竟不知所終

韓康字伯休京兆霸陵人也常遊名山采藥賣於長安市中口不二價者三十餘年

王烈嘗入太行山聞雷聲往視之見山石上破數百丈石中有一孔尺餘中有青泥流出烈取摶之隨手堅凝氣味如粳米

許邁何容人擇餘杭懸霤山結廬居焉往來茅嶺間放絕世務以尋仙館朔望一歸定省而已及親終遂棄家徧游名山

郗詵數月山行喜聞樵語牧唱曰洗盡五年塵土腸

胃欣然倚膝臨水久之而去

郭文河内軹人年十三每遊山林彌旬忘返父母終服不娶辭家徧遊名山洛陽陷乃步擔入吳興餘杭大辟山中窮谷無人之地

陶弘景性愛山水每經澗谷必先臥其間吟詠盤桓不能自已謂門人曰吾見朱門廣廈雖識其華樂而無欲往之心望高巖瞰大澤知此難立止自恒欲就之又特愛松風庭院皆植松每聞其響欣然爲樂有時獨游泉石望見以爲仙人

宗測少靜退不樂人間豫章王嶷徵爲參軍測答府云何爲謬傷海鳥横斤山木欲遊名山乃寫其祖所晝尚子平圖於壁上齋莊老二書自隨子孫拜辭悲泣測長嘯不顧遂往廬山止祖舊宅其辭侯子響贈遺曰少有狂疾尋山採藥遠來至此量腹而進松朮度形而衣薜蘿逡然已足豈容當此横施又善畫自圖阮籍遇蘇門於行障上坐臥對之

沈麟士居貧織簾誦書不輟鄉里號爲織簾先生家世孤貧藜藿不給懷書而耕白首無倦挾琴採薪行歌不輟弁日而食守操終老

褚伯玉少有隱操寡嗜慾居剡飛布山性耐寒暑府人比之王仲都在山三十餘年隔絶人物

庾承先少沉靜有志操與道士王僧鎮同遊衡嶽又居五臺山寄情丘壑徐則東海剡人嘗歎日名者實之賓吾其爲實乎遂懷棲隱之操杖策入縉雲山中又入天台山因絶穀養性五十餘年所資惟松柏水而已

太白中峰絶頂有僧不知幾百歲眉已長數寸身

不製絲帛衣以草葉常持楞嚴經路僻廻絶人跡罕到遇東峰有鬭虎弱者將死而僧以杖解之西湫有毒龍久而爲患而僧以器貯之商山趙叟前年採茯苓深入太白偶值此僧宿余嘗有獨往之意聞而悅之

張志和居江湖自稱煙波釣徒築室越州東郭茨以生草椽棟不施斤斧豹席椶屩每垂釣不設餌志不在魚也陳少游表其居曰玄真坊爲買地大其閎號回軒巷先是門阻流水無梁少游爲構之號大夫橋

陸羽嘗問孰爲往來曰太虛爲室明月爲燭與四海諸公共處未嘗少別又語言真卿曰願爲浮家泛宅往來苕霅間

呂岩字洞賓會昌中兩舉進士不第去遊廬山遇異人得長生訣多游湘潭岳鄂之間人莫之識嘗題岳陽樓詩云朝遊北粵暮蒼梧袖有青蛇膽氣麤三入岳陽人不識朗吟飛過洞庭湖

田游巖嘗補太學生罷歸入太白山棲遲山水間自蜀歷荆楚愛夷陵青溪止廬其側召赴京師行及汝

辭疾入箕山居許由祠傍自號曰由東鄰高宗幸嵩山遣使就問其母又親至其門游巖野服出拜帝謂曰先生比佳否對曰臣所謂泉石膏肓煙霞痼疾者也

唐李約司徒汧公子雅度玄機蕭蕭冲遠有山林之致在湖州嘗得古鐵一片擊之清越又養一猿名山公嘗以隨逐月夜泛江登金山擊鐵鼓琴猿必嘯和傾壺達旦不俟外賓

韓文公遊華嶽之巔顧視其險絕恐慄度不可下乃發狂慟哭而欲縋遺書爲訣王玄仲欲登蓮花峰約寺僧到峰頂當起煙爲信翌日持火而登僧候至午果有煙起留二旬乃下僧問之云峰頂有池菡萏盛開可愛其中又有破鐵舟焉

魏野居陝州之東郊手植竹樹清泉環遶旁對雲山景趣幽絕鑿土袤丈曰樂天洞前爲草堂彈琴其下好事者多載酒殽從之游嘯詠終日出則跨白驢見者異之

林逋恬淡好古客游江淮久之歸杭結廬西湖之孤

山二十年足不及城市嘗蓄兩鶴或泛小艇出游客至則童子開籠縱鶴逋隨放棹而歸

舂陵周茂叔人品甚高胸中灑落如光風霽月好讀書雅意林壑初不爲人窘束世故茂叔雖仕宦三十年而平生之志終在丘壑濂城有水發源於蓮花峰下潔靚紺寒下合於湓江茂叔濯纓而樂之築屋於其上

朱文公每經行處聞有佳山水雖迂途數十里必往遊焉攜樽酒一壺銀杯大幾容半升時引一杯登覽

竟日未嘗厭倦又嘗欲以木作華夷圖刻山水凹凸之勢合木八片爲之以雌雄筍相入可以折度一人之力足以負之每出則以自隨

劉峻因遊東陽紫巖山築室居焉爲山棲志其文甚美

劉凝之性好山一旦携妻子泛江湖隱居衡山之陽登高嶺絶人跡爲小屋居之採藥服食

秦系天寶末避亂剡溪客泉州南安有九日山大松百餘章俗傳東晉時所植系結廬其上穴石爲研註

老子彌年不出

唐潘師正居逍遥谷高宗幸東都召見問所須對曰茂松清泉臣所須也既不乏矣

陸龜蒙嘗茶置園顧渚山下歲取租茶自判品第不喜與流俗交雖造門不見升舟設蓬席齎束書茶竈筆牀釣具往來時謂江湖散人

王士源者藻思清遠深鑒文理好游名山年十八首事陵山踐止恒嶽資求道玄丈人又過蘇門問道隱者元知運入太行採藥經王屋小有洞至太白習隱

訣終南修亢倉子九篇

趙知微有道術中秋積陰不解衆惜良晨知微曰可借酒殺登天柱峰玩月既出門天色開霽及登峰月色如晝及下山歸則淒風苦雨陰晦如故

米芾風韻蕭遠趣向高潔山水佳處遊題始徧

張敎居許之西城有園號小斜川花木泉石隱然一佳處公日在其間行吟坐嘯至一觴一咏盡歡襟韻翛然君子儒也

范景仁致仕一朝思鄉里遂徑行入蜀至成都日與

鄉鄰樂飲散財於親舊之貧者遂遊峨眉青城山下巫峽出荊門凡朞歲乃還京師

元黎則交南人居漢陽官湖之上著書種樹環堵蕭然賓客過從無虚日常以遠人自待惟志山水餘不屑意

黄哲番禺人性好山水結廬游淵棲息其中往來羅浮峽山南華諸名勝自以爲未足乃辭家度庾嶺過吳楚游燕齊間當風雪時泊舟秦淮遇朱文昭涂穎輩相與握手吟咏沽酒大噱

何循以會稽山多靈異往游焉居若耶雲門寺後遷秦望山山有飛泉迺起學舍即林成樓因巖爲堵別爲小閣室寢處其中躬自啟閉僮僕無得至者

韓愈曰太行之陽有盤谷記曰其環兩山之間故曰盤是谷也宅幽而勢阻隱者之所盤旋友人李愿居之

趙季仁曰某生平有三願一願識盡世間好人二願讀盡世間好書三願看盡世間好山水客曰盡則安能但身到處莫放過耳

竹溪逸民陳洄嘗抵掌于几曰人生百歲能幾旦暮所難遂者適意耳戴青霞冠披白鹿皮裘所居近大溪篁竹翛翛然生當明月高照水光潋灎共月爭清輝輒吹短簫乘水舫蕩漾空明月簫聲挾秋氣爲豪直入無際宛轉若龍鳴深泓絕可聽簫已叩舷歌曰吹玉簫兮弄明月明月照兮頭成雪頭成雪兮將柰何白鷗起兮銜素波人以爲世外人

吳萊字立夫好游嘗東出齊魯北抵燕趙每遇中原奇絕處及昔人歌舞戰鬭之地輒慷慨高歌呼酒自慰頗謂有司馬子長遺風及還江南復游海洲歷蛟門峽過小白華山登盤陀石見曉日初出海波盡紅暇然長視思欲起安期羨門而與之游由是襟懷益踈朗文章益雄宕有奇氣嘗謂友人曰胸中無三萬卷書眼中無天下奇山川未必能文縱能亦兒女語耳

王冕買舟下東吳度大江入楚淮歷覽名山川或遇奇才俠客談古豪傑事即呼酒共飲慷慨悲吟人目爲狂奴北游燕館泰不花家泰薦之曰不滿十年此

中狐兎遊矣隱九里山種荳三畝粟倍之樹梅花千桃杏居其半芋一區薤韭各百本引水爲池種魚千餘頭結茅廬三間自題爲梅花屋

方正學曰往者壬戌七月之望予偕葉夷仲張廷璧林公輔陳元采夜登中山絕頂飲酒望月縱談千古竟夕不眠予謂葉君曰昔蘇子瞻夜登黃樓覩王定國諸公登桓山吹笛飲酒乘月而歸以爲太白死三百年無此樂矣斯樂又子瞻死三百年後所無也諸君皆大笑

宋景濂性踈懶每携友生徜徉梅花間譃笑竟日或
獨臥長林下看晴雪墮松頂雲出汲巖川間悠然以
自適嘗與弟子入龍門山著書二十四篇曰龍門凝
道記
孫太初關中人年十八入終南山繼入太白山嚼草
木居息大石厓上時有所得赤脚散髮走山最高峯
持古松根扣巨奇石以歌久之東入華南浮湘漢登
衡祝融峯返嵩山渡汴謁闕里思孔子遺風依依不
忍舍去遂上岱宗日觀峯覩夜半日出滄海中發狂

大叫自以爲奇偉復南經吳入越探會稽禹穴訪天
台石橋返渡揚子江訪殷雲霄東海上與登孤山矚
海門月餘別去
白樂天與元微之書僕去年秋始游廬山到東西二
林間香爐峯下見雲水泉石勝絕第一愛不能捨因
置草堂前有喬松十數株修竹千餘竿青蘿爲墻垣
白石爲橋道流水周於舍下飛泉落於簷間綠柳白
蓮羅生池砌大抵若是每一獨往動彌旬日平生所
好者盡在其中不惟忘歸可以終老

王維山中與裴廸書曰近臘月下景氣和暢故山殊
可過足下方溫經猥不敢相煩輒便往山中憩感配
寺與山僧飯訖而去北涉玄灞清月映郭夜登華子
岡輞水淪漣與月上下寒山遠火明滅林外深巷寒
犬吠聲如豹村墟夜舂復與疎鐘相間此時獨坐僮
僕靜默多思曩昔攜手賦詩步仄逕臨清流也當待
春中草木蔓發春山可望輕儵出水白鷗矯翼露濕
青皋麥隴朝雊斯去不遠儻能從我遊乎非子天機
清妙者豈能以此不急之務相邀然是中有深趣矣

無忽因馱黃蘗人往不一
楊升菴曰清明時節樓船簫鼓行江南道中亦復奇
勝
荊州記載鹿門事云龐德公居漢之陰司馬德操宅
州之陽望衡對宇歡情自接泛舟褰裳率爾休暢寄
沮水幽勝云稠木傍生凌空交合危巘傾岳恒有落
勢風泉傳響於青林之下巖猿流聲於白雲之上遊
者常苦目不周玩情不給賞
方正學曰十五六時侍父北游濟上歷齊魯之故墟

覽周公孔子廟宅求七十子之遺跡問陋巷舞雩所在慨然有願學之志嘗在郡城會集林張陳四君子登中山絕頂縱談千古竟夕不寐自以此樂乃蘇子瞻死後三百年所無也

楊億至道中知處州與李起居書郡齋迥在霄漢石磴盤曲策馬徑登嵐霧濕衣烟霞滿目

王廷陳寄余懋昭曰究心老莊保愛性命江湖乘興漲則不舟雅好雲嶠苔滑磴危鮮不綴郄此僕大畧也

陳獻章答李憲長曰平生山水褊癖待明年服闋後采藥羅浮訪醫南岳上下黃龍洞嘯歌祝融峯少償夙願

顧璘與陳鶴南曰今春長居墓田舊時草堂移入山中數舍四面竹松前通古道可步尋諸寺後有崇岡飯食一登南對牛峯石嶺西望大江令人灑然可忘死

鄭善夫答倪宗正曰自抵家削迹荒村與野老無別天下將太平吾輩耕巖釣海何適不樂秋末天台諸友欲往少谷遂為羅浮之行非浮說也

吳寬跋李賓之曰覽賓之此錄其間在南都時登臨題詠凡崇臺長楸古廟幽亭與乎仙宮佛廬之映帶乎江山者皆予舊所經游而裴徊者也閉目了然殊深東坡龍井之歎

吳寬跋沈周畫曰吳中多湖山之勝予數與沈君啟南往游其間尤勝處輒有詩紀之然不若啟南紀之于畫之似也

楊佺期洛陽記曰河東鹽池長七十里廣七里水氣

紫色有別御鹽四面刻如印齒文章字妙不可述

陸龜蒙云金華山枝峯蔓壑秀氣旁魄不啻神僊登臨

歐陽永叔與梅聖俞書曰去年夏中因飲滁水甚甘問之有一土泉在城東百步許遂往訪之乃一山谷中山勢一面高峯三面竹嶺回抱泉上舊有佳木一二十株乃天生一好景也遂引其泉為石池甚清甘作亭其上號豐樂亭亦宏麗又於州東五里許靈溪上有二怪石乃馮延魯家舊物因移至亭前廣陵韓

公聞之以細竹幾十株見遺亦植於其側其他花竹不可勝紀山下一徑窄入竹篠蒙密中豁然路盡遂得幽谷

玉壺氷　吳郡都穆

阮步兵嘯聞數百步蘇門山中忽有隱者阮往觀見其人擁膝巖側阮之仡然不應阮因對之長嘯良久乃笑曰可更作阮復嘯還半嶺許聞上嘀然有聲如數部鼓吹顧看乃向人嘯也

張季鷹辟齊王東曹椽在洛見秋風起因思吳中菰菜羹鱸魚膾曰人生貴適意爾何能羈宦數千里以要名爵遂命駕便歸

漢侍中習郁于峴山南依范蠡養魚法作魚池池邊有高隄種竹及長楸芙容緣岸菱芡覆水山簡每臨此池未嘗不大醉而還曰此是我高陽池也

許椽好遊山水而體便登陟時人云許非徒有勝情實有濟勝之具

張廌隱居顧志家有苦竹數十畝張於竹中搆屋居處其間王右軍聞而造之張逃避不與相見

王子敬自會稽經吳聞顧辟疆有名園先不識主人徑往其家值顧方集賓友酣燕王遊歷既畢指麾好

惡傍若無人

王子猷居山陰夜大雪眠覺開室命酌酒四望皎然因起彷徨詠左思招隱詩忽憶戴安道時戴在剡即便乘小船就之經宿方至造門不前而返人問其故王曰吾本乘興而行興盡而返何必見戴

性嗜酒家貧不能常得親舊知其如此或置酒招之造飲輒醉既醉而退曾不吝情去留環堵蕭然不蔽風日短褐穿結簞瓢屢空晏如也

陶淵明性真率貴賤造之有酒輒設陶若先醉便語客我醉欲眠卿且去

宗炳每遊山水往輒忘歸入廬山就釋慧遠考尋文義後西陟荆巫南登衡嶽因結宇衡山欲懷尚平之志有疾還江陵歎曰老疾俱至名山恐難徧覩惟澄懷觀道臥以遊之凡所遊履皆圖之于室爲之撫琴動操欲令衆山皆響

袁尹陳放好酒嘗步屧白楊郊野間道遇一士人便呼與酣飲明日此人謂被知遇詣門求通袁曰昨日飲酒無偶聊相邀耳勿復爲煩

謝譓不妄交接門無雜賓有時獨醉曰入吾室者但有清風對吾飲者惟有皓月

宗測少靜退不樂人間豫章王嶷徵爲叅軍測答云何爲謬傷海鳥橫斤山木欲遊名山乃寫其祖所畫尚子平圖于壁上齋非老二書自隨子孫拜辭悲泣則長嘯不顧遂往廬山止祖舊宅其辭贈遺曰少有狂疾尋山採藥遠來至此量腹而進松朮度形而衣薜蘿淡然已足豈容當此橫施又善書自圖阮籍遇蘇門于行障上坐臥對之

陶華陽家貧求宰縣不遂脫朝服掛神武門去止句曲山體則輕捷性嗜山水所歷必吟詠盤旋不已語人吾見朱門廣廈雖適其華樂而無欲往之心望高巖瞰大澤難立止常欲就之築樓高三層身處其上弟子居其中賓客至其下與物遂絶不娶無子他眷亦不通特愛松風庭院皆植松聆響爲樂

李永和杜門却掃絶迹下帷棄産營書手自刪削每歎曰丈夫擁書萬卷何暇南面百城

王無功有田十六頃在河渚間奴婢數人自課種黍

春秋釀酒養鳧雁蒔藥草自供與仲長子光服食性欲見兄弟輒渡河還家遊北山東皐著書自號東皐子

李襲譽性好讀書手不釋卷居家以儉約自處所得俸祿散給宗親餘貲寫書數萬卷每謂子孫曰吾不好貨財以至貧乏京城有賜田十頃耕之可以充食河南有桑千株蠶之可以充衣所寫得書讀之可以求官吾歿之後汝曹勤此三事可以無求于人矣

開元時高太素隱商山起六逍遥館晴夏晚雲中秋

午月冬日方出春雪未融暑簟清風夜階急雨各製一銘

王摩詰貯蕙蘭用黄磁斗養以綺石累年彌盛得宋之問藍田别墅在輞口輞水周于舍下竹洲花塢與道友裴迪浮舟往來彈琴賦詩嘯詠終日在京師以玄談爲樂齋中無所有惟茶鐺酒臼經案繩牀而已退朝之後焚香獨坐以禪誦爲事

張志和居江湖自稱煙波釣徒築室越州東郭茨以生草椽棟不施斤斧豹席椶屩每垂釣不設餌志在魚也陳少游表其居曰玄真坊爲買地大其闉號回軒巷先是門阻流水無梁少游爲構之號大夫橋陸羽嘗問孰爲往來曰太虛爲室明月爲燭與四海諸公共處未嘗少别又謂顔真卿曰烟霧浮家泛宅往來苕霅間

洛城内外六七十里間凡觀寺丘墅有泉石花竹者靡不遊入家有美酒鳴琴者靡不過有圖書歌舞者靡不觀自居守洛川洎布衣家以宴遊召者亦時時往每良辰美景或雪朝月夕好事者相過必爲之先拂酒罍次開詩篋詩酒既酣乃自援琴操宫聲弄秋

思一遍

天隨生宅荒少牆屋多隙地前後皆樹杞菊以供杯案至夏中枝葉老硬氣味苦澀猶責僮兒采擷人言千乘之邑非無好事之家日欲擊鮮爲具以飽君君獨閉關不出率空腸貯古聖賢道德言語何自苦如此天隨生笑曰我幾年來忍饑誦經豈不知屠沽兒有酒食耶

江南李建勳嘗蓄一玉磬尺餘以沈香節按柄扣之

聲極清越客有談及猥俗之語者則急起擊玉數聲
日聊代清耳一竹軒榜曰四友以琴爲嶧陽友磬爲
泗濱友南華經爲心友湘竹榻爲夢友
張狄之隱于竹溪不喜與世接客來蔽竹窺之或韻
人佳士則呼船載之或自刺舟與語俗子十反不一
見怒罵相踵不顧也
魏野居陝州東郊手植竹樹清泉環遶旁對雲山景
趣幽絕鑿土袤丈曰樂天洞前爲草堂彈琴其中好
事者多載酒殽從之遊嘯詠終日出則跨白驢

林逋隱居杭州孤山常畜兩鶴縱之則飛入雲霄盤
旋久之復入籠中逋常遊西湖諸寺有客至逋所居
則一童子出應門延客坐爲開籠縱鶴良久逋必棹
小船而歸蓋常以鶴飛爲驗也逋高逸倨傲多所學
惟不能棋常謂人曰逋世間事無所礙惟不能擔糞
與着棋
愼伯筠秋夜待潮錢塘江上露坐設大酒尊置一杯
對月獨飲意象傲逸吟嘯自若顧子敦適遇之亦懷
一杯就其尊對酌伯筠不問子敦亦不與語酒盡各
散去
元豐六年十月十二日夜解衣欲睡月色入戶欣然
起行念無與樂者遂至承天寺尋張懷民亦未寢相
與步于中庭庭下如積水空明水中藻荇交横蓋竹
栢影也何夜無月何處無竹栢但少閒人如吾兩人
耳
有軒數間在堂屋之後人事之所不及賓客從遊之
所不至往往獨遊于此解衣盤礴箕踞胡林之上含
毫賦詩曝背閱書以釋其忽忽不平之氣

田承君有廬在亂山中前有竹傍有溪溪畔有大石
前後樹以梨棗日與二弟穿竹渡溪倦則坐石上或
籍以草葛巾草履詠而歸足以遺老而忘憂
每鳥啼花落欣然有會于余心遣小奴挈瘦樽酤白
酒釂一梨花甆盞急取詩卷快讀一過以嘯之蕭然
不知在塵埃間也
擇故山濱水地環籬植荆棘間栽以竹餘丈植芙蓉
三百六十入芙蓉二丈環以梅入梅餘三丈重籬外
植芋栗果實內重植梅結屋前茅後瓦入閣名尊經

藏古今書左塾訓子右道院迎賓進舍三寢一讀
一治藥一後舍二一儲酒穀列農具山具一安僕役
庖湢稱是童一婢一園丁二前鶴屋養鶴隻後犬一
二足驢四蹄牛四角客至具蔬食酒核暇則讀書課
農圃事毋苦吟以安天年
張功甫常于南湖園作駕霄亭於四古松間以巨鐵
絙懸之空中羈之松身當風月清夜與客梯登飄摇
雲表眞有挾飛僊遡紫清之意
深山高居爐香不可缺退休既久作品之絕人爲取

老松栢根枝葉實擣治之研楓肪羼和之每焚一丸
亦足助清苦
雲林素嗜茶在惠山中用核桃松子肉和白糖成小
塊如石子置茶中出以啖客名曰清泉白石
雲林性好僧寺一住浹旬篝燈木榻蕭然宴坐興至
操筆作木石小景極爲當世所珍
王冕買舟下東吳度大江入楚淮歷覽名山川或遇
奇才俠客談古豪傑事即呼酒共飲慷慨悲吟人目
爲狂奴北遊燕日不滿十年此中狐兎遊矣隱九里
山種苴三畝栗倍之樹梅花千桃杏居其半芋一區
薤韭各百本引水爲池種魚千餘頭結茅廬三間自
題爲梅花屋

說郛續目錄

弓第二十八

帝城景物畧

麻城劉侗

春場

東直門外五里爲春場場內春亭萬曆癸巳府尹謝杰建也故事先春一日大京兆迎春旗幟前導次田家樂次勾芒神亭次春牛臺次縣正佐耆老學師儒府上下衙皆騎丞尹輿官皆衣朱簪花迎春自場入于府是日塑小春牛芒神以京兆生舁入　朝進　皇上春進　中宮春進　皇子春畢百官朝服賀立

春候府縣官吏具公服禮勾芒各以綵仗鞭牛者三勸耕也退各以綵仗贈貽所知按造牛芒法日短至辰日取土水木于歲德之方木以桑柘身尾高下之度以歲八節四季日十有二時踏用府門之扇左右以歲陰陽牛口張合尾左右繳芒立左右亦以歲陰陽以歲干支納音之五行三者色爲頭身腹色日三者色爲角耳尾爲膝脛爲蹄色以日支孟仲季爲籠之索柳鞭之結子之麻苧絲牛鼻中木曰拘脊子桑柘爲之以正月中宮色爲其色也芒神服色以日支

叟尅者爲之尅所尅皆其繫色也歲孟仲季其者少也春立旦前後五日中皆是農歆也過前農早怭過後農晚閒也而神並乎牛前後乎牛分之以時之卯後八日𡚁亥後四日寒爲捲耳之提且戴以日納音爲髻平梳之頂耳前後爲鞋袴行纏之懸著有無也田家樂者二刖龍上着紙泥鬼判頭也又五六長竿竿頭縛脬如瓜狀見僧則捶使避匿不令見牛芒也又牛臺上花繡衣幘扮四直功曹立而兒童舁石擊之者樂工四人也攷漢郊祀志迎春祭青帝勾芒

青車旗服歌青陽舞雲翹立青幡百官衣皆青郡國縣官下至令史服青幘今者朱衣唐制立春日郎官御史長貳以上賜春羅幡勝宰臣親王近臣賜金銀幡勝入賀帶歸私第民間剪綵爲春幡簪首今惟元旦日小民以鬃穿烏金紙畫綵爲鬧蛾簪之

元旦

正月元旦五鼓時不臥而嚏嚏則急起或不及衣曰臥嚏者病也不臥而語言或戶外呼則不應曰呼者鬼也夙興盥漱啖黍糕曰年年糕家長少畢拜姻友投箋互拜曰拜年也燒香東嶽廟賽放炮杖紙且寸東之琉璃廠店西之白塔寺賣琉璃瓶盛朱魚轉側其影小大俄忽別有咘而嘘吸者大聲唪唪小聲唪唪曰倒掖氣且至三日男女于白塔寺繞塔且至晦日家家竿標樓閣松柏枝蔭之夜燈之曰天燈是月也女婦閙手五九且擲且拾且承曰抓子兒丸用象木銀礫爲之競以輕捷八日至十八日集東華門外曰燈市貴賤相遝貧富相易貿人物齊矣婦女着白綾衫隊而宵行謂無腰腿諸疾曰走橋至城各門手

暗觸釘謂男子祥曰摸釘兒擊太平鼓無昏曉跳百索無稚壯戴面具耍大頭和尚聚觀無男女有以詩隱物幌於寺觀壁者曰商燈立想而漫射之無靈蠢十一日至十六日鄉村人縛秫稭作棚周懸雜燈地廣二畝門逕曲黠藏三四里入者誤不得逕即久迷不出曰黃河九曲燈也十三日家以小盞一百八枚夜燈之徧散井竈門戶砧石曰散燈也其聚如螢散如星富者燈四夕貧者燈一夕止又甚貧者無燈小兒共以繩繫一兒腰牽馬相距尋丈迭于不意中拳

之以去曰打鬼不得爲繫者兒所執執者閧然共捉代繫曰替鬼更繫更擊更執更代終日擊不爲代則能巧矣又繩以爲城二兒帕蒙以摸一兒執敲城中輒敲一聲而輒易其地以誤之爲摸者得則蒙執敲兒曰摸蝦兒望前後夜婦女束草人紙粉面首帕衫裙號稱姑娘兩童女掖之祀以馬糞打鼓歌馬糞薌歌三祝神則躍躍拜不已者休倒不起乃咎也男子衝而仆十九日集白雲觀曰耍燕九彈射走馬焉廿五日大啖餅餌曰塡倉

二月二日

二月二日曰龍擡頭煎元旦祭餘餅熏牀炕曰熏蟲兒謂引龍蟲不出也燕少蜈蚣而蝎其爲毒倍焉少而蠅其爲擾倍焉蚤虱之屬臭蟲又倍焉所苦尤在編戶雖預薰之實未之有除也小兒以木二寸製如棗核置地而棒之一擊令起隨一擊令遠以近爲負曰打枚枚古所稱擊壤者耶其謠云楊柳兒活抽陀螺楊柳兒青放空鐘楊柳兒死踢毽子楊柳發芽兒打拔兒空鐘者刳木中空旁口盪以瀝青卓地如仰鐘而柄其上之平別一繩繞其柄別一竹尺有孔度其繩而抵格空鐘繩勒右卻竹勒左卻一勒空鐘轟而疾轉大者聲鐘小亦蛣蟟發聲一鐘聲歇時乃已製徑寸至八九寸其放之一人至三人陀螺者木製如小空鐘中實而無柄繞以鞭之繩而無竹尺卓于地急掣其鞭一掣陀螺則轉無聲也視其緩而鞭之轉轉無復住轉之疾正如卓立地上頂光旋旋影不動也

清明

三月清明日男女掃墓擔提尊榼轎馬後掛楮錠粲粲然滿道也拜者酹者哭者爲墓除草添土者焚楮錠次以紙錢置墳頭望中無紙錢則孤墳矣哭罷不歸也趨芳樹擇園圃列坐盡醉有歌者哭笑無端哀往而樂回也是日簪柳遊高梁橋曰踏青多四方客未歸者祭掃日感念出遊廿八日東嶽仁聖帝誕傾城趨齊化門鼓樂旗幢爲祝觀者夾路是月小兒以錢泥夾穿而乾之剔錢泥片片錢狀字幕滿具日泥錢畫爲方城兒置一泥錢城中曰卯兒拈一泥錢遠

擲之曰撇出城則負中則勝不中而指杈川及亦勝指不及而猶城中則撇者爲卵其勝負也以泥錢別有挑用葦綳用措者與撇略同有撇用泥丸者與錢略同而其盡城廓遠

四月一日

四月一日至十八日傾城趨馬駒橋幡樂之盛一如嶽廟碧霞元君誕也立夏日啟冰賜文武大臣編氓得賣買手二銅盞疊之其聲磕磕曰冰盞冰着濕乃消畏陰雨天以綿衣蓋護嬶乃不消八日捨豆兒曰

結緣十八日亦捨先是拈豆念佛一豆佛號一聲有念豆至石者至日熟豆人徧捨之其人亦一念佛喫一豆也凡婦不見答於夫姑姊若者婢妾擯於主及姥者則自咎曰身前世不捨豆兒不結得人緣也是日耍戒壇游香山玉泉茶酒棚妓擲周山灣澗曲間初說戒者先令僧了願如是今不說戒百年而年則一了願是月榆初錢麵和糖蒸食之曰榆錢糕

五日

五月一日至五日家家妍飾小閨女簪以榴花曰女兒節五日之午前羣入天壇曰避毒也過午出走馬壇之墻下無江城繫絲投角黍俗而亦爲角黍無競渡俗亦競游耍南則耍金魚池西耍高梁橋東松林北滿井爲地不同飲醵熙遊也同太醫院官旗物鼓吹赴南海子捉蝦蟇取蟾酥也其法針棗葉刺蟾之眉間漿射葉上以蔽人目不令傷也漬酒以菖蒲插門以艾塗耳鼻以雄黃曰避蟲毒家各懸五雷符簪佩各小紙符簪或五毒五瑞花草項各絲繫垂金錫若錢者若鎖者曰端午索十三日進刀馬於關帝廟

刀以鐵其重以八十觔紙馬高二丈鞍韉繡文轡銜金色旗鼓頭踏導之

六月六日

六月六日曬鑾駕民間亦曬其衣物老儒破書貧女敝緼反覆勤日光晡乃收三伏日洗象錦衣衛官以旗鼓迎象出順承門浴響閘象次第入于河也則蒼山之頽也額耳昂回鼻舒糾吸嘘出水面矯矯有蛟龍之勢象奴挽索據脊時時出沒其髻觀者兩岸各萬衆而首如鱗次貝編焉然浴之不能須臾象奴輒

調御令趣云洛久則相雌雄相雌雄則狂

七夕

七月七日之午丟巧針婦女曝盎水日中頃之水膜生面繡鍼投之則浮則看水底鍼影有成雲物花頭鳥獸影者有成鞋及剪刀水茄影者謂乞得巧其影麤如槌細如絲直如軸蠟此拙徵矣婦或歎女有泣者十五日諸寺建盂蘭盆會夜于水次放燈曰放河燈最勝水關次泡子河也上墳如清明時或製小袋以往祭甫訖輒于墓次掏促織滿袋則喜秫竿肩之

以歸是月始鬪促織壯夫士人亦爲之鬪有場場有主者其養之又有師鬪盆筩罐無家不貯焉立秋日相戒不飲生水曰呼秋頭水生暑痱子

中秋日

八月十五日祭月其祭果餅必圓分瓜必牙錯瓣刻之如蓮華紙肆市月光紙繢滿月像趺坐蓮華者月光徧照菩薩也華下月輪桂殿有兎杵而人立搗藥臼中紙小者三寸大者丈緻工者金碧繽紛家設月光位于月所出方向月供而拜則焚月光紙徹所供散家之人必遍月餅月果戚屬餽相報餅有徑二尺者女歸寧是日必返其夫家曰團圓節也

九日

九月九日載酒具茶爐食榼曰登高香山諸山高山也法藏寺高塔也顯靈宮報國寺高閣也釋不登賃園亭闘坊曲爲娛耳麪餅種棗栗其面星星然曰花糕糕肆標紙綵旗曰花糕旗父母家必迎女來食花糕或不得迎母則詬女則怨詫小妹則泣望其姊姨亦曰女兒節

十月一日

十月一日紙肆裁紙五色作男女衣長尺有咫曰寒衣有疏印緘識其姓字輩行如寄書然家家修具夜奠呼而焚之其門曰送寒衣新喪白紙爲之曰新鬼不敢衣綵也送白衣者哭女聲十九男聲十一是月羊始市兒取羊後脛之膝之輪骨曰貝石置一而一擲之置者不動擲之不過置者乃擲置者若動擲之而過勝負以生其骨輪四面兩端凹曰真凸曰詭勾曰騷輪曰背立曰頂骨律其頂岐亦曰真平亦曰詭

盖眞勝詭負而騎背閒項乎兩勝頂岐三勝也其勝負也以貝石

冬至

十一月冬至日百官賀冬畢吉服三日具紅箋互拜朱衣交于衢一如元旦民間不衖惟婦製履舄上其舅姑日冬至畫素梅一枝爲瓣八十有一日染一瓣瓣盡而九九出則春深矣曰九九消寒圖有直作圖九叢叢九圈者刻而市之附以九九之歌述其寒煖之候歌曰一九二九相喚不出手三九二十七籬頭

吹觱篥四九三十六夜眠如露宿五九四十五家家堆鹽虎六九五十四口中呵暖氣七九六十三行人把衣單八九七十二猫狗尋陰地九九八十一窮漢受罪畢纔要伸脚睡蚊蟲蠛蚤出

除夕

十二月一日至歲除夜小民爲疾苦者奉香一尺宵行衢中誦元君號自述脊願其聲烏烏惻惻曰號佛行過井過寺廟則跪且拜而誦香盡尺乃歸八日先期鑿氷方尺至日納氷窖中鑑深二丈氷以入則固之封如阜內氷啓氷中消爲政凡蘋婆果入春而市者附藏焉附乎氷者啓之如初摘于樹離乎氷則化如泥其窖在安定門及崇文門外是日家效菴寺豆果雜米爲粥供而朝食曰臘八粥廿四日以糖劑餅黍糕棗栗胡桃炒豆祀竈君以糟草秣竈君馬謂竈君翌日朝天去白家間一歲事祝曰好多說不好少說記稱竈老婦之祭今男子祭禁不令婦女見之祀餘糖果禁幼女不令得啖曰啖竈餘則食肥膩時口圈黑也廿五日五更焚香楮接玉皇曰玉皇下查人

間也竟此日無婦嫗詈聲三十日五更又焚香楮送迎送玉皇上界矣迎新竈君下界矣插芝蔴稭于門簷壓臺曰藏鬼稭中不令出也門廳貼紅紙葫蘆曰收瘟鬼夜以松栢枝雜柴燎院中曰燒松盆熰歲也懸先亡影像祀以獅仙斗糖蔴花馓枝染五色葦架竹罩陳之家長幼畢拜已各自拜曰辭歲已叢坐食飲口守歲是月小兒及賤閒人以二石毬置前先一人踢一令遠一人隨踢其一再踢而及之而中之爲勝一踢即着爲郎過焉與再踢不及者同爲負也再

踢而過焉則讓先一人隨踢之其法初為趾踵苦
設今遂用賭如博然有司申禁之不止也

雜記

凡歲時不雨家貼龍王神馬于門磁瓶插柳枝掛門
之傍小兒塑泥龍張紙旗擊鼓金焚香各龍王廟群
歌曰青龍頭白龍尾聲作以小孩求雨天歡喜麥子
麥子焦黃起動起動龍王大下小下初一下到十八
聲作巴摩訶薩初雨小兒群喜而歌曰風來了雨來
了禾場背了穀聲作古來了雨久以白紙作婦人首
帝城景物畧　八　十二
剪紅綠紙衣之以苕帚苗縛小帚令攜之竿懸簷際
曰掃晴娘月月蝕寺觀擊鐘鼓家擊盆盎銅鏡救日
月聲嘈嘈屯屯滿城中蝕之刻不飲不食曰生噎食
病幼兒見新月曰月芽兒即拜篤篤祝乃歌曰月月
月拜三拜休教兒生疥小兒遺溺者夜向參星叩首
曰參兒辰兒可憐溺淋人兒見流火則啐之曰賊星
夜不以小兒女衣置星月下曰女怕花星照兒怕賊
星照亦不置洗濯餘水為夜遊神飲馬也曰不當價
如臾語云罪過初聞雷則抖衣曰蚤虱不生見霓曰

杠戒莫指謂生指頂瘡曰惡指也初雪戒不入口曰
毒雨雪則以炮茶積雪以塑于庭燕舊有風鳶戲俗
曰毫兒今巳禁風則剖秫稭二寸錯互貼方紙其兩
端紙各紅綠中孔以細竹橫安秫竿上迎風張而疾
趨則轉如輪紅綠渾渾如暈曰風車
帝城景物畧　八　十三

熙朝樂事

錢塘田汝成

正月朔日官府望闕遥賀禮畢即盛服詣衙門往來交慶民間則設奠於祠堂次拜家長爲椒栢之酒以待親戚鄰里以春餅爲上供爇粟炭於堂中謂之旺相貼青龍於左壁謂之行春掃芝蔴梗於簷頭謂之節節高簽栢枝於柿餅以大橘承之謂之百事大吉自此少年遊冶翩翩徵逐隨意所之演習歌吹或投瓊買快鬬九紙牌傳戲賭間舞棍踢毬唱說平話無論晝夜謂之放魂至十八日收燈然後學子攻書工人返肆農商各執其業謂之收魂

立春之儀附郭兩縣輪年遞辦仁和縣於仙林寺錢塘縣於靈芝寺前期十日縣官督委坊甲整辦什物選集優人戲子小妓裝扮社夥如昭君出塞學士登瀛張仙打彈西施採蓮之類種種變態競巧爭華教習數日謂之演春至日郡守率僚屬往迎前列社夥殿以春牛士女縱觀闐塞市街競以麻麥米荳抛打春牛其優人之長假以冠帶騎驢叫躍以隸卒圍從謂之街道士過官府豪門各有贊揚致語以獻利市遇襤褸猥漢衛其節級則褫而杖之亦有謔浪判語不敢與較至府中舉燕鞭牛而碎之隨以綵鞭土牛分送上官鄉達而民間婦女各以春旛春勝鏤金簇綵爲燕蝶之屬問遺親戚綴之釵頭舉酒則縷切粉皮雜以七種生菜供奉筵間盖古人辛盤之遺意焉耳

正月十五日爲上元節前後張燈五夜相傳宋時止三夜錢王納土獻錢買添兩夜先是臈後春前壽安坊而下至衆安橋謂之燈市出售各色華燈其像生人物則有老子美人鍾馗捉鬼月明度妓劉海戲蟾之屬花草則有梔子葡萄楊梅柿橘之屬禽虫則有鹿鶴魚鰕走馬之屬其奇巧則琉璃毬雲母屏水晶簾萬眼羅玻璨瓶之屬而豪家富室則有料絲魚魫綵珠明角鏤畫羊皮流蘇寶帶品目歲殊難以枚舉好事者或爲藏頭詩句任人商揣謂之猜燈或祭賽神廟則有社夥鰲山臺閣戲劇滚燈煙火無論通衢委巷星布珠懸皎如白日喧闐徹旦市食則糖粽粉

團荷梗孛婁爪子諸品果蓏燐燈交易識辨銀錢眞
僞纖毫莫欺人家婦女則召帚姑針姑葦姑箕姑
以卜問一歲吉凶鄉閭則有祈蠶之祭俗子以上元
爲天官賜福之辰亦有誦經持齋不御葷酒者
二月朔日唐宋時謂之中和節今雖不舉而民間猶
以青囊盛五穀瓜果之種相遺謂之獻生子自是城
中士女已有出郭探青掃墓設奠者湖中遊舫傎
日增矣二日士女皆戴蓬葉諺云蓬開先日草戴了
春不老

春日婦女喜爲鬬草之戲黃子常綺羅香詞云綃帕
藏春羅裙點露相約鶯花叢裏翠袖拈芳香沁筍芽
纖指偷摘遍綠逕烟霏悄拳下畫闌紅紫掃花堦襯
展芙蓉瑶臺十二峯仙子芳園清晝乍來亭上吟吟
笑語妬穠誇麗奪取籌多瀛得玉璫瑜珥凝素靨香
粉添嬌映黛眉淡黃生意綰胸帶空繫宜男情郎歸
也未
二月十五日爲花朝節蓋花朝月夕世俗恒言二八
兩月爲春秋之中故以二月　爲花朝八月半爲月
夕也是日宋時有撲蝶之戲今雖不舉而寺院啓涅
槃會談孔雀經拈香者麕至猶其遺俗也十九日上
天竺建觀音會傾城士女皆往其時馬塍園丁競以
名花荷擔叫鬻音中律呂黃子常賣花聲詞云人過
天街曉色擔頭紅紫滿筠筐浮花浪蘂畫樓睡醒正
眼横秋水聽新腔一囘催起吟紅叫白報得蜂兒知
未隔東西餘音軟美迎門爭買早斜簪雲髻助春嬌
粉香簾底喬夢符和詞云侵曉園丁叫道嫩紅嬌紫
巧工夫攢枝飽蘂行歌佇立洒洗粧新水捲香風看

街簾起深深巷陌有箇重門開未忽驚他尋春夢美
穿牕透閤便憑伊喚取惜花人在誰根底
三月三日俗傳爲北極佑聖眞君生辰佑聖觀中修
崇醮事士女拈香亦有就家啓醮酧水獻花者是日
觀中有雀竿之戲其法樹長竿于庭高可三丈一人
攀緣而上舞蹈其顛盤旋上下有鷂子翻身金鷄獨
立鍾馗抹額玉兔搗藥之類變態多方觀者目瞪神
驚汗流浹背而爲此技者如蝶栩鴉翻遙遙然自若
也是日男女皆戴薺花諺云三春戴薺花桃李羞繁

清明從冬至數至一百五日卽其節也前兩日謂之寒食人家插柳滿簷青蒨可愛男女亦咸戴之諺云清明不戴柳紅顔成皓首是日傾城上塚南北兩山之間車馬闐集而酒尊食罍山家村店享餕遨遊或張幕藉草並舫隨波日暮忘返蘇堤一帶桃柳陰濃紅翠間錯走索驃騎飛錢拋鈸踢木撒沙吞刀吐火躍圈觔斗舞盤及諸色禽虫之戲紛然叢集而外方優妓歌吹覓錢者水陸有之接踵承應又有買賣趕趁香茶細果酒中所需而綵粧傀儡蓮船戰馬餳笙

鼗鼓瑣碎戲具以誘悅童曹者在在成市是夜人家貼清明嫁九娘一去不還鄉之句於楹壁間謂如此則夏月無青虫撲燈之擾僧道採楊桐葉染飯謂之青精飯以饋施主

三月二十八日俗傳為東嶽齊天聖帝生辰杭州行宮凡五處而在吳山上者最盛士女答賽拈香或真獻花菓或誦經上壽或枷鎖伏罪鐘鼓法音嘈振竟日

立夏之日人家各烹新茶配以諸色細菓餽送親戚比鄰謂之七家茶富室競侈果皆雕刻飾以金箔而香薷名目若茉莉林檎薔薇桂蕊丁檀蘇杏盛以哥汝甆甌僅供一啜而已

四月八日俗傳為釋迦佛生辰僧尼各建龍華會以盆坐銅佛浸以糖水覆以花亭鐃鼓迎往富家以小杓澆佛提唱偈誦布施財物有高峯和尚偈云呱聲未絕便稱尊攪得三千海嶽昏惡水一年澆一度知他雪屈是酬恩

端午為天中節人家包黍秫以為糭束以五色綵絲

或以菖蒲通草雕刻天師馭虎像於盤中圍以五色蒲絲剪皮金為百虫之像鋪其上却以葵榴艾葉攢簇華麗或以綵絨纏金線纍結經筒符袋互相饋遺僧道以經筒輪子辟惡靈符分送檀越而醫家亦以香囊雄黃烏髮油香送於常所往來者家家買葵榴蒲艾植之堂中標以五色花紙貼畫虎蠍或天師之像或硃書五月五日天中節赤口白舌盡消滅之句揭之楹間或採百草以製藥品覓蝦蟆以取蟾酥書儀方二字倒貼於楹以辟蛇虺

六月六日宋時作會於顯應觀因以避暑今會廢而觀亦不存自此遊湖者多于夜間停泊湖心月飲達旦而市中敲銅盞賣氷雪者鏗聒遠近是日郡人昇貓狗浴之河中致有汩沒淤泥踉蹌就斃者其取義竟不可曉也

立秋之日男女咸戴楸葉以應時序或以石楠紅葉剪刻花瓣撲插鬢邊或以秋水吞赤小豆七粒

七夕人家盛設瓜果酒殽於庭心或樓臺之上談牛女渡河事婦女對月穿針謂之乞巧或以小盒盛蜘

蛛次早觀其結網疏密以爲得巧多寡市中以土木雕塑孩兒衣以綵服而賣之號爲摩睺羅

七月十五日俗傳爲中元節地官赦罪之辰人家多持齋誦經薦奠祖考攝孤判斛屠門罷市僧家建盂蘭盆會放燈西湖及塔上河中謂之照冥官府亦祭郡厲邑厲壇張伯雨西湖放燈詩云共泛蘭舟燈火鬧不知風露濕青冥如今池底休鋪錦此夕槎頭直掛星爛若金蓮分夜炬空於雲母隔秋屏却勝牛渚情狂甚苦欲然犀走百靈劉邦彥詩云金蓮萬朶漾中流疑是潘妃夜出遊光射魚龍離窟宅影搖鴻鳥亂汀州凌波未必通銀浦趂月偏憐近綵舟忽憶少年清泛處滿身風露獨凭樓

八月十五日謂之中秋民間以月餅相遺取團圓之義是夕人家有賞月之燕或携榼湖船沿遊徹曉蘇堤之上聯袂踏歌無異白日

郡人觀潮自八月十一日爲始至十八日最盛蓋因宋時以是日教閱水軍故傾城往看至今猶以十八日爲名非謂江潮特大于是日也是日郡守以牲醴

致祭於潮神而郡人士女雲集僦倩幕次羅綺塞塗上下十餘里間地無寸隙伺潮上海門則泅兒數十執綵旗樹畫傘踏浪翻濤騰躍百變以誇材能豪民富客爭賞財物其時優人百戲擊毬關撲魚鼓彈詞聲音鼎沸蓋人但藉看潮爲名往往隨意酬樂耳瞿宗吉看潮詞云嘉會門邊翠柳垂海鮮橋上赤欄款行人指點山前石曾刻先朝御製詩出郭遊人不待招相邀都道看江潮今年秋暑何曾減映日爭將畫扇搖一線初看出海遲司封祠下立多時須臾金鼓

連天震忙殺中流踏浪兒壚頭酒美勸人嘗紫蟹初肥綠橘香店婦也知非俗客奚奴背上有詩囊沙河塘上路岐蹊扶醉歸來日已斜怪底香風來不斷擔頭插得木樨花歩入重門小院偏金猊飛裊夜香烟家人笑問歸何晚已備中秋賞月筵

重九日人家糜栗粉和糯米伴蜜蒸糕餚以肉縷標以綵旗問遺親戚其登高飲燕者必簪菊泛萸猶古人之遺俗也又以蘇子微漬梅滷雜和蔗霜梨橙玉榴小顆名曰春蘭秋菊

霜降之日帥府致祭旗纛之神以而張列軍器以金鼓導之遶街迎賽謂之揚兵旗幟刀戟弓矢斧鉞盔甲之屬種種精明有飆騎數十飛轡往來還弄解數如雙燕綽水二鬼爭環隔肚穿針枯松倒掛魁星踢斗夜叉探海八蠻進寶四女呈妖六臂哪吒二仙傳道圯橋進履玉女穿針擔水救火踏梯望月之屬窮態極變難以殫名騰躍上下不離鞍轡之間猶狷猱之寄水也

十月朔日人家祭奠於祖考或有舉掃松澆墓之禮者八日則以白米和胡桃榛松乳蕈棗栗之類作粥謂之臘八粥十五日爲下元節俗傳水官解厄之辰亦有持齋誦經者

立冬日以各色香草及菊花金銀花煎湯沐浴謂之掃疥

冬至謂之亞歲官府民間各相慶賀一如元日之儀吳中最盛故有肥冬瘦年之説春粢糕以祀先祖婦女獻鞋襪于尊長亦古人履長之義也

十二月二十四日謂之交年民間祀灶以膠牙餳糯

米花糖豆粉團爲獻丐者塗抹變形裝成鬼判叫跳驅儺索乞利物人家各換桃符門神春帖鍾馗福祿虎頭和合諸圖粘貼房壁買蒼朮買衆辟瘟丹栢枝綵花以爲除夕之用自此街坊簫鼓之聲鏗鍧不絶矣僧道作交年疏仙米湯以送檀越醫人亦送屠蘇袋同心結及諸品湯劑於常所往來者

除夕人家祀先及百神架松柴齊屋舉火焚之謂之籸盆煙焰燭天爛如霞布爆竹鼓吹之聲遠近聒耳家庭聚燕則長幼咸集兒女終夜傳戲藏鉤謂之守

歲燃燈床下謂之照虛耗以赤豆作粥雖猫犬亦食之更深人靜或有禱灶請方抱鏡出門竊聽市人無意之言以卜來歲休咎是日官府封印不復僉押至新正三日始開而諸行亦皆罷市往來邀飲蓋杭人奢靡不論貧富俱競市什物以慶嘉節而光飾門戶塗澤婦女衣服釵環之屬更造一新皆故都之遺俗也

西湖之景天下所稀稗史新話曰蘇東坡酷愛西湖其詩云若把西湖比西子淡粧濃抹也相宜已曲盡

西湖情態又詩云雲山已作蛾眉淺山下碧流清似眼是更與西子寫真也宋時有張秀才者江西人驟見西湖而嘆曰美哉奇哉青山四圍中涵綠水金碧樓臺相間全似一幅着色山水獨東邊無山乃有百雉雲連萬瓦鱗次始天造地設之景也此語雖粗而西湖面目盡見矣正德間有日本國使者經西湖題詩云昔年曾見此湖圖不信人間有此湖今日打從湖上過畫工還欠着工夫詩語雖俳而羨慕之心聞于海外久矣故遊湖者把山水之清暉以詩酒洽思

而已歌童舞女已非本色而閭巷鄙人以戲子傀儡雜之瀰聒聒聽誠所謂花上晒褌松下喝道者也宋時范景文詩云湖邊多少遊觀者半在斷橋煙雨間盡逐春風看歌舞幾人着眼到青山可以針砭遊湖之病矣

西湖夏夜觀荷最宜風露舒涼清香徐細傍花淺酌如對美人倩笑款語也高季迪西湖夏夜觀荷詩云雨晴南浦錦雲稠晚待湖平蕩槳遊狂客興多惟載酒小娃歌遠不驚鷗半湖月色偏宜夜十里荷香已

欲秋爲愛前沙好凉景滿身風露未迴舟

西湖觀月秋爽最宜煙波鏡淨上下一色漁燈依岸城角傳風山樹霏微萬籟閒寂自非有清奇之興超豁之襟不能往也宋時葉夢得夜遊西湖紀事叙云張景修與予同爲郎夜宿尚書新省之祠曹廳步月庭下爲予言嘗以九月望夜過錢塘與詩僧可久泛湖時淼銀傍山松檜參天露下葉間蔌蔌有光微風動湖水混漾與林葉相射可久清癯坐不勝寒索衣無所有乃以空米囊覆其背自謂平生得此無幾因

作詩紀之云山風獵獵釀寒威林下山僧見亦稀怪
得題詩無俗語十年肝膈湛清輝佀茲清賞纎蹤者
稀近有太白山人孫太初者遊湖必于秋夜自得之
趣良難語人也其詩云一望晴烟破暝幽湖天澹澹
月初浮旋携斗酒呼隣父小有盤蔬上釣舟笛咽水
龍中夜冷杯搖河影萬山秋人間回首悲何事欲覽
清光最上頭又云十里蒹葭雨盡收西湖一望月光
浮野袍白幘同幽事菰米蓮房作好秋波靜黿龍聽
醉語夜凉河漢帶漁舟高情盡在形骸外不用逢人

說勝遊

西湖賞雪初霽最宜高興者登天竺絕頂及南北兩
峯俯瞰城闉遠眺海島則大地山河銀落禾結而予
以藐然稊米凌厲剛風恍欲羽化次則一舟湖中周
覽四山若秋濤聲湧璀璨乘飈而玉樹瑛花晃然奪
目前凝凌雲翰遊雪湖八詠曲盡景致其鷲嶺雪峯
云大地渾無一點瑕光明都屬梵王家兩峯高並疑
堆玉一道中分類剖瓜巳爲岧嶤知鷲嶺還因凛冽
記龍泓此時翻憶藍關何誰復能開頃刻花冷泉雪
澗云下有流泉上有松諸山雜列玉芙蓉壚頭又釀
誰家酒屐齒應嫌此處蹤汲去煑茶隨甕抱引來劇
木入厨供澗邊亭子無人宿空使猿號昨夜峯巢居
雪閣云人間蓬島是孤山高閣清虛類廣寒木處恐
顛從此穩僧居疑小較來寛瑶花琪樹緣邊繞玉宇
瓊樓向上安裏外湖光明似鏡有梅花處好凭闌南
屏雪鍾云翠屏花作玉千層樓近鍾蹤恍若憑和雪
送來清瀝瀝穿雲透出慢騰騰華鯨謾憶秋蟾月鐵
馬渾疑夜響氷一百八聲纔擊罷雷峯又點塔中燈

西陵雪樵云湖曲風寒戰齒牙不知高樹幾翻鴉遠
持斤斧黏氷片旋斫柴薪帶雪花市上得錢沽斗酒
擔頭懸笠插山茶路人試問歸何處笑指西陵是我
家斷橋雪棹云山逗晴光玉氣浮我來乘興似王猷
橋迷蝃蝀高高發船壓玻璃細細流雪後未同花外
棹雨中曾唤柳陰舟遥思寂寞春寒夜一舸歸來廻
白鷗蘇堤雪柳云寒梢不耐北風狂何似東風萬縷
黃西子畫來蛾黛淺蘇公行處馬蹄香蘭同舊葉堪
爲佩鵲北新絲可織裳待得春歸飛絮亂畫橋移近

橋邊傍孤山雪梅云凍木晨開噪畢連孤山景好勝披圖翠禽巢失應難認皓鶴籠空不受呼已見萬花閒北隴莫教一片落西湖快晴更待黃昏月踈影隨身不用扶

賞心樂事

宋 張鎡

正月

歲節家宴　立春日春盤

人日煎餅會　玉照堂賞梅

天街觀燈　諸館賞燈

叢奎閣山茶　湖山尋梅

攬月橋看新柳　安閒堂掃雪

二月

現樂堂瑞香　社日社飯

玉照堂西緗梅　南湖挑菜

玉照堂東紅梅　餐霞軒櫻桃花

杏花莊杏花　南湖泛舟

群仙繪幅樓前後毬一作樓前打毬

綺互亭千葉茶花　馬塍看花

三月

生朝家宴　曲水流觴

花院月丹　花院桃柳

寒食郊游　　蒼寒堂西緋碧桃
滿霜亭北棣棠　　碧宇觀筍
芳草亭觀草　　鬬春堂牡丹芍藥
宜雨亭千葉海棠　　艷香館林檎
花院紫牡丹　　宜雨亭北黄薔薇
現樂堂大花（一作大蕃）　　花院賞煮酒
瀛巒勝處山花　　經寮鬬茶
羣仙繪幅樓芍藥

四月

初八日亦菴早齋　　南湖放生食糕糜
芳草亭鬬草　　芙蓉池新荷
蕊珠洞茶蘼　　滿霜亭菊花
玉照堂青梅　　艷香館長春花
安閑堂紫笑　　羣仙繪幅樓前玫瑰
餐霞軒櫻桃　　詩禪堂盤子山丹花
南湖雜花　　鷗渚亭五色罌粟花

五月

清夏堂觀魚　　聽鶯亭摘瓜
安閑堂解粽　　重午節泛蒲
烟波觀碧蘆　　夏至日鵝臠
南湖萱花　　綺互亭火（一作大）笑花
水北書院采蘋　　鷗渚亭五色蜀葵
清夏堂楊梅　　叢奎閣前梔花
艷香館窨林檎　　摘星軒枇杷

六月

現樂堂南白酒　　樓下避暑
蒼寒堂後碧蓮　　碧宇竹林避暑

芙蓉池賞荷花　　約齋夏菊
清夏堂新荔枝　　霞川食桃

七月

叢奎閣前乞巧　　餐霞軒五色鳳仙花
立秋日秋葉　　玉照堂玉簪
西湖荷花　　南湖觀魚
應鉉齋東葡萄　　霞川水葒
珍林剝棗

八月

湖山尋桂　現樂堂秋花
社日糕會　衆妙峰山木犀
霞川野蘜
浙江觀潮　羣仙繪幅樓觀月
桂隱攀桂　杏花莊雞冠黃葵

九月

重九登城把萸　把菊亭采菊
蘇堤看芙蓉　珍林嘗時果
景全軒金橘　芙蓉池三色拒霜

杏花莊篘新酒

十月

現樂堂煖爐　滿霜亭寄橘
烟波觀買市　賞小春花
杏花莊挑薺　詩禪堂試香

十一月

摘星軒枇杷花　冬至節餛飩
味空亭臘梅　蒼寒堂南天竺
花院水仙　羣仙繪幅樓前觀雪

十二月

綺互亭檀香臘梅　天街閱市
南湖賞雪　安閒堂試燈
湖山探梅　花院蘭花
瀛巒勝處觀雪　二十四夜餳果食
玉照堂看早梅　除夜守歲

賞心樂事卷終

吳社編

吳　王穉登

里社之設所以祈年穀祓災祲洽黨閭樂太平而已吳風淫靡喜訛尚怪輕人道而重鬼神舍醫藥而祟巫覡毀宗廟而建淫祠黜祖禰而尊野厲嗚呼獘也久矣每春夏之交妄言神降於是游手逐末亡賴不逞之徒張皇其事亂市井之聽惑穉狂之見朱門纓笏之士白首耄耋之老恭鐏簑笠之夫建牙熊虎之客紅顏窈窕之媛無不驚心奪志移聲動色金錢玉帛川委雲輸百戲羅列威儀雜遝啓僭竊之心滋奸慝之行長爭鬬之風決奢淫之漸潰三尺之防廢四民之業嗟乎是社之流生禍也昔郭代公蹴豕烏氏之妖亡西門豹沉巫河伯之害息今之長民者不是之問豈所謂魯人獵較孔子亦獵較與不然是或一道也吾儕小人不可知也已

會

凡神所棲舍具威儀簫鼓雜戲迎之曰會優伶伎樂粉墨綺縞角觝魚龍之屬繽紛陸離靡不畢陳香風花靄迤邐日夕翺翔去來雲屯霧散此則會之大畧也會有松花會猛將會關王會觀音會松花猛將二會余幼時猶及見然惟旱蝗則舉關王會則獨盛於崑山觀音會亦閒一行之今郡中最尚曰五方賢聖會

五方賢聖

按五方賢聖之名考古祀典圖經皆不載或謂爲五行之神余意吳爲澤國地濵五湖當是五湖之神或又以爲五龍亦此意也搜神紀則謂神皆有姓氏及

爵土封號其說不經又謂其司主民閒疾疫故吳中是會必以五月行盍祖其説頃見五方之神肖像爲一緇一黄緇曰勸善黄曰匡阜是蛇而足矣神之首曰至尊余謂至尊者人君之號惟龍有君象宜當之又其居爲貴星朱軒僭擬乘輿若舍夫神龍而彼花竹之妖魅川瀆之精靈尸之未有不膺當罰者也

會境

曰五龍堂曰東倉曰婁門曰葑門曰專諸巷曰康工廟曰丁香巷曰北營曰胥門曰虎丘寺曰楓橋曰白

蓮橋曰洞涇里曰黄路巷曰南濠曰陸墓曰許市五方會由五龍堂始故五龍堂會之盛𠂆於他境云

會首

會所集處富人有力者捐金穀借乘騎出珍異倩妓樂命工徒雕朱刻粉以主其事曰會首里豪市俠能以力嘯召儔侶醵青錢率黄金誘白衆質錦貸綉斂翠哀香各一其務者亦曰會首會首之家先期數月畢力經營臨期數日輸心會計及期不過騎馬市中插花簪帽執鞭張蓋往來指麾而已要之皆亡賴爲

之亦有賁緣衣食者

助會

荒隅小市城陰井落之間不能爲會或偏門曲局一部半伍山裝海飾各殫其智以佐大會成并入之者曰助會

接會

會所經行通衢廣陌闤闠高門及市人之家洞去尋闥張珙筵粧綉段飣餖組繪籩豆千百徵核奇丈紅炬金爐香氣如雲神像過門士女羅拜謂之接會往往所費不貲

看會

會過門之家折簡召客窅徒戚屬閨秀嬰奇雲至雨集家窺則朱門錦席水覽則白舫青簾花間而玉勒搖柳下而紅粧映目星而秋漢微波鬟雲而春山遠翠玉斷珠連蟬過黛續富者列筵張具千金一揮貧者茶杯脫粟而已若夫街塡巷溢壁倚楣馮店外壚傍簷間井上秧雲而汗雨者則又不可數計也

打會

會行必有手搏者數十輩爲之前驅凡豪家之卹折綦市之侵陵悉出是輩與之角勝爭雄酣鬦猛擊旁觀之人無不罷市掩扉奪魄喪氣此皆怒髮裂眥暴虎馮河之流往年倡導游氛焚燒官廨不過此曹爲之漏網出柙之虓跳梁跋扈之黨司干城者宜有以灰其焰而熄其爐也

粧會

入會之人裘襦衫幘衣裳楚楚紅殷翠鮮香燻粉傅鬢上則簪白鷺羽翦綵花雪絲紅豔翩翩可觀

走會

無所事事而但白袍烏帽戴花枝捧香爐徒行會中者曰走會道人擊磬談經叢業馳騖者亦曰走會特無髮閒花耳

拾會

公卿士庶之家稚齒孩提弱齡髫齔蘭茁棘心鵷雛璧樹白皙清揚之子錦帶懸髦之嬰輒令佩刀躍馬執鞭持橐消赤子之心傷黃口之氣離其樸而琢其純嗟乎可惜已

色目則有皂隸衙兵舍人掾吏健兒旗手著頭執蓋輿夫牧豎之屬每會數百人

雜劇則　虎牢關　曲江池　楚霸王　單刀會　遊赤壁　劉知遠　水晶宮　勸農丞　採桑娘　三顧草廬　八仙慶壽

虎丘赤壁畫小舫令壯夫舁之舟中蘇公二客及兩長年並皆孱稚歌喉清妙而長年能唱竹枝瓏瓏裊裊有破烟出峽之聲

神鬼則　觀世音　二郎神　漢天師　十八羅漢　鍾馗嫁妹　西竺取經　雷公電母　后土夫人

專諸巷有兩觀世音坐石者歙人女閒靚有艷姿魚籃觀世音是天庫前民家子纖弱娟娟子都之姣也觀者尤嘖嘖云

人物則　伍子胥　孫夫人　姜太公　王彥章　李太白　宋公明　狀元歸　十八學士　十三太保　征西寡婦　十八諸侯

五龍堂王彥章以壯夫爲之鐵槍金甲凜凜有虎賁

中郎之想

白蓮橋寡婦則妓童十二人即玉樹瓊蕤衣即香紈白苧馬即珠勒銀鞍斜陽之間紛如積雪

技術則　傀儡　竿木　刀門　戲馬　馬上檛　丞索　弄繖　廣東獅子

獅子金月熊皮兩人蒙之一人戴木面具肖月氏奚奴持繡毬導舞兩人蹲跳按節若出一體弄繖則一架五繖大者如屋一人弄之左提右攪當其奇處即昏端額上眈眸臏間皆繖也

纈結則　藍關亭　鏡子亭　麥柴亭　五雲亭
九層亭　錦毬門　鞦韆架　採蓮船
五龍之藍關長竿五丈結爲重巒疊崖雪巘干霄犯
斗
虎丘之麥柴則離簷曲楯飛架連楣皆以麥柴爲之
如黃屋珊瑚光射清旭眞奇玩也
樂部則　柘枝鼓　得勝樂　軍中樂　太平樂
清平調　單合笙　雙合笙　骰拍鼓　十樣錦
海東青

按樂者錦衣少年復有垂髫幼稚金驍長笛鼓吹競
奏馬上臨風雲凝霧結老伶髦工岐舌嘆賞自謂莫
及也
珍異則　金花鐙　眞珠帶　飛魚袍　蟒龍衣
犀角弓　紫檀箏　商金鞍　刻絲鞴　玳瑁笙
珠繖　水墨畫繖　錯金兵仗　螺鈿兵仗　百
斤沉香　百斤雄黃
聞洞庭會中黃白龍袅金銀掩鬃爲鱗復以金銀揹
環連爲長組維之以行此尤駭心怵目所不及覩者
也
火器則虎丘之爆仗一枚四人舁之
祭器則南濠之瓜仁壘花石牲牢尊壺俎豆皆以瓜
仁飣成如雪圃霜林瓊筵玉席
東倉之五穀壘則以稻黍之屬甃爲樓觀軒楹楣牖
動合準繩光潔澄麗濯濯可鑒千靈百慧窮精竭神
直可供一笑耳
散粧則　打圍場　野仙人　八蠻朝　山魈戲
太保參　平倭隊　沙兵隊　廣兵隊　毛女仙

小僧道　小醫師　金錢卜　蓮花鼓　琵琶婦
行脚僧　小將軍　射生弩　閗蟋蟀　採芝仙
白猿精
廣兵皆賣香人爲之竹帽氈裳鎗刀藤弩廼其土服
沙兵則城中之洞金戶猛憨多力是眞嘗殺倭者也
會行迂緩彌日不休行者不及齋糧廼有盛壺漿積
果實饊湯餅於門間迎勞之者南濠之柿脯十石冶
坊之包子麥屑千斤徐氏之酒巨罌五十計口分遺
一物一觴不能徧逮嗚呼以不貲之財充無益之費

神而有靈吾誰欺欺天乎凡二日編成藏之齋中以
消煩暑

武陵競渡略

清陵亭長編

競渡事本招屈實始沅湘之間今洞庭以北武陵爲沅以南長沙爲湘也故划船之盛甲海内蓋猶有屈楚之遺焉宜諸路倣傚之者不能及也

舊制四月八日揭篷打船五月一日新船下水五月十一日十五日划船賭賽十八日送標訖便拖船上岸今則興廢早晚不可一律有五月十七八打船廿七八送標者或官府先禁後弛民情先鼓後罷也俗語好事失時者云打得船來過了端午至今不足爲諺矣

船一以杉木爲之取其性輕易划得燥木爲龍骨尤妙一船司命全在龍骨生硬橈軟使船不進皆龍骨病也其次在篙篾以麻札竹相續爲之繞船首尾急束數十番然後互相穿度勾絞如織此一船之筋以前後促緊如弓梢船行身不動爲良否即彈水易敗也

船式長九丈五尺最爲中制過長有十一丈五尺者

短至七丈五尺止此武陵郡中船也俗說長船短馬大意以坐橈多者爲勝實不盡然有長之篤緩不及短之精悍者其他湖泊溪港所在有船短不及式或時飾他船水嬉而已賭賽無取焉

凡船決賭以選橈爲第一義橈手俱出江南打魚家以姓著者曰段家崗家以地著者曰德山德山港其人謂之水老鴉狎巨浪如衽席者也凡散橈皆以銀米先期占募健兒至期挑選用之有畏生事不上船及婦惜夫不聽募者須紅布三五尺可得亦猶欵胡

用脂粉之屬焉一種江頭給艓之人抱甕灌園不以漁爲業其橈輕小無力謂之菜橈子咸黜不用

凡選橈法先遣兩橈共一船相背而划以知强弱謂之兩頭忙復合十餘橈分左右翼急划數轉如盤蟻封以觀整亂謂之渦兒漩大抵左橈難于右橈猶射左右開弓之有鈍利也

船以篙爲中線虛縛船上篙前後立者頭梢二人篙中立者旗鼓拍板三人和篙不拘人數多不過四五少或無之篙卜施横木約二尺許一枚如梯桄子相次左右坐茄處也船過十一丈可坐八十橈九丈者六十餘橈七丈者四十餘橈行船以旗爲眼動橈以鼓爲節橈齊起落不亂分毫亂者黜之謂攪醬手與橈相應惟拍板聲最妙如出橈間響戛空水諸處不用拍板惟武陵爲然或代以金火之愈遠

和篙一名和橈劉禹錫競渡曲註曰競渡始於武陵至今舉楫而相和之其音咸呼云何在斯招屈之義然則和篙亦疑和楫之訛也太古漸遠不聞何在之聲第相呼曰拏橈拏橈莊子漁父杖拏而引其船陸

游老學菴筆記尚澧謂拏子爲橈義兼諸此

划船當郡城之中遠者自漁家港來沿流十五里自白沙渡來泝流三十五里計一日之間五十里内旗鼓闐然而徘徊往還與賭賽之地不過十里間耳江南上至段家觜下至青草觜江北上至上石磯下至下石磯而勢濶遠堪爲賽場南則芳草茂林雪沙霞岸北則危樓畫檻古堞重城觀者於此鱗集劉禹錫詩風俗如狂重此時縱觀雲委江之湄斯實錄矣

賽船雖有上下長江南北分江之名然不足爲準惟

自北而南横江互競兩船約畧齊驅須到彼岸與否
爲輸贏的據范慥競渡賦曰聿來肇自于北津所届
盻期于南浦殆謂是也五月沅江漲落不時隔岸迂
堤俶異慣船者皆深識水候兼船所直之方不差毫
末先勝而後戰焉否卽浪戰敗矣記船以鼓大約横
江漲時三百八十槌落時三百六十槌逐岸增損不
能悉載
凡船賭賽雖一江之中彼已形見猶狙詐百端或前
驅中流整陣待敵或卷旗卧鼓變伏爭先或乍進乍

止以變出相渡或一縱一横以分途並掩或甲與乙
賽丙先爲誘追甲乙成賭丙旋抽回謂之送船或甲
强乙弱讓乙先行却後追去謂之趕船計路以船有
趕半船一船路甚至五船十船者贏亦如之謂贏半
船一船路甚至五船十船也又或量力不進遇敵先
逃謂之怯船本無鬬心優游竟日謂之演船其人久
習船事足智多姦謂之老水後生輕鋭不測成齡謂
之新水船無老水雖勝亦倖也
武陵唱山歌多竹枝遺意白居易詩江上何人唱竹
枝前聲曳斷後聲遲惟武陵人歌曳後斷斷後遲爲
備其體亦時有新語山漁翁馬隷口中奇快可賞龍
船歌則不然兒童所傳終老無異每唱四聲前聲畢
餘耶野二音後聲畢餘阿婀二音而已亦有相沿套
頭如石榴花葉兒青之類爲起興語臨時撰足四句
彼此相嘲鄙俚無足道抵暮散船則必唱曰有也回
無也回莫待江邊冷風吹其來甚遠按隋書地里志
屈原以五月望日赴汨羅土人追至洞庭不見湖大
船小莫得濟者乃歌曰何由得渡湖因爾鼓棹爭歸

競會亭上斯則有也回無也回之義乃數千年之語
也
武陵東門外舊有招屈亭劉禹錫詩昔日居鄰招屈
亭競渡曲云曲終人散空愁暮招屈亭前水東注斯
隋志競會亭上之驗其地本名屈原巷近有小港名
三閭河蓋原生平所遊集也
俗傳競渡禳災風俗通曰五月五日以五綵繫臂辟
兵及鬼令人不病瘟亦因屈原荆楚記曰五月五日
並蹋百草採艾爲人懸門戶禳毒氣又以屈原以

日死並將舟楫拯之蓋兩事合爲一耳梅堯臣作祝
識原好競渡使民習尚之因以鬪傷溺死一歲不爲
輒降疾殃去愛民之道劉敞作屈原報辭言競渡非
原意以曉聖俞辯説蠢起余謂楚俗尚鬼原生時放
逐沅湘親覩淫祀山鬼國殤何與人事而皆爲之辭
蓋其俗有不可變者也况原以忠直憤塞蹈身洪流
民秉之良目誅憔悴耳屬牢騷震號未有憑一葉之
舟墜千古之淚亦何傷乎江南卑濕溫暑司辰王侯
駕言士女于遨抑亦山陰之禊竹汝南之揷萸也使

其可已何俟今日
今俗説禳災于划船將畢具牲酒黃紙錢直趨下流
焚酹詛咒疵癘夭札盡隨流去謂之送標然後不旗
不鼓容划船歸擱置高岸揩閣苫蓋以待明年即今
年事訖矣爾時民間設醮預壓火災或有疾患皆爲
紙船如其所屬龍船之色于水次燒之此本韓愈送
窮具車與船之意亦非苟作
飛喙兵權二物船人臨賽擲之以祈勝非也飛符能
殺百鬼乃禳災之具兵罐中所貯者米及雜豆之類

按續齊諧記楚人哀屈原每至五日竹筒貯米投水
祭之漢建武中長沙歐回白日忽見一人自稱三閭
大夫教回以楝葉塞筒五綵絲縛免爲蛟龍所竊自
是世有楝葉粽并帶五色絲此兵罐盛米乃竹筒之
訛未有角黍以前之遺制也
划船不獨禳災且以卜歲俗相傳歌花船羸了得時
年只此一句無上下文不知所自始而頗有其驗儲
光羲觀競渡詩曰能令秋大有鼓吹遠相催然則其
來巳久蓋未有好事划船非樂歲者也

龍船歌耶野阿婀餘音惟武陵爲然諸處不爾一云
其甘爲些些本招魂楚些之遺弔屈意也按宋玉招
魂帝告巫陽有人在下我欲輔之魂魄散汝筮予之
蓋原巳死時語今划船用巫實始于此説者乃謂玉
猶楚俗生用此法于原似未爲得
划船用巫陽爲厭勝或走聘名巫于萬山中謂之山
老師法力尤高大約划船先夜頭人具牲酒倩巫作
法從船首打觔斗至尾撒蕎燃火名曰亮船鼓聲徹
旦不懈以防敵巫偷作幻術或捕得之撻死無

划船之日巫覡油火發船以其紅黑高下占船之勝負歷歷不爽巫所奉神名西河薩眞人誦呪有蠻雷猛火燒天等術手訣有收前龍息陰兵移山倒海等術巻袖露足跣罡七步持水激火火起船行呪詞有天火燒太陽地火燒五方雷火執常法燒死諸不祥龍舟下弱水五湖四海任歎遊云云船底在水中用白茅從首至尾順拂一過亦防敵人暗繫諸物以成滯尚餘法秘妄不能悉知

划船擇頭人必有身家拳勇者爲之前數日刋梨棗

一片上畫龍舟下書詞調蒸麪爲餅餌徧送所隸地方索報以金錢親戚或有力之人派供酒飯以供具盛者爲平生有行止之人亦有尋常許愿供酒飯者其日江中小艓揭黃錢二樹彩聯鼓吹而征即供飯船也

凡供酒飯雖船人醉飽必強飲食之顆瀝不留餘餘則撒江中槃箸亦擲諸水不復攜去至晚散船人家競取船艙中水雜百草爲浴湯云可辟惡斯皆祓之類也

船人無不習水善游惟頭旗鼓拍四人不必善水則皆常命橈手是日划船悉頂巫師符篆及製黃赤小旗取鷺鷥毛插鬢間厭勝物也觀者樹紅綠彩或製何彩上侯船過賞之凡船所經係其隸地放爆竹黃烟擲扇帕釆相和否則舉槳合譟以揶揄之怒者擊屋瓦飛擊如雨船人亦檥橈舞掌作勢相應云

花船廟神曰梁王其像冕服侍衛兵仗甚嚴乃東漢梁松代馬援監軍征五溪蠻者也土人祀之陽山劉禹錫詩庚家都尉舊征蠻血食于今配此山又曰梁

國三郎威德尊即此江南有廟郡人所祠踏青乘李廿菊花時率往遊焉划花船則有事茲廟刻神像于龍之首塗其鱗尾五色兩旗白質龍文或刺或繪五色頭梢旗鼓和拍之人服黃白色所隸地曰神鼎清平常武三門及七里橋若花船鱗尾旗服多同花船其廟神曰靈官所隸地白漁家港竹箨灣等處紫船鱗尾旗繪皆紫服黃白色廟神曰李才將軍手赤棒典江湖舟箱未詳所出所隸地曰槐花堤清泥灣白船鱗尾旗服純白廟神曰老官曰羊頭三郎竹馬三

郎皆一手操橈一手或拳或弄綵毬古有竹郎神未知是否所隷地曰拱辰永安二門及善德山烏船鱗尾皆烏紅船鱗尾皆紅旗皆赤色服皆純青諸船橈服雜色此兩船橈亦純青廟神曰黄公大伯二伯三伯黑面手操橈相傳兄弟皆碇客溺水爲神者也所隷地曰臨沅門大河街德山港蘇家渡白沙村大抵廟神多不經從來久遠莫由旆革姑紀其實如此

諸船分界惟士民割據勝負嵩爭兒童婦女無肯遜人一語或祖居此船遷居彼船只認祖居者過半或

居此船而不爭船其黨人憎之謂沒志氣納降書擦桶子凡與人手談搠陣角飲爭言勝或口稱鼕鼕打鼓聲也或張兩袖舞稱蠃了蠃了和橈勢也流俗醉溺如此若　榮府建邦啓土道府縣公署臨民雖在諸船界中無屑屑分畛之理俗兒亦以市井見分之細甚矣

船中兩旗方幅各尺五寸以布爲之楚辭乘回風兮載雲旗韓愈羅池廟碑曰侯之來兮兩旗度中流兮風泊之此亦迎神之物也

划船招屈良有深意不獨感與汨羅楚辭乘舲船余上沅兮齊吳榜而擊汰船容與而不進兮淹回水而凝滯此原生平遭遇撥抑迍邅後人寫之疾鼓輕橈轟霆捲雪庶一洗其不平之氣耳又曰朝發枉渚兮夕宿辰陽沅與枉渚皆武陵水名

龍船不施頭角或試施之一再行即取去惟刻木鱗三尺竪船首謂之鵝項頭人所倚立者也相傳昔河洑龍本造黄龍船施頭角鱗爪體似真龍鼓行沒水百艘一人出者故皆以爲戒亦云橈出德山龍井中

黄船用是始廢不誣也

青船舊隷清平門外謂之青竹標不知何時廢今小廟存焉

江上看船北岸樓有三四層自清平門至下石碗其長五六里皆前期爭納僦直多至數百文緩即爲人占奪至日提壺挈榼馬步魚軒切磨道上巳牌則畢集矣盤中佳果有韓家李麥黄飛新味有鰣魚蒪菜嘗鼎一臠下豉千里方共清談浪笑忽聞船賽莫不停杯變色倚檻聯肩是耶非耶若得若失玄黄自戰

勝負俄分于時或氣湧如山可以踏江穿屋或顏厌若死不知下殿辟樓鷹飛天而雉伏莴龍爲魚而鼠變虎殆未足以極其情喻也

看船戧樓亦各有域花白諸船人不入鳥船域鳥紅船人不入花船域有互入者非忘情不能非善鬬不敢亦往往凶終不如不入之爲愈也人衆樓少故有江南之食單江中之舲艫水陸蔽舲莫可算數在江南者看横渡到岸極審然船將到岸非其隸地則岸頭飛礫擊之船人或揮橈梃鬬玉石莫分居江中者

易礙諸船往來之路或正當賭賽之衝引避不及立成泥矣若取其點綴江南果蓏餳豆滿眼可沽江中落日金鼓喧闐瓜瓢舴艋皆揚袂折柳危足踏舷而舞亦諸方未有之盛觀矣

凡官府看船往時多在寓賢閣神尚樓縣麗譙臨沅樓等處結綵張筵諸船始至必豢嚴鼓勒橈急划搶岸頭人轉面鵝項跪足點頭泊岸仍登樓徧叩官給花紅賞之後至者有鞭朴之懼今寓賢閣圮久矣寓賢者誰本朝薛文清爲御史監沅州銀場往來巡寓王文成迸逆瑾謫赴龍場旅寓處也

凡船賽勝則以梢爲頭倒轉划之船人皆豎撓舞棹鳴金鼓吹船中過所勝之船之方搶抑數四負者或勉爲之而神不王或不相及遠則其服愉寂寂然矣日晚散船頭家具酒飯滿船俱集勝者加豐鄰里親知踵門稱賀明日結綵於門開尊演戲或書對聯小令于城門縛狗懸龜繫蔚芎草果諸物以嘲負者負者地方之人偶過其下則垂首忝或親友封致前物以相謔云自四月說船便津津有味五月划後或勝

或負談至八九月間沾沾未厭也

或曰划船之說備矣梅聖俞云鬬傷溺死其能免乎則應之曰龍船不易溺於諸船也鬬則溺耳于競渡時而禁鬬船中禁藏竹竿鵝子石兩岸禁擲瓶瓦一捕尉力何難焉若尋其本限爲小船長不滿五丈橈不過三十人寧以一船之費爲兩三船恣其戲而殺其力勢自不至於鬬矣不鬬亦不溺矣前不云乎使其可已何俟今日如欲已之而未可得是說而存之其庶幾哉

此編足與宗懍荆楚歲華並傳

清閑供

練江程羽文

刺約六

一曰癖典衣沽酒破産營書吟髮生岐嘔心出血神仙烟火不斤斤鶴子梅妻泉石膏肓亦顛頗竹君石丈病可原也二曰狂道傍荷鍤市上懸壺烏帽泥塗黃金糞壤筆落而風雨驚矣[illegible]天地窄病可原也三曰懶蓬頭對客跣足爲賓坐四座而無言睡三竿而未起行或曳杖居必閉門病可原也四曰癡春去

詩惜秋來賦悲聞解佩而踟躕聽墜釵而惝怳粉殘脂剩盡招青塚之魂色艷香嬌願結藍橋之眷病可原也五曰拙學黜妖娆才工軟款志惟古對意不俗諧饑煮字而難糜田耕硯而無稼螢身脆腐醯氣猶酸病可原也六曰傲高懸孺子半榻獨臥元龍一樓鬢雖垂青眼多泛白偏持腰骨相抗不爲面皮作緣病可原也

小蓬萊

蓬萊爲仙子都居限以弱水者蓋隔謝其塵濁

土之風然心遠地偏即塵土亦自有逈絕之場正
不必俟口白雲鄉也

門内有徑徑欲曲徑轉有屏屏欲小屏進有堦堦欲平堦畔有花花欲鮮花外有墻墻欲低墻内有松松欲古松底有石石欲怪石面有亭亭欲朴亭後有竹竹欲疎竹盡有室室欲幽室傍有路路欲分路合有橋橋欲危橋邊有樹樹欲高樹陰有草草欲青草上有渠渠欲細渠引有泉泉欲瀑泉去有山山欲深山下有屋屋欲方屋角有圃圃欲寛圃中有鶴鶴欲舞鶴報有客客欲不俗客至有酒酒欲不却酒行有醉醉欲不歸

天然具

斫栢成門搴蘿就幕山家真率多自有一種天然具也

榆莢錢　柳線　芰荷衣　秋針　竹粉　蓮房
桐葉箋　蕉扇　松拂　荷珠　苔茵　蘿薜帶
蘭佩　碧筒　蒲劍　栢子香　瘿瓢

真率漏

柝鳴永巷角奏邊徼擊柝敲寒總不入高人之夢惟是一項白雲横當衾枕數聲天籟代我鼾熊云耳

蛙鼓　子規啼　竹笑　鐵馬驟簷　砧杵搗衣
蛩啾唧　鶴警露　松濤　鷄唱　石溜　雁過
犬聲如豹　烏鵲驚枝　荻鷄振羽　鐘遠度　魚躍浪　花蚓笛

鳥言

春日不第喚逸情驚幽夢對此正勝與俗人言也

姑姑　釣輈格磔　提壺蘆　脱布袴　不如歸去
行不得也哥哥　雲韶部　鳳凰不如我　得過且過　布穀　泥滑滑　都護從事　婆餅煎　莫損花

棋能避世

一湯武征誅一局棋波波劫劫究竟何在不如借此一枰剝啄聲來聊消永晝也

坐隱　橘中樂　爛柯　手談　勝固欣然敗亦可喜　賭墅　姑婦夜局　徵餅餌牛酒　忘憂　河

圖數　讓老夫一着　握中一子　誤法　水野狐
仙奕山　蚘龍牙　竹下　十二卜　閉目應着
出人意表
醸王考績
酒德有誦酒功有讚緊爾醸王空沉湎乎哉漫爾
條列數事乃知麴生故自奇也
斷送一生　中聖　掃愁帚　撓書　上頓　破除
萬事　撒伯　釣詩鈎　軟飽　擒奸　輔邪　百
藥長　肴地勝

睡鄉供職
睡鄉安恬無夭札瘥癘高行之士分封而處未許
忤人供職也
化蝶　腹便便　曲肱　南柯郡　象耳山　邯鄲
道　黑甜　遊仙枕　北窗　白雲堆　一局　泥
沌譜　攤飯　兩腳棋盤　麯世界　東床　華胥
國　釣天樂　黃嬭　蓬萊第一宮　百尺樓　西
堂　陽臺
十七醫
慧日禪師作禪本草普度世間但其味沖淡服者
多無恒因戲備十七治云
省費醫貧　苦心醫賤　淪松醫饑　裁雲醫冷
嚼雪醫熱　彈琴醫躁　安分醫貪　量力醫鬭
參禪醫想　獨寐醫淫　鳥啼醫夢　面壁醫動
焚香醫穢　痛飲醫愁　廣交醫寂　遠遊醫僻
讀書醫俗
四時歡
日月跳丸忽忽如夢加以名奔利競膏火自煎祗

令人歎蜉蝣耳夫鳥飛花落目前光景爲歡自饒
七尺我才定有安排處也
春時
晨起點梅花湯課奚奴洒掃護階苔禺中取薔薇露
浣手薰玉蕤香讀赤文綠字晌午採筍蕨供胡麻
汲泉試新茗午後乘欵段馬執剪水鞭攜斗酒雙柑
往聽黃鸝日晡坐柳風前裂五色箋集錦囊佳句薄
暮遶徑灌花種魚
夏時

晨起芰荷爲衣傍花枝吸露潤肺禺中披古圖畫展法帖臨池晌午脫巾石壁據匡床談齊諧山海倦則取左宮桃燭遊華胥國午後刳椰子盃浮瓜沉李擣蓮花飲碧芳酒日晡浴罷硃砂温泉棹小舟垂釣于古藤曲水邊薄暮籜冠蒲扇立層岡看火雲變現

秋時

晨起下帷檢牙籤挹露研硃點校禺中操琴調鶴玩金石鼎彝晌午用蓮房洗硯理茶具拭梧竹午後戴白接䍦着隱士衫望紅樹葉落得句題其上日晡持

蟹螯鱸鱠酌海川螺試新釀醉弄洞簫數聲薄暮倚柴扉聽樵歌牧唱焚伴月香壅菊

冬時

晨起飲醇醪負暄盥櫛禺中置壇褥市鳥新會名士作黑金社晌午挾筴理舊稿看晷影移堦濯足午後攜都統籠向古松懸崖間敲冰煑建茗日晡布衣皮帽裝斯風蹬策蹇驢問寒梅消息薄暮團爐促膝煨芋魁說無上妙偈談劍術

月令演

令節良辰世賞久矣或因一事而留或托一人而顯重零時移日尚多流風可挹總輯一篇貽諸同好

正月

天臘 歲旦　油卜 人日　金吾弛夜 十五

耗磨日 十六　買雨夜燈 十七 十八　補天穿 十九

送窮 二十九

二月

獻生子 朔日　踏青 二日　芳春節 八日

祭馬祖 剛日　治聾酒 社日　撲蝶會 十五

三月

祓禊 上巳　流觴 三日　摸石遊

禁烟 寒食　賜新火 清明　送春 下旬

四月

飲酎 上旬　龍華會 八日　菖蒲誕 十四

櫻筍厨 十五　結夏　浣花潭 十九

五月

地臘 五日　皓露曲　竹醉 十三

天地合 十六　夜祭 夏至　分龍 晦日

六月

避伏三日　天貺節六日　爊麥爪初伏

碧筒勸中伏　竹條飲　蓮誕二十四

七月

軀劉立秋　曝腹書七日　鵲橋七夕

鬬巧宴八日　盂蘭盆十五　鬼燈節十八

八月

五明囊朔日　鬬棋局四日　廣陵濤八日

天灸十日　梯月十五　牡丹誕十五

九月

皇極日五日　息日七日　題糕九日

小重陽十日　菊花節　御溝紅葉

十月

秦歲首朔日　儲穀　煖爐會

小春　下元十五　祭司寒亥日

十一月

熈土炭至前三日　迎長至前一日　添宮線至日

妓圍　黑金社　天竺至節十六

十二

細腰鼓八日　星迴節十六　祠竈二十四

送寒下旬　驅儺歲除　賣癡獃除夕

二六課

撒開兩手魚躍鳶飛打破桶底中流自在此是轉身向上一路還從法外護持所以飢食困眠假借四大行住坐臥不離色身但令二六時中隨方作課使生氣流行身無奇病只此着衣喫飯家風便是空假中觀正局

辰

夙興整衣襟坐明窻中調息受天氣進白湯一甌勿飲茶櫛髮百餘遍使疎風清火明目去腦中熱盥漱畢早飡宜粥宜淡素飽徐行百步以手摩腹令速下食天氣者亥子以來真氣也靜而清喧而濁故天氣至巳午而微矣

巳

讀書或楞嚴或南華或易一卦循序勿泛濫勿妄想勿聚談了大義知止勿積疑倦即閉目燃律數十口

見賓客寡言以養氣

午

坐香一線畢經行使神氣安頓始休用素湯當饑而食未飽先止茶滌口膩漱去乃飲多行步少坐勿偃胸中閟則默呵氣二三口凡飲食之節減滿受虛故當饑節其滿未飽留其虛

未

獵史看古人大局窮事理流覽時務事來須應過物來須識破勿耆臥無事無物不妨事物之來涉獵流覽都是妙明生趣讀書人日用不知

清閑供　八　十

申

朗誦古人得意文一二篇引滿數酌勿多飲令昏志或吟名人詩數首弄筆倣古帖倦即止吟誦浮白以王真氣亦是張顛草書被酒入聖時也

酉

坐香一線動靜如意晚飡宜早課兒子一日程如法即止小飲勿沉醉陶然熱水濯足降火除濕暮漱滌一日飲食之毒

戌

燈夜默坐勿多思勿多閱多思傷心多閱傷目坐勿過二更須安睡以培元氣臥必側身屈上一足先睡心後睡眼睡心是止法睡眼是觀法

亥子

亥末子初嬰始孩也一身元氣於焉發陳當其機候起坐擁衾虛心靜守無爲而行約香一線固其命門精神日餘元氣久盈醒而行之難老而長存也

丑寅

清閑供　八　十一

丑寅間精氣發生時也勿酣睡靜守令精住其宅或轉側臥如弓氣亦周流不漏洩如勾萌不折迎生氣也

卯

醒見晨光披衣坐牀叩齒三百轉動兩肩調其筋骨以和陰陽振衣下榻俾勿濫觴

林下盟

古杭沈仕

睡味

癸辛志曰飽食緩行初睡覺一甌新茗侍兒煎脫巾斜倚藤床坐風送水聲來耳邊（裴晉公詩也）細書妨老讀長簟愜昏眠取快且一息抛書還少年（半山翁詩也）相對蒲團睡味長主人與客兩相忘須臾客去主人睡一枕西窗半夕陽（陸放翁詩也）讀書已覺眉稜重就枕方歡骨節和睡去不知天早晚西窗殘日已無多（僧有規詩也）

老讀文書興易闌須知塵冗不如閑竹床瓦枕虛堂上卧看江南雨後山（呂滎陽詩也）紙屏石枕竹方床手倦抛書午夢長睡起莞然成獨笑數聲漁笛在滄浪（蔡持正詩也）余習懶成僻每遇暑晝必須假息客有嘲孝先者即哦此以自解但苦枕熱展轉數四後見前輩言荊公嗜睡夏月多用方枕睡久氣蒸枕熱則轉一方冷處此非真知睡味未易語此也

睡訣

孝先曰花竹幽窗午夢長此中與世暫相忘華山處士如容見不覓仙方覓睡方睡亦有方希夷意謂息氣離神不動也道教經云乃有煩惱毒蛇睡在汝心毒蛇既出乃可安眠之謂近世西山蔡季通有睡訣云睡側而屈睡覺而伸早晚以時先睡心後睡眼晦翁以為此古今未發之妙

四休

太醫孫景初自號四休居士山谷問其說四休答曰麤茶淡飯飽即休補破遮寒暖即休三平四滿過即休不貪不妬老即休山谷曰此安樂法也守欲者不

伐之家也知足者極樂之國也四休家有三畝園花木鬱鬱客來煮茗談上都貴游人間可喜事或茗寒酒冷賓主相忘其居與余相望暇則步草徑相尋作小詩遺家僮歌之以侑酒茗詩曰太醫診得人間病安樂延年萬事休

道侶

自昔士之閑居野處者必有同道同志之士相與往來故有以自樂淵明詩曰昔欲居南村非為卜其宅聞多素心人樂與數晨夕又云鄰曲時來往抗言談

往昔奇文共析賞疑義相與析則南村之隣豈甯儕之士哉杜少陵與朱山人詩曰相近竹參差相過人不知幽花欹滿徑野水細通池歸客村非遠殘尊席更移歎君多道氣從此數追隨李太白與范居士詩曰忽憶范野人閒園養幽姿又云還傾三五酌自咏猛虎詞近作十日歡遠為千載期風流自簸蕩謔浪偏相宜觀此則朱山人范居士者可為非常流矣

五事

倪正父鋤經堂述五事靜坐第一觀書第二看山水

花木第三與良朋講論第四教子弟讀書第五

十供

齊齋十供云讀義理書學法帖子澄心靜坐益友清談小酌半醺澆花種竹聽琴玩鶴焚香煎茶登城觀山寓意奕棋十者之外雖有他樂吾不易矣

六館

高太素隱商山起六館曰春雪未融館清夏晚雲館中秋午月館冬日方出館暑簟清風館夜階急雨館各製一銘

老境從容

邵康節吟曰年老逢春雨乍晴雨晴況復近清明天低宮殿初長日風暖林園未囀鶯花似錦時高閣望草如茵處小車行東君見賜何多也況復人間久太平又云堯夫非是愛吟詩詩是堯夫志喜時明着衣冠為士子高談仁義作男兒敢於世上明開眼肯向人間浪皺眉六十七年無事日堯夫非是愛吟詩擊壤集一編老人怡神悅目時可吟玩公喜飲酒命之曰太和湯飲不過多不喜太醉其詩曰飲未微酡口

先吟哦吟哦不足遂及浩歌所寢之室名安樂窩冬暖夏涼遇有睡思則就枕其詩曰牆高于肩室大如斗布被暖餘藜藿飽後氣吐胸中充塞宇宙聞人說人之善就而和之又從而喜之詩曰樂見善人樂聞善事樂道善言樂行善意晚教二子以六經家素業儒口未嘗不道儒言身未嘗不蹈儒行其詩曰義軒之書未嘗去手堯舜之談未嘗離口當中和天同樂易友吟自在詩飲歡喜酒百年昇平不為不偶七十康強不為不壽老境從容孰有如康節者乎

居常待終

徐勉曰冬日之陰夏日之陽良辰美景負杖躡屐逍遙自樂臨池觀魚披林聽鳥濁酒一杯彈琴一曲求數刻之樂庶幾居常以待終

守志

陶弘景書曰假寢閑巷從容郊邑守一介之志非敢蔑榮嗤俗自致雲霞蓋任情靈而直往保無用以得閑壠薪井汲樂有餘歡切松煮朮此外何務

對酌壙中

司空圖預爲壽藏故人來者引之壙中賦詩對酌人或難之圖曰達人大觀幽顯一致非止暫游此中公何不廣哉布衣鳩杖出則以女家人鸞臺自隨歲時村社會集圖必造之與野老同席曾無傲色

卜築

長松怪石去墟落不下一二十里爲徑緣岨涉水於草莽間數四左右兩三家相望鷄犬之聲相聞竹籬茅舍蕪處其間蘭菊藝之臨水時種梅柳霜月春風自有餘思兒童婢僕皆布衣短褐以給薪水釀村酒而飲之案有雜書莊周太玄楚詞黃庭陰符楞嚴圓覺數十卷而已杖藜躡屐往來窮谷大川聽流水看激湍鑒澄潭步危橋坐茂林探幽壑升高峯顧無樂而死乎

又

草堂之中竹牕之下必置一榻時或困倦偃仰自如日間牕下一眠甚是清爽時夢乘白鶴遊于太空俯視塵壤有如蟻壘自爲莊子夢爲蝴蝶入于桃溪當與子休相類又曰草堂之中或草亭僻室製爲琴室

地下埋一大缸缸中懸一銅鍾上以石墁或用板鋪上置琴磚或木几彈琴其聲空朗清亮自有物外氣度出神隱記

又

江文通曰常顧幽居築宇絕棄人事苑以丹林池以綠水左倚郊甸右帶瀛澤青春受謝則接武平臯素秋澄景則獨酌虛室侍女三四趙女數人不則逍遙數紀彈琴咏詩朝露幾間忽忘老之將至淹之所學盡此而已矣

居閒

居閒勝于居官其事不一其最便者尤于暑月見之自早燒香食罷便搔首衩袒帯㪅從事蘇牀竹几高枕北牕清風時來反患太涼挾策就枕困來熟睡晚涼浴罷杖屨逍遥臨池觀月乘高取風採蓮剥芡剖瓜雪藕白醪三杯取醉而適其爲樂殆未可以一二數也

又

曾南豐曰宅有桑麻田有秔稌而渚有蒲蓮弋于高

以追凫鷖之上下緡于淵而遂鱸鮪之潛泳吾所以衣食其力而無媿于心也息有喬木之繁蔭藉有豐草之幽香登山而凌雲覽天地之奇變弄泉而乘月遺氛埃之溷濁此吾取其息倦而樂于自遂也

又

葉水心曰松竹迷道庭花合圍着山人衣曳杖篋書行吟賓遥日月于林樹中凡故嚋新敵麋假進退抱膝長嘯婚嫁有無皆落莫恍惚若夢中事聞名勝士欣然迎至共食淡麪爲語儒佛二氏所以離合見性

命真處如水中鹽味非有非無

田家曆

吳郡[illegible]文

正月

緊籬落　糞田

開溝　修蠶屋

織蠶箔　造桑機

造麻鞋　舂米 此月人閑

築牆

二月

栽柳　舒蒲桃上架

解栗裹縛　[illegible]裹縛

造醬 是月合為中醬　蠶食前後收桑葉

造布　浣冬衣

採桑螵蛸

三月

[illegible]　葺垣牆

治屋室以待霖雨　脫[illegible]

移茄子　造酪 是月[illegible]華好造也

四月

收蔓菁芥蘿蔔等子

收乾椹子　鋤葱

收乾笋藏笋　四月伐木不蛀

修防防鼠水竇　正屋漏以備暴雨

五月

灰藏毛物　種須人臥不臥晴則曬帶攝

[illegible]豆[illegible]芥胡荽子

[illegible]紅絹　收芥子 中秋後

收[illegible]藥之 便種　收李核 便種

[illegible]宿　收槐花 曝乾

斫竹 此月及八月不蛀　漚麻

曬種糯書裘　種小蒜 七月

雜蔬

七月

收楮子　浣故衣制新衣作夾衣以

始涼　刈蒿草

種□芥　分□

□□麻　耕木地

收荷葉陰乾

拭漆器五月至此月盡經雨後漆器閉畫箱盛須

曬乾濕□□　收瓜蒂

收蒺藜月□□

□八月

收薏苡　收角蒿

收韭花　收胡桃

收棗子　開窖

□□造油衣　收油麻秫江豆

備冬衣　刈莞葦

□九月

收豕同十　收皂角

貯□□　採菊花收木瓜

備冬□　□□□□□□虎美而不耐停若晏

□□　□□至二月

築垣牆□□　□□

遮掩牛馬　□□梓實

收牛膝地黃　□□

蠶蠸蒲桃　包裹柴樹石榴副不□即凍

死　收諸般穀種大小豆□

十一月

貨薪柴綿絮　伐木取竹箭□□□□

造什物農具　□□□□

刈蒿棘　貯□□□□□□□至六月□

秋霖時倶利倍

十二月

造車　貯雪水

收臘糟　糞地

刈棘屯牆　造農器

收羔梅　收□□

古今諺

明　楊慎

山擔風雨來海嘯風雨多

早霞紅丢丢晌午雨瀏瀏晚來紅丢丢早晨大日頭

樓梯天晒破磚

日出早雨淋腦日出晏晒殺屬

魚兒秤水面水來淹高岸

水面生青靛天公又作變

蜻蜓高穀子焦蜻蜓低一壩泥

春寒四十五窮漢出來舞窮漢且莫誇且過桐子花

反賊劉千斤賊官姚萬兩

褒彈是買主喝采是閑人

服藥千裹不如一宵獨卧服藥千朝不如獨卧一宵

戊午巳未甲子齊便將七日定天機七日有雨兩月泥七日無雨兩月灰

甲寅乙卯晴四十五日放光明甲寅乙卯雨四十五日看泥水

三月三日晴桑上掛銀瓶三月三日雨桑葉生苔普

壬辰裝担子癸巳上天堂甲午乙未雨花花

荒年無六親旱年無鶴神

執破無雨危成當災

濕耕澤鋤不如歸去

三月杏花勝可蒔沙

廻車倒馬擲衣不下

蝦蟇鳴燕來聯通道路修溝渠

稼欲熟收欲速

螃蠏怕見漆豆花怕見日

三月昏參星夕杏花盛桑椹赤

布穀鳴小蒜成秋霜見蕒薹熟

五月鋤八月耕

槐兎目棗雞口桑蝦蟇眼榆負瘤

榆莢脫桑椹落

花三泡四

秋苗針水庄家早起

畫舫約

湖上汪汝謙

自有西湖即有畫舫武林舊事艷傳至今其規製種種已不可考識矣往見包觀察始創樓船余家季繼作洗妝臺玲瓏宏敞差足相敵每隔堤移岸鱗鱗如朱甍出春樹間非不與羣峰臺榭相掩映而往往別渚幽汀多爲雙橋壓水鎖之不得入若孤山法埠當梅花撩月蓮唱迎風令人悵望盈盈如此衣帶何故高韻之士又爲一蜻蛉出沒如飛驕笑萬斛舟爲官

爲估徒豪舉耳余謂不然夫湖之藉舟猶兩峰藍輿六橋紫騮宜稱所之何論大小如柳塘花嶼錦纜徐牽凉雨微波一葦徑渡輕橈短楫潭月涵秋朱欄綺疏寒沙映雪別有與寄正自不同詎僅僅載檀槽張綺席繫此游龍飛鷁耶刱四方客卿寓公無不道西泠解鞍借蘭葉下榻而歌扇酒船兩俱草草即勉作三日留十日飲不慮唐突西子哉癸亥夏仲爲微道人築未來室偶得木蘭一本斲而爲舟四越月乃成計長六丈二尺廣五之一入門數武堪貯百壺次進方丈足布兩席曲藏斗室可供卧吟側掩壁厨俾收醉墨出轉爲廊廊升爲臺臺上張幔花晨月夕如乘彩霞而登碧落若遇驚飈蹴浪欹樹平橋則卸欄卷幔猶然一蜻蜓艇耳中置家童二三擅紅牙者俾佐黃頭以司茶酒客來斯舟可以御風可以永夕遠追先輩之風流近寓太平之清賞陳眉公題曰不繫園佳名勝事傳異日西湖一段佳話豈必壘石鑿沼圍丘壑而私之曰我園我園也哉

南陔六舟記

歙 潘之恒

余半生爲吳越遊大都便水宿舟居自適勝岩棲陸處以遊以遨無晝無夜可坐卧而行遠也長艑巨艦若處渠屋無廊廡可憑暑如升甑望隔高牖愛野航而憎畫鷁殆性然耶自雲間之青雀西湖之青翰始有曲房露臺暢如熙春而吳之山航錫之水樹貴軒敞而無障蔽豐樂之筏與水貼平此芹子之美未足以獻而水嬉之大觀備是矣辛亥夏經宛上禹金命

舟登響山始知宛水宜泛大白數舉以詫新安江戊午再過痛人亡而舟沉湯司成新築南陔通溝鶩峯日夾以華臺新堤嘉樹秩秩直接霍村顔家橋源溯敬亭而沿西樂張家湖重繞如飄雙帶綽約可覩間舟焉日需之先山行以遲水汎五月自山中還宿陵陽支峯之頂是爲睡菴天際歸舟雲中江樹每辨識之六月而得甓舫七月而梅蔡之舟來數操訪一合菴遊方內外顧在乘之者稱勝七月而支艇與鶴軒先後沓至及中元月槎可浮而余將有吳行恐虛八月之期姑紀其初以示後之紛聚者知所自爾

甓舫

一甓舫南陔之運甓舟也有篷有檻可憑几危坐刺楫而槳隨之送客載酒茗可乘十許人司成曰吾以運甓耳他日爲海運爲斗槎亦芥視之不效陶士行之爲此拘拘以勤吾四體也

梅舟

二梅舟梅爾楨從金陵乘來似官鷁而小可席者四隔而室之廡之余假卧者浹旬主人慮水淺舟濶命

之遄歸舟人利涉不識乘風就蔭行空爲何意咄咄苦之

蔡舟

三蔡舟因梅氏有女郎之泛令更以乘亦自金陵與梅舟銜尾來者舟狹而銳載伎樂倍昔從宛繞句一曲渡東溪橋復枕于響潭捷亦倍昔月墜而就梅舟宿夢中猶聽櫓聲與女郎相戛不知雲雨處無而陽臺之客嗒然若枯枝漂波可慨爾

支艇

四支艇從秦淮打兩槳飛至晝張幔如步鄣夜懸燈如龍領珠光屬陸生行操之越宿而至至之明日送晉仲于新城有吳舟冉冉來呼而乘之題曰支艇以待取石之期于是始有方舟遊

鶴軒

五鶴軒檻平而蓬淺似龍鶴以行者命曰鶴軒華亭林仁甫所饋其製大類輏軒乘之便于穿涇中飾以璽足以昂鴟而揚其翥仁甫去歲遊宛陵恨不挾吳舟來苦限于壩司成曰獨不慮以浮之江從之至是

始達日出郛潭抵張家橋望渡河屢夕無倦而支艇不得御

月槎

六月槎司成所製與鶴軒若合轍而堅樸過之中元前即浮水而揭蓬而隮于簷軒如也八月後可乘之貫月若轡若翼若駒若鳧擬之以槎非博望莫能泛矣

評曰甓舫如桓伊在爪步吹遂聲有幽遠之韻梅舟蔡舟如傖父披綃野女簪花腥濁未除不免少減風趣支艇如草間張幔水次然犀足鼓豪爽之氣誰爲招携澹然忘反鶴軒如翩翩仙子忽下蓬萊惜縹緲間未參鸞鶴之嘯月槎若有若無時進時退合三天春雲之響散六洞漏月之紋乘桴以來莫之能尚矣

宛陵二水評

歙　潘之恒

新安江水至淸淺深見底葢取諸澄然以汫而不以楫膠而莫之泳秦淮都城佳麗鍾山卷幔樓臺涵鏡葢取諸淨然以滯而不以蕩迫而莫之紓吳門白馬飛練皎發泰山洞庭微波澤通雲夢葢取諸練然以桃而不以揚棼而莫之緒乃若汰而不膠蕩而不滯緒而不棼無若宛陵然濬軒輳而胎宿衍禾石爲尾閭衍帶三束合成梵宮藻鏡一泓深窕水府飇如總轡駿下阪而過都濤若跳丸龍銜珠而照乘參雲中而出木末平楚蒼然從天際而分派流中洲宛在銀河虹霽卧看穩渡牽牛碧落芒銷自得眞如掃象石城僊畫槳孫楚樓近莫愁家黃浦吼梅梁泖塔洞觀谷水縣不羨横塘極浦試窮兩水雙橋詩競千秋之奇遊同六月之息綴此俚語質之鄉評

說郛續目錄

弓第二十九

明經會約

莆中林希恩

林子曰古之爲師者教人以修道今之爲師者教人以學文今諸生之所以從我者固專在道而我之所以與諸生者必兼以文獨不觀之仲尼之徒乎問政爲邦仕魯仕衛蓋幼學壯行聖人所不廢也况科舉之與出自　國制而仲尼之聖亦曰從周是知古之君子未嘗不仕而明經之學亦當時之載質也其惟正心修身以爲兼善之地業舉遵制以爲進身之階

斯謂之有體有用之學大中至正之道也條列于左諸生其惟遵而行之

一作文以四九日爲期每期作文一篇辰候至午候而止諸生所習之經不同會日俱作四書文經文隨便自作

一作文以理爲主氣輔之平淡中取奇詞苑之巨匠也蘇子瞻曰凡作文字少小時須令氣象崢嶸采色絢爛漸老漸熟乃造平淡其實不是平淡乃絢爛之極也眞可謂文章之評矣近來作文者不會漢人六代之意溺襲漢人六代之詞自以爲高古美麗又有一等專用新奇之字文以艱深之詞斷手截足令人難句爲高是皆才不足而氣不昌故不得已假此以取名爾今後作文理要精微氣要昌大轉折處亦要圓活然此非可以易言也蓋由養之於内既至而後發之於詞自順矣故曰有德者必有言諸生毋徒求之文字之間可也

一看書每日上午四書下午本經各一葉半所看書白文務要熟誦小註亦要熟誦

一讀書每十日義二篇論策表各一篇

一每月四九日下午會齊明經堂先將本日所作之文私相筆削批點然後呈覽覽畢聽掣籤背經書白文得籤者卽背首五句依次左旋各背五句周而復始至所看書畢而止次掣籤講說經書每掣二人相爲問難若講解不明另舉一人再講餘者靜坐以聽毋得譁言以亂規矩其所講者只要發明本文及體貼小註截段明白若有疑者先書於起止簿上候講書畢時問難且便掣籤時查考又次掣籤背義論策

表只掣三人務要應聲朗誦十數句

一各備起止簿書所讀某義論策表若干所看某經書若干以便查考

一會日俱早膳後來午膳要回家不必輪流辦會務以恬淡省事爲主

一遇期有事預先稟明

一自立會之後除會期外不必相爲往來其親友之禮所不可廢者朔望寬假一日免看經書

一背書掣籤若有事時或令東揚仰先代掣

一書程甚簡中間有不能自解經旨欲從他師及私加作論策表等文讀五經性理鑑綱目等書者聽之

一諸生務要除去惡習私齋中不許招集外人及議人是非長短

一言語貴簡當以忠信爲主衣服貴莊又以質素爲先

一不許飲酒及街坊遊戲以蕩心性以妨書程

一讀書以有常爲貴不宜困憊精神諸生於大暑三伏之時夜分不必讀書務要靜坐養心餘時至一而止一鼓之後亦要靜坐養心

一崇禮堂條示諸生者與外人相爲往來云若會中有吉事或召燕更宜恬淡不必殺牲每席務要四人五肴二菜麵湯一行麵食二碟清酒一壺先期惟具单帖至期自來毋俟催速凡吉凶大禮衆惟具一果酌行之所謂君子之交淡若水也諸生共體之

一奭召公名也而周公乃曰君奭貴其質也後世因字而諱其名復因號而諱其字今後須以字相呼其惟於少者則字之於長者則字而兄之此亦古人之質也

一諸生實有弟兄之義坐次不必分主客惟以齒爲序若不便於他賓則因時而異其理可

一朔望日下午或登東山及附郭之有勝境者以效曾點浴沂風雩之樂晚膳後俱至明經堂或誦四書一章或歌詩一篇要皆切我心性者

讀書社約

武林丁奇遇

社曷不以文命而以讀書命予與氏所稱文會正讀書也今人止以操觚爲會是猶獵社田而忘簡賦食社飯而忘粢盛本之不治其能與乎吾黨二三士既有社以誓衆矣苟美賦不與將於吾黨問焉其何辭之有董子讀書不窺園幼安讀書席著膝處穿二子者一爲兩漢之精兵一爲儉歲之嘉穀願吾黨效之有以應世也故特結爲讀書之社今當申約二三士

其明聽焉約曰一定讀書之志記曰宵雅肄三官其始也古人之志明在事君但徒懷貪慕非爲有志今須如求饔餐毋忒暫忘如守苗畬毋爲虛望廂月桀磬溪瓆自出中有潛通之者吾黨勗之二嚴讀書之功記曰入學鼓篋孫其業也每日晨與當念此語宛如樂正授數司成待說凡進一篇須義事辭三者應口在心方可釋手不得托言大意徒存恍惚日須有計月須有要可聽稽查不得隨意逍遥散亂無帙三徵讀書之言有實者必有文若筆枯心澁漫言長卿制作語艱意辭自待桓譚賞鑒二者不獨違時於已何當卽不必七步倚馬要使風簷開適卽不必諧聲俳偶要與人意相通今有刻燭之罰載簡之筆當共策成四治讀書之心治業不治心譬彼莠田嘉苗難立世路維莠奪我書苗絕世之根在節與淡節高神表古人來儀欲淡意明心珠自現此群書之府文釆之源也故願吾黨爲人不可一步踏入世中亦不可令世一點漏入身中要其大端曰養節氣審心地凡在社中互相攻治二三士其既聽矣乃更申日自盟

之後守此四章群居索處毋異其心始於今日終於終身

啟

敬啟吾黨以文章之業媚茲山川不能娛人耳目矣光華相起氣若吹蘭歲月漸深味如食蔗然同聲之應雖親麗澤之功未至品目徒高恐成馳鶩形神自顧懼就蹉跎不惟德業可慚亦復因緣可惜茲特結爲讀書之社志在同升功期合砥月相計要歲各觀厥一篇落紙必共披吟一書發篋必通譚論蓋方以

衆而愈盛意以競而日新精神所聚定生異實則山川當護此社矣若此庶幾生不虛同想亦世所藉慰敢請斯盟幸報使者

林間社約

吳郡馮時可

余素不侈味牛羊犬豕皆不入口於豕獨食其肉傍萊爾家所畜小牲於鷄最戒不以入庖爲具五德也鵞雖不戒而匪所嗜鴨雖列膳而未嘗箸於魚戒二鯉及無鱗者有足者鰕蜆之類以傷命多皆置不設果核獨龍眼爲常餐蓮實梨藕或時爲供其餘未嘗一沾唇每日晨起進白粥二甌午進飯如晨嘗肉不一二臠至晡復進粥減晨之半皆不設饌或遇客不過三味自遠至者不過五味嘗與社中客相約以是爲準客少之曰子奈何當擊鮮飲醇之際而以飯蔬飲水律人耶余曰不聞禮有以少爲貴乎六清五齊不貴於玄水三牲七醢不貴乎太羹聖人所以導民古也人心之危若水然水溢則無所不決欲恣則無所不流欲流而性失矣故曰萬人操弧共射一招招無不中萬物章章以害一生生無不傷夫世人以用物爲享以多用爲豪而不知物多用則多戕戕其寳也卒以自傷是與物相爲貙虎也是故聖人重禮而

捞慾貴明信而厥繁縟苟有明信則溪毛可供潦水可薦苟無明信即百牢五鼎亦奚以爲大禹不厭菲食孔子變色盛饌士而不能約於兹也尚何議道之有故願與吾黨相勉之也

社約後記

余既與客約爲社客請余爲則余曰禮貴稽古情貴率眞獺葉兎首不以爲薄維筍及蒲不以爲簡詩所志也請自今一以約爲則會期無定以月盈爲期晨而集酉而能至無踰午踰則罰飲不卜夜卜則罰從

者無越三人越則罰客盡集則進飯二殺二蔌飯已進茗客或博或奕或行或臥或默坐或淸談惟所欲但不賦詩不談時事古卿大夫之燕多稱引古詩不自賦也稱詩以見志賦詩以競能競則乖和非合讙之道談時事恐犯盡言戒且已爲物外遊矣又何計物短長是二戒者誤犯亦罰午飯既已良久再設果二盒於几進鮮菓二又進三殺三蔌羹如之餅餌亦如之從者各百錢舁夫五十錢或以洲食勞者聽大抵會以合群群者人道所貴也中琴瑟而外塤箎先白木而後青松貴能推引賤能緩急無締始渝終鮮誤面憎背斯所謂能善其羣君子之會也如僅以腆酒爲歡極味爲敬則所謂飲食之人君子所賤者焉胡以會哉

勝蓮社約

武林虞淳熙

西湖南宋放生池也豐碑屹立道上第飛泳亭廢耳亭以飛泳名將取山光鳥悅濠遊魚樂然異熟果成樊籠錡釜中幾許能全卽不幸復投網罟猶冀重贖更生便令折翮困鱗隨放隨滅托文游而如蛻不愈糜爛沸湯地獄乎昔有胎生之類夢乞免胎就戮彼亦安取長生人誰無死度所期致自有限當垂絶時幸可須臾無死輒復望救今於卵生乃三人之未必

全活遂加訕笑一何不善推類如此社友以放生來或者無生可放儻儻隨喜倘自識多費少益耶請一思之此後至社者必攜飛泳之類來所費鍰錢自一銖至累鎰無量但空手如昨罰銀一錢罰次會或當日贖生旣名放生不得不稍稍綜核也社定錢湖舟中間詣上方池淨慈萬工池昭慶香華池期以每月六齋日會首傳帖鍰金授典座自修供具凡會首認定開後坐以齒緇素各爲行三寶前不必讓遠客

是日所贖世財專爲放生若動指嘉肴豐膳何不烹魚炮鼈臑鳧煮鴈乃求壓筍浦藜藿耶此後會首視醵法徵分銀五分辰集解維每一案設果核粉麵食共四器器用一尺盤午齋蔬四器有副四人共之飯至湯一甌晡時歸舟用茶食亦止四器長日用煮麵各一甌侑以蔬四器不設果也擇一典座代設毋召族庖庶不同異違約罰銀一錢侍者任携幾人每一人持米半升付典座不如式減典座銀

是日用樓船一如客集多加中船一其値會首出焉勞典座銀一錢賞傳帖人一錢亦會首出傳帖先五

日發分金卽付使者使者卽付典座欲令早知人數不浪費耳違約罰銀五分

是日也會首唱言加持放生畢請各念阿彌陀佛號千聲或淨坐默念毋競談俗諦以瀾淨衆念佛畢會首供茶放生之前供茶之後稍自恣所以齋者恐諸君攢眉去也違約罰銀一錢

是日以事不至明註帖下令人持贖生之金投會首凢分金去會所近不終事而去者罰銀五分社友自遠方來萍水相逢踪跡難問今後經過下里請先諸

大師大師使人云某在斯庶便相期罰金會首貯贖生明載於籍當罰不罰罰會首如其數匿不贖生罰如數罰金卽投會首遲五日倍罰慇議立此清規取裁自大師而淳熙操筆書焉幸鑒公心何敢爭長

生日會約

虎林高兆麟

今人於誕日延集賓朋呼優稱觴不論家之有無一以侈盛爲貴曾記往昔以年高分尊方做生日今則二十三十雖在卑幼亦做矣往昔凡遇齊頭必至七十八十以及五六十方做今則年年而做之矣人之肯做生日如此所以重吾生也夫必有身而後有生重吾生者所以重吾身也抑思此身何自而來乎非祖宗所遺乎然而祖宗往矣而祖宗之心念注在子孫凡我昆弟伯叔以至宗族孰非祖宗之遺孰非祖宗心念所注能以重吾生重吾身之心一仰思於祖

宗併體祖宗心念所注以推及昆弟叔伯宗族方爲眞重吾身方爲不虛此生雖年年做生日不得矣今以此意定爲生日會是會也不論尊卑長幼凡遇生日泒分有三上者五分次三分再次二分在尊長則呼卑幼而飲之在卑幼則奉尊長而祝之置簿一扇輪一直會一月一轉如此則常常相聚意氣聯屬或不聞祖德者則問之尊長或不諳世故者一型于大

方仁義之訓日聞禮法之防自謹且有學問商量有緩急倚賴面熟而心自齊情眞而氣自洽必不至踰越規矩敗壞倫常以自安於浮薄甘爲名教中之罪人矣夫人而爲名教之罪人身將不保非自棄其身乃棄吾祖宗所遺之身於生日何有焉必如此重身敬祖敦宗族厚風教數善兼備則亦何憚而不爲耶顧自吾門始之孟子論鄉井而曰出入相友守望相助鄉且如此況於族乎況爲身以敦族乎我如人必樂之矣又如毎房生子是添丁之喜亦吾祖宗必念

所注血食所關如例舉焉未爲不可

昔人有眞率會當時會僚友且然而況宗族夫眞率宜莫眞率於宗族矣只宜照分設餚務期可口飽腹爲止若侈張便不得名眞率規例十二則附後

凡例十二則

一是會專在敦倫非取飲酒宴樂務期人人畢集從例常有寧可人不到而分要到是重分不重人今此專在聚人縱分可以不到人不可以不到分不到罰五分人不到罰壹錢

一是會務期久遠此舉雖創自麟意曾聞先世有行之者矣柰何中葉而廢以前律後不令人視今猶昔之感耶唯是行止全係乎人所謂人存而政舉凡我前輩後進錚錚不乏豈甘自棄以致中墜諄切諄

切

一是會專尚儉朴或遵五簋或取三養不然先設麵數盂再佐小碟供飲務期便於舉行安於人情爲止再不然人多分少總待一月之中或二人合舉即一月之中若無同壽者亦不妨再俟以三人爲率總是權宜經久之計

一是會謹循禮法凡遇尊長生日子姪斷宜竭誠登堂稱祝如不到者罰五錢

一是會分禮有節凡遇散壽則照數捐分若正壽則

於常分之外加一倍焉

一是會規矩一定凡遇壽期先五日發單斂分而值會之法一月輪一人司之庶無紊亂遺忘之弊其有宜發單而不發單者罰貳錢

一是會務遵謙讓宗族讌會不比尋常聚飲觥籌交錯之間更宜寓以禮讓相先之意不得泛習虛浮倜因盃酒而盛氣相加如蹈此轍者罰參錢

一是會登記宜詳每年置簿一扇登記聚會併人數分數以驗會中增盛之美如簿到不登記者罰壹錢

併簿遺失者罰壹兩

一是會立法甚嚴凡一切罰銀俱於次日值會者徵出貯於五房當鋪之中以俟公舉之費如徵不出者合族坐徵無致中阻以期遵守或曰以卑幼而罰尊長似為未便不知尊長以禮自持必不致罰即或偶有之值會者須稟過族長遵族長之命往徵是情理之甚當而事之極可行者

一是會成人入會凡某位生幾子某人幾歲俱開載簿上以便查其至十六歲即斂分入會定為永例不致遺漏躲避

一是會添丁宜慶遇某房添丁值會者即登記生年月日於簿以兆生生不已之慶隨發單斂分舉賀如例

一是會交接有序如前月某人直會下月交送某人其一一事體開載如例又書某月某人交與某位掌管如此寫記明白庶不至差錯起推諉之弊矣

右十二則可謂詳之詳矣原以聚會為美非欲以本枝一葉漠然如行道之人一切不相關切甚且

等而下之流為澆薄蹈習市井平常不覺一當聚會便爾手忙脚亂無安身之處如是者非無人吾見亦屢矣縱其人不足惜追念祖宗恐見斯狀爲所以致是者總是平日不聞格言正論不見尊輩長者雖欲不如是不可得也麟今創是要見何心且派分既分設席又合稱家有無各隨其便非强人以所難也凡我賢達宜深維之御李山人麟又

跋

月會約

武林嚴武順

約

竊惟不易得者良友最難聞者好言顧勝理每自談生涯懷亦從迹見相思空說何如面接爲親獨坐微研豈若耳提更快所謂三秋如隔一夕足多非虛語也倘情澗則蒙生彼此或有不與聞之事而緒遂必他續心口遂有不及吐之詞卽距涉斯亦應慮及憶昔兆開兄一日虛緘意如失物連朝阻跡臂若無膚

且對必經時言必及義縱攢眉寂寂鬱顏亦自可親或抵掌翩翩醉語猶堪作式惜乎喪吾儕之領袖失後輩之典刑也比者各按起居不免離索晤因冗欸集以貧稀必公聚始俱而私懽不再每相視而散旣如水中偶値之魚或趂隊而譁復似野外忽群之鹿我輩業已若是子孫更當何如向子將兄有意振衰欲以一月一會第諸君無人剏首不知何日何年今長至後偶集文似堂秖我同盟空諸别侶都無應酬之態遂極家人之歡就此初緣可理舊議願從茲以徃皆不速而來豈是借他人酒杯政爾親自家骨肉方且賞文析義可延益于神明卽使撰杖酬觥亦抒情于晤觀魯記家印持兄有云我輩一月內晤言之日多則八九少僅二三縱都至白頭計一生相聚亦不過數年耳言之增感述以助情如有同心定能如約約如左

斟酌

漫約旣恐鼓衰而成渝決期又慮褻羞而湊冗今就六齋隨卜一日定而不執寬而有程或後或前自籌

消息且遲且速共酌閒忙庶垂老可遡竊比眞率之會而持齋不破猶存蓮社之風

通序

迭爲賓主莫如兄弟人共四姓會作九班三鄒三會三嚴三會三聞并識西共三會相間而舉相續不斷政于迹有往來更見心無人我且使母妻各熟其嘗咳亦令童僕交致其慇勤

簡庀

此會唯取團欒非誇餖飣素猶慊飽芹菹并蔽鮓雜

消清乃生狂米汁與菜根偏稱品毋踰六飲可二叅樂在疏水之中老我薑桂之性如其雅瞽不妨濁酒半壺倘爾厨寒自可青鹽數粒誠一觴一詠澹而忘歸即三白三毛戲不爲虐

正歡

聚首之樂既暢群居之戒可虞要以定性爲先不則五倫當嘶又以會文爲切不則六藝可遊一月豈無可見之功同學應有弗如之嘆必阿蒙非昔始無慚刮目相看倘聖賢如初亦何貴開口而笑是日各稽

功過明示勸懲設有懿聞佳話可命䫉客楮生

彰禁

非徒卜夜之飲宜爲竟日之歡畱連應勝于陳遵需緩莫同于莊賈縱有事如蝟且讓今朝欲相爭如虎請俟異日毋以雌黄爲月旦毋以穢雜爲風流恐子弟輩錯認定盤針悮捉談塵柄因爲設禁幸勿踰閑犯者隨納放生銀五分輕則立飲悶氣酒三爵

隄流

人無別客庀在本家主與忽生或可多方跌蕩衆期已定必無他故遊移惟是同調適逢不妨闌入莫謂世情當了即此招來巇覬便而强難事將不繼倘增外而減内神必不全誠簡則易從專乃可久非隘行于孤示人以隘也

䟽

李流芳長蘅

往見忍公月會之語心竊善之以爲行葦伐木之誼備見於此意欲做而行之湖上兄弟參辰相間雖在五百里外而氣類之感天涯比隣聞聲相思酹酒如

對且喜今年余來湖上夏秋之交兩與茲會飲食衎衎言笑晏晏覩向之得深於所期會余畱連山中荏苒冬令浹旬以來艮晤踈曠言念茲會亦復届期諸君里閈之集來往無時而余萍海之蹤交臂可惜與爲別後無盡之思何如只今相對之樂芤餱以愆雖非所任伊蒲之供我亦能設是用覽假名山之靈權爲一日之主若涸乃公於城市之内我實不堪將置公等於泉石之間定復不惡巳從孟陽乞斗酒命平頭治蔬蔌期以廿有三日會於靈鷲之祇園精舍便

當襟被而來且爲卜夜之舉蓮峯紅葉尚未隨風屻
嘍清音眞堪送日人地相得自昔爲難便可寫之丹
青傳之歌詠用作千古美談豈徒一時勝事而已其
不至與後至之罰一如會中律令余不敢干

啓

嚴武順

曩者順以婚嫁未畢繼因貧病相連遂愆月會之期
竟成日遠之隔罪眞莫贖情或可原每聞鳴雁之嘹
嘹益重負病之喀喀歲既云莫盟豈容寒茲大兄喜

月會約　八　五

陽回於長至且四兄惜將別於隆冬况渡佺禮始三
加是五六人中忽又添一冠者雖弟與無救譏西愁
無七發然團欒坐上何妨着幾病夫顧此新蹤應修
舊好訂期明日願撥他緣

又啓

嚴武順

順因租事久作鄉人言歸歲終遂遲月會然猶餘齋
日可訂歡期雖在百忙之中應偷一夕之暇特期詰
旦共集烘爐或雜書來不妨夜話快茲小盞堪爲守
歲之歡恍若新正先作賀節之飲請看隔日便是明
年今人已非昔人月會將成歲會願賜憐允勿怪慢
期

重訂啓

聞啓祥 子將

人生臭味莫過道德性命山水文章而二三兄弟兼
之無生不同時之慨有望衡對宇之樂穉生命駕既
爾徙勞陶令移居亦爲多事豈曰人作之合實惟天
假其緣吾輩處此可謂幸矣顧邇來神情雖寄蹤跡

月會約　八　六

常疏見面比於河清投足擬之漢廣縱衣裾偶撇祇
倏來倏去殊少從容或杯酒暫交亦人笑人啼無關
神理遂使形神有不親之嘆爾我多未盡之懷蒹葭
白露之感空盈屋梁落月之思徒切良以世緣未斷
交際如雨點之多俗氣不除周旋類繭絲之縛來無
不往報或後施感每見原疏恒獲罪既有所煎迫於
彼自不遑優游於此日不暇給神不借來益勢乃使
然非情之得已也獨念歲月易遒同人難值以眞精
神委之輪蹄竿尺洵矣堪嗟以好兄弟付之南北馬

孝誠哉可惜老親在上幼累紛然即不能如沮溺耦耕山丘無功子長永依河渚乃襟情曲室之詠風雨對床之眠曾爲歡之幾何亦棄置而不問是何心哉良足嘆也昔有月會行之數年寒暑不愆少長咸集上之講道論德既足袪練神明次亦詠月嘲風不失流連光景兼多玄契間一火攻心本無他劉四罵人不恨意誠不可阿萬裂眼何妨忘懷竊比家人有爭愈見君子嚴恐公李長蘅作踈輝映後先譚友夏黃子介賦詩流傳遠邇眞千古之快事一時之美談何意今茲遂

成釐閣念翀會者爲吾弟子與則已宿草芊芊慨頹會者有老友季和亦復微音邈邈顧此萍飄電散彌覺貪會情離且君輩因多鳳麟吾家亦有豚犬要使漸聆謦咳知父事之有人熟睹典型識師摹之攸寄固諸兄弟之夙念尤不肖祥之私衷也苐按月一行不無少費攻苦者或嫌期會太逼空乏者或慮供億稍煩毋已易以季終佐之薄分庶衆擎斯易舉亦期簡則必遵若吾輩老兄弟則仍一月一會各携肴二器酒一壺祗博竟夕團欒無須終日只是家常茶飯不費一錢人務依約而來會必盡歡而罷此外若興與偶到莫嫌夜月頻呼至期倘良友忽逢何惜明燈共對勿拘成例一任便宜惟諸兄弟三復此言希思夙誼勉旃自勗指皦日以爲盟毋或相忘視息壤之在彼謹啓

又啓　　嚴武順

月會自仲錫兄正月舉行之後便爾廢閣蓋因四兄振起者既在居憂大兄値期者又當侍疾遂浸而踰

季條已半年嗟去日之如流悟爲歡之及早順擬越雁行之次敢云弟可先兄陳魚麗之章誰謂人將拒我又向者肴日以盛恐開難繼之端人來何進覺鮮有親之益茲五簋猶充以素請始自魄望雙鳬無逮於晡約章如漢謹啓

紅雲社約

晉安徐𤊹

清異錄云劉鋹每年於荔支熟時設紅雲宴余恒想其風致吾閩荔子甲于嶺南巴蜀今歲雨暘時若荔子花頭甚繁樹梢結果纍纍欲紅自夏至以及中秋隨早晚有佳品今約諸君作飡荔支會善啖者許入不喜食者請毋相溷先定勝地名品以告同志平遠臺法雲寺白寄二樹異品也必先半月向主僧買其樹熟時往食本宗上人主之西禪中冠甲于城內外

馬恭敏賜葬之所極繁極美馬季聲主之尚幹滿林香香倍衆品唯林氏有三五樹非至親往求不得入城陳伯孺所居與林氏至近伯孺主之蘑盤大如鷄子高景倩東山別業有此種今歲生尤繁盛景倩主之鳳岡中冠爲福州第一品必至其地始得選食但路隔一水非舟楫莫至謝在杭主之勝畫出長樂六都更有一種雞引子亦出六都同時而出在杭長樂産也再主之綠玉齋前新植一株楓亭種也今歲結實不甚多食畢足以他品余主之楓亭荔子名甲天下核小香濃一日一夜可達會城色香未變周啓卿莆人也主之桂林一種味極甘美凌晨皆於萬壽橋貨鬻間有挑入城者吳元化鄭孟麟主之會只七八人太多則語喧荔約二千顆太少則不飽會設清酒白飯苦茗及脊核數器而已不得沉湎濫觴混淆腸胃每會必覔清涼之地分題賦詩盡一日之遊願同志者守之萬曆戊申夏至前十日題

紅雲續約

閩郡謝肇淛

余自壬辰離閩丙午始返十有五年未獲啖故園荔子每一思之常津津齒頰間也迨丁未夏無荔即有一二僅慰足音未能果腹越歲戊申荔始大有年而社中諸子鱗次比集因思晉安此品甲於宇内幸而生長其地又幸而十七載始逢其熟也河清難俟髮且種種明年之馬首北矣可虛此日月乎於是社中諸子唱爲餐荔會而不佞復條所未盡者如左以與

同志者共守焉

一初出市則新香可愛勿嫌味酸勿憚價貴當集同志一啖以開勝會之端

一政滿市則光景難虛勿畏性熱勿憚會頻當連數日共啖以極行樂之致

一將罷市則殘紅可惜勿厭冷落勿憚搜尋當倒筐筥盡啖以成美事之終

一譜志記載甚多會城種類有限沿街擔負皆園林採拾之餘村落家藏多耳目罕見之種跬步所限終無染指之期一品未收已有遺珠之歎凡我同志幸悉鄙懷或奇植異名傳乘弗載或家傳手蒔羔鴈所遺毋論遠近各採數顆以廣異聞兼闡幽鬱

一同志諸子嗜有濃淡性有豐約縱勉强破慳於一時終隱忍生嗔於他日乾餱失德雅道衰矣不使之約主不必一人人不必皆備或餘勇可賈連司累日之盟或百足不僵共鳩一時之集憚煩而願去者聽慕風而來參者許要以行樂及時何用枉生唑喊亦恐風景少殺不無貽笑山林

一人皆同心會主真率在家少加酒饌一二以佐笑談出外遊者唯攜鉼茗數具以防饑渴蓋簡則攜易坦則意洽用約則後會可繼品少則正位不分要爲側生賞音非作措大面孔也

一聚會既數功課當嚴若徒稱雄善啖則皂隸皆可登壇縱使濡恐腐毫即厮養亦嗤上水今置一簿攜以自隨每會先記日月勝地次列同集姓名主人分體拈題坐客即席抽思雖潤色或需他日而草刱必限尅期詩不成者記姓名於簿以行薄罰無恃頑化

外致取笑筆端
一名園雅會樂事賞心雖形骸已盡蠲除而言語當
忌穢雜或徵僻事或歌古詩誦人間未見之書談宇
內瑰奇之事間有雅謔何妨絕倒勿言朝廷時政勿
作市里猥談勿陰說短長勿互相攻擊勿故爲狂態
亂恣喧呶勿强作解事妄加評品此雖一時萍蹤便
是千古話柄無令惠州三百顆擅美當時更恐王家
十八娘見笑地下耳

浣俗約

檇李李日華

戲作主人俗狀揭之齋壁以告賓友曰浣俗主人遂
喜客客亦喜與之遊頗潔一室雜置圖史又於庭隙
稍藝蕙蘭列松石爲客談笑之侑期於薰德頌益以
浣俗情頑顓鄙之性有百浣不能去者每一觸發則
悒悒不自制或恐終以迕客不敢不暴其俗狀以希
高明之宥維海納汚維山藏疾庶幾終事君子
架有書帙不喜人翻閱

几有文玩就視無不可或拈弄顛倒則意甚不懌一
間出法書名畫相賞閱評騭臧否無不可詰所從來
與其直之幾何則意甚不懌
客誤意主人之藝徵詩徵繪徵書無不可若轉餽當
路與爲不識人號與授意旨與刻期敦迫則雅不能
奉命
客所徵索書繪或絹或紙或便面無不可然絹或疏
薄紙或粗厲扇或薰金濫惡與淡青老黃大紅諸俗
箋則不能奉命

庭際芳草可步奇石可撫幽花可玩或折莖掐瓣甚
或乞分移植則意甚恡惜或忿然見詞色客或過籠
主人肯饗主人之疏糲即傾壯頭釀無所恡醉而假
榻無不可過縱而至作灌夫狀則嗣後不敢復進杯
水
客或全集戶外履滿主人甚快躬煉茗以進無倦色
客或令從者擁侍則不能從命凡此昔主人不可醫
之俗也然又有甚俗甚痛即和扁無所効其治者曰
借書借帖客或念卜商吝蓋尼父亟全不游肯過之
乎則奉教何窮極矣浣俗主人頓首白

運泉約

檇李李日華

吾輩竹雪神期松風齒頰暫隨飲啄人間終擬消搖
物外名山未即塵海何辭然而搜奇煉句液瀝易枯
滌滯洗蒙茗泉不廢月團百片喜折魚緘槐火一篝
驚翻蟹眼陸季疵之著述既奉典刑張又新之編摩
能無鼓吹昔衛公宦達中書頗煩遞水杜老潛居夔
峽險叫濕雲今者環處惠麓踰二百里而遙問渡淞
陵不三四日而致登新捐舊轉手妙若轆轤取便費
廉用力省於桔槔凡吾清士咸赴嘉盟竹嬾居士題

運惠水每罈償舟力費銀三分
罈精者每個價三分稍粗者二分罈蓋或三釐或
四釐自備不計
水至走報各友令人自擡
每月上旬歛銀中旬運水月運一次以致清新
願者書號於左以便登册併開罈數如數付銀
尊號　用水　罈
月　日付

松雨齋主人謹訂

霞外雜俎

鐵脚道人

快活無憂散

除煩惱 斷妄想

右二味等分爲極細末用清靜湯調服此方藥味雖尠奏功極大且藥性不寒不熱不苦不辛不必遠求之産藥之區自我求之自我得之雖神農本草所未載東垣丹谿諸老所未論及自是人間一種妙藥苟能日服一劑勝服四君子湯百劑也凡

合此藥先要洒掃一靜室牕櫺虛朗前列小檻栽花種竹貯水養魚室中設一几一榻一蒲團每日跏趺靜坐瞑目調息將前藥服之至三炷香久任意所適或散步空庭吟弄風月或展玩法帖名畫或歌古詩二三首倦則啜苦茗一甌就枕偃息久久覺神氣清爽天君泰然不知人間有煩惱不見我心有妄想斯則効可覩矣

和氣湯

專治一切客氣怒氣忿氣抑鬱不平之氣

先用一箇忍字 後用一箇忘字

右二味和均用不語唾送下此方先之以忍可免一朝之忿也繼之以忘可無終身之憂服後更飲醇酒五七杯使醺然半酣尤佳

九字經

勿欺心　勿妄語　守廉恥

此經字約而義博知之甚易行之甚難苟能實踐可爲君子

警身纂要　十五條

言行要留好樣與兒孫心術不可得罪於天地

霞外雜俎　八

毋以嗜慾殺身毋以貨財殺子孫

二

積金以遺子孫子孫未必能守積書以遺子孫子孫未必能讀不如積陰德於冥冥之中以爲子孫長久之計

留不盡之巧以還造化留不盡之福以與子孫

萬事隨緣即是安樂法

人身元氣亦有升降子時生于腎中此即天地一陽初動感而遂通乃復卦也自此後漸漸升至泥丸午時自泥丸下降于心戌亥歸于腹中此即天地六陰窮極百蟲閉關草木歸根寂然不動乃坤卦也靜極復動循環無端其至妙又在坤復之交一動一靜之間即亥末子初之時故屈原遠遊篇曰壹氣孔神兮於中夜存虛以待之兮無爲之先朱子每謂此言廣成子告黃帝不過如此陰符經曰自然之道靜故天地萬物生朱子曰此二句極說得好靜能生動若不是極靜則天地萬物不生養生者當順其時而行坤復二卦之功

人身元神出入目中五臟精華亦聚於目故陰符經曰機在目道德經曰不見可欲而心不亂是以內養之法常要兩目垂簾返光內照降心火于丹田使神氣相抱故太玄養初一曰藏心于淵美厥靈根測曰藏心于淵神不外也

霞外雜俎　八

三

心牽於事火動於中

有動於中必搖其精

心靜則息自調靜久則息自定

收心以養氣息機以收心

精氣神爲內三寶耳目　爲外三寶常使內三寶不

逐物而流外三寶不誘中而擾

呼吸要綿綿深入丹田

常要使呼吸為夫婦神氣為夫婦蓋夫婦云者欲其相合而不相離也

毋勞汝形毋搖汝精毋使汝思慮營營寡思慮以養神寡嗜慾以養精寡言語以養氣

久視傷心損血久坐傷脾損肉久立傷腎損骨久臥傷肺損氣久行傷肝損筋

坐處不可太明太明則傷魂不可太暗太暗則傷魄

尤忌濕氣賊風

心有所愛不可深愛心有所憎不可深憎

髮多梳則令人明目去風體多浴則令人倦怠

春夏宜早起秋冬宜宴眠宴忌日出後早忌雞鳴前也

大小便宜緊閉口齒目上視使氣不泄

遇小疾可行五段錦或用六字氣法

每夜以手擦湧泉穴左右各三百甚益下元

五味淡薄令人神爽氣清少病酸多傷脾鹹多傷心苦多傷腎辛多傷肝尤忌生冷硬物

飲食不可過多不可太速

切忌空心茶飯後酒黃昏飯

夜深不可醉不可飽不可遠行

怒後不可便食食後不可發怒

軟蒸飯爛煮肉少飲酒獨自宿此養生之妙法也

凡早行須飲酒一甌以禦霜霧之毒無酒嚼生姜一片亦可

飯後徐徐行數十步以手摩面摩脇摩腹仰面呵氣

四五口能去飲食之毒

傷食飽脹可緊閉口齒聳肩上視提氣至咽喉少頃復降入丹田如此升降四五次即消化矣

臨睡用石膏花椒或青塩為末擦齒用好茶漱之叩齒數通一日飲食之毒不留齒間終身無齒疾

跋

東谷子曰予得此書嘗物色所謂鐵腳道人者有芝客言二十年前曾見道人於荊南虬髯玉貌倜儻不羈人也嘗愛赤腳走雪中興發則朗誦南華秋水篇

又愛嚼梅花滿口和雪嚥之或問曰此何為道人曰
吾欲寒香沁入肺腑其後去採藥衡嶽夜半登祝融
峰觀日出乃仰天大叫曰雲海盪吾心胸居無何飄
然而去莫知所之或曰道人姓杜氏名巽才覲人

韋弦佩序

性急者佩韋性緩者佩弦聖人以此和劑於民使協
中庸之軌也當其無所於觸則悠哉游哉義理之勇
蔑如當其有所於觸則悱然怫然血氣之勇肆矣尼
父曰見義不為無勇也又曰小人有勇而無義則亂
故知義理者君子所尚血氣者小人所乘吾常省躬
不無反是此韋弦佩者故父師之所謂廸也處方艾
觀藥鏡却病萃以成書居木畯撰

韋弦佩

甬上屠本畯

處方第一

中林之士有五不治之疵有七可處之方其樂天知命安隱自在不犯五疵者上也紛華易染定力不堅或犯一二者中也利欲薫陶肝胆差別全犯五疵者下矣請列五疵假修隱逸獨鼓虛聲一疵也口挂雲林心謝煙壑二疵也浪語考槃極情壟斷三疵也厭苦寂寞轉深涼熱四疵也頻談游道冀買山錢五疵也此五疵神農岐伯所未論之証

本草圖經所不載之藥又安能鍼砭哉立此方爲標本顚隮我山林同躋壽域云爾

和氣湯　治一切客氣怒氣怨氣抑鬱不平之氣

忍字一個　忘字一個

用不語唾送下先之以忍可免一朝之患也繼之以忘可無終身之戚也更飲醇酒數杯使醺然半酣尤妙嵩陽幽事

快活無憂散

除煩惱　斷妄想

合此藥洒掃靜室窗楞虛朗前列小檻栽花種竹貯水養魚室中設几櫈蒲團跏趺調息將前藥用清淨湯調服至三炷香久任意所適吟弄風月展玩法帖名畫小說倦則啜香茗就枕偃息久之覺神氣爽泰不知人間有煩惱不見我心有妄想則神効可覩矣嵩陽幽事

處窮方　顏斶戰國時人隱居不仕常言處窮方其藥四味從四妙誠齋丹中有六字經九字經兼看

一無事以當貴　二早寢以當富

三安步以當車　四晚食以當肉

右四味和勻夏日水冬日湯隨意飲之鶴林玉露

一味長生飲　蘇東坡云無事靜坐一日似兩日若處此生常似今日得年七十便是百四十歲人世間何物能有此効既無反惡又省藥錢此方人人收得苦無好湯使多嚥不下

靜坐一味

遇便行之或止觀或納息任意　胡苕溪云予連

蹇選調四十年在官日少在家日多固知靜坐之
味弟佝平婚嫁之志未畢韓愈啼號之悲方劇正
無奸湯使蠅不下也詩林廣記

六味治目方　積勞致目眚者閉目養神去嚣習靜
專修止觀不用藥攻昔晉范武子常患目病就中
書侍郎張湛求方湛因嘲之曰古方宋陽里子授
魯東門伯東門伯授左丘明丘明遂世世相傳及
漢杜子夏鄭康成魏高堂隆晉左太沖並有目疾
得此方而愈

損讀書一　減思慮二　專內視三
簡外緣四　旦晚起五　夜早眠六
六味熬以神火下以氣徙蘊於胸中七日然後納
諸方寸修之一時近能數其睫遠視尺捶之餘長
服不已洞見牆壁之外非但明目乃亦延年吳一子自拂齋記話

無比逍遙湯一治倫理難醫之証
寧耐一個　糊塗一個　學聾一個
正經三分　痴呆七分
和勻用感化湯下如前証未便卽愈再加逍遙一
味服之呂新吾云心不必太分曉纔分曉便是糊
塗陳眉公云留三分正經以度生七分痴呆以防
死醫倫理之要藥也

四妙誠實丹　專治拾人咳唾附人聲響聽人嗾使
希人意旨掛人標榜及模稜兩可躞蹀忿爭深情
詭祕並皆治之
守口　防意　熟思　審處
四味用不語津蒸下久行不已自然真實不誑不

綺不兩舌不惡口功効難以盡述甘棠庭中丞言
責備覽云予既有不度德不中機之言深自省懺
集此書爲有言責者作指南無言責者進藥石在
韋布與其行怪有述毋寧遯世不見知也書凡四
十餘章予取其九以定方若兼誦六字經九字經
自能守口如瓶防意如城熟思審處無諂無驕矣
六字經一曰恐二曰方便三曰依本分九字經曰
勿欺心勿妄想守廉耻

寶本草

禪味甘性涼安心臟祛邪氣闢壅滞通血脉清神益志駐顔色除熱惱去穢惡善解諸毒能調衆病藥生人間但有小大皮肉骨髓精麤之異獲其精者爲良故凡聖尊卑悉能療之餘者多於叢林中吟風咏月世有徒輩多採聲殼爲藥食者悞人性命幽通顯寄非證者莫識不假修煉炮製一服脫其苦惱如縛發解其功若神令人長壽故佛祖以此藥療一切衆生病號大醫王若世明燈破諸執暗所慮迷亂幽蔽不信病在膏肓妄滌鬼神流浪生死者不可救焉傷哉

製炮炙論

湛堂準禪師與雅公爲法門昆仲因雅師述禪本草乃製炮炙論佐之

人欲延年長生絕諸病者先熟覽禪本草若不觀禪本草則不知藥之温良不辨藥之眞假而又不諳何州何縣所出者最良既不能窮其本末豈悟藥之體性耶近世有一種不讀禪本草者卽將杜漏藍作綿州附子往往見面孔相似便以爲是苦哉苦哉不惟自悞兼悞他人故使之學醫者一人傳虛萬人傳實擾擾逐其末而不知安樂返本之源日月浸久横病生焉漸攻四肢而害圓明常樂之體自旦及暮不能安席遂至膏肓枉喪身命者多矣良由初學麤心師授鹵莽不觀禪本草之過也若克依此書明藥之體性又須解如法炮製蓋炮製之法先須選其精絕者以法水洗淨去人我葉除無明根秉八還刀向三平等砧碎剉用性眞火微焙之入四無量臼擣八金剛杵杵八萬四千下以大悲千手眼篩篩之然後成塵麤三末煉十波羅蜜爲圓不拘時候煎一念相應湯

下前三三圓後三三圓除八風二見外別無所忌此藥功驗不可盡言服者方知此藥深遠之力非世間方書所載後之學醫上流試取禪本草觀之然後依此炮製合而服之其功力益不淺也

艾觀第二

諱疾忌醫醫走艾棄疾於是乎不瘳矣準釋氏例

搜十六病作艾觀

龍統肝腸向人披歷　誰能信諒

喚藥婆心對不信人　誰不增疑

率爾任事不知引避　誰不怨咎

不解偏私從彼徵逐　以我為餌

君子行義責備小人　好沒要緊

險詖側媚不能徵遠　終落圈套

韋弦佩　八　七

聽言觀行全不究心　終被簸弄

聽信膚愬代彼報復　着甚來由

密事漏泄幾敗乃公　攬禍招尤

奸謀跡畧十事九隳　自誤自家

道聽塗說自貽伊慼　惹人駁詰

妄自標致擬倫勝己　秤尺在人

拒諫飾非致人指摘　終難開導

議論含糊依違枝蔓　善於託故

但務儉嗇遂致徒費　失却便宜

奶尚互異溉濟已論　自伏自家

蘧公年五十而知四十九之非是武公年九十而

思黃髮老之箴規予齒邁六十有七尚不知六十

六年之猶未是也昏役無記豈不虛生方遽太遲

比武不旱麗居士曰但願空諸所有切莫實諸所

無吾以此為觀察之資屠幽參記

幽參毋為親故居閒而兩家各以軒輊不付彼懷

不得者固不德而得者亦不德十六觀乃其自艾

自砭歟和尚於十六觀下各加一轉語亦沒要緊

韋弦佩　八　八

僧弘恐不辱識

藥鏡第三

予當衰遲之齒而有不慧之病歷泚自恕自治自慰各六事入藥鏡

才劣識暗不能料事　恕老駿

疑滯少斷不能處事　恕老頑

勢微力綿不能濟事　恕老朽

口訥性忘不能談事　恕老邁

神疲步蹇不能獲事　恕老鈍

拯困扶危不能應事　恕老匱

老戒微逐宜斷緣簡事君子愛人毋彊所不能按楊鐵帷常居小蓬臺不下樓自榜其門曰客至不下樓恕老懶見客不荅禮恕老病客問事不對恕老默發言無引避恕老迂飲酒不輟樂恕老狂予瀆之亦以自恕

解紛無策終致兩怨　病不智

處事多件勞而無功　病不思

遇事輒發能易辯急　病不忍

直言匪拔不遠嫌疑　病自信

會卒應事爲人所欺　病不疑

義形於色終致醜詆　病不量

老坐茲病宜見機明決與我同志須治所已病按劉道原能自攻其失撰𣪠新語取其近似者自攻予亦取其似者以自攻云

按節數時猶能記事　慰老圃

雠方校石猶能親事　慰老病

考詞度曲猶能擅事　慰老貴

薰爐茗椀猶能給事　慰老閒

月尊星酌猶能敘事　慰老談

采真幽討猶能從事　慰老致

老棲林壑毋廢時失事有客問好幸聚所可能按周剛曰歲中山木時華月深池上海藻歲榮日蔓室間軒左幸有陳書座隅與右頗得宿酒按紘拭徽雠方校石時復陳局露初買爵星曉歡然不覺似羲軒後也予又倣之亦以自慰

御病第四

衆生八苦病居其一患者以苦生苦如蠶作繭智者以苦滅苦如鳥脫籠我佛慈悲開示凡夫四百四病盡從顛倒妄見所生真直截痛快哉衆生障深難即解脫茲方便法門爲長生第一方武林吳伯霖識

病有十可御

靜觀四大原從假合

造物勞我以生遇病稍閒反生慶幸

常將不如我者巧自寬慰

宿業現前不可逃避歡喜領受

室家和睦無交謫之言

煩惱現前以死譬之

衆生各病根常自觀察克治

與竹石魚鳥相親翛然自得畔援歆羨一念不生

飲食寧少無多起居寧適無強

覓高明親友講說開懷出世之語

病有十不可治

縱恣慆淫不自珍重

窘若拘囚無瀟灑之趣

怨天尤人廣生煩惱

今日預愁明日一年營計百年

室人聒噪耳目盡成荊棘

聽信師巫禱賽廣行殺戮

寢興不適飲食無度

多服湯藥盪滌腸胃元氣漸耗

諱疾忌醫使寒熱虛實妄投

以死爲苦與六親眷屬常生難割難捨之想

佛爲大醫王起死人而肉白骨從此方便門觀悟沉痼霍然矣屠幽叟識

禪門本草補

公安袁中道

慧日禪師作禪門本草云禪味甘性凉安心臟祛邪氣闢壅滯通血脉清神益志駐顏色除熱惱如縛發解其功若神令人長壽故佛祖以此藥療一切衆生病號大藥王若世明燈破諸執暗所慮迷亂幽蔽不信病在膏肓妄染神鬼流浪生死者不可救焉傷哉

余因效顰作諸味云

講味甘微辛性温陰中陽也開心胷明目除積久翳

障益智不假修煉炮製但有精粗大小眞贗之異須細揀擇類破故紙者有毒不堪入藥凡味遠出流沙外漢時始入中國中國種之枝葉亦繁不似出西域者良宜量元氣盛衰服之元氣盛者服之卽消衰者多滯鬲上舌乾口燥咽喉少津液常時痞悶令人動氣發嗔甚者發狂尤令人脚軟不能動履中此毒者用金剛子棘栗毬或吐或下盡吐下出宿物胸胛清虛得汗而愈一方用大棒擊患人頭取汗亦愈無汗者不治

戒味辛微苦回甘陳久者辛味亦盡性凉陽中陰也須煆煉炮製極淨寘汙濁處便常用澡浴其樹或五葉或八葉或十葉或一百二十葉大小粗細久近不同四月八日及臘月八日採之良不可自取須曾採者指示乃得此味號爲藥中之王能治百病不論元氣盛衰皆宜服之元氣盛者恃強不服能至狂疾衰者初服覺苦辣頻頻服之久自得味其藥易破宜謹收藏護惜小破壞猶可用若大壞者不堪用也亦有小毒偏服者損目

定味甘微辛性清凉陰中陰也安神定魄除煩熱生津液產于深山者良亦有微毒量元氣盛衰服之元氣盛者不拘時服俱有效衰者多服亦能損目令人心戰怔忡或四肢軟怯喜睡眠惡見人惡聞人聲或白日見鬼魅亦有勉強服之不爲害者然此味內有暗毒須鍛鍊毒盡乃可入藥有大小久近之異有九種似天棘者不佳草澤醫人採之不入官藥其有一種土人呼爲羅漢果入藥取効差小若不揀擇悞服如天棘類者乍得清凉直至八萬四千刧毒亦發作

發則令人下墜不可服用般若湯爲君服之最驗
淨土味甘平性清涼中和去穢惡令人美顏色長生
似蓮花有五色者青者爲最不用煆煉炮製四方俱
有生西方者良無毒不論元氣盛衰人俱宜服之元
氣盛者久服之白日飛昇衰者服之亦能輕身不死
係古來大醫王合成金丹留此靈藥屬普度世間但
其味冲淡服者多無恒又此藥屬信者則少服亦效
不信者不効若大限垂至百藥不救名醫袖手但將
此味志心服之從一服至七服無不効者最忌世間
腥穢等物若夾襍服之取効亦微

蘇氏家訓

晉江蘇士濬

祖孫

漢萬石君奮歸老于家子孫爲小吏來歸謁萬石君必朝服見之不名子孫有過失不譙讓爲便坐對案不食必子孫因長老肉袒固謝改之乃許即勝冠者在側雖燕居必冠申申如也

漢疏廣歸鄉里日令家共具酒食請族人故舊與相娛樂居歲餘廣子孫竊謂其昆弟老人廣所信愛者

請立産業基址老人暇爲言廣曰吾豈老誖不念子孫哉賢而多財則損其志愚而多財則益其過

漢楊震性廉子孫嘗蔬食步行或欲令開産業震曰使後世稱爲清白吏子孫以此遺之不亦厚乎靈帝謂震孫奇曰卿強項眞楊震子孫

晉范喬字伯孫年五歲時祖馨撫喬首曰所恨不見汝成人以所用硯與之祖歿父母告喬喬執硯涕泣

晉王羲之率諸子抱弱孫一味之甘割而分之以娛目前

父

孔子家兒不知罵曾子家兒不知怒所以然者生而善教也

後漢鄧禹子十三人各使守一藝教養子孫爲後世法

世說曰陳太丘詣荀季和使元方將車季方持杖長文尚小坐著車中既至荀使叔慈應門慈明行酒餘六龍下食文若小坐膝前太史奏於時德星聚

魏王昶名其兄子曰默曰沉名其子曰渾曰深曰吾使汝曹顧名思義不敢違越也

晉劉殷字長盛有子七人各受一經一門之內七業俱成

晉王平子與人書稱其兒風氣日上足散人懷澄之第四子徽別傳云徽邁上有父風

梁沈約指其子謂睦喬曰此吾愛子也少聰慧好讀書因以青箱名之

母

孟子少時其舍近墓嬉戲爲墓間事孟母曰此非所

以居子也乃去舍市其嬉戲爲賈衒孟母曰此非所以居子也乃徙舍學宮之側其嬉戲乃設俎豆揖讓進退孟母曰此眞可以居子矣遂居之

漢雋不疑字曼卿爲京兆尹每行縣錄囚還母輙問有所平反活幾萬人不疑多所平反母喜笑飲食言語異於他時或無所出母怒爲之不食以故不疑爲吏嚴而不殘

晉陶侃母湛氏初侃貧賤湛氏紡績資給之使交勝已鄱陽孝廉范逵寓宿於侃時大雪湛氏乃撤所臥新薦自剉給其馬又密截髮賣與鄰人供餚饌逵聞

之嘆曰非此母不生此子

唐天平節度使柳仲郢母韓氏相國休之曾孫家灋嚴肅常令粉苦參黃連和熊膽爲丸以授諸子每夜讀書使噙之以資勤苦

繼母

漢翟方進辭其後母至京師受經母憐其幼隨之長安織屨以給進

東漢郭丹後母爲鬻衣裝買產業與之從師長安

嫡母

隋番州刺史陸讓母馮氏性仁愛有母儀讓即其孽子也坐贓當死將就刑馮氏蓬頭垢面詣朝堂數讓罪於是流涕嗚咽親持盃粥勸讓食既而上表求哀詞精甚切上愍然爲之改容於是集京城士庶於朱雀門遣舍人宣詔曰馮氏以嫡母之德足爲世範慈愛之道義感人神特宜矜免用獎風俗讓可減死除名復下詔褒美之賜物五百段集命婦與馮相識以旌寵異

事父

漢杜延年爲御史大夫居父官府不敢當舊位坐卧皆易其處父杜周也

漢管寧年十六喪父中表愍其孤貧咸共賻贈悉辭不受稱財送終

唐狄仁傑登泰行山親在河陽反顧白雲孤飛謂左右曰吾親舍其下瞻悵久之雲移乃得去同府參軍鄭崇質母老且病當使絶域仁傑謂曰君可遺親萬里憂乎乃止

京兆舊事曰杜陵蕭彪字伯文爲巴郡太守以父老歸供養父有客常立屏風後自應使命

漢江革字次翁王莽之亂負母逃難以母老不欲動揺自在轅中挽車轉客下邳行傭供母人稱江巨孝

東漢茅容字季偉年四十餘耕于野與等輩避雨樹下衆皆 踞容獨危坐愈恭郭林宗見而異之因請寓宿容殺鷄爲饌林宗謂爲已設既而以供其母自以菜蔬與客同飯林宗起拜之曰卿賢乎哉因勸就學

漢蔡邕字伯喈性篤孝母滯病三年自非寒暑節變未嘗解襟帶不寢寐者七旬與從父從弟同居三世不分財鄉黨高其義

魏程堅字謀甫南陽人磨鏡養母母喪哀號櫪下有馬每聞堅哭輒淚出髮輟芻草

晉山濤遭母喪歸鄉里濤雖年老居喪過禮手植松栢

晉王修母以社日亡來年社日修哀感悲號鄰人爲之罷社

五代張遂清爲淄州刺史迎其母及姊親爲母執轡行數十里州人以爲榮

梁徐孝克母患病欲粳米爲粥貧不能常辦母亡後孝克遂終身啖麥有遺粳米者對之悲泣不忍食

南史張敷生而母亡數歲便有感慕之色十歲求母遺物惟得一扇乃緘藏之每至感思開笥流涕

唐崔渾爲侍御史母有疾渾跪請病受已有頃覺病從十指入俄而遍身母所苦遂愈

事繼母

閔損蚤喪母父娶後妻生二子母嫉損所生子衣綿絮衣損以蘆花絮父冬月令損御車體寒失轡父察知之欲遣後母損啟父曰母在一子寒母去三子單父善其言而止母亦感悟遂成慈母

後漢胡廣年八十心力克壯爲太傅繼母在堂朝夕省膳傍無几杖言不稱老母卒居喪盡禮三年

事嫡母

梁中軍田曹行參軍庾沙彌嫡母劉氏寢疾沙彌晨昏侍側衣不解帶或應針灸輒以身先試及母亡水漿不入口累日

事庶母

北齊南汾州刺史劉豐八子俱非嫡妻所生每一子所生喪諸子皆爲制服三年武平中暐所生母喪諸弟並請解官朝廷議而不許

事生母

宋司農少卿朱壽昌天長人字叔康父巽守京兆時妾劉有娠爲嫡母妬害出嫁民間生壽昌數歲乃還父家母子相別不相聞者五十年壽昌既仕行四方

求之不得與人言輒流涕熙寧初知廣州軍與家人訣棄官入秦誓不見母不還行次同州避雨旅舍見老婦冒雨抱薪而來投舍嘆曰吾兒壽昌安知母如此之苦乎壽昌聞愕然近前問故乃知爲生母也年已七十餘矣壽昌廼同母所生弟妹皆歸爲買田宅居之居數年母卒壽昌哭泣幾喪明

伯叔愛侄

漢馬援字文淵兄子嚴敦並喜譏議援在交阯還書戒之曰吾欲汝曹聞人有過如聞父母之名耳可得

聞口不可得言好議論人短長妄是非正法此吾所
大惡也寧死不願聞子孫有此行也
漢第五倫字伯魚或問倫曰公有私乎對曰吾兄子
嘗疾一夜十往退而安寢吾子有疾雖不省視竟夕
不眠若是者豈可謂無私乎
漢蔡邕丧二親年踰三十鬢髮二色叔父親之猶
若幼童車則對坐食則比豆
後漢淳于恭兄崇卒恭養孤幼教訓學問有不如法
反自捶以感悟之兒慚改過

後漢范遷爲司徒裁有一宅復推與兄子及甕子建
自田種置宅三畝時人美之
晉王羲之深爲從伯導所器嘗謂羲之曰汝是吾家
佳子弟當不減阮主簿
南齊王僧虔周辟開府謂兄子儉曰汝任重於朝行
登三事我若復有此授乃是一門有二台司吾實懼
焉累年不拜儉作長梁齋制小過度僧虔視之不悅
竟不入户儉即日毁之
吕僧珍字元喻以販葱爲業及貴兄子求官於元瑜
曰汝等自有常業但當速歸葱肆耳不聽

賢叔母

晉謝朏幼孤叔母撫育有恩同于所生

事伯叔父母

李孟元修易論語大義畧舉質性恭順與叔子就同
居就有痼疾孟元推所有田園悉以讓就夫婦紡績
以自供給
唐柳公綽有家法諸子仲郢皆束帶定省於中門之
外公綽卒事公權如父每見未嘗不束帶爲京兆尹

時遇公權必下馬端笏立公權暮歸必束帶迎侍公
權屢以爲言仲郢終不以官達少改

事伯母

晉羊祜年十五而孤事伯母蔡氏以孝聞

夫婦

春秋時晉臼季使過冀見冀缺耨其妻饁之敬相待
如賓與之歸言諸文公以爲下軍大夫
漢鮑宣妻桓氏字少君宣嘗從少君父學父奇其清
苦以女妻之裝遣甚盛宣不悅曰少君生富驕習美

飾吾貧賤不敢當禮妻曰大人以先生修德守約以賤妾侍巾櫛既奉承君子惟命是從宣笑曰是吾志也乃悉歸侍御服飾更着短布裳與宣共挽鹿車歸鄉里拜舅姑畢提甕出汲修行婦道

漢梁鴻字伯鸞勢家慕其高節多欲女之鴻並絶不娶同郡孟氏有女曰孟光壯肥而黑擇對不嫁至年三十父母問其故曰欲得賢如梁伯鸞者鴻聞而聘之女求作布衣麻屨織績之具後去吳依大家皐伯通居廡下為人賃舂每歸妻為具食舉案齊眉伯通察而異之曰彼傭能使其妻敬如此非凡人也

舅姑

范文正公之子純仁娶婦將歸或傳婦以羅為帷幔者公聞之不悦曰羅綺豈帷幔之物耶吾家素清儉安得亂吾家法敢持至吾家當火於庭

胡安定公云嫁女必須勝吾家者娶婦必須不若我家者或問其故曰嫁勝吾家則女之事人必欽必戒娶不若吾家則婦之事舅姑必執婦道

事舅姑

漢樂羊子從學七年不返妻嘗躬勤養姑嘗有他舍雞謬入園中姑盜殺而食之妻對雞不飡而泣姑怪問其故妻曰自傷居貧使食他肉姑竟棄之

漢班昭年七十餘卒所著賦頌銘誄問注哀辭書論上疏遺令凡十六篇子婦丁氏為撰集之又作大家讚焉按昭子曹愨丁氏愨妻也

兄愛弟

漢姜肱字伯淮彭城廣戚人家世名族與弟仲海季江皆以孝行著與弟同被卧甚相親友及長相愛不

能相離

漢薛包好學敦行弟求分財異居包不能止乃中分其財奴婢取老弱者曰我與共事久矣田園取其荒者曰吾少時所理意所顧也器物取其朽敗者曰吾素所服食身口所安也

漢蔡邕與從弟同居三世不分財

晉王徽之與弟獻之俱病篤有術人云人命應終而有生人樂代者則死者可生徽之曰吾才位不如弟請以餘年代之

隋田真與弟廣弟慶偶因婦言欲議分居庭有三荆同本甚茂經宿忽萎黄真大驚曰荆尚然况兄弟乎遂不分判復舒茂

隋牛弘弟弼好酒而酗嘗因醉射殺弘駕車牛弘還宅夫人迎謂曰叔射殺牛弘聞之無所怪問直答曰作脯其妻又言叔射殺牛大是異事弘言已知顔色自若讀書不輟

弟愛兄

漢鄭均兄仲為縣吏受遺均諫不聽遂脱身出歲餘得數萬錢歸與兄曰錢盡可復得爲吏坐贓終身捐棄兄感悔遂爲清白吏

東漢魏霸字喬卿濟陰人爲鉅鹿太守妻子不到官舍念兄嫂在家勤苦而獨尊樂故常服麤糲不食魚肉婦親蠶桑子躬耕與兄弟子同苦樂鄉里慕其行化之

晉裴叔則營新宅甚麗當移住與兄共遊林帳儼然軒檣踈朗兄心甚欲之而口不言叔則心知其意便推使兄住

愛前兄

漢楊厚字仲植毋與前妻子博不相安厚年九歲思令和親乃托疾不言不食毋知其旨懼然後改意恩養加篤

事嫂

漢馬援兄况卒行服期年敬事寡嫂不冠不入廬

漢第五訪字子謀少孤貧傭耕以養嫂

唐王珪奉寡嫂盡禮家事咨而後行教撫孤姪雖其子不過也

娣姒

晉汝南王湛既婚郝氏而司徒渾婦鍾亦太傅曾孫娣姒雅相親重鍾不以貴凌郝郝亦不以賤下鍾

李光進弟光顔先娶而毋委以家事及光進娶毋已亡弟婦封貲貯納管鑰於姒光進命返之曰娣逮事姑且嘗命主家事不可改因相持泣乃如初

姊愛弟

漢曹壽妻大家班超之妹也超爲都護在絶域年老思入玉門關妹乃上書曰妾兄超延命沙漠三十餘

年骨肉生離不復相識上因徵超還
漢賈逵年五歲其姊聞隣家讀書每抱逵聽之逵年
十歲乃暗誦六經姊曰吾未有教入門汝安得三墳
五典讀之逵曰憶昔抱聽隣家讀書
晉壽張女子張雨蚤喪父母年五十不肯嫁留養孤
弟二人教其學問各得通經皆爲聘娶成善士謝夷
吾爲令荐于州府使各選舉表復雨門戶

事姊

子路有姊之喪可以除之矣而弗除也孔子曰何不

除也子路曰吾寡兄弟而弗忍也
晉庾倬爲河南兵曹有寡姊在家時洛中物價翔貴
難致口腹庾常于公堂輟已饌以餉其姊謬云所愛
小男以餉之同官初甚鄙笑後知之感而嘉嘆
唐蘇頲事寡姊有禮世稱其德
唐英公李勣貴爲僕射其姊病必親爲燃火煮粥火
焚其鬚姊曰僕射婢妾多矣爲何自苦如是勣曰豈
爲無人耶顧今姊年多勣亦老雖欲从爲姊煮粥復
可得乎

姑

北史崔巨倫有姊明慧有才行因患眇一目內外親
族莫有求者其家議欲下嫁之巨倫姑趙國李叔胤
之妻聞而悲感曰吾兄盛德不幸蚤世豈令此女屈
事卑族乃爲子翼納之時人嘆其義識

女子

漢文帝時齊太倉令淳于意有罪當刑詔獄逮繫長
安意嘆曰生女不生男緩急終非益其少女緹縈上
書願沒入爲官婢以贖父刑罪使得自新天子憐悲

其意詔除肉刑
漢逸民戴良五女並賢每有求姻輒便許嫁練裳布
被竹笥木屐以遣之五女並能遵其訓

宗族

宋韓魏公琦合宗族百口衣食均等無異嫁孤女十
餘人養育諸姪比于己子所得恩例先及旁族逮其
終子有褐衣未命者追葺祖塋上及五世皆買田植
松檟
宋范純仁官至宰相前後任子恩多先疎族其親族

有請教者純仁曰惟儉可以助廉惟恕可以成德

宋劉宰字子平號漫堂先生每月旦必治湯餅會族曰今日之集非以酒食爲禮也尋常宗族不睦多起于情意不相通間言入焉今月必會飲有善相告有過相規有故相抵牾者彼此一見亦相忘於杯酒從容間豈小補哉有不至者必再三招之曰寧適不來微我弗顧

外祖

隋皇甫績三歲而孤爲外祖韋孝寛所鞠養嘗與諸

外兄博奕孝寛督以嚴訓績命左右自杖孝寛聞而對之流涕由是博涉經史

舅甥

秦康公之母晉文公之妹也康公爲太子時母卒送文公於渭陽念母之不見也我見舅氏如母存焉

晉魏舒字元陽少孤爲外家甯氏所養甯氏起宅相者曰當出貴甥舒曰當爲外家成此宅相

晉荀勗依舅氏十餘歲能屬文從外祖魏太傅鍾繇曰此兒當及其曾祖

王悅造其舅范甯甯曰卿風流俊望後來之秀悅曰不有此舅焉有此甥

晉郗鑒永嘉末天下大亂甚窮餒鄉人以其名德共餉之鑒嘗攜兄子邁及外甥周翼二小兒往食鄉人曰各自饑困以君之賢欲共濟君耳恐不能兼有所存鑒於是獨往食訖輒含飯着兩頰間還吐以與二兒後並得存

唐姚崇外甥任奕任昇少孤養于崇家崇曰外甥非疏但別姓耳遺與兒姪連名

翁婿

晉樂廣女婿衛玠時人語曰婦翁冰清女婿玉潤

姨中表

晉陽城太守梁郴皇甫謐從姑之子也嘗之官人勸謐餞之謐曰郴爲布衣時過吾吾送不出門食不過鹽菜貧者不以酒肉爲禮今作郡而送之是貴陽城太守而賤梁郴豈中古人之道是非吾心所安也

唐狄仁傑爲相有盧氏堂姨止一子梁公嘗往候盧姨安否曰其今爲相表弟有何樂從願悉力以從其

惠姨曰相自貴耳有一子不欲令其事女主公大慙

僕婢

漢劉寬字文饒吏人有過但蒲鞭示耻而已夫人欲試之趣朝服畢使婢奉肉羹翻汚朝衣上寬神色不異徐謂婢曰羹爛汝手耶

晉陶淵明爲彭澤令不以家累自隨遣一力給其子書曰汝旦夕之費自給爲難今遣此力助汝薪米之之費此亦人子也可善遇之

晉裴秀之母婢也秀年十八有令望而嫡母猶妬使

進饌于客見者皆起秀母曰當應爲小兒故也

宋張乖崖公詠知益州日單騎赴任官屬憚其嚴莫敢畜婢公不欲絶人情遂自買一婢以侍巾幘自此官輔稍置姬媵公在任四年被召還闕呼婢父母出資以嫁仍處女也

韻史

海昌陳梁

五年壬申冬十月

崇禎即位之五年

是月崔子還閩

崔子五竺從其父崔使君徵仲仕武林結社西湖一時遊仕武林者推洛陽才重愛之是月之望以聽輿還霍童

使君得韻字十箱

平仄字各六十篇一箱衆客列位賦詩不得踰此百二十字此昔賢即席限字佳事也

陳子與吳子借槎浮海

陳子將以十一月九日還泰海吳子今生蒼漢時星槎陳子乘之而去因更號槎翁

徵仲以韻箱贈陳子

使君以子五竺偏衙齋唱和無人遂以韻箱爲陳子贈行其詞曰我有韻友侍君左右亘尺樓頭呼朋命酒開篋分籌如握我手

立約法九章

必罰六不成詩三杯澆潑一大杯擲地一大杯侵一大杯曠而侵三大杯商各一杯

寬政三借音折字一小杯韻近似一小杯長短絕句如意

韻箱六大功德頌

陳子頌曰與衆樂樂獨樂亦樂工拙皆天奚矜奚怍變亂生新無住無形騾引人勝久使僮馴不招斯來不逐自散發意來寫雕刻狗

爛

僮諭

陳子曰此須賢師爻共之卽我僕不賢不可試用也乃諭其僮曰乃拭案乃剔于几乃請客泳手乃盥乃置篋中坐乃分獻字箱乃各陳無字格乃止童御無譁乃戒闌無濫入乃退而治茗乃邀同石氏毛氏諸異姓兄弟紀成乃旁求五大部族備洛問乃亂乃萃乃鎖鑰之乃十襲之乃溫酒理壺觴乃無曠爾事

二十有六日鶴亭始社

樵翁陳梁記曰崔敎仲使君以限字韻箱冊貽旣立約之次日爲鶴亭載功之始集予寓是役也使君賞幽首輸倅錢爲之厨社徐仲夌經理焉皆處士知巳也而崔長孙非石暨趙雪舟恰以是日來自闔楊若木恰以是日來自禾頳霖調恰以是日訪使君于湖上處集子寓既飯命舠往謁處士遂携限字箱詣之使君雪舟若木仲夌各得五言古霖調得

七言絕非石得五言絕予得四言古使君有邦似花時媚幽墉進煖航驕臺苑臥椰萋藻擁寒床之句雪舟有征驂經麓始命展檝爲誰覓岸呼漁艇鈎鱗過兕池之句若木有壓韻索紆險披荊憐寢竹之句仲夌有冷岫懷偏治孤岑筆闘奇及香滿雲蒸眼敉蕪雪着省之句霖調有望舒孤嶺愜玄暉登臺響結九臯飛之句非石有欲憇先披美移軒赴鶴汀之句予有主客雅泛與仰梅叟之句雖僉

率一時宇有限制而各如情事亦復勝彥書
以記之
十一月朔同社湖中話別
天目青道人張埁記曰壬申復月之朔陳則
梁盟兄將歸海上崔徵仲使君觴之湖中時
維序半三冬陽生一線方卜朋來旡咎何期
之子懷歸雁嘯寒汀鷗吟淺渚長堤殘柳頻
懷送客之愁古岫蒼松尚表盟心之素使君
命兹書觴列以綺筵餘瀝下醉于敍人新聲
遠徹于川后繁華不姝金谷名彥更勝西園
爰發韻箭刻成蠟炬限以百十餘字就兹四
十騈詞使君逸藻先成而天機渾洽共矜倚
馬之才梁公苦吟後勁而氣韻沉雄足鼓拳
鱗之志雪舟雅如松雪仲麥即是徐陵黃鶴
汪楓諸崔競爽鳴琴賦雀二顧爭妍點韻則
有金生續貂是媿張子于時朔風未溧濛波
微沾逢賓主之咸良美情文於並茂湖山芬
其黯澹觴咏穉我離憂詩成八韻體各一家

韻史終

說郛續目錄

陰符經解

臨川湯顯祖

天道陰陽五行施行于天有相變相勝之氣自然而相於生生而相干殺生為恩殺為害害為賊五賊在人九竅中日日有損恩人目光外惑不能觀見若能觀而見之則常數倍用師禽執此賊雖使五賊施行于天吾以攝之於心運之於掌所以觀而執之天機也天機者天性也天性者人心也心為機本機在于發天機發在斗斗者天之目也受天機幹天行陰為機者死陽為機者生地機發在雷則龍蛇氣流龍蛇者地之氣也天地殺機即其生機天地交合宇宙不散人在其中因能見此五賊發而制之靜則潛于恩門動則轉于害機精氣還來起于命蒂推反陰陽交制天地所謂宇宙在手萬化在身可以定機可以定人天機定也夫內使天機者外事不可入性有巧拙可以伏藏伏藏伏藏為機伏藏為巧盜洩吾機常在九竅伏藏為真流露為邪能知三要則可動靜三要者三盜也三盜者五賊也木中有火火出則木死國中有

奸身中有邪知而煉之火爲我用賊爲我禽謂之聖
人聖人何知知天之道生以殺之天道自然也故天
地以五賊盜萬物萬物以五賊盜人人以五賊盜萬
物一氣混成三才互呑以成宇宙以生萬物所謂三
要也三要相盜出入九竅人大形能食味神能食氣
也食失時靈物受病故食天地萬物以時則養不屈
人心機也動天地萬物以機則動不危故曰知三要
者可以動靜似乎不神而有所以神何也所謂食之
時不出日月之時動之機不離萬物小大之機日月

在于數中小大定于象中律而俔之歷而步之非有
神奇也然而食之理骸動之他安聖由此功神由此
明則不神而神聖人以此盜天地萬物而不爲天地
萬物盜矣謂之盜機也人莫能見見之者吾人莫能
知知而修之謂之聖人君子竊其微妙以資性小人
竊弄其機以輕命君子何以固躳流露其身則身非
固器矣故聾者精絕于耳則合于神視之不可勝用
也瞽者神絕于目則藏于精聽之不可勝用也九數
之巧苐絕其一原視聽功力已自十倍𠛬倒握天機

三反晝夜動靜其中三十六時能食其時能動其機
禽賊之師固當萬倍矣此中生死全係于心心以物
生則神不居妙心于物死則精可合明生死機關全
在目精也夫目在九竅中最爲巧利盜之所影邪之
所禪絕利藏巧宜自目先反精自照五賊可見因而
制之聖功在根神明此運也若不轉自機關必在情
中生死是故天性之人迅風烈雷大發殺機以開生
氣百骸萬化鼓動欣然所謂害氣生恩美哉樂哉樂
則似其性中有餘巧絕物死至靜也靜則似其性廉

夫至靜之性乃天性也天道害而生恩公而成私故
迅風烈雷者天氣之機也五賊無時禽之在氣機盜
日者人之星宿也持轉易之關故曰機在目氣者人
之龍蛇也存伏藏之用故曰制在氣明于三在者可
以三反可以反覆天地矣五賊成禽此眞宇宙在手
矣故夫生死相根恩害一門生者死之死者生之恩
者害之害者恩之乃爲反覆天地聖功也人知神之
爲神故以天文星宿地理蛇龍之類爲聖我知不神
之所以神故以時文物理爲哲日月有數時之文也

小大有定物之理也食其時動其機知之哲也是故藏乃絶利不可以愚慮目機氣制不可以奇期有愚與奇不名自然道不自然有害無愚沈水入火非愚則奇也夫水火五賊之交也制之不以自然小人得之輕命矣夫禽制之法豈有奇哉自然則静不自然則動動則死静則生自然而静者浸也浸而生者推也浸以推浸以移因浸以勝陰陽之制自然也知之者聖人因而制在氣静相生也浸相勝也不使其心不作其機符而用之潛而遷之至静之行非有律曆

也静中若動奇器生焉奇者獨露之機器者運功之象是生八卦甲子循環律曆陰陽之用皆三十六矣日月有數小大有定五賊生死其中三反上下共際其盜機也甚伏藏也甚日以勝相生以生相勝不禽而禽無制而制萬彙之先自然之内也昭昭乎其以時物文理哲乎故曰觀天之道執天之行盡矣天之道自然天之行浸故不知浸以自然則不能行八卦甲子不能行八卦甲子則不知三反晝夜不知三反晝夜則不能天地反覆然則雖見五賊不得禽之焉

晝不爲用則好生而禍克矣來惟聖人昭晰乎見通制之故有昌無亡

胎息經疏

海鹽王文祿

胎從伏氣中結氣從有胎中息

太虛氤氳一氣孔神伏始結胎胎結乃息胎初如花蘤如蒂蒂帶連胞母呼亦呼母吸亦吸呼吸爲息靜極純陽日長彌月形全誕生此原始以示人欲專氣致柔如嬰兒也

氣入身來爲之生神去離形爲之死

形身也神氣之靈覺形之主也氣成形形神不離卽氣入身來神住形固長生也神去則氣散形敗

乃死故曰生之根死者生之根

知神氣可以長生固守虛無以養神氣

神氣一也從虛無中來渾闢而無減增故曰谷神不死人能無視無聽不識不知卽固守以養若認實有而迷自促其生也

神行則氣行神住則氣住

神卽志也氣體之充也志氣之帥也氣隨神神帥氣氣行住由神神氣宜交養也

若欲長生神氣相注

谷神不死是謂玄牝乃先天祖氣中虛也玄牝又名氣穴閉目反觀凝神入之則神氣相注守中也可以長生

心不動念無去無來不出不入自然常住

心神之舍也動念則去來出入不能常住矣胎中嬰兒神住氣住無念亦無去來出入今能專氣抱神如嬰兒然則一團純陽返老還童長生也卽固守虛無以養神氣故曰委志歸虛無無念以爲常

勤而行之是眞道路

此總結勉常行也老子曰用之不勤不功也此曰勤不忘也卽綿綿若存也曰眞非假是正路非傍門也

三十六咽一咽爲先吐唯細細納唯綿綿坐臥亦爾行立坦然戒於諠雜忌以腥羶假名胎息實曰內丹非只治病決定延年久久行之名列上仙

此胎息銘也調氣咽津以補中宮元氣每時三咽子時咽之尤養生

胎息經疏終

胎息經疏　三

析骨分經

綏安寧一玉

頭　頭爲精明之府項屬督脉項之兩旁屬足太陽膀胱經頭角屬足少陽膽經

腦　巔下爲腦腦爲髓之海中屬督脉兩旁屬足太陽膀胱經

顖門　在髮際上上屬督脉

額　額顱在鼻根上上屬足太陽膀胱經下屬足陽明胃經

析骨分經　一

眉　屬足太陽膀胱經

面　面目鼻並屬足陽明胃經面頰至目銳眥屬手太陽小腸經面頰至下巴中屬足陽明胃經

頞　頞鼻莖也屬足明胃經

鼻　鼻爲肺竅鼻孔屬手陽明大腸經

口　口爲脾竅

唇　唇爲飛門唇内上下並屬足厥陰肝經唇外上屬手陽明大腸經下屬足陽明胃經

目　目爲肝竅上下瞼屬脾紅肉皆屬心綠睛屬肝

睛屬肺瞳神屬腎

系 目內深處 目系屬足厥陰肝經

眥 大角爲內眥屬足太陽膀胱經小角爲銳眥屬手太陽小腸經

顴 顴骨在鼻兩傍屬手太陽小腸經

腮 顴下爲腮屬足陽明胃經

頷 腮下爲頷屬足陽明胃經

頤 頷下爲頤屬足陽明胃經

耳 耳爲腎竅巔至耳上角屬足太陽膀胱經耳後

入耳中出上角屬手少陽三焦經耳後入耳中出目前至目銳眥屬足少陽膽經

頬 耳下曲處爲頬屬手陽明大腸經

膺 胸上兩旁高處爲膺屬足陽明胃經

胸 兩乳間爲胸屬任脉

乳 屬足陽明少干足少陽

脘 上中下三脘屬任脉

臍 屬任脉兩旁屬足少陰腎經

腹 臍上下爲腹中屬任脉兩旁屬足少陰腎經小腹屬足厥陰肝經

街 街氣街也屬足陽明胃經

頸 頭頸骨

項 頸外皮肉也中屬督脉督之兩旁屬足太陽膀胱經膀之側屬手少陽三焦經三焦之前屬手太陽小腸經小腸之內屬手陽明大腸經大腸之內屬足少陽膽經膽之內屬足陽明胃經胃之中屬任脉

背 胸中之府屬足太陽膀胱經

脊 椎骨爲脊屬督脉

膂 脊兩旁爲膂屬足太陽膀胱經

胂 膂內爲胂夾脊內也屬足太陽膀胱經

腰 腰爲腎府尻上橫骨爲腰中屬督脉兩傍屬足太陽膀胱經

缺盆 膺上橫骨爲巨骨巨骨陷中爲缺盆前屬足陽明胃經後屬手陽明大腸經側屬手太陽小腸經

肩 肩髃 肩端兩骨間 屬手陽明太陽經肩[illegible]

太陽小腸經肩交屬手少陽三焦經肩髆肩後之所屬
足太陽膀胱經
腋　肩下曲處爲腋前屬手太陰肺經中屬手少陰
心經
脇　腋下爲脇前屬足厥陰肝經後屬足少陽膽經
肋　脇下爲季肋卽軟肋也腹結上下屬足太陰脾
經章門上下屬足厥陰肝經京門上下屬足少陽
經
臑　對腋爲臑臑內中行屬手厥陰心胞絡前屬手

太陰肺經後屬手少陰心經臑外中行屬手少陽
三焦經前屬手陽明大腸經後屬手太陽小腸經
肘　臑盡處爲肘肘中屬手太陰肺經外廉屬手陽
明大腸經內廉屬手少陰心經肘內側屬手太陽
小腸經肘中屬手厥陰心包絡臂外屬手少陽三
焦經
腕　臂骨盡處爲腕腕後屬手太陰肺經腕外側屬
手太陽經腕外屬手少陽三焦經
手背　屬手少陽三焦經

手掌　屬手厥陰心胞絡
魚際　屬手太陰肺經
指　手大指內側屬手太陰肺經食指外側屬手陽
明大腸經中指內側屬手厥陰心胞絡無名指外
側屬手少陽三焦經小指內側屬手少陰心經外
屬手太陽小腸經
甲　十指甲爲筋之餘
臀　尻上橫骨爲腰挾腰髖骨兩旁爲機機後爲臀
屬足太陽膀胱經

髀　股外爲髀髀外後廉屬足太陽膀胱經髀關屬
足陽明胃經髀陽屬足少陽膽經
股　髀內爲股股內屬足厥陰肝經前廉屬足太陰
脾經後廉屬足少陰腎經
伏兔　髀前膝上起內屬足陽明胃經
膝　膝臏中屬足陽明胃經膝內前廉屬足太陰脾
經
膕　膝後曲處爲膕膕中屬足太陽膀胱經膕內後
廉屬足少陰腎經前廉屬足厥陰肝經

胻　胻脛骨也外兼屬足陽明胃經內兼屬足太陰
脾經
輔骨　胻外爲輔屬足太陽膀胱經
腨　腨腓腸也中屬足太陽膀胱經內屬足厥陰肝
經
踝　內外踝骨也內踝前廉屬足太陰脾經太陰之
前屬足厥陰肝經太陰之後屬足少陰腎經外踝
前廉屬足少陽膽經後廉屬足太陽膀胱經
跗　跗足面也跗中屬足陽明胃經內屬足厥陰肝

經跗外屬足少陽膽經
足心　屬足少陰腎經
足指　足大指聚毛屬足厥陰肝經內側屬足太陰
脾經中指外側屬足陽明胃經小指外側屬足太
陽膀胱經小指下屬足少陰腎經小指次指之間
屬足少陽膽經
牙　齒後大者爲牙骨之餘
齒　齒爲戶門口前小者爲齒腎之表
齦　齦牙床骨也上屬足陽明胃經下屬足陽明太

腸經
舌　舌爲心竅舌胎屬心舌根屬脾舌下屬腎
咽　後喉爲咽喉主納水谷通于六府
喉　喉肺之脘也前喉爲喉嚨通于五藏主氣出入
前屬足陽明胃經後屬足厥陰肝經
厭　厭會厭也爲吸門聲音所由出
肺　肺爲五臟華蓋有二十四空行列分布諸藏清
濁之氣故曰肺者相傳之官治節出焉
心　心居肺下鬲上如未開蓮花中有七孔以通天

眞之氣神之宇也故曰君主之官神明出焉
心包絡　心包在心下横膜之上竪膜之下與心肺
相連
肝　肝左三葉右四葉其治在左其藏在右脇居腎
之上宣發陽和之氣魄之官也故曰肝者將軍之
官謀慮出焉
膽　膽爲清淨之府在肝之短葉間包精汁三合故
曰膽者中正之官治節出焉
脾　脾廣三寸長五寸掩于太倉意之舍也

胃　胃爲水谷之海大一尺五寸紆曲屈中長二尺六寸爲賁門故曰脾胃者倉廩之官五味出焉

小腸　受盛之府長三丈二尺左回疊積十六曲胃之下口小腸上口也爲幽門在臍上二寸水谷于是入焉復下一寸爲水分穴小腸下口也爲闌門至是而泌别清濁水液入膀胱渣滓入大腸故曰小腸者受盛之官化物出焉

大腸　大腸爲傳泄行道之府長二丈一尺廣四寸當臍右廻十六曲故曰大腸者傳道之府變化出焉

肛門　魄門也穢濁所自出其系上貫于心下通于腎心腎水火相感而精氣溢洩乃化血收精之系也

腎　有二腎左爲腎屬水右爲命門屬火相當臍兩旁入脊膂與臍平直故曰腎者作强之官伎巧出焉

膀胱　乃津液之府縱廣九寸居腎之前大腸之側小腸之下乃膀胱際也水液由此滲入之故曰膀胱者州都之官津液藏焉氣化則能出矣

陰莖　屬足厥陰肝經

睾丸　外腎也屬足厥陰肝經

陰囊　屬足厥陰肝經

衝脉　衝爲血海又爲十二經之海

陰中　卽陰戶之中屬足厥陰肝經

陰戶　卽陰門之口屬足厥陰肝經

皮膚　膚爲皮浮爲膚衛氣之分也屬肺

肌肉　白爲肌赤爲肉營血之分也屬脾

血脉　屬心

筋　屬肝

骨　屬腎

精　兩神相搏合而成形常先身生是謂精

氣　上焦開發宣五谷味熏膚充身澤毛若霧露之溉是謂氣

津　腠理發洩汗出溱溱是謂津

液　谷入氣滿淖澤注于骨骨屬屈伸洩澤補益腦髓皮膚潤澤是謂液

血　中焦受炁取汁變化而赤是謂血
中焦亦並胃中出上焦之後此所受氣者泌糟粕
蒸津液化其精微上注于肺脈乃化而爲血以奉
生身故中焦受氣取汁變化而赤
脈　壅遏營氣令無所避是謂脈
宗氣行于經脈中其脈流布諸經而營氣從之以
行無所避遏謂之脈

醫先

海鹽王文祿

沂陽生曰養德養生二而無全學也夫天地大德曰
生今以養德屬儒曰正道養生屬仙曰異端誤矣身
亡而德安在哉故孔子慎疾曰父母惟疾之憂教人
存仁致中和孟子曰養氣持志集義勿忘勿助是故
立教以醫世酌人情而制方周末文靡則僞故存仁
戰國氣暴則慾故集義存仁完心也志定而氣從集
義順心也氣生而志固致中和也勿忘勿助也疾安由

作故曰養德養生一也無二術也
沂陽生曰養生貴養氣養氣貴養心養心貴寡欲寡
欲以保元氣則形强而神不罷若形壞則神不存神
離則形不固形譬燈缸盛油神譬燈油燃火搖翻燈
缸則燈油瀉炙乾燈油則燈缸裂必形與神俱即竈
鼎足榮衛調矣榮血也衛氣也氣以衛血血以榮氣
岐伯曰根于中者命曰神機神去則機息根于外者
命曰氣立氣止則化絕沂陽生曰神氣之旨妙哉在
心悟之而已

黄帝曰地爲之下否乎岐伯曰地爲人之下太虛之中者也曰馮乎曰大氣舉之也沂陽生曰勝邵子天地自相依附之説夫地即血天即氣天包地氣載血今人骨肉臟腑皆血也魄也神靈運用皆氣也魂也人死乃魂去魄存氣散血尚聚也是以貴養氣世降氣轉耗也朱丹溪乃曰氣有餘血不足藥專補血夫氣有餘邪氣也正氣何嘗有餘岐伯曰人以胃氣爲主甚矣貴養氣也

補血用四物補氣用四君子夫四君子温藥補氣正

以生血四物涼藥未能補血先傷胃氣張仲景用人參生新血陽生陰長也夫參色黄白性冲和名補氣味甘温内紅潤若生血仲景得神農嘗藥之心者乎

沂陽生曰醫家論氣血二字即儒家論知行二字氣血知行皆統于心一也用藥講學不得不許分言之豈可一之若氷炭也

沂陽生曰蔘者參也名人蔘參三才也諸藥以人參爲主猶人以穀氣爲主故御佳殽者必先飯則汕膩不濡下而爲洞洩諸藥非參曷運行但視病虚實爲多寡耳

醫者意也度時致病者意起之立方醫之若天時聖教不同也羅太無見元世夷風奢靡豐于滋味濕熱痰火致病常多故授朱丹溪以清金降火之法乃辟和濟局方温補之非矯之過也夫局方熱藥固不可丹溪專用涼藥亦不可況今元氣日耗也用丹溪法治者多壞脾胃蓄痰生脾濕熱生脾虚必用東垣補脾法爲上是以醫貴審氣運察人情及致病之原

丹溪曰温補者非温藥補之也温猶温存之温沂陽

生曰非温藥不補予嘗服蔘芪苓术等藥則精神倍常服四物湯則否或作瀉蓋芍藥性寒能伐生發之氣當歸滑洩而潤大腸川芎走陽分而氣散地黄亦性寒且滞泥而生痰服之若飲涼水多傷脾胃夫脾喜燥惡濕喜煖惡寒試飲熱酒啜熱粥而津津然色澤冲和四支舒暢飲冷物則否故曰形寒飲冷則傷肺此之謂也

沂陽生曰一切病皆生于心心神安泰病從何生不觀農夫冒暑耘耨無暑病相習忘之也凡心動即火

起外邪斯入矣是以貴忘外

褚澄曰咳血飲溲溺則丁不一死服寒涼藥則百不一生沂陽生曰血雖陰類運之者其和陽乎褚氏聖醫也故表出之以爲醫者法

參元未子曰病字從丙丙火也百病皆生于火沂陽生曰病字內丙固火外二點從水內火盛而外水微且相間隔則病水火既濟則無病仙家火候火降則水升水火一也偏之則二二則爭

葬度

海鹽王文祿

愼終第一

親之終也人子痛極魂迷卒然臨變欲愼不能後抱終天之悔無及也劉終者人之大限也愼終者人子之大事也是以合棺至成墳不可不詳也予罹二艱痛心力爲之猶多後悔今尚未平況復不加意欲無悔得乎甚矣愼終宜豫也

合棺第二

油杉爲上柏次之油杉今沙坊版出馬湖建昌桃花洞揚宜慰旋螺丁子香花紫實上也但假者多耳莫若川柏紫經杉可也棺靳容身不宜大蘇匠製若經匣樣底蓋不用鐵丁用柏或蘇木作錠筍底蓋對墻合處每邊鑿二孔筍作錠樣分三片先錘左右二片入孔分開中一片針下錠凹處到剳住矣且免鐵銹壞版釘擊震尸錠筍法聞之西泉錢子懋仁名蓼仁孝士也以故能愼終

歛法第三

古有大小斂之法今皆廢之吳南溪云斂能固尸不特欒行路動搖而已昔聞魏莊渠遷葬啓棺見親骸宛然斂之力也予先慈淑毋氏秋九月大斂先康毅君夏六月小斂尚憾不忍裹首未盡也爲人子者曷可不知大小斂之法哉

入棺第四

鋪棺底今用竈間柴灰柴灰帶火性且鹹濕甚不可也或用石灰和陳壁土或用炭細末和石灰或用燈心草或用山黄紙家禮用糯穀殼燒灰今云斑糠但

一時不易得也予思之石灰炭細末及寺觀中燒過紙灰三和之厚鋪棺底再覆白紙紅絹梓木版寸餘厚與棺底一樣壓之方入褥席與尸四傍布帛與紙塞實不使有空隙可也木枕裹布底首不仰垂二親因俗用紙枕今尚憾也惟外毋先妣得用木枕云

擇地第五

古云五害不侵高山忌石巉巖平原忌水衝射土脈膏潤草木暢榮來龍迢遞結穴端正水環沙護即吉地也近況天星卦例方向不顧龍穴沙水多斜側反背爲之主家徼福不悟也且親存享爽塏葬居殁葬形勝吉地親體安子心安矣若專徼福則唐宋豈乏吉地邪何變更也當不違天甚毋徇地塏

開壙第六

葬者藏也深葬爲安不宜及泉耳今推蓬發券墎古殯法非葬法也予葬二親于待葑原掘土深三尺三寸下有黄脈成山尖形自亥轉巳横當墎心若非深葬曷見也金井長一丈二尺濶一丈五尺四寸糯米粥調純石灰築底一尺厚四圍墻一尺二寸厚中墻

隔二墎亦一尺厚火磚一尺長四寸半濶三寸厚重六斤一面印學圃王公慈淑陸氏墎磚一面印嘉靖巳亥孝子王文祿監製惟印字也窆戶鍊泥細熟且堅而不裂糯粥調純石灰一横二縱層疊砌成墻厚一尺爲二墎底鋪條磚一層並方磚一層地面磚一層墎内復加六斤磚一層連灰縫一尺厚堅築以備歲久樹根蛇獾壞損苦心極矣百世之下誰予憐邪

擇灰第七

灰乃青石燒成内有不着火未過石筋亦有侵白土

及白石末須用水碗中試之乃見惟灰眞正則發而堅不可不慎

燒磚第八

石槨生水必用火磚則乾燥色青聲響乃燒透者若黄色無聲不堅也必與高價則泥細而熟燒且透而磚必堅人子爲親止此而已豈可吝乎

和灰第九

灰隔法三分石灰一分黄土一分瀰沙曰三和土予偶閲一書曰石灰火化糯粥水煮合築之水火既濟

久久復還原性結成完石今曰黄土山間爛黄石末也若黄土損其石力不能成石云予築二親槨用糯米粥純石灰唐一庵曰湖州山中有寫樺樹取皮葉杵爛水浸取汁其粘勝糯粥也陳塼師鳳曰古法得土而粘得砂而實予曰用沙不燥裂耳非特槃斧鑿也凡槨以三和土爲得中制

築法第十

和灰須乾濕均停搏之成塊撒之成灰若太濕則粘杵難築太乾則燥散不堅凡鋪二寸餘厚築之一分漸漸築起人力須齊不可停歇歇則結皮不相連矣不能一日完必鋤動而皮刷汁加築硜硜有聲錐釘不入爲妙

取汁第十一

糯米舂白煮粥方稠粘鍋中投石灰冬不氷人且不食若寫樺樹價尤輕擣皮葉水浸之汁自出其汁一絲墮地盡瀉出也汁灑于地其樹即生今人悍于路遥而不用予至今悔之凡作灰隔不可不求此樹云

入槨第十二

先用乾石灰鋪槨底後用二布懸棺而下頭北足南首丘而向明也男左女右從昭穆也棺外四圍空隙俱用糯粥調純石灰輕輕築實之毋使震動棺中棺蓋上亦然與磚槨平乃覆石蓋朱紫陽所謂實葬永無客水之侵後雖地震亦不動也壽槨須用細土塡實它時臨用取去之蓋石泯縫免使客水得入

石蓋第十三

紫色石堅二塊合縫易于蓋予二親蓋石上築純灰一尺二寸又加三和土尺餘四圍純灰隔外套下二

尺餘又歷大黄石數十塊二和土挨之碎黄石數十担覆砌之大石取其重後人難動細碎石取其無用且壞犁鋤嗚呼愈覺予心之苦也

成墳第十四

墳者土之墳起者也惟山爲宜且五害不侵然吳下多平原焉得人皆山葬須積客土成山高大則氣暖且不易侵掘若種松柏成林不免樵薪之用江右封而不樹恐奪生氣也予則曰樹盛蔽陰土濕而天光不照今宜少種樹而多培土古云難保百年墳悲夫

人各有親君子當憐而存之且律例嚴發掘之禁此聖王仁及枯骨而安孝子永世之心

任匠第十五

嗜利者衆匠鮮得人得人矣尤宜卑禮厚償無不盡心也予海寧衛陳坷師鳳矢心忠信好善憐予築二親塋日夜盡心予亦敬之不忍每見爲人築塋亦不苟然須人子盡誠以感之故曰取人以身

雜辨第十六

金玉殉葬古何愚也今則否發齋帛列石器盛行喪今何侈也塋則苟累且作便房藏明器宵覺蔽臘又何愚也今猶然夫妻雙塋穿牆孔曰孝順洞通魂往來何愚也皆損塋夫塋靳容棺空隙須糯粥調石灰築實爲妙易尚虚文哉

魂帛辭祖有同兒戲且不忍見也玄纁之贈又何説也不亦戲甚乎予葬二親悉皆不用

葬時以二杠横塋口移棺安杠上用二布作活套索懸棺齊力起杠放下甚穩也卷蓬塋頂隧道進棺此古殯法墓門容水易入塋頂久必坍毁矣戒之

徽術士言塋底不砌磚不築灰隔恐絶生氣也吁可怪哉生氣無堅不透豈礙塋底棺着土易朽必生蝹食亡人腦且土侵膚人子之心安乎塋底須築灰隔一尺厚磚砌一尺厚可也

地理陰陽正源托鳳布衣撰謬甚也有流注布氣法塋底四方空砌磚溝中砌金斗吉方又砌曲溝引入斗中皆實以炭上蓋方磚開竅流注生氣布向尸棺以致塋内空虚引入外水害甚也鄙夫且用干陽宅可爲一笑

農說序

孟軻子曰力田養母此吾今日第一義也家貧親老屢顯乞恩侍養歸而無所取備以供甘旨上負吾君下負吾母皇皇然不能一刻寧處也昔吾有先君大艱外兄史玉暘氏及二甥子憐吾貧助之金帛百餘不足復繼之粟及是捐其資乃與田老講求資身充養之計衆指荒蔓一區曰是田也統順至于今不畊民以賦稅累而逃亡者殆盡得是可畊亦可富矣衆爭歸之磬將前玉暘所遺物易大武十元約傭畊者

各取田收之半一歲盡墾而大有獲焉日共諸傭在畝畝視其所爲則皆農也視其所爲事皆非農者也農不知道知道者又不屑明農故天下昧昧不務此業而他圖賈人之利率爲世途閙閙之鬭力倍而功不半十室九空知道者之所深憂就田廬作農說一章以示傭之人書生言過文致遂條更爲詳說好事者多求索書因命工刻版布諸鄉人之有志於農者

農說

明　馬一龍

農爲治本食乃民天天畀所生人食其力

周書無逸曰君子所其無逸先知稼穡之艱難則知小人之依故聖人治天下必本於農神農之教歷山不改其業禹稷之後莘野猶振其風蓋斯民之生以食爲天而人無穀氣七日則死者其天絕也天之生人必賦以資生之物稼穡是也物產於地人得爲食力不致者資生不茂矣故世有浮食

之民則民窮而財盡况以供無厭之欲而欲天下災生禁業以無叛也得乎古者一夫授田百畝不奪其時仰事俯育皆有賴也其上不求其民不爭以力足食而已至於後世人皆厭於力食而務以其力食人是以獸相食矣而天下常不治嗚呼君以民爲重民以食爲天食以農爲本農以力爲功所因如此而司農之官教農之法勸農之政憂農之心見諸詩書者惓惓焉

力不失時則食不困知時不先終歲僕僕爾故知時

爲上知土次之知其所宜用其不可棄知其所宜避
其不可爲力足以勝天矣知不踰力者雖勞無功
此總言用力體要政典曰先時者殺無赦不及者
殺無赦時其可失乎時一失則緩急先後之序皆
倒行而逆施矣安得順暢而不困苦哉困者無所
舒展之意傑傑者瞢然無知手忙脚亂不得休息
也然時言天時土言地脉所宜主稼穡力之所施
視以爲用不可棄若欲棄之而不可也不可爲亦
然合天時地脉物性之宜而無所差失則事半而

功倍矣知其可不先乎故儒者之學亦必先於致
知否則發不中節其繆千里勞無功者以足傑傑
之義
故畜陽不極發生乃微
此以下詳説知時之義皆用不可棄避不可爲之
事上云時者主陰陽之候而言陽主發生陰主斂
息物之生息隨氣升降然生物之功全在於陽陽
之生物欲盛必畜畜之極而通之大盛而後始衰
者氣之終也不然散漫游佚之精安能萃而基命

根苗花實之體無所待而成物矣故冬至之後一
陽起於下則羣陰推而漸出寒凝固結於上所以
遏其洩耳及陽氣出地物生呈露流衍布濩而不
窮畜之盛大致然使冬不寒凝氣無所畜安得盛
大流行而發生萬物哉是以桃李冬花無氷不發
草春秋紀之以病慾陽農家者有云冬畊宜早春
畊宜遲云早其在冬至之前云遲其在春分之後
冬至前者地中陽氣未生也春分後者陽氣半於
土之上下也其意皆在陽勞陰衛欲使微陽之氣

不洩求其壯盛而已於此不知所避一則初升而
踏其踵一則方啓而裂其膚豈非童而牿未壯而
亢者乎亢則害牿則亡陽氣殆盡其生安得不微
而畜陽之意不止於冬凡日爲陽雨爲陰和暢爲
陽沍結爲陰展伸爲陽斂詘爲陰動爲陽靜爲陰
淺爲陽深爲陰晝爲陽夜爲陰槃植之道惟欲陽
含土中運而不息陰乘其外護密而不出若陽洩
於外而陰實其中生機轉爲殺機矣說見下文
凝陰在土其氣固畜

陰陽往復無停機進退乘除流行者未嘗斷續充塞者未嘗空夫大而天地之金體小而一物之微區無不皆然故陽洩殆盡而陰即凝其中何以言之冬至一陽生於地中陰氣盡在外也時當寒凝而反和暢則固閉不密陽氣發洩陽洩一分於外陰入一分於中生與殺機並藏而覆與培者同出矣夫大塊生物之功以太和流行耳其間直遂而施翕合而受必陽居陰中乃能健運清虛之神煆煉陰精以成形質反是則歛而固嗇固者滯而不

通嗇者吝而不與而欲物各付物遂其暢茂條達之性以成豐亨豫大之體得乎是以小人之使爲國家亦必以公滅私不能開誠以通天下之志徇利忘義不能舍己以廣天下之業否泰之義復姤之幾聖人所以示訓也嚴矣然歲久不畊之地純陰固結非假太陽之力追攝何以得散又冬春二時不見天陽亦猶是耳今夫園植之土未嘗生物正以內不舍陽陰不外固而火煆之地藏冰不解者絕其地脉而中無陽氣來至也竊窺神化之妙

陽根陰物之所以生也陰根陽物之所以成也生者謂之化成者謂之變下詳之

諸陽皆生者陽自下起發其內之一本以出於外諸陰皆死者陰自下起歛其外之散殊以入於內

此二氣分布一元循環六卦相乘萬彙始終之定理也諸陽謂自復以至夬也復十一月之卦也夬三月之卦也十二月爲臨正月爲泰二月爲大壯復自坤中來一陽始生成位於冬至至泰而開闢而壯壯而夬四月復全乎乾矣諸陰謂自姤以至

剝也姤五月之卦也剝九月之卦也六月爲遯七月爲否八月爲觀姤自乾中來一陰始生成位於夏至至否而寒寒而觀觀而剝十月復全乎坤矣上下者乾坤分列之位升降者陰陽往來之氣內外者神化闔闢之妙歛發者萬物生成之機出入者循環無窮之端一本散殊相禪以爲始終者也夫一元之氣升則爲陽降則爲陰進則爲陽退則爲陰初非截然二物故一日之間子前爲陽日進而上升午後爲陰日退而下降今言陰陽皆自下

起葢乾坤互相爲物之用反覆轉也大抵二氣陰陽之至當主日月爲義春秋二分晝夜相半氣之平也春分後晝漸永日在地下之刻少秋分後夜漸永日在地下之刻多陰陽消長係於是矣太虛生物之功不過日月之代明四時之錯行水火相射五行雜揉而萬物之爲物也無盡藏觀乾坤所乘四子以周一歲之氣而坎離不與焉日月之職大矣哉故冬至井汲則溫夏至井汲則寒其實如此内之出於外外之入於内者亦非臆説萬物不

離乎陰陽陽爲乾陰爲坤乾體一坤體二乾主闢坤主闔一故神兩故化闢戶自内而出於外也闔戶自外而入於内也觀之物理自然陽道生陰道成剝之既盡生者一終矣致成於坤而旋生復成者至是又基其始也故穀種之生色雖未見而生理巳完其於其中厥後散殊於外不滅舊物不過自其中之一本者發之耳及其成也復如之夬之既盡成者一終矣致生於乾旋成於姤生者至是又基其始也故歸根之狀雖未形而殺機巳窺伺於其外厥後根本於中渾然一體不過自其外之散殊者歛之耳及其生也復如之

陽上而不抑遂以精洪陰下而不濟亦難以形堅損有餘補不足則精不洪而形可堅矣天地之間陽常有餘陰常不足故醫家補陰之論後世本之然扶陽抑陰古聖至言不師古君子不以爲妄乎易曰亢龍有悔又曰下濟而光以是見陽之精洪由於不抑陰之形脆者由於無所濟也今有上農土地饒糞多而力勤其苗勃然興之矣其後徒

有美穎而無實粟俗名肥腸此正不知抑損其過而精洪者耳其法何以斷其浮根剪其附葉去田中積汚以爍裂其膚理則抑矣及其總秸俱成農功巳畢或土力既衰潤滋不繼浮濁未去清氣有傷此正不知補助故粒米有空頭弱幹粉黛諸病也

是故含生者陽以陰化達生者陰以陽變察陰陽之故參變化之機其知生物之功乎

此言陰陽變化之殊以足上文生成之義化者化

生也變者變易也陽變陰化氣之定分儒者論著詳矣生則化成則變然必成而後有生陽根陰也生而後有成陰根陽也成者謂之變脫其本根易其故體生者謂之化融液所畜暢茂其緒夫生者陽也生不自生而含之自於成物之生也陽含陰中陽雖總生而實以陰化爲質本於所成者陰耳成者陰也成不自成而達之自於生物之成也陰代陽體陰雖總成而實以陽變立命本於所生者陽耳故冬至之後生意皆含夏至之後生色皆達

含者化之機達者變之漸陰陽互爲其根求其所以然微妙而難悉一化一變理不盡顯物自相形機緘所存非審察精詳則天地生物之功莫之知矣故含生者先天也以後天爲之體達生者後天也以先天爲之神養生家欲求先天之氣當思化裏一變非化不能變非變則化者終於化矣推之事理亦然凡事之立其始甚微充廣必盛大盛必衰衰必敝敝則變不變則毀毀則熄此知道者之所深憂乎圖善變而不毀者其諸取法於農

故聖人推日星定四時分節候而示民以則陰陽列於四時早晚見於節候歲氣係於日星期三百有六旬有六日也日窮於次月離於紀星回於天此一歲之終也日行速而月遲故有餘日而以閏月收之天行徤而日月不能及故有歲差而以六十年約之一歲之中春而夏夏而秋秋而冬四時順布也四時有八節立春春分立夏夏至立秋秋分立冬冬至也冬至以後陽漸長立春陽之出也春分陽氣之中也立夏得陽三之二至夏至

而極矣夏至以後陰漸長立秋陰之出也秋分陰氣之中也立冬得陰三之二至冬至而極矣堯命羲和日中星鳥以殷仲春日永星火以正仲夏宵中星虛以殷仲秋日短星昴以正仲冬不詳其餘者以一中一極前後測之耳冬至一陽生主生主長夏至一陰生主殺主成故曰生者陽也成者陰也含雖未見其生達雖未見其殺而幾已在矣易曰知幾其神乎神者造化之良能妙萬物而爲言者也得之可以把握陰陽主張造化而無難矣焉

知發其生者與其晚也寧早收其成者與其早也寧晚此陽進而前陰退而後之道也故九爲老陽七爲少陽八爲少陰六爲老陰也

衆知膏瘠不如原隰衆知蕪平不如淺深

肥磽爲膏砂瘦爲瘠高者爲原下者爲隰蕪荒而不治者也平成熟也農家栽禾啓土九寸爲深三寸爲淺土之生物膏則茂瘠則不茂而人之相地成熟則美荒蕪則不美此皆易知而莫不知也至如地之高下有氣脉所行而生氣鍾其下者有氣

脉所不鍾而假天陽以爲生氣者故原之下多土骨而隰之下皆積泥啓原宜深啓隰宜淺深以接其生氣淺以就其天陽蓋土骨如人身之經絡而積泥如人身之餘肉耳經絡者氣血流行之所餘肉者塊然附贅之區也

常治者氣必衰再易者功必倍患因無備命在有滋

將衰而沃之助其力也欲倍而壯焉收其全矣沃莫妙於滋源壯須求其固本

此因土材而以人力輔相之衰者土力衰也倍者所獲倍也患言水暵虫傷之類溝堰陂洫桔槔蓑笠潤燥以時濟及浚築製造爲之預者則有備而無患矣命言生發收藏之元所滋之事有二以人力者灌溉鋤耘塗盪也以物力者泥糞灰粃稿卉也禾苗資土以生土力乏則衰沃之所以助土力之乏易田併兩歲之力不壯則不能兼收所生以致倍然沃助其衰壯求其倍勢也猶有不待其衰未禾而先沃之白塊之間者此素問所謂滋化源之意耳滋其衰者過滋或至於不能勝而病矣滋

源則無是也固本者要令其根深入土中法在禾苗初旺之時斷去浮面絲根略燥根下土皮俾頂根直生向下則根深而氣壯可以任其土力之發生實穎實栗矣

亢而過洩者水奪

此謂獨陽不長者濟之以陰也何爲亢如既穫之後犂土在田冬春二時皆無雨雪太陽燥烈破塊之間盡爲枯體陰不外周陽不内畜氣之過洩矣水奪者以水奪之也奪其過洩之陽藉其潤澤之

液包含融結以成發生之功蓋天一生水水爲陰氣之微遇火俱化化則合併爲用不惟不爲害而反爲利焉故君子貴不驕富不侈賢智不先人處衆高而憂履盛滿而戒不待以水奪之而自能不至於亢也

斂而固結者火攻

此謂獨陰不生者濟之以陽也何爲斂失於鋤墾蕪薉蔽其天陽汚濁淫其膚理陰沍久而不開生意塞而不達氣之固結矣火攻者以火攻之也攻

其固結之陰假其焚燎之力疏導蒸騰以宣發育之氣蓋地二生火火爲陽氣之微遇水俱變變則轉易死氣以爲生亦不害矣水云奪者必久浸而後可奪火云攻者必猛烈而後可攻然奪之欲其過洩於外者逐而攻之欲其固結於內者去也陰陽善惡其用舍去留之分有不可誣者如此

鎡錤寸隙不立一毛鬱蒸所至並鐘五賊

此又揭工力時氣所害爲甚者言也鎡錤寸隙墾之不遍也雖所餘徑寸他日未根適當之則詰屈不入葉雖甤生亦必以漸消盡而至於濯濯然今俗云縮科是已故犁鋤者必使細抄數過田無不鋤之土則土無不毛之病五賊食禾之虫也熱氣積於土塊之間暴得雨水醞釀蒸濕未經信宿則其氣不去禾根受之遂生蟊烈日之下忽生細雨灌入葉底留注節幹或當晝汲太陽之氣得水激射熱與濕相蒸遂生蟘朝露浥日濛雨日中點綴葉間單則化氣合則化形遂生蟓熱踵根下濕行於稿夾日與雨外薄其膚遂生螟歲交熱化不雨

不暘晝晦夜暘而風氣不行遂生蜚五賊不去則嘉禾不興故灌田者先須以水遍過收其熱氣旋即去之然後易以新水栽禾無害不過一遍易去者雖久浸不免日中雨露或以長牽或以疎齒披拂勿令凝着則虫不生近者田家治虫之法多以石灰桐油布於葉上亦可殺也

知天之時識地之宜昧其苞命亦無以善其後

此承上以起下也苞命見下

故祖氣不足母胎有虧其踵不踵胎氣不完其胎不

胎雖成必敗蓋親下之本既久去地而傷母之體豈能全天哉

祖氣主穀子之在秸者言也母胎主穀子之脫秸者言也祖氣不足謂未及冬至而先刈者其一成之氣既未充足以之爲種母胎有虧矣草木之生其命在土成化變不離土氣踵踵相接生生無已焉若脫土久氣不連屬生之雖具於胎成之則不全其數或半途而剝或成穗而秕故收種者當於冬至之後熟治高土散布其上覆以踈草障蔽鳥

雀塵以會灰滋潤燥枯至清明時沃之使芽除草湲糞類助其長此第一義也其次草褁美穗縣之風簷季春之始置諸深汪勿令近泥半月氣足布地而芽此雖不傷已落第二義矣但世俗浸種晝沉夜暖會釀鬱蒸逼之使速胎中受病拔不可去長芽嫩脆拋撒下田跌蹼拆損種種不免迷而不悟不知何見耳

夫善本者斯圖末慮終者貴謀始推陳而致新氣以交併積盛脫胎而洗髓精以剝換化生

上言天時土性人力穀種備矣此下言治禾也種得水始芽芽得土始苗移苗置之别土二土之氣交併於一苗生氣積盛矣然其始不脫則陳腐之體猶存髓不洗則濁淫之氣終在欲其稚而壯壯而盛盛而不衰也得乎於天地之間氣之積盛者力在交併精之化生者功在剝換不然同類而異形一本而殊末果何故哉此在交併與剝換者得不得之差耳

違順則豐覆逆乃穮縱横成列紀律不違密過爲僭

尺寸如范

栽苗者當如是也先以一指搪泥然後以二指嵌苗置其中則苗根順而不逆縱横之列整則易於耘盪踈密各因其地之肥瘠爲儔踈者每畝約七千二百科密則數踰於萬地肥而密所收倍於踈者矣

但害生於猥莠法謹於芟耘與其滋蔓而難圖孰若先務於决去故上農者治未萌其次治已萌矣已萌不治農其農何

稂莠惡草之害苗者芟耘皆去草之事蔓草之延
生也滋益甚也蔓難圖也出左氏皆務決去而求
必得之亦古語引此以見惡不可縱漸不可長之
意上農深於農理勤於農事者也未萌根株在土
也上農者智力兼至知稂莠之害苗不惟不容其
延蔓於根芽未萌之時先有以治之矣是以用力
少而成功多不使其害及於苗所養至而所以生
全者大也已萌而治之其功次於是矣已萌而不
治者必至於蔓而不可圖爲農也何以謂之農哉

歎而哀之之詞知道者可以深長思矣
夫薙草之法數與草齊南稉北黍天所生地所宜人
所賴以養者種之良也物之良者必貴貴非賤等良
畏惡朋
薙治也惡草之害苗者不可勝數而其爲物也尤
易生焉所治之法不多則不可去南稉以下原其
當治之故蓋貴賤殊類善惡不可同居同居則善
者必爲惡者所害矣天生五穀所以養人可貴之
物也貴者難成而易傷賤者易起而難制於此辨

之不早俟其潛滋暗長而後治之則其根株深固
枝葉暢茂盤結而輔翼者勢盛於苗矣雖有上農
亦無如之何
故農家者流思其力不足以盡圖之備假諸物其始
也直木而耒其次也橫木而耜又其次偏木而齒曲
木末而鏟鑿木首而鋤繼之以撥終之以塗無不加
以鐵焉以木直而鐵堅也攻之無遺類矣
草之滋生無窮而人之用力有限不能不假於物
以爲力勝之具耳今之耒而畊者有大畊小畊開

挑壟倫大低勤與惰之殊也耰抄逼過之說已見
於前其耙者亦多不求細熟平整粗塊臃泥凸則
曝日先燥窪則注水過深是以一坵之間禾之豐
瘁頓異且又妙在旋抄旋耙旋耙旋蒔則燥濕和
均渾水澄泥聚於根坎有壅培之力也移苗新土
黃色轉青乃用擣盪擣盪雖以去草實以固苗蓋
田之浮泥易行浮根而下之實土難入頂本頂本
入土不深橫根布於泥面則得土之生氣不厚枝
葉雖繁抽心不茂矣擣欲斷其泥面橫根使其頂

根入土深受積厚多生之氣其後抽心始高而結穗長碩也鏟鋤皆劃草器搜以手拾去餘草塗以泥壅蔽田皮既搜則洩去多水留少水在田夾泥爲塗塗時以手撿去禾心宿水候田中有燥裂即上水灌之禾心宿水既去燥時免其濕釀漬入新水又助潤滋清氣矣養苗至此除草已盡物不能再假力不可再加然竟外之虞尚不保其無也如是而猶有存者可不畏夫

此又申言蘖莠之難去可畏之甚也蓋惡草賊而易生有一根踵遺於地忽不覺其蔓矣

備生固難成功亦不易華而欲實風雨不作時將穫矣燥則多損浸以成腐

此言養之係於人而成之係於天也稻花必在日色中始放雨久則閉其竅而不花風烈則損其花而不實二者皆粃穀之患也及其成穀將穫土太燥則米粒乾損水多而過浸則斑黑成腐二者又皆毀成之病也陰晴燥濕是豈人力可致哉農家至此猶不得自盡況以委之蕪蘙而求其敗也可乎

故可貴之物不產非時不安非類欲其至足以遂斯民之天而農也如之何不力

此總結通篇旨意蓋穀不足則食不足食不足則民之所天不遂物之可貴如此苟非順時調護何以得之農者當知自力矣

友論

大西域利瑪竇集

利瑪竇曰吾友非他即我之半乃第二我也故當視友如己焉

友之與我雖有二身二身之內其心一而已

相須相佑爲結友之由

孝子繼父之所交友如承受父之產業矣

時當平居無事難指友之真僞臨難之頃則友之情顯焉蓋事急之際友之真者益近密僞者益疎散矣

有爲之君子無異仇必有善友

交友之先宜察交友之後宜信

雖智者亦謬計己友多乎實矣愚人妄自侈口友似有而還無智者抑或詡許友無多而實少

友之饋友而望報非饋也與市易者等耳

友與仇如樂與鬧皆以和否辨之耳故友以和爲本焉以和微業長大以爭大業消敗樂以導和鬧失和友相和如樂仇不和則如鬧

在患時吾惟喜看友之面然或患或幸何時友無有益憂時減憂欣時增欣

仇之惡以殘仇深於友之愛以恩友豈不驗世之弱于善强于惡哉

人事情莫測友誼難憑今日之友後或變而成仇今日之仇亦或變而爲友可不敬慎乎

徒試之于吾幸際其友不可恃也脈以左手驗耳左手不幸際也

既死之友吾念之無憂蓋在時我有之如可失及既亡念之如猶在焉

各人不能全盡各事故上帝命之交友以彼此胥助若使除其道於世者人類必散壞也

可以與竭露發予心如爲知己之友也

德志相似其友始固友也双又耳彼又我我又彼

正友不常順友亦不常逆友有理者順之無理者逆之故直言獨爲友之責矣

交友如醫疾然醫者誠愛病者必惡其病也彼以捄病之故傷其體苦其口醫者不忍病者之身友者宜忍友之惡乎諫之諫之何恤其耳之逆何畏其

類之處

友之譽及仇之訕並不可盡信焉

友者於友處處時時一而已誠無近遠內外面背異言異情也

友人無所善我與仇人無所害等焉

友者過譽之害較仇者過訾之害猶大焉友人譽我我或因而自矜仇人訾我我或因而加謹

視財勢友人者其財勢亡卽退而離焉謂此不見其初友之所以然則友之情遂渙矣

友之定於我之不定事試之可見矣

爾爲吾之眞友則愛我以情不愛以物也

交友使獨知利已不復顧益其友是商賈之人耳不可謂友也小人交友如放帳惟計利幾何

友之物皆與共

交友之貴賤在所交之意耳特據德相友者今世得幾雙乎

友之所宜相宥有限友或負罪惟小可容友如犯義必大乃棄

友之樂多於義不可久友也

惡友之惡便以他惡爲己惡焉

我所能爲不必藉友代爲之

友者古之尊名今出之以售比之於貨惜哉

友於昆倫邇故友相呼謂兄而善於兄弟爲友友之益世也大乎財焉無人愛財爲財而有愛友特爲友耳

今也友旣沒言而諂諛者爲佞則惟存仇人以我聞眞語矣

設令我或被害於友非但恨己害乃滋恨其害自友發矣

多有密友便無密友也

如我恒幸無禍豈識友之眞否哉

友之道甚廣濶雖至下品之人以盜爲事亦必以結友爲黨方能行其事焉

視友如己者則遐者邇弱者强患者幸病者愈何必多言耶死者猶生也

我有二友相訟於前我不欲爲之聽判恐一以我爲仇也我有二仇相訟於前我可猶爲之判必一

以我爲友也

信於仇者猶不可失况於友者哉信於友不足言矣

友之職至於義而止焉

如友寡也予寡有喜亦寡有憂焉

故友爲美友不可棄之也無故以新易舊不久卽悔

旣友每事可同議定然先須議定友

友於親惟此長焉親能無相愛親友者否焉親無愛

親親倫猶在除愛乎友其友理焉存乎

獨有友之業能起

友友之友仇友之仇爲厚友也吾友必仁則知愛人知惡人故我據之

不扶友之急則臨急無助者

俗友者同而樂多於悅別而留憂義友者聚而悅多

於樂散而無愧

我能防備他人友者安防之乎聊疑友卽大犯友之

道矣

上帝給人雙目雙耳雙手雙足欲兩友相助方爲事

有成矣友字古篆作爻卽兩手也可有而不可無朋字古篆作羽卽兩羽也鳥備之方能飛古賢者視朋友豈不如是耶

天下無友則無樂也

以詐待友初若可以籠人久而詐露反爲友厭薄矣

以誠待友初惟自盡其心久而誠孚益爲友敬服

矣

我先貧賤而後富貴則舊交不可棄而新者或以勢

利相依我先富貴而後貧賤則舊交不可恃而新

者或以道義相合友先貧賤而後富貴我當察其

情恐我欲親友而友或疎我也友先富貴而後貧

賤我當加其敬恐友防我疎而我遂自處於疎也

夫時何時乎順語生友直言生怨

視其人之友如林則知其德之盛視其人之友落落

如晨星則知其德之薄

君子之交友難小人之交友易難合者難散易合者

易散也

平時交好一旦臨小利害遂爲仇敵由其交之未出

於正也交旣正則利可分害可共矣

我榮時請而方來患時不請而自來夫友哉

世間之物多各而無用同而始有益也人豈獨不如

此耶

良友相交之味失之後愈可知覺矣

居染壓而狎染人近染色難免無汚穢其身矣交友

惡人恒聽視其醜事必習之而浼本心焉

吾偶候遇賢友雖僅一抵掌而別未嘗少無裨補以洽吾爲善之志也

交友之旨無他在彼善長於我則我效習之我善之於彼則我教化之是學而即教教而即學兩者互資矣如彼善不足以效習彼不善不可以變動何

殊盡日相與遊謔而徒費陰影乎哉無益之友乃偷時之盗偷時之損甚於偷財財可復積時則否

使或人未篤信斯道且修德尚危出好入醜心戰未決於以剖釋其疑安培其德而救其將墜計莫過於交善友蓋吾所敗闕所數覩漸透於膺豁然開悟誠若活法勸責吾於善也嚴哉君子儼哉君子時雖言語未及怒色未加亦有德威以沮不善之爲與

爾不得用我爲友而均爲嫵媚者

友者相褒之禮易施也夫相忍友乃難矣然大都友之皆感稱已之譽而忘忍已者之德何歟一顯我長一顯我短故耳

人人不相愛則耦不爲及

臨當用之時俄識其非友也懸矣

務來新友戒毋誼舊者

友也爲貧之財爲弱之力爲病之藥焉

國家可無財庫而不可無友也

仇之饋不如友之棒也

世無友如天無日如身無目矣

友者既久尋之既少得之既難存之或離于眼即念之于心焉

知友之益凡出門會人必圖致交一新友然後回家矣

諛諂友非友乃偷者偷其名而僭之耳

吾福祉所致友必吾災禍避之

友既結成則戒一相斷友情情一斷可以姑相著而難復全矣玉器有所黏惡于覩易散也而寡有用

耶
醫士之意以苦藥瘳人病諂友之向以甘言長人慾
不能友巳何以友人
智者欲離浮友且漸而違之非速而絕之
欲以衆人交友則繁焉余竟無寃仇則足巳
彼非友信爾爾不得而欺之欺之至惡之之效也
永德永友之美餌矣凡物無不以時久爲人所厭惟德彌久彌感人情也德在仇人猶可愛況在友者歟

歷山王（大西域古總王）值事急躬入大陣時有彌臣止之曰事險若斯陛下安以免身乎王曰汝免我於詐友且顯仇也自乃能防之
歷山王亦冀交友賢士名爲善諾先使人奉之以數萬金善諾怫而曰王賜吾以茲意吾何人耶使者曰否也王知夫子爲至廉是奉之耳曰然則當容我爲廉巳矣而麾之不受史斷之曰王者欲買士之友而士者毋責之
歷山王末德總值時無國庫凡獲財厚頒給與人也有敵國富盛惟事務克庫識之曰足下之庫在於何處曰在於友心也
昔年有善待友而豐惠之將盡本家產也傍人或問之曰財物畢與友何留於巳乎對曰惠友之味也（別傳對曰留惠友之冀也意傀異而均美）
古有二人同行一極富一極貧或曰二人爲友至密矣竇法德（古者名賢）聞之曰既然何一爲富者一爲貧者哉（言友之物皆與共也）
昔有人求其友以非義事而不見與之曰苟爾不與

我所求何復用爾友乎彼曰苟爾求我以非義事何復用爾友乎
西土之一先王曾交友一士而腆養之於都中以其爲智賢者日瞶弗見陳諫即辭之曰朕乃人也不能無過汝奠見之則非智士也見而非諫則非賢友也先王弗見諫過且如此使值近時文飾過者當何如
是的亞（是北方國名）俗獨多得友者稱之謂富也
客力所（西國王名）以匹夫得大國有賢人問得國之所行

大旨答曰惠我友報我仇賢曰不如惠友而用恩俾
仇爲友也
壘臥皮古聞上者折開大石楣武人問之曰夫子何物願
獲如其子之多耶曰忠友也

田家五行

吳郡婁元禮

雜占

論日

日暈則雨諺云月暈主風日暈主雨　日脚占晴雨諺云朝又天暮又地主晴反此則雨　日沒後起青白光數道下狹上濶直起亘天此特夏秋間有之俗呼青白路主來日酷熱　日生耳主晴雨諺云南耳晴北耳雨日生雙耳斷風截雨若是長而下垂通地則又名白日幢主久晴　日出早主雨出晏主晴老農云此將言久陰之餘夜雨連旦正當天明之際雲忽一掃而捲即光只出所以言早少刻必雨立驗言晏者日出之後雲晏開也必晴亦甚準蓋日之出入自有定刻實無早晏也愚謂但當云晴得早主雨晏開主晴不當言日出早晏也占者悟此理　日外自雲障中起主晴諺云日頭楚雲障晒殺老和尚　日沒返照主晴俗名爲日返塢一云日沒胭脂紅無雨也有風或問二候相似而所主不同何也老農云蓋

[illegible]在日没之前胭脂紅在日没之後不可不知也
諺云烏雲接日明朝不如今日又云日落雲没不雨
定寒又云日落雲裏走雨在半夜後已上皆主雨此
言一朶烏雲漸起而日正落其中者　諺云日落烏
雲半夜枵明朝晒得背皮焦此言半天元有黑雲日
落雲外其雲夜必開散明必甚晴也又云今夜日没
烏雲洞明朝晒得背皮痛此言半天上雖有雲及日
没下去都無雲而見日狀如岩洞者也　已上皆主
晴甚驗

論月

月暈主風何方有闕即此方風來　新月卜雨諺云
月如挂弓少雨多風月如偃瓦不求自下又云月偃
偃水漾漾月子側水無滴　新月落北主米貴荒諺
云月照後壁人食狗食　作竊者易敗果驗　月初
始生前月大盡初二晚見前小盡初三晚見諺云大
二小三　初五夜裏更半月初八廿三上落半夜十
二夜裏天亮月十三四大明月著地十五十六正團
圓十七十八正轟喧十八九坐可守二十二十一月
上一更急二十二三月上半闌殘二十四五六月上
好煮粥二十七與八日月東方一齊發二十九夜略
有上弦初七八九下弦二三四

論星

諺云一個星保夜晴此言雨後天陰但見一兩星此
夜必晴　星光閃爍不定主有風　夏夜見星密主
熱　諺云明星照爛地來朝依舊雨言久雨正當黃
昏卒然雨住雲開便見滿天星斗則豈但明日有雨
當夜亦未必晴

論風

夏秋之交大風及有海沙雲起俗呼謂之風潮古人
名之曰颶風言其具四方之風故名颶風有此風必
有霖淫大雨同作甚則拔木偃禾壞房室決堤堰其
先必有如斷虹之狀者見名曰颶母航海之人見此
則又名破帆風　凡風單日起單日止雙日起雙日
止　諺云西南轉西北搓繩來絆屋又云半夜五更
西天明拔樹枝又云日晚風和明朝再多又云惡風
盡日没又云日出三竿不急便寬大凡風日出之時

必略靜謂之風讓日大抵風自日内起者必善夜起者必毒日内息者亦和夜半息者必大凍已上並言隆冬之風　諺云風急雨落人急客作又云東風急備蓑笠風急雲起愈急必雨　諺云東北風雨太公言艮方風雨卒難得晴俗名曰牛筋風雨指丑位故也　諺云行得春風有夏雨言有夏雨應時可種田也非謂水必大也經驗　諺云春風踏脚報言易轉方如人傳報不停脚也一云既吹一日南風必還一日北風報答也二說俱應　諺云西南早到晏弗動

草言早有此風向晚必静　諺云南風尾北風頭言南風愈吹愈急北風初起便大　春南夏北有風必雨　冬天南風三兩日必有雪

論雨

諺云雨打五更日晒水坑言五更忽有雨日中必晴甚驗　晏雨不晴　雨著水面上有浮泡主卒未晴

諺云一點雨似一個釘落到明朝也不晴一點雨似一個泡落到明朝未得　諺云天下太平夜雨日晴言不妨農也　諺云上牽晝暮牽齋下晝雨霽　諺云病人怕肚脹雨落怕天亮亦言久雨正當昏黑忽自明亮則是雨候也　雨夾雪難得晴　諺云夾雨夾雪無休無歇　諺云快雨快晴道德經云飄風不終朝驟雨不終日　凡雨喜少惡多　諺云千日晴不厭一日雨落便厭

論雲

雲行占晴雨諺云雲行東雨無踪車馬通雲行西馬濺泥水没犁雲行南雨潺潺水漲潭雲行北雨便足好晒穀　上風雖開下風不散主雨　諺云上風皇

下風隘無蓑衣莫出外　雲若砲車形起主風起

諺云西南陣單過也落三寸言雲陣起自西南來者雨必多尋常陰天西南陣上亦雨　諺云太婆年八十八弗曾見東南陣頭發又云千歲老人不曾見東南陣頭雨沒子田言雲起自東南來者絶無雨　凡雨陣自西北起者必雲黑如潑墨又必起作眉梁陣主先大風而後雨終易晴　天河中有黑雲生謂之河作堰又謂之黑豬渡河黑雲對起一路相接亘天謂之女作橋雨下闊則又謂之合羅陣皆主大雨立

至少頃必作滿天陣名通界雨言廣闊普偏也若是天陰之際或作或止忽有雨作橋則必有挂帆雨脚又是雨脚將斷之兆也不可一例而取　凡雨陣雲疾如飛或暴雨作俄作止其中必有神龍隱見易曰雲從龍是也　諺云旱年只怕沿江挑水年只怕北江紅一云太湖晴上文言亢旱之年望雨如望恩綫是四方遠處雲生陣起或自東引而西自西而東俗所謂排也則此雨非但今日不至必每日如之即是久旱之兆也此吳諺也故指北江為太湖若是晚霽

田家雜占　八　六

必兼西天但晴無雨　諺云西北赤好晒麥　陰天卜晴　諺云朝要頂穿暮要四脚懸又云朝看東南暮看西北　諺云魚鱗天不雨也風顛此言細細如魚鱗斑者一云老鯉斑雲障晒殺老和尚此言滿天雲大片如鱗故云老鯉往往試驗各有准　秋天雲陰若無風則無雨　冬天近晚忽有老鯉斑雲起漸合成濃陰者必無雨名曰護霜天諺云識每護霜天不識每著子一夜眠

論霞

諺云朝霞暮霞無水煎茶主旱此言久晴之霞也諺云朝霞不出市暮霞走千里此皆言雨後作晴之霞暮霞若有火焰形而乾紅者非但主晴必主久旱之兆朝霞雨後作有定雨無疑或是晴天隔夜雖無今朝忽有則要看顏色斷之乾紅主晴間有褐色主雨滿天謂之霞得過主晴霞不過主雨若西方有浮雲稍厚雨當立至

論虹

俗呼曰鱟　諺云東鱟晴西鱟雨諺云對日鱟不到

田家雜占　八　七

晝主雨言西鱟也若鱟下便雨還主晴

論雷

諺云未雨先雷船去步來主無雨　諺云當頭雷無雨卯前雷有雨凡雷聲響烈者雨陣雖大而易過雷聲殷殷然響者卒不晴　雷初發聲微和者歲內吉猛烈者凶甲子日尤吉　雪中有雷主陰雨百日方晴　東州人云一夜起雷三日雨言雷自夜起必連陰

論霜

每年初下只一朝謂之孤霜主來年歉連得兩朝以上主熟上有鎗芒者吉平者凶春多主旱

論雪

其詳在十二月下雪而不消名曰等伴主再有雪久經日照而不消亦是來年多水之兆也

論電

夏秋之間夜晴而見遠電俗謂之熱閃在南主久晴在北主便雨諺云南閃千年北閃眼前　北閃俗謂之北辰閃主雨立至諺云北辰三夜無雨大怪言必有大風雨也

論氣候

凡春宜和而反寒必多雨諺云春寒多雨水元宵前後必有料峭之風謂之元宵風　凡春有二十四番花信風梅花風打頭楝花風打末　二月初有水謂之春水　二月八日張大帝生日前後必有風雨極準俗號爲請客風送客雨正日謂之洗街雨初十謂之洗廚雨　二月二上工故諺云河東西好使犁此時之雨正是一犁春雨諺云水成田衣成人無衣不

成人無水不成田種田不稱水田僅可種豆　立春後五戊爲社其日雖晴亦多有微雨數點謂社公不喫乾糧果驗　諺云清明斷雪穀雨斷霜言天氣之常　東作既興早起夜眠春間最爲要緊古語云一年之計在春一日之計在寅　夏四月清和天氣爲正　必作寒數日謂之麥秀寒即月令麥秋至之後

芒種後雨爲黃梅雨夏至後爲時雨此時天公陰晴易變諺云黃梅天日多幾番顛　諺云黃梅天氣是向老婆頭邊也要擔了簑衣箬帽去　夏至日最長諺云夏至日莫與人種秧冬至日莫與人打更

夏至日九九氣候諺云　一九二九扇子弗離手三九二十七冰水甜如蜜四九三十六出汗如出浴五九四十五頭帶秋葉舞六九五十四乘涼不入寺七九六十三上床尋被單八九七十二思量蓋夾被九九八十一家家打炭墼　六月有水謂之賊水言不當有也　秋稍涼氣候之正即月令涼風至之候　八月又作新涼諺云處暑後十八盆湯　又云立秋後四十五日浴堂乾　中旬作熱謂之潮熱又名八月

小春　十八日潮生日前後有水謂之横港水　九月初有雨多謂之秋水　社日應候田園樂事並與春社同但景物異耳唐詩云楓林社日鼓茅屋午時雞　早稻嵐晚稻嵐落縵天麥花水浴車嵐路雨中氣前後起西北風謂之霜降信有雨謂之濕信未風光雨謂之料信雨霜降前來信前信易過善後來信了信必嚴毒此信乾濕後信必如之諺云霜降了布衲著得言已有暴寒之色　又云暴寒難忍熱難當　水到此必退古語云霜降水痕收　雜時酒家開沽諺云香橙螃蠏月　季秋刈穫之忙俗諺云春金取寶月　冬初和暖謂之十月小春又謂之晒糯穀天此時禾稼已登正是農家爲沉醉佳處詩云一年好景君須記最是橙黄橘緑時　漸見天寒日短必須夜作諺云十月無工只有梳頭喫飯工　又云河東西好使犂河射角好夜作　立冬前後起西北風謂之立冬信月内風頻作謂之十月五風信　諺云冬至前後瀉水不走　至後九九氣候諺云一九二九相喚弗出手三九廿七籬頭吹觱篥四九三十

六夜眠如鷺宿五九四十五太陽開門戶六九五十四貧兒爭意氣七九六十三布衲檐頭擔八九七十二猫狗尋陰地九九八十一犁耙一齊出　十二月謂之大禁月忽有一日稍暖即是大寒之候諺云一日赤膊三日齷齪　諺云大寒須守火無事不出門　又云大寒無過丑寅大熱無過未申　諺云臘月廿四五鏟刀不出土

論初日

晴主月内晴　雨謂之交月雨主久陰雨若此先連綿有雨反輕　風吹月建方位主米貴自建方來爲得其正萬物各得其所晴雨各得其宜

論旬中尅應

新月下有黑雲横截主來日雨諺云初三月下有横雲初四日裏雨傾盆　月盡無雨則來月初必有風雨諺云廿五廿六若無雨初三初四莫行船　廿五日謂之月交日　有雨主久陰　廿七日最宜晴諺云交月無過廿七晴

論甲子

諺云春雨甲子乘船入市夏雨甲子赤地千里秋雨甲子禾頭生耳冬雨甲子飛雪千里　一說甲子春雨主夏旱六十日夏雨主秋旱四十日此說葢取其久陰之後必有久晴諺云半年雨落半年晴甲子遇雙日是雌甲子雖雨不妨

論壬子

春雨人無食夏雨牛無食秋雨魚無食冬雨鳥無食又云春雨壬子秧爛蠶死又云雨打六壬頭低田便罷休一云更須看甲寅日若晴猶得過不妨諺云壬子是哥哥爭奈甲寅何若得連晴爲上不然二日內

亦當以壬子日爲主　一說壬子雨丁丑晴則陰晴相半二日俱晴六十日內少雨二日俱雨主六十日內雨多近聞此說累試有驗

論甲申

諺云甲申尤自可乙酉怕殺我言申日雨尚庶幾酉上雨主久雨一云春甲申日則主米暴貴又云閩中見四時甲申日雨則　家閑糴價必踊貴也吳地最畏此二日雨故特以怕殺二字表其可畏之甚也

每試極准

論甲戌庚必變

諺云久雨久晴多看換甲　又云甲午旬中無燥土　又云甲雨乙抝　又云甲日雨乙日晴乙日雨直到庚　又云久晴逢戌雨久雨望庚晴　又云逢庚須變逢戌須晴又云久雨不晴且看丙丁　又云上火不落下火滴沰言丙丁日也

論鶴神

己酉日下地東北方乙卯轉正東庚申轉東南丙寅

轉正南辛未轉西南丁丑轉正西壬午轉西北戊子轉正北癸巳上天在天上之北戊戌日轉天上之南甲辰轉天上之東己酉復下周而復始括云纔逢癸巳上天堂己酉還居東北方上天下地之日晴主久晴雨主久雨轉方稍輕若大旱年雖轉方天並不作變諺云荒年無六親旱年無鶴神　己亥庚子己巳庚午謂之水主土多是值雨　庚申日晴甲子必晴

丁未日雨殺百虫

論山

遠山之色清朗明爽主晴嵐氣昏暗主作雨　起雲主雨收雲主晴尋常不曾出雲小山忽然雲起主大雨　久雨在半山之上山水暴發一月則主山崩却非尋常之水

論地

地面濕潤甚者水珠出如流汗主暴雨若得西北風解散無雨　石礎水流亦然　四野鬱蒸亦然

論水

夏初水底生苔主有暴水諺云水底起青苔卒逢大

水來　水際生靛青主有風雨諺云水面生青靛天公又作變　諺云大水無過一周時　諺云大旱不過周時雨大水無非百日晴言天道須是久晴則水方能退也故論潮者云晴乾無大汛合而言之可見水漲之易退之難也如此　凡東南風退水西北反爾此理蓋只是吳中太湖東南之常耳往年初冬大西北風湖水泛起吳江人家皆俱浸水中風息復平謂之翻湖水纔是南風連吹半月十日便可退水三二尺又不還漲　水邊經行聞得水有香氣主雨水驟至極驗或聞水腥氣亦然　河内浸成包稻種既沒復浮主有水

論潮

每半月逐日候潮時有詩訣云午未未申甲寅寅卯卯辰辰巳巳午午半月一遭輪夜潮相對起仔細與君論　十三二十七名曰水起是爲大汛各七日二十初五名曰下岸是爲小汛亦各七日　諺云初一月半五時潮又云初五二十夜岸潮天亮白遙遙又云下岸三潮登大汛　凡天道久晴雖當大汛水亦不長諺云乾晴無大汛雨落無小汛

論草

五穀草占稻色草有五穗近本莖爲早色腰末爲晚禾隨其穗之美惡以斷豐歉未必極驗但其草每年根根相似　茆蕩内春初雨過菌生俗呼爲雷蕈多則主旱無則主水　草屋久雨菌生其上朝出晴暮出雨諺云朝出晒殺暮出濯殺　看稟草一名千戈謂其有刺故也蘆葦之屬叢生於地夏月暴熱之時忽自枯死主有水　諺云頭苧生子沒殺二苧二苧

生子旱殺三苧　茭草水草也村人嘗剝其小白嘗之以卜水旱味甘甜主水已來亦未止味鍼氣主旱巳來亦已定

論花

梧桐花初生時赤色主旱白色主水　匾豆五月開花主水　杷夏月開結主水　藕花謂之水花魁開在夏前主水　冬青花詳見五月類　野薔薇開在立夏前主水　麥花晝放主水　鳳仙花開在五月主水　槐花開一遍糯米長一遍價　豐苦水旱四

等草花雜占云薺菜先生歲欲甘葶藶先生歲欲苦藕先生歲欲雨蒺藜先生歲欲旱蓬先生歲欲荒水藻先生歲欲惡艾先生歲欲病皆以孟春占之係江南農事云

論木

凡竹笋透林者多有水　楊樹頭並水際根乾紅者主水此說恐亦年如此不甚應

論飛禽

諺云鴉浴風鵲浴雨八八兒洗浴斷風雨鳩鳴有還聲者謂之呼婦主晴無還聲者謂之逐婦主雨　鵲巢低主水高主旱俗傳鵲意既預知水則云終不使我沒殺故意愈低既愈知旱則云終不使晒殺故意愈高朝野僉載云鵲巢近地其年大水　海燕忽成羣而來主風雨諺云烏肚雨白肚風　赤老鴉含水叫雨則未晴晴亦主雨老鴉作此聲者亦然　鴉日叫早主雨多人辛苦叫晏晴多人安閑農作次第夜間聽九逍遙鳥叫卜風雨諺云一聲風二聲雨三聲四聲斷風雨　鵓鴣仰鳴則晴俯鳴則雨　鵲噪

早報晴明曰乾鵲　冬寒天雀羣飛翅聲重必有雨雪　鬼車鳥即是九頭虫夜聽其聲出入以卜晴雨自北而南謂之出窠主雨自南而北謂之歸窠主晴古詩云月黑夜深聞鬼車　唤鶬叫主晴俗謂之賫簑衣　鷗叫諺云朝鷗晴暮鷗雨　夏秋間雨陣將至忽有白鷺飛過雨竟不至名曰截雨　家雞上宿遲主陰雨　燕巢做不乾淨主田内草多　母鷄背負鷄雛謂之鷄此兒主雨　熒井鷄識載五月下

論走獸

獺窩近水主旱登岸主水有驗　圖脞上野鼠爬池
主有水必到所爬處方止　鼠咬麥苗主不見收咬
稻苗亦然倒在根下主蕃下米貴銜在洞口主囤頭米貴狗爬地主陰雨每
眠灰堆高處亦主雨狗咬青草喫主晴　狗向河邊
喫水主水退　鐵鼠其臭可惡白日銜尾成行而出
主雨　貓兒喫青草主雨　絲毛狗褪毛不盡主梅
水未止

論龍

龍下便雨主晴凡見黑龍下主無雨縱有亦不多白

龍下雨必到水鄉諺云黑龍護世界白龍壞世界
龍下頻生旱諺云多龍多旱　龍陣雨始自何一路
只多行此路無處絕無諺云龍行熟路

論魚

魚躍離水而謂之秤水主水漲高多少增水多少一
凡鯉鯽魚在四五月間得暴漲必散子散不盡水未
止盛散水聲必定夏至前後得黃鱨魚甚散子時雨
必止雖散不甚水終未定最緊　車溝內魚來攻水
逆上得鮎主晴得鯉主水諺云鮎乾鯉濕又鰟魚主

水鯖魚主晴　黑鯉魚脊翼長接其尾主旱　夏初
食鯽魚脊骨有曲主水　漁者網得死鱖謂之水惡
故魚着網即死也口開主水立至易過口閉來遲水
旱不定　鰕籠中張得鱆魚主風水

論祥瑞

兩岐麥謂一稈而秀兩穗也主時年祥瑞又主其田
秋必倍收其家日必驟進又主太平之兆漢史云桑
無附枝麥岐兩穗張君為政樂不可支　紫燕來巢
主其家益富此燕與烏燕同類而異凡名曰舍鷰見

又名黃腰燕子營巢卻與烏燕絕不相似余所居村
巷有此燕巢者僅二家一巷之最溫潤者亦僅此二
家又凡燕巢長及大者主吉祥北向者令人家道興
旺更利田蠶也　凡六畜自來占吉凶諺云猪來貧
狗來富猫兒來開質庫　一云鷄來貧蓀鷄之得失
尋常有之何足為異因猪鷄音相近俗傳之說昔有
一人言其家主翁召是富室長者忽鄰家走　猪入
其猪闌未遠長者取之長者故意妄言多之猪數以
攔其猪其人不敢索而去遂致廢弛富室　破碗上

下作兩截斷而齊者名曰無底碗大吉往往以上書古語於其中懸東壁謂祥瑞也　近者一友人云數年前曾見上洋高仲明家有一無底碗謂其祥瑞懸之東壁其齊如截愛若至寶不三年其家財貨大進田連阡陌今則爲當地田戶　凡牛退齒每每凡不得而知見若有見其齒已脱在口候而得之者大吉利主三年内大發　猫洗面至耳主有遠親至之喜　黄昏鷄啼主有天恩好事或有減放税糧之喜　臘月廿五日夜赤豆粥鑊滚則三年大發　猫犬

生子皆雄主其家有喜事　三白大吉謂白雀巢簷白鼠穿屋白魚入舟也　鼠咬人幞頭帽子衫領主得財喜百日内至　半夜前作數錢聲者主招財吉　鼠狼來窩其家必長吉　犬生一子其家興旺諺云犬生獨家富足　春初獺祭魚忽有人拾得其遺殘者食之大吉　鵲噪簷前主有佳客至及有喜事　蛇脱殼入有見之者主大發迹　燈花不可剔去至一更不謝明日有吉事半夜不謝主有連綿喜慶之事或有遠親信物至諺云燈花今夜開明朝喜事來久陰天息燈燈煤如炭紅良久不過明日喜晴諺云火留星必定晴久晴後火煤便滅主喜雨　長墩忽然門内泥土自然墳起成墩者謂之長墩主其家長進余嘗記幼時曾見東郊有一村店始於賣酒營生僅以自已忽門内泥土自然墳起店主謂其祥瑞愛護不鋤日見漸高家亦日益遂添賣香燭麩麪之類踰年愈高成墩不勝添進入口積蓄米麥乃大興販京果海錯南貨等物無所不有雖百里之外或富室或寺院咸來垂顧動以千緡每歲年及春季日

有數千緡交易長夏門亦如市四方馳名遠近自爲巨富三十年後墩漸平下家亦暗消　凡見鼠立上大吉慶　嘗聞余大父言昔中年一元旦曾於庭坐溝口獨見一鼠對面拱立心雖不以爲怪亦謂頗奇因向之曰爾亦知泰來之賀耶其鼠復如揖拜之狀而去大父晚年子孫蕃衍家事從容至老康健壽享八十九歲可謂吉慶矣因以此事問前輩乃云嘗於雜書中曾見此説名曰狼恭鼠拱主大吉慶必有陰德所致而然　已上數事初非好奇以惑衆皆以目

[illegible]耳聞實確可考之言始附卷末以備田家五行中
之一事云爾

神補拾遺凡出入遇合物及犬過橋大吉所謀皆
遂錢穀豐盈

居家宜忌

錢唐瞿祐

元日取鵲巢燒灰着于厠間以避兵撒于門裹以避
盜
正月上寅日取女青草末三合絳囊盛掛帳中能辟
瘟疫
正月初婚忌空床招不祥不得已者以薰籠置床以
厭之
二月取道中土泥門戶辟官符上壬日取土泥屋四
角宜蠶事
二月丁亥日收桃花陰乾爲末戊子和井花水服方
寸匕日三服療婦人無子兼美容顏
社日令男女輟業一日否則令人不聰
三月採艾爲人以掛戶上備一歲之灸材
三月三日採薺菜花鋪竈上及坐卧等處可以辟蟲
蟻
又云清明日日未出時採薺菜花候乾作燈杖可辟
蚊蛾

上巳日婦人以薺花點油祝之洒入水中若成龍鳳
花卉狀者則吉謂之油花卜
穀雨日採茶炒藏能治痰嗽及療百病熱疾
風土記三月十六二十七日忌遠行水陸不吉初一
十六日忌裁衣交易
四月忌暴怒傷心秋必爲瘧自夏至至九月忌食臑
宿肉菜之物忌用宿水洗面漱口
五日以艾縛一人形懸于門戶上以辟邪氣以五綵
絲繫于臂上辟兵厭鬼且能令人不染瘟疾

五日硃砂寫茶字倒貼辟蚍蜉寫白字倒貼致虱寫
儀方二字倒貼亦妙
病目者以紅絹盛榴花拭目棄之謂代其病凡紅物
俱可
疫氣時行用管仲置水缸内食水不染十二月除夕
同此
茉莉花勿置床頭引蜈蚣當忌
李子不可與雀肉同食損五臟
小兒不可弄槿花惹病瘡槿爲瘡子花故也

六月六日取水收起淨甕盛之一年不臭用以作醋
醬醃物一年不壞
六月伏日宜作湯餅食之名爲辟惡
造醬用三伏黄道日浸豆黄道日拌黄不生虫
暑月不可露卧勿沐浴當風愼賊邪之氣侵人
暑月瓮壜大日洒熱不可即用盛裝飲食之類恐收
暑氣
七日曝皮裘可以辟蛀
七日取角蒿置毡褥書籍中可以辟蠹又云可以辟
蛇

立秋太陽未升採楸葉熬膏搽治瘍立愈名楸葉膏
熬法以葉多方稠
七夕乞巧使蜘蛛結萬字造明星酒同心膾
八月行路間勿飲陰地流泉令人發瘴脚軟
秋社日人家褪裰兒女俱令早起恐社翁爲祟與春
社同
八月一日以絹囊承取栢樹下露如珠子取拭兩目
明爽無疾

自霜降後方可食蟹螯中膏內有腦骨當去勿食有
毒
秋分之日勿殺生勿用刑勿處房帷勿吊喪問疾勿
大醉
八月八日勿買布買鞋履附足大爲忌
九月九日採茱萸插頭鬢辟惡氣而禦初寒
九日天明時以片糕搭兒女頭額更祝曰願兒百事
俱高作三聲
九日造迎涼脯羊肝餅佩瘦木符

此月後宜食野鴨多年小熱瘡不愈食多即瘥永久
無患
十月亥日食餅令人無病
立冬日陽氣歸內腹宜溫暖物入胃易化
是月宜食芋無礙
十月一日爲民歲臘十五日爲下元此二日戒夫婦
入房
十一月可服補藥不可餌大熱之藥宜早食宜進宿
熱之物

十一月勿食龜肉令人水病勿食生菜發宿疾勿食
生韭多涕唾
十一月初四日勿責譴下人大忌
十一日不可沐浴勿以火炙背
是月勿枕冷石鐵物令人目暗志昏
十二月癸丑日造門盜賊不能進
臘月子日晒薦蓆能去蚤虱
是月取猪脂四兩懸于廁中入夏一家無蠅
除日以合家頭髮燒灰同脚底泥包投井中却五瘟
疫鬼

除夜勿嗔罵奴僕并碎器皿仍不可大醉
是月勿歌舞犯者凶

放生辯惑

會稽陶望齡

芝亭張子雲來王子與諸善友以萬曆辛丑仲夏朔創放生會於城南因書雲棲大師放生文會籍之首復命鄙言贅於末簡予惟慈心功德昔賢已詳無俟復論第取鄙俗所非堅難猝破者略爲答語數條以解羣惑嗟乎蚊蚋生人虎狼生肉自古已有斯語矣而白首之士猶迷而不解是爲鮑氏弱子笑也

問仁者當宏濟蒼生拯扶赤縣何必留情微物效彼小慈終同兒子之嬉豈有丈夫之槩

答事有弘微心無巨細搏象擒兎獅子之全力具存纖草喬林一雨之普沾靡異然則心非大也豈嫌善小而不爲心非小也安見小事之非大必如子言則畜池無相鄭之功而祝網豈王殷之略哉不知天心等愛道眼普觀舉斯心既無廣隘之殊論物命亦何貴賤之別故寒生頓貴肖翹等活萬人世主圖王觳觫優于天下寧當暴殄但貴擴充

問親親仁民仁民愛物序分先後施有重輕當圖厥重先置茲輕後

答以劫盜而爲奉養不若止盜以寧親以屠劊而效布施不若損施而全命蓋一忍而生百忍亦一慈而該百慈愛親者不敢惡於人則濟衆者寧當殄乎物昔有懦士曾處圍城始雖蒙被而猶戰兢後則登陴而親捍禦乃謂人曰勇可習乎夫勇由血氣猶以習增仁乃性生豈難漸學故當滋吾生意遠彼殺機生爲至順故好生即召順之階殺是極逆故遠殺乃去

逆之要若能時時救物念念利生將使戾夫汎愛如轉春色於寒柯逆子承歡若濬源泉於勺水矣

問物既旁生與人非類若網罟畢弋不設於先王則鳥跡獸蹄必交於中國雖云愛物終至妨人且雞鶩長生蛙魚不殺其類充塞恐無所容

答獸有茂草魚躍淵泉並育並生豈妨豈礙今蜀不食蟹楚不捕蛙未聞楚蜀之鄉純爲蛙蟹所據殺之而類乃滋盛不殺而生反不蕃人羊之言其故可痛

問鱗鬣未舒網罟隨入既難逃死奚用放生婦

人之仁哲士所笑
答凡有生命總是無常人亦同然非止於物儻以物命難延理當烹煮亦將謂人生無幾便可誅然獄中必殺之囚狀上臨危之病療者猶欲留連於朝夕刑官亦必轉展於秋冬此決死而尚冀其生彼更生而未必卽死况夫放救之舉本吾慈憫之心眼見其生便似永投生路手援其死卽如永脫死門則死何必豫疑生何須終保乎

問衆生就死極多此會放生極少救一漏萬何

取普周
答愛以心行慈由術運昔云仁術尚不妨殺羊以易牛今者慈心亦何害救一而漏萬惟心惟術自普自周故數錢布施䓁等大千況衆命更生功豈小補濟旱元非一溉終愈立槁之他苗繞塔豈合遊蚊亦喻投湯之勺水且愚人適口智者娛心但知適口之可甘不識娛心之大快是故涸鮒乍濕籠羽更騫方遊釜鬻而倏返江湖將就刀砧而俄辭絆縶似赴市曹而逢赦如遭寇虜而獲還鄉躅方甦悠洋忽逝於是在濠知樂對水忘饑覩此生全覺輕安之在我變其離脫如重恙之去身彼箸下萬錢食前方丈三寸舌外美惡何知一餉飽餘腥膻可厭其爲娛樂曾有幾何豈若脫彼命於生死之間佁吾心於飛躍之際況情漾淼同斯縱壑之歡送目煙雲偕此排空之樂然則衆所營者口腹吾所娛者神情取適正同心口有別耳

問物元非物生亦無生但須究了一心卽是曲成萬物投屠割肉尚屬有爲贖蚌放螺徒滋勞

費
答究竟至理雖何死而何生曲狥物情亦欣生而哀死蓋以衆有卽眞無之域涉事卽融理之門若執無爲而病有爲則無爲之談適資慳吝執無生而皆放生則無生之說反助貪殘旣啖肉無礙眞修豈放生反乖妙理卽加所謂投屠割肉則身執盡忘餧虎飼鷹則悲心彌廣運悲心而有爲之功斯著祛身執而無生之旨寔符今則所重者巳身所輕者物命寶見命旣宛爾貪生殺他身乃托無生死斯又與於不仁

之甚加諸俗士數等矣

放生辨惑　五

說郛續目録

弓第三十一

說郛續目録　弓三十一　一

長者言

華亭陳繼儒

一余少從四方名賢游有聞輒掌錄之已復死心茅茨之下霜降水落時弋一二言拈題紙屏上語不敢文庶使異日子孫躬耕之暇若粗識數行字者讀之了了也如云安得長者之言而稱之則吾豈敢

吾本薄福人宜行厚德事吾本薄德人宜行惜福事

聞人善則疑之聞人惡則信之此滿腔殺機也

靜坐然後知平日之氣浮守默然後知平日之言躁省事然後知平日之費閒閉戶然後知平日之交濫寡欲然後知平日之病多近情然後知平日之念刻

偶與諸友登塔絕頂謂云大抵做向上人決要士君子鼓舞只如此塔甚高非與諸君乘興覽眺必無獨登之理既上四五級若有倦意又須賴諸君慫恿此去絕頂不遠既到絕頂眼界大地位高又須賴諸君提撕警惺跬步少差易至傾跌只此便是做向上一等人榜樣也

男子有德便是才女子無才便是德

士君子盡心利濟使海內人少他不得則天亦自然少他不得即此便是立命

吳芾云與其得罪於百姓不如得罪於上官李衡云與其進而負於君不若退而合於道二公南宋人也合之可作出處銘

名利壞人三尺童子皆知之但好利之獘使人不復顧名而好名之過又使人不復顧君父世有妨親命以潔身訕朝廷以賣直者是可恐也孰不可恐也

宦情太濃歸時過不得生趣太濃死時過不得甚矣有味於淡也

賢人君子專要扶公論正易之所謂扶陽也

清苦是佳事雖然天下豈有薄於自待而能厚於待人者乎

一念之善吉神隨之一念之惡厲鬼隨之知此可以役使鬼神

黃帝云行及乘馬不用迴顧則神去今人迴顧功名富貴而去其神者豈少哉

士大夫當有憂國之心一不當有憂國之語

扁官論劾上司時論以爲快但此端一開其始則以廉論貪其究必以貪論貪矣又其究必以貪論廉矣使主上得以賤視大臣而憲長與郡縣和同爲政可長也

責備賢者畢竟非長者言

做秀才如處子要怕人既入仕如媳婦要養人歸林不如阿婆要教人

廣志遠願規造巧異積傷至盡盡則早亡豈惟刀錢

田宅若乃組織文字以冀不朽至於鏤肺鐫肝其爲廣遠巧異心滋甚禍滋速

大約評論古今人物不可便輕責人以死

治國家有二言曰忙時閒做閒時忙做變氣質有二言曰生處漸熟熟處漸生

看中人看其大處不走作看豪傑看其小處不滲漏

火麗于木麗于石者也方其藏於木石之時取木石而役之水水不能克火也一付於物即童子得而滅之矣故君子貴翕聚而不貴發散

甗甗子毋教人養喜神止菴子毋教人厺殺機是二言吾之師也

朝廷以科舉取士使君子不得已而爲小人也若以德行取士使小人不得已而爲君子也

奢者不特用度過侈之謂凡多視多聽多言多動皆是暴殄天物

鯤鵬六月息故其飛也能九萬里仕宦無息機不仆則蹶故曰知足不辱知止不殆

人有嘿坐獨宿悠悠忽忽者非出世人則有心用世

人也

讀書不獨變人氣質且能養人精神蓋理義收攝故也

初夏五陽用事于乾爲飛龍草木至此已爲長旺然旺則必極至極而始收斂則已晚矣故康節云牡丹含蘂爲盛爛熳爲衰盞月盈日午有道之士所不處焉

醫書云居母腹中母有所驚則生子長大時發顛癇今人出官涉世往往作風狂態者畢竟平日帶胎疾

耳秀才正是母胎時也

士大夫氣易動心易迷專爲立界墻全體面六字斷送一生夫不言堂奥而言界墻不言腹心而言體面皆是向外事也

任事者當置身利害之外建言者當設身利害之中此二語其宰相臺諫之藥石乎

乘舟而遇逆風見揚帆者不無妬念彼自處順于我何關我自處逆于彼何與究竟思之都是自生煩惱天下事大率類此

長者言　五

用兵者仁義可以王治國可以覇紀律可以戰智謀則勝負共之恃勇則亡

出一個喪元氣進士不若出一個積陰德平民

救荒不患無計策只患無眞心眞心卽奇策也

凡議論要透皆是好盡言也不獨言人之過

吾不知所謂善但使人感者卽善也吾不知所謂惡但使人恨者卽惡也

講道學者得其士眞可以治天下但不可專立道學門戶使人望而畏焉嚴君平賣卜與子言依于孝與臣言依于忠與弟言依于弟雖終日譚學而無講學之名今之士大夫恐不可不味此意也

天理凡人之所生機械凡人之所熟彼以熟而我以生便是立乎不測也

青天白日和氣慶雲不特人多喜色卽鳥鵲且有好音若暴風怒雨疾雷閃電鳥亦投林人亦閉戶乖戾之感至于此乎故君子以太和元氣爲主

頤卦愼言語節飲食然口之所入者其禍小口之所出者其罪多故鬼谷子云口可以飲不可以言

長者言　六

吳俗坐定輒問新聞此游閒小人入門之漸而是非媒孽交搆之端也地方無新聞可說此便是好風俗好世界葢訛言之訛字化其言而爲訛也

富貴功名上者以道德享之其次以功業當之又其次以學問識見駕馭之其下不取辱則取禍

天下容有曲謹之小人必無放肆之君子

人有好爲淸態而反濁者有好爲富態而反貧者有好爲文態而反俗者有好爲高態而反卑者有好爲淡態而反濃者有好爲古態而反今者有好爲奇態

而反平者吾以爲不如混沌爲佳

人定勝天志一動氣則命與數爲無權

偶評司馬温公資治通鑑且無論公之人品政事只此閒工夫何處得來所謂君子樂得其道故老而不爲疲也亦只爲精神不在嗜好上分去耳

揑造歌謠不惟不當作亦不當聽徒損心術長浮風耳若一聽之則清淨心田中亦下一不淨種子矣

人之嗜名節嗜文章嗜游俠如嗜酒然易動客氣當以德性消之

有穿麻服白衣者道遇吉祥善事相與牽而避之勿使相値其事雖小其心則厚

田鼠化爲鴽雀入大海化爲蛤蚩魚且有變化而人至化不變何哉故善用功者月異而歲不同時異而日不同

好譚閨門及好譚亂者必爲鬼神所怒非有奇禍則有奇窮

有濟世才者自宜韜斂若聲名一出不幸而爲亂臣賊子所刼或不幸而爲權奸佞倖所推既損名譽復

壞事幾所以易之無咎無譽莊生之才與不才眞明哲之三窟也

不盡人之情豈特平居時即患難時人求救援亦當嘗味此言

俗語近于市纖語近于娼諢語近于優士君子一涉此不獨損威亦難迓福

人之交友不出趣味兩字有以趣勝者有以味勝者有趣味俱乏者有趣味俱全者然寧饒於味而無寧饒於趣

天下惟五倫施而不報彼以逆加吾以順受有此病自有此藥不必校量

羅仲素云子弑父臣弑君只是見君父有不是處耳若一味見人不是則朋友兄弟妻子以及于童僕鷄處可憎終日落嗔火坑塹中如何得出頭地故云每事自反眞一帖清涼散也

小人專望人恩恩過不感君子不輕受人恩受則難忘

好義者往往曰義憤曰義激曰義烈曰義俠得中則

爲正氣太過則爲客氣正氣則事成客氣則事敗故曰大直若曲又曰君子義以爲質禮以行之遜以出之

水到渠成瓜熟蒂落此八字受用一生

醫以生人而庸工以之殺人兵以殺人而聖賢以之生人

人之高堂華服自以爲有益于我然堂愈高則去頭愈遠服愈華則去身愈外然則爲人乎爲已乎

神人之言微聖人之言簡賢人之言明衆人之言多小人之言妄

欲見古人氣象須于自己胸中潔淨時觀之故云見黄叔度使人鄙吝盡消又云見魯仲連李太白使人不敢言名利事此二者亦須于自家體貼

泛交則多費多費則多營多營則多求多求則多辱語不云乎以約失之者鮮矣當三復斯言

徐主事好衣白布袍曰不惟儉朴且久服無點汚亦可占養

河洛卦範皆圖也書則自可鑽研圖則必由討論古人左圖右書此也今有書而廢圖故有學而無問書不盡言言不盡意其惟圖乎

留七分正經以度生留三分癡呆以防死

晦翁云天地一無所爲只以生萬物爲事人念念在利濟便是天地了也故曰宰相日日有可行的善事乞丐亦日日有可行的善事只是當面蹉過耳

夫衣食之源本廣而人每營營苟苟以狹其生逍遥之路甚長而人每波波急急以促其死

士君子不能陶鎔人畢竟學問中火力未透

人心大同處莫生異同大同處即是公論公論處即是天理天理處即是元氣若于此處犯手者老氏所謂勇乎敢則殺也

孔子曰斯民也三代之所以直道而行也不說士夫夫獨拈民之一字郤有味

叠假山無巧法只是得其性之重也故久而不傾觀此則厳重者可以自立

後輩輕薄前輩者往往促算何者彼既賤老天豈以賤者贍之

有一言而傷天地之和一事而折終身之福者切須
檢點
人生一日或聞一善言見一善行行一善事此日方
不虛生
王少河云好色好鬬好得貪歡則無所長只長此三
件所以君子戒之
靜坐以觀念頭起處如主人坐堂中看有甚人來自
然酬答不差
人鳥不亂行人獸不亂群和之至也人乃同類而多
長者言　八　十一
乖睽何與故朱子云執拗乖戾者薄命之人也
得意而喜失意而怒便被順逆差遣何曾作得主馬
牛爲人穿着鼻孔要行則行要止則止不知世上一
切差遣得我者皆是穿我鼻孔者也自朝至暮自少
至老其不爲馬牛者幾何哀哉
世亂時忠臣義士尚思做個好人幸逢太平復爾溫
飽不思做個君子更何爲也
凡奴僕得罪于人者不可恕也得罪于我者可恕也
富貴家宜勸他寬聰明人宜勸他厚

天下唯聖賢收拾精神其次英雄其次修煉之士
醉人膽大與酒融浹故也人能與義命融浹浩然之
氣自然充塞何懼之有
曾見賢人君子而歸乃猶然故吾者其誠趣可知矣
出言須思省則思爲主而言爲客自然言少
只說自家是者其心粗而氣浮也
一人向隅滿堂不樂一人疾言遽色怒氣暴人人寧
有怡者乎
士大夫不貪官不受錢一無所利濟以及人畢竟非
長者言　八　十二
天生聖賢之意蓋潔己好修德也濟人利物功也有
德而無功可乎
未用兵時全要虛心用人既用兵時全要實心活人
孔子畏大人孟子藐大人畏則不驕藐則不諂中道
也
少年時每思成仙作佛看來只是識見嫩耳
[illegible]者必刻薄刻薄則福益薄矣厚福者必寬厚寬
厚則福益厚矣
進善言受善言如兩來船則相接耳

人不易知然爲人而使人易知者非至人亦非眞豪傑也黄河之脉伏地中者萬三千里而莫窺其際器局短淺爲世所窺丈夫方自愧不暇而暇求人知乎

能受善言如市人求利寸積銖累自成富翁

掃殺機以迎生氣修庸德以來異人

金帛多只是博得垂死時子孫眼淚少不知其他知有爭而已金帛少只是博得垂死時子孫眼淚多亦不知其他知有親而已

喜時之言多失信怒時之言多失體

以舉世皆可信者終君子也以舉世皆可疑者終小人也

漢人取吏曰廉平不苛平則能拄其中矣廉能者後世不熟經術之論也

古人重俠腸傲骨曰腸與骨非霍霍鼓弄口舌聳作意氣而已郭解陳遵議論長依名節

清福上帝所吝而習忙可以銷福清名上帝所忌而得謗可以銷名

人不可自恕亦不使人恕我

文中子曰太熙之後述史者幾乎罵矣嗚呼今之奏疏亦然

用人宜多擇友宜少

不可無道心不可泥道貌不可有世情不可忽世相

心逐物曰迷慾從心曰悟

儒佛爭辨非惟儒者不讀佛書之過亦佛者不讀儒書之過故兩家皆交淺而言深

後生輩胸中落意氣兩字則交游定不得力落騷雅二字則讀書定不深心

古之宰相捨功名以成事業今之宰相既愛事業又愛功名古之宰相如聶政塗面抉皮今之宰相有荆軻生劫秦王之意所以多敗

周顒與何胤書云變之大者莫過死生生之重者無逾性命性命于彼甚切滋味拄我可輕故酒肉之事莫談酒肉之品莫多酒肉之友莫親酒肉之僧莫接

嗜異味者必得異病挾怪性者必得怪證習陰謀者必得陰禍作奇態者必得奇窮莊子一生放曠卻曰寓諸庸原跳不出中庸二字也

待富貴人不難有禮而難有體待貧賤人不難有恩而又難有禮

憐才二字我不喜聞才者當憐人寧為人所憐邵子曰能經綸天下之謂才

開門即是深山讀書隨處淨土

讀史要耐訛字如登山耐仄路踏雪耐危橋閒居耐俗漢

孔子云天生德于予桓魋其如予何蓋聖人之氣不與兵氣合故知其不害于桓魋今人懶習文字者由

其氣不與天地之氣及聖賢之清氣合故不得不懶也

清言 東海屠隆

子房虎嘯安期生豹隱於海濱樂師龍驤魏先生蠖屈於嵩穴緊豈異哉定命不同

三九大老紫綬貂冠得意哉黃粱公案二八佳人翠眉蟬鬢銷魂也白骨生涯

口中不設雌黃眉端不挂煩惱可稱烟火神仙隨宜而栽花竹適性以養禽魚此是山林經濟風晨月夕客去後蒲團可以雙跏烟島雲林興來時竹杖何妨

獨往

覆雨翻雲何險也論人情只合杜門嘲風弄月忽頹然全天真且須對酒

道上紅塵江中白浪饒他南面百城花間明月松下涼風輸我北窻一枕

淨几明窻好香苦茗有時與高衲談禪荳棚菜圃暖日和風無事聽閒人說鬼

老去自覺萬緣都盡那管人是人非春來尚有一事關心只在花開花謝

甜苦備嘗好丟手滋味渾如嚼蠟生死事大急回頭年光疾于跳丸

無物能牢何況蠢茲布袋有形皆壞不聞爛卻虛空

坐禪而不明心取骨頭爲工課馬祖戒于磨甎談經而不見性鑽故紙作生涯達摩所以面壁

草色花香游人賞其有趣桃開梅謝達士悟其無常

修淨土者自淨其心方寸居然蓮界學坐禪者達禪之理大地盡作蒲團

立身而認骨肉太親則人緣難遣學道而求形神俱在則我相未融

錫粘油膩牽纏寖是愛河瞎引盲趍展轉投于苦海非大雄氏誰能拯之

知事理原有頓漸則南北之宗門不廢知升墜分于情想則過現之因果昭然

若無後來報應則造物何以謝顏回除卻永劫災殃則上帝胡獨私曹操

禿鬢黃面揣骨法豈有如許公侯道氣文心標風流亦是可見措大

招客留賓爲惟可喜未斷塵世之攀緣澆花種樹嗜好雖清亦是道人之魔障

角弓玉劍桃花馬上春衫猶憶少年俠氣癭瓢膽瓶貝葉齋中夜衲獨存老去禪心

寶籙祈仙金函禮佛造物尚不得牢籠褐衣披體破帽蒙頭君相又安能陶鑄

臨池獨照喜看魚子跳波遶逕閒行忽見蘭芽出土亦小有致時復欣然

盤飧一菜永絕腥膻飯僧宴客何煩六甲行廚茆屋三楹僅蔽風雨掃地焚香安用數童縛帚未見元放翛然尚覺右丞多事

菜甲初肥美于熟酪蓴絲既長潤比羊酥

楊柳岸蘆葦汀池邊須有野鳥方稱山居香積飯水田衣齋頭纔着比丘便成幽趣

竹風一陣飄颺茶竈疎烟梅月半彎掩映書牕殘雪眞使人心骨俱冷體氣欲仙

登華子岡月夜犬聲若豹遊赤壁磯秋江寉影如人但想前賢神明開滌

山河天眼裡不知山河即是天眼世界法身中不知世界即是法身

如來爲凡夫說空以凡夫著有故爲二乘人說有以二乘人沉空故著有則入淪轉之途沉空則礙普度之路是故大聖人銷有以入空一法不立從空以出有萬法森然

黄虀淡飯允宜山澤之臞曲几匡牀久絶華清之夢

梢則朽于木槃則朽于土土木何勞分別沉則化于水焚則化于火火水安用商量

紅潤凝脂花上纔過微雨翠匀淺黛柳邊乍拂輕風

問婦索釀甕有新芻呼童煮茶門臨好客先生此時情興何如

痴矣狂客酷好賓朋賢哉細君無違夫子醉人盈座簪裾半盡酒家食客滿堂瓶甕不離米肆燈燭瑩瑩

且躭夜酌爨烟寂寂安問晨炊生來不解攢眉老去彌堪皷腹

若想錢而錢來何故不想若愁米而米至人固當愁曉起依舊貧窮夜來徒多煩惱

白仲奇窮悍婦同于馮衍德闈高隱孤居頗似王維我固當勝之

明霞可愛瞬眼而輒空流水堪聽過耳而不戀人能以明霞視美色則業障自輕人能以流水聽絃歌則性靈何害

詩堪適性笑子美之苦吟酒可怡情嫌淵明之酷嗜若詩而嫉妬爭名豈云適性若酒而猖狂罵座安取怡情

鑠金玷玉從來不乏彼讒人洗垢索瘢尤好求多于

佳士止作疾風過耳何妨微雲點空

學道歷千魔而莫退遇辱堅百忍以自持到底無損毫毛轉使人稱盛德當時之神氣不亂入夜之寃夢亦清

金吾厚享千鍾命慳于苴醬學士御食二器數定于橘湯余幼丁貧賤無藜藿之飯不充壯忽持齋想肉食之薄已盡

大臣雅度嫌王勃之恃才明主知人想李白之薄福

盈庭滿座斷結騸于貴人累牘連篇絶八行于政府

情塵既盡心鏡逐明外影何如內照幻泡一消性珠自朗世瑳原是家珍

善譚浪好詼諧吐語傷于過綺取快佐雕亦無大害揚隱微談中冓爲德毋乃太涼積愆消福吾鄙戒之

人生于五行亦死于五行恩裡由來生害道外于六賊亦成于六賊妙處只在轉關

雲棲蓮老佛隴燈公嶺表憨山湖南窮介有西方美人之思碧浪朱生西泠虞氏湘靈逸客鏡水隱鱗有天際眞人之想

聰明而修潔上帝固錄淸虛文釆而貪婪冥官不愛詞賦

凡夫迷眞而逐妄智慧化爲識神譬之水湧爲波不離此水聖人悟妄而歸眞識神轉爲智慧譬之波平爲水當體無波

樓前桐葉散爲一院淸陰枕上鳥聲喚起半牕紅日

一泓濠上便同莊叟之觀片石林間堪下米顛之拜

天上兩輪逐電晝夜不休人間二鼠嚙藤刹那欲斷

立雪斷臂秖緣甍壓當行壁面攔胸直是酒逢知己

噉飯著衣生世無補飾巾待擴顧影多慙庶幾哉白魚蠹簡食奇字于腹中黃鳥度枝遺好音于世上

比丘鼻臭荷香來池神見斥童子乃以香嚴而圓通元卿目玩宮花爲天神所呵古德有因桃花而悟道

茶熟香淸有客到門可喜鳥啼花落無人亦是悠然

翠微僧至衲衣全染松雲斗室經殘石磬半沉蕉雨

水色澄鮮魚排荇而徑度林光澹蕩鳥拂閣以低飛

曲逕烟深路接杏花酒舍澄江日落門通楊柳漁家

催租吏只問家僮知主人之不理生產收稼奴徑達

主母笑先生之向如外賓

八關齊久何敢然寄興于持螯五斗量慳聊復爾托名于泛蟻

侶猿猴友虎豹不能孫登之穴居馴烏雀畜鳧魚頗似何點之野逸

高人品格既有魏井丹絜身名士風流亦不至相如惕世

天討有罪生來幸免馬驢世棄不才隱去敢云鴻豹

有分有限耗星臨宮傾我論爲事總不如人無慮無

憂天喜坐命臟人只一籌至要在我

持論絕無鬼神見怪形而驚怖平居力詆仙佛遇疾病而修齋儒者可笑如此

稱柴數米時翻名理于廣筵媚竈乞墦日社山林于齒頰高人其可信乎

爲龍爲蛇生既謝陽秋于太史呼牛呼馬死亦一任彼月旦于時人

以文章爲遊戲將希劉勰逃禪看齒髮之衰頹自信鮑昭才盡

荆扉纔掩便逢客過掃門飯粟一空輒有人求譽墓

萬事從來是命一毫夫豈由人

家坐無聊不念食力擔夫紅塵赤日汝官不達尚有高才秀士白首青襟

峰巒窕窈一拳便是名山花竹扶疎半畝何如金谷

少文五岳興聊託于臥遊元亮一園趣果成于日涉

月出青松光映琉璃夜火風搖翠篠寒生窣堵秋烟

虛空不拒諸相至人豈畏萬緣是非場裡出入逍遙逆順境中縱横自在竹密何妨水過山高不礙雲飛

孔孟以經常治世不欲炫奇怪以駭時釋老以妙道度人故每現神通以聳衆

凡情自縛則摶沙捻土一身纏爲葛藤空觀一成則割水吹毛四大等于枯木

薰蕕聽香則果未成而靈根漸長熬煎欲火則目未瞑而惡趣現前

喫菜而生美好揀擇則喫菜不異喫葷作善而求自高勝人則作善還同作惡

人若知道則隨境皆安人不知道則觸塗成滯人不知道則居鬧市生囂雜之心將蕩無定止居深山起

岑寂之想或轉憶炎囂人若知道則履喧而靈臺寂若何有遷流境寂而眞性沖融不生枯槁

英雄降服勁敵未必能降一心大將調御諸軍未必能調六氣故姬亡楚帳霸主未免情哀疽發彭城老翁終以憤死

來鳴禽于嘉樹音聞兩寂悟圓通耳根印朗月于澄波色相俱空領淸虛眼界

雨過天淸會妙用之無礙鳥來雲去得自性之眞如

栴檀之形能出門而迎佛虎丘之石解聽法而點頭

故知山河大地咸見眞如瓦礫泥沙並存佛性

酬應將迎世人奔其軀行消磨折損造物畏其虛名

世界極于大千不知大千之外更有何物天宮極于非想不知非想之上畢竟何窮吾嘗于此茫然安得問之大覺

衰年嶺表餘生相傳仙去隣媼夜哭還券垂老無家毎想斯人潸然欲涕

雲長香火千載遍于華夷坡老姓名至今口于婦孺意氣精神不可磨滅如此

慧遠臨終檢戒于食密蔭眞濟渡留錢于空舟古德愼行至此使人心志凛然

三徑竹間日華澹澹固野客之良辰一編窓下風雨瀟瀟亦幽人之好景

春衣杜陵急管平樂眞稱名士之風流雨中山果燈下草蟲想見高人之胸次

好散阿堵亦復不能積書趣在箇中平生只愛種樹

醇醪百斛不如一味太和之湯良藥千包不如一服清涼之散

積想情堅思女因而化石磨礱功久鐵杵且會成針今人纔學修行便希得證稍不見効輒退初心道其可幾乎

不是鄰僕著眼懶殘只一丐者若非豐干饒舌寒拾兩個火頭

籬邊杖屨送僧花鬚胃于巾角石上壺觴坐客松子落我衣裾

待月看雲偶見鶴形之使焚香掃室時迎烏爪之姑

鳴騶呵殿歌兒挐傀儡于場中揭地掀天童子弄形

影于燈下

張三不是他李四亦不是他總認郵亭爲木宅長卿不是我緯眞亦不是我莫把并州當故鄉

風飜貝葉絕勝北闕除書水滴蓮花何似華清一室

一室經行賢于九衢奔走六時禮佛淸于五夜朝天

鳴琴流水疑魴鮪之來聽散帙當軒喜藤竹之交翳

娟娟月露下薝蔔而生香嫋嫋山風入松篁而成韵

閒情淸曠未解習鍜之機野性蕭踈恥作投梭之達

負苓而竄庖犧鑿開混沌采薇而薄周武決裂隄防

善星腹笥部藏不免泥犁雲光口墜天花難逃閻老
所以初祖來自迦毘盡掃文字室利往叅摩詰悉杜
語言
太原則哲幾畜疑于掇煤瑯琊故知竟因讒而投杼
嗚呼知己難哉吾欲挽九原而起鮑叔死千金以鑄
子期
陳思逸藻僅朱邸于遮須庾信高才乃禍形于地府
身後結局如此眼前文典索然
觀號千秋吾媿賀老之捨宅樓高三級夜愬都水之

樓眞物在亦不若留期到儵然便去
周犨營產原從車子而償通韓相卜壘乃為木工而
定礫凡事前定如斯世人計較可息
靈運才高不入白蓮之社裴休詩好何關黃檗之宗
故于昂杜甫韵語騁意氣于秋林寒山船子吟哦寫
性靈于天籟寫性靈者佛祖來印騁意氣者道人指
呵
室無長物心本宅乎清虛門多雜賓性不近乎狷介
行誼雖無大損淨業未免有妨

據床嗒爾聽豪士之譚鋒把盞醒然看酒人之醉態
大臣赫赫市丘墓便已就荒文士沾沾問姓名多云
不識名利至此使人心灰
夫人有絕技必傳有至性不朽靈心巧思般以木
匠千秋報主存孤李善以傭奴自世
核人貴實浮論難憑從古聖賢不能無謗試問釋迦
于移山之口佛云乎哉吓宣尼于伐木之夫何聖之
有
道人好看花竹寄託聊以適情居士偶聽弦歌不染

何妨入道清曠亦自有致寂莫無令太枯
眉睫纔交夢裡便不能張主眼光落地死去又安得
分明故學道之法無多只在一心不亂
截髮含齒生幸托于中華方袍圓冠名復綴于下士
田園雖少負郭妻孥尚免饑寒榮期之樂已多老氏
之學知足
若富貴貧窮由我力取則造物為無權若毀譽嗔喜
隨人脚根則讒夫愈得志
世法須從身試大道不在口譚暇日清言有味恐于

實際無當猝然遇境不撓此是學問得力衷益報士
世之仇不知雖經萬刼而必報師子償殺命之債不
知雖逋小債而必償前芽各認根苗點滴不差箸酒
罪在則福不集福少則行難周此聖賢之所以順作
業也
日奉清齋過客時供梁肉身衣短褐見童或曳羅彩
固知供奉之綺叢不當于公孫之布被
寬家恩愛心常作平等之觀上帝悲川眼不見可憎
之物性鮮貪嗔六時畏作惡趣心能領略四季都是

良辰昔人不云乎此老終當以樂死青谿白石倏生
瀟洒之懷黑霧黃埃便起炎嚣之念此是心依境轉
恐于學道無當必也月隨人走月竟不移岸逐舟行
岸終自若則幾矣
醒時思作佳夢夢去未必如所思生前念佛修行死
後猶恐忘初念何也衆生奔馳情識一性易昏學人
積累藁修務求根蔕
隔壁聞釵釧聲比丘名爲破戒比丘之心入故也同
室與婦人處羅什不碍成真羅什之心不入故也固

知染淨在心何關形迹
方外偶過僧道倒雙屐急開竹戶[illegible]來塵中偷[illegible]
朝掩兩耳輒敎松風吹去
樓窺聘睨窓中隱隱江帆家在半郵半郭山倚精廬
松下時時清梵人稱非俗非僧
華屋朱門過王侯而掉臂黃頭歷齒對兒子而傷心
高人之輕富貴也易斷恩愛也難
觀上虞論衡笑中郎未精玄賞讀臨川世說知晉人
果善清言

王重陽闗入臥內馬鈺內子能知戒關黎金甲傳飡
太守夫人覷破
美人傅粉塗香終淪于糞土猛士格虎刺象死制于
螻蟻古鏃繡刀舊日戰爭之地蝕釵灰襖昔時歌舞
之場英雄漠漠精靈秦晉茲茲歲月娑羅居士釀酒
治蔬無日不延賓客杜門禁足經年懶過隣家白香
山云丘墅有泉石花竹者靡不遊人家有美酒鳴琴
者靡不過吾甚媿其言
永明禪師云向不遷境上虛受輪廻十無碍法中自

生緊縛

續清言　東海屠隆

飢乃加餐菜食美于珍味倦然後卧草蓐勝似重裀流水相忘遊魚遊魚相忘流水即此便是天機太空不碍浮雲浮雲不碍太空何處別有佛性

皮囊速壞神識常存殺萬命以養皮囊罪卒歸于神識佛性無邊經書有限窮萬卷以求佛性得不慚于經書

入市而嘆過路客紛紛擾擾總是行尸反觀而照主人翁靈靈瑩瑩無非活佛

仕宦能登甲第方免官府差徭學道未出陰陽終受閻君約束

暗室貞邪誰見忽而萬口喧傳自心善惡炯然凜于十王考校

香花幢蓋顯本性之彌陀羅刹夜叉現心中之魔鬼性源既湛則鐵面銅頭化爲諸佛心垢未除則玉毫金相亦是羣魔

至人除心不除境境在而心常寂然凡人除境不除

心境去而心猶牽絆

萬緣皆假一性惟眞聖人借假以修眞愚夫喪眞而逐假

人道場而隨喜則修行之念勃興登丘墓而徘徊則名利之心頓盡故一念不清宜以佛性而洞洗六根未淨可取戒香而薰蒸

天堂人樂樂盡則苦趣至故其成佛也難閻浮人苦苦極則創心生故其成佛也易

形同木石未免委運而銷亡神同虛空豈得隨形而

續清言　八　二

隕滅形有銷亡故愚蒙止知現在神無隕滅故聖智照見多生

六道輪轉如江帆日夜乘潮乘潮未有棲泊一證菩提若海艘須臾登岸登岸豈復漂流

富室多藏萬寶夜深猶自持籌愈積愈吝窖中時見精光老夫第得一錢宵卧何能貼席不散不休管理如聞嘷吼

名華芳草春園風日洵饒紅樹青霜秋林景色逾勝

條風旣啓細草葺生嫩柳韶姿紅藥齊含蕊蕾芳春景大殢人清露長流碧梧初放新篁爽氣綠陰簾幃首夏時尤堪賞

常想病時則塵心漸滅常防死日則道念自生風流得意之事一過輒生悲涼淸眞寂莫之鄉愈久轉覺意味

萬緣虛幻總屬心生六道輪迴皆由自作目翳除則空華陡滅心障撤則妄業全消

今日騎獅坐象衆生之境界過來饒他帶角披毛佛祖之眞性自若譬如小水滙爲巨流入流原自小水

續清言　八　三

眞金煅于猛火出火還是眞金

釋迦曾作衆生身經乎多刧其他諸佛菩薩誰不來自衆生闡提亦有佛性語載于聖經其他蠢動含靈誰不具有佛性若佛祖天然佛祖修行之法何爲衆生只是衆生向善之途遂絕

今生根鈍是前世之行未修今行苦修則來世之根當利勿以無緣而自棄力辦肯心而不回今世旣種善因來生必成勝果列聖皆累刧修成大道豈一生便了

古德云塵勞中嘗應着力生死上不須用心塵勞不着力安得行圓生死若用心恐爲心障

非災横禍世人常㓂無因分付安排皇天必自有着若現在隱微無據恐過去夙行有虧彼既不差我當順受

成仙作佛必是善人至孝眞忠自然度世張仲文曰未始從師授道關君天師不聞得訣何人故求道匆急尋師積功且須修德

若惱世上意氣須溫嗜欲場中肝腸欲冷

士大夫禪機迅利何鋒不摧制行穢汚何業不作設言度世冥司之勾帖忽來開口乞哀幽部之鐵鞭已下

逕超教外胡僧所以如愚道越言筌獦獠何嘗識字

世智紛紛名利場中伶俐識神擾擾生死路上糊塗亦可哀矣

死漢鞭撻不疼覺疼原非形殼僵尸爬搔不癢知癢自是性靈人奈何輕性靈而重形殼乎

形骸非親何況形骸外之長物大地亦幻何況大地内之微塵人能知足則隨地可以自安若復無厭則求望曷其有極富堪敵國嘆一命之不沾貴極人爵恨九錫之未至爲子之造物者不亦難乎

有待而修終日且圖安樂無常若到問君何以支吾

來今往古逝者如斯貴賤賢愚誰能免此三尺紅羅過客而吊過客一堆黄土死人而哭死人興言及此哀哉當下修行晚矣

針水不投亦徒猜乎啞謎機鋒未對莫浪用乎盲拳

參悟久則心花頓開若蓮蕚之舒瓣機緣來則性地

忽朗如日月之放光

持論絶無鬼神見怪形而驚怖平居力詆仙佛遇疾病而修齋儒者可笑如此稱柴數米時翻名理于廣筵媚竈乞墦日挂山林于齒頰高人其可信乎

世人傷我皮毛諭諭難辭陽過天日下照肝膽冥冥庶免陰懲三寸枯毫欲饒未恐千金敝帚自饗知慚論非仲壬敢希藏帳于中郎文謝班生終取覆瓿于傳毅

人若知道隨境皆安道不在人應緣即礙故得道者

履喧而靈臺寂若何有遷流地僻而眞性沖融奚生枯槁不得道者居鬧市而生塵雜之心將蕩無定止居空山則起岑寂之想或轉憶炎囂

時來則建勲業于天壤玉食袞衣是亦丈夫之事時失則守窮約于山林藜羹卉服是亦豪傑之常故子房封侯不以富貴而驕商皓巖陵垂釣不以貧賤而慕雲臺

衣服豈有鬼乃本人神識之所成鬼病猶生前此亦鬼意中之所帶

病風狂而譫語多是平日之慾夢受撻而身疼可悟地獄之報

時近惡緣如皁染衣而衣皁日修淨行若香薰室而室香

度盡衆生乃如來之本願衆生難盡則世界之業因

慈父不以頑子之難敎而忘敎子之念如來不以衆生之難度而懈度生之心

世人日與螻蟻相接螻蟻無知如來日與衆生周旋衆生不見障重故也

耳耽淫聲曷聞金口之響目昏邪色安見玉毫之光遺民清淨則大士擁幢旛而現形閭喜靈瑩則文殊坐獅子而顯相

童子之目稍淨或見鬼神道士之心漸清能召靈爽

衆生以不見佛而遂謂無佛則螻蟻以不見人而遂謂無人耶

人當溷擾則心中之境界何堪稍爾清寧則眼前之氣象自別

對境安心則清淨之體小露止觀成熟則眞如之理

森然

昏散者凡夫之病根惺寂者對症之良藥寂而常惺寂寂之境不擾惺而常寂惺惺之念不馳

居處必先精勤乃能閒暇凡事務求停妥然後逍遙平時只是悠然遇境未免擾亂

迹類卑污有損身以利物形同邋遢或混俗以埋光

世人皮相失眞天眼鑒觀不謬

李青蓮仙才夙禀白香山道骨天成

皦皦時名心源不淨昭昭談道密行多虧何益超昇

祗深淪墮

疾忪今日轉盻已是明日纔到明朝今日已成陳迹

算閻浮之壽誰登百年生呼吸之間勿作久計

太乙窺人闇下然藜之火雲林寄信架藏倒薤之書

一念已横將死究家出現三昧旣熟臨終諸佛來迎

木削方可造盧玉琢纔能成器高明性多疎脫須學精嚴狷行常苦拘時當思圓轉

歸有園塵談

明　徐太室

孔子不作宋儒翻有作羲畫之上理本無像而贅着一時曾使春秋綱目亦春秋獲麟以來權何所托而議評萬世

商以前相天下者實以天下勞之也故横議不及於阿衡周以後相天下者似以天下富之也故流言遂起於姬旦

道統之說孔子不言也而言之孟子後儒衍之乃身

其任以繼往開來良知之說孔子未發也而發之孟子近儒摘之遂專其門以明心見性

自秦人坑儒之後純任法律故處士之横議稍息於漢唐自宋人講學以來錯解春秋故儒者之虛權反加於天子

典午乘魏弱而篡國點檢乘周弱而篡國其後子孫夷狄之禍亦復相當晉人以名理爲清談宋人以道學爲清談其間事功名實之殊要自有辨

西周以後有豪傑無聖賢凡學聖賢者常遺詬以

條漢唐而降有才子無文人凡爲文人者僅可稱爲
才子

少年不以宋儒爲準則視規矩繩墨盡屬弁髦學者事以宋儒爲師則舉事業文章俱歸腐爛

議有可乘則降姬束縕以救婦勢有可脅則說士結鞿以下齊

水火盜賊之害必先横被於孤貧虛羸勞瘵之災大率淹纏乎貴介

文字内爲一人而謗詆一人亦是平生口孽官府中

毀前任以阿諛後任頗宗衙衙家風

春秋之書不見於魯論故傳聞互異能無起諸儒之妄談井田之法略述於軻書若井里一分寧不憂子孫之蕃衍

榮華富貴自造化而與之又自造化而奪之降鑒不差功名事業由自己而成之又由自己而毀之始終難保

古之作者其人非君子也而能爲君子之言理明故也今之作者其人非小人也而間作小人之語才短故也

雖貴爲卿相必有一篇極醜文字送歸林下彈章雖愚如檮杌必有一篇絶好文字送歸地下墓志

以公門爲必不可遠者邀時士也但不當竿木逢節以公門爲必不可進者潔己士也但不當崖岈太高

心源未徹縱博綜羣籍徒號書厨根氣不清雖誦説三乘只如木偶

物情貴貨遺貪得者要以爲厚利辭讓者藉以爲名

高官盛則近諛師荆者既不戒於前隨溫者復相繼

於後

遇沉沉不語之士切莫輸心見悻悻自好之徒應須防口

六卿但知從政不知執政是以題覆屢至變更有司但肯當官不肯做官是以施爲一切苟且

蘇卿持節而僅承屬國之典旌別自明博陸赤族而不廢麟閣之圖功罪大著

讀古書者做不得提學恐其用史漢以飾孔孟之言談道學者做不得提學恐其講良知以破傳註之説

地下無衣食之身而臨絶者猶勤屬付林下無冠裳
之用而既休者尚事誇張
一人孤立以在下者朋黨之勢成六逆漸生爲居高
者保持之念重
勢利太重只爲前輩自失典刑關節盛行葢因有司
欲求報效
分以利昏故講五倫易行五倫難情因欲蔽故虚四
端有實四端無
有形之伎易知故梓匠輪輿高低自服無形之伎難

辨故星相風水勝負必爭
災禍從天降只怕窩頭富貴逼人來須防絶板
聽言語太濫則諸曹開無事生事之端禁饋遺過嚴
則大臣受以飽待食之謗
廉史之後不竭以冬行主歛冤死之家有後爲天道
好還
男子之力必勝於婦人若對悍妻其手自縛父母之
尊素加於卑幼使遇劣子其口常噤
世以不要錢爲痴人故苞苴塞路世以不談人爲遷
貨故諂佞盈朝
優倡僧家道家以至於樂戸全然出侮鰥寡之心救
凌武官内官以至於宗派亦竊不畏强梁之迹
内臣之奴易使只靠鞭笞寡婦之子難馴多因姑息
逆氣所乘有將傅忠諫之名有將買殺身之禍任術
自放進則不勝其英雄退則不勝其憔悴
清虚之作如水磨楠瘦自見光輝勳襲之文如油漆
盤盂終嫌氣息
子孫亦是衆生顧戀不可太深責備不可太重兄弟

原同一體事親便至相讓分財便至相爭
婦人識字多致誨淫俗子通文終流健訟
傾覆而付子難承養志之歡繼世以同居漸有鬩墻
之隙
隨緣皆可以乞食而剸办於腹者意欲何求凡業皆
可以營生而爲人淘厠者鼻忘其臭
文自六經至七大家而精髓始盡事剽竊者除却兩
頭詩自三百篇至盛唐而風雅獨存逞淫夸者別爲
一體

任重道遠取必於身故爲仁由己當仁不讓隨俗習
非必要其黨故姦須用介盜有把風
爲文而使一世之人必不愛難要識碁之金爲文而
使一世之人必我愛亦似濫竽之體
文中諸子其語不襲孔顏而嘿傳其命脉耳食者安
知昌黎大家其文不模史漢而自得其精神皮相者
爲誚
袞衣玉帶不能御之以登床故雖有萬乘之尊肝槃
而宵寢狗馬音樂不能携之以入棺故雖有敵國之

歸有園麈談　六

富目暖而心灰
敢捐軀死諫以犯人主之怒者孤注之一擲也借言
事去國以希它日之用者牆積之雙陸也
饑寒所迫雖志士未免求人但求人有道患難所臨
即聖人亦有死地顧死之有名
文士而閑騎射立致邊都武人而就翰墨即階閫帥
衰心病狂生於熱極攢目酸鼻起於惡寒
婦人之悲其夫益爲之悲其悲方已婦人之怒其夫
轉爲之怒其怒可平

始皇之築長城秦之所以致亡也至今藉之以備
叔孫之草綿蕞漢之所以爲陋也至今襲之以尊君
人言背恩者爲貴相則施恩之主坐受其孿乎或謂
負債者必廉官則放債之人恐見其垂橐
行酒令而必差者其人難與交若必不差者亦難與
交當始仕而即富者其人無可用若終不富者亦無
可用
孔子但欲爲乎東周而孟子以王道致齊梁之庸主
孔子上不得乎狂狷而孟子以堯舜望食粟之曹交

歸有園麈談　七

楊墨若在孔門亦是成章之弟子由求不聞聖訓終
爲季氏之具臣
乘勢作威者如大人裝鬼臉以駭小兒背地則收下
因事矯廉者如妓女當筵之不肯舉筯回家則亂吞
廉於大不廉於小碩鼠之貪輿也廉於始不廉於終
老虎之效蹲也
窮措大危人主犯杞人之憂天草野人說朝廷傳游
頭之聖青
訪察不行如暑月無雷霆積陰必致傷稼刑誅或廢

如冬天少霜霰纏疫更能死人

一手詰盜一手竊盜贓故前盜死而後盜生一面懲奸一面窺奸婦故此奸伏而彼奸犯

魑魅魍魎豈能作祟必其氣弱而其鬼方靈星相醫卜本以養身必鬼運道而其術始驗

當官廢法不如傀儡之登場考校徇情不如闘盤之輪撥

漢法太峻人情不堪是柱促而絃危也宮商猶在元政不綱天道所厭是軫迂而徽慢也音調何存

致仕莫問其子少子猶難娶妻莫謀於妻晚妻更忌

秦皇漢武唐宗雖非令主而大略英風能別開混沌

留侯武侯鄴侯雖非儒者而仙風道氣自不落塵凡

政在中書權由己出少有臧否易於責成名爲閣老政在六卿稍見從違自難求備

男子好色如渴飲漿處富貴而能自決裂者猶有丈夫之氣女子好色如熱乘涼居津要而漫無止足者是眞妾婦之心

毛嬙之色誰不迷戀得倦始解趙孟之貴最號濃郁致淡方休

恥惡衣食者未足議道美其宮室者必楨令名

呆子之患深於浪子以其終無轉智昏官之害甚於貪官以其狠藉及人

近諛者如受蠱毒一中之而耳目必爲人移務博者常被書痴一挾之而議論惟知己出

以道學別爲一傳者宋史之訛也若撇孔子而私之矣何其隘也以理學獨稱名世者本朝之陋也若外佐命而小之矣何其淺也

大學十章管於好惡若痛痒不關何以剤量人物中庸一書本之中和若囂呶滿世何以調燮陰陽

見十金而變色者不可以治一邑見百金而色變者不可以統三軍

顛隨勢收升降頓殊氣逐時移盛衰立見

蜂目豺聲知爲忍人性逐形生何謂皆善深山大澤必生龍蛇物以羣分何謂無種

有議論而後可以定國是國是不定何以秉鈞有謀識而後可以決大疑大疑不決何以壓衆

以德感人不如以財聚人以言餌人不如以食化人
吝者自能之富然一有事則爲過街之鼠俠者或致
破家然一有事則爲百足之蟲
以財賄遺人者常人之事以財賄訐人者小人之心
爲文而專附帶名公者雖可以佞盲子而不能博智
者之大觀爲詩而故厚自誇詡者雖可以艷少年而
不能當老成之一誚
炎涼之態處富貴者更甚於貧賤嫉妬之念爲兄弟
者或狠於外人

目擬而不動者中必腐爛言遜而不出者內有淫邪
古於詞而不古於意其文直夏畦之學漢語先定句
而後方湊景其詩亦齊工之畫壽生
狠暴之性可以藏貪柔媚之資可以掩拙
凡中第者中一資質資質高則空疎可掩凡作官者
作一氣識氣識好則瑕疵難見
食色之性是良知也統觀人物而無間食色之外無
良知也必由學慮而始明
孩提之童無不知愛其親似矣假令易乳而食能自
識其親母乎及其長也無不知敬其兄似矣假令從
幼出繼能自辨其親兄乎
以笑迎人者淫佞之媒也以苦求人者貪饞之囮也
素富貴行乎貧賤可以得名素貧賤行乎富貴可以
得利
謙美德也過謙者多懷詐默懿行也過默者或藏姦
喜以文字詈人者巫蠱之見也代人作呪咀而已喜
以文字諛人者星相之術也爲人添福祿而已
面而譽之不若背而譽之其人之感必深多而施之

不若少而施之其人之欲易遂
淫奔之婦矯而爲尼熱中之夫激而入道
兗人得志莫提貧賤之時宕子成名必棄糟糠之婦
受業門生則門生聽先生之差使投拜門生則先生
聽門生之差使
奕碁擅國則奴隸可以升堂度曲絕倫雖士人夷爲
優孟
起身早見客遲老人家之行徑嘴頭肥眼孔淺窮措
大之規摸

當得意時須尋一條退路然後不死于安樂當失意時須尋一條出路然後可生于憂患

富貴不隨達士以其無逐塵妄行之心功名必付狠人爲其有背水決戰之氣

暴發財主收買假骨董眼前已見糊塗新科進士結識假山人日後必遭纏累

塵談者大宗伯徐太室先生所作也月旦人倫雌黄物理包籠連類取譬搜奇自者一家之書不經人道之語雅謔兼陳醇駁互見使夫揮塵者便爾

神怡撫掌者則不魚倪矣漢陂外史識

木几冗談

青浦彭汝讓

半窗一几遠興閒思天地何其寥闊也清晨端起亭午高眠胸襟何其洗滌也

軒冕而敬僞也匿就而愛私也

淸淨内常近一副天理鬧熱處便着千種塵算

窮而窮者窮于貪窮而不窮者不窮于義不窮而窮者窮於奢不窮而不窮者不窮於禮是故君子貧而知義富而知禮

行潔者入市而闔戶行濁者闔戶而入市

義則捉襟見肘不妨爲富不義則高車駟馬不失爲貧

醉者不貴公卿乃知醉之勝不醉也風者不避王侯乃知風之勝不風也

非子卿之暴少卿不得爲知己非蔡澤之説范雎不得爲知己

天不滿西北地不滿東南天地猶懸盈而况于人乎

諾而寡信寧無諾予而喜奪寧無予

所不可忍者分美一杯之言所不可誨者爲官爲私之間所不可信者分香賣履之爲所不可釋者燭影斧聲之事所不可解者狄梁之德武曌所不可及者諸葛之事劉禪

天者偶然也休咎徵應若形影聲響耆矣休咎徵應不若形影聲響謬矣是故天之道無有無無無無有無無無貧富夭壽窮通得喪天也偶然也偶然言天至矣

自多其名其名不足自多其富其富不足自多其能

其能不足良賈深藏若虚諒哉

甕裏投蠅有得多少世界隙中過駒有得多少光陰

庶皆餌而餌亡猩猩嗜酒而酒亡士嗜祿而祿亡士卒皆戰而戰亡是故晉敗于馬蜀敗於山

醉者墮車神氣不傷真全也嬰兒入林豺虎不食無恐也養吾之形若醉若嬰兒至人矣

蘇子瞻四十餘年奔走瘴厲之鄉食芋飲水其詩云海南萬里真吾鄉只此亦寧常情易及

事忙不及寫大一字人以爲笑談今文章家一句可盡而蔓延篇什猶歎然若未達旨趣何異此可笑也

臭腐之物蠅頭嘬之窮境僻壤必玥氣味投也權要之門奔走若市其蠅頭乎其臭腐乎

釋云放下屠刀立地成佛道云常清常淨便見天尊儒云塗之人皆可爲堯舜悟也悟之義大矣

唐文自八代以來綺麗極矣昌黎矯之李翱諸人擅其聲唐詩自六代以來孅弱極矣子昂矯之李白諸人擅其聲故朴者朴雕者亦朴雕者雕朴者亦雕

人之德我讐我直至公待之以德報怨過矣一飯必

酬睚眦必報隘矣唐雎曰公子有德於人願公子忘之人有德於公子願公子勿忘蓋勲與蘇正和有隙梁鴻欲殺正和勲白之正和得免欲詣勲謝勲曰吾爲梁使君謀不爲正和也絕之如初蓋庶幾哉

桓譚稱揚雄太玄可以準易稱蔡邕曠世逸才使雄終其身無擔石邕爲議郎奏曹程諸人不法論棄市當其時而死豈不大快

多富貴則易驕淫多貧賤則易局促多患難則易恐懼多酬應則易機械多交游則易浮泛多言語則易

恙失多讀書則易感慨

夫鵲之聲人情喜之夫鴉之聲人情惡之夫鴉爲譫聲人情愈惡之衒與王莽藏金縢自擬周公旦何異鴉之效聲鵲也

名利之場雖千里外矣爭之如市伯夷死名于首陽之下盜跖死利於東陵之上真萬古名言

秦法連坐棄灰子房博浪一擊大索十日不獲大奇矣良遇黄石公于圯上班馬並以黄石公爲鬼神非也蘇子瞻曰黄石公古之隱君子也

木几冗談〈八〉　四

凡作文須養得一塊雄厚之氣下筆拈來自成一篇好議論昔人謂李商隱爲獺祭魚楊大年爲衲被果然

蔡中郎入吳得王充論衡秘玩以爲談助常置帳中隱處後王朗爲會稽守得其書亦秘玩之其文不逮南華遠甚而問孔剌孟諸篇更是迂誕二子固非識士

公孫弘布被脱粟不免爲曲學郭汾陽聲樂滿座寇萊公溺廁燭淚成堆不失爲名賢

謗人者受謗者並傾危之士諛人者受諛者俱側媚之夫

司馬光生平無不可對人言者只一語了却一生

有穴居野處而後有宫室棟宇有茹毛飲血而後有滲漉醴醾有木葉樹皮而後有文繡羅綺有六畫結繩而後有書契文字有男女無别而後有同牢合卺

凡物其有道乎道其有大始乎

造詣不盡者天下之人品讀不盡者天下之書

夫人有志于功業者有志于山林者巢許不能爲管晏管晏不能爲巢許性也故曰凫脛續之則悲鶴脛斷之則憂

木几冗談　五

責操觚以矛戟何異遊魚于木也責荷鋤以俎豆何異放獮于水也

多躁者必無沉毅之識多畏者必無踔越之見多欲者必無慷慨之節多言者必無質實之心多勇者必無文學之雅

以疏注者巧以鉤注者憚以黄金注者昏名言也老子曰甚愛則大費多藏則厚亡旨哉

行住坐臥不離這個這個是何物佛謂舍利子也道謂玄同也儒謂道也一言蓋三教宗旨

燎原之火星星也干霄之木菁蔥也故曰圖大於微知著於細

知白守黑知雄守雌老氏法門也堅磨不磷白涅不淄孔氏法門也老氏履其險孔氏行其易

夫學者必有專默精誠之功然後事事可做位天地育萬物亦自可做夫藝亦然百工而兼爲雖工僅無益荀子曰行岐路者不至誠然

天地之道盈者消虛者息然忘其爲消息也江河之道高者與卑者取然忘其爲與取也彼沾沾之惠察察之智角角之能隘矣

土之積也則爲丘水之積也則爲河行之積也則爲聖

芝蘭之在谷不聞而自香腥膻之在市不聞而自臭

班輸作雲梯可以乘虛仰攻墨子作木鳶飛三日不集孔明作木牛流馬能飛芻挽粟皆古之異人

楊太尉致大鳥之異寇萊公感雷陽之竹韓文公馴鱷魚之暴司馬光隧碑毀磨大風走石皆正氣之應

古之所爲文者在創造今之所爲文者在摸擬古之所爲詩者在情致今之所爲詩者在聲響

徙木非信也姑息非仁也喑啞叱詫非勇也繁縟非禮也刲股非孝也故田横非義也仲子非廉也豫讓非忠也

嗜欲者語之富貴利達則悅語之貧賤憂戚則拂衣而去好名者語之誇大奢靡則悅語之恬淡隱約則拂衣而去故曰魚相忘乎江河人相忘乎道術

夫海日以石激之弗怒能容也夫呂梁其石嶙嶙其水沸沸不能容也

不善諫者適其事善諫者逆其機善乎孟軻之于齊宣王也曰王之好樂甚則齊國其庶幾乎善乎惠盎之於宋康王也曰臣有道於此使人雖有勇刺之不入雖有力擊之弗中也曰臣有道於此使人雖有勇弗敢刺雖有力弗敢擊也曰臣有道於此使人本無其志也曰臣有道於此使天下丈夫女子驩然其皆愛利之也善乎李斯之於秦王也曰四君者皆客之

功客何負於秦也善乎左師觸龍之於秦太后也曰甚于婦人也

賈生弔屈原一賦其意悲其辭激矣令任之公卿未必舉炎漢而三代之宜帝之讓讓未遑也

譽人者則欲升諸天譖人者則欲墜諸壑是以天下無信史

好譽者常謗人市恩者常奪人其傾危一也

執盈玉者弗失以縱步失之馳峻阪者弗失以康衢失之敬與不敬固如此

大禹盜天地開闢之利后稷盜天地樹藝之利周公盜天地制作之利其盜善矣後世若阡陌緡錢間架榷酤商車兩稅青苗何異向氏之盜也

廉頗善飯馬援矍鑠李靖雖老猶堪一行不幾于鐘鳴漏盡而夜行不休乎

韓非子與李斯俱師事荀卿矣韓非子曰論其所愛則以爲借資論其所惡則以爲嘗巳即荀卿致亂而欲人之非巳也致不肖而欲人之賢巳也李斯曰泰山不讓土壤故能成其大河海不擇細流故能就其深即荀卿不積跬步無以致千里不積細流無以成江河也學問故有原委

蘇秦說秦王書十上而說不行去秦而歸贏縢履蹻負書擔橐至家妻不下絍嫂不爲炊父母不與言至佩六國相印昆弟妻嫂側目不敢仰視嗟乎倦富貴而輕貧賤自家人父子然矣

屈原之沉汨羅賈誼之徙長沙揚雄之投閣潘岳之取危陸機之見殺所謂蘭煎以膏翠拔以文

涔蹄之水必無掉尾之魚苛猛之朝必無絃歌之俗

自視之則見借人視之則不見自視明也視於無形至明也自聽之則聞借人聽之則不聞自聽聰也聽於無聲至聰也

治治世而用重典治亂世而用輕典譬如拯溺而錘之以石救焚而投之以薪

衡無心輕重自見鏡無心妍媸自見吾心之品隲鑒藻如衡鏡公矣

太公少貧賣漿值天涼屠牛賣肉值天熱而肉敗之未遇如此

王莽藉口於周公終南藉口於善卷延年藉口於伊尹新法藉口於周官皆小人面無忌憚者

因喜用賞賞不必當因怒用罰罰不必當故王者無私喜無私怒然後賞罰平

晏子治阿三年治之以治景公不説復治阿三年治之以不治景公乃致賞嗟乎世所謂治者以不治治之也世所謂不治者以治治之也

賈生之見忌以諸大臣不悦而後絳侯之言入鼂錯之見殺以諸侯王不悦而後袁盎之譖行語云衆口

銷骨三人成虎不可弗辨也

學問之道惟虛乃有益惟實乃有功

爵祿可以榮其身而不可以榮其心文章可以文其身而不可以文其行

大道之世上下無貳心直道行也無道之世上下有携志直道不行也

偶譚

豫章李鼎

李生掩關山中閴然無偶旣戒綺語絶筆長篇典到輒成小詩附以偶然之語亦云無過三行蓋習氣難除聊用自寬耳如其驢技長鳴即犯虎谿嚴律豫章李鼎長卿識

舍骨肉而决烈一朝只爲火坑非活計殉面皮而應酬終日翻從鬼窟作生涯閻王遣使來勾別人替我不得

外護主人捐善地何殊叢桂炑風内修道侶授真詮奚翅明珠夜月如其翫時日而積愆尤畢竟轉輪廻而趨墮落

萬壑踈風淸雨耳聞世語急須敲玉磬三聲九天涼月淨初心頌眞經勝似撞金鐘百下

應千二百四十年之佳會猛着力只在九齡超萬億兆塵沙劫之業根急回頭直須一瞬

大道玄之又玄人世客而又客直至忘無可忘乃是得無所得

掃地焚香愧作佛前之弟子草衣木食永爲世外之閒人

斷絃而夢謝雙飛已脫周妻之累奉齋而未捐五淨實餘何肉之懸欲附慈航請敦慧劒

三教大聖人闢經世出世之眞宗心心相印一身小天地會不神而神之妙理綿綿若存

發殺機以銷不盡之雄心運生機以補旣漓之元氣宇宙在手誰曰不然

意在筆先向包羲細參易畫慧生牙後恍顏氏冷坐

心齋

身外有身捉麈尾矢口閒譚眞如畫餅竅中有竅向蒲團回心究竟方是力田

定息不離几席遠性風疏潛身獨向巖巖逸情雲上

文生于情情生于文問子荊直應捲舌詩中有畫畫中有詩勉摩詰只合點頭

操鬼神覷不破之機關定是機關不立會聖賢道不出之言句必然言句都捐

水流雲在想子美千載高標月到風來憶堯夫一時

雅致

身退日便是功成名遂猶龍老子神哉心遠時自無馬隘車塡五柳先生卓矣

靑牛西去白馬東來萬里閒關寸步不離孔矩圓蓋上浮方輿下奠四時往復眞機只在人心

佞佛者沿街乞兒理佛者入門新婦闢佛者強解小兒訶佛者當場子弟

開國元老當須讓圯上一翁定策奇勳誰得似商山四皓達人撒手懸崖俗子沉身苦海

三徙成名笑范蠡碌碌浮生縱扁舟負却五湖之風月一朝解綬羨淵明飄飄遺世命巾車歸來滿架之琴書

先天而天弗違後天而奉天時孔子其大人也得志與民由之不得志獨行其道孟氏眞丈夫哉

人皆有不忍之心充之足保四海我善養浩然之氣究之可塞兩間

戒生定定生慧慧定而不用是名大慧精化氣氣化神神化而合虛是名至神

名利塲中羽客人人輸蔡澤一籌烟花隊裏仙流個個蕩漾之獨步

善易者不論易羲文無地安身體無者不言無老莊何處着脚瞿曇不遭棒喝廣長饒舌無休

損之又損栽花種竹盡交還烏有先生忘無可忘煮茗焚香總不問白衣童子

與二氏作敵國畫水徒勤引三教爲一家搏沙自若曲士強生分合至人不立異同

詩思在霸陵橋上微吟就林岫便已浩然野趣在鏡

湖曲邊獨往時山川自相映發

醺醺熟讀離騷孝伯外敢曰並皆名士碌碌常承色笑阿奴輩果然盡是佳兒

月華淡蕩本自無形風韻飄颻何曾有質達士澄懷意表斯爲得之文人寄興篇端亦云勞矣若乃孌童幼女酒池糟丘吟風直作捕風弄月翻爲捉月

遣累辭家而出家之累未免信所患爲吾有身斷趣除根而無根之想儵來轉更憶至人無已

趣在阿堵中終日營營而六根不倦心在腔子裏滿年兀兀而四大常安

生生不生謂迷却靜裏殺機無無亦無方許說個中妙有

與造物游者能造造物而不物於物與造命游者能造造命而不命於命

六十四卦無非逆數龍虎經頗能窺豹三百五篇總曰無邪靈均氏差可續貂

樂旨潘文合之斯成雙美廣譜治筆離之所以兩傷

鹿養精龜養氣鶴養神阿個先生傳授精爲衛氣爲

輿神爲馬直由元始周流

虛空當體粉碎明眼漢何勞再舉傻拳陰陽原自調和赤心人不必更煩妙手

乾三當不可變化之際故言君子而不言龍日乾夕惕猶妨觸處危機坤卦合順天時行之宜故象牝馬而復象牛引重致遠足了自家職業

游魚不解五音鼓琴出聽頑石未潑四諦聞法點頭偶然而不必盡然可信而無須潑信

徵言絕於人亡觀者不知作者之意絕技成於力到

巧者無過晢者之門
心聾者酷似其貌貌言者無關於心故分菓車中畢
竟借他人面孔捉刀床側終須露自巳精神
執七處非心舍七處無心問世尊如何發付沉三途
是苦厭三途亦苦聽吾儕各自營生
過去心不可得見在心不可得未來心不可得此之
謂明鏡止水富貴不能淫貧賤不能移威武不能屈
此之謂泰山喬嶽以正治國以奇用兵以無事取天
下此之謂青天白日老者安之朋友信之少者懷之
此之謂霽月光風

偶談　六

身在江湖心懸魏闕身心兩地奔波手探月窟足躡
天根手足一齊順適
住世厭世與浮雲同一捲舒穩把無根之梔前劫後
劫看虚空何曾朽壞常懸不夜之燈
捐百慮而定中生智慧縱齊寒山拾得之肩酷無裁
製破萬卷而下筆有神明即接拾遺供奉之武終鮮
性靈
靜處煉氣動處煉神煉就時動靜何曾有實內藥了
性外藥了命了郤後內外盡是強名
在天成象而麗天者無形非象在地成形而麗地者
無象非形若不信拔宅昇天請試看殞星爲石
雲者爲雨乎雨者爲雲乎居無事而隆施於是誰則
尸之性也有命焉命也有性焉操有主而斟酌其間
我之謂矣
鳳羽來儀而不可爲儀千載作天際真人之想龍性
難馴而似乎易馴一時傳山中宰相之稱
茅簷外忽聞犬吠雞鳴恍似雲中世界竹牕下雅有
蟬吟鴉噪方知靜裏乾坤

偶談　七

頂門上欲開未開之際定煩岐伯一針心竅裏似癢
非癢之時還借麻姑五爪
杏花疎雨楊柳輕風興到忻然獨往村落浮烟沙汀
印月歌殘倏爾言旋
擒白額探驪珠別有青蛇一劒挽黃河瀉銀漢全憑
赤水三車
心生則性滅心滅則性見即盡心知性談神行則
氣行神住則氣住乃志一動氣之訛

空不礙物物不礙空五濁惡總是菩提無心於事無事於心四威儀沖皆般若

修命而性宗弗徹止作頑仙修性而命寶不完終爲才鬼故眞才才而不鬼大仙仙而不須

仁有恩而至誠無恩故曰肫肫其仁淵有涯而至誠無涯故曰淵淵其淵天有象而至誠無象故曰浩浩其天

鬼神手眼俱無故能握造化之機關而指視即爲禍福至人情意都泯故能識鬼神之情狀而呼吸盡是

風霆

過也如日月之食年年兩炬慧燈復其見天地之心夜夜三杯玄酒

渾沌竅儵忽一朝鑿破還須令儵忽補完人我山衆生驀地移來且着落衆生伐去

小盜者乃大盜之資故盜小盜成大盜而後三盜旣宜內賊者乃外賊之因故賊內賊防外賊而後六賊不起

揮如意滚滚天花亂墜絮不沾泥據蒲鞴軋軋何事逆行輪不輾地

在太極之先而不爲高在六極之下而不爲深長於上古而不爲老本體即是工夫大澤焚而不能熱河漢沍而不能寒疾雷破山風振海而不能驚工夫即是本體

萬里寒光生積雪坐相邀天路神仙一片氷心在玉壺難持餉洛陽親友

虛而實者天乎故以實授地之虛而往來不息實而虛者地乎故以虛受天之實而生化無端陽而陰者

日乎故能獨照而不能納形陰而陽者月乎故能納形而不能獨照

五夜清霜收拾盡許多生意三春麗日放開來無限殺機

桃中鴻寶一編應自有風霜之句室中竹實數斛定知作鸞鳳之音

洞庭野鶯奏咸池大樂女殆其然哉木犀花散作滿院秌香吾無隱乎爾

因天時與地利是農圃之叅贊損有餘補不足即商

賈之裁成黨其日用而知其去聖人豈遠

感有心而咸則無心之感也誠有言而咸則無言之誠也悅有心而兌則無心之悅也說有言而兌則無言之說也蓋舉意舉口即屬後天可議可思直爲塵跡

上九上六者老陰老陽之極數用九用六者返老爲少之神功是故能轉亢龍而爲元首能野戰而爲永貞

羣龍無首包涵遁甲一書思不出位囊括西乾三藏

春食苗夏食葉秋食華冬食根四時食其木南陽鞠室早種乎酒不御色不邇則不貪氣不使諸塵不能染西方邇立時見矣

天仙才子萬古莊周才子天仙千秋李白風流放誕蘇子瞻秋海英英放誕風流王實甫詞林楚楚

爲市井草莽之臣蚤輸圖諫作泉石烟霞之主日遠俗情

既修而悟悟也豁焉既悟而修修也安焉大修大證悟在其中矣大徹大悟修在其中矣

悅者獨修獨證之真機乎樂者共修共證之真趣乎不慍者常悅常樂之真境乎

性體如如上無覆下無基在在妖魔屏絶鼻端栩栩水不寒火不熱人人都吝銷融

饘於是粥於是充口腹無羨大烹寒不出暑不出庇風雨自安小築

不善飲而喜人善飲蘇長公深得酒仙三昧雖能詩而忌人能詩隋煬帝徒爲詞客修羅

陽爲不善者不必盡羅官刑感應有踰枹鼓陰爲不

善者不必盡歸冥府輪廻不爽毫芒

害生於恩總爲從無入有而順去恩生於害都緣從有入無而逆來

天無二日垂象之常十日並出咎徵之應請看日下赤光既可二亦應可十試問錢塘萬弩將射日不異射潮

命者於穆之不已乎性者人物之各具乎理者性命之委緒乎窮理者究極根源之謂也盡性者充滿分量之謂也致命者畢事告成之謂也

物者物有本末之物知者知所先後之知格物者本
末混爲一致知者先後融爲覺照先者離而可合
在者合而不離
煉五石斷鼇足聚蘆灰本玄宗之寓言辨商羊識萍
實契墳羊乃儒風之惠目
責難於君者請先責難於天君不虧其體者要在不
虧其大體
熱不可除而熱惱可除炼在清涼臺上窮不可遣而
窮愁可遣春生安樂窩中

偶談　八　十二

不淫不屈不移持心所以養氣勿正勿忘勿助養氣
亦以持心
朱陸之辨不休自分宗教蜀洛之黨頓起強立町畦
竹几當窻擁萬卷列百城南面王不與易此浦團精
地結雙趺空萬有西方聖立證於茲
禹可司空稷可教稼契可明人倫與虞舜斟酌其間
巳兆杏壇之化雨以由治賦以求爲宰以赤典賓客
共顏回揖讓其際再覩康衢之休風
虛生氣氣還虛天地之終始乎形神離形神合人物
之終始乎故始而終者體受歸全之實學終而始者
循環不息之化工
有物則有天命之性乎用之成路率性之道乎無行
不與修道之教乎未發爲中卽天命也中節爲和卽
率性也中和而致卽修道也
自誠明者率此天命之性乎自明誠者遵此修道之
教乎
寂寂惺惺者性乎惺惺寂寂者心乎心量本自廣大
而臨者不能盡也性地本自靈明而迷者不能知也

偶談　八　十三

存心者存其操存舍亡之心養性者養其不增不減
之性
覩天之道執天之行道母之精一乎照見五蘊皆空
度一切苦厄法王之精一乎
遇桓而亦可管者太公乎遇武而亦可姜者管仲乎
勉人事而聽天命者孔明乎識天命而修人事者謝
安乎
白雲森天外美人正自可思明月滿樓中老子與復
不淺

杜少陵大海翻波無妨汙垢王摩詰澄潭浸月妙在淵渟

綺里蒲武疑僞設乃抗言於輕士善罵之主誰則能之大傅公卽自矜情而詠諷於伏甲覎賔之席不可及也

玉笑零音

錢唐田藝蘅

鵬運扶搖不知遊于天外蟲逃纏絮不求出乎禪中居化有宜適真各得

羣渚流虹虹非淫氣有窮射日日豈陽精

杜粱衣繡而士寒咎犯切中晉文之病晁襄餘糧而姝棄成綺奚知李耳之仁

心全者以身爲朽骨神超者以心爲死灰魄玄合者以神爲礙影

神龍無縱卵靈鳳無孳雛白狗不能產騶虞黃狼不解變天祿

禦寇好游壺丘曉之以內觀朱槿好游孟氏語之蠹尊德德尊則高而俯物觀內則明而燭人

酷刑爲櫛則蟣落黔黎巧譖爲鈎則魚餒臣妾故聚王櫛之以禮梳之以樂鈞之以義網之以仁

上善若水有時而作惡貞心如石有時而目開是怒動情瀾喜開欲竇

詩人以素絲爲譏商君以荒飽爲懼

使勳華而爲巢許則丹商之惡不彰使癸辛而爲槃
臺則禹湯之澤不斬
雷無偏擊日無私燭使編首而擊之則豐隆亦褻矣
推戶而燭之則羲和其勞乎擊因邪召燭以虛來虛
納天光邪基天戾
伊尹亡而沃丁葬以天子之禮周公封而成王賜以
天子之樂棄天下尙爲敝屣假禮樂豈爲虛文生前
名器或惜繁纓死後功勳何難隧道
心如天運謂之勤心如地寧謂之愼天匪勤則不能

玉笑零音　二

廣運地匪愼則不能久持乾之自强天心也坤之厚
載地心也
忘名之士能棄萬乘之君好名之人能輕千乘之國
陽鱎迎吏宓子爲之長揮猛狗齕人韓非因之竝歎
景陽入井麗華逐狎客何在庭花空匡山蹈海白鷗
從丞相猶存衍義進君臣兩失禽色同荒
士苟潔心無假浴于江海女能飾體何必競其黛朱
觀文未及李斗歎愈老不休韓子悲
劉累豢夏后之龍孔甲醢鮮而龍逝孟虧馴虎氏之

鳳夏民食邪而鳳翔
五府靈而中天之臺以建六府流而方寸之地乃空
以軒乘鶴衛國謂之不君以車載猴周家名爲賢主
女冠男冠妹喜亡國男服女服何晏喪軀
予雲注情于絲竹非楊莊無以上宣相如立譽于子
虛非得意莫能自薦
師開鼓琴以東方西方之聲而知朝夕之室子野吹
律以南風北風之辨而測勝負之軍
女樂歸而魯削巫音作而楚衰濮飾伎以祭郊唐藉

玉笑零音　三

倡以供御
尙父戒罔念魯叟悔徒思惟克乃作聖非學亦成章
果有人而之名仁者不餐其肉里有狗葬之號孝子
不殄其親
梁山壅河三日不逝晉景公素縞哭之而水流海潮
擊岸百里爲墟吳越王强弩射之而潮息是伯鯀之
智不及于輦夫之言而神禹之功僅等乎鐵箭之力
鮑魚小鮮呂涓不登于太子邪蒿惡菜邢峙不進于
儲君爲傅者貴謹其幾微養德者在愼其飲食

歸寒而楚子拊之三軍暖如挾纊兵渴而曹操諭之萬衆津若餐梅

董仲舒睹重常之鳥劉子政曉貳負之尸實沉臺台非鄭僑之博物不能言龍見絳郊非蔡墨之明占莫能禦雖稟生知之質亦資好學之功

隼雖鷙不能以攫鳳虎雖猛不能以搏麟

王道通衢也伯道支徑也三代以上由通衢其功緩三代以下由支徑其效速噫通衢日荊棘矣

耕男之職也今之業耕者毁其鋤犂而誨其子以盜織婦之事也今之業織者棄其機杼而誨其女以淫

是何也古之耕織也得飽煖而今之耕織也饑寒因之矣耕織反不若淫盗噫是孰使之然哉文王伐崇而羈係解自結之而弗役其所與處君道也武王伐紂而羈係解五人在前而莫肯結臣道也周之君臣兩得之矣自是而下君將自結邪臣將結之邪一舉足而見之矣

楊朱泣岐路阮籍泣窮途一以悲道之多端一以悲道之不達

周監于二代郁郁乎文哉吾從周殷已憖吾從周然則文果勝憖矣乎憖悲殷之初也文非周之末也

楚莊納伍胥之諫而罷淫樂齊威悟淳于之諷而行誅賞易曰突隙成有渝无咎言人君貴信賢而改過也名之曰莊威不亦宜乎

龍負夏禹之艇卒治水而定衣蛇遶衛君之輪遂投殿而伏劍

陽君道也故尊而難對陰臣道也故卑而喜應九疇之凶生于對寄也八卦之吉生于應偶也

風行天上動萬物者莫疾乎風水行地中潤萬物者莫疾乎水故生者之擇居死者之擇穴皆莫離乎風水也

治世不能無淫祠正人未嘗有淫祀

潮汐之盛縮因月之盈虛古語如是誰則驗之吾[illegible]于魚腦之光滅而信之矣蓋魚鰕水畜也水者[illegible]液月者水之精陰氣之以類相感者也

管晏之文無鹽醜女也雖醜而有益于國莊列老[illegible]西施美婦也雖美而無裨于世

文勝而周衰清談而晉敗道學盛而宋亡國無實
拘儒不可與談玄腐儒不可與論道
鰲戴山而水居螘負粒而陸遊大小之樂均也蚿多
腹而緩步蛇自足而疾行有無之勢一也孰重孰輕
孰多孰寡孰勞孰逸理之各足焉耳
天本明雲蔽之心本明欲蔽之雲散欲消天心同澄
雲錮欲鉗天心同閉
鸛鴿之勇能奪巢終貽竊位之恥蛣蜣之智能轉丸
卒蒙穢飽之羞泰伯逃荊夷齊采薇醜此故也以人

治人孔子之敎也以心印心佛氏之敎也聖人見道
不遠人故曰道不可須臾離可離非道至人見道不
外心故曰離道別覓道終身不見道人卽心也心卽
人也夫道一而已矣
禽之集也翔以擇木獸之走也挺以擇蔭人之處也
審以擇居翔以擇木可以遠矰弋挺以擇蔭可以遠
陷穽審以擇居可以遠刑辟
惡土雖善種不生善土雖惡種不死良農擇地而種
君子擇人而施

智者之納言也如以水沃燥沙也昏者之拒諫也如
以水潑鎔金也以水沃乎燥沙吾見其順受矣以水
潑乎鎔金吾見其騰沸矣非水之異也投之非其所
也非辭之殊也告之非其人也
有千里之馬而無千里之御不能獨馳也有千里之
御而無千里之芻豢不能久良也善其芻豢者主也
善其御者牧也如是而不千里非騏驥也
忍大師曰死生大事禹曰生寄死歸莊周曰生浮死
休知其爲大事則人固不可輕于生死而忽之知其

爲寄歸浮休則人亦不可重于生死而惑之如是可
爲了死生者
龠斯舂黍雖不足以濟饑而惰農媿矣莎雞促織雖
不足以濟寒而懶婦驚矣丹鳥挾火雖不足以濟昏
而暗行懼矣嗚呼其諸造物者自然之治乎沉檀之
木不適用于穉生豫章之材不可琢于飢朽何則物
有不同時有所宜也
虎豹驅羊孰不憐豺狼驅民孰能愍
罪春秋于當時仲尼不得已也期子雲于後世楊雄

其如何哉

雖有金鐘擊以金梃其聲必裂雖有仁主輔以仁臣其治必弱扣金鐘必以木鎚佐仁主必以義士權會旌誦易卦而郤乘驢前後之鬼徐份讒譖孝經而愈陵父危篤之疾會北齊人份陳人

猛虎之勢奮于一樸三軍之氣作于一鼓

麒麟麋鹿有角同也然麒麟不能爲麋鹿之解角君子小人有心同也然君子不能爲小人之易心繩之生也曲其用也必直人之生也直其用也或曲

衣錦食鮮非所以延年服粗餐糲聊可以卒歲

句踐鑄金于少伯君子謂之貌臣賈休鑄金于賈島君子謂之心師

王右軍之書五十三乃成高常侍之詩五十外始學

阮籍之放見稱于司馬稽康之和致忤于鍾會晉公之度征西之禍于此見之矣

蘿蔦依松林可以延百尋青蠅附驥尾可以致千里其爲依附則得矣而如仰高居後何哉

堯舜之愛身甚于愛天下故讓天下于許由務光而不恡許由務光知其害故不受天下以完其身□之愛天下不如愛子故不以天下與丹朱商均□非不肖也何以故讓天下與舜禹而不爭不賢而□之乎舜禹不知其害而受之天下故有蒼梧會稽之禍不得死于故居而死于逆旅不得死于中國而□于四夷

展禽恐于三黜在今人則爲之貪位慕祿屈原甚□九死在今人則爲之病狂喪心

吳起吮一人之疽而隣敵却段熲裹一人之瘡而□

羗平子哭一夫之亡而來國安私恩小惠三歲□下皆是道也今此之不能爲將之道何如

晉文公二豎入于膏肓扁鵲識之秦孝王祖妃□靈府許智莊識之非察其疾也乃診其心也

欒布祠彭越不忘奴主之情廉范斂廣漢實切□之義

良匠之日無材弗良聖主之日無臣弗聖非材之良也大小各有所取也非臣之盡聖也內外各當使也

雞鶩雄塒犬猛專牢强弱之不敵也[illegible]勇卷[illegible]
攻窠衆寡之相凌也據勢以擲鵝力以角其詐[illegible]
戰國之君乎
孔子以死喪之道爲難言重陰道也孟子以浩然之
氣爲難言重陽道也然則終不可言與曰原始反終
故知死生之說
形如槁木不死之真心如穀種長生之仁死生不二
造化之神
防細民之口易防處士之口難得丘民之心易得游
玉笑零音　八　十
士之心難此七國所以縱横議而暴秦所以令逐客
也
象以齒焚犀以角斃猩以血刺熊以掌亡貂以毛誅
蛇以珠剖麞斷尾以纓狐分腋以白龜鑽甲以靈蠱
噬臍以香故曰禽獸無辜懷寶其害匹夫何辜懷璧
其罪嗟夫罪在懷璧固已矣攘人之璧而自抵于罪
者獨何與
地以海爲腎故水鹽人以腎爲海故溺鹹
以熱攻熱藥有附子以凶去凶治有干戈善用
不善用則死
晋綱在綱挈繩者君如錐處囊脫穎者人
人之初生以七日爲臘人之初死以七日爲忌一臘
而七魄成故七七四十九日而七魄具矣一忌而一
魂散故七七四十九日而七魂泯矣易曰精氣爲物
遊魂爲變故知鬼神之情狀
微言絶耳顏達歎別于歐陽鄙吝萌心仲舉思見乎
黄叔
君子之異于人者道同于人者貌
玉笑零音　八　十一
冬江而夏山公閟休之安宅也地棺而天槨道遥子
之大葬也
西伯澤及枯骼而大老雙歸燕昭價重死骨而駿馬
三至
白駒過隙魏豹具感于人生飛鳥過日張翰愁思乎
瀛海
大禹入裸國而不衣泰伯適荆蠻而斷髮父母之遺
體有時而自賊衣冠之盛儀因地而或廢
仲尼擊槁而歌敎風仁可以充饑也曾參曳履

商頌義可以禦寇也
分人以道謂之神分人以德謂之聖分人以功謂之
公分人以利謂之私
田子見玉食歷然曰非饑斯可矣見錦衣粲然曰非
寒斯可矣見華屋愀然曰非露斯可矣毋玉爾食而
玉爾儀毋錦爾衣而錦爾心毋華爾屋而華爾德惟
儀之玉以振天下惟心之錦以文天下惟德之華以
覆天下故君子去彼取此
王生以結襪而重廷尉汲黯以長揖而重將軍

玉笑零音　十二

吳雄不擇封葬而三世廷尉趙興故犯妖禁而三登
司隸陳伯敬終不言死而年老見殺
學非誦說之末也行而已政非文飾之具也實而已
王非治安之迹也化而已化者其帝乎皇則神矣
有一鄉一國天下之量斯能受一鄉一國天下之[illegible]
故曰量者量也量其多寡而受之也
田真三人共爨婦析紫荆之幹以圖分劉良四世[illegible]
居妻易庭禽以離以求異故齊家者先刑其室正[illegible]
者必絕其私

倉庚爲炙可止妬婦之心鳳凰爲羹難化忠士之[illegible]
太公誅狂獝華士周公非之而下白屋之賢放勳容
驩兜共苗重華矯之而正四裔之罪
徐景山畫生鯔而執白獺放桂啼懸死鼠而釣大雕
畫鯔其冠裳乎懸鼠其爵祿乎嗚呼悲夫
孔子歷諸侯七十二聘而不遇一丰乃思九夷老子
歷流沙八十一國而化被三千遂忘中夏
倚墻之木盜之橋倚床之僕姦之招
周旦作金縢以祈天命君子以爲咒詛之媒夏禹鑄

玉笑零音　十三

鼎象以辟神姦後世遂有厭鎮之術
亡國之社上屋而下柴絕于天地也敗家之子覆祀
而滅嗣絕于祖宗也
心靈匪形故天地不能役而人反以利祿役其心心
虛匪氣故陰陽不能運而人反以喜怒運其氣此[illegible]
之所以不能不動也盡心者虛存心者靈
祭葬厚而奉養薄末世之孝子也承順過而弼拂[illegible]
末世之忠臣也事生孝之先犯顏忠之大
琴瑟合調夫婦之所以諧音塤篪一節兄弟之[illegible]

同氣竈鳴而鱉應兎死則狐悲

人之爲學四書其門墻也五經其堂奥也子史叢[illegible]廡也九流百家其器用也居不可以不廣學不可以不博舉業錮而居隘語錄倡而學荒

有子如龍虎不須作馬牛有子如豚犬何須作馬牛

浩水雜江水蒲元能辨其性故淬劍精石城雜南泠德裕能辨其味故煮茶美

京師元帝爲周圍尙談老子之旨海島宋君爲元逐猶講大學之章腐臣朽主自取滅亡神謨聖訓何裨

玉笑零音　十四

解禳

天地施恩于萬物而不望萬物之報吾是以知天地之大父母施恩于子孫而不望子孫之報吾是以知父母之大天爲嚴父地慈母少極吾宗太極祖巍巍乎其功德蕩蕩乎其難名哉

腐鼠墮而虞氏亡猘狗逐而華臣走孽雖由于自作禍實起于不虞

欲治疑獄觟觽解觸咎繇碌碌若濟大師倉光實竟尙父嗤嗤光一作兄

敗歲皆學形菜色之民而通都有吞花卧柳之[illegible]防秋多夢妻哭子之士而幕府有歌兒舞女之[illegible]民欲不流得乎士求不叛難矣

善富者羞德之不積不羞金之不積善貴者恥德之[illegible]不畯不恥祿之不畯德以聚金則滿不撲德以居[illegible]則鼎不顛

蘇子瞻作殺雞之疏非吾儒之仁張乖崖轉封羊之經乃異端之義

用良匠者必胥良材用大賢者必胥大位無良材則

玉笑零音　十五

良匠不足以成器無大位則大賢不足以成治臨[illegible]而惰容非顔閔之德膺亦而間慮非關比之忠

君子殺義而蒙榮小人殺利而蒙辱是故殺薄冰者蒙溺殺積薪者蒙焚

乾益西旋故二曜輪運坤輿東轉故百谷馬奔[illegible]而朝廾同此日也天不更則日亦不更左注而右[illegible]同此水也地不耗則水亦不耗

民無百里之名士無千里之名仲尼所以來鳳狗之[illegible]請民無百里之友士無千里之友林宗所以叢[illegible]

之災友者人之所憎名者天之所惡

三皇不期皇而皇五帝不期帝而帝三王不期王而王期皇不皇者始皇也期帝不帝者東帝也期王不王者覇王也

以蛙黽當鼓吹孔稚珪之志初不在于清音以蟋蟀代簫管道齊之心實有契于定慧

詩因鼓吹發桓玄耳入而心通筆以鼓吹神張旭得心而應手

珠雖沕不失爲寶秀雖稀不失爲草寧爲匈天毋爲

玉笑零音　八　十六

蹠老

江河若決神禹不能挽其流井田能開周公不能復其界地利有宜人事有時

日月不以陰霾而改其升沉聖賢不以昏亂而變其出處有常度萬物仰有常德萬民望

建律者君行律者臣守律者民

以道爲穽則士游祥麟以德爲籠則士來瑞鳳以功爲罟則士投猛虎以利爲藪則士奔狂狗

梓慶鐻成而疑鬼靈芸鍼妙而驚神聖道散于游藝

天巧喪于工人

狂以全身君子也狂以殺身小人也被髮那子昌言坐灌夫亡按輿陸通免播杖正平殃五子歌不慧仙尼思中行

日閑輿衛何駐乎良馬之逐不離輜重豈憂乎終日之行利往基于具備喪握本于持輕

月不暇照雲火升梯雨不及施水輪灌隴

笑之頻者泣必深生之急者亡必疾

天鑄萬物聖人鼓之天飆至文聖人詁之鐻非鼓鐻

玉笑零音　八　十七

器將盬窳非節則文不宣

寓林清言

武林黄汝亨

人常言功名是身外餘長夏畏酷暑及伸腿至熱稍不知炎蒸之侵肌骨然則寒暑亦身外物也推之悲喜想亦當爾

胡伯武對晉武帝言其父質清恐人知臣清恐人不知所以遠遜此至德語也予謂末世人倘濁恐人知猶有滌汰之路

虎至猛物遂劉儼卿云其鄉人有得大黿坑圊中夜

深有虎入圊攫之黿口啣虎頭死不放至虎以銳爪剖其腸出繫啣如故及旦俱斃含氣之倫俱有毒性究報何時已而虎與黿俱不自繇可畏哉此事罕聞見時沈某爲溫州別駕在座云溫州亦有此事常人但聞虎威而蠢視黿此禍門也

役舊用筆如用老病僕即筋力不赴而神精大貼

今年夏偶得白兎如玉月如血珀此五百年珍異腕者皆賀入秋予[illegible]病者目病[illegible]此古來圖[illegible]

惟止故常動常静可以入水火不亂予病將一爲所牽動則熱入之矣所謂臨終被業牽只是此意然止甚難不是臨渴掘井平時應接煩劇時須據此物

因偶得何云咸以通萬物是而止諸躬

嘗試以床爲棺身爲尸以夢爲死于中了不悲人亦莫之悲而至于死也烏烏然悲之不亦惑乎或曰夜夢而朝覺也則安知不此之死而彼之覺也

予病中不成寐因悟一法而睡作睡訣目垂下下無

著如觀鼻觀心之類心向内内無法如丹田數息之説不思不想清淨樂遺身遺心大和樂

嘗試語相者曰試剝落衣冠孤存此身而能定貴賤壽夭此工于相者也又使化皮囊遺枯骸而能辨某人骨相此神于相者也不然則相亦委蛻也譬乎中峰祖師自題其像曰幻人無此相此相非幻人若與作中峰鏡而添埃塵

余病弱懶于挈飛羽而夢中躍往持刀劍無反捷伐

人與晝相反莊曰夢飲酒者旦泣反此皆

[illegible]火也強陽也素問曰怒忻川夢刀兵然則蚩尤鉅
鹿之戰石火之一瞬已耳
孔子夢周公不能得位行道如周公亦火也大聖人
亦不能不隨氣化中

狂言紀畧

武林黄汝亨

讀遜國記

余讀遜國記爲愴然廢書嗟乎才難哉方先生能死
事而不能成事骨肉操戈海内血刃猶緩頰而譚周
官稱說詩書不已迂乎太上運籌振義出萬全之師
次則按甲罷兵明示三讓爭不勝讓又何辭焉臣忍
于君而且曰無使余負殺叔父名心不忍則亂大謀
其建文之謂邪迨其迨也不可爲矣然 成祖宥往
往會風霧得脫天乎可爲哉建文窮而逃于禪俗傳
高皇帝知其然而匣髡緇遺之孫謀如是是愚
高皇帝余不信也

讀異姓諸侯王傳

高皇帝起布衣擁區宇與漢高相當而所誅僇功臣
大畧亦相似總之英雄多忌又反覆之態熟于耳目
固其所矣郭子興幸以功名終而其弟德成者以酒
自放卒又逃禪完其天年亦近于仲尼所謂廢中權
者邪或曰成蓋滑稽之雄見遠

盛庸

濟南之役鐵鉉犯　乘輿及乎馬首與子房中副車豫讓伏橋之誼尤皎烈矣盛庸夜出刼戰書憑城而守有烈士之風卒以歸命豈班彪所謂知興者哉令鐵而尚書在余忻爲執鞭以附　成祖思錄鍊子寧之旨

劉文成

高皇帝所與犯矢石揭日月者中山開平居多然在淮陰鄭侯間爲　高皇用者也文成覩天人之符運

籌廟筭折衝尊俎之上封賞三讓擕蕭杜猜明哲保身及乎子孫用　高皇者也昔人云子房能用高祖文成似之矣楊文懿曰子房不見詞章似少遜焉先乎前箸八籌爲西漢策士之冠黄石一編書非詞人之雄哉此言即文成聞之當爲失笑

宋吳劉

吳學士沉辨宣尼封王之非有功名教明儒之冠劉學士三吳格　高祖屬意　成祖之舉克樹　建文統紀凛然人定勝天昭揭日月者也宋學士濂首振文學草昧之秋三人者並孟子所謂豪傑之士其他彬彬質文之選稱北面矣

鄭忠毅

鄭公從靖難樹功封侯甚偉然比之河間東平在風之下矣乃其卒也妾張自經殉其從一之節有足多者聶政姊女俠之雄孰與張從容赴義九原哉余特表而出之

解學士縉

讀解公太庖西上封事頗可采用然文議繁偶令當

賈太傅直足奴隸耳乃亦有沈尚書滑爲絳灌何哉有司劾其母喪未葬父年九十棄　上喪違詔既受知　建文矣效用　成祖死于獄尚謂忌者口所中耶解公小有才不聞道其教學者曰寧爲有瑕玉勿作無瑕石嗚呼玉而瑕可也毀于櫝中誰否欺之矣

姚榮國廣孝

姚公作倡靖難爲　成祖功臣之首然其先未嘗受官兩朝也余考其歸命握符英雄之識世未有先及者生平湛浮屠氏之旨不變　上嘗賜兩宮人逾月

不近亦不辭嗚呼殆古之異人有道術者流而幻化
功名者哉

四相

李文正東陽清謹寬和在成弘間稱太平賢相矣康
陵無度比于好啇公不過爲調停保護之計學士大
夫多訾之有故哉楊文襄一清策張永誅逆瑾事此
淮陰背水陣兵法所謂置之亡地而得存也而能權
者也席文襄書所至有績贊襄潤色之業然非表表
百世者張文忠孚敬與獻大禮議折廷論成　世宗

尊親之孝甚鉅恐于萬世統紀未盡合也其奏革鎮
守去孔子王號朝典民瘼無彊之澤永不刊滅矣[illegible]

廟典

野史氏曰所謂宗廟者君長海內明尊親正統紀自
非異姓更代一日爲君何可廢置　建文　景泰之
不列于廟變也余甚惑之家則序親國則序統古之
制也　興獻叔也不常北面　武宗乎稱帝有二統
也廟位　武宗之上君降臣也悖禮滋甚意者聖孝
爲穆廟議鴻遂草莽之下非可懸測與記而俟之

御

高皇滅吳楚蕩諸寇而逐一元混一中國四　歸命
徃來貢使勿絕有侵犯狡詐者置勿問王者之度與
天同覆矣雖然仲尼有文德之訓詩人咏遏寇之師
夫所謂德者孰大于君臣文王豈好爲窮黷者哉天
之雷霆卽不能索叛父母褻神明者而入擊之然未
有盡勿擊者也以安南之篡弒相仍日本之譎詐反
覆奈何並置勿問邪勿問則外之矣而邦之而復納
之是予賊也夫以熊虎之將百戰之威何難小　而

輒置焉高帝曰恐其敝中國而邀功　也是文德
可無修而遏寇可無師也大抵　高皇起布衣而竆
年于湯火戰陣之間蓋事成而老且厭兵矣獨此丕
可以爲訓也令臣生　高皇時亦必昌言　陛下安
能默然乎然不可謂非不肯殺之主也

封燕

諸有之教婦初來教子嬰孩故愛太子者在于蚤諭
教以正始也初　文皇越節制征沙漠　太祖特慰
之而反以戒秦王也溺于愛矣史稱　太祖有意[illegible]

鑄余謂此爲　文皇黜次之染未必然也果然是啟
之矣當分封時豈無賢良方正之傅耶必擇名僧而
又聽　文皇廣孝之請遂令竹偏靖難積愛成驕
高皇于是啟釁因之端矣易曰履霜堅冰至　建文
嗣皇帝位諸王會葬而　文皇獨以有疾不拜嘗試
之也許待中廷劾余每嘆其爲方練諸烈士之冠部
置不問此　建文所以不斷而　文皇弄之掌上也
嗚呼命矣夫

巳巳土木

讀土木北狩事令人涕泣廢書髮上指恨不及嚙振
肉唾諸朝士面而撻之血也方　帝寵振時三楊老
臣也先不能請誅振　太后欲誅之矣又救釋之令
帝蒙　塵而國幾覆也振固不容于死三楊非亂首
哉李卒卒　駕行有諫欲擊殺振遮　駕返者此九
卿絶續之會非大豪識邪何以不果也及乎土木廟
堂之上蜂起而蝟亂矣非于少保排衆冀　王鎮定
呼吸之間力排和議　不將挾　上皇而何我哉社
稷爲重君爲輕此言揭日月而奠山嶽我　明三百

年無疆之宗社非于之招耶令從有貞議遷而南與
不至靳廟祀或徼天幸據偏安有今日乎郭登大同
之守楊善　廷之迎有祭士成仁取義之槩而少保
非功人哉然誅奸任忠獨斷不疑轉禍爲福則
景皇帝千年之業矣有貞貪功而　英宗復辟令于
謙冤忠魂　景皇帝削廟號抑不知端委而臨大統
者誰所留耶余每謂徐有貞王振等耳並服上刑
爲千古之戮而三楊者次之矣

逆瑾

瑾刑餘掃除之人流毒甚矣至諸大臣臺省交疏請
誅不能動蓋李郎中夢陽爲虎首而韓尚書文才不
剛忠之爲蛇尾也惜哉是時劉健遷至推參哭諫亦
壯矣宜以死爭之而乃乞歸田則　武宗聽之闒茸
遂使李東陽依滑取容從臾瑾議窺瑾所釋而釋護
而學士大夫遂借之以保護調停之說誤而國哉嚮
文襄激永誅瑾余每嘆其爲淮陰背水戰爲置死地
生之策然亦會當機耳何者討寘鐇之役不付億寧
而獨命張永與楊一清往則永固能得　武宗意者

也得眞鍇檄列瑾十七大罪而　武宗意人動矣最得機者在張永懸射如疾雷之下而永所以懸射者則以永與瑾兩虎不並鬥非永傷瑾則瑾傷永而揚公固有以中其所忌也此時患永不言言則必中後已永非獨爲國亦自爲矣嗚呼劉謝李韓之爲國謀也與文襄等也彼之如摧山而此之如摧枯非以機哉若東陽者無論　王上何面目見張永乎

說郛續目録

弓第三十二

切韻射標

上元李世澤

平聲一

見 公供庚京 肱 裩君根巾金 光恇岡姜 規居孤基 乖該皆
溪 空穹鏗卿 傾 坤 𦙶 鬖欽 骮匡康羌 窺區枯欺 開揩
群 窮 擎瓊 群 勤琴 狂 強 逵渠 奇
疑 蚒顒娙 迎凝 倕 齦垠銀吟 昂卬 危魚吾 宜倪 崖
端知 東冬登丁 敦 當 堆 都低
透徹 通炵鼜汀 暾 吞 䃢 湯 推 梯 胎
定澄 同彤騰庭 豚 唐 頹 徒題 臺
泥孃 農醲能寧 磨 囊 挼 奴泥 䑋

切韻射標 一

知端 中琤貞 屯 珍砧 張 追誅 知 椎
徹透 忡檉 椿 瞋琛 椿 攎 癡 搋
澄定 蟲橙呈 䏧 陳沉 昌 鎚除 持 殰 娷
孃泥 濃儜 紉䋋 長 萇 娘 尼 䔈 搱
邦非 崩兵 奔 賓 幫 㚘杯 逋畀 擺
滂敷 䏜 烹砰 歕 繽 滂 胚坯 鋪披 姉 㠧
並奉 蓬 朋平 瓫 貧 旁 龐裴 蒲皮 牌排
明微 蒙瞢萌明 門 民 茫 厖枚 模迷 埋
非邦 風 分 方非夫
敷滂 豐 芬 芳霏敷
奉並 馮 焚 房肥扶
微明 文 亡微無

切韻射標 二

精照 騣蹤增精 嵏 尊遵 津 臧將 崔 諏 租 㘈 哉
清穿 悤樅 蹭 清 村 皴 親 侵 倉 瑲 催 趨 粗 妻 雌 猜
從床 叢從層情 存 鶉 秦 鬵 藏 牆 漼 徂 齊 慈 才
心審 鬆松 僧 星 騂 孫 荀 新 心 桑 襄 雖 須 蘇 西 思 腮
邪禪 餳 旬 尋 詳 隨 徐 詞
照精 終 爭 征 諄 臻 針 章 莊 追 錐 朱 葅 支 菑 齋
穿清 充 鎗 稱 春 嗔 參 昌 窗 吹 衰 樞 初 鴟 差 釵
床從 崇 傖 繩 唇 榛 岑 床 愁 船 鉏 茬 柴
審心 春 生 升 申 深 森 商 霜 書 疏 詩 師 篩
禪邪 鱅 成 純 辰 諶 常 垂 殊 時 移
曉 烘 凶 亨 興 轟 兄 昏 薰 欣 歆 炕 香 灰 虛 呼 希 嘻 咍 揩
匣 紅 雄 恆 形 橫 熒 魂 痕 礥 黃 航 降 回 胡 奚 懷 孩 諧
影 翁 雍 甖 英 泓 縈 溫 媪 恩 因 音 汪 央 威 於 烏 衣 歪 哀 挨
喻 容 盈 弦 榮 云 寅 淫 王 羊 韋 余 倚 移

來 籠 龍 稜 陵 論 倫 鄰 林 郎 良 雷 閭 盧 離 騋 來 唻
日 戎 仍 𩓞 瞤 人 壬 穰 䑋 如 而 荋

平聲二

見 瓜 加 戈 歌 官 涓 干 堅 兼 關 間 甘 監 高 交 驕 鉤 鳩
溪 誇 科 珂 寬 弮 刊 牽 謙 慳 堪 嵌 尻 敲 蹺 𢇛 丘
群 瘸 茄 翗 權 乾 黔 權 喬 求
疑 䬾 牙 譌 莪 岏 元 豻 言 嚴 頑 顏 玵 巖 敖 聱 堯 吘 牛

端知 爹 多端 丹顛故 眈 刀 凋兆
透徹 拖湍 灘天添 貪 叨 挑偷
定澄 拕駝團 壇田甜 覃 陶 條頭
泥孃 挼那渜 難年拈 南 猱 嬈獳
知端 檛吒 邅沾 霑 詀 嘲朝 輈
徹透 叉 猭 脡 颩超 抽
澄定 茶 傳 纏 湔 𠂇 椷 桃潮 儔
孃泥 拏 黏 妓 然 喃 鐃 𡚶
邦非 巴 波 般 邊 砭 班 褒包標 彪
滂敷 葩 坡 潘 囨 篇 攀 藨抛飄
並奉 琶 婆 槃 楩 梐 辦 涁 袍庖瓢 裒 滮
明微 麻 哶 摩 瞞 謾 眠 蠻 姏 蔘 毛茅苗 呣 謬

切韻射標 三

非邦
敷滂 颩 𩙪
奉並 凡 浮
微明 𤥜
精照 嗟 鑯 鐫 殲 尖 簪 遭 焦 諏 啾
清穿 磋 蹉 攛 詮 籤 千 僉 參 操 鍫 秋
從床 查 矬 醝 攢 全 㑒 前 潛 蠶 曹 樵 劉 酋
心審 些 梭 莎 酸 宣 先 遷 三 搔 宵 擻 修
邪禪 斜 旋 涎 撏 囚
照精 檛 樝 遮 專 旃 占 跧 釗 昭 周
穿清 杈 車 川 韂 彈 攙 抄 弨 犨 鄒
床從 查 蛇 船 狗 潺 讒 巢 愁
審心 沙 奢 擅 山 衫 梢 燒 收 搜
禪邪 闍 遄 禪 蟾 韶 酬

曉 花 鰕 靴 訶 歡 暄 軒 軒 蒸 懷 犇 蚶 蒿 咻 鴞 齁 休
匣 華 遐 和 何 丸 玄 寒 賢 嫌 還 閑 含 銜 豪 爻 侯
影 哇 鴉 爬 倭 阿 剜 淵 安 煙 淹 彎 𡛷 菴 諳 爊 夭 夭 謳 幽
喻 耶 訝 員 延 炎 佔 猶 遥 由
來 覽 臕 囉 騾 羅 鑾 攣 蘭 連 廉 𡡾 斕 藍 鬑 勞 寥 劉 摟 流
日 挼 婼 堧 然 髯 饒 柔

九 藝 遍
轉 擿 嬌
音 韻 同 此 列 但 無 閑 口
同 閑 至 支 二 合 與 山 什 餘 皆
音 與 寒 干 列 同 但 旋 閑 口
音 與 閑 懽 列 河 但 荒 閑 口
音 與 閑 同
因 然 元
墨 攻 閑

切韻射標 四

上聲一 合 𠀤 開 口 嵩 口 合 口 滎 𥁕 口 開 口 𡖖 閉 𡖖 口 遲 口 遲 合 口 𥁕 口 合 口 寰 口 閉 合 口 寰 口
見 鞏 梗 警 琑 襃 錦 廣 講 軌 舉 古 几 枴 改 解
溪 孔 項 閒 捆 慷 倪 去 苦 起 愷 楷
羣 䪛 殑 禁 箘 跪 巨 技 拐
疑 㬉 轄 仰 儼 任 顏 語 伍 擬 嘊
端知 董 等 頂 禫 覩 底
透徹 桶 珽 倘 土 體
定澄 動 踜 𧿍 訂 遯 蕩 腿 隊 杜 弟 怠
泥孃 䙋 整 灢 㚘 餒 努 㮏 乃
知端 冢 逞 長 寧 柱 𥪰
徹透 寵 程 蠢 㾡 䄜 褚 恥
澄定 重 瞪 踌 朕 朕 丈 柱 雉 拵 豸
孃泥 獰 拰 㒟 女 你 妳

切韻射標　五

邦非：琫　餅丙本　稟柄綁　補比　怲擺
滂敷：彭　頩　品　擺　普　倍
並奉：菶　蚌笼並　蚌　體　棒　倍倍　部陛　倍惝
明微：蠓瞢猛　酩們悶　泯　莽　每　姥米　穤買

非邦：乏　粉　昉　匪甫
敷滂：捧　髣　斐撫
奉並：奉　憤　膹釜父
微明：吻　罔　尾武

精照：總　井　撙　怎　奬　嘴　子濟　宰
清穿：揔　請　忖　寑　搶　取　此泚　采
從牀：從　靜　鱒　噂　葦　奬　藉　罪聚　麆　薺薦　在
心審：送　醒　損　蕈　想　髓醑　䞅徙
邪禪：楸　笋　額　象　糈緒　似兕

照精：踵　整　準　軫枕　掌奬　主祖　止滓
穿清：蠢　齔瀋　敞搶　杵楚　齒　撮
牀從：　　蔫　　　　　　　　　　柹　　剃
審心：看　矧沈　賞　數黍　矢　蹉
禪邪：熥告姚　腎甚　上　豎　氏

曉：噴洶　吽　恍怲　享　備　毀許虎喜　海
匣：澒杏悻迥　混　很　晃滉　項　戶徯　駭亥蟹
影：擁犢影　穩　飲　坱枉　慘　委鳴倚　矮
喻：勇郢永　允　引　往　韋雨以　槭

來：籠隴冷領　凜　朗兩　壘呂魯里　攋
日：冗駠　忍荏　壤　蕊汝　爾　痢

切韻射標　六

上聲

見：寡假　果　管捲赳蹇檢　簡感減　縞　矯苟久
溪：顆可欸犬俔遣　　　　　　坎　考巧口糗
羣：　　　　　　倦　件儉　　嶠垢　臼
疑：瓦雅　我　阮　儼　眼頜　咬偶

端知：朶　短　亶典點　膽　搗鳥斗
透徹：安　坦　忝　毯　討　挑黈
定澄：惰　斷　但殄簟　淡　道　掉鋀
泥孃：娜舵　嫋　㜷　撚　腦　嬲　穀

知端：轉展　貯　肘
徹透：　　橥　　搌諂　暴　扭
澄定：穄　踈　篆　墰　湛　兆　紂
孃泥：那　㬉　碾　赧　鈕

邦非：把　跛　扁貶　版　保表　裱
滂敷：匹　盼　縹　剖
並奉：罵　爸　伴　辯　版　鮑鰾　抱　部䣊
明微：馬芊　滿　免㛂　矕　媌　卯卯　母

非邦：　　　　腹　否
敷滂：飯　泛
奉並：晩　范　阜
微明：晩　錽　負

口四聲口口口口口口口口口口口口口……（小字注，模糊難辨）

不合韋依刑轉　衛轉　同此青刻但與旋鼻開口列　身從笥依轉作振很　統音開黙同上創作

祖聲削上聲　十韻含音如音　東音如東音

精照 姐左纂趲翦昝早剿走酒
清穿 且淺慘草悄
從休 坐蔖薦瓚踐漸歜皁灑掫嫱
心審 寫鎖選繖銑嫂小叟滫
邪禪 灺算賷綫繇
照精 鮓者轉螬析帚
穿清 淺扯舛闡𡨥鍁炒醜
牀從 柞饌棧灂颼
審心 耍灑捨閂
禪邪 社膞善贍紹稍收受
曉 火烜罕顯險喊㺂好曉吼朽
匣 踝下禍夥荷鉉旱現僩睆限撼嗛皓效后
影 啞宛偃掩綰黯黶襖殀毆
喻 野兗遠演有不
切韻射標 七
來 磊跬騾裸卵孌嬾璉覽臉老了簍柳
日 惹軟冉遶蹂

平聲上聲 頭韻繫上聲 加化音
荷韻如賀音
去音二此但音但音 處開各列一處與處開 口同字列開起口似 上音盡本口列到 列但定同
鳥音聲

去聲 口口口 口口口 口口口口 口 口口口 口口 口口
見 貢更敬棍艮禁絳貴句故記介
溪 控慶困困蠬抗強去庫器慨
羣 共競郡近噤僅具暨𡠄齝
疑 屹碍近饐饐柳偽遇誤義外艾

切韻射標 八

端知 凍磴訂頓當對妒帝棖帶
透徹 痛聽褪盪退兔替蛻太
定澄 洞鄧定鈍宕隊度地兌大
泥孃 齉佞嫩內怒泥柰
知徹 中掙鎮帳著智胇媞
徹澄 撐稱暢畜惙憧額蠆
澄定 仲鋥鄭陣鴆仗撞隧住稚䝵
孃泥 齈賃釀鬤衲女膩取
邦非 柄奔儐訪背布祕拜貝
滂敷 𥧔噴沐脈胖配鋪譬派沛
並奉 槿倗併病坌傍佩步備憊背排
明微 夢孟命悶𢞊昧暮媚邁昧
非邦 奮放廢付沸
敷滂 忿肺仆費
奉並 俸分吠附費
微明 問妄務未
精照 糉縱甑俊晉浸醬醉祭最載
清穿 蹭倩寸倩蹡𦯨祭措襊蔡
從牀 從贈鐏鱒臟匠聚自劑族在
心審 送宋性巽濬擀信沁喪相粹祭素細笥嗉賽
邪禪 頌殉盡蓋燼遂芋
照精 眾諍正稕震枕齋窨志證制
穿清 銃稱蒸沁讖贊注處處示翠擦
牀從 剩順舜眴殺狀漴功
審心 剩勝𥇦順瀋深滲𨟖勢贊嘹曬睉寨
禪邪 盛慎甚尚瑞樹逝噬

曉　噴趨興訓釁　向願慧海咻呼戲　懈
匣　永碗幸恩恨　巷惠互系　邂
影　甕蕹映縈搵薀印蔭盎快　隩轝誤意　愛隘
喻　用孕詠運胤　漾旺　位鋭裕異衞
來　弄棱令論淪吝淋浪亮　類慮路利酹賴
日　閏刃飪讓　芮孺二

須於去聲
弱精去聲
言惡同上列但於旋閑
鋭倅削卸位罪帥削稅
示寺百至

切韻射標　九

去聲

見　註駕　過箇貫眷幹見劍慣諫紺鑑　告教姤救
溪　跨　課　券看欠　勘賺　犒竅寇
羣　倦健鐱蓮　幹　櫂嶠　舊
疑　宦訝　臥餓玩願岍彥驗　雁　傲
端知　剁鍛旦殿玷　到弔鬪
透徹　唾彖炭掭　探　套糶透
定澄　惰馱段但甸簟　淡　導掉豆
泥孃　懦　難念　淖溺耨
知端　奼　轉占　站　罩晝
徹透　詫　椽覘
澄定　蜡　傳　綻賺　棹　冑
孃泥　鬧

邦非　霸播半變扮報　膘
滂敷　怕破判片盼　豹票
並奉　熔畔卞辦膸暴　砲膘
明微　馬磨慢面慢　耄　鉋貌　茂謬
非邦　販
敷滂　番汎
奉並　飯梵　覆
微明　萬菱　富
精照　借　莝佐鑽　贊箭僭　蘸竈　醮奏僦
清穿　剉　竄　倩塹　慥　俏湊
從牀　耤　坐　糞　槃　賥　暫　皁　誚　就
心審　瀉　筭選散先　霰　三　燥　笑　嗽　秀
邪禪　謝　旋　羨　瀻　袖

切韻射標　十

照精　詐　　戰　蘸　照　呪
穿清　剎　釧　韂　懺　鈔　臭
牀從　乍射　　棧　饌　僝　驟
審心　舍　縛扇　訕　少　瘦
禪邪　垢　捶　膳贍　　　邵　壽

曉　化　貨　煥絢漢憲　　耗孝嗅
匣　話暇　和賀　換衒汗莧　患莧憾陷　號效后
影　亞　涴　腕苑案宴厭　晏暗　奧要　幼
喻　夜　院豔　燿宥
來　亂戀爛練殮　濫鑑　澇料　陋溜
日　肉

此上與前頭列兩但屬合口
前與同上列但屬開口
韻音備

入聲 [illegible]

見 谷菊橘吉 刮閣甲國厥訐結郭鑁各脚角

溪 酷曲屈乞隙 溘恰 礎闊客怯[illegible] [illegible]涸却確

羣 局繘及 趯蹷 傑 懮 噱嚯

疑 兀玉崛 岌逆 钀 月額 臬 桏 咢虐岳

切韻射標 十一

端知 篤 的 答 德喋掇

透徹 禿 剔 榻獺 忒貼脫 託

定澄 獨 狄 達 特耋奪 鐸

泥孃 溺 納 能涅 諾

知端 竹 怹陟 劄 輟 摘 [illegible] 卓

徹透 畜 黜 敕 頓 㖒 破 拆 [illegible] 逴

澄定 逐 术 直 濟 宅 [illegible] 蠲

孃泥 忸 貀 匿 妠 吶 吶 聶 逽 搦

邦非 卜 逼 必 八 北 鷩 撥 博 駮

滂敷 撲 愊 匹 魄 撇 潑 粕 朴

並奉 暴曝 愎 弼 拔 白 別 跋 薄 雹

明微 木 目 賓 密 藊 抹 默 蔑 末 莫 邈

非邦 福 弗 發 法 韈

敷滂 腹 拂 怖 屹 𢶍

奉並 伏 佛 代 之 縛

微明 勿 襪 則

精照 足 卒 即 帀 蕝 擳 節 繓 作 爵

清穿 猝 促 焌 七 㟮 皷 賊 妾 撮 錯 鵲

從床 族 蹴 崒 疾 雜 絕 塞 截 蕞 昨 皭

心審 速 夙 戌 悉 撒 雪 屑 割 索 削

邪禪 俗 席

照精 祝 [illegible] 扎 拙 責 浙 灼 捉

穿清 觸 出 [illegible] 㩐 插 歠 策 掣 綽 齪

床從 屬 [illegible] 渞 贖 舌 旹 浞

審心 束 率 [illegible] 俐 殺 殺 說 索 設 爍 朔

禪邪 孰 [illegible] 涉 杓

切韻射標 十二

曉 忽 旭 猶 翕 喝 瞎 劐 血 黑 脅 [illegible] 䨼 蹇 謔 鶴

匣 斛 [illegible] 騎 覡 滑 合 洽 忒 宂 黑 紇 協 雀 鶴 學

影 沃 郁 鬱 乙 宂 遏 軋 擭 噦 蒯 謁 [illegible] 嫚 惡 約 約

喻 欲 役 聿 亦 投 鴨 嚙 悅 厄 曳 [illegible] 叟 藥

來 祿 六 律 力 臘 祉 劣 勒 列 捋 落 略 犖

日 肉 日 肯 熱 爇 若

[illegible]

此列皆並叶音者字與韻名

[illegible]

詳內凡入聲俱從順轉就共易也如谷字只曰孤古故谷順轉也若公顴貢谷又是衰倨谷鉤苟姤谷皆拗紐也不從

右譜爲切韻而作寓名標射切韻法標者喻言如
習射先立標的然後可指而射焉譜内最上一列
見溪羣疑等三十六字皆標也經史切脚並以兩
字切一字今以兩字内上一字定標下一字作箭
假如德紅切德字先標紅字作箭射得東字法例
先審德字在入聲譜内與革字同韻便在革字横
列内尋見看頂上是端字即定爲標既得端字爲
標即捨却德字不用可也次審紅字在平聲譜内
與公字同韻便在公字横列内尋見即用爲箭不
須復看頂上何標也然後將紅字箭望本聲内端

字標下平衡射去至標而止止處恰是東字即爲
所切之音餘並倣此
上條乃正法也經史切音中者什得八九如或箭
到遇空或雖有字而覺欠諦當於意不安者則用
三活法以通之一曰隔標法二曰隔列法三曰濁
聲法該括盡矣
隔標法者謂如箭射端標覺有乖張看端標下小
字乃是知字便轉却箭更射知標即中如徒減切
湛字芳杯切胚字扶基切皮字皆此例也
隔列法者謂如箭射某標覺有乖張鄰標又無可
借雖有亦欠諦當直須不出本標不拘上列下列
隔一隔二以至五六諦審其音一者文義通貫二
者心意安穩即從其音讀之如白伽切皤字渠寒
切乾字許戈切靴字皆此例也
濁聲法者上聲内有十標標下字盡似去聲蓋濁
音也若作去聲安箭即差今除平上入三聲箭少
過失外但去聲箭覺有乖張即更向上聲内覓真

正箭自中如多動切董字思兆切小字奴罪切餒
字之類是也
總括口訣先將上字定標竿下字如同弩箭安認
取本標平放箭箭來標下中無難　右正法
又箭到遇空或不中隔標隔列堪借用若遇去聲
有乖張尋向上聲却真正　右活法
已上二訣如熟誦而習用之久之自當融貫　等
韻舊法至爲精妙但門法多端初學難入茲亥不
揣祖述其意而爲此譜與願學等韻者稍藉爲階

惟願高明賜之緘砭正其譌謬使不悖戾先賢
遊誤後學是所望也　元李世澤謹識

發音錄

豫章張位

鄭夾漈曰六書明則六經如指諸掌假借明則六書如指諸掌故六書之中惟假借諸字最易混淆古人字多借用常有一字而數音者皆旁側點發依平上去入四聲爲用中間傳習世久亦有異同據鄭氏所載如應重監等字今發平聲種處共散等字今發上聲彼皆謂原發去聲至若近刻經史動靜字音所載去聲字亦多牽强難從且與諸書不合今特將館閣中講讀纂修常用諸字具列於後以便檢閲其有字同音異原不點發者併附參考

圈發平聲

比音皮　比鄰　阜比

幾音基　庶幾　幾微　萬幾

與音余　也與　與與

且音苴　龍且　次且　巴且

反音番　平反

天音妖　天天

沈音沉　沈没　陸沈　沈潜　以上俱本上聲今圏發平聲
重音蟲　九重　重新
共音恭　靖共　以共粢盛
戲音麾　戲丁又音乎　於戲
罷音疲　罷軟　罷卷
麗音犁　高麗　魚麗　附麗
治音持　治國治亂之治仍去
漸音尖漬也又音巉高峻也　東漸于海　漸染　漸漬
卷音拳短髮上曲也　卷卷　卷石

信音伸　詘信　信圭
振音真　振振公子
論音倫　難論　天論天理也
賁音奔　孟賁　虎賁
彈音壇　彈壓　糾彈　彈冠
看音堪　相看　看守
縣音玄　縣掛　縣旌
厭音烟　無厭　厭厭
便音駢　便佞　便便

要音邀　要領　要君
教音交　莫教　爭教
號音豪　呼號　烏號
操草平聲　操守　操練
過音戈　經過　過餘
望音亡　相望
更音庚　更換　踐更　更漏
盛音成　盛納　粢盛
正音征　正鵠　正月

令音零　特令　令人　令令　春令
聽音廳　堪聽　聽其
應音英　應該　不應　相應
勝音升　勝任　勝數
湛音沉　浮湛　湛恩
湛音耽叶音沈　湛樂　其湛
任音壬　不任　堪任
禁音金　難禁
監音姧　監督　監臨　監察　以上俱本去聲今圏發平聲

惡 音烏 惡可 惡能 本入聲今圈發聲

從 音匆 從容 本順從之從

逢 音龐 逢蒙 本相逢之逢

蛇 音移 委蛇 本龍蛇之蛇

奇 音基 有奇 數奇 奇零 本奇異之奇

台 音怡 台德 本台階之台

差 音雌 有差 參差 差等 本差遣之差又差錯之差

追 音堆 其追 毋追 本追遠之追

丁 音爭 椓之丁丁 本丙丁之丁

推 退平聲 推避 推遷 相推 本推升之推

衰 音催 衰絰 本盛衰之衰

齊 音咨 又音齋 齊衰 齊 又音齊明 本齊魯齊一之齊

屯 音迍 屯邅 本屯聚之屯

夫 音扶 且夫 夫人 本丈夫之夫

於 音烏 於乎 本至於之於

關 音彎 關弓 本關塞之關

乾 音干 乾沒 桑乾 本乾元之乾

焉 音烟 焉能 本焉哉之焉

閒 音閑 閒暇 閒習 本閒架之閒

單 音禪 單于 本單薄之單

平 音駢 王道平平 本太平之平

還 音旋 還復 還繞 本往還之還

朝 音潮 朝廷 朝宗 本朝夕朝鮮之朝

陶 音遙 皋陶 本陶唐之陶

邪 音耶 若邪 莫邪 也邪 本邪正之邪

詳 音佯 詳問 詳狂 本詳細之詳

行 音杭 班行 行伍 本行走之行

馮 音憑 馮依 馮夷 馮翊 馮河 本姓馮之馮

紅 音工 女紅 本紅紫之紅

參 音森 曾參 人參 參商 參參 本參兩參伍之參

又音參 參差

圈發上聲

龍 音隴 龍斷

從 音總 從臾

予 音與 賚予 予奪

稽 音啟 稽首

鮮　音銑　鮮能

强　腔上聲　勉强　强起

長　音掌　長幼　官長　長史　長養

屏　音丙　屏除　藩屏　以上俱本平聲今圈發上聲

種　音腫　穀種　種馬　種種

共　音拱　衆星共之

累　音磊　累官　累建

處　音杵　處置　出處

去　去上聲　去讒

數　音所　枚數　不足數

濟　音擠　濟水　濟濟

載　音宰　千載

飯　音反　亞飯　放飯

散　音繖　閑散　散木

斷　音短　斷髮　斷章取義

厭　音掩　厭然

卷　音捲　卷束　卷而懷之

舍　音捨　用舍

夏　音檟　夏楚

上　音賞　束修以上

放　音倣　依放　林放　放勳　以上本去聲今圈發上聲

只　音止　樂只

不　音否　不則　以上本入聲今圈發上聲

父　音甫　單父　城父　尚父　本父母之父

賈　音古　商賈　本賈姓之賈

豈　音愷　豈弟　本豈但之豈

稟　音廩　餼稟　本稟命之稟

景　音影　景響　景從　本景致之景

省　音醒　三省　修省　省察　本減省十三省中書省之省

圈發去聲

空　音控　屢空

中　音衆　中的　中興　雖不中

供　音貢　供養

雍　音壅　雍州

從　音頌　侍從　騶從　僕從

離　音利　隔離　須臾離　不離飛鳥

爲 音謂 爲巳 有爲而然
騎 音忌 騎卒 車騎
泥 去聲 致遠恐泥 泥古 執泥
吹 去聲 鼓吹 入學習吹
施 音試 布施
遺 音異 問遺
知 音智 仁知
遲 音滯 遲待
思 音四 文思 才思

衣 音意 衣錦 衣之
妻 音砌 妻之
裁 音再 風裁
來 音賚 勞來
陳 音陣 問陳 陳法
聞 音問 聲聞
員 音韻 伍員 員半千
文 音問 文過
分 音問 部分 分量 名分

親 去聲 親家 分親
孫 音遜 孫以出之 孫于齊
援 音院 救援 畔援
難 去聲 問難 患難
冠 音貫 冠軍 冠禮
觀 音貫 官觀 觀兵 奇觀 壯觀
間 音諫 間斷 間濶 間見 乘間
先 音線 先長 先入
牽 音欠 扯牽

禪 音擅 封禪 禪受
緣 音彥 緣飾
單 音擅 單父
旋 音鏇 旋復
傳 音篆 經傳 列傳 傳食
穿 音串 貫穿
調 去聲 才調 調遣 調用
燒 去聲 野燒
敎 音傚 敎惰

勞　音澇　勞來　犒勞　郊勞

和　音禍　倡和　而後和之

荷　音賀　荷恩　負荷

磨　音磨　磨礱

華　音話　華山　華冠　木名

強　其亮切　木強　倔強

量　音亮　不知量　謹權量　量與

張　音帳　供張

鄉　音向　鄉也　吾見夫子　鄉往　南鄉

發音錄　八　十

長　音伏　長物

忘　音塱　遺忘

相　去聲　輔相　相法

王　音旺　王天下

將　音蹡　大將　將將　將指　中揩也

行　音巷　行行

藏　音臟　寶藏　帑藏

當　去聲　當可　停當　當罪

喪　去聲　何思於喪乎

傍　音徬　依傍

橫　音混　豪橫

行　音杏　德行

庭　音聽　徑庭

與　音許應切　與　比與

乘　音盛　萬乘　晉之乘　乘雁　乘輿之乘　仍平聲

并　音柄　兼并

凝　音澄　凝結

三　音散　三思

發音錄　八　十一

臨　力禁切　哭臨

迎　音瀁　親迎

占　音戰　侵占　占役　口占　自占

稱　音秤　稱事　稱職　報稱　以上俱本平聲今

比　音進　周比　與比　朋比　比年

又音秘　比及　比其反也　且比化者

使　音試　使者　使臣　出使

雨　音頊　雨我公田

與　音預　與祭　與聞

女去聲　女於吳
語去聲　語之不情
解音介　解遲　解額
采音菜　采地　舍采
隱音印　隱几　隱以金椎
遠音院　遠色　遠佞人
選去聲　文選　聽選
少去聲　少師　少年
掃音燥　洒掃

左音佐　左右
假音嫁　告假　假貸
養音漾　供養　養以天下
兩音亮　車兩　三百兩
永詠同　聲依永
有音又　十有三年　吾十有五
首音狩　陳首　東首　丘首
走音奏　走壙　走水上軍　走章邯
飲音蔭　下而飲　飲器

斂音殮　聚斂
枕職甚切　枕籍　曲肱而枕之　以上俱本上聲今圈發去聲
積音恣　委積
易音異　易簡　容易
辟音譬　辟喻
質音志　傳質　交質
食音似　食之　食不厭精
術音遂　鄉術　術有序　經術經去聲
足苴去聲　足恭

惡音污汚本去聲　好惡　羞惡
斁音妒　攸斁
錯音措　舉錯　晁錯
切音砌　一切
識音志　欵識
說音稅　說客　說駕
揭音氣　淺則揭
殺音晒　隆殺　必殺之
北音背　分北二苗

溺　音奴弔切　溺儒冠
覺　音教　夢覺
樂　音燿　樂水　好樂
藉　音謝　有藉　藉草　醞藉　藉甚很藉仍入聲
伯　覇同　五伯
炙　音蔗　膾炙
肉　柔去　鏹肉好
覆　敷救切　覆物
讀　音豆　句讀

宿　音秀　星宿
復　扶又切　不復　復行　復會　以上俱本入聲今圈發去聲
費　音祕　費邑　本費用之費
隊　音墜　所隊　本逐隊之隊
會　音貴　會計　會稽　本附會之會
帥　衰怪切　將帥　本督帥之帥
背　音倍　背畔　本肩背之背
祭　音債　祭叔　本祭祀之祭
斷　都玩切　明斷　斷斷　斷然　本斷絕之斷

見　音現　慍見　見在　本聞見之見
召　音邵　召公　本命召之召
造　音糙　造請　造父　丙造　本造化之造
射　音夜　僕射　姑射　本射御之射
御　音訝迓　本去聲　以御于家邦　御龍　本御衆之御
句　音彀　句足　句當今作勾　本章句之句
圈發入聲
繆　音木　繆公
尼　音溺　尼之　以上俱本平聲今圈發入聲

假　音格　假思　本上聲今圈發入聲
暴　音僕　表暴　暴白　暴露　秋陽以暴之
告　音谷　忠告　瀆則不告
數　音促　數罟　又音朔　事君數
趣　音促　趣行
尉　音鬱　尉遲
度　音鐸　度德　度支　洛度
副　音璧　裂也剖也
害　音曷　害澣害否

著 直畧切 土著 著實
弔 音的 弔出靈
射 音亦 無射 射思
又音食 射宿 射隼 射覆
厭 音葉 厭服
又音壓 畏厭 厭人之肉
内 音納 内交 内之溝中
塞 倘入聲 遁塞 塞責 稱塞 以上俱本去聲今圈發入聲
合 音葛 合藥 合併 升合 本保合之合

屬 音竹 聯屬 洞洞屬屬 屬託 本親屬之屬
說 音悅 喜說 本辭說之說
率 音律 彀率 藻率 以韋爲之所以藉玉 本相率之率
卒 蒼没切 倉卒 卒然 本卒卒之卒
葉 音攝 葉縣 本枝葉之葉
折 音舌 耗折 損折 本曲折之折
別 邉入聲 分別 本別離之別
樂 音洛 歡樂 本禮樂之樂
魄 音泊 又音托 落魄 本魂魄之魄

郤 音隙 有郤 本郤餽之郤
拂 音弼 拂士 輔弼 本拂拭之拂
辟 音僻 便辟 放辟 辟陋 本君辟辟除辟雍之辟
適 音的 適子 適莫
又音責 人不足與適 俱本適意之適
索 音色 索隱 戎索 京索 本纜索索居之索

讀書十六觀

華亭陳繼儒

昔人嗜古者上榜層崖下縋窮淵凡碑版鍾釜之文皆爲搜而傳之薰以芸蕙襲以縹緗其與籍之癖如此余也鄙少秉攸好頗藏異冊每欣然指謂子弟云吾讀未見書如得良友見巳讀書如逢故人吾性淶賓客而憚悔尤庶幾仗此其可老而閉戶乎乃於竹窗之暇抽憶舊聞纂讀書十六觀益浮氏之修屠淨土有十六觀經而觀止矣

[讀書十六觀　一]

呂獻可嘗言讀書不須多讀得一字行取一字伊川亦嘗言讀得一尺不如行得一寸讀書者當作此觀

倪文節公云松聲澗聲山禽聲夜蟲聲鶴聲琴聲棋子落聲雨滴階聲雪洒窗聲煎茶聲皆聲之至清者也而讀書聲爲最聞他人讀書聲巳極喜更聞子弟讀書聲則喜不可勝言者矣又云天下之事利害常相半有全利而無少害者惟書不問貴賤貧富老少觀書一卷則有一卷之益觀書一日則有一日之益故有全利無少害也讀書者當作此觀

范質自從仕未嘗釋卷曰嘗有異人言吾當大用苟如是言無學術何以處之讀書者當作此觀

沈攸之晚好典冊常曰早知窮達有命恨不十年讀書葉石林云後人但令不斷書種爲鄉黨善人足矣若夫成否則天也讀書者當作此觀

孫蔚家世積書遠近來讀者恒有百餘人蔚爲辦衣食讀書者當作此觀

[讀書十六觀　二]

東坡與王郎書云少年爲學者每一書皆作數次讀之當如入海百貨皆有人之精力不能兼收盡取但得其所欲求者爾故願學者每次作一意求之如欲求古今興亡治亂聖賢作用且只作此意求之勿生餘念又別作一次求事迹文物之類亦如之也若學成八面受敵與涉獵者不可同日而語讀書者當作此觀

董遇挾經書投閒習誦人從學者不肯教之云先讀百篇而義自見欒城云看書如服藥藥多力自行

讀書者當作此觀
江祿讀書未竟雖有急速必待卷束齊整然後得起
故無損敗人不厭其求假焉齊王攸就人借書手
刋其謬然後返之讀書者當作此觀
劉顒時稱學府每共孔奐讀論深相難乃執奐手曰
伯喈墳索悉與仲宣吾當希彼蔡君足下無愧王
氏所保書籍尋以相付讀書者當作此觀
蘇子美客外舅杜祁公家每夕讀書以一斗爲率密
覘之子美讀漢書張良傳至良與客狙擊秦皇帝

撫掌曰惜乎擊之不中遂滿引一大白又讀至良
曰始臣起下邳與上會於留此天以授陛下又撫
案曰君臣相遇其難如此復舉一大白公笑曰有
如此下物一斗不足多也讀書者當作此觀
黄涪翁云擘書覆瓿裂史粘窗誰不惜之士厄窮途
陷落寃穽聞者不憐過者不顧聽其死生是賢紙
上之字而譬腹中之文哀哉讀書者當作此觀
蔡君謨嘗書小吳箋云李及知杭州日市白集一部
乃爲終身之恨郎甚清愼無所營嘗日任官之所

木枕亦不須作況重于此乎唯頗令人寫書樊承
孟遺之書曰在官寫書亦是風流罪過某答曰觀
過知仁斯亦可矣讀書者當作此觀
陳子兼云讀竇灌田蚡傳想其使酒罵坐口語歷歷
如在目前便是靈山一會儼然未散讀書者當作
此觀
朱紫陽云漢吳恢欲殺青以寫漢書晁以道嘗欲得
公穀傳遍求無之後得一本方傳寫得今人連寫
也自厭憎所以讀書苟簡讀書者當作此觀

趙季仁謂羅景綸曰某生平有三願一願識盡世間
好人二願讀盡世間好書三願看盡世間好山水
羅曰盡則安能但身到處莫放過耳讀書者當作
此觀
顏之推云吾每讀聖賢之書未嘗不肅衣對之其故
紙有五經詞義及賢達姓名不敢穢用也溫公謂
其子曰賈豎藏貨貝儒家惟此耳然當知寶惜今
釋子老氏猶知尊敬其書豈以吾儒反不如乎趙
子昂書跋云聚書藏書良匪易事善觀書者澄

端處淨几焚香勿捲腦勿折角勿以爪侵字勿以唾揭幅勿以作枕勿以夾刺隨損隨修隨開隨掩後之得吾書者并奉贈此法讀書者當作此觀

予嘗前觀罷投筆而夢有老人撫予背曰盡信書則不如無書此正爲文害詞詞害義處下一轉語耳予心開其言問之自稱斵輪翁乃覺而志於紙尾以爲十六觀補

文章九命

吳郡王世貞

一知遇

自古文章於人主未必遇遇者政不必佳獨司馬相如於漢武帝奏子虛賦不意其今人至歎曰朕獨不得此人同時哉奏大人賦則大悅飄飄有凌雲之氣既死索其遺篇得封禪書覽而異之此是千古君臣相遇令傳粉大家讀之且不能句矣下此則隋煬恨空梁于道衡梁武紬徵事於孝標李紫崖至屏白香山詩不見曰見便當愛之僧虔拙筆明遠累辭於乎忌則忌矣後世覓一解忌人了不可得

李青蓮起自布素入爲供奉龍舟移饌獸錦奪袍天子調羹宮妃捧硯睨雖淪落亦自可人

王岐公圭爲學士上嘗月夜召入禁中對設一榻賜坐王謝不敢上曰所以夜相命者政欲略去苛禮領略風月耳既宴水陸奇珍仙韶霓羽酒行無筭左右姬嬪悉以領巾紈扇索詩王一一爲之咸以珠花一枝潤筆衣袖皆滿五夜乃令以金蓮歸院翼日都下

盛傳天子請客亦奇遇也

韓翃能府閒居不得意一日夜半客叩門急賀曰員外除駕部郎中知制誥翃愕然曰誤矣客曰邸報知制誥闕人中書兩進名不從又請之曰與韓翃時有與公同姓名爲江淮刺史者又具二人進御批曰春城無處不飛花寒食東風御柳斜日暮漢宮傳蠟燭青煙散入五侯家與此韓翃客曰此非員外詩耶翃曰是不誤矣

唐宣宗見伶官歌白傅楊柳枝詞曰永豐東角荒園裏不見楊花撲面飛因命取永豐柳兩株植禁中

二傳誦

大曆中賣一女子姿首如常而索價至數十萬云此女子誦得白學士長恨歌安可他比　元稹連昌宮等辭凡百餘章宮人咸歌之呼爲元才子　王昌齡王渙之高適微服酒樓諸名妓次第而歌咸是其詩因歡飲竟日　李賀樂府數十首流傳絃管又李益與賀齊名每一篇出輒以重賂購之入樂府稱爲二李嗚呼彼伶工女子者今安在哉

大曆中新羅國上書請以蕭夫子穎士爲師　元和中鷄林賈人鬻元白詩云東國宰相以百金易一篇僞者輒能辨　元和中契丹使人俱能誦蘇子瞻文

三謫仙

自古文章之士稱以僊去者理或有之蓋天地冲美之氣見鍾獨多生有所自出有所爲則去有所歸固其宜耳淮南王與八公上昇東方朔西入瑤池司馬季主委羽托化莊周爲太玄博士稽康爲中央鬼帝郭璞爲都錄司命賈誼爲西明都禁郎陶侃爲西河

侯謝幻輿爲左付監曹植爲遮須國王蔡邕爲修文郎季札荀彧俱爲北明公劉楨徐幹王粲俱爲郎中王茂弘爲尚書令陶隱居爲蓬萊都水監李長吉爲賦玉樓記白居易爲海山院主韓退之爲真官寇萊公爲閻浮提王石曼卿爲芙蓉城主蘇子瞻爲奎宿劉景文爲雷部掌事沈文通爲地下曹司杜少陵爲文星典吏

四貧困

古人云詩能窮人究其情實誠有合者莊周貧粟監

河黔婁被不覆形東方朔稱饑欲死司馬相如家徒四壁立典鷫鷞裘陽昌家備酒太史公無貨賂贖罪匡衡爲人傭書東郭先生履行雪中足指盡露王章病無被卧牛衣中王克遊市肆閲所賣書范史雲釜中生塵第五頡十日不炊孫晨織箕爲業吳瑾傭作讀書趙壹言文籍雖滿腹不如一囊錢束晳債家相敦乞貸無處王尼食車牛餓死董京殘雪覆體乞匃于市陶潛驅饑乞食思效冥報應璩屠蘇發徵機翁見謀張融寄居一小船放岸上虞龢遇雨舒被覆書

身乃大濕王智深嘗五日不得食裴子野借官地二畝葢茅屋數間杜甫浣花蠶月乞人一絲兩絲鄭虔履穿四明雪饑拾山陰橡蘇源明爇薪照字垢衣生蟣賈島歎鬢絲如雪不堪織衣孟郊苦寒敲石無火盧仝長鬚赤脚灌園自資周朴寄食村居不能娶婦

五　偃蹇

孫卿垂老蘭陵避讒引郄孟氏再說不合彷徨出晝長卿爲郎數免婆娑茂陵仲舒既罷江都衛門教授賈生流落長沙方朔久困執戟楊雄白首校書陳壽再致緋辱孫楚湮廢積年郤正三十年不遇六百石潘安仁三十年一進階再免一除名一不拜盧詢斥修邊堠王沈鬱鬱爲椽劉顯六十餘曳裾王府劉孝綽前後五免蕭惠開仕不得志齋前悉種白楊庾仲容王籍謝幾卿俱久不調沈酬以終四傑惟盈川至令長李杜淪落吳蜀孟浩然以禁中忤旨放還終老蕭穎士及第三十年纔爲記室王昌齡詩名滿世棲遲一尉賈島溫飛卿皆犯顏龍服顛躓不振孟郊公乘億溫憲劉言史潘賁之徒老困名場僅得一第或

方鎮一辟憔悴以死至其詩所謂鬢毛如雪心如死猶作長安下第人十上十年皆下第一家一半已成塵一領青衫消不得着朱騎馬是何人又有柳榆路鬼憔悴波臣獼猴騎土牛鮎魚上竹竿之喻意其窮甚矣

六　嫌忌

屈原見忌上官孫臏見忌龐涓韓非見忌李斯莊周見忌惠子荀卿見忌春申賈誼見忌絳灌董仲舒見忌公孫蔡邕見忌王允邊讓孔融楊修見忌魏武曹

楨見忌兄文虞翻見忌孫權張華見忌荀勗陸機見忌盧志謝混見忌宋祖劉峻見忌梁高薛道衡王冑見忌隋煬柳譬見忌諸葛穎張九齡李邕蕭穎士見忌李林甫顔眞卿見忌元載武元衡見忌王叔文愈見忌李逢吉李德裕見忌李宗閔白居易見忌李德裕温庭筠李商隱見忌令狐綯韓偓見忌崔胤楊億見忌丁謂蘇軾見忌舒亶李定石見忌夏竦或以材高畏逼或以詞藻慚工大則斧鑕小猶貝錦

七刑辱

孫臏刖足范雎折脇張儀搒至數百司馬遷腐刑中公胥靡禰衡鼓吏劉楨尚方磨石馬融蔡邕班固之流至袁彖陸厥輩咸髠鉗短後城旦鬼薪諸葛勗有東冶徒賦鄭炎有遺令四帖高爽有鑊魚賦杜篤有吳漢誄鄒陽江淹俱有上書皆囚繫中成者

八夭折

夏侯榮七歲屬文十三歲戰歿林傑六歲能文十七歲卒夏侯稱十八袁著十九邢居實二十王寂二十一何炯二十二王弼王延壽何子朗俱二十四袁耽二十五禰衡王訓李賀俱二十六衛玠王融俱二十七鄭炎陸厥俱二十八沈友王勃俱二十九阮瞻劉鏡孔熙先劉訏歐陽建俱三十劉世敎盧詢俱三十二賈誼三十三謝瞻三十五王洽劉琰王錫王僧達謝朓俱三十六謝晦謝惠連俱三十七王珉王儉王肅俱三十八王濛三十九嵇康歐陽詹俱四十

九無後

叔向之鬼既餒中郎之女僅存劉瓛劉璡並廢蒸嘗何胤何點先慮伉儷李太白蕭穎士有子而獨孫女流落俱爲市人妻崔曙一女名星白公一姪曰龜郎靖時貽文莫讀至于文舉二子一女髫年被刑機雲會舉碁功駢僇王筠闔門盜手神理茶酷于[illegible]矣

歌學譜

莆中林希恩

書曰歌永言而元首股肱之作賡相勉勵是歌之義所由來者尚矣故唐虞三代以上率皆履禮樂樂而見之歌詠者雝雝洋洋充滿宇宙降及後世蓋有淺可慨者艶曲靡靡之音徧於天下以淫溺其情縱志而成風也於是平淡之聲更不復作遂使有志之士不得上觀淳古太和之盛矣然音由人心生也故撰著歌學解如左蓋以移風易俗莫善於樂而反澆漓還淳之責端有望於同志諸君子云

總一章四句分作春夏秋冬第一句春第二句夏第三句秋第四句冬每句上四字各分作春夏秋冬第一字春第二字夏第三字秋第四字冬然春夏秋冬雖有定序而春夏秋冬又各自爲春夏秋冬下三字稍倣上四字亦分作春夏秋冬第三句首二字稍續上句末三字各平分不甚疾遲輕重以第三句少變前二句不疊韻而足聽也第四句第四字乃冬之冬閉藏已極然陰不獨勝陽不終絕消而必息虛而必盈所謂旣剝將復而亥子之間天地人之至妙至妙者是也故末三字當有一陽來復之義第五字聲要高何也閉藏已極不有以振而起之無以發其坤中不絕之微陽也故曰十月謂之陽月每句每二字一斷庶轉氣悠揚不至急促第一字口略開聲要融和第二字口開聲要洪大第三字聲返於喉秋收也第四字聲歸丹田冬藏也春而融和夏而洪大者達其氣而洩之俾不閼也秋而收之冬而藏之所謂收天

下春而藏之肺腑也其不絕之餘聲復自丹田而出之以滌邪穢以融渣滓攄而清之也春之聲稍遲夏之聲又遲秋之聲稍疾冬之聲又疾變而通之則四時之氣備矣闔而闢之則乾坤之理備矣幽而鬼神屈伸而執其機明而日月往來而通其運大而元會運世而統其全此豈有所強而然哉廣大之懷自得之趣眞有如大塊噫氣而風生於寥廓洪鐘逸響而聲出於自然者融溢活潑寫出太和眞機吞吐卷舒神化不測故聞之者不覺心怡神醉恍乎若登堯舜

之堂舞百獸而儀鳳凰矣

第一章總一章分作春夏秋冬章四句每一句分作春夏秋冬者二

一春之春口略開氣春之夏口開天春之秋聲在喉然春之冬聲歸丹田相始

終亦分作春夏秋冬俱要有春聲

右第一句春口略開春聲也亦能作夏聲秋聲冬聲蓋聲有高下大小亦有疾遲修舒也

屈夏之春口略開伸夏之夏口開閎夏之秋聲在喉闢夏之冬聲歸丹田自無

窮亦分作春夏秋冬俱要有夏聲

右第二句夏聲口開夏聲也亦能作春聲秋聲冬

徘徊雲影天光外首二字稍續前句末三字不相疾遲輕重俱不疊前韻只要有蕭索之聲而春夏秋冬之氣亦明備於此矣

右第三句秋聲在喉秋也亦宜春宜夏宜冬

自冬之春口略開在冬之夏口開清冬之秋聲在喉風冬之冬聲歸丹田明月

中上四字至冬之冬則時物閉藏剝落已盡故此三字須知一陽而動剝而既復亦須知有春還消息靜以需之之意第五字聲要高者以振起坤中不絕之微陽而十月謂之陽月者此也然陽氣雖動而發端於地中者甚微固不可不扶以振之而鼓其機亦不可不靜以養之而藏之固不先而秋不後而春而夏要得冬時不失冬聲

右第四句冬聲歸丹田冬也亦宜春宜夏宜秋

第二章亦依上章歌之每歌二章則四時相禪之機方爲大備

勿以窮通明出處惟將功用論窮通浩然充塞如

無外便是吾人位育功二首俱醒心集詩

三百篇聲譜

明 張蔚然

司馬遷云古者詩三千餘篇孔子去其重取可施於禮義三百五篇皆絃歌之以求合韶武雅頌之音禮樂自此可得而述可見詩自關雎以迄殷武皆有其聲可絃可歌矣而惜乎聲譜不傳有閩人陳第者爲毛詩古音考亦庶得摸摹古韻之路然特可資諷誦而非可被樂章則聲實闕焉昔舜命夔曰詩言志歌永言聲依永律和聲此卽樂府徵言詩家輿論也後

世作者如林苟於聲律有乖卽歌詠亦非自然安所稱眞詩哉嘗得儒先所傳古燕饗通用之樂載歌遺聲章分句析字字律呂堂上之歌皆用黃鍾以象君堂下合樂則用清商以象臣因併以當世樂眼合四一上勾尺工凡六五諸焉聊備識之以俟夫審音者庶幾叱字以推聲觸一而反三遺法或有可尋眞詩不至盡泯凡樂府古選律絶諸體敲琢天成或謌或絃務斯通悟存乎其人云爾

升歌鹿鳴四牡皇皇者華三終 學記宵雅肄三官其始也首肄此三篇爲一終

吻黃清六 吻南高工 鹿蕤勾 鳴姑高一 食南高工 野姑高一 之

苹太四 黃合 我蕤勾 有林尺 嘉應高凡 賓南高工 鼓林尺 瑟南高工 吹黃清六

笙林尺 吹蕤勾 笙林尺 鼓南高工 簧姑高一 承應高凡 筐黃清六 是姑高一

將南高工 人林尺 之南高工 好黃合 我姑高一 示林尺 我南高一

周太清高五 行黃清六 ○ 吻黃合 吻姑高一 鹿蕤勾 鳴姑高一 食林尺 野南高工

之太清高五 蒿黃清六 我林尺 有南高工 嘉應高凡 賓黃清六 德南高工

音蕤勾 孔姑高一 昭林尺 視姑高一 民南高工 不黃清六 恌姑高一

君應高凡 子黃清六 是姑高一 則蕤勾 是姑高一 傚南高工 我林尺

有南高工 旨黃合 酒姑高一 嘉林尺 賓南高工 式應高凡 燕南高工 以太清高五

敖黃清六 ○ 吻黃合 吻姑高一 鹿太四 鳴黃合 食太四 野黃合 之蕤勾

芩姑高一 我蕤勾 有南高工 嘉應高凡 賓南高工 鼓南高工 瑟南高工

鼓黃清六 琴林尺 鼓蕤勾 瑟林尺 鼓姑高一 琴南高工 和應高凡 樂黃清六

且姑高一 湛南高工 我林尺 有南高工 旨黃合 酒姑高一 以林尺

燕南高一 樂黃合 嘉應高凡 賓南高工 之太清高五 心黃清六 ○ 四黃合

牡姑高一 騑蕤勾 騑姑高一 周太四 道黃合 倭蕤勾 遲姑高一 豈林尺 不南高工

懷應高凡 歸黃清六 王蕤勾 事姑高一 靡林尺 盬南高工 我林尺

心黃合 傷應高凡 悲黃清六 ○ 四黃合 牡姑高 騑林尺 騑南高工 嘽應高凡

嘽南高工 駱太清高五 馬黃清六 豈蕤勾 不林尺 懷應高凡 歸南高

工王蕤勾事姑高一靡黃合盬黃合不林尺遑姑高一啟太四處黃合○
翩黃清六翩姑高一者林尺鵻姑高丁載姑高一飛應高凡載林尺下
南高工集蕤勾於南高下苞蕤勾栩林尺王太四事黃合靡蕤勾盬姑高一
不林尺遑南高工將太清高五父黃清六○翩黃清六翩姑高一者蕤勾
鵻姑高一載林尺飛應高凡載林尺止南高工集林尺於南高工苞蕤勾
杞姑高一王蕤勾事姑高一靡林尺南高工不黃合遑蕤勾將太四母
黃合○駕黃合彼太四四黃合駱姑高一載林尺驟南高工駸黃清六駸
林尺豈林尺不南高工懷應高凡歸黃合是太四用黃合作蕤勾歌姑高一
將應高凡母黃合來太清高五諗黃清六口皇黃合皇南工者林尺華

南高工于林尺彼姑高原林尺隰南高工駪蕤勾駪林尺征蕤勾夫姑高
一每應高凡懷南高工靡太高五及黃清六○我黃合馬姑高一維
蕤勾駒姑高一六黃清轡姑高一如林尺濡南高工載林尺馳南高工
載黃合驅姑高一周蕤勾爰姑高一咨太四諏黃合○我黃清六馬林尺
維應高凡騏黃清六六林尺轡南高工如蕤勾絲姑高一載林尺馳南高
工載蕤勾驅林尺周應高凡爰黃合咨太清高五謀黃清六○我黃清六
馬林尺維應高凡駱南高工六蕤勾轡姑高沃林尺若南高工載蕤勾
馳南高工載蕤勾驅林尺周黃合爰南高工咨太清高五度黃清六○我
黃清六馬林尺維應高凡駰黃清六六林尺轡南高工既蕤勾均姑高

載林尺馳南高工載蕤勾驅林尺周應高凡爰黃合咨太清高五詢黃六
俱黃鍾清宮俗呼正宮○已上皆黃鍾爲宮林鍾爲徵太簇爲商南呂爲羽姑洗爲角應鍾爲變宮蕤賓爲變徵隋歌聲抑揚爲五音之等非叶字本音也下皆倣此笙入奏南陔
白華華黍三笙詩皆有聲無詞乃間歌魚麗笙由庚無詞歌南有
嘉魚笙崇丘無詞歌南山有臺笙由儀無詞三終儀禮三笙一和而成聲謂笙工必用四人也堂上升歌畢則堂下吹笙一詩爲一終謂之笙人若間歌則間代而作堂上先歌魚麗則堂下吹由庚爲一終其二終三終皆如之魚黃清六麗姑高一于蕤勾罶
姑高一鱨太四鯊黃合君蕤勾子林尺有應高凡酒南高工旨林尺且南高
工多黃清六○魚黃合麗太清高五于太四罶黃清六魴蕤勾鱧姑高一

君蕤勾子林尺有蕤勾酒姑高一多蕤勾且林尺旨黃合○魚黃合麗太清
高五于應高凡罶黃清六鰋林尺鯉南高工君蕤勾子姑高一有林尺酒
南高工旨林尺且南高工有黃合○物黃清六其姑高一多應高凡矣
南高工維蕤勾其姑高一嘉林尺矣南高工○物黃合其林尺旨蕤勾矣
姑高一維南高工其蕤勾偕姑高一矣林尺○物黃合其太四有黃合矣
姑高一維應高凡其南高工時太四矣黃清六口南黃清六有林尺嘉
應高凡魚南高工烝應高凡然南高工罩姑高一罩南高工君林尺子
南高工有酒姑高一嘉應高凡賓黃清六式林尺燕南高工以太清
高五樂黃清六○南黃清六有南高工嘉蕤勾魚姑高一烝蕤勾然姑高

一汕林尺汕南高工君林尺子南高工有黄合酒姑高一嘉黄合賓姑高
一式太四燕黄合以南高工衎黄清六○南黄清六有太清高五樛應高
凡木應高凡甘黄清六瓠林尺纍南高工之黄清六君黄合子大四有
黄合酒姑高一嘉太清高五賓黄清六式應高凡燕南高工綏太清高五之
黄清六○翩黄合翩太四者黄合鵻姑高一烝林尺然南高工來蕤勾思
姑高一君黄清六子姑高一有林尺酒南高工嘉蕤勾賓姑高一式太四
燕黄合又南高工思黄清六○南黄清六山太清高五有應高凡臺南高
工北應高凡山南高工有太清高五萊黄清六樂應高凡只黄清六君
應高凡子南高工邦林尺家南高工之黄清六基林尺樂蕤勾只林尺君

三百篇聲譜〈八〉　五

南高一子姑高一萬黄合壽姑高一無太四期黄合○南黄合山姑高一
有蕤勾桑姑高一北黄合山姑一有太四楊黄合樂蕤勾只林尺君應高
凡子南高工邦林尺家南高工之黄合光林尺樂應高凡只黄清六君
蕤勾子姑高一萬林尺壽南高工無太清高五疆黄清六○南黄清六山
林尺有應高凡杞南高工北林尺山南高工有太清高五李黄清六樂應高
凡只黄清六君應高凡子南高工民南高工之蕤勾父姑高一母林尺
樂蕤勾只林尺君蕤勾子姑高一德蕤勾音姑高一不太四已黄合○南
黄合山太四有黄合栲姑高一北南高工山蕤勾有姑高一杻林尺樂蕤勾
只林尺君應高凡子南高工遐林尺不南高工眉太清高五壽黄清六樂

應高凡只黄清六君蕤勾子姑高一德應高凡音南高工是林尺茂黄清
六○南黄清六山姑高一有蕤勾枸姑高一北應高凡山黄合有太清
高五摟黄清六樂應高凡只黄合君應高凡子南高工遐南高工不蕤勾
黄姑高一耇林尺樂蕤勾只林尺君蕤勾子姑高一保黄清艾南高工
爾林尺後黄清六俱黄鍾清宮　笙入三成遂合鄉樂關
雎鵲巢三終合樂謂歌笙與衆樂俱作堂上歌瑟堂下笙磬合奏此六詩也言三終者三南
各三終也關黄清六關南高工雎林尺鳩南高工在黄合河姑高一之太四
洲黄合窈林尺窕南高工淑黄清六女姑高一君黄清六子林尺好南高
工逑黄清六○參黄清六差南高工荇林尺菜南高工左林尺右南高

三百篇聲譜〈八〉　六

工流無下凡之黄清六窈中上窕林尺淑無下凡女姑高下寤太四寐
姑高一求太四之黄合求黄清六之南高工不林尺得南高工寤姑高一
寐中上思南高工服林尺悠姑高一哉中上悠姑高一哉太四輾黄清六
轉南高工反無下凡側黄清六○參黄清六差無下凡荇南高工菜
林尺左太清高五右林尺采南高工之黄清六窈姑高一窕中上淑林尺女
南高工琴林尺瑟姑高一友太四之姑高一參太四差黄合荇姑高一菜
林尺左林尺右姑高一芼林尺之南高工窈黄清清窕南高工淑林尺女
太清高五鐘黄合鼓南高工樂無下凡之黄清六○葛黄合之太四覃姑高
一兮太四施太四于姑高一中太四谷黄合維中上葉南高工萋無下凡

萋四黃南高工鳥蕤下凡于南高工飛林尺集中上于林上灌蕤下木

太四其黃清六鳴南高工喈無下凡喈黃清六〇葛黃清六之太清高五

覃林尺兮黃清六施林尺于南高工中無下凡谷黃清六維林尺葉南高

工莫南高工莫蕤勾是黃合刈姑高一是太四濩姑高一爲林尺絺姑高

一爲太四綌姑高一服太四之姑高一無太四斁黃合〇言黃清六告

姑高一師南高工氏林尺言林尺告姑高一言太四歸黃合薄黃合汙姑高

一我太四私姑高一薄姑高一澣中上我林尺衣南高工害南高工澣

林尺害無下凡否太四歸黃清六寧南高工父林尺母黃合〇采黃清六

采姑高一卷林尺耳南高工不林尺盈姑高一頃林尺筐南高嗟中上我

三百篇聲譜八　七

林尺懷無下凡人太四寘黃合彼姑高一周太四行黃合〇陟黃清六彼

無下凡崔南高工嵬林尺我林尺馬姑高一虺南高工隤林尺我中上姑

林尺酌南高工彼無下凡金姑高一罍太四維太清高五以林尺不南高工

永無下凡懷黃清六〇陟黃合彼姑高一高南高工岡林尺我林尺馬

姑高一玄南高工黃林尺我姑高一姑太四酌姑高一彼黃合兕太四觥

姑高一維黃清六以林尺不南高工永無下凡傷黃清六〇陟黃清

彼南高工砠黃清六矣林尺我黃合馬姑高一瘏太四矣黃合我中上僕

姑高一痛林尺矣南高工云黃清六何高工吁無下凡矣黃清六〇

維黃合鵲姑高一有中上巢林尺維黃清大鳩無下凡居南高工之林尺

之中上子林尺于無下凡歸太四百黃清六兩林尺御南高工之黃清六

〇維黃合鵲林尺有南高工巢林尺維林尺鳩姑高一方太四之黃合之

林尺子黃合于林尺歸姑高一百太四兩黃合將太四之黃合〇維黃清六

鵲無下凡有南高工巢林尺維南高工鳩林尺盈南高工之黃清六之

黃清六子南高工于姑高一歸林尺百太清高五兩林尺成南高工之黃清

六〇于黃清六以南高工采林尺蘩南高工于林尺沼姑高一于太四

沚姑高一于黃合以姑高合用太四之姑高一公黃清六侯南高工之

無下凡事黃合〇于黃清六以林尺采黃合蘩南高工于太四澗黃合之

太四中姑高一于姑高一以南高工用林尺之南高工公黃清六侯南高工

三百篇聲譜八　八

之太清高五宮黃清六〇被黃清六之太清高五僮南高一僮林尺夙太清

高五夜姑高一在南高工公黃清六被黃合之姑高一祁太四祁姑高一

薄林尺言南高工還無下凡歸黃清六〇于黃合以南高工采林尺蘋

南高工南姑高一澗林尺之南高工濱林尺于林尺以姑高一采中上藻

林尺于黃合彼姑高一行太四潦黃合〇于黃合以姑高一盛太四之姑高

一維黃清六筐南高工及林尺筥南高工于林尺以姑高一湘中上之

林尺維林尺錡南高工及無下凡釜黃合〇于黃清六以南高工奠黃合

之姑高一宗太四室黃合牖太四下黃合誰中上其南高工尸無下凡之

林尺有黃清六齊南高工季無下凡女黃合俱無射清商俗呼越調〇也

亦皆無射爲宮中呂爲徵黃鍾爲商林鍾爲羽太蔟爲角南宮爲變徵凡十一律還相爲宮皆宗黃鍾故曰清商也右燕樂各止三終者以反爲文也黃鍾清宮起調即以清宮畢曲合亦如之諸侯燕禮大射以爲正樂下達大夫士庶人鄉飲酒禮皆用之鄉射正樂惟合樂三終而已　歌法吻吻鹿鳴首吻黃鍾全出自喉調氣使清轉及唇上則次吻爲南呂回復牙舌之間則鹿爲蕤賓變徵矣又轉至牙則鳴爲姑洗蓋南呂爲黃鍾羽蕤賓爲南呂羽生姑洗爲角聲應於大呂圜鍾與夷則鍾球相應皆譜所不及餘倣此

陽關三疊圖譜

錢唐田藝衡

送元二使安西

唐詩記事作送客詩元姓二行也其名不見于史出使安西貞觀十四年平高昌置安西大都護府顯慶三年徙龜茲都督府復治西州東接焉耆西連疏勒南隣吐蕃北拒突厥今安西城在陝西靜虜衛

王維字摩詰河東人居藍田輞川唐開元九年進士仕至尚書右丞有文集十卷又送不蒙都安西云鳴笳瀚海曲按接陽關外送劉司直赴安西云絕域陽關道胡沙與塞塵

渭城朝雨浥輕塵客舍青青柳色新勸君更盡一杯酒西出陽關無故人

劉辰翁云更萬首絕句亦無復近此詩詢古今第一矣

渭城秦咸陽孝公所都漢高帝名新城屬長安武帝名渭城唐都長安改京兆郡開元初改京

咸陽故城有三秦城在今陝西西安府長安縣北三十里隋城在縣東北二十里唐城在渭水北杜郵館西蓋渭城因渭水而得名也渭河在府城北五十里出臨洮府渭源縣鳥鼠山西北谷東流經盩厔與平咸陽渭南至華陰界以入黃河

朝雨清晨之雨也浥潤也輕塵陌上浮埃所謂芳塵也客舍渭城邊之客館今旗亭旅邸也新一作春又柳色春一作楊柳春自漢時凡東出函關必始于霸陵故送行者于此折柳以贈别李太白詞

年年柳色霸陵傷別而霸陵橋因名銷魂橋者為援霸陵折柳之事而致之渭城蓋唐時多事西域行役者既渡渭水以西北向而抵渭城直趨玉門陽關故以出陽關為言也右丞又云柳條疏客舍至如張籍詩客亭門外柳折盡向南枝孟郊詩離杯有淚飲別柳無枝春眞可以銷䰟矣更去聲更盡再盡也謂勸君更盡此酒他日西去出陽關之外已無故人欲求故人今日一杯之樂不可復得實至所謂今日送君須盡醉明朝相憶路漫漫

陽關漢敦煌龍勒之關也西域傳匈奴之西烏孫之南北有大山中有河東則接漢阸以玉門陽關西則限以葱嶺使于闐記甘州西始涉磧西北五百里至肅州渡金河西百里出天門關又西百里出玉門關入吐蕃界西至沙州南十里鳴沙山又東南十里三危山其西渡都鄉河曰陽關

一統志陝西行都指揮使司玉門關在故瓜州西北一十八里而瓜州城在肅州城西五百二十六里古西戎地漢敦煌郡也陽關在廢壽昌縣西六

里而壽昌縣在沙州城西南一百五十里漢龍勒縣地也玉門在龍勒之西陽關在玉門之南故名之曰陽而清波雜志乃云漢將陽與敗出此關因以為名則是不美之號矣敗軍之將叛國之臣爲足以章紀絕徼哉

唐陽關在遼西去長安一萬里庾信詩萬里陽關路是也右丞送平判官詩不識陽關路新從定遠侯而蕭颯使玉門關弟肅勸酒頻頻謂兄曰醉中庶分袂不悲即此

唐人送別率于渭城故岑參送楊子詩斗酒渭城邊壚頭耐醉眠而勸酒二字詩中多用之如杜子美云淚逐勸杯落愁連吹笛生黔陽信使應稀少莫惟頻頻苦勸君皆情之真而辭之切也

漁溪叢話唐人尤用意小詩其命意與所敘述初不減長篇而促爲四句意工理盡高簡頓挫所以難耳如王摩詰云西出陽關無故人故行者爲可悲而勸酒者不得不飲陽關之詞不可不作

渭城曲

右丞此詩樂府集作渭城曲

劉禹錫初貶召還又忤宰相被黜十年再召還與歌者何戡詩曰二十餘年別帝京重聞天樂不勝情舊人惟有何戡在更與慇懃唱渭城謝枋得云夢得歎舊時之客已者今無一存惟一妓獨在不勝情三字極有味按此則右丞之詩在唐時已入歌曲矣

劉伯芻居安邑里巷口有鬻餅者早過戶未嘗不聞謳歌而當壚興甚早一旦召之與語貧窘可憐因與萬錢令多其本日取餅以償之欣然持鏹而去後過其戶則寂然不聞謳一之聲謂其逝矣及呼乃至謂曰爾何輟歌之遽乎曰本流既大心計轉麁不暇唱渭城矣侍郎大笑曰吾思官徒亦然

王崇熙河送客入京詩渭城柳色已青青强駐行人聽渭城不問使車歸路遠且從尊酒滿杯傾

劉原父長安別蔡嬌詩玳筵銀燭徹宵明白玉佳人唱渭城更盡一杯須起舞關河秋月不勝情蓋原父守長安時眷官妓蔡嬌所謂添酥者也召還賦此

陽關曲

右丞此詩在唐時亦名爲陽關曲

白氏長慶集云最憶陽關唱真珠一串歌注云沈有謳者善唱西出陽關無故人詞

歐陽永叔送沈侍制陝西都運有云知君才力多閑暇剩聽陽關醉後聲

曾茶山送曾宏父守天台有云莫作陽關墮淚聲冊丘勝事更君聽

陽關調

秦太虛云右丞此絕句近世又歌入小秦王更名陽

關令雙調有曰小陽關又見大石

寇平仲陽關引曰塞草煙光濶渭水波聲咽春朝雨霽輕塵歛征鞍發指青青楊柳又是輕攀折動黯然知有後會甚時節　更盡一杯酒歌一闋歎人生最難歡聚易離别且莫辭沉醉聽唱陽關徹念故人千里自此共明月

葉少蘊上巳懷西湖醉蓬萊云問春風何事斷送繁紅便拚歸去牢落征途笑行人羈旅一曲陽關斷雲殘靄做渭城朝雨欲寄離愁綠陰千囀黃鸝空語

遥想湖邊浪揺空翠絃管風高亂花飛絮曲水流觴有山翁行處翠袖朱欄故人應也弄畫船烟浦會寫相思尊前爲我重翻新句

王晉卿燭影揺紅云香臉輕勻黛眉巧畫宫粧淺風流天付與精神全在嬌波轉早是縈心可慣更那堪頻頻顧盼幾回得見見了還休爭如不見　燭影揺紅夜來飲散春宵短當時誰解唱陽關離恨天涯遠無奈雲收雨散凭欄干東風淚眼海棠開後燕子來時黃昏庭院

張安國送張魏公出師木蘭花云擁貔貅萬騎聚千里鐵衣寒正玉帳連雲油幢映日飛箭天山錦城啓方面重對籌壺盡日雅歌閑休遣沙場虜騎尚餘匹馬空還　那堪更値春殘斟綠醑對朱顔正宿雨催紅和風換翠梅小香慳牙旗漸西去也望梁州故壘暮雲間休使佳人斂黛斷腸低唱陽關

王嬌紅送情人一剪梅云豆蔻稍頭春意闌風滿前山雨滿前山杜鵑啼血五更殘花不禁寒人不禁寒離合悲歡事幾般離有悲歡合有悲歡别時容易見時難怕唱陽關莫唱陽關

陽關三疊

古陽關

渭城朝雨一霎裛輕塵更灑遍客舍青青弄柔凝千縷柳色新更灑遍客舍青青千縷柳色新　休煩惱勸君更盡一杯酒人生會少自古富貴功名有定分莫遣容儀瘦損休煩惱勸君更盡一杯酒只恐怕西出陽關舊遊如夢眼前無故人秪恐怕西出陽關眼前無故人此詞不知何人所壘即東坡所聞者

陸瀿侍兒美奴卜算子云送我出東門乍別長安道
兩岸垂楊鎖暮烟正是秋先老　一曲古陽關莫惜
金尊倒君向瀟湘我向秦魚雁何時到
孫花翁風流子有云三疊古陽關輕寒禁清月滿
征鞍者即此呂居仁生查子云一曲渭城歌柳色
饒春恨人分南浦春酒把陽關盞皆謂此也
蘇子瞻小秦王云濟南春好雪初晴行到龍山馬足
輕使君莫忘霅溪女時作陽關腸斷聲
苕溪漁隱云唐初歌詞多是五言或七言詩初無
陽關三疊　八
長短句自中葉至五代漸變成長短句及宋朝則
盡爲此體今所存者止瑞鷓鴣小秦王二闋是七
言八句詩并七言絕句詩而已瑞鷓鴣尤依字易
歌若小秦王必須雜以虛聲乃可歌耳
謝疊山云唐人餞別必歌陽關三疊
麓堂詩話作詩者不可以意徇辭而須以辭達意
辭能達意可歌可詠則可以傳王摩詰陽關無故
人之句盛唐以前所未道此辭一出一時傳誦不
足至爲三疊歌之後之詠別者千言萬語殆不能

出其意之外必如是　可謂之達耳
芝菴唱論凡唱曲有地所陝西唱陽關三疊黑漆
弩今按大石調有曰陽關三疊正宮有黑漆弩即
學士吟鸚鵡曲也
疊者重也㬪也明也積也楊雄曰古理官決罪三
日得其宜乃行之故从三日从宜會意也王莽以
爲三日太盛改爲三田非義也
三疊者一歌不足以盡其情故必至再而至三猶
瑟之有三調笛之有三弄鼓之有漁陽三疊也
陽關三疊　九
渭城朝雨浥輕塵渭城朝雨浥輕塵客舍青青柳色
新勸君更盡一盃酒西出陽關無故人　第一疊
渭城朝雨浥輕塵客舍青青柳色新客舍青青柳色
新勸君更盡一杯酒西出陽關無故人　第二疊
渭城朝雨浥輕塵客舍青青柳色新勸君更盡一杯
酒勸君更盡一杯酒西出陽關無故人　第三疊
余謂唐人三疊之法必如此然後得其正故白居
易對酒詩云相逢且莫推辭醉聽唱陽關三疊聲
注云第四聲勸君更盡一杯酒是也若秋澗集所

云就中備是銷魂處不待聽歌第四聲此云第四聲乃西出陽關無故人句也

蘇子瞻曰舊傳陽關三疊然今世歌者每句再疊而已若通一首言之又是四疊皆非是或每句三唱以應三疊之說則叢然無復節奏余在密州有文勛長官以事至密自云得古本陽關其聲宛轉悽斷不類向之所聞每句皆再唱而第一句不疊乃知古本三疊蓋如此及在黃州偶讀樂天對酒詩云相逢且莫推辭醉聽唱陽關三疊聲注云第四聲勸君更盡一杯酒以此驗之若一句再疊則此句爲第五聲今爲第四聲則第一句不疊審矣詩話雖是黃州後來所作而文勛長官以事至密所傳契勘蘇公先知密州與孔郎中交代自密徙徐今在徐州和孔詩所謂除却膠西不解歌豈正是文勛長官所傳之聲耶

崔仲容贈歌妓云水剪雙眸霧剪衣當筵一曲媚春輝瀟湘夜色怨猶在巫峽曉雲愁不飛皓齒乍分寒玉細黛眉輕感遠山微渭城朝雨休重唱滿眼陽關

客未歸蓋唐人每疊一句卽所謂重唱也今女郎崔氏云渭城朝雨休重唱則是第一句亦當疊之矣子瞻所云第一句不疊是但知有第二第三疊而不知有第一疊也故余之疊法實陽關三昧云

周美成蘇幕遮云隴雲沉新月小楊柳梢頭能有春多少試着羅裳寒尚峭簾捲青樓占得東風早　翠屏深香篆裊流水落花不管劉郎到三疊陽關聲漸杳斷雲只怕巫山曉

瞿宗吉爲倪氏賦安榮美人行云我聞此語重悲傷對景徘徊欲斷腸渭城楊柳歌三疊湓水琵琶泣數行

陽關連環三疊

連環者取其始終循環宛轉不斷之義也昔始皇遺齊襄王后玉連環曰齊多智解此環后引椎以破之謝秦使曰謹以解矣故樂府有解連環曲

渭城朝雨浥輕塵客舍青青柳色新勸君更盡一杯酒西出陽關無故人　第一疊

西出陽關無故人渭城朝雨浥輕塵勸君更盡一杯

酒客舍青青柳色新　第二疊
客舍青青柳色新渭城朝雨浥輕塵勸君更盡一杯
酒西出陽關無故人　第三疊
第一疊乃原唱也第二疊則首第四句第三疊則
首第二句首尾相銜轆轤相續故謂之連環一名
移宮陽關又名三換頭陽關况觀第三疊之什則
朱人折腰體之評信乎其大謬矣
陽關四疊
渭城朝雨浥輕塵客舍青青柳色新勸君更盡一杯

酒西出陽關無故人
此第四疊也唐人三疊之外獨遺此聲好事者特
以補其大成耳若夫其遍則隨意唱之無定體也
延安夫人暫止樂昌館寄姊妹蝶戀花云淚濕征衣
脂粉媛四疊陽關唱了千千遍人道山長山又斷蕭
蕭風雨聞孤館　惜别傷離方寸亂忘了臨行酒盞
深和淺若有音書憑過鴈東萊不似蓬萊遠
易安居士李清照鳳凰臺上憶吹簫云香冷金猊被
翻紅浪起來慵自梳頭任寶奩塵滿日上簾鉤生怕

離懷别苦多少事欲說還休新來瘦非干病酒不是
悲秋　休休這回去也千萬遍陽關也則難留念武
陵人遠煙鎖秦樓惟有樓前流水應念我終日凝眸
凝眸處從今又添一段新愁
依依傳　又名陽關依依三疊
依依姓鄒氏字倚玉揚州二十四橋人也年減橋數
之零種出章臺之秀腰不堪束甚于柔條眉不假描
渾如初葉娟娟可愛裊裊無雙辭翰逸群舞歌獨步
與耽浮浪志脫羈埃孰是賞心誰知稅駕辛丑之歲

盍簪京口綰帶石頭蟠蚖及春綢繆連理信娉婷而
隈璧真嫣娜以含金游子將歸好述遠别悵短亭之
供帳攀垂柳以繫轡鴛觴分飛驪歌互答鄒子為我
歌陽關第一疊為渭城朝雨浥輕塵客舍青青柳色
新勸君更盡一杯酒西出陽關無故人田子忼慨舉
白去住牽神少選和風東吹麝帶解香而漸歇片雲
北邁鸞簫驚韻而不流鄒子再歌入破第二疊朝雨
浥青青柳色新更盡一杯酒陽關無故人田子
悽其以傷怳忽若失停杯脈脈凝眸悵惺歎江水以

何情憐僕夫之無色柳子卒爲我歌入破第三疊焉浥輕塵柳色新一杯酒無故人辭既促而易竭響復咽而愈哀句引魂搖泣隨聲洊訴喉珠之難貫痛肌玉之頓銷怨入落花望迷芳草古人墮淚之感斷腸之圖良有以也于是田子滿酹一觥勞歌一曲曰馬蹄車轍欲生塵無奈盈盈柳眼新何事陽關方捹醉江南江北未歸人柳子翠袖支頤鳳鞋按拍而賡之曰悲歌遮莫動梁塵疊破陽關恨轉新看取柳條和淚飲今宵定是夢中人余不覺大駭僞材深味雅思

流風窄媾擊節奚酬廼復報歌曰一聲一疊一翻新君是楊州第一人醉裏莫教憔悴盡浮生何處不風塵盍欲以少慰其懷云耳踟躕既久徒御難淹斜照在山歸鴉滿樹乘醉別去何日忘之舟發丹陽神留白下孤蓬獨酌鬱抱誰開適有感于蒲東惜別之事因作車兒投東馬兒向西賦弁綴以楚詞三絕云悲莫悲兮生別離車輪東去馬西馳窮途有酒無人勸忍見風前弱柳垂悲莫悲兮生別離飛花如絮雨晴時何由得似嚶嚶鳥雙擲金梭織柳絲悲莫悲兮生別離暮春不見以秋期歸來四六峯頭月斷續簫聲聽與誰姑蘇有采蓮子者聞余歌而善之觴余永之而遂和之曰悲莫悲兮生別離伯勞東去燕西飛多情化作鶼鶼侶烟水雲林願不違相與抵掌笑曰此眞楊州柳枝詞也至于五湖載月人則直命之爲陽關依依三疊記且語余曰輞川遊客之作議者以爲妙絕古今誠哉是言也獨三疊之旨秘而不傳或傳而不精協律者遺恨焉乃今依依特倡家婦耳調結廻風才凌詠雪悟連環之隱訣辯織錦之玄機近與

吾子聯衙遠俾右丞增價謂之光分柳宿而聲掩隋堤也不亦宜乎章句學士有深慙矣而吾子作詩女史反殿倚玉于袁衙又豈麒麟閣諸子卿之意也哉

陽關三疊琴操

舊譜云陽關曲始于王摩詰而被之管絃或云句句三疊或云只用第三句三疊今之爲是詞者如曰青山無數白雲無數綠水落花無數是又一變而爲詞中三疊也

黄庭内景云太上太道玉宸君閑居蘂珠宫作

言琴心三疊舞貽

陽關貫珠三疊

序曰古之人取陽關之詩而播之絲桐已不如肉矣況舊譜出自俗手雜亂寂寥失三疊之真終非神品也余嘗授指法于勞叟又訂正于王生頗得勾剔之輿乃于暇日披竹徑坐玄樓焚金顏撫玉振神交摩詰思到陽關欣然會心製爲此曲曰渭客調者取緒人泣珠之義所以調絃也即本題而引之惜其遺也曰正序者存右丞之正聲也曰貫珠三疊者樂之所

謂纍纍如貫珠也每句第減二字則三五七言自成其章此又意外之妙也且三疊以紀其實四疊以盡其變亦唐人之舊也曰一串珠三疊者既分一而爲四復合四而爲一即唐人歌喉一串珠之謂初不敢有所增損以失右丞之本旨也此已関而意不窮于是爲之餘弄焉而曰珠泣玉盤者既聞流水之操必隨鮫人之淚白太傅所云大珠小珠落玉盤非知音者不能形容之至于斯也故總而命之曰陽關貫珠三疊焉是雖不足以方南風之雅音亦庶幾乎白雪之絕響矣世有子期當爲傾耳也與

渭客調第一

元子 二二 爲王臣 二二二 當致身逝子 二二 銜君命西入秦馬蕭蕭車轔轔山遥遥水粼粼

第二調

度金河愁路頻望玉門絕四鄰苦辛兮苦辛

第三調

至安西無交親夢長安斷音塵酸辛兮酸辛

第四調

一杯酒聊餞君一首詩聊贈君行矣 二二 慘神 二二二 去矣 二二 慘神 二二

第五調

元二 二二 賢哉王臣向異域策奇勛博望兮等倫定遠兮絕群知何年還入秦知何年還入秦

正序

渭城朝雨浥輕塵客舍青青柳色新勸君更盡一杯酒西出陽關無故人

貫珠三疊第一

渭城朝雨浥輕塵　朝雨浥輕塵　浥輕塵　客舍
青青柳色新勸君更盡一杯酒西出陽關無故人
第二疊
渭城朝雨浥輕塵客舍青青柳色新　青青柳色新
柳色新　勸君更盡一杯酒西出陽關無故人
第三疊
渭城朝雨浥輕塵客舍青青柳色新勸君更盡一杯
酒　更盡一杯酒　一杯酒　西出陽關無故人
第四疊

渭城朝雨浥輕塵客舍青青柳色新勸君更盡一杯
酒西出陽關無故人　陽關無故人　無故人
一串珠三疊
渭城朝雨浥輕塵　朝雨浥輕塵　浥輕塵
客舍青青柳色新　青青柳色新　柳色新
勸君更盡一杯酒　更盡一杯酒　一杯酒
西出陽關無故人　陽關無故人　無故人
珠流玉盤
送元子渭水濱雨乍歇淨芳塵柳青青客館春勸君

酒莫辭頻君飲盡莫逡巡陽關外少行人嗟嗟陽關
外無故人持節歸來今無故人　二二二
陽關琵琶
宋時一女子題琵琶亭詩云爺娘重利兒身輕一曲
琵琶萬里行彈到陽關齊拍手不知原是斷腸聲
琵琶亭今在九江府城西江濱即白司馬送客溢
城聞商女琵琶淚濕青衫之所也
序曰余嘗因琵琶亭之詩而推之是四絃亦有陽關
而久矣其無傳矣往有教坊楊氏世習此藝老大濟

陽終淪常調然亦不過半面彈也嗣後十年有金臺
齊一者獨工正面琵琶更加一絃以備五音此又大
奇盤桓西湖偏騁其技于是紬繹右丞之旨摹寫陽
關之情爰製此曲于時柳花正飛漫天作雪因名飛
花三疊即席授齊子俾調素軫以度新腔頃刻之間
遂能神解推御撚撥咸極其精且善歌詠臨風一抹
歷歷心聲旁水孤吟泠泠指語真雪兒口曹綱手也
雖遊輞川而挾史髮不啻過焉雨歇渭城雲消巫岫
餘音在耳頻勞夢思又十餘年而楊氏之家有少女

能傳其業南人不倘四絃遂中廢闇惜乎飛花徒付東流而已聊附之以爲講云

陽關飛花三疊第一

渭城渭城朝雨浥輕塵客舍客舍青青柳色新勸君勸君更盡一杯酒西出西出陽關無故人

第二疊

渭城朝雨三二浥輕塵客舍青青二二柳色新勸君更盡二二一杯酒西出陽關二二無故人

第三疊

渭城朝雨浥輕塵二二二客舍青青柳色新二二二勸君更盡一杯酒二二二西出陽關無故人二二二

飛花滚三疊

渭城朝雨　渭城朝雨浥輕塵　浥輕塵　客舍青青　客舍青青柳色新　柳色新　勸君更盡　勸君更盡一杯酒　一杯酒　西出陽關　西出陽關無故人　無故人

絮沾泥

一疊兮酒行頻再疊兮淚沾巾三疊兮腸欲斷四疊兮摧征輪客邸誰相親柳枝孤負春要知巫峽猿啼苦只聽陽關無故人

王右丞畫陽關圖

深雪偶談此摩詰送元二使安西詩也世傳陽關圖亦出摩詰之手遂成二妙

李伯時畫陽關圖

宣和畫譜李伯時畫今藏在御府如陽關圖一

思雅堂雜鈔李伯時陽關圖備盡離別悲泣之聲鮮元彭家後有題詩及書主右丞一詩及河東三鳳後

人等印

復齋漫錄送元二絕句李伯時取以爲畫謂之陽關圖余嘗以爲失按漢書陽關去長安二千五百里唐人送客出東門三十里特是渭城耳今有渭城館在焉據其所畫當謂之渭城圖可也

李公麟字伯時舒州人宋進士御史檢法居龍眠山因號龍眠居士

陽關圖歌

京兆安汾叟赴辟臨洮幕府南舒李伯時自

書陽關圖并詩以送行浮休居士爲繼其後

古人送行贈以言李君送人兼以畫自寫陽關萬里情奉送安西從辟者澄心古紙白如銀筆墨輕清意瀟洒短亭離筵列歌舞亭下誼誼簇車馬溪邊一叟靜垂綸橋畔俄逢兩負薪掣臂蒼鷹隨獵犬聳耳駏驢扶隻輪長安陌上多豪俠正值春風三二月分明朝雨浥輕塵客舍青青柳色新主人舉杯苦勸客道是西征無故人慇懃一曲歌未闋歌者背面淚羅巾酒闌童僕各辭親結束韜縢意氣振稚子牽衣老人哭道上行客皆酸辛唯有溪邊釣魚叟寂寂投竿如不聞李君此畫何容易畫出魚樵有深意爲道世間離別人若個不因名與利紅蓮幕府盡奇才家近南山紫翠堆烜赫朱門當巷陌潺湲流水遶亭臺當軒怪石人稀見夾道長松手〻栽靜鎖園林鶯對語穿穿堂戶燕鷰回試問主翁在何所近向安西幕府開歌舞教成頭已白功名未立老相催西山東國不我與造父王良安在哉已十買田箕嶺下更看築室潁河隈潁君傳與王摩詰畫箇陶潛歸去來

蘇子瞻題陽關圖云不見何戡唱渭城舊人空數米嘉榮龍眠獨識陽關曲得古陽關意外聲

黃庭堅題陽關圖云斷腸聲裏無形影畫出無聲亦斷腸想得陽關更無語北風低草見牛羊

又云人事好乖當語離龍眠見出斷腸詩渭城柳色關何事自是離人作許悲

秋澗集題李伯時畫陽關圖云晚唐聲教限羌戎幾唱陽關慘意濃遠飾舞矜殷衛狀畧無離別可憐容

又云別淚重於烟柳雨離愁長似玉關程就中儘是銷魂處不待聽歌第四聲

山陰鄭嘉題陽關送別圖云漠漠楊柳花青青楊柳樹帶花折長條將送行人去灞陵匆匆留明日發沙洲沙洲連塞路望望使人愁願推雙車輪推過壽昌縣壽昌何蔚蔚邊城如眼見別曲歌且停春醪香更清一杯歌一曲曲盡兩含情含情豈無語離別心更苦懊恨別離多懽娛能幾許萬水及千山人去幾時還誰言功名好儂道不如閒

余嘗題琵琶亭陽關圖詩云楊柳青青江水清琵琶

古下小舟横一杯未盡腸先斷何必陽關第四聲

餘杭蔣子文題陽關圖譜詩曰盡道陽關句最奇句

一三疊少人知田郎自是推輪手推出前人絶妙詞

說郛續目録

弓第三十三

談藝錄

吳郡徐禎卿

詩理宏淵談何容易究其妙用可略而言卿雲江水開雅頌之源烝民麥秀建國風之始覽其事迹興廢如存占彼民情困舒在目則知詩者所以宣玄鬱之思光神妙之化者也先王協之於宮徵被之於簧絃奏之於郊社頌之於宗廟歌之於燕會諷之於房中蓋以之可以格天地感鬼神暢風教通世情此古詩之大約也漢祚鴻朗文章作新安世楚聲溫純厚雅

孝武樂府壯麗宏奇縉紳先生咸從附作雖規迹古風各懷剞劂美哉歌詠漢德雍揚可爲雅頌之嗣也及夫興懷觸感民各有情賢人逸士呻吟於下里棄妻思婦歎詠於中閨鼓吹奏乎軍曲童謠發於閭巷亦十五國風之次也東京繼軌大演五言而歌詩之聲微矣至於含氣布詞質而不采七情襍遣並自悠圓或間有微疵終難毁玉兩京詩法譬之伯仲塤篪所以相成其音調也魏氏文學獨專其盛然國運風移古朴易解曹王數子才氣慷慨不詭風人而特立之功卒亦未至故時與之闇化矣嗚呼世代推移理有必爾風斯偃矣何足論才故特標極界以俟君子取焉

夫任用無方故情文異尚譬如錢體爲圓鈎形爲曲箸則尚直屏則成方大匠之家器飾襍出要其格度不過總心機之妙應假刀鋸以成功耳至於衆工小技擅巧分門亦自力限有涯不可彊也姑陳其目第而爲言郊廟之詞莊以嚴戎兵之詞壯以肅朝會之詞大以雍公讌之詞樂而則夫其大義固如斯已深

瑕重累可得而言祟功盛德易夸而乏雅華疏彩會易淫而去質干戈車革易勇而亡警盡節部光易采而成靡蓋覩於大者神越而心游中無植幹鮮不眩移此宏詞之極軌也若夫欵欵贈言盡平生之篤好執手送遠慰此戀戀之情勗勵規箴婉而不直臨喪挽死痛旨深長襍懷因感以詠言覽古隨方而結論行旅迢遥苦辛各異遨遊晤賞哀樂難常孤孽怨思達人齊物忠臣幽憤貧士鬱伊此詩家之錯變而規格之縱橫也然思或朽腐而未精情或零落而未備

詞或鮮鉠而未博氣或柔獷而未調格或莠亂而
叶咸爲病焉故知驅縱靡常城門一軌揮斤汚鼻
者得之若乃訪之於遠不下帶衽索之以近則在千
里此詩之所以未易言也
情者心之精也情無定位觸感而興既動於中必形
於聲故喜則爲笑啞憂則爲吁戲怒則爲叱咤然引
而成音氣寔爲佐引音成詞文寔與功蓋因情以發
氣因氣以成聲因聲而繪詞因詞而定韻此詩之源
也然情寔眑渺必因思以窮其奧氣有麤弱必因力

以奪其偏詞難妥帖必因才以致其極才易飄揚必
因質以禦其侈此詩之流也繇是而觀則知詩者乃
精神之浮英造化之秘思也若夫妙騁心機隨方合
節或約旨以植義或宏文以敘心或緩發如朱絃或
急張如躍栝或始迅以中留或既優而後促或慷慨
以任壯或悲悽以引泣或因拙以得工或發奇而似
易此輪匠之超悟不可得而詳也易曰書不盡言言
不盡意若乃因言求意其亦庶乎有得與
魏詩門戶也漢詩堂奧也入戶升堂固其機也而晉
氏之風本之魏焉然而判迹於魏者何也故知門戶
非定程也陸生之論文曰非知之難行之難也夫既
知行之難又安得云知之非難哉又曰詩緣情而綺
靡則陸生之所知固魏詩之查穢耳嗟夫文勝質衰
本同末異此聖哲所以感歎翟朱所以興哀者也夫
欲拯質必務削文欲反本必資去末是固曰然然非
通論也玉韞於石豈曰無文淵珠露采亦匪無質由
質開文古詩所以擅巧由文求質晉格所以爲衰若
乃文質雜興本末並用此魏之失也故繩漢之武其

流也猶至於魏宗晉之體其敝也不可以悉矣
夫情能動物故詩足以感人荊軻變徵壯士瞋目延
年婉歌漢武慕歎凡厥含生情本一貫所以同憂相
瘁同樂相傾者也故詩者風也風之所至草必偃焉
聖人定經列國爲風固有以也若乃歔欷無涕行路
必不爲之興哀愬難不膚聞者必不爲之變色故夫
直戇之詞譬之無音之絃耳何所取聞於人哉至於
陳采以眩目裁虛以蕩心抑又末矣
詩家名號區別種種原其大義固自同歸歌聲雜而

無方行體疏而不滯吟以呻其鬱曲以導其微引以抽其臆詩以言其情故名因昭象合是而觀則情之體備矣夫情既異其形故辭當因其勢譬如寫物繪色倩盼各以其狀隨規逐矩圓方巧獲其則此乃因情立格持守圜環之大畧也若夫神工哲匠顛倒經樞思若連絲應之杼軸文如鑄冶逐手而遷從衡參互恒度自若此心之伏機不可強能也

朦朧萌折情之來也汪洋漫衍情之沛也連翩絡屬情之一也馳軼步驟氣之達也簡練揣摩思之約也

頡頏纍貫韻之齊也混沌貞粹質之檢也明儁淸圓詞之藻也高才閒擬濡筆求工發旨立意雖旁出多門未有不由斯戶者也至於垓下之歌出自流離煮豆之詩成於草率命辭慷慨並自奇工此則深情素氣激而成言詩之權例也傳曰疾行無善迹乃藝家之恒論也昔桓譚學賦於楊雄雄令讀千首賦蓋所以廣其資亦得以參其變也詩賦粗精譬之絺綌而不深探研之力宏識誦之功何能益也故古詩三百可以博其源遺篇十九可以約其趣樂府雄高可以厲其氣離騷深永可以神其思然後法經而植旨繩古以崇辭雖或未盡臻其奧吾亦罕見其失也嗚呼雕繢滿目並已稱工芙蓉始發尤能擅麗後世之惑宜益滋焉夫未覩鈞天之美則北里爲工不詠關雎之亂則桑中爲儁故匪師涓難爲語也

夫詞士輕偷詩人忠厚不訪漢魏古意猶存故蘇子之戒愛景光少卿之厲崇明德規善之辭也魏武之悲東山王粲之感鳴鶴子恤之辭也甄后致頌於延年劉妻取譬於唾井繾綣之辭也子建言恩何必衾

枕文君怨嫁願得白頭勸諷之辭也究其微旨何殊經術作者蹈古轍之嘉粹刊佻靡之非輕豈直精詩亦可以養德也鹿鳴頍弁之宴好黍離有蓷之哀傷氓蚩晨風之悔嘆蟋蟀山樞之感慨栢舟終風之憤懣杕杜葛藟之惆怛葛屨祈父之譏訕黃鳥二子之痛悼小弁何人斯之怨誹小宛雞鳴之戒惕大東河草不黃之困疵巷伯鶉奔之惡惡綢繆車鄰之歡慶木瓜采葛之情念雄雉伯兮之思懷北山陟岵之行役伐檀七月之勤敏棠棣蓼莪之大義皆曲盡情思

婉孌氣辭哲匠縱橫事由斯闕也

詩之辭氣雖由政教然支分條布略有徑庭良由人士品殊藝隨遷易故宗工鉅匠辭淳氣平豪賢碩俠辭雄氣武遷臣孽子辭厲氣促逸民遺老辭玄氣沈賢良文學辭雅氣俊輔臣弼士辭尊氣嚴閹童壼女辭弱氣柔媚夫倖士辭靡氣蕩荒才嬌麗辭淫氣傷

七言沿起咸曰柏梁然甯戚扣牛已肇南山之篇矣其爲則也聲長字縱易以成文故蘊氣琱辭與五言略異要而論之滄浪擅其奇柏梁弘其質四愁墜其雋燕歌開其靡他或雜見於樂篇或援格於賦系妍

醜之間可以類推矣

詩貴先合度而後工拙縱橫格軌各具風雅繁欽定情本之鄭衛生年不滿百出自唐風王粲從軍得之二雅張衡同聲亦合關雎諸詩固自有工醜然而並驅者託之軌度也

夫哲匠鴻才固毓内穎中人承學必自迹求大抵詩之妙軌情若重淵奥不可測辭如繁露貫而不雜氣如良駟馳而不軼由是而求可以冥會矣

樂府往往敘事故與詩殊蓋敘事辭緩則冗不精翩翩堂前燕疊字極促乃佳阮瑀駕出北郭門視孤兒行太緩弱不逮矣

詩不能受瑕工拙之間相去無幾頓自絶殊如塘上行云莫以豪賢故棄捐素所愛莫以魚肉賤棄捐葱與薤莫以麻枲賤棄捐菅與蒯浮萍篇則曰茱萸自有芳不若桂與蘭新人雖可愛無若故所歡本自倫語然佳不如塘上行

古詩句格自質然大入工唐風山有樞云何不日鼓瑟饒歌辭曰臨高臺以軒可以當之又江有香草目

以蘭黃鵠高飛離哉翻絶工美可爲七言宗也

氣本尚壯亦忌鋭逸魏祖云老驥伏櫪志在千里烈士暮年壯心不已猶曖曖也思王野田黃雀行譬如錐出囊中大索露矣

樂府中有妃呼豨伊阿那諸語本自亡義但補樂中之音亦有疊本語如曰賤妾與君共餔糜共餔糜之類也

生年不滿百四語四門行亦掇之古人不諱重襲若

相援斛覽西門終篇固咸自鑠古詩然首尾語精
可二也
温裕純雅古詩得之遒深勁絶不若漢鐃歌樂府詞
樂府烏生八九子東門行等篇如淮　小山之賦氣
韻絶峻不可與孟德道之王劉文學　當內手擬
韋仲班傅輩四言詩儘純不蕩曹公短歌行子建來
日大難工堪爲則矣白狼槃木詩三章亦佳緣不受
雅頌困耳
漢魏之交文人特茂然衰世叔運終鮮粹才孔融懿

名高列諸子視臨終詩大類銘箴語耳應瑒巧思逶
迤失之靡靡休璉百一微能自振然傷媚焉仲宣流
客慷慨有懷西京之餘鮮可誦者陳琳意氣鏗鏘非
風人度也阮生優緩有餘劉楨錐角重阰割曳緜懸
並可稱也曹丕資近美媛遠不逮植然植之才不堪
整栗亦有憾焉若夫重熙鴻化蒸育叢材金玉其相
緯哉有斐求之斯病殆寡已夫
古詩降魏辭人所遺雖蕭統簡輯過冗而不精劉勰
緒論亦略而未備況夫人懷敝帚自過千金法言懿
則遂見委靡至於篇句零落雖深猶幸有存者可足
徵也故著此篇以標準的粗方大義誠不越茲後之
君子庶可以考已
客論曰傳云王者之迹熄而詩亾蓋傷之也降自桓
靈廢而禮樂崩晉宋王而新聲作古風沉滯蓋已甚
焉述者上緣聖則下擿儒玄廣敎化之源崇文雅之
致削浮華之風敦古樸之習誠可尚已恐學士狃耳
目之翫譏鎖尾之文故序而系之俾知所究

秇圃擷餘

吳郡王世懋

詩四始之體惟頌專為郊廟頌述功德而作其它率因觸物比類宣其性情恍惚游衍往往無定以故說詩者人自為見若孟軻荀卿之徒及漢韓嬰劉向等或因事傳會或旁解曲引而春秋時王公大夫賦詩以昭儉汰亦各以其意為之葢詩之來固如此後世惟十九首猶存此意使人擊節詠歎而未能盡究指歸次則阮公詠懷亦自深於寄託潘陸而後雖為四

言詩聯比牽合蕩然無情葢至於今餞送投贈之作七言四韻援引故事麗以姓名象以品地而拘攣極矣豈所謂詩之極變乎故余謂十九首五言之詩經也潘陸而後四言之排律也當以質之識者

今人作詩必入故事有持清虛之說者謂盛唐詩即景造意何嘗有此是則然矣然亦一家言未盡古今之變也古詩兩漢以來曹子建出而始為宏肆多生情態此一變也自此作者多入史語然不能入經語謝靈運出而易辭莊語無所不為用矣剪裁之妙千古為宗又一變也中間何庾加工沈宋增麗而變態未極七言猶以閑雅為致杜子美出而百家稗官都作雅音馬渤牛溲咸成鬱致於是詩之變極矣子美之後而欲令人毀靚妝張空拳以當市肆萬人之觀必不能也其援引不得不日加而繁然病不在故事顧所以用之何如耳善使故事者勿為故事所使如禪家云轉法華勿為法華轉使事之妙在有而若無實而若虛可意悟不可言傳可力學得不可倉卒得也宋人使事最多而最不善使故詩道衰我　朝越

宋繼唐正以有豪傑數輩得使事三昧耳第恐二十年後必有厭而掃除者則其濫觴末弩為之也

作古詩先須辨體無論兩漢難至苦心模倣時隔一塵即為建安不可墮落六朝一語為三謝縱極排麗不可雜入唐音小詩欲作王韋長篇欲作老杜便應全用其體第不可羊質虎皮虎頭蛇尾詞曲家非當家本色雖麗語博學無用況此道乎

詩有古人所不忌而今人以為病者摘瑕者因而酷病之將併古人無所容非也然今古寬嚴不同作詩

者既知是瑕不妨併去如太史公蔓辭累句常多班
孟堅洗削殆盡非謂班勝於司馬顧在班分量宜爾
今以古人詩病後人宜避者畧具數條以見其餘如
有重韻者若任彥昇哭范僕射一詩三壓情字老杜
排律亦時誤有重韻有重字者若沈雲卿天長地闊
之三何至王摩詰尤多若暮雲空磧玉靶角弓二馬
俱壓在下一從歸白社不復到青門青菰臨水映白
鳥向山翻青白重出此皆是失點檢處必不可借以
自文也又如風雲雷雨有二聯中接用者一二三四

有八句中六見者今可以為法耶此等病盛唐常有
之獨老杜最少蓋其詩即景後必下意也又其最隱
者如雲卿嵩山石淙前聯云行漏香爐次聯云神鼎
帝壺俱壓末字岑嘉州雲隨馬雨洗兵花迎蓋柳拂
旌四言一法摩詰獨坐悲雙鬢白髮終難變語異意
重九成宮避暑三四衣上鏡中五六林下巖前在彼
正自不覺今用之能無受人揶揄至於失嚴之句摩
詰嘉州特多殊不妨其美然就至美中亦覺有微缺
陷如吾人不能運便自誦不流暢不為可也至於首

句出韻晚唐作俑宋人濫觴尤不可學[illegible]
極鄙繆無足道乃至王導謝玄同時[illegible]符堅諸[illegible]
此類不少惟李善註旁引諸家句字多有援據大為
博雅然亦有牽合古書而不究章旨如曹植遠思友
人詩清陽未可俟善引詩以為清陽婉兮人之[illegible]目
間也然於章法句法通未體貼其詩本言霖潦玄陰
與歐陽子別旬朔而思之甚故曰褰裳以濿潦也清
陽未可俟猶曰河清難俟耳蓋以清陽反霖潦玄陰
也其意自指日出或即青陽而誤如三點如上褰裳

誤作寒裳字耳何必泥毛詩清陽令句不可解耶又
如晨風之訓為鳳而李陵晨風自從風解舉微者山
半也古詩亦有別用者豈可盡泥
唐律由初而盛由盛而中由中而晚時代聲調故自
必不可同然亦有初而逗盛盛而逗中中而逗晚者
何則逗者變之漸也非逗故無繇變如四詩之有變
風變雅便是離騷遠祖子美七言律之有拗體其猶
變風變雅乎唐律之由盛而中極是盛衰之介然王
維錢起實相倡酬子美全集半是大曆以後其間逗

濕實有可言聊指一二如右丞明到衡山篇嘉州函谷硎溪句隱隱錢劉盧李間矣至於大曆十才子其間豈無盛唐之句蓋聲氣猶未相隔也學者固當嚴於格調然必謂盛唐人無一語落中中唐人無一語入盛則亦固哉其言詩矣

少陵故多變態其詩有深句有雄句有老句有秀句有麗句有險句有拙句有累句後世別爲大家特高於盛唐者以其有深句雄句老句也而終不失爲盛唐者以其有秀句麗句也輕淺子弟往往有薄之者

則以其有險句拙句累句也不知其愈險愈老正是此老獨得處故不足難之獨拙累之句吾不能爲掩瑕雖然更千百世無能勝之者何要曰無露句耳其意何嘗不自高自任然其詩曰文章千古事得失寸心知曰新詩句句好應任老夫傳溫然其辭而隱然言外何嘗有所謂吾道主盟代興哉自少陵逗漏此趣而大智大力者發揮畢盡至使吠聲之徒羣肆撏剝遐哉唐音永不可復悤懍慎之

宋詩句有必不可入古者古詩字有必不可爲律者然惟多熟古詩未有能以律詩高天下者也初學輩不知苦辣往往謂五言古詩易就率爾成篇因自詫好古薄後世律不爲不知律尚不工豈能工古徒爲兩失而已詞人拈筆成律如左右逢源一遇古體竟日吟哦常恐失却本相樂府兩字到老搖手不敢輕道李西涯楊鐵崖都曾做過何嘗是來

唐人無五言古就中有酷似樂府語而不傷氣骨者得杜工部四語曰兔絲附蓬麻引蔓故不長嫁女與征夫不如棄路傍不必其調云何而直是見道者得

王右丞四語曰曾是巢許淺始知堯舜深蒼生詎有物黃屋如喬林

太白遠別離篇意最參錯難解小時誦之都不能尋意緒范得機高廷禮勉作解事語了與詩意無關細繹之始得作者意其太白晚年之作邪先是肅宗即位靈武玄宗不得已稱上皇迎歸大內又爲李輔國劫而幽之太白憂憤而作此詩因今度古將謂堯舜事亦有可疑曰堯舜禪禹罪肅宗也曰龍魚鼠虎誅輔國也故隱其辭托興英皇而以遠別離名篇風人

之體善刺欲言之無罪耳然幽囚野死則已露本相矣古來原有此種傳奇議論曹丕下壇曰舜禹之事吾知之矣太白故非創語試以此意尋次讀之自當手舞足蹈李于鱗七言律俊潔響亮余兄極推轂之海內爲詩者爭事剽竊紛紛刻鶩至使人厭余謂學于鱗不如學老杜學老杜尚不如學盛唐何者老杜結構自爲一家言盛唐散漫無宗人各自以意象聲響得之政如韓柳之文何有不從左史來者彼學而成爲韓爲柳吾郤又從韓柳學便落一塵矣輕薄子

遽笑韓柳非古與夫一字一語必步趨二家者皆非也

今人作詩多從中對聯起往往得聯多而韻不協勢既不能易韻以就我又不忍以長物棄之因就一題衍爲衆律然聯雖旁出意盡聯中而起結之意每苦無餘於是別生支節而傳會或即一意以支吾摯衿露肘浩博之士猶然架屋疊床貧儉之才彌窘所以秋興八首寥寥難繼不其然乎每每思之未得其解忽悟少陵諸作多有漫興時於篇中取題意興不局豈非柏梁之餘材揪爲別館武昌之剩竹貯作船釘英雄欺人頗窺伎倆有識之士能無取裁

談秇者有謂七言律一句不可兩入故事一篇中不可重犯故事此病犯者故少能拈出亦見精嚴然吾以爲皆非妙悟也作詩到神情傳處隨分自佳下得不覺痕迹縱使一句兩入兩句重犯亦自無傷如太白峨眉山月歌四句入地名者五然古今目爲絕唱殊不厭重蜂腰鶴膝雙聲疊韻休文三尺法也古今犯者不少寧盡被汰邪

于鱗選唐七言絕句取王龍標秦時明月漢時關爲第一以語人多不服于鱗不止擊節秦時明月四字耳必欲壓卷還當於王翰葡萄美酒王之渙黃河遠上二詩求之

晚唐詩萎薾無足言獨七言絕句膾炙人口其妙至欲勝盛唐愚謂絕句覺妙正是晚唐未妙處其勝盛唐乃其所以不及盛唐也絕句之源出於樂府貴有風人之致其聲可歌其趣在有意無意之間使人莫可捉着盛唐惟青蓮龍標二家詣極李更自然故居

王上晚唐快心露骨便非本色識論高處逗宋詩之徑聲調卑處開大石之門

今世五尺之童纔拈聲律便能薄棄晚唐自傅初盛有稱大曆而下色便赧然然使誦其詩果爲初邪盛邪中邪晚邪大都取法固當上宗論詩亦莫輕道詩必自運而後可以辨體詩必成家而後可以言格晚唐詩人如溫庭筠之才許渾之致見豈五尺之童下直風會使然耳覽者悲其衰運可也故予謂今之作者但須真才實學本性求情且莫理論格調

李頎七言律最響亮整肅忽於遠公遯迹詩第二句下一拗體餘七句皆平正一不合也開山二字最不古二不合也開山幽居文理不接三不合也重上一山字四不合也余謂必有誤若思得之曰必開士也易一字而對仗流轉黏祛四失矣余兄大喜遂以書秇苑卮言余後觀郎士元詩云高僧本姓竺開士舊名林乃元龔用頎詩盍以自信

詩稱發端之妙者謝宣城而後王右丞一人而已郎士元詩起句云暮蟬不可聽落葉豈堪聞合掌可笑高仲武乃云昔人謂謝朓工於發端比之於今有慚沮矣若謂出於譏戲何得入選果謂發端工乎謝宣城地下當爲撫掌大笑

崔郎中作黃鶴樓詩青蓮短氣後題鳳凰臺古今目爲勍敵識者謂前六句不能當結語深悲慷慨差足勝耳然余意更有不然無論中二聯不能及即結語亦大有辨言詩須道興比賦如日暮鄉關興而賦也浮雲蔽日比而賦也以此思之使人愁三字雖同孰爲當乎日暮鄉關烟波江上本無指著登臨者自生

愁耳故曰使人愁烟波使之愁也浮雲蔽日長安不見逐客自應愁寧須使之青蓮才情標映萬載寧以余言重輕尺有所短寸有所長竊以爲此詩不逮非一端也如有罪我者則不敢辭

常徵君贈王龍標詩有松際露微月清光猶爲君之句膾炙人口然王子安詠風詩云日落山水靜爲君起松聲則已先標此義矣二詩句雅堪作配未易優劣也

錢員外詩長信宜春句於晴雪妙極形容膾炙人口

其源得之初唐然從初竟落中唐了不與盛唐相隅
何者愈巧則愈遠
杜必簡性好矜誕至欲衙官屈宋然詩自佳華於子
昂質於沈宋一代作家也流芳未泯乃有杜陵恩其
家風盛哉然布衣老大許身稷契屈宋又不足言矣
一日偶誦賈島桑乾絶句見謝枋得註云旅寓十年
交游歡愛與故鄉無異一旦別去豈能無情渡桑乾
而望并州反以爲故鄉也不覺大笑拈以問玉山程
生日詩如此解否程生曰向如此解余謂此島自咏

鄉作何曾與并州有情其意恨久客并州遠隔故鄉
今非惟不能歸反北渡桑乾還望并州又是故鄉矣
并州且不得住何況得歸咸陽此島意也謝註有分
毫相似否程始歎賞以爲聞所未聞不知向自聽夢
中語耳
古人云秀色若可餐余謂此言惟毛嬙西施昭君太
眞曹植謝眺李白王維可以當之而司馬長卿夫婦
各擅尤以爲難至于平原清河急難並秀飛燕合德
孿生雙絶亦各際其盛矣近世無絶代佳人詩人乃
似不乏
詩有必不能廢者雖衆體未備而獨擅一家之長如
孟浩然洮洮易盡止以五言雋永千載並稱王孟我
明其徐昌穀高子業乎二君詩大不同而皆巧於
用短徐能以高韻勝有蟬蛻軒舉之風高能以深情
勝有秋閨愁婦之態更千百年李何尚有廢興二君
必無絶響所謂成一家言斷在君采稚欽之上庭實
而下益無論矣
高季迪才情有餘使生弘正李何之間絶塵破的未

知鹿死誰手楊張徐故是草昧之雄勝國餘業不中
與高作僕
子美而後能爲其言而眞足追配者獻吉于鱗兩家
耳以五言言之獻吉以氣合于鱗以趣合夫人語趣
似高於氣然須學者自諒自求誰當更合七言律獻
吉求似於句而求專於骨于鱗求似於情而求勝於
何然則無差乎曰噫于鱗秀
余嘗服明卿五七言律謂他人詩多於高處失穩明
卿詩多於穩處藏高與于鱗作身後戰場未知鹿死

誰手

家兄讞獄三輔時五言詩刻意老杜深情老句便自旗鼓中原所未滿者意多於景耳青州而後情景雜出似不必盡宗矣

每一題到茫然思不相屬幾謂無措沉思久之如絲水去室亂絲抽緒種種縱橫余集邦於此時要下剪裁乎段寧割愛勿貪多又如數萬健兒人各自爲一營非得大將軍方畧不能整頓攝服使一軍無譁若爾朱榮處貼葛榮百萬衆求之詩家誰當爲比

生平閉目搖手不道長慶集如吾吳唐伯虎則尤長慶之下乘也閩秀卿刻其悵悵擁鼻二詩余每見之輒悵悵悲歌不已詞人云何物是情濃少年輩酷愛情詩如此情少年那得解友人張伯起詩云而今秋老春情薄漢漢寒江水自流袁魯望亟爲余稱之伯起於是時年僅強立其於情故早達此道中項槖甘羅也今伯起風流如故而魯望已數載異物悲夫

世人厭常喜新之罪夷於貴耳賤目自李何之後繼以于鱗海内爲其家言者多遂蒙刻鶩之厭騄而一士能爲樂府新聲倔強無識者便謂不經人道語目曰上乘足使耆宿盡廢不知詩不惟體顧取諸情性何如耳不惟情性之求而但以新聲取異安知今日不經人道語不爲異日陳陳之粟乎嗚呼才難豈惟才難識亦不易作詩道一淺字不得改道一深字又不得其妙政在不深不淺有意無意之間

嘗謂作詩者初命一題神情不屬便有一種供給應付之語畏難怯思即以充役故每不得佳余戲謂河下輿隸須驅遣另換正身能破此一關沉思忽至種

種真相見矣

閩人家能佔嗶而不甚工詩　國初林鴻高廷禮唐泰章皆稱能詩號閩南十才子然出楊徐下遠甚無論季廸其後氣骨崚峻差堪旗鼓中原者僅一鄭善夫耳其詩雖多模杜猶是邊徐薛王之亞林尚書貞恒修福志志善夫云時非天寶地靡拾遺殆無病而呻吟云至以林鈍傳汝舟相伯仲又云鈍與善夫頗爲鄉論所嘗過矣閩人三百年來僅得一善夫詩即當爲掩善夫雖無奇節不至作文人無行殆非實

錄也友人陳玉叔謂戲語邦中善夫之病余謂以入詩品則爲雅謔入傳記則傷厚道玉叔大以爲然林公余早年知己獨此一段不敢傅會此非特爲善夫亦爲七閩文人吐氣也

詩文浪談

莆中林希恩

書曰詩言志歌永言聲依永律和聲此言詩之貴聲也而聲必有律唐虞以前有近體乎而曰律者何也豈非無其律不足以和聲哉故聲之有律非特近體爲然也孔子曰興於詩又曰詩可以興又曰鄭聲淫然豈惟雅樂之聲得其情性自得而能興也雖至鄭衛之什亦皆有其聲矣靡靡動人邪淫溺志記曰移風易俗莫善於樂故樂也者詩之可被於聲者樂也

夫詩之聲也豈曰平而平仄而仄焉已哉卽平之聲有輕有重有清有濁而仄之聲亦有輕有重有清有濁此天地自然之聲也而唐以後鮮有知之者不知輕重清濁之聲且不可以循古之恒裁而况能盡詩之變體邪今以律之變體言之如曰昔人已乘白雲去又曰北城擊柝復欲罷又曰七月六日苦炎熱等若干章此又專在於輕重清濁之間爾平仄云乎哉由是觀之則唐人之所謂變體者乃以變其平仄之聲者也而輕重清濁之間蓋有不可得而變之矣

或曰平仄尚矣豈復有輕重清濁之聲歟林子曰然若平仄之聲即幼童能辨之豈其盡詩之情耶然而輕重清濁之聲亦皆出於自然也不知輕重清濁之聲之自然而曰能盡詩之情者余弗知之矣

或曰古體亦有聲歟林子曰古體亦皆聲也即如羅衣何飄飄輕裾隨風旋此十言皆平也又如有客有客字子美此七言皆仄也夫平仄既不論矣而輕重清濁之聲其可以不知乎故不知聲者不可與言詩也

林子曰非惟古體之有其聲矣而三百篇之什亦皆聲也非惟三百篇之什之有其聲矣而明良賡起之歌亦皆聲也

或問集詩亦貴聲歟林子曰集詩亦以爲詩也而詩安可以無聲耶今且以淫聲言之海鹽之聲弋陽之聲類乎不類乎設令梨園子弟一句作海鹽之聲一句作弋陽之聲二聲並作而欲被之管絃也斯亦難矣即有善於管絃者其能翕如雜奏以皦以繹而足人之聽聞乎

林子曰三百篇之什與近體之聲之不相涉入者人之所知也至於初唐盛唐中唐晩唐之聲之不相涉入者人之所不知也而集詩者槩以其句之駢麗而耦之自以爲奇矣雖云雙美其如聲之不相涉入何哉不謂之海鹽弋陽之聲而並雜於管絃之間乎

或問李杜之詩均一盛唐也豈其聲之不相涉入耶林子曰李杜之詩雖美而李杜之詩迥別李杜之聲豈相涉入耶夫宋以來集杜者多矣而一人之聲有不相涉入者乎林子曰亦有不相涉入者譬梨園子

弟才作海鹽之聲頃作弋陽之聲又頃作鄉曲之聲而槩謂一人之聲率相涉入也可乎哉

林子曰三百篇之後有漢魏漢魏之後有六朝六朝之後有唐唐之後有宋雖其美惡不齊要之恥相襲也又曰騷之後有賦賦之後有文賦亦恥相襲也

林子曰詩文之聲世鮮知之而論詩者只曰此詩人也能作大曆以前語彼非詩人也不能作大曆以前語論文者亦曰此文士也能作西京以前語彼非文士也不能作西京以前語斯蓋徒求之於篇什章句

之末巳爾而非其所先也中庸曰溥博淵泉而時出之孟子曰君子之志於道也不成章不達又曰充實而有光輝之謂大又曰若決江河沛然而莫之禦也夫詩文則亦有然者而其時出之宜成章之達光輝之大沛然之機養盛自致畜極而充其殆神之不可致思化之不可助長者乎古人有言曰吟成五個字用破一生心又曰此子欲吐出心肝乃巳夫輕重清濁之聲雖由吟咏而得矣而其最所自得處又豈專在於吟咏間耶不屬於思

若或啟之而合節從律葢有不知爲之者故風生而水自文春至而鳥能言者氣機之自然也

林子曰豈惟篇章之大之有其法哉是雖至於一句一字之間則皆有其法不可得而損益之者矣此固成之變化非屬擬議然而不有擬議焉又安足以成變化之能哉

時有以詩自名者每作一詩旦吟夜咏至月餘曾不輟口林子曰何耽於詩也曰詩不吟不工林子曰有所授乎曰未也林子曰豈其無師自悟耶夫雅樂遙聲一也今雅樂且勿論矣不有所授而能作靡靡之聲以動人乎故上而爲聖爲賢中而習舉子業下而百工雜技莫不貴於得師也不得其師而曰學由心悟者自誣而誣人也

歸田詩話

錢塘瞿佑

鄉飲用古詩

古詩三百篇皆可絃歌以爲樂除施於朝廷宗廟者不可其餘固上下得通用也洪武間予叅臨安教職宰縣王謙北方老儒也歲終行鄉飲酒禮選諸生少俊者十人習歌鹿鳴等篇吹笙撫琴以調其音節至日就講堂設宴席地而歌之器用罇爵執事擇吏卒巾服潔淨者賓主歡醉父老嘆息稱頌儼然有古風

後遂以爲常凡宴飲則用之如會友則歌伐木勞農則歌南山賀新居則歌斯干送從役則歌無衣待使客則歌皇華之類一不用世俗伎樂識者是之

浯溪中興碑

元次山作大唐中興頌抑揚其詞以示意磨崖顯刻於浯溪上後來黃魯直張文潛皆作大篇以發揚之謂肅宗擅立功不贖罪繼其作者皆一律識者謂此碑乃唐一罪案爾非頌也惟石湖范至能八句云三頌遺音和者稀形容寧有刺譏辭絕憐元子春秋法却寓唐家清廟詩歌詠當諧琴搏拊策書自管璧瑕疵紛紛健筆剛題破從此磨崖不是碑然誠齋楊萬里浯溪賦中間云天下之事不易于處而不難于議也使夫謝奉策於高邑禀重巽於西帝違人欲而圖功犯衆怒而求濟則夫千麾萬旗者果肯爲明皇而致死耶其論甚恕

山石句

元遺山論詩三十首内一首云有情芍藥含春淚無力薔薇臥晚枝拈出退之山石句始知渠是女郎詩

初不曉所謂後見詩文自警一編亦遺山所著謂有情芍藥含春淚無力薔薇臥晚枝此秦少游春雨詩也非不工巧然以退之山石句觀之渠乃女郎詩也破却工夫何至作女郎詩按昌黎詩云山石犖确行徑微黃昏到寺蝙蝠飛升堂坐堦新雨足芭蕉葉大梔子肥遺山固爲此論然詩亦相題而作又不可拘以一律如老杜云香霧雲鬟濕清輝玉臂寒俱飛蛺蝶元相逐並蔕芙蓉本自雙亦可謂女郎詩耶

淮西碑

昌黎作平淮西碑既已登諸石憲宗惑于讒言詔斷其文更命學士段文昌爲之在當時莫能别其文之高下也及東坡錄臨江驛小詩云淮西功業冠吾唐吏部文章日月光千載斷碑人膾炙不知世有段文昌公論始定然李義山與昌黎相去不遠其讀淮西碑長篇至五十餘句稱贊備盡則是非不待百年而已定矣

五言警句

宋蔡天啓與張文潛論韓柳五言警句文潛舉退之

暖風抽宿麥清雨捲歸旗子厚壁空殘月曙門掩候蟲秋皆爲集中第一今考之信然

東野詩囚

遺山論詩云東野悲鳴死不休高天厚地一詩囚江山萬古潮陽筆合卧元龍百尺樓推尊退之而鄙薄東野至矣東坡亦有未足當韓豪之句又云我厭孟郊詩復作孟郊語蓋不爲所取也

尖山險諢

柳子厚詩海畔尖山似劒鋩秋來處處割愁腸若爲化作身千億散上峯頭望故鄉或謂子厚南遷不得爲無罪蓋雖未死而身已上刀山矣此語雖過然造作險諢讀之令人慘然不樂未若李文饒云獨上高樓望帝京鳥飛猶在半年程碧山似欲留人住百匝千遭遶郡城雖怨而不迫且有戀闕之意

昭君詞

詩人詠昭君者多矣大篇短章率叙其離愁别恨而已惟樂天云漢使却回憑寄語黄金何日贖蛾眉君王若問妾顔色莫道不如宫裏時不言怨恨而惓惓

舊主高過人遠甚其與漢恩自淺自深人生樂在相知心者異矣

長恨歌

樂天長恨歌凡一百二十句讀者不厭其長元微之行宫詩才四句讀者不覺其短文章之妙也

夢得多感慨

劉夢得初自嶺外召還賦看花詩云玄都觀裏桃千樹盡是劉郎去後栽以是再黜久之又賦詩云種桃道士歸何處前度劉郎今又來譏刺併及君上矣晚

始得還同輩零落殆盡有詩云昔年意氣壓羣英幾度朝回一字行二十年來零落盡兩人相遇洛陽城又云休唱貞元供奉曲當時朝士已無多又云舊人惟有何戡在更與殷勤唱渭城葢自德宗後歷順憲穆敬文武宣凡八朝暮年與裴白優游綠野堂有在人稱晚達於樹比冬青之句又云莫道桑榆晚爲霞尚滿天其英邁之氣老而不衰如此

華清宫

周伯㢸三體詩首載杜牧華清宫詩連用二風字讀

者不知其誤鄕見一善本作曉乘殘月入華清易此一字殊覺氣味深長

宋仁宗昭陵

宋仁宗在位四十二年民安俗阜天下稱治葬昭陵有題詩道傍者曰農桑不擾歲常登邊將無功吏不能四十二年如夢過春風吹淚灑昭陵惜其人姓名不傳史臣贊之曰帝在位四十二年吏治若媮惰而任事蔑殘刻之人刑法似縱弛而決獄多平允之士國未嘗無弊倖而不足以累治世之體朝未嘗無小人而不足以勝善類之氣君臣上下惻怛之心忠厚之政所以培壅國基者厚矣傳曰爲人君止於仁帝誠無愧焉厥後荆公變法至誣爲不治之朝甚矣其肆爲強辯而不顧也

漁家傲

范文正公守延安作漁家傲詞曰塞上秋來風景異衡陽鴈去無留意四面邊聲連角起千嶂裏長烟落日孤城閉濁酒一盃家萬里燕然未勒歸無計羌管悠悠霜滿地人不寐將軍白髮征夫淚予久羈關外

每誦此詞風景宛然在目未嘗不爲之慨嘆也然句語雖工而意殊衰颯以總帥而所言若此宜乎士氣之不振所以卒無成功也歐陽文忠呼爲窮塞主之詞信哉及王尚書守平涼文忠亦作漁家傲詞送之末云戰勝歸來飛捷奏傾賀酒玉階遥獻南山壽謂王曰此眞元帥之事也豈記嘗譏范詞故爲是以矯之歟

謝公墩

王荆公詠謝公墩云我名公字偶相同我屋公墩在

眼中公去我來墩屬我不應墩姓尚隨公或謂荆公好與人爭在朝則與諸公爭新法在野則與謝公爭墩亦善謔也然公詠史云穰侯老擅關中事長恐諸侯客子來我亦暮年專一壑每逢車馬便驚猜則公不獨欲專朝廷雖丘壑亦欲專而有之蓋生性然也

咏塔自喻

荆公詠北高峯塔云飛來峯上千尋塔聞說鷄鳴見日升不畏浮雲遮望眼自緣身在最高層鄭丞相清之詠六和塔云經過塔下幾春秋每恨無因到上頭

今日始知高處險不如歸臥舊林丘二詩皆自喻荆公作於未大用前安晚作於既大用後然卒皆如其意不徒作也

東坡傲世

韓文公上佛骨表憲宗怒遠謫行次藍關示姪孫湘云一封朝奏九重天夕貶潮陽路八千欲爲聖明除弊事肯將衰朽惜殘年雲横秦嶺家何在雪擁藍關馬不 知汝遠來應有意好收吾骨瘴江邊又題瀧寺 不覺離家已五千仍將衰病入瀧船潮陽到吾能說海氣昏昏水拍天讀之令人悽然傷感東坡則放曠不羈出獄和韻即云却對酒盃渾似夢試拈詩筆已如神方以詩得罪而所言如此又云却笑睢陽老從事爲予投檄向江西不以爲悲而以爲笑何也至惠州云日啖荔枝三百顆不妨長作嶺南人渡海云九死南荒吾不恨兹遊奇絶冠平生方負罪戾而傲世自得如此雖曰取快一時而中含戲侮不可以爲法也

後山不背南豐

陳後山少爲曾南豐所知東坡愛其才欲牢籠於門下不屈有向來一瓣香敬爲曾南豐之句又妾薄命云主家十二樓一身當三千恐着主衣裳爲人作春妍亦爲南豐也然送東坡則云一代不數人百年能幾見風帆目力盡江空歲年晚排垂向慕甚至特不肯背南豐爾志節可尚也一生清苦妻子寄食外家寄外舅郭大夫云嫁女不離家生男已當戶得家信云深知報消息不敢問何如況味可知也詩格極高呂本中選江西宗派以嗣山谷非一時諸人所及

陳秦才思之異

閉門覔句陳無巳對客揮毫秦少游山谷詩喻二人才思遲速之異也後山詩如壞墻得雨蝸成字古屋無人燕作家寥落之狀可想淮海詩如翡翠側身窺綠酒蜻蜓偷眼避紅粧艷冶之情可見二人他作亦多類此後山宿齋宮驟寒或送綿半臂卻之不服竟感疾而終淮海謫藤州以玉盂汲水笑視而卒二人於臨終也秦不同又如此信乎各有造物也

村學堂

曹組元寵題村學堂圖云此老方捫蝨衆雛爭附火想當訓誨間都都平丈我語雖調笑而曲盡村俗之狀近吳敬夫一聯云闌干苜蓿先生飯顛倒天吳稚子衣其景況可想也

杏花二聯

陳簡齋詩云客子光陰詩卷裏杏花消息雨聲中陸放翁詩云小樓一夜聽春雨深巷明朝賣杏花皆佳句也惜全篇不稱葉靖逸詩春色滿園關不住一枝紅杏出墻來戴石屏詩一冬天氣如春暖昨日街頭賣杏花句意亦佳可以追及之

姜白石雲山句

姜堯章詩云小山不能雲大山半為天造語奇特玉從周亦云未知眞是嶽祇見半為雲似頗近之然較之唐人野水多于地春山半是雲之句殊覺安閑有味也

戴石屏奇對

戴式之嘗見夕照映山峯巒重疊得句云夕陽山外山自以為奇欲以塵世夢中夢對之而不愜意後行

村中春雨方霽行潦縱橫得春水渡傍渡之句以對上下始相稱然須實歷此境方見其奇妙

劉後村書所見

後村劉克莊絕句云新剃闍黎頂尚青滿村聽講法華經那知世有彌天釋萬衲如雲座下聽謂小道易惑衆而不知有大道也又云刳膜良方直萬金國毉曾費一生心誰知鬅鬙携籃者也有言人問善鍼謂精藝雖成而小藝亦可售也又云黃童白叟往來忙負鼓盲翁正作場死後是非誰管得滿村聽說蔡中

郎亦可感嘆云

䴡右甫過汴京

蒼龍觀闕東風裏黄道星辰北斗邊月照九衢平似水胡兒吹笛內門前此宋䴡右甫過汴京詩也甚感慨有味楊仲弘作紀夢詩乃全用其一聯何也

宋故宮

先叔祖士衡和楊廉夫宋故宮詩云歌舞樓臺擬汴州可憐蠻觸戰蝸牛牀書王枕雕簷靜行酒青衣蜀帳愁卷土自應從亶父滔天誰復放驩兜臺空老樹

寒鴉集落日白波江上秋廉夫喜其和兜字韻勝蓋廉夫詩用紅兜字元廢宋宮爲佛寺西僧皆戴紅兜帽也然結句更陡健

子昂書歸來辭

趙子昂以宋王孫仕元朝擅名詞翰嘗書淵明歸去來辭得者珍藏之有僧題絕句於後云典午山河半已墟褰裳宵逝望歸廬翰林學士宋公子好事多應醉裏書後人不復着筆

虞伯生草詔

虞伯生際遇文宗置奎章閣爲學士天曆至順間文治蔚然可觀順帝爲明宗子文宗忌之遠竄海南詔書有曰明宗在北之時自以爲非其子伯生筆也文宗晏駕寧宗立八月崩國人迎順帝立之帝入太廟斥去文宗神主而命四方毀棄舊詔伯生時在江西以皮繩拴腰馬尾縫眼夾兩馬間逮捕至大都嫉之者爲十七字詩曰自謂非其子如今作天子傳語老蠻子請死至則以文宗親改詔稾呈順帝覽之曰此朕家事外人豈知遂得釋兩目由是喪明不復能楷

書此與宋晏殊撰李宸妃碑事相類妃實誕仁宗而殊承章獻太后旨謂妃無子生一公主早卒仁宗雖甚恨之而卒不重罪皆盛德事也

紀吳亡事

姑蘇之被圍也唐伯剛和人泥字韻云玉樓金屋愁如海布被青鞋醉似泥謂當時居權要者不如處閑散之樂也社友王元載亦誦一詩不知何人所作詩云二十四友金谷宴千三百里錦帆遊人間無此榮華樂無此榮華無此愁詩意與前詩亦相類

西湖竹枝

西湖竹枝詞楊廉夫爲倡和者甚衆皆詠湖山之勝人物之美而寓情於中大率一律惟二人詩云春暉堂上挽郎衣別郎問郎何日歸黃金臺高倘回首南高峯頂白雲飛官河進湖湖遶城河水不如湖水清不用千金酬一笑郎思才重妾身輕用意稍別惜不記其人姓名

南濠詩話

吳郡都穆

陳後山曰陶淵明之詩切於事情但不文耳此言非也如歸園田居云曖曖遠人村依依墟里烟狗吠深巷中鷄鳴桑樹顛東坡謂如大匠運斤無斧鑿痕如飲酒其一云衰榮無定在彼此更共之山谷謂類西漢文字如飲酒其五云結廬在人境而無車馬喧問君何能爾心遠地自偏王荊公謂詩人以來無此四句又如桃花源記云不知有漢無論魏晉唐子西謂造語簡妙復曰晉人工造語而淵明其尤也後山非無識者其論陶詩特見之偶偏乃故異於蘇黃諸公耳

七哀詩始於曹子建其後王仲宣張孟陽皆相繼爲之人多不解七哀之義或謂病而哀義而哀感而哀悲而哀耳目聞見而哀口嘆而哀鼻酸而哀所哀雖一事而七者具也

昔人詞調其命名多取古詩中語如蝶戀花取梁簡文詩翻堦蛺蝶戀花情滿庭芳取柳柳州詩滿庭芳

草積玉樓春取白樂天詩玉樓宴罷醉和春丁香結取古詩丁香結恨新霜葉飛取老杜詩清霜洞庭葉故欲別時飛清都宴取沈隱侯詩朝上閶闔宮夜宴清都闕其間亦有不盡然者如風流子出文選劉良文選注曰風流言其風美之聲流於天下子者男子之通稱也荔枝香解語花一出唐書一出開元天寶遺事唐書禮樂志載明皇幸蜀貴妃生日命小部張樂奏新曲而未有名會南方進荔枝遂命其名曰荔枝香遺事云帝與妃子共賞太液池千葉蓮指妃子

謂左右曰何如此解語花也解連環出莊子莊子曰南方無窮而有窮今日適越而昔來連環可解也華胥引出列子曰黃帝晝寢夢游華胥氏之國他如塞垣春塞垣二字出後漢書鮮卑傳玉燭新玉燭二字出爾雅卽此觀之其餘可類推矣

昔人謂詩盛於唐壞於宋近亦有謂元詩過宋詩者陋哉見也劉後村云宋詩豈惟不媿於唐蓋過之矣予觀歐梅蘇黃二陳至石湖放翁諸公其詩視唐未可便謂之過然眞無媿色者也元詩稱大家必曰虞楊范揭以四子而視宋特太山之卷石耳方正學詩云前宋文章配兩周盛時詩律亦無儔今人未識崑崙派却笑黃河是濁流又云天曆諸公製作新力排舊習祖唐人麤豪未脫風沙氣難詆熙豐作後塵非具正法眼者焉能道此

東坡詩云無事此靜坐一日如兩日若活七十年便是百四十唐子西詩云山靜似太古日長如小年坡以一日當兩日子西直以日當年又不若謝康樂云以晤言消之一日當千載耳

楚辭云思公子兮未敢言惟其不言所以爲思之至劉公幹云思子沈心曲長嘆不能言本楚辭也

潘逍遥寓居錢唐嘗一至陝觀華山留題云高愛三峯揷太虛昂頭吟望倒騎驢傍人大笑從他笑終擬全家向上居時魏野仲先居陝有贈逍遥詩云從此華山圖籍上更添潘閬倒騎驢二公之高致蓋可想也

王孟端舍人作詩清麗嘗有人久客京師乃別取婦孟端作詩寄之云新花枝勝舊花枝從此無心念別

離可信泰淮今夜月有人相對數歸期其人得詩感泣不日遂歸

漢柏梁臺詩武帝與群臣各詠其職爲句同出一韻句僅二十有六而韻之重複者十有四如武帝云日月星辰和四時衛尉則云周衛交戟禁不時梁孝王云驂駕四馬從梁來太僕則云修飾輿馬待駕來大司馬云郡國士馬羽林材詹事則云椒房率更領其材丞相云總領天下誠難治執金吾則云徼道宮下隨討治京兆尹則云外家公主不可治大將軍云和

撫四夷不易哉東方朔則云迫窘詰屈幾窮哉御史大夫云刀筆之吏臣執之大鴻臚則云郡國吏功差次之少府則云乘輿御物主治之其間不重複者惟十二句然通篇質直雄健眞可爲七言詩祖後齊梁詩人多效其體而氣骨遠不能及方朔乃云迫窘詰屈直戲語耳

世人作詩以敏捷爲奇以連篇累冊爲富非知詩者也老杜云語不驚人死不休蓋詩須苦吟則語方妙不特杜爲然也賈閬仙云兩句三年得一吟雙淚流

孟東野云夜吟曉不休苦吟鬼神愁盧延遜云險覓天應悶狂搜海亦枯杜荀鶴云生應無輟日死是不吟時予由是知詩之不工以不用心之故蓋未有苦吟而無好詩者唐山人題詩瓢云作者方知吾苦心亦此意也

國初詩僧稱宗泐來復同時有德祥者亦工於詩其送僧東遊云與雲秋別寺同月夜行船詠蟬云玉貌名金出黃雀患相連泐復不能道也又卜築云草生橋斷處花落燕來初亦佳句

魏仲先詩十卷名鉅鹿東觀集予嘗閱之今記其數聯閒居書事云成家書滿屋添口鶴生孫和玉衡見寄云身猶爲外物詩亦是虛名詠懷云拜少腰寧負眠多眼不辜春日云妻喜栽花活兒誇鬬草羸村居述懷云鶴病生閒惱僧來廢靜眠又有詠盆池萍云莫嫌生處波瀾小免得漂然逐衆流眞隱者之語言也

袁景文初甚貧嘗館授一富家景文性疎放師道頗不立未幾辭歸其家別延陳文東壁文東懲景文故

待弟子甚嚴一日景文來訪文東適出因大書其案云去年先生靡恃已今年先生罔談彼若無幾個始制文如何教得猶子比亦可謂善謔已

張士誠據有吳中東南名士多往依之不可致者惟楊廉夫一人士誠無以爲計一日聞其來吳使人要於路廉夫不得已乃一至賓賢館中時元主方以龍衣御酒賜士誠士誠聞廉夫至甚悦即命飲以御酒酒未半廉夫作詩云江南歲歲烽烟起海上年年御酒來如此烽烟如此酒老夫懷抱幾時開士誠得詩知廉夫不可屈不强留也

劉長卿餘干旅舍云搖落暮天迥丹楓霜葉稀孤城向水閉獨鳥背人飛渡口月初上鄰家漁未歸鄉心正欲絶何處擣征衣張籍宿江上館云楚澤南渡口夜深來客稀月明見潮上江靜覺鷗飛旅望今已遠此行殊未歸離家久無信又聽擣征衣二詩皆奇逅偶似次韻尤可喜也

近時北詞以西廂記爲首俗傳作於關漢卿或以爲漢卿不竟其詞王實甫足之予閲點鬼簿乃王實甫作非漢卿也實甫元大都人所編傳奇有芙蓉亭雙蕖怨等與西廂記凡十種然惟西廂盛行於時

謝惠連詩云屯雲蔽曾嶺驚風湍飛流零雨潤墳澤落雪洒林丘浮氣晦崖巘積素惑原疇張正見詩云含香老顏駐執戟異楊雄惆悵崔亭伯幽憂馮敬通王嬙没故塞班女棄深宮謝詩三韻句法皆相似張詩六句皆見古人若今人則必厭其重複古人之詩正不若是拘也

六經如詩書春秋禮記所載無非實事自騷賦之作

興託爲漁父卜者及無是公烏有先生之類而文詞始多漫語其源悉出於莊子莊子一書大抵皆寓言也

元僧圓至工於古文而詩尤清婉其寒食云月暗花明掩竹房輕寒脈脈透衣裳清明院落無燈火獨繞廻廊禮夜香曉過西湖云水光山色四無人清曉誰看第一春紅日漸高絃管動半湖烟霧是遊塵其造語之妙當不減於惠勤參寥輩也

老杜詩云讀書破萬卷下筆如有神蕭千巖云詩不

讀書不可爲然以書爲詩則不可范景文云讀書而至萬卷則抑揚高下何施不可非謂以萬卷之書爲詩也景文之語猶千巖之意也嘗記昔人云萬卷書人誰不讀下筆未必能有神嚴滄浪云詩有别材非關書也斯言爲得之矣

蓉塘詩話

仁和姜南

聶大年

景泰間臨用聶大年用荐起爲仁和訓導通詩書二經博涉群書篤意古友及唐人詩書法李北海藩窓諸公與一時達官顯人過杭者皆禮重之其名傳于遐邇癸酉歲值大比兩廣湖湘山西雲南皆以校文來聘大年以老而廢學就辭以疾兼以詩聞之云名藩較藝遣徵書使者頻煩走傳車老大難遵太行路平生厭食武昌魚五羊城古仙遊遠八桂霜寒木葉疎寄與青雲舊知已莫因辭賦荐相如卒就雲南之聘景泰八年徵詣翰林修史竟以疾卒于京師旅邸初大年嘗言王抑庵冢宰求錢塘戴文進畫十年不得何如移十年求畫之心以求天下之才則野無遺賢矣此言頗聞于抑庵大年病不起以詩投抑庵云鏡中白髮難饒我湖上青山欲待誰抑庵見詩曰彼欲吾志其墓耳及大年卒抑庵遂爲志其墓人以是知抑庵之德不可及

紀信

唐人題紀信墓詩紀信生降爲沛公草荒古塚卧秋風不知青史緣何事却道蕭何第一功惜失其作者姓名

杜牧之

杜牧之有題樊明府林亭一聯云堦前石穩棋終局窓外山寒酒滿盃又有題李隱居西齋一聯云林間掃石安棋局巖下分泉遞酒盃古人于適意處卽道之不嫌其用之重也

平顯

錢塘平仲微名顯成化間人能詩嘗見其題黃鶴山人王叔明畫一律云我昔見之湖上居當門萬朶翠芙蕖承平公子有故態文敏外孫多異書閒吮彩毫消白日夢騎黃鶴上清虛此圖定倣吳山閣醉點南屏春雨餘詩既脫灑亦吾杭之詩家也

趙信庵

古木森森映綠苔嵯峨樓閣倚天開山僧不問朝天客自注氷泉浸野梅此宋趙信庵葵題慧山寺詩也信庵可謂才兼文武者矣

唐文宗

唐文宗太和九年國家有甘露之變王涯鄭注等不得其死而宦官仇士良專權上每登臨遊幸有時獨語莫敢進問者嘗賦詩云輦路生秋草上林花滿枝憑高何限意無復侍臣知觀此詩則涯等眞寃死矣惜哉

林和靖

林和靖有惜別長相思詞云吳山青越山青兩岸青

山相送迎誰知離別情君淚盈妾淚盈羅帶同心結未成江頭潮已平後康伯可亦有此詞云南高峯北高峯一片湖光煙靄中春來愁殺儂郎意濃妾意濃油壁車輕郎馬驄相逢九里松二詞皆艷麗伯可固詞客耳和靖亦作此語耶

寇萊公

寇萊公在宋時人號爲賢者然亦喜功名好進之士又性不能容人而蔑視同列及南遷道過襄州留一絶句于驛亭曰沙堤築處迎丞相驛吏催時送逐臣

到了愉他林下客無榮無辱自由身吁公既知此何必獻天書食盡腹而變鬚髮以希宰輔也

白樂天

白樂天杭州春望詩有紅袖織綾誇柿蒂青旗沽酒趁梨花之句所謂柿蒂指綾之紋也夢粱錄載杭土產綾曰柿蒂狗腳皆指其紋而言後人不知改爲柿葉妄矣

劉蕡

唐劉蕡精于儒術嘗讀文中子忿然而言曰才非殆

庶擬上聖述作不亦過乎客曰文中子于六籍何如蕡曰若以人望人文中子于六籍猶奴隸之于良主人也吁劉蕡可謂豪傑之士有見之言哉

陳通判

陳信字殷信杭州人先任大理寺評事轉兵馬指揮陞蘇州府通判在任二年有惠政廉而公直正統十一年年六十又六乞致仕蘇之富人以重贐追送一毫無所取而其家實貧郡人杜琦有詩送之云人辭榮祿賦歸田又卻蘇民餽贐錢一任此生貧到骨只留清節與人傳

沈兩山

沈明德先生宣號兩山仁和人天資穎敏文辭贍富早遊庠序與張海粟大錫齊名張鄉舉終教諭沈卒不偶嘗有詩詠蟹云郭索横行逆氣豪秋來與味滿江皐玉缸十斛酴醾酒不待先生賦老饕豪俊可愛

陳頫

嘉興陳頫昭穎能詩嘗題枇杷山鳥圖云盧橘垂黃雨淅枝山禽飽啄已多時那知歲宴空林裏竹實蕭

疎鳳亦饑此詩悲刺之意見于不言之表較之孟浩然不才明主棄及薛令之苜蓿長闌干之句辭雖隱而意愈露矣

沈石田

姑蘇沈石田啓南嘗有詩題趙子昂畫馬云隅目晶熒耳竹披江南流落乘黃姿千金千里無人識笑看胡兒買去騎西涯李文正公亦有一絶云宋家龍種墮燕山猶在秋風十二閑千載畫圖非舊價任他評品落人間二詩之意皆惜子昂事元之非也

章令

宣德中全椒章惠知溫州之平陽縣奉公愛民理繁就簡凡百公務不差隷卒勾攝止用粉板背繪刻隷卒甲乙爲次傳遞勾攝題其板曰不貪不食與民有益人隨牌至庶免譴責人咸信服不敢稽違由是案牘清簡囹圄空虛

孫仲衍

孫仲衍典籍南海人詩格高粹其朝雲三律皆集古句而成若出自一手而不見其牽合本朝集句雖多

其人視之仲衍蓋不止於退三舍也其一妾本錢唐江上住雙垂別淚越江邊鶴歸華表添新冢燕蹴飛花落舞筵野草怕霜霜怕日月光如水水如天人間俯仰成今古秖是當時已惘然其二家住錢唐東復東偶來江外寄行踪三湘愁鬢逢秋色半壁殘燈照病容艷骨已成蘭麝土露華偏濕蕊珠宮分明記得還家夢一路寒山萬水中其三三生石上舊精魂顧作陽臺一段雲詞客有靈應識我碧山如畫又逢君花邊古寺翔金雀竹裏春愁冷翠裙莫向西湖歌此曲清明時節雨紛紛

李文正

李文正公懷麓續稿五月七日 泰陵忌晨詩云秘殿深嚴 聖語溫十年前是一乾坤孤臣林壑餘生在 帝里金湯舊業存 舜殿南風難解慍 漢陵西望欲銷魂年年此日無窮恨風雨瀟瀟獨閉門讀之不能不使人掩卷流涕

敬君詩話

三衢葉秉敬

杜詩洞庭

咏洞庭詩以老杜爲最然細玩浩然詩氣蒸雲夢澤波動岳陽城雖不如吳楚東南拆乾坤日夜浮之大而要之實得洞庭眞景若老杜詩無吳楚東南拆一句則乾坤日夜浮延于詠海矣

金山寺詩

張喬云巳老金山頂無心上石橋講移三楚遍梵譯

五天遥板閣懸秋月銅瓶汲夜潮自慚塵世客來坐亦通宵世稱汲夜潮句最工謂中泠泉在江心故也今寺僧以井代操舟犯險之勢失其舊矣愚謂清而有味江心之水若云夜潮是海水也海水鹹澁豈堪烹茗予自瓜步乘潮漲而渡江久慕江心之水而不知其爲潮也亟命舟人汲一瓶俟到岸取茶烹之則刺舌而不可飲乃始知向者所汲是潮也非江水也因記張喬之詩索讀而改之曰板閣懸流月銅瓶汲退潮夫月印江中與水俱流謂之流月正切金山徒云秋月凡山寺不在江中者皆可通用矣海潮巳退江流始復汲而飲之味始可口故改一流字退字便使此詩生色末聯云自慚塵世客來坐亦通宵語俗而意淺愚亦爲改云渾忘塵世味閑坐忽通宵

張祜云一宿金山寺微茫水國分僧歸夜航月龍出曉堂雲樹影中流見鐘聲兩岸聞因悲在城市終日醉醺醺此詩可處在第二聯或云僧亦有晝歸者何偏云夜航月耶不知旦出暮歸人情之常况稱夜月則景色淸迥此當以意融會不必苛責也至云龍出

曉堂雲則分明畫出寺在江中之景逼眞甚矣此二句巳盡其狀至云樹影中流見頗欠天趣又云鐘聲兩岸聞更復着相且四句俱說景似堆垛而無淸味也老杜咏洞庭只是兩句而下便自敘云親朋無一字老病有孤舟此方是變化之妙非張所及也末云因悲在城市終日醉醺醺更不成語

杜羔妻詩

南部新書曰杜羔妻劉氏善爲詩羔屢舉不至家妻卽先寄詩曰良人的的是奇才何事年年被放

回如今妾面羞君面君到來時近夜來羔見詩即時回去尋登第妻又寄詩云長安此去無多路鬱鬱葱葱佳氣浮良人得意正年少今夜醉眠何處樓可謂能勉其君子以正矣愚謂此詩渾是一團炎涼氣習不失村婦口語夫既曰的的是奇才則被放非其罪也何云羞君面哉既云羞君面則勸之努力淬勵可也何又曰近夜來哉及其得第正當喜其奇才見庸勉以忠君愛國乃得其正而方且以年少爲羨以青樓爲疑此婦人但知兒女襟帶中滋味烏知大丈夫事也

石尤風

郎士元畱盧秦卿詩云知有前期在難分此夜中無將故人酒不及石尤風楊用修云打頭逆風也陳晦伯引古樂府宋武帝丁都護歌云願作石尤風四面斷行旅似非打頭風也然則晦伯者將以爲四面風耶而風固無四面俱起者愚謂合兩詩而釋之蓋在風怒起不惟逆風難以行舟即使順風亦未免折檣裂帆矣是郎士元詩非必謂打頭風也又烈風括地雖起一面而四面行旅亦自却步是丁都護歌亦非必謂四面風也總之惟曰大風則可耳

詩學

凡作詩者繩墨必宗前人意辭要當獨創若全依樣畫葫蘆便如村兒搨字帖惡足言詩也嗚呼不讀三百篇不足以濬詩之淵源不讀五千四十八卷不足以入詩之幻化不盡窮十三經不足以閎詩之作用此千古談詩者所未及也今人作詩者于前數書胥不接目第曰吾觀選詩而已唐詩而已其與村學究敎癡兒讀千家詩者何異

蜀中詩話

閩中曹學佺

杜少陵作成都有兩草堂一在萬里橋之西一在浣花皆見于詩中萬里橋故迹湮沒不可見或云房季可園是也

蜀江三峽中水波圓折者名曰盤盤音旋杜詩盤渦鷺浴底心性張蠙黃牛峽詩盤渦逆入嵌空地斷壁高分繚繞天

唐僧隱巒蜀中送人遊廬山詩君遊正值芳春月蜀道千山皆秀發谿邊十里五里花雲上三峯五峯雪君上匡廬我舊居松蘿抛地十年餘君行試到山前問山鳥只今相憶無

唐女郎廉氏峽中即事詩清秋三峽此中去鳴鳥孤猿不可聞一道水聲多亂石四時天氣少晴雲日暮泛舟谿溆口那堪夜永思氛氳巳上二首衲子女郎之奇作也

花蘂夫人宮詞之外尤工樂府蜀亡入汴道經葭萌題驛壁云初離蜀道心將碎離恨綿綿春日如年馬

上時時聞杜鵑書未畢爲軍騎催行後人續之云三千宮女皆花貌妾最嬋娟此去朝天只恐君王寵愛偏花蘂見宋祖時猶作更無一箇是男兒之詩焉有隨衆行而言此敗節語乎續之者不惟虛空架橋而詞之鄙亦狗尾續貂矣

唐世蜀之詩人射洪陳子昂彰明李白成都李餘雍陶裴廷裕岑倫符載雍裕之苑咸朱桃椎雙流柳震青城杜光庭嘉州唐球青神陳詠丹稜僧可朋綿州布衣王嚴鄉貢進士劉暌及李渥田章巴州張曙若劉灣鹿虔扆毛文錫俱蜀人若劉曉張蠙韋莊牛嶠歐陽炯劉猛李季蘭張演薛濤張窈窕杜羔妻皆他方流寓而老于蜀者嘗欲裒集其詩爲一帙而未暇焉

范成大詩註蜀人鄉音極難解其爲京洛音輒謂之虜語或是僭僞時以中國自居循習至今不改也既又諱之改爲魯語尤可笑故就用其字云耳畔逢人無魯語

花間集十卷孟蜀衛尉少卿趙崇祚選歐陽炯序內

云李太白應制清平樂四首爲詞體之祖不知陳隋之玉樹後庭花水殿歌詞已有之矣

孫光憲蜀之資州人事荆南高氏爲從事有文學名著北夢瑣言其詞見花間集一庭踈雨濕春愁秀句也李後主之細雨濕流光本此

張泌江城子云浣花溪上見卿卿臉波秋水明黛眉輕綠雲高綰金簇小蜻蜓好事問他來得麽和笑道莫多情按小蜻蜓之飾正所謂翹兒花也

盧延遜入蜀頗爲蜀人所易作詩有云莫欺零落殘

牙齒曾吃紅綾餅餤來延遜光化中放進士第二人燕于曲江勑大官賜十八人餅餤盖唐御食以紅綾餅餤爲上品也

范成大新作官梅庄又有種竹了戲題愛山寺詩皆宜華廢苑又有雨後東郭排岸司申梅開及三分戲書小絶令一面開宴當時風味猶可想見

僧貫休入蜀上王建詩曰一瓶一鉢垂垂老萬水千山得得來建一見爲之大悦賜號禪月因名爲得得和尚

徐匡璋納女于孟昶拜貴妃別號花蘂夫人意花不足擬其色似花蘂翾輕也又升號慧妃以號如其性也王師平蜀太祖聞其名命別將護送入京陳無己以夫人姓費誤也

唐人長短句詩之餘也始于李太白太白以草堂名集故謂之草堂詩餘

麓堂詩話

西涯李東陽

詩在六經中別是一教蓋六藝中之樂也樂始於詩終於律人聲和則樂聲和又取其聲之和者以陶寫情性感發志意動盪血脉流通精神有至于手舞足蹈而不自覺者後世詩與樂判而爲二雖有格律而無音韻是不過爲排偶之文而已使徒以文而已也則古之教何必以詩律爲哉

古詩與律不同體必各用其體乃爲合格然律猶可

間出古意古不可涉律古涉律調如謝靈運池塘生春草紅藥當堦飜雖一時傳誦固已移於流俗而不自覺若孟浩然一杯還一曲不覺夕陽沉杜子美獨樹花發自分明春渚日落夢相牽李太白鸚鵡西飛隴山去芳洲之樹何青青崔顥黃鶴一去不復返白雲千載空悠悠乃律間出古要自不厭也予少時嘗曰幽人不到處茅屋自成村又曰欲往愁無路山高溪水深雖極力摹擬恨不能萬一耳

古律詩各有音節然皆限於字數求之不難惟樂府長短句初無定數最難調疊然亦有自然之聲古所謂聲依永者謂有長短之節非徒永也故隨其長短皆可以播之律呂而其太長太短之無節者則不足以爲樂今泥古詩之成聲平側長短句句字字摹倣而不敢失非惟格調有限亦無以發人之情性若往復諷詠久而自有所得得于心而發之乎聲則雖千變萬化如珠之走盤自不越乎法度之外矣如李太白遠別離杜子美桃竹杖皆極其操縱曷嘗按古人聲調而和順委曲乃如此固初學所未到然學而未

至乎是亦未可與言詩也

唐人不言詩法詩法多出宋而宋人于詩無所得所謂法者不過一字一句對偶雕琢之工而天真興致則未可與道其高者失之捕風捉影而卑者坐于粘皮帶骨至于江西詩派極矣惟嚴滄浪所論超離塵俗真若有所自得反覆譬說未嘗有失顧其所自爲作徒得唐人體面而亦少超拔警策之處予嘗謂識得十分只做得八九分其一二分乃拘于才力其滄浪之謂乎若是者往往而然然未有識分數少而作

分數多者故識先而力後

宋詩深却去唐遠元詩淺去唐却近顧元不可爲法所謂取法乎中僅得其下耳極元之選惟劉靜修虞伯生二人皆能名家莫可軒輊世恒爲劉左袒雖陸靜逸鼎儀亦然予獨謂高牙大纛堂堂正正攻堅而折銳則劉有一日之長若藏鋒歛鍔出奇制勝如珠之走盤馬之行空始若不見其妙而探之愈深引之愈長則於虞有取焉然此非謂道學名節論乃爲詩論也與予論合者惟張滄洲亨父謝方石鳴治亨父

已矣方石亦歸老數千里外如我罪我世固有君子存焉當如何哉

唐詩李杜之外孟浩然王摩詰足稱大家王詩豐縟而不華靡孟却專心古澹而悠遠深厚自無寒儉枯瘠之病由此言之則孟爲尤勝儲光羲有孟之古而深遠不及岑參有王之縟而又以華靡掩之故杜子美稱吾憐孟浩然稱高人王右丞而不及儲岑有以也夫

觀樂記論樂聲處便識得詩法

作詩不可以意徇辭而須以辭達意辭能達意可歌可詠則可以傳王摩詰陽關無故人之句盛唐以前所未道此辭一出一時傳誦不足至爲三疊歌之後之詠別者千言萬語殆不能出其意之外必如是方可謂之達耳

詩貴不經人道語自有詩以來經幾千百人出幾千萬語而不能窮是物之理無窮而詩之爲道亦無窮也今令畫工畫十人則必有相似而不能别出者葢其道小而易窮而世之言詩者毎與畫並論則自小

其道也

詩與文不同體昔人謂杜子美以詩爲文韓退之以文爲詩固未然然其所得所就亦各有偏長獨到之處近見名家大手以文章自命者至其爲詩則毫釐千里終其身而不悟然則詩果易言哉

寫留行道影焚却坐禪身開口便自粘帶已落第二義矣所謂燒却活和尚正不須如此說

長篇中須有節奏有操有縱有正有變若平鋪穩布雖多無益唐詩類有委曲可喜之處惟杜子美頓

起伏變化不測可駭可愕蓋其音響與格律正相稱回視諸作皆在下風然學者不先得唐調未可遽爲杜學也

月到梧桐上風來楊柳邊豈不佳終不似唐人句法芙蓉露下落楊柳月中疎有何深意却自是詩家語

陳公父論詩專取聲最得要領潘禎應昌嘗謂予詩宮聲也予訝而問之潘言其父受于鄉先輩曰詩有五聲全備者少惟得宮聲者爲最優蓋可以兼衆聲也李太白杜子美之詩爲宮韓退之之詩爲角以此

例之雖百家可知也

國初諸詩人結社爲詩浦長源請入社衆請所作初誦數首皆未應至雲邊路繞巴山色樹裏河流漢水聲並加賞歎遂納之

林子羽鳴盛集專學唐袁愷在野集專學杜蓋皆極力摹擬不但字面句法并其題目亦效之開卷驟視宛若舊本然細味之求其流出肺腑卓爾有立者指不能一再屈也宣德間有晏鐸者選本朝詩亦名鳴盛詩集其第一首林子羽應制曰堤柳欲眠鶯喚起宮花乍落鳥銜來蓋非林最得意者則其它所選可知其選袁愷白燕詩曰月明漢水初無影雪滿梁園尚未歸曰趙家姊妹多相忌莫向昭陽殿裏飛亦佳若蘇李泣別圖曰猶有交情兩行淚西風吹上漢臣衣而選不及何也

詩有三義賦止居一而比興居其二所謂比與興者皆託物寓情而爲之者也蓋正言直述則易於窮盡而難於感發惟有所寓託形容摹寫反復諷詠以俟人之自得言有盡而意無窮則神爽飛動手舞足蹈

而不自覺此詩之所以貴情思而輕事實也

元詩體要載楊廉夫香奩絕句有極鄙褻者乃韓致光詩也

質而不俚是詩家難事樂府歌辭所載木蘭辭前首最近古唐詩張文昌善用俚語劉夢得竹枝亦入妙至白樂天令老嫗解之遂失之淺俗其意豈不以李義山輩爲澁僻而反之而弊一至是豈古人之作端使然哉

古歌辭貴簡遠大風歌止三句易水歌止二句其感

激悲壯語短而意益長彈鋏歌止一句亦自有含悲飲恨之意後世窮技極力愈多而愈不及予嘗題柯敬仲墨竹曰莫將畫竹論難易剛道繁難簡更難君看蕭蕭祇數葉滿堂風雨不勝寒畫法與詩法通者蓋此類也

劉會孟名能評詩自杜子美下至王摩詰李長吉諸家皆有評語簡意切別是一機軸諸人評詩者皆不及及觀其所自作則堆疊餖飣殊乏興調亦信乎創作之難也

國初稱高楊張徐高季廸才力聲調過三人遠甚百餘年來亦未見卓然有以過之者但未見其止耳張來儀徐幼文殊不多見楊孟載春草詩最傳其曰六朝舊恨斜陽外南浦新愁細雨中曰平川十里人歸晚無數牛羊一笛風誠佳然綠迷歌扇紅襯舞裙已不能脫元詩氣習至簾為看山盡捲西更過纖巧春來簾幕怕朝東乃艷詞耳今人類學楊而不學高者豈惟楊體易識亦高差難學故邪

律詩起承轉合不為無法但不可泥泥于法而為之則撐拄對待四方八角無圓活生動之意然必待法度既定從容閑習之餘或溢而為波或變而為奇乃有自然之妙是不可以彊致也若并而廢之亦奚以律為哉

古詩歌之聲調節奏不傳久矣比嘗聽人歌關雎鹿鳴諸詩不過以四字平引為長聲無甚高下緩急之節意古之人不徒爾也今之詩惟吳越有歌吳歌清而婉越歌長而激然士大夫亦不皆能予所聞者吳則張亨父越則王古直仁輔可稱名家亨父不為人

歌每自歌所為詩真有手舞足蹈意仁輔性亦僻不時得其歌予値有得意詩或令歌之因以驗予所作雖不必能自為歌往往合律不待彊致而亦有不容強者也

杜子美漫興諸絕句有古竹枝意跌宕奇古超出詩人蹊徑韓退之亦有之

文章固關氣運亦繫于習尚周召二南王豳曹衛諸風商周魯三頌皆北方之詩漢魏西晉亦然唐之盛時稱作家在選列者大抵多秦晉之人也蓋周以詩

敎民而唐以詩取士畿甸之地王化所先文軌車書所聚雖欲其不能不可得也荆楚之音聖人不錄實以要荒之故六朝所製則出於偏安僭擬之域君子固有譏焉然則東南之以文鳴者亦鮮矣

陶詩質厚近古愈讀而愈見其妙韋應物稍失之平易柳子厚則過於精刻世稱陶韋又稱韋柳特槩言之惟謂學陶者須自韋柳而入乃爲正耳

唐士大夫舉世爲詩而傳者可數其不能者弗論雖能者亦未必盡傳高適嚴武韋迢郭受之詩附諸杜

集皆有可觀子美所稱與殆非溢美惟高詩在選者累見于世餘則未之見也至薛端乃謂其文章有神辭華與李白並稱而無一字可傳豈非有幸不幸耶

劉長卿集悽婉清切盡羈人怨士之思蓋其情性固然非但以遷謫故譬之琴有商調自成一格若柳子厚永州以前亦自有和平富麗之作豈盡爲遷謫之音耶

詩太拙則近于文太巧則近于詞宋之拙者皆文也元之巧者皆詞也

詩韻貴穩韻不穩則不成句和韻尤難類失牽强之不如勿和善用韻者雖和猶其自作不善用者雖所自作猶和也

國初東南人士重詩社每一有力者爲主聘詩人爲考官隔歲封題于諸郡之能詩者期以明春集卷私試開榜次名仍刻其優者略如科舉之法今世所傳惟浦江吳氏月泉吟社謝翺爲考官春日田園雜興爲題取羅公福爲首其所刻詩以和平溫厚爲主無甚警拔而卷中亦無能過之者蓋一時所尚如此聞

此等集尚有存者然未及見也

紅梅詩押牛字韻有曰錯認桃林欲放牛詠蝶詩押船字韻有曰跟脩賣花人上船皆前輩所傳不知爲何名氏也

國初人有作九言詩曰昨夜西風擺落千林梢渡頭小舟捲入寒塘坳貴在渾成勁健亦備一體餘不能悉記也

羅明仲嘗謂三言亦可爲體出樹處二韻追予題扇于援筆云揚風帆出江樹家遥遥在何處又因圍碁

出端觀二韻子曰勝與負相爲端我因君得大觀皆一時戲劇偶記于此

李長吉詩字字句句欲傳世顧過于劇鉥無天真自然之趣通篇讀之有山節藻棁而無梁棟知其非大道也

作詩必使老嫗聽解固不可然必使士大夫讀而不能解亦何故邪

人但知律詩起結之難而不知轉語之難第五第七句尤宜著力如許渾詩前聯是景後聯又説景乏意致耳

六朝宋元詩就其佳者亦各有興致但非本色只是禪家所謂小乘道家所謂尸解仙耳

歐陽永叔深于爲詩高自許與觀其思致視格調爲深然校之唐詩似與不似亦門墻藩籬之間耳

熊蹯鷄跖筋骨有餘而肉味絕少好奇者不能舍之而不足以厭飫天下黄魯直詩大抵如此細咀嚼之可見

楊廷秀學李義山更覺細碎陸務觀學白樂天更覺直率槩之唐調皆有所未聞也

陳無已詩綽有古意如風帆目力短江空歲年晚興致蕭然然不能皆然也無乃亦骨勝肉乎陳與義一涼思到骨四壁事多違世所傳誦然其支離亦過矣

韓蘇詩雖俱出入規格而蘇尤甚蓋韓得意時自不失唐詩聲調如永貞行固有杜意而選者不之及何也楊士弘乃獨以韓與李杜爲三大家不敢選豈亦有所見邪

李長吉詩有奇句盧仝詩有怪句好處自別若劉義

冰柱雪車詩殆不成語不足言奇怪也如韓退之效玉川子之作斵去疵類摘其精華亦何嘗不奇不怪而無一字一句不佳者乃爲難耳

李太白集七言律止二三首孟浩然集止二首孟東野集無一首皆足以名天下傳後世詩奚必以律爲哉

王介甫點景處自謂得意然不脱宋人氣習其詠史絕句極有筆力當別用一具眼觀之若商鞅詩乃發洩不平語于理不覺有礙耳

僧最宜詩然僧詩故鮮佳句宋九僧詩有曰縣古槐根出官清馬骨高差強人意齊已湛然輩畧有唐調其真有所得者惟無本爲多豈不以讀書故耶

夷白齋詩話

吳郡顧元慶

古詩有客從遠方來遺我雙鯉魚呼童烹鯉魚中有尺素書魚腹中安得有書古人以喻隱密也魚沉潛之物故云

古樂府云金銅作蓮花蓮子何其貴攤門不安鎖無復相關意石闕生口中含悲不得語石闕古漢時碑名故云

元釋溥光字玄暉俗姓李氏特封昭文館大學士榮祿大夫賜號立悟大師有二絶句云蠛蠓殺敵蚊眉上蠻觸交爭蝸角中何異諸天觀下界一微塵裏鬭英雄　苙苗鹿嚼解烏毒艾葉雀啣奪燕巢鳥獸不曾看本草諳知藥性是誰教詩亦奇拔恨不多見

張旭春草帖云春草青青萬里餘邊城落日動寒墟情知海上三年別不寄雲中一雁書集所不載

李賀詩買絲繡作平原君有酒誰澆趙州土得非黃金鑄范蠡之意耶

皮日休有文藪載詩數首陸龜蒙有笠澤叢書詩亦

不多其詩俱在松陵唱和集内三集共覽方爲二公全書今刻甫里集併之豈前書之本旨乎

王文恪公鏊自内閣歸時石田先生病亟遣人問之答詩云勇退歸來説宰公此巳超出萬人中門前車馬多如許那有心情問病翁筆墨慘淡難識遂爲絶筆後二日而卒今集中不載

大司徒邵二泉寶乞歸終養上疏不允其詩云乞歸未許奈親何帝里風光夢裏過三月春寒青草短五湖天遠白雲多客囊衣在縫猶密驛路書來字欲磨

聖主恩深臣分淺百年心事兩蹉跎讀之令人感動激發最爲海内傳誦

衡山文先生徵明有病起遣懷二律蓋不就寧藩之徵而作也詞婉而峻足以拒之於千里之外詩云潦倒儒官二十年業緣仍在利名間敢言冀北無良馬深愧淮南賦小山病起秋風吹白髮雨中黄葉暗松關不嫌窮巷頻回轍消受爐香一味閒又經時臥病斷經過自撥閒愁對酒厭意外紛紜知命在古來賢達患名多千金逸驥空求骨萬里冥鴻肯受羅心悠悠那復識白頭辛苦服儒科後寧藩敗凡應辟者崎嶇萬狀公獨晏然始知公不可及也

南所李先生嵩隱居陽山以詩酒自娛性狷介不妄交游日惟獨處一几焚香玩易而已所居之室扁曰學易處其於死生禍福之説尤爲洞達嘗有詩云室焚香几獨憑蕭然興味似山僧不緣嬾出忘巾櫛免得時人有愛憎年七十二病亟家人迎醫閉目揺手曰數盡矣留連何益竟坐逝嘉靖壬辰六月十七日也

唐人秦韜玉有詩云地衣鎮角香獅子簾額侵鉤繡辟邪後山有壞墻得雨蝸成字古屋無人燕作家韜玉可謂狀富貴之象於目前後山可謂含寂寞之景於言外也

越僧某索畫於石田翁嘗寄一絶云寄將一幅剡溪藤江面青山畫幾層筆到斷崖泉落處石邊添箇看雲僧石田欣然畫其詩意答之余謂僧詩畫矣何以圖爲

吳僧月舟索米戶號去歲河橋冰凍有米無人

今日月卅上門莫作一塲春夢可謂以文滑稽者

家住夕陽江上村一灣流水繞柴門種來松樹高於屋借與春禽養子孫此集唐夫先生江村詩也先生生於洪武間家江村橋故有是作其詩多警句此尤可喜云

天順間癸未禮部災時御史焦顯爲監臨官後人詩云先兆武從焦御史未然奎壁可爲災

解元唐寅子畏晩年作詩專用俚語而意愈新嘗有詩云不煉金丹不坐禪不爲商賈不耕田起來就寫青山賣不使人間造業錢君子可以知其養矣

沈翀茶卿隱居許市其詩攻研澄深有出塵之格嘗寄余山居雜興詩如云鶴病晩山碧僧來落葉黃如云鴈花水亂聲中酒人高眠如云花好不山戸雨來還舉觴如云酒醒芳草遠病起落花多如云隱几亂山晩閉門流水來惜乎天不假年人無知者

拯人之危大是好事古人能行之者如山陽張儉亾抵孔褒不遇其弟融時年十六儉少之而不告見儉有窘色謂曰兄雖在外吾獨不能爲君主耶後事洩融一門爭死竟坐褒近世親戚故舊略有毫髮利害依附惟恐累己不一引手援反擠之又下石者皆是也有壽周岐鳳詩云一身作客如張儉四海何人是孔融

廬山陳氏有甲秀堂帖宋淳熙年所刻有李太白天若不愛酒酒星不在天一章在內宋人品爲馬子才僞作今見其筆迹非僞矣字畫豪放書畢後題曰吾頭懵懵醉後書此賀生爲我辯之汝年少眼明

高痴詠菊詩云百花發我不發我若發都駭殺要與西風戰一塲遍身穿就黃金甲一統鴻基兆見於此

矣

南濠都先生穆少嘗學詩沈石田先生之門石田問近有何得意作南濠以節婦詩首聯爲對其詩云白髮貞心在青燈淚眼枯石田曰詩則佳矣有一字未穩南濠茫然避席請教石田曰爾不讀禮經經云寡婦夜不哭何不以燈字爲春字南濠不覺悅服

一池荷葉衣無盡數畝松花食有餘剛被世人知住處又移茆屋入深居此唐人詩也余見黃叔明畫此

詩意并篆此詩畫上隱者廉人之風宛然可想[illegible]
戴見臨之耳

存餘堂詩話

山樵朱承爵

古樂府命題俱有主意後之作者直當因其事用其題始得往往借名不求其原則失之矣如劉猛李餘輩賦出門行不言離別將進酒乃叙烈女事至於太白名家亦不能免此病

詩非苦吟不工信乎古人如孟浩然眉毛盡落裴祐袖手衣袖至穿王維走入醋甕皆苦吟之驗也

近世大臣之家往往崇搆室宇巧結臺榭以爲他日游息宴間之所然而宦况悠悠終不獲享其樂是誠可悲也因記白樂天有詩云試問池臺主多爲將相官終身不曾到惟展畫圖看乃知樂天之詩真達者之詞歟

天厨禁臠說琢句法有假借格如根非生下土葉不墜秋風五峰寒不下萬木幾經秋皆以秋對下因尋樵子徑偶到葛洪家殘春紅藥在終日子規啼皆以紅對子閑聽一夜雨更對柏巖僧以一對柏住山今十載明日又遷居以十對遷余謂古人琢句亦或

嘗用意至此論詩者不幾於鑿乎
張靈字夢晉吳中名士也早歲功名未偶落魄不羈
寄情詩酒問臨終之前三日作詩云一枚蟬蛻塌當
中命也難辭付大空垂死尚思玄墓麓滿山寒雪一
林松後一日又作詩云彷彿飛魂亂哭聲無情於此
亦多情欲將衆淚澆心火何日張家再托生二詩可
以想見其風致亦足悲夫
王水部伯安正德間言事謫閩中過溪覆舟幾厄時
有漁人泛溪中拯之上岸方徘徊間適遇一道者自

稱舊識邀至中和堂主人處盤桓數日主人乃仙翁
也臨行作詩送之云十五年前始識荆此來消息最
先聞君將性命輕毫髮誰把綱常重一分寰海已知
誇令德皇天終不喪斯文武夷山下經行處好對清
樽醉夕曛
張師錫老兒詩五十韻摹寫極工中有看嫌經字小
不免是老僧腳軟怕鞦韆不免是老婦
題目詩最難工妙如東坡爲俞康直郎中作所居四
詠中有退圃詩一首云百丈休牽上瀨船一鉤歸釣
縮頭鯿園中草木知無數獨有黃楊厄閏年其於退
字略不發明而休牽上瀨歸釣縮黃楊厄閏則曲盡
退字之妙此詠題之三昧也
吳文定公原博詩格尚渾厚琢句沉着用事果切無
漫然嘲風弄月之語其雪後入朝詩云天門晴雪映
朝冠步躡頻扶白玉闌爲語後人須把滑正憂高處
不勝寒饑烏隔竹餐應盡馴象當庭蹈又殘莫向都
人誇瑞兆近郊或恐有袁安其愛君憂國感時念物
之情藹然可掬至如古人隨車縞素灞橋驢背自是

閒話頭
詩家評盧仝詩造語命意險怪百出幾不能解余嘗
讀其示男抱孫詩中有常語如任汝惱弟妹任汝惱
姨舅姨舅非吾親弟妹多老醜殊類古樂府語至如
直鉤吟云文王已沒不復生直鉤之道何時行亦自
是平直殊不爲怪如喜逢鄭三云他日期君何處好
寒流石上一株松亦自是恬澹殊不爲險
吳人黃省曾氏刻劉叉詩其跋語云假太原少傅秘
閣本校正一十二字始得就梓其用心亦勤矣余家

舊藏本古律類分三卷有自問一首云自問彭城子何人接汝顛酒腸寬自海詩膽大於天斷劒徒勞匣枯琴無復絃相逢不多合賴是向林泉今黃本所遺也

作詩凡一篇之中亦忌用自相矛盾語東坡有日日出東門尋步東城游城門抱關卒怪我此何求我亦無所求駕言寫我憂章子厚評之云前步而後駕何其上下紛紛也東坡聞之曰吾以尻爲輪以神爲馬何曾上下乎參寥子謂其文過似孫子荆曰所以枕

流欲洗其耳然終是詩病

李文正公懷麓續稿五月七日　泰陵忌晨詩云秘殿深嚴　聖語溫十年前是一乾坤孤臣林壑餘生在　帝里金湯舊業存舜殿南風難解慍濬陵西望欲消魂年年此日無窮恨風雨瀟瀟獨閉門讀之不能不使人掩卷流涕

作詩之妙全在意境融徹出音聲之外乃得眞味如曰孫康映雪寒窻下車胤收螢敗帙邊事非不竅對非不工爲是何言哉

張繼楓橋夜泊詩世多傳誦近讀孫仲益過楓橋寺詩云白首重來一夢中青山不改舊時容烏啼月落橋邊寺欹枕猶聞夜半鐘亦可謂鼓動前人之意云爾

東坡少年有詩云淸吟雜夢寐得句旋已忘固已奇矣晚謫惠州復有一聯云春江有佳句我醉墮渺莽則又加少作一等許書家謂筆隨年老豈詩亦然

天子旌旗分一半八方風雨會中州此劉禹錫賀晉公留守東都詩也其遠大之志自覺軒豁可仰

余嘗見石刻一詩云客懷耿耿自難寬老傍京塵更鮮歡遠夢已回窻下曉杏花回度五更寒雖小詩亦自飄逸可愛後題盧蹈叟丈字畫出入蘇米久未知其履歷近讀渭南集乃知其爲夾江人佳士也

詩詞雖同一機杼而詞家意象亦或與詩畧有不同句欲斂字欲捷長篇須曲折三致意而氣自流貫乃得近讀宋人詠茶一詞云鳳舞團團餠恨分破教孤另愛渠體淨隻輪慢碾玉塵光瑩湯響松風早減二分酒病味濃香永醉鄉路成佳境恰如燈下故人萬

里歸來對影口不能言心下快活自省其亦可謂妙于聲韻者也

娛書堂詩話

闕名

歌名

姜堯章云守法度曰詩載始末曰引體如行書曰行放情曰歌行間之曰歌行悲如蛩螿曰吟通乎俚俗曰謠委曲盡情曰曲

孟郊

孟郊詩最古淡坡謂有如食蟛蜞竟日嚼空螯亦實錄

應制詩

應制詩非他詩比自是一家句法大抵不出於典實富艷爾若清淡之語終不近

酸文

錢熙泉南才士也曾作四夷來王賦獻太宗愛其才又嘗撰三酌酸文世稱精絕後亦不遠而故鄉人李慶孫以詩弔之曰四夷妙賦無人繼三酌酸文舉世傳

赤壁詩

杜牧赤壁詩李義山集中亦載

升菴辭品

成都楊愼

陶弘景寒夜怨

陶弘景寒夜怨云夜雲生夜鴻驚悽切嘹唳傷夜情後世塡辭梅花引格韻似之後換頭微異

煬帝曲名

玉女行觴神仙留客皆煬帝曲名

踏莎行

韓翃詩踏莎行草過春谿辭名踏莎行本此

上江虹紅䆫影

唐人小說冥音錄載曲名有上江虹卽滿江紅紅䆫影卽紅䆫迴也

夜夜昔昔

梁樂府夜夜曲或名昔昔鹽昔卽夜也列子昔昔夢爲君鹽亦曲之别名

阿濫堆

張祜詩紅樹蕭蕭閣半開玉皇曾幸此宮來至今風俗驪山下村笛猶吹阿濫堆宋賀方回長短句云待

月上潮平波瀲塞管孤吹新阿濫中朝故事云驪山多飛鳥名阿濫堆明皇採其聲爲曲子又作鷃爛堆西陽雜俎云鷃爛堆黃一變之鴝色如鶖鶬鴉轉之後乃至累變橫理細膓前漸漸微白

烏鹽角

曲名有烏鹽角江鄰幾雜志云始教坊家人市鹽得一曲譜於角子中翻之遂以名焉戴石屏有烏鹽角行元人月泉吟社詩山歌聒耳烏鹽角村酒柔情玉練槌

小梁州

賈逵曰梁米出于蜀漢香美逾于諸粱號曰竹根黃梁州得名以此秦地之西燉煌之間亦產粱米土沃類蜀故號小梁州曲名有小梁州爲西音也

唐辭多無換頭

張泌南唐人有江城子二闋其一云碧闌干外小中庭雨初晴曉鶯聲飛絮落花時節近清明睡起捲簾無一事勻面了沒心情其二云浣花溪上見卿卿眼波明黛眉輕高綰綠雲低簇小蜻蜓好是問他來得麼和笑道莫多情黃叔暘云唐辭多無換頭如此辭自是兩首故重押兩情字兩明字今人不知合爲一首則誤矣

哀曼

晉鈕滔母孫氏箜篌賦曰樂操則寒條反榮哀曼則晨華朝滅曼與慢通亦曲名如石州慢聲聲慢之類

草熏

佛經云奇草芳花能逆風聞熏江淹別賦閨中風暖陌上草熏正用佛經語六一辭云草熏風暖搖征轡

又用江淹語今草堂辭改熏作芳蓋未見文選者也

鞋襪稱兩

高文惠妻與夫書曰今奉織成襪一量願著之動與福并量當作兩詩葛履五兩是也無名氏踏莎行辭末云夜深着輛小鞋兒靠着屏風立地輛兩蓋古今字也小辭用毛詩字亦奇

眼重眉褪

唐辭眼重眉褪不勝春李後主辭多少淚斷臉復橫頤元樂府眼餘眉剩皆祖唐辭之語

銀蒜

歐陽六一放玉臺體詩銀蒜鈎簾宛地垂東坡哨遍辭㬠起畫堂銀蒜珠幙雲垂地蔣捷白紵辭早是東風作惡旋安排一雙銀蒜鎮羅幕銀蒜盖鑄銀爲蒜形以押簾也宋元親王納妃公主下降皆有銀蒜簾押幾百雙

鬧裝

京師有鬧裝帶其名始于唐白樂天詩貴主冠浮動親王帶鬧裝薛田詩九苞綰就佳人髻三鬧裝成子

弟鞾辭曲有角帶鬧黄鞓今作傚黄鞓非也

秋千旗

陸放翁詩云秋千旗下一春忙歐陽公漁家傲云隔墻遥見秋千侶綠索紅旗雙彩柱李元膺鷓鴣天云寂寞秋千兩繡旗予嘗命畫工作寒食士女圖秋千架作兩繡旗人多駭之蓋未見三公之詩辭也

三絃所始

今之三絃始於元時小山辭云三絃玉指雙鈎草字題贈玉娥兒

解紅

曲名有解紅者今俗傳爲吕洞賓作見物外清音其名未曉近閲和凝集有解紅歌云百戲罷五音清解紅一曲新教成兩箇瑶池小仙子此時奪却柘枝名樂書云優童解紅舞衣紫緋繡襦銀帶花鳳冠盖五代時人也焉有吕洞賓在唐世預填此腔耶

鶯花亭

秦少游謫處州日作千秋歲辭有花影亂鶯聲碎之句後人慕之建鶯花亭陸放翁有詩云沙上春風柳

十圍綠陰依舊語黄鸝故應留與行人恨不見秦郎半醉時

陸瓊飲酒樂

陳陸瓊飲酒樂云蒲桃四時芳醇琉璃千鐘舊賓夜飲舞遲銷燭朝醒弦促催人春風秋月長好歡醉日月言新唐人之破陣樂何滿子皆祖之

梁武帝江南弄

梁武帝江南弄云衆花雜色滿上林舒芳耀彩垂輕陰連手躞蹀舞春心舞春心臨歲腴中人望獨踟躕

此辭絶妙塡辭起于唐人而六朝已濫觴矣其餘若美人聯錦江南稚女諸篇皆是樂府具載不盡錄也

僧法雲三洲歌

梁僧法雲三洲歌云三洲斷江口水從窈窕河傍流啼將別共來長相思又云三洲斷江口水從窈窕河傍流歡將樂共來長相思江左辭人多風致而僧亦如此不獨惠休之碧雲也

王褒高句麗曲

王褒高句麗曲云蕭蕭易水生波燕趙佳人自多傾盃覆椀漼漼垂手奮袖娑娑不惜黃金散盡惟畏白日蹉跎與陳陸瑣飲酒樂同調蒜彌場限隔而聲調元通也王褒字文周時人字子深非漢王褒也是時亦有蘇子卿有梅花落一首方回遂以爲漢之蘇武何不考之過乎

穆護砂

樂府有穆護砂隋朝曲也與水調河傳同時皆隋開汴河時辭人所製勞歌也其聲犯角其後至今訛砂爲煞云予嘗有詩云桃根桃葉最夭斜水調河傳穆護砂無限江南新樂府陳朝獨賞後庭花

梁簡文春情曲

梁簡文帝春情曲云蝶黃花紫燕相追楊低柳合路塵飛已見垂鈎掛綠樹誠知淇水霑羅衣兩童夾車問不已五馬城南猶未歸鶯啼春欲駛無爲空掩扉此詩似七言律而末句又用五言王無功亦有此體又唐律之祖而唐辭瑞鷓鴣格韻似之

崔液踏歌行

唐崔液踏歌辭二首體製藻思俱新其辭云綵女迎金屋仙姬出畫堂鴛鴦裁錦袖翡翠帖花黃歌響舞行分艶色動流光其二云庭際花微落樓前漢已橫金壺催夜盡羅袖舞寒輕調笑暢歡情未半著天明

菩薩鬘蘇幕遮

西域諸國婦女編髮垂髻飾以雜華如中國塑佛像瓔珞之飾曰菩薩鬘曲名取此唐書呂元濟上書北見方邑相率爲渾脫隊駿馬　服名曰蘇幕遮曲名亦取此李太白詩公孫大娘渾脫舞即此際之事也

阿鞞廻

太白詩羌笛橫吹阿嚲迴番曲名張祐集有阿濫堆即此也番人無字止以聲傳故隨中國所書人各不同爾難以意求也

六州歌頭

六州歌頭本鼓吹曲也音調悲壯又以古興亡事實之聞之使人慷慨良不與艷辭同科誠可喜也六州得名蓋唐人西邊之州伊州梁州甘州石州渭州氐州也此辭宋人大祀大卹皆用此調　國朝大卹則用應天長云伊梁甘石唐人樂府多有之胡渭州見

張祐詩氐州第一見周美成辭

小秦王

唐人絕句多作樂府歌而七言絕句隨名變腔如水調頭歌春鶯轉胡渭州小秦王三臺清平調陽關雨淋鈴皆是七言絕句而異其名其腔調不可考矣予愛小秦王三首其一云鴈門山上鴈初飛馬邑闌中馬正肥陌上朝來逢驛騎殷勤南北送征衣其二云柳條金嫩不勝鴉青粉墻頭道韞家燕子不來春寂寞小窓和雨夢梨花其三云十指纖纖玉笋紅鴈行輕度翠弦中分明自說長城苦水咽雲寒一夜風第一首妓女盛小叢作後二首無名氏

阿那紇那曲名

李郢上元日寄湖杭二從事詩曰戀別山登憶水登山光水焰百千層謝公留賞山公喚知入笙歌阿那朋劉禹錫夔州竹枝辭云楚水巴山烟雨多巴人能唱本鄉歌今朝北客思歸去回入紇羅披綠蘿阿那紇那皆當時曲名李郢詩言變梵唄爲艷歌劉禹錫詩言翻南調爲北曲也阿那皆叶上聲紇那皆叶平

聲此又隨方音而轉也

如夢令

唐莊宗辭云曾宴桃源深洞一曲舞鸞歌鳳長記別伊時和淚出門相送如夢如夢殘月落花烟重此莊宗自度曲也樂府取辭中如夢二字名曲今誤傳爲呂洞賓非也

擣練子

李後主擣練子云深院靜小庭空斷續寒砧斷續風無奈夜長人不寐數聲和月到簾櫳辭名擣練子即

詠搗練乃唐辭本體也

朝天紫

朝天紫本蜀牡丹花名其色正紫如金紫大夫之服色故名後人以爲曲名今以紫作子非也見陸游牡丹譜

說郛續目録

弓第三十四

千里面譚

成都楊愼

春情　梁簡文帝

蝶黃花紫燕相追楊低柳合路塵飛已見垂鈎掛綠樹誠知淇水霑羅衣兩童夾車問不已五馬城南猶未歸鶯啼春欲駛無爲空掩扉

此七言律之始猶未能也而格調高古當知其濫觴

聽箏　陳後主

文窓瑇瑁影嬋娟香帷翡翠出神仙促柱點唇鶯欲

語調弦繋爪雁相連秦聲本自楊家解吳歈那知謝傳憐只愁芳夜促蘭膏無奈煎

擣衣　温子昇

長安城中秋夜長佳人錦石擣流黃香杵紋砧知遠近傳聲遞響何凄凉七夕長河爛中秋明月光蠮螉塞邊絶候雁鴛鴦樓上望天狼

北山　隋王勣

舊知山裡絶氛埃登高日莫心悠哉子平一去何返仲叔長遊遂不來幽蘭獨夜清琴曲桂樹凌雲濁酒杯槁項同枯木丹心等死灰

此四首聲調相類七言律之濫觴也往年欲選七言律爲一集而以此先之老倦不能聊書以呈一覽

薄暮動弦歌　沈君攸

柳谷向夕沉餘日蕙樓臨砌徙斜光金戶半入叢林影蘭徑時移落蕋香絲繩玉壺傳綺席秦箏趙瑟響高堂舞裙拂履啼珠珮歌音出扇繞塵梁雲邊雪飛

弦柱促留賓但須羅袖長日莫邀歡恒不倦處處行樂爲時康

桂檝泛中河　沈君攸

黃河曲渚通千里濁水分流引八川仙槎逐源終未返蘇亭遺跡尚依然耿耿雲根侵遠樹蒼蒼水氣合遥天波影雜霞無定色湍文觸岸不成圓赤馬青龍交出浦飛雲蓋海遠淩烟蓮舟渡沙轉不礙桂櫂距浪弱難前風重金烏翅自轉汀長錦纜影微懸榜人欲歌先扣枻津吏猶醉強持船河堤極望今如此行

杯落葉詎虛傳

此六朝詩也七言律未成而先有七言排律矣雄渾工緻固盛唐老杜之先鞭也

新曲　謝偃

青樓綺閣已含春凝妝艷粉復何神細細香裙全漏影離離薄扇詎障塵樽中酒色恒宜滿曲裏歌聲不厭新紫燕欲飛先遶棟黃鶯始弄即嬌人撩亂絲垂昏柳陌參差濃葉暗桑津上客莫畏斜光晚自有西園明月輪

從軍行　崔融

穹廬雜種亂金方武將神兵下玉堂天子旌旗過細柳　運數盡宿楊開頭月落橫西翁塞下凝雲斷荒漠漠邊塵飛衆鳥昏昏朔氣聚羣羊依俙蜀杖迷新竹仿佛　床識故桑臨海舊來聞驃騎尋河本自有中郎坐看戰壁爲平土近侍軍營

打毬篇　蔡孚

德陽宮北苑東頭雲作高臺月作樓金鎚玉鑾
地寶杖琱紋七寶毬寶融一家三

戶侯容色從來荷恩顧意氣平生事
如斷燕俱能走馬入長楸紅鬣錦鬃風騄驥黃
絲電紫騮奔星亂下花場裏初月飛來畫杖
長鳴須央勝能馳迅足滿先籌曹王漫說彈棋妙劇孟休矜六博投薄暮漢宮愉樂罷還歸堯室曉垂旒

七言排律唐人亦不多見初唐有此三首可謂絶倡其後則杜工部清明二首此外何其寥寥乎楊伯謙選唐音乃取王建二首醜惡之甚觀者自能識之中唐則僧清江一首溫庭筠一首皆雋永可

誦伯謙縱不能取初唐三首獨不可取清江庭筠之二首乎何所見之不同也清江庭筠詩品稟巳收茲不書

詩家直說

東郡謝榛

予夜觀李長吉孟東野詩集皆能造語奇古正偏相半

夫作詩者立意易措辭難然辭意相屬而不離若泥乎辭或傷於氣格專乎意或涉于議論皆不得盛唐之調

大梁李生詩友也嘗過敝廬留酌談及造句之法予曰得句不在遲速以工爲主若麗而雅清而健奇而

穩此善造句者務令想頭落于不可測處信乎難矣

巳酉歲中秋夜李正郎子朱延同部李于鱗王元美及予賞月因談詩法予不避謭陋具陳顛末于鱗密以指搯予手使之勿言予愈覺飛動亹亹不輟月西乃歸于鱗徒步相携曰子何太泄天機予曰不然其如想頭別何

嚴滄浪謂作詩譬諸劊子手殺人直取心肝此說雖不雅喻得極妙凡作詩須知道要緊下手處便了當得快也其法有三曰事曰情曰景若得要緊一句則全篇立成熟味唐詩其樞機自見矣

宗考功子相過旅館曰子嘗謂作近體之法如孫登請客未喻其旨請詳示何如曰凡作詩先得警句以爲發興之端全章之主格由主定意從客生若主客同調方謂之完篇譬如蘇門山深松草堂具以琴樽其中綸巾野服兀然而坐者孫登也如此王人庸俗輩不得躋其階矣惟竹林七賢相繼而來高雅如一則延之上坐始足其八數爾務勻淨則渾成可造名家若能馳于遠近險夷之間存乎神氣何往不妙

凡作七言絶句起如爆竹斬然而斷結如撞鐘餘聲不輟此法之正也

坐得想頭遠打得機關破立得脚跟牢占得地步濶洗得肚腸淨養得而皮好此六者詩之統要重在想頭底得完美

詩境由悟而入愈入愈深妙法存乎髣髴其迹不可捉其影不可縛寓聲于寂非扣而鳴寓像于空非寫而見不造大乘者語之顛末若矢射石石而弗透也滄海深有包含青蓮直無枝蔓詩法禪機悟同而道

別專者得之

大篇渾雄長律精工泥文藻失之冗長理音節得之劉亮此雖正法出乎有心矣乎以至寂至潔爲正凡欲摘辭腹中空洞無物一字不萌豁然如洗

作詩別有想頭能暗合古人妙處法在其中矣如爲將者當熟讀兵書又不可執泥神奇自從裏許來

凡作長歌有兩説通篇一韻擇字成章若蜀棧馭馬形雖太局而神自飄逸勿令贅言奪氣幾韻一篇意到爲主若河源西來蕩乎九曲力在轉折而愈大二

者殊不易得

少陵超悟之妙若白摧朽骨龍虎死黒入太陰雷雨垂至蘊至深此不必解李長吉超悟之妙若金盤玉露自淋漓元氣浩浩收不得明暢而有風刺凡造語太奇較之杜老異軌同轍耳

槌黄金爲片葉不無氣薄而體輕耶劉隨州五言長城乃坐是病若少陵甲子混泥途之句氣自沉着體自厚重安得樽酒夜與謫仙神會可解飯顆山之嘲耳

凡造句遲則愈見其工鏗然徹耳煥然奪目其充盛何如也譬諸西洋賈客携所有張肆其珠玉金寶珊瑚琥珀犀角象牙之類具羅滿前以懾衆觀增之弗覺其多減之弗覺其少不免冗句雜於中焉有時翻然改削調乃自調格乃自格耳少陵與太白論文窮其蘊與非出詩草互相點擿作手自不同也

有客問曰作詩與評詩孰難曰作者固難評者尤難能定句字愈倍骨力此過目盡其所見耳步驟威其勢變化神其機然重邇輕遠所思未周也譬如邊將

選兵用其勇者壯者去其老者弱者此備之不備可屯部伍以守關塞豈戰伐持勝之計耶夫動之定之由乎權衡何嘗用兵也秦漢之將意不驕而成功大近代之將意自滿而成功小功之全否各在其人亦隨將有待耳兵也詩也事異機同然法外之法妙在增減減一字若擲片石增一字若加泰山予以字多則刪削之此孫臏減竈之法以字少則敷演之此虞詡增竈之法二者超悟有因天使然也客笑曰觀子論文能受萬篇之益而不受一字之損爾

太白夢遊天姥吟蜀道難大鵬賦造句參差下筆奔
蕩

詩談

宋　闕名

梁太常任昉云六經所有歌詩書誄之類此盖取自秦漢以來聖君賢士沿襲爲文名之所起故因暇日録其緣起抑亦用新好事者之目云三言詩自晉散騎常侍夏侯湛始四言詩自前漢楚王傅韋孟諫楚王戊始五言詩自漢騎都尉李陵與蘇武詩始六言詩自漢大司農谷永始七言詩自漢武帝栢梁殿聯句始九言詩自魏高貴鄉公始賦自楚三閭大夫

屈原始反離騷自漢楊雄始離合詩自漢孔融作四言離合詩始歌詩自枚皋作麗人歌始挽詞自魏光祿勲繆襲始

唐白樂天云夫文之爲言尚矣三才各有文天之文三光首之地之文五材首之人之文六經首之就六經言詩又首之者何聖人感人心而天下和平感人心者莫先乎情莫始乎言莫切乎聲莫深於義詩者根情苗言華聲實義上自賢聖下自愚騃微及豚魚幽及鬼神群分而氣同形異而情一未有聲入而不應

情至而不感者聖人知其然因其言經之以六義緣其聲緯之以五言音有韻義有類韻協則言順言順則聲易入類舉則情見情見則感易交于是乎孕大含深貫微洞密上下通而一氣泰憂樂合而百志熙五帝三皇所直道而行垂拱而理者揭此以爲大柄決此以爲大寶也故聞元首股肱之歌則知虞道昌矣聞五子洛汭之歌則知夏政荒矣言者無罪聞者作戒言者莫不兩盡其心焉洎周衰秦興採詩之官廢上不以詩補察時政下不以歌洩道人情乃至於

諂諛之風動救失之道缺于時六義始刓矣國風變爲騷辭五言始於蘇李蘇李騷人所不遇者各繫其志發而爲之故河梁之句止於傷別澤畔之吟歸于怨思彷徨抑鬱不暇及他耳然去古未遠梗槩尚存故興離別則引兩鳬一雁爲諷君子小人則引上草下鳥爲比雖義類不同猶得風人之什二三焉于時六義始缺矣晉宋以還得者蓋寡以康樂之奧博多溺於山水以淵明之高古偏放於田園江鮑之徒又狹於此如梁鴻五噫之例者百無一二焉于時六義

浸微矣陵夷矣至於陳梁之間事不過嘲風雪弄花草而已噫風雪草花之物三百篇中豈舍乎哉顧所用如何耳設如北風其涼假風以刺威虐也雨雪霏霏借雪以愍征役也棠棣之華感華以諷兄弟也采采芣苢取美草以樂友于也皆發興于此而義歸於彼反是者可乎哉然則餘霞散成綺澄江淨如練離花初萎露別葉乍辭風之句嚴矣吾不知其所諷焉故所謂嘲風詠月弄花草而已乎時六義書去矣唐興二百年其間詩人不可勝數所舉者陳子昂有感

遇詩二十首阮籍有感興詩八十首又詩之豪世稱李杜尚矣其人不逮矣索其風雅比興十無一焉杜詩最多可傳者千餘首至於貫穿古今覼縷律格盡善杜又過於李然撮其新安石壕潼關吏花門子朱門酒肉臭路有凍死骨之句亦不過三四十首杜尚如此況其不逮杜者乎予嘗痛詩道崩壞如此忽已發憤忘食輟哺夜輟寢不量力欲扶起之嗟乎事有大謬者又不可一二而言然亦不能不粗陳於篇故咨敘其詩源流廢興如此

沈存中謂唱和聯句之起其源遠矣自舜作歌皋陶颺言賡載及栢梁聯句顏延年謝玄暉有和伏武昌登孫權故城等篇梁何遜集中多聯句至唐文士唱和固多元稹作春深何處好二十篇並用家花車斜四字爲韻白居易劉禹錫和之亦同此四字韻令狐楚作謂詩多次韻起於此或聯句或兩句四句亦有對一句出一句者謂轆轤體焉詩律之興其來久矣自建康以後訖於江右格律屢變至沈約庾信以韻音相婉附屬對精密及沈佺期宋之問又加靡麗曲

忌聲病約句準篇如錦綉成文學者宗之號爲沈宋體語曰蘇李居前沈宋比肩唐李肇云元和已後文則學奇澁于樊宗師學放曠於張籍詩則學矯激於孟郊學淺切於白居易學淫靡於元稹俱名爲元和體也

李長吉歌詩有天若有情天亦老之句人以爲奇絶石曼卿嘗對以月如無根月長圓人以爲勍敵

寇萊公在中書與同列戲云水底月爲天上月未有以對會楊太年適來因語其對大年應聲曰眼中人似面前人一坐嘗稱爲的對

香宇詩談

錢塘田藝蘅

文有似拙而實妙者史記也詩有似拙而實妙者樂府也拙忌其俚妙忌其纖宋俚也元纖也

詩關氣運此語誠然固不特周召鄭衛皎然可辨也漢世渾厚高古魏國雄俊秀發兩晉平典風麗六代富艷綺靡漢稱東都魏首建安太康永嘉體分二軸宋齊梁陳氣出一機精鑒詳評自然可別

陸士衡豐才奇思誠當一字千金所謂氣少于公幹文劣于仲宣者蓋劉則風骨超群王則秀麗獨步至若粲之悽愴楨之振絕足擅偏長

長孫左輔之寄衣曲盛唐之晚唐也馬戴之薊門懷古詩晚唐之盛唐也

王右丞苦爲宦情所縛若能脫去塵囂只據其才思則輞川之興便可繼跡柴桑然其詩亦山林之奇逸也

詩類其爲人且只如李杜二大家太白做人飄逸所以詩飄逸子美做人沈着所以詩沈着如書稱鍾王亦皆似人

鄭奕以文選教子其兄曰何不教他讀孝經論語免學沈謝嘲風咏月汙人行止嗟乎今之學士大夫未嘗不讀孝經論語也而乃嘲貨咏賂汙自己之行止不忠不孝敗國亡家又豈讀文選之罪乎

樂府有君不見又有獨不見唐人攻之曰君不聞君不知等篇如岑嘉州云君不聞　笳聲最悲又云汝不聞秦箏聲最苦

昌黎詩何人有酒身無事誰家多竹門可款粗淺殊甚都不成語而宋人方謂之閒遠

錢員外云木葉淮邊雨以落葉比雨無可上人云聽雨寒更盡開門落葉深以雨比落葉也

余事率意而行人多病余曰任性于鵠云獨來多任性惟與白雲期又任性常多出人來得見稀如此任性亦復何害

王子安臨高臺云錦衣夜不襞羅幃晝未空樂而失晝夜也庾丹秋閨有望云羅襦曉長襞翠被夜徒薰憂而失晝夜也

雲中辨江樹景也天際識歸舟情也宋之問亦云古木生雲際歸帆出霧中便不及矣因念古今得意句難得一聯悉稱暗牖懸蛛網不如空梁落燕泥傍水見寒花不如出關逢落葉

東野云出門即有礙誰爲天地寬陳無已云天地豈不寬妾身自不容似覺有味

靖節飲酒詩衰榮無定在彼此更共之挽辭千秋萬歲後誰知榮與辱可謂了生死人矣

白樂天詩千呼萬喚始出來乃好睡了頭衕見呼喚

不醒流出屎來者也可笑其用字之俗何不用强字裁字

蔡邕協和昏賦乾坤和其剛柔艮兑感其股腓下用咸卦六二九三爻辭似近于戲矣

古今元宵詩蘇味道獨步穠李人名落梅曲名不禁夜本作不惜夜甚妙

余每中酒欲尋佳句不可得一日偶見隴西公春雨詩云惟稱乖慵多睡者掩門中酒覽閒書若爲余言者

北齊劉逖詩無由似玄豹縱意坐山中張說樹坐參猿笑杜甫楓樹坐猿猱黄鶯並坐交愁濕又巫山秋夜螢火飛簾疎巧入坐人衣薛能花欄鳥坐低坐字甚奇而參坐尤奇唐人皆本于劉也

孟浩然登峴山詩人事有代謝往來成古今劉全白云人事歲年改峴山今古存如出一轍獨太白云淚亦不能爲之墮心亦不能爲之哀眞有顛倒豪傑之妙一篇言飲酒行樂而未復歸之于正方見其高

今花始開曰試花張司業新桃行植之三年餘今夏

初試花月令桃始華亦讀如試

晉段灼傳灼上疏追理鄧艾有曰七十老公復何所求哉王維夷門歌亦云向風刎頸送公子七十老翁何所求以後人之言而用之前人之事渾化無迹使人不知其妙眞點鐵成金手也

唐避高祖諱以淵作泉耿湋云何事學泉明韓君平云聞道泉明居止近李太白云酣歌一夜送泉明獨包幼嗣云數日滯淵明或臨文不諱或後人所改

春入池塘草秋生芳樹苔上句乃謝靈運思惠連下

句乃包㓜嗣思㓜正可為的對聯也
楚詞䰟營營而至曙謝靈運云得以慰營䰟老子曰載營魄抱一能無離乎經營屏營怔營皆不安之意猶云䰟魄不安也如老子意亦當云以不安之魄而欲抱守真一誰能保其不離乎
王昌齡灞池詩開門望長川薄暮見漁者借問白頭翁垂綸幾年也二韻俱用助語亦妙
馬虞臣云自從來闕下未勝在山中蘇拯云因君向帝里使我厭山中趣向可謂霄壤矣

花綾着油粉非獨近時有之自唐巳然蘇拯織綾詞不學鄰婦事慵懶䫉指粉拭謾官服所言鵲鳳鸞珊花鳥鮮活張翅鶴折枝梅即花樣也
駱賓王林疑中散地人似上皇時芳杜湘君曲幽蘭楚客詞二聯中用四人又李嶠芳桂中尊酒幽蘭下調悲
張謂別韋郎中詩八句中五句着地名盧象雜詩八句中四地名王昌齡送朱越一絕四句四地名孟浩然宴梁山人池亭律詩四句中用八人姓名皆不妨其好處然終是一病也
抱朴子云舉秀才不知書舉孝廉父別居寒素清白濁如泥高第良將怯如黽晉書作怯如雞此誤而妄改之也黽本龜字之訛言畏怯人之甚縮頭不敢出如龜也泥黽本叶韻古作黽類黽
唐詩多用千門如鑾輿迥出千門柳歸鴻欲度千門雪却望千門草色閑盍建章宫千門萬戸也故王安石亦云千門萬戸曈曈日
曹松云平生五字句一夕滿頭絲是見苦心又云吟

詩應有罪當路却如讐切中時病也但所作不佳耳如靠月坐蒼山非善居山者不能道也

西園詩麈　　武林張蔚然

函六籍

易象幽微法鄰比興書辭要暢式用賦物春秋借徵義本風刺三禮非鴻體類雅頌匪謂六藉同歸於詩秖緣六義觸處皆是不先窮經而以別才別趣之說自蓋者寃竟與此道何涉

唐宋偏

唐詩偏近風故動人易宋詩偏近雅頌故入人難唐

人之於風也即雅頌體亦以風爲所以偏也宋人之於雅頌也即風體亦以雅頌爲所以偏也

騷體

騷之爲體非詩非賦非文亦詩亦賦亦文自騷經至大招篇章幾許而千百世爲詩爲賦爲文者取給不竭焉咄咄是何物

古選則

選體東京而上無跡可摹典午以降去古寖遠惟子建華實茂舒情文備至允是此體宗匠嗣宗詠懷而饒致差足爲羽翼來吟壇畧分二家尚逸者師陶趣乏天成多流而薄捴葩者法謝工裁人巧漸類於俳均非其至

習氣

在六朝無六朝習氣者左太冲陶彭澤也在唐無唐習氣者初唐陳拾遺盛唐孟襄陽中唐韋蘇州韓昌黎晚唐司空圖也在宋無宋習氣者謝皐羽也此亦關於其人蓋六朝之習靡唐之習囂宋之習萎非其人有超焉者曷以洗此

古韻

餙鼓以鷺故鐃歌鼓吹曲首名朱鷺其曰鷺何食食茄下不之食不以吐亦有所本魯頌有駜云振振鷺鷺于下鼓咽咽醉言舞是也下字古書俱後五反讀如虎陸德明云當讀如戶魏了翁云六經凡下皆音虎故誦古詩有韻難通者不必用叶自是古韻往往散見羣籍互證即明試證此一字以示例焉

律難

四言古難于五言古五言古難于七言古七言古難

于絕絕難于律然古可以欺人而律不可以欺人也故人反難之譬如書家篆難于隸隸難于草草難于楷然篆隸可以欺人而楷不可以欺人也故人亦難之

有聲無詞無義

詩三百十一篇今存三百五篇餘六篇南陔白華華黍由庚崇丘由儀皆笙詩原有聲無詞非亡之也束晳補之詞雖工失聲之元矣古樂府凡不可解語多屬有聲無義如妃呼豨伊那何收中吾之類

三唐

近體師唐固也世動稱不作大曆以後語則晚可廢乎曰初唐有篇而無句晚唐有句而無篇初唐有骨而無聲晚唐有聲而無骨盛唐篇與句稱聲偕骨勻隨所意探毋爲耳食化而裁之存乎變神而明之存乎人

擬古樂府

擬古樂府者向來多借舊題自出語格病常在離歷下瑯邪酷意追彷如臨摹帖病復在合若離若合神存焉戛戛乎難哉要之自得

雪濤詩評

桃源江盈科

從古以來詩有詩人文有文人譬如斲琴者不能製笛刻玉者不能鏤金專擅則俱詣雙驚則兩廢有唐一代詩人如李如杜皆不能爲文章李郎爲文數篇然皆俳偶之詞不脫詩料求其兼詣並呈自杜樊川柳柳州之外殆不多見韓昌黎文起八代而詩筆未免質木所乏俊聲秀色終難膾炙人口宋朝惟歐陽公號稱雙美天才如蘇長公而其詩獨七言古不失

雪濤詩評　一

唐格若七言律絕便以[illegible]論典故爲詩所謂文人之詩非詩人之詩也國朝[illegible]昧之初若高楊張徐真是詩人之詩何者彼固未[illegible]分心爲文也至于李崆峒文筆古拙所以七言古風[illegible]幾于逼真子美何大復詩文庶幾雙美而挺拔絕特[illegible]已遜古人遂開吳川樓梁公實等一派流于平衍[illegible]子之中王元美終當以文冠世求真詩于七子中[illegible]謝茂秦者所謂人棄我取者也李于鱗之文初讀[illegible]令人作若久而思索[illegible]盛氣雄詞凌駕[illegible]述邑諺語爲後生作惡道若此公者幾[illegible]文與詩兩失者也宗子相只是邁上玄虛不着實而其文筆人有東坡氣味詩句逸邁御風而行則本朝[illegible]錚錚傑出者也

詩本性情若係真詩則[illegible]讀其詩而其人性情入眼使見大都其詩蕭灑者其人必[illegible]其詩莊重者其人必敦厚其詩飄逸者其人必風流其詩流麗者其人必疏爽其詩枯瘠者其人必寒澁其詩豐腴者其人必華贍其詩淒怨者其人必拂鬱其詩悲壯者其

雪濤詩評　二

人必磊落其詩不羈者其人必豪宕其詩峻潔者其人必清修其詩森整者其人必謹嚴譬如桃梅李杏壓其華使知其[illegible]惟勅裝[illegible]拾者麋蒙虎皮莫可方物假如未老言老不貧言貧無病言病此是杜子美家竊盜也不飲一盞而言一[illegible]日三百盃不捨一文而言一揮數萬錢此是李太白[illegible]掏摸也舉其一二餘可類推如是而曰詩本性情[illegible]啻千里

[illegible]爲詩者若係真詩雖不盡佳亦必有趣若出于假必不佳即佳亦自無趣試觀我輩搢紳褒衣

縱然貌襲形陋人必敬之徹[illegible]此
傻形偉加之褒衣博帶儼然貴客而人賤之賤其假
也嘗記一人送文字求正于王陽明評曰某篇似左
某篇似班某篇似韓柳其人大喜或以問陽明陽明
曰我許其似正謂其不自做文而求似人也譬如童
子垂髫整衣向客嚴肅自是可敬若使童子戴假面
掛假鬚傴僂咳嗽儼然老人人但笑之而已又何敬
焉觀此則知似人之文終非至文而詩可例已
詩所爲貴古者自雅頌離騷之後惟蘇李河梁詩與

雪濤詩評　六　三

九首係是真古彼其不齊不整重複參差不即法
不離法後人模之莫得下手乃爲未雕之樸若晉魏
六朝則趨于軟媚縱有美才秀筆終是風骨脆弱惟
曹氏父子不乏橫槊躍馬之氣陶淵明超然塵外獨
闢一家蓋人非六朝之人故詩亦非六朝之詩沿及
唐興畢竟風氣完聚所以四傑之琳琅十二家之敦
厚李杜之逸邁瑰瑋直凌離騷而方之焉非六朝所
能仿佛萬一也
夫詩人者有詩才亦有詩膽膽有大有小每于詩中
見之劉禹錫題九日詩欲用糕字乃謂六經無糕字
遂不敢用後人作詩嘲之曰劉郎不敢題糕字空負
詩中一世豪此其詩膽小也六經原無椀字而盧玉
川茶歌連用七箇椀字遂爲名言是其詩膽大也膽
之大小不可强爲世有見猛虎而不動見蜂蠆而却
走者蓋所稟固然矯而效人終喪本色
楊子雲習于鉤棘無一篇無一語不鉤棘蘇子瞻妙
于朗暢無一篇無一語不朗暢
唐人登眺之詩皆與山川相稱中間聯句真是移動

雪濤詩評　六　四

不得如題杭州天竺寺云樓觀滄海日門對浙江潮
題金山寺云樹影中流見鐘聲兩岸聞題洞庭湖云
氣蒸雲夢澤波撼岳陽城題黃鶴樓云晴川歷歷漢
陽樹芳草萋萋　武洲後人摘爲對聯絕與景稱王
百穀亦摘唐詩二句爲滸墅關對曰流水聲中理官
事寒山影裏見人家皆極的確本朝詞人登眺之詩
亦多矣摘而懸之可有如唐人詩酷肖山川者乎
唐兩人罷官各題小詩[illegible]避賢初罷相[illegible]
銜盃試問門前客

花謝蝶還稀惟有舊時燕主人貧亦歸二詩用意雖同然有怨而怒有怨而不怒可以觀矣

寒山詩其中五言一首絶是唐調詩云城中蛾眉女珠珮何珊珊鸚鵡花間弄琵琶月下彈長歌三日響短舞萬人看未必長如此芙蓉不耐寒

姑蘇唐寅字伯虎發解南畿旋被詬削籍放浪丹青山水間以此自娱亦以自潤嘗題所畫小景云不鍊金丹不坐禪不爲商賈不耕田興來只寫江山賣免受人間作業錢又題一釣翁畫云直插漁竿斜繫艇

夜深月上當竿頂老漁爛醉喚不醒滿船霜印簑衣影此等語皆大有天趣而選刻伯虎詩者都删之蓋以繩尺求伯虎耳晉人有云索能言人不得索解人亦不得誠然

岳武穆送張紫巖北伐詩一首絶是唐調詩云號令風霆迅天聲動北陬長驅渡河洛直擣向燕幽馬蹀血旗梟可汗 歸來報

王陽明先生大有詩才然已入理學派頭不在詩人之列曾記其詠傀儡一詩有云到處逢人是戲場何須傀儡夜登堂浮華過眼三更促名利牽人一線長稚子自應相詫說矮人亦復浪悲傷本來面目還誰識且向燈前學楚狂如此詠物不着色相非高手不能

一下第舉子題昭君圖云一自蛾眉別漢宫琵琶聲斷戍樓空金錢買取龍泉劍寄與君王斬畫工蓋以畫工喻典試也意亦巧矣

白樂天題昭君云漢使却回憑寄語黄金何日贖蛾眉君王若問妾顔色莫道不如宫裏時用意深遠思

人所不及思香山集中如此首亦難多覓

唐人題沙場詩愈思愈深愈形容愈凄慘其初但云醉臥沙場君莫笑古來征戰幾人回已自可悲至云憑君莫話封侯事一將功成萬骨枯則愈悲矣然其情猶顯若晚唐詩云可憐無定河邊骨猶是春閨夢裏人則悲慘之甚令人一字一淚幾不能讀詩之窮工極變此亦足以觀矣

凡詩欲雅不欲文文則爲文章矣凡詩欲暢于衆耳衆目若費解費想便是啞謎非詩矣凡詩不能不使

故事然忌堆積堆積便贅矣凡詩析看一句要一句渾淪合看八句要八句渾淪若一句不屬一氣一篇不如一句便委泊不成詩矣

于忠肅公謙平生居高位非清苦不以詩名然間有題咏肝膽畢見其童年題石灰詩云千鎚萬斧出深山烈火坑中過一番粉骨碎身都不惜只留清白在人間及爲河南方伯入覲題詩云首帕蘑菇與線香本資民利反爲殃清風兩袖朝天去免被閭閻話短長讀其詩可想其人

鄱陽劉芝陽諱應麒巡撫吳中告終養歸臨發題詩署中曰來時行李去時裝午夜青天一炷香描得海圖留幕府不將山水帶還鄉蓋亦道其實者矣

廣西全州蔣暉仕至太守曾言呂純陽嘗至其觀與徘徊相接題詩一首云宴罷歸來海上山月瓢承露浴金丹夜深鶴透秋空碧萬里西風一劍寒真是奇絕不凡語未容輕擬

一尼僧題一詩云到處尋春不見春芒鞋踏破嶺山雲歸來笑撚梅花嗅春在枝頭已十分絕似悟後語

一全真題詩桃川壁間云磨快鋤頭挖苦參不知山下白雲深多年寂寞無烟火細嚼梅花當點心讀之似不火食人言語

江夏吳偉號小仙以畫名世　武宗賜號曰畫狀元當其童時鬻于人家爲伴讀年七歲纔入塾便伸紙作小畫一幅題其額曰白頭一老子騎驢去飲水岸上蹄踏蹄水中嘴對嘴塾師見之大奇然則偉亦天授非人力也

王西樓者武弁也而以樂府擅名余觀其所擬樂府未嘗强摸君馬黃雉子班等篇皆就眼前時事命題特筆氣爽快發揮可喜如擬婦人騎馬云露玉笋絲韁軟把襯金蓮寶鐙輕踏裙拖翡翠紗扇掩泥金畫似比昭君只少箇琵琶天寶年間若有他却不把三郎愛殺擬睡鞋云新紅染鞋三寸整不落地能乾淨燈前換晚妝被裏鈎春興幾番間把醉人兒蹬蹋醒擬罵雞云雞兒失了童子休焦那炊爨的好助他一把火燒烹調的送他一握胡椒乾乾淨淨的吃了揖

朝報曉直睡到日頭高然則此等制作未免俚俗而才料取諸眼前句調得諸口頭朗誦一過殊足解頤其視匠心學古艱難苦澁者眞不啻唉哀家梨也即此推之詩可例已

世人畫張果像皆倒騎蹇驢不解所以蜀中一耆儒贊曰舉世多少人誰似這老漢不是倒騎驢凡事回頭看此詩雖亦出于議論然斬截切當自是單刀入陣手回頭看三字自佳

桃川宮舊有道士姓曾號種桃其人抱玄修能詩比其沒也邑中傳士曾文斐以詩吊之曰種桃道士歸何處曾種谿桃作主來今日有桃君不見桃開依舊是君回傳士平日無詩名乃此章則何減人面桃花之句

初月新月詩自古至今不知多少余獨愛一閨秀絕句尾語云天邊怕看如鈎月釣起新愁與舊愁下字最新人思不到又似不待思者

趙子昂孟頫宋宗人也而　于元書法丹青皆名後世然多有題其畫相譏訕者一人題子昂山水圖吳興公子玉堂仙畫出王維勝輞川兩岸青山多少地可無一畝種瓜田又一人題子昂畫蘭云滋蘭九畹誠多種不及墨池三兩花此日國香零落盡王孫芳草遍天涯世所爲譏孟頫者如此然孟頫生于元世而仕于元則亦勢之無柰者也

余鄉有李可藩者蓋績溪令李麓南長子號瞻麓少負美才善譚吐所爲詩未必成家然自有詩趣先是邑中有某婦者私于邑庠士何池東何死又私李生楚半楚蓋方伯源楚公子爲此婦別築一室居之不

啻金屋阿嬌瞻麓乃題一絕云聞君高築上磚房好把桃符四面張只恐池東心未死夜深風雨向三娘三娘即李所私婦其時池東游鬼往往出見人每覩其儒服騎馬馳里中故李詩云云滇南有楊孝廉者號淳菴曾侍其父博士寓余邑久與瞻麓善後楊典四川同試轉湘潭令李遺書楊未答李復遺以詩云十年一字杳難期恠殺魚遲雁亦遲裝貯薛箋無用處想來欲搨去思碑觀此二絕李之才情可想

余邑李沅南風情特勝其公車別所愛姬代爲題詩

曰寶馬金鞭白玉鞍藁砧明日上長安夜深幾點傷心淚滴入紅爐火亦寒詩故隹公復託于他人不欲自著云

沅南又述一人題二喬觀兵書圖云香肩並倚讀兵書韜畧原非中饋圖千古周南風化本晚凉何不讀關雎亦雅致可喜

余下第南歸見南陽邸壁有畫龍亦題其上曰頭角空教恁地雄可能霖雨濶寰中人間多少諸梁輩不愛真龍愛畫龍

何景明號大復詩與李崆峒齊名然余讀其樂陵令行一篇亦何嘗規規模古蓋不過就當日時事鋪叙結構自具古體

杜少陵夔州以後詩突兀宏肆迥異昔作非有意換格蜀中山水自是挺特奇崛少陵能象境傳神使人讀之山川歷落居然在眼所謂春蠶結繭隨物肖形乃謂真詩人真手筆也

李青蓮是快活人當其得意時斗酒百篇無一語一字不是高華氣象及流竄夜郎後作詩甚少當由興趣銷索杜少陵固窮之士平生無人得意事中間兵戈亂離饑寒老病皆其實歷而所歷苦楚都于詩中寫出故讀少陵詩即當少陵年譜看得

李太白做詩無意傳世杜子美作詩有意傳世觀其詩曰平生性僻耽佳句語不驚人死不休至蘇子瞻亦云生前富貴死後文章蓋亦知其文之必傳於後世也

武人在蘇子瞻面前誦詩語云一鳩啼午寂雙燕話春愁曰此學士詩乎子瞻曰此唐人得意句我安能

爾聽子瞻非謙詞也真是下手不得只如此看詩乃知唐人境界原不易詣

閨秀詩評

桃源江盈科

余生平喜讀閨秀詩然若易忘近摘取佳者數首各爲品題以見女子自攄胸臆尚能爲不朽之論況丈夫乎

崔氏

崔氏校書盧家妻有詞翰結縭之後以校書年暮微嫌盧請賦詩立成一絶

不怨盧郎年紀大不怨盧郎官職卑自怨妾身生較晚不及盧郎年少時

右心中不樂事徐以一語自解其妙入神歸于無怨

陳玉蘭

玉蘭王駕妻駕戍邊蘭寄此詩

夫戍邊關妾在吳西風吹妾妾憂夫一行書寄千行淚寒到君邊衣到無

右悽惻之懷盤于胸臆二十八字曲盡其苦轉讀轉難爲情

魚玄機

咸通中西京咸宜觀女冠工詩

賦得江邊柳

翠色連荒岸烟姿入遠樓影鋪秋水面花落釣人頭根老藏魚窟枝低繫客舟蕭蕭風雨夜驚夢復添愁

贈鄰女

羞日遮羅袖愁春懶起粧易求無價寶難得有心郎枕上潛垂淚花間暗斷腸自能窺宋玉何必恨王昌

右二詩蒼老古拙如孔明廟栢柯石根銅

王韞秀

元載妻有婦德婦節又工詩

諫外

楚舞燕歌動畫梁更闌重換舞衣裳公孫開館招佳客知道浮雲不久長

元載爲相頗拒客韞秀以此諫之無論詩工即其識見亦豈婦人可到

廉氏

寓真寄外

欲下丹青筆先拈寶鏡寒已驚顏索寞漸覺鬢凋殘
淚眼描來易愁腸寫出難恐君渾忘却時展畫圖看

右詩質而不俚真率而多思

劉采春

囉嗊曲

不喜秦淮水生憎江上船載兒夫壻去經歲又經年

其二

借問東園柳枯來得幾年自無枝葉分莫怨太陽偏

其三

莫作商人婦金釵當卜錢朝朝江口望錯認幾人船

右三詩商羹周鼎古色照人不意閨門能為此語

花蕊夫人

姓費氏西蜀孟昶宮人蜀破入宋宮死焉

宮詞

龍池九曲遠相通楊柳絲牽兩岸風長似江南好風
景畫船來往碧波中

其二

侍女爭揮玉彈弓金丸隨
散蹋破殘花滿地紅

其三

太液波清水殿凉畫船驚起宿鴛鴦翠眉不及池邊
柳取次飛花入建章

費氏宮詞百首與王建齊名此但摘其一二然嘗
鼎一臠知禁味矣

蒨桃

寇萊公侍婢公于歌舞頗費倩姬諫之

束綾詩

一曲清歌一束綾美人猶自意嫌輕不知織女寒窓
下幾度拋梭織得成

其二

風動衣單手屢呵幽窓軋軋度寒梭臘天日短不盈
尺何似妖姬一曲歌

一句一字皆真切與蹈襲者迥別

毛友龍妻

友龍應舉下第久不歸妻寄此詩

剔燭親封錦字書擬憑歸雁寄天隅經年未報干秦

第不識如今舌在無

用事切當

余淑英

題驛亭

雨餘和風鈴滴滴丁丁做成一枕別離情可是當年陶學士辜負郵亭　過雁帶邊聲音信無憑花鬚偷數卜歸程料得到家秋正好菊滿寒城

風騷可喜時有幽致

朱淑真

誰家橫笛弄輕清喚起離人枕上情自是斷腸聽不得非干吹出斷腸聲

杜工部句云誰家巧作斷腸聲此詩直翻其案清絕可愛

朱希真

希真小字秋娘嫁爲商人徐必用妻能詩

警悟

世事短如春夢人情薄似秋雲不須計較苦勞心萬事元來由命　幸遇三杯酒美況逢一朵花新片時

歡笑且相親明日陰晴未定

又

日日深杯酒滿朝朝小圃花開自歌自舞自開懷且喜無拘無礙　青史幾番春夢紅塵多少奇才不須計較與安排領取而今見在

讀其辭達于義命非復婦人所能道

賀蓬萊

詠蝶

薄翅凝香粉新衣染媚黃風流誰得似兩兩宿花房

詞簡而意有餘

黃氏

王元妻夫婦安貧黃又工詩相得甚懽云

聽琴

拂琴開素匣何事獨顰眉古調俗不樂正聲公自知寒泉出澗澁老檜倚風悲縱有來聽者誰堪繼子期

古意古調古詞恐知音者寡矣

嚴蘂

字幼芳天臺營妓唐太守仲友命賦紅白桃花即

調如夢令一闋

紅白桃花詞

道是梨花不是道是杏花不是白白與紅紅別是東風情味曾記曾記人在武陵微醉

都是眼前字襯貼婉轉有致

翁客妓

妓歸翁客因以名之此其閨門調弄之詞也

答翁客詞

說盟說誓說情說意動便春愁滿紙多應念得脫空

經是那箇先生教的 不茶不飯不言不語一味供他憔悴相思已是不曾閑又那得工夫呪你

口頭語組織成詞暢于衆耳此詞家當行也

劉氏

洞庭人葉正甫妻夫久客都下妻寄衣并侑以詩

製衣寄外

情同牛女隔天河又喜秋來得一過歲歲寄郎身上服絲絲是妾手中梭剪聲自覺和腸斷線脚那能抵淚多長短只依先去樣不知肥瘦近如何

詩體稍俗然亦真切不浮

李氏

嫁夫而貧諸姊妹多適富家李自慰云云

巴家富

誰道巴家窘巴家十倍鄰池中羅水馬庭下列蝸牛燕麥紛無數榆錢散不收夜來添驟富新月掛銀鈎

體物真切出以詼諧胸次如此區區淵富自非所好

元氏

遺山之妹女冠也張平章欲娶之微探所向見此

詩不敢出言

補天花版

補天手段暫鋪張不許纖塵落畫堂寄語新來雙燕子移巢別處覓雕梁

清貞之意因物觸發足令觀者起敬

吴人嫁女詞

種花莫種官路傍嫁女莫嫁諸侯王種花官道人爭取嫁女侯王不久長花落色衰人易變離鸞鏡破終

成怨不如嫁與田舍郎白首相看不下堂

識者之詞雖爲衆人道也

薛氏

翡翠雙飛不待呼鴛鴦並宿幾曾孤生憎寶帶橋頭
水半人吳江半太湖

尾語有趣

鄭奎妻

四時詞

春風吹花落紅雪楊柳陰濃啼百舌東家蝴蝶西家

飛前歲櫻桃今歲結鞦韆蹴罷鬢鬖髿粉汗凝香沁
綠紗侍女亦知心内事銀瓶汲水煮新茶

其二

芭蕉葉展青鸞尾萱草花含金鳳嘴一雙乳燕出雕
梁數點新荷浮綠水困人天氣日長時針線慵拈午
漏遲起向石榴陰畔立戲將梅子打鶯兒

其三

鐵馬聲喧風力緊雪窗夢破鴛鴦冷玉爐燒麝有餘
香羅扇撲螢無定影洞簫一曲是誰家河漢西流月
半斜耍染纖纖紅指甲金盤夜擣鳳仙花

其四

山茶未放梅先吐風動簾旌雪花舞金盤月冷瘦狻
猊繡幌圍春護鷓鴣倩人呵筆畫雙眉脂水凝寒上
臉遲拈羅扶頭重照鏡鳳釵斜壓瑞香枝

惜花春起早

胭脂曉破湘桃萼露重荼蘼香雪落媚紫濃遮刺繡
窗嬌紅斜映鞦韆索轆轤驚夢急起來梳雲未暇臨
妝臺咲呼侍女乘明燭先照海棠開未開

愛月夜眠遲

香車半輾金釵卸寂寂重門深鎖夜素魄初離碧海
端清光已透珠簾罅徘徊不語倚闌干參横斗轉風
露寒小娃低語喚歸寢猶傍薔薇架後看

掬水月在手

銀塘水滿蟾光吐姮娥夜夜馮夷府蕩漾明珠若可
捫分明兔穎如堪數美人自把濯春葱忽訝水輪在
掌中女伴臨流笑相語指尖擎出廣寒宮

弄花香滿衣

鈴聲響處東風急紅紫叢邊久凝立素手攀條怕刺
傷金蓮移步嫌苔濕幽芳擷罷掩蘭堂馥郁餘香滿
繡床蜂蝶紛紛入窗戶飛來飛去繞衣裳

右八詠體不甚古而醲郁光麗時露風韻蓋女子
中錦心繡口者

虞氏

海寧人嫁董湄兩月湄卒誓不再醮父母微動之
乃賦菊詩自見守節至五十餘卒

咏菊

移得春苗愛護周柴桑無主爲誰秋寒芳苒抱枯枝
萎蕤墜西風逐水流

貞心勁節溢于言表

楊用修妻

寄外

雁飛曾不到衡陽錦字何由寄永昌三春花柳妾薄
命六詔風烟君斷腸曰歸曰歸愁歲暮其雨其雨怨
朝陽相聞空有刀環約何日金雞下夜郎

用修妻詩風韻勝于用修此首其得意者韻脚重

一陽字

孟淑卿

春歸

落盡棠梨水拍堤萋萋芳草望中迷無情最是枝頭
鳥不管人愁只管啼

清淺而古人不易及

陳氏

仁和人南康守敏政女都御史李公昂妻博學工
詩爲世所推

春草

無人種春草隨意發芳叢綠遍郊原外青回遠近中
草烟粘落絮和雨襯殘紅不解王孫去淒淒對晚風

舊行閩山見居人以竹引泉

行盡山溪路渺茫幾家茆屋對斜陽引泉竹溜穿厨
入隔粉松花遶舍香樵徑無人聞卧犢石田有雨漸
分秧平生頗抱山林僻欲向溪邊結草堂

古意古調古句兼擅其長絕技也

朱靜菴

靜菴尚賓朱牥之女廣文周濟之妻博學工詩爲時所推

湖曲

湖光山色映柴扉茆屋疎籬客到稀閒摘松花釀春酒旋裁荷葉製秋衣紅分夜火明書屋綠漲晴波沒釣磯惟有溪頭雙白鳥朝朝相對亦忘機

寫景入畫大是佳手

茅氏

太倉陸宸母早寡家貧能詩

賣宅自遣

壁有蒼苔甑有塵家園一旦屬西隣傷心怕見門前柳明日猶如陌路人

後二語思巧而情苦讀之令人惻然

豫章婦

婦金陵人嫁豫章商人獨居有挑之者作此詩拒之

絶客詩

失翅青鸞似困雞偶隨孤鶴到江西春風桃李空嗟怨秋水芙蓉强護持仙子自居蓬島境漁郎休想武陵磯金鈴掛在花枝上不許流鶯聲亂啼

詩亦近俗但結語新麗可喜

閒書杜律

成都楊慎

杜詩可以意解而不可以辭解解必不可已而解之可以一句一首解而不可以全帙解全帙解必有牽强不通反爲作者之累世傳虞伯生註杜七言律本不出自伯生筆乃張伯成爲之後人駕名於伯生耳其註首解恨别云杜公初至成都未得所依故以别爲恨不知唐室板蕩故園陷□雖得所依豈不以别爲恨公豈如江估淮商風水爲鄉船作宅一得醉飽不

思家者乎解搖落深知宋玉悲云惟深知其故故千年之後且爲悲歎惟其亦吾之師故閔其蕭條解生長明妃一首云惟其去紫臺故春風面不可見惟其獨留青冢故環珮聲歸月下聞此乃村學究腐爛講套語豈可箋杜乎解會閃朱旗北斗閒云亦嘗樹旌旗於北斗城中以享安閒之富貴北斗閒三字而上下添十二字乃成文何異世傳怒撞門不報打鋪路無籠之誚誑耶織女機絲虛夜月石鯨鱗甲動秋風本言□□蕭條之狀而解云織女不能機杼故曰虛石鯨相傳有靈故曰動此何異眯目而道黑白者綵筆昔曾干氣象本説登山而云以文彩弄筆干動時貴以擬飛騰此又視老杜爲鑽刺乞哀之徒矣幽棲地僻一首本是喜客至之意乃云亦姑以覘其誠意否是杜之陰險逆詐也豈所謂以小人之心而度君子者乎預傳籍籍新京兆青史無勞數趙張本是期以古賢乃註云此去朝廷定有陞擢既爲京兆少尹必陞三輔大尹此何異星士壽書預寫賀帖耶可惡可厭其他尚多聊舉一二耳牽纏之長實累千里此

既謗杜意又污虞名曷鑱其板勿誤人也

樂府指迷

西秦張玉田

詞源

古之樂章樂府樂歌樂曲皆出于雅正粤自隋唐以來聲詩間爲長短句至唐人則有尊前花間集迄于崇寧立大晟府命周美成諸人討論古音審之古調淪落之後少得存者由此八十四調之聲稍傳而美成諸人後增演慢曲引近或移宮換羽爲三犯四犯之曲案月令爲之其曲遂繁且美成負一代詞名所

作詞渾厚和雅善于融化詩句于音譜又且間未有偕可見其難矣作詞多效其體製失之軟媚而無所取此惟美成而然不能學也所可倣傚之詞獨一美成而已舊有刻本六十家詞可歌可誦者指不多屈中間如秦少游高竹屋姜白石史邦遠吳夢窗此數家格調不凡句法挺異俱能特立清新之意刪削靡蔓之詞自成一家各名于世作詞能取諸人之所長去其所短精加翫味像而爲之豈不能與美成輩爭雄長哉余疎陋謭才昔在先人侍側聞楊守齋毛仲徐南溪諸公商確音律嘗知緒餘故平生好爲詞章用工餘四十年未見其進今老矣嗟古音之寥寥慮雅詞之落落僭述管見類列于後與同志者商確之

製曲

作慢詞看是甚題目先擇曲名然後命意命意既了思其頭何如起尾如何結方後選韻而後述曲最是過變不要斷了曲意須要承上接下如姜白石詞云曲曲屏山夜涼獨自甚情緒于過變則云西窗又吟

暗雨此則曲之意不斷矣詞既成恐前後不相應或有重疊句意又恐字面麁疎即爲修改改畢淨一本展之几案或貼之于壁少頃再觀必有未穩處如此改之又改方成無瑕之玉急于脫藁倦事修擇豈能無病不惟不能全美抑且未歌音聲作詩猶且旬鍛月煉況其詞乎

句法

詞中句法須要平妥精粹一曲之中安能句句高妙只要相答襯副得去于好發揮筆力處極要用工不

可輕放過讀之使人擊節可也如東坡詞云似花還似非花也無人惜從教墜又云春色三分二分塵土一分流水如美成風流子云鳳幃深幾許聽得理絲簧如史邦卿春雨云臨斷岸新綠生時是落紅帶愁流處如吳夢窗登靈巖云連呼酒上琴臺去秋與雲平閏九重云簾半捲帶黃花人在小樓姜白石揚州慢云二十四橋仍在波心蕩冷月無聲此皆平易中有句法

字面

句法中有字面蓋詞中有生硬字用不得須是深加鍛鍊字字敲打得響歌誦妥溜方爲本色語如賀方回吳夢窗皆善于煉字面者多于李長吉溫庭筠詩中來字面亦詞中之起眼處不可不留意也

虛字

詞與詩不同詞之句語有兩字有三字四字至七八字者若惟疊實字讀之且不通況付雪兒乎合用虛字呼喚一字如正但之類兩字如莫是又還之類三字如更能消最無端之類此等虛字却要用之得其所若用虛字自語自話必不質實觀者無掩卷之誚

清空

詞要清空不要質實清空則古雅峭拔質實則凝澀晦昧姜白石如野雲孤飛去留無迹吳夢窗如七寶樓臺眩人眼目折碎下來不成片段此清空質實之說又如聲聲慢云檀欒金碧婀娜蓬萊浮雲不蘸芳洲前八字恐亦太澁如糖多令云何處合成愁離人心上秋縱芭蕉不雨也颼颼都道晚風涼天氣好明月怕登樓把前事夢中休花開烟水流燕辭歸尚淹

留垂柳不縈裙帶住謾長是繫行舟此詞疏快不質實如是集中者尚有惜不多見白石如疎影暗香揚州慢一萼紅琵琶仙探春春歸淡黃柳等曲不惟清虛且又騷雅讀之使人神觀飛越

意趣

詞以意爲主要不蹈襲前人語如東坡中秋水調歌云明月幾時有把酒問青天夏夜洞仙歌云冰肌玉骨自清涼無汗王荊公金陵桂枝香云登臨送目正故國晚秋天氣初肅千里澄江如練翠峰如簇征帆

去棹斜陽裏背西風酒旗斜矗綵舟雲淡星河鷺起畫圖難足嘆往昔豪華競逐悵門外樓頭悲恨相續千古憑高對此慢嗟榮辱六朝舊事隨流水但寒烟衰草凝綠至今商女時時猶歌后庭遺曲姜白石賦梅云舊時月色是幾番照我梅邊吹笛疎影云苔枝綴玉有翠禽小小枝上同宿此數詞皆清空中有意趣無筆力者未易到

用事

詞中用事最難要緊著題融化不澁如東坡永遇樂

云燕子樓空佳人何在空鎖樓中燕用張建封事白石疎影云猶記深宮舊事那人正睡裏飛近蛾綠用壽陽事又云昭君不慣　沙遠但暗情江南江北想珮環月下歸來化作此花幽獨用少陵詩此皆用事不為所使

詠物

詩難于詠物詞為尤難體認稍真則拘而不暢摹寫差遠則晦而不明要須收縱聯密用事合題一段意思全在結尾斯為絕妙如史邦卿東風第一枝詠春雪云巧剪蘭心偷粘草甲春雨云做冷欺花將烟困柳千里偷催春暮盡日冥迷愁裏欲飛還住驚粉重蝶宿西園喜泥潤燕歸南浦最妨他佳約風流鈿車不至杜陵路沉沉江上望極還被春潮晚急難尋官渡隱約遙峰和淚謝娘眉嫵臨斷岸新綠生時是落紅帶愁流處記當日門掩梨花剪燈深夜語雙燕詠題云過春社了度簾幙中間去年塵冷白石齊天樂賦促織云庾郎先將自吟詩瘦淒淒更聞私語露濕銅鋪苔侵石井都是曾聽伊處哀音似訴正思婦無眠

起尋機杼曲曲屏山夜涼獨自甚情緒西窗又吟暗雨為誰頻斷續相和砧杵候館吟秋離宮吊月別有傷心無數豳歎慢與笑離落呼燈世間兒女寫入素絲一聲聲更苦皆全章精粹所詠瞭然在目且不留滯于物至于劉改之詠指甲詞沁園春銷薄春冰碾輕寒玉漸長漸彎見鳳鞋泥污偎人強剔沈煙香斷撥火輕翻學撫瑤琴時復剪更掬水魚鱗波底寒纖柔處試摘花香滿鏤棗成班有時將粉淚偷彈記切玉曾交柳傳看算恩情相著搔便玉體歸期倦數劃

遏闌干每至相思沉吟處又斜倚朱脣皓齒間風流甚把仙郎暗掐不放春閒又詠小脚云洛浦淩波爲誰微步輕塵暗生記踏花芳徑亂紅不損步苔幽砌嫩綠無痕襯玉羅慳銷金樣窄載不起盈盈一段春嬉遊倦笑教人款撚微褪些跟却有時自度歌聲悄不覺微尖點拍頻憶金蓮移換文鴛得侶繡裀催衮舞鳳輕分慣恨深遮牽情半露時出沒風前烟縷裙知何侶侶一鈎新月淺碧籠雲此詞亦工麗但不可與前作同日語

節序

昔人詠節序不惟不多付之歌喉者類是率俗不過爲應時納佑之作所謂清明折桐花爛熳端午梅霖乍歇七夕炎光謝若律以詞家調度則皆未然豈如美成解語花詠元夕風消焰蠟露浥烘鑪花市燈相射桂花流月纖雲散耿耿素娥欲下衣裳淡雅看楚女纖腰一把簫鼓喧闐人影參差滿路香飄麝　因念帝城放夜望千門如畫嬉笑游冶鈿車羅帕相逢處自有暗塵隨馬年光是也惟只見舊情懷謝清漏移飛蓋歸來從舞休歌能史邦卿東風第一枝賦立春云草脚愁回花心夢醒鞭香拂散牛土舊歌空憶朱簾翠筆倦題綠戶畫雞貼燕想立斷東風來處暗想一掬相思亂藏翠盤紅縷今夜覓夢池秀句明日動探花芳緒寄聲沽酒人家款約嬉遊伴侶憐他梅柳怎忍潤天街酥雨待過了一月燈期日日醉扶歸去黃鍾調喜遷鶯賦燈夕云月波凝滴碧玉壺天近了無塵隔翠眼圈花氷蹤纖練黃道寶光相直自憐詩酒瘦難應接許多春色最無賴隨香燭曾伴狂客

蹤跡謾記約老了杜郎忍聽東風笛柳院燈疎梅廳雪在誰與細傾春碧舊情未定猶自學當年游歷怕萬一誤玉人夜寒簾隙如此妙詞甚多不獨措辭精粹又且見時節風物之感人家宴樂之詞　至如李易安永遇樂云不如向簾兒下聽人笑語此亦不自惡而以俚詞歌于坐花醉月之際似乎擊缶韶外良可嘆也

賦情

纖風弄月陶　性情詞婉于詩蓋聲出鶯吭燕舌之

間稍近乎情可也若鄰乎鄭衛與纏令何異焉如陸雪窻瑞鶴仙云臉霞紅印枕睡起來冠兒猶是不整屏間麝煤冷但眉山壓翠淚珠彈粉堂深晝永燕交飛風簾露井恨無人與說相思近日帶圍寬盡 重有殘燈朱幌淡月疎窻那時風景陽臺路遠雲雨便無準待歸來先指花梢教看却把心期細問因循過了青春怎生意穩辛稼軒祝英臺近云寶釵分桃葉渡楊柳暗南浦怕上層樓十日九風雨斷腸片片飛紅都無人管憑誰勸啼鶯聲住 鬢邊覷試把花卜歸期才簪又重數羅帳燈昏哽咽夢中語是他春帶

愁來春歸何處却不解帶將愁去皆景中帶情而存騷雅故其晏酣之樂別離之愁回文題葉之思峴首西湖之感一寓于詞若能屏去浮豔樂而不淫是亦漢魏之遺意

離情

春草碧色春水綠波送君南浦傷如之何矧情至于離則哀怨必至苟能調感愴于融會中斯爲得矣白石琵琶仙云收藥來時有人似舊曲桃根桃葉歌輕約飛花蛾眉正愁絶春漸遠汀洲自綠更添了幾聲啼鴂十里揚州三生杜牧前事休說又還是宮燭分烟奈愁裏匆匆換時節都把一㨾芳思與空堦榆莢千萬縷藏鴉細柳爲玉尊起舞回雪想 西出陽關故人初別秦少游八六子云倚危亭恨如芳草萋萋剗盡還生念柳外青驄別後水邊紅袂分時愴然暗驚 無端天與娉婷夜月一簾幽夢春風十里柔情怎奈向歡娛漸隨流水素絃聲斷翠綃香減那堪片片飛花弄晚濛濛殘雨籠晴正消凝黄鸝又啼數

聲離情當如此作全在情景交煉得言外意又如勸君更盡一杯酒西出陽關無故人乃爲絶唱

令曲

詞之難于令曲如詩之難于絶句不過十數句一句一字閒不得末句最當留意有有餘不盡之意乃佳當以花間集中韋莊温飛卿爲則又如馮延巳賀方回吳夢窻亦有妙處至若陳簡齋杏花疎影裏吹笛到天明之句真是自然而然大抵前輩不留意于此有一兩曲膾炙人口餘多鄰乎率易近代詞人

用力于此者僅以爲專門之學者亦詞家之射鵰手

雜論

詞之語句太寬則容易太工則苦澁如起頭八句相對中間八句相對却須用工着一字眼如詩眼一同若八字旣工下句便合少寬庶不窒塞約莫太寬易又着一句工緻者便精粹此詞中之關鍵也

詞不可强和人韻若倡者曲韻寬平庶可賡和倘韻險又爲人所先而必欲牽强賡和則句意安能融貫未盡苦思未見有全妥溜者東坡和張質夫楊花水

龍吟起句便合讓東坡一頭地況後片愈出愈奇眞是壓倒今古吾輩倘遇險韻不若祖其元韻隨意換易或易韻答之亦古人三不和之說大詞之料可以斂爲小詞小詞之料亦可以展爲大詞是必一句引爲兩三句或引他意入來捏合成章必無一唱三嘆如少游龍水吟小樓連苑橫空下窺繡轂雕鞍驟猶且不免東坡誚

近代詞如陽春白雪集如絶妙詞選亦有可觀但所取不甚精一豈若周草窻所選絶妙好詞爲精粹惜此板不存舉本亦有好事者藏之難莫難于壽詞倘盡言富貴則塵俗盡言功名則諛佞言神仙則迂闊虛誕當總此三者而爲之無俗忌之詞不失其壽可也松椿龜鶴固所不免却化字面語意新奇

近代陳西麓所作平正亦有佳者詞欲雅而正志之所之一爲物所役則失其雅正之音耆卿伯可不必論雖美成亦有所不免如爲伊淚落如最苦夢魂今宵不到伊行如天便教人霎時厮見何妨又如伊尋消問息瘦損容光如許多煩惱只爲當時一餉留情

所謂淳朴舊變如澆風矣

詩之賦梅惟和靖一聯而已世非無詩不能與之齊驅耳詞之賦梅惟白石暗香疎影二曲前無古人後無來者自立新意眞爲絶唱太白云眼前有景道不得崔浩題詩在上頭誠哉言也東坡如水龍吟詠龍笛詠楊花又過泰樓洞仙歌卜算子等作皆清麗舒徐高出人表哨徧一曲隱括歸去來辭更是精妙周秦諸人所不能到辛稼軒劉改之作豪氣詞雅詞也于文章議論餘暇戲筆墨爲長短之詩句耳元遺山

極稱辛稼軒詞及觀遺山詞深于用事精于煉句風流醞藉處不減周秦如雙蓮鴈立等妙在摸寫情意立意高遠初無稼軒詞豪邁之氣豈遺山欲表而出之故耳

楊誠齋作詞五要

作詞之要有五第一要擇腔腔不韻則勿作如塞翁吟之衰颯帝臺春之不順隔浦蓮之奇煞鬬百花之無味是也

第二要擇律律不應則不美如十一月須用正宮元

宵詞必用仙侶宮爲宜也

第三要韻詞按譜自古作詞能依句者少依譜用字百無一二詞若歌韻不協奚取哉或謂善歌者能融化其字則無疵殊不詳製作轉摺用或不當則失律正旁偏側凌犯他宮非復本調矣

第四要催律押韻如越調水龍吟商調二郎神皆用平入聲韻古調俱押去聲所以轉摺乖異或不詳之則乖音昧律者反稱賞之是其解熙熙而啓齒也

第五要立新意若用前人詩詞句爲之此蹈襲無足奇者須作不經人道語或翻前人意便覺出奇或祇能煉字才誦數過便無精神不可不知也須忌三重四同始爲具美

墨池璅錄

成都楊慎

陳景元評歐陽詢字云世皆知其體方而莫知其筆圓亦可爲歐之關幽也

倪正父云東坡多卧筆魯直多縱筆米老多曳筆虞文靖公曰大德延祐之間稱善書者必歸巴西漁陽吳興巴西謂鄧文原漁陽謂鮮于樞吳興謂趙子昂也以二人先於趙者以齒叙耳鄧書太枯鮮于太俗豈能及子昂萬一邪文靖他日又曰魏晉以來善書

墨池璅錄　一

者未嘗不通六書之義吳興趙公之書冠天下以其深究六書也此評始爲的論

黄山谷云近時士夫罕得古法但弄筆左右纏繞遂號爲草書盖前世已如此今日尤甚張東海名曰能草書每草書繁字以意自撰左右纏繞如鎮宅符篆文徵明嘗笑之云草書集韻尚未經目何得爲名書耶

鄭子經論張卽之陳讜之書曰速無爲所染如深爲雖盧扁無所容其靈矣然則其自知邪知則不爲此論足以砭俗

書法之壞自顏眞卿始自顏而下終晚唐無晉韻矣至五代李後主始知病之謂顏書有楷法而無佳處正如扠手並脚田舍翁耳李之論一出至宋米元章評之曰顏書筆頭如蒸餅大醜惡可厭又曰顏行書可觀眞便入俗品米之言雖近風不爲無理然能言而行不逮至趙子昂出一洗顏柳之病直以晉人爲師右軍之後一人而已

米元章目柳公權書爲惡札如玄秘塔銘誠中其譏

墨池璅錄　二

若陰符經序昔人評爲柳書第一實有晉韻下此則馮宿碑亞於廟堂碑非玄秘塔銘可同日觀也紫絲靸帖亦佳比之顏當出其上而世未有信予此說者何所見之不同乎

王羲之筆勢圖云書虛紙用强筆書强紙用弱筆强弱不等則蹉跌不入用用墨者墨不過三分不得深浸毛弱無勢

歐陽詢云虛拳直腕指掌齊空分間布白勿令偏側墨淡則傷神彩太濃則滯鋒毫肥則爲鈍瘦則露骨

黃內直書訣曰無垂不縮無往不收如懸針如折釵如壁拆如屋漏如印印泥如錐畫沙左邊短必與上齊右邊短必與下齊左欲去吻右欲去肩指欲實掌欲虛

晉賢草體虛澹蕭散此爲至妙惟獻之絹秋蛇爲文皇所笑至唐張旭懷素方作連綿之筆此黃伯思姜堯章之所不取也

行行要有活法字字要求生動

小心布置大膽落筆

米元章評蔡襄書如少年女子訪雲尋雨體態妖嬈行步緩慢多飾鉛華

八道於楷僅有三焉化度九成廟堂耳

丁道護襄陽啓法寺碑最精歐虞之所自出北方多朴而有隸體無晉逸謂之毡裘氣蓋骨格者書法之祖也態度者書法之餘也毡裘之喻謂少態度耳

李華云用筆在乎虛掌而實指緩紉而急送意在筆前字居筆後

山谷云心能轉腕手能轉筆書字便如人意又曰大字難於結密而無間小字能於寬綽而有餘又曰肥字須要有骨瘦字須要有肉皆三昧也

米元章云字要骨格肉須裹筋筋須藏肉

篆尚婉而通隸欲精而密草貴流而暢眞務檢而便此四訣者可謂鯨吞海水盡露出珊瑚枝矣

王廷之曰勿欺數行尺牘即表三種人身言其難工也

徐浩書固多精熟無有異趣殆如倚市之倡塗抹青紅反令人睹金篋笥也

張懷瓘書繼以章草新意頗多

呂總云懷素援毫掣電隨手萬變

李白在開元間不以能書名今其行草不減古人能江夢餘錄載其二帖是也

索征西筆短意長今人作字大槩筆多而意不足觀秘閣續帖中刀儀帖可見

智果書合處不減古人然時有僧氣可恨古人貴於人品高也

右軍字似左氏太令字似莊周山谷此言亦猶東坡

以杜子美比司馬遷以江理杜比荔枝也

張長史千字文數字四明屠直卿家藏古帖有之又有蘇才翁所補亦恠逸可喜云

山谷云米元章書如快劒斫陣强弩射札然勢亦窮此似仲由未見夫子時氣象耳米嘗評黄庭堅爲描字亦是好勝遇敵也

古草書賦云杜度之後以張爲祖以衛爲父索范者伯叔也二王可爲兄弟薄爲庶息羊爲僕隸其言似誇然確論也

法書惟風韻難及唐人書多粗糙晉人書雖非名法之家亦自奕奕有一種風流藴藉之氣緣當時人物以清簡相尚虚曠爲懷脩容發語以韻相勝落華散藻自然可觀可以精神解領不可以語言求覔也

棐谷道云褚遂良薛稷柳公權不過名書未得爲法書也

草書有圓無分有直無横

古文如春籒如夏篆如秋隸如冬八分行草歲之閏也

袁昂曰鍾繇之書點畫之間多有異趣可謂幽深無際古雅有餘秦漢以來一人而已

雷太簡云聽江聲而筆法進文與可亦言見蛇鬭而草書長

有功無性神彩不生有性無功神彩不實

有人問趙孔暘曰張汝弼草書何如孔暘曰熟到極處俗到極處識者以爲知言

說郛續目録

弓第三十五

書畫史

華亭陳繼儒

董其昌云今
皇帝天藻飛翔雅好書法每携獻之鴨頭丸帖虞世南臨樂毅論米芾文賦以自隨中書舍人趙士禎爲言如此儒又考右軍曾書文賦褚河南亦有臨右軍文賦趙子昂亦書文賦

王子敬五歲有書意衛夫人書大雅吟賜之韋君平十一賦銅雀臺絕句李白大駭授以古樂府之學

子昂亭林碑其真蹟曾粘村民屋壁上王野賓買得之以轉售項氏

楊維翰字子固自號方塘鐵崖之兄也喜讀史與維禎攻學無寒暑抵夜以漏分爲度睡則以水沃面筆仕郡文學初師府檄爲慈溪校已遷天台校其文議論高古有氣談可畏晚年游戲墨蘭竹石極精妙興至卽揮洒人求者無貴賤悉作時柯九思推遜之日方塘竹云詩號光微集攷經有稡稽録書畫有藝游畧

阿瑛啓遁迹興鄉甘與草木同腐今年目昏手儋澀
態頗加因陪雪坡舟中數日得入城一見然風景
非前諸公散落獨與學古彥文周旋兩日不勝慨
然倘至平望毋惜枉駕辰下暑隆唯與善加調攝
不具五月三日顧阿瑛手書拜公武先生文契此
阿瑛手蹟也字如龍眼大結搆嚴緊有致平望疑
公所居今有驛其前鷺脰湖傳是張志和釣魚處
壬辰九月同董玄宰過嘉禾所見有褚摹蘭亭徐季
海少林詩顏魯公祭豪州伯父文藁趙文敏道德

經小楷皆真墨蹟也是日余又借得王逸季虞永
興汝南公主志適到玄宰手摹之
臨池學書王右軍澄懷觀道宗少文王侯筆力能扛
鼎五百年中無此君倪瓚題王叔明岩居高士圖
黃山谷集二十八二十九卷皆言書法
李之純云舉天下之言唐畫者莫如成都之多就成
都較之莫如大聖慈寺之盛俾僧司會寺宇之數
因及繪畫總九十六院按閣殿塔廳堂房廊無慮
八千五百二十四間畫諸佛如來一千二百一十
五菩薩一萬四百八十八帝釋梵王六十八羅漢
祖僧一千七百八十五天王明王大神將二百六
十二佛會經驗變相一百五十八諸雕塑者不與
焉
董玄宰在廣陵見司馬端明所畫山水細巧之極絕
後李成而畫譜不載以此知古人之善于逃名
岐陽石鼓宋東都時嘗鑄金填其刻文移置宣和殿
金人入汴則取其金而棄去之故自靖康土宇分
裂之後搨本絕不易得好事者以銀一錠購其十

紙國朝既取中原乃輦至京師置國學廟門下
宋濂侍經于青宮十餘年凡所藏圖書頗獲見之中
有趙魏公孟頫畫豳風前譜七月之詩圖繼其後
皇太子覽而善之謂圖乃古帙恐其開闔之繁當
中折處丹青易損壞命工裝褫作卷軸以傳悠久
石曼卿真書大字妙天下湖州學經史閣三字石學
士書
着色倪雲林始在宋光祿民倩家為徐太常所藏
上維江干雪意卷藏王敬美家又見梁伯龍示余

[illegible]一軸亦云右丞筆也

御製文集有[illegible]翰林編修馬沙亦黑馬哈麻敕[illegible]

大將入胡都得秘藏之書數十百册乃乾方先[illegible]

之書我中國無[illegible]其文者

朝雲[illegible]州棲[illegible]寺[illegible]亭[illegible]之榜曰六如亭東坡云

[illegible]普頗有[illegible]法

[illegible]進[illegible]像自隱帳中人有所[illegible]否[illegible]而隨[illegible]

[illegible]有[illegible]花[illegible]共楊花[illegible]自

以[illegible]二字[illegible]也

文[illegible]光國[illegible]

一[illegible]先[illegible]先生[illegible]中[illegible]四字[illegible]

也古人[illegible]與[illegible]

葉法善欲求李[illegible]為[illegible]太守不可[illegible]

乃[illegible]其竟音之[illegible]覺醒而[illegible]人追觀

死[illegible]夢中令名[illegible]

[illegible]人[illegible]

能[illegible]

[illegible]

孔子孔子墓札高風脩迥之今觀吳子二字類小

篆有陵之墓四字類大篆或云開元殷仲恭摸搨

大曆中蕭和又刻于石楊升庵曰大小篆三代以

前通行非始于秦也

至正大德間有雪庵以楷書大字名世其臨蘭亭爲

牟大理趙孟頫所賞

石田少時畫所爲率盈尺小景至四十外始拓爲大

幅粗株大葉草草而成

余見王右丞山庄圖又雪霽捕魚圖山庄樹葉皆如

个字其雪霽枯樹圖似郭熙二卷皆無款疑宋人

臨稿也

九龍王孟端水山卷西涯題四篆字于前後以二紙

終之卷水墨長丈餘

子昂書秋興賦行書墨蹟一卷筆法全出獻之其卷

向在吾鄉王緝之所藏後有張東海跋今藏于項

希憲家

石皷文向傳以爲宜王時刻宋馬子卿辨其爲宇文

周時所作引據傳記幾有萬言

[illegible]尚多[illegible]
余家[illegible]一本曾見之
[illegible]于[illegible]草書[illegible]四章及[illegible]十[illegible]
[illegible]後題云[illegible]先[illegible]書法[illegible]
[illegible]何足[illegible]凡[illegible]愛在其[illegible]
[illegible]人[illegible]魯公[illegible]之[illegible]
[illegible]得于[illegible]
[illegible]見[illegible]王[illegible]
[illegible]大[illegible]

書畫史　八

[illegible]之[illegible]言不[illegible]
[illegible]二[illegible]三[illegible]
[illegible]最後則有雲氣[illegible]人[illegible]
王宰[illegible]金[illegible]寸[illegible]西[illegible]
云學[illegible]也
王齊翰[illegible]圖[illegible]之[illegible]
晉[illegible]圖[illegible]江圖[illegible]
[illegible]
[illegible]

[illegible]之則[illegible]
之博[illegible]有[illegible]
[illegible]其[illegible]
[illegible]先生[illegible]
[illegible]
[illegible]
[illegible]
[illegible]生云米氏[illegible]
江南[illegible]金[illegible]

書畫史　八

吳南[illegible]有[illegible]之[illegible]
矣
[illegible]都西樓下石刻東[illegible]
一編號東坡書[illegible]
文衡山寫雲山一卷[illegible]
首其[illegible]二句云山[illegible]
圖[illegible]家[illegible]自[illegible]
[illegible]趙[illegible]花木[illegible]
[illegible]

方寸間也後王弇州跋云蘓長公喜畫枯木小石山谷愛書禪伯句秦少游愛書山鬼句古人風流奇譎若合一轍可想見也

張三丰大耳圓目鬚髯如戟頂作一髻冷謙號龍陽子與劉秉忠邢奇趙子昂善無書不讀見李思訓畫效之不餘月悉得其法

孫太白手蹟有詩草貽諸世揚者諸公諱僩其子彪湖公諱夏能法書古文詞與海内名公游于其孫清之所藏見之

宋人以墨絲織樓閣精于刺繡與古之所謂絲絶針絶也

張益登進士第入翰苑死土木之難初益與夏㫤同年及見陳嗣初王孟端俱喜作文寫竹後㫤見益作石渠閣賦出已上遂不復作文益見㫤竹妙絶亦不復寫竹

盧熊嘗上疏言州印篆文譌謬忤旨得罪熊少嘗從學楊維禎博學工文詞尤精篆籀所著有説文字原章句

[illegible]

鱗詩及記皆俞仲蔚書而叔平書皴法不盡到如
立粉本者余借至玄宰見之又輪借至京邸中
劉蜕文冢其文草聚而封之凡一千一百八十紙有
塗者乙者有注楷者有覆背者有株墨圈者硃
京師楊太和大夫家所藏晉唐以來名蹟甚佳玄宰
借觀有右丞畫一幅宋徽宗御題左方筆勢飄舉
真奇物也檢宣和畫譜此爲山居圖察其圖中松
針石脉無宋以後人法定爲摩詰無疑向相傳爲
大李將軍其拈出爲輞川者自玄宰始

崑山王安道學醫于丹溪朱彥修博極羣書爲詩文
皆精詣有法畫師夏圭行筆秀勁布置茂密季遊
華山作四十餘圖書紀遊詩其上安道名履
貫休嘗自夢得十五羅漢梵相尚缺一有告者曰師
之相乃是也遂爲臨水圖以足之
王元章飛白竹一軸題云巳丑歲夏五月二十二日
會稽王冕寫瀟洒三君子是伊親弟兄所期持大
節莫負歲寒盟赤城陶君九成故家子也淳粹雅
澹有出塵風韻讀書之暇每以翰墨自適余寓西
湖之東九成時來會談論竟日退有不忍舍者其
仲季皆清爽真芝蘭玉樹不下王謝家也遂題而
歸之
鵲華秋色卷趙子昂爲周公謹作山頭皆着青綠全
學王右丞
聖教序記僧智永集羲之書謂勑弘福寺僧懷仁非
也
李龍眠書法極精山谷謂其書之關紐透入書中
錢叔寶少孤貧迨壯始知讀書初從野亭翁遊文太

史門下授以畫法晚葺故廬讀書其中聞有異書
雖病必強起匍匐借觀手自抄寫窮日夜校勘至
老不衰燒香洗硯悠然自得
文湖州竹生平僅見真蹟一幀在横冊上乃折竹也
其題者二人柯九思題云湖州放筆奪造化此事
世人那得知髡然何處見生氣彷彿空庭月落時
金粟道人阿英題云湖州昔在陵州日日日逢人
寫竹枝一段枯梢作三折分明雪後上窻時

書畫金湯

華亭陳繼儒

一善趣

賞鑒家　精舍　淨几　風日清美　瓶花　茶笋橙橘時　山水間　主人不矜莊　拂覽　名香修竹　考證　天下無事　高僧　雪　雨奇石鼎彝相傍　睡起　病餘　漫展緩收

一惡魔

黄梅天　燈下　酒後　研池汁　硬索巧賺　輕借　收藏印多　胡亂題　代枕　傷客催逼　屋漏水　陰雨燥風　奪視　無揀料銓次　市談攪　油汗手　驪襪地上　惡裝褙　臨摹污損　蠹魚　强作解　鼠嚙唾　童僕林立　問價　指甲痕　剪截摺

一莊嚴

玳瑁瑪瑙琥珀紫磨金白玉文犀舊剔官窑軸　繡帶　内庫秘閣　寶籤　五色玉牌記　古錦面　帝王璽　奇絲裹囊　名賢題跋　女校書

收貯　織成褾頭　金縷珠母石青楠檀匣

落劫

入村漢手　質錢　獻豪門　剪作練裙襪材　不肖子　盗　換酒食　水火厄　殉葬

論畫瑣言

華亭董其昌

趙大年畫平遠絶似右丞秀潤天成眞宋之士大夫畫此一派又轉爲雲林雲林工緻不皴而荒率蒼古勝矣今作平遠及扇頭小景一以此二人爲宗使人玩之不窮味外有味可也畫家之妙全在烟雲變滅中米虎兒謂王維畫見之最多皆如刻畫不足學也惟以雲山爲墨戲此語雖似過正然山水中爲着意生雲不用描染當以墨漬出令如氣蒸冉冉欲墮乃可稱生動之韻

昔人評趙大年畫謂得胸中千卷書更奇又大年以宗室不得遠游每朝陵回得稿胸中丘壑不行萬里路不讀萬卷書欲作畫祖其可得乎此吾曹勉之無望庸史矣

山之輪郭先定然後皴之今人從碎處積爲大山此最是病古人運大軸只三四大分合所以成章雖其中細碎處甚多要之取勢爲主元人論米高二家畫正先得吾意

畫樹之竅只在多曲折一枝一節無有可直者其向背俯仰全於曲中取之或曰然則諸家不有直樹乎曰樹雖直而生枝發節處必不都直也董北苑樹作勁挺之狀特曲處簡耳李營丘則千屈萬曲無復直筆矣

枯樹最不可少時於茂林中間見乃奇古茂樹雖檜栢楊柳椿槐要鬱森其妙處在樹頭與四面參差一出一入一肥一瘦處古人以木炭畫圈隨圈而點之正爲此也

宋人多寫垂柳又有點葉柳垂柳不難畫只要分枝得勢耳點葉柳之妙在樹頭圓鋪處只以汁綠漬出又要森梢有迎風搖颺之意其枝須半明半暗又春三月樹未垂條秋九月柳巳衰颯俱不可混設色亦須體此意也

畫樹木各有分別如畫瀟湘圖意在荒遠滅沒即不當作大樹及近景叢木如園亭景可作楊柳梧竹及古檜青松若以園亭樹木移之山居便不稱矣若重山複嶂樹木又別當直枝直幹多用攢點彼此相藉

望之模糊鬱葱有猿啼虎嘯之狀乃稱至如春夏秋冬風晴雨雪又不待言也

董北苑畫樹都有不作小樹者如秋山行旅是也又有作小樹但只遠望之似樹其實憑點綴以成形者余謂此即米氏落茄之源委蓋小樹最要淋漓約略簡於枝柯而繁於形影欲如文君之眉與黛也相參合則是高手也

趙大年平遠寫湖天淼邈之景極不俗然不多皴雖云學維而維畫正有細皴者乃於重山疊嶂有之趙

未之能盡其妙也張伯雨題倪迂畫云無畫史縱橫習氣予家有此幅其自題獅子林圖云予此畫真得荆關遺意非王蒙輩所能夢見也其高自標置如此又顧謹中題倪迂畫云初以董源爲宗及乎晚年畫益精詣而書法漫矣蓋倪迂書絶工緻晚年乃失之而聚精於畫一變古法以天真幽淡爲宗要亦所謂漸老漸熟者若不從北苑築基不易到耳

禪家有南北二宗唐時始分畫之南北二宗亦唐時分也但其人非南北耳北宗則李師訓父子着色山流傳而爲宋之趙伯駒伯驌兄弟以至馬夏輩南宗則王摩詰始用渲淡一變鉤斫之法其傳而爲張璪荆關郭忠恕董巨米家父子以至元之四大家亦如六祖之後有馬駒

畫之道所謂宇宙在乎手者眼前無非生機故其人浩浩多壽至如刻畫細巧爲造物忌者乃能損壽蓋無生機也黄子久沈石田文徵仲皆壽仇英短命趙吳興止六十餘仇與趙雖品極不同皆習者之流非以畫爲寄以畫爲樂者也寄樂于畫自黄公望始開

此門庭耳

新都吳太學過余舟中見余雜畫粉本及此論畫瑣言曰畫史大不易事吳兄畫道便到逸品請以余言爲印證何如

丹青志序

吳中繪事自曹顧僧繇以來鬱乎雲興蕭陳秀妙將無海嶠精靈之氣偏於東土耶抑亦流風餘韻前沾後漬耶癸亥秋日臥痾齋居雨深巷寂掩扉散髮展焙所藏名畫縈縈滿壁丹鉛粉墨蒼潤淋漓竹塢寸烟花林尺霧圖石疑雲寫川欲浪人鬼奪幽明之奥禽蟲儼飛蠕之色於是感名邦之多彥瞻妙匠之苦心斷自吳都肇乎昭代援豪小纂傳信將來若夫四海遼乎千齡逸矣徧充簡積我則不暇嗚呼蠅染屏

間孫郎舉手木鳴牀上唐帝驚心剌圖而降女捧膺畫鎖而楣龍斂翼信天機之玄化非人上之所逮也

嘉靖癸亥七月病士王穉登序

丹青志目録

目録終

丹青志

吳　王穉登

神品志　一人　附三人

沈周先生　二沈處士　杜徵君

沈周先生啓南相城喬木代禪吟寫下逮僮隸並諳文墨先生繪事爲當代第一山水人物花竹禽魚悉入神品其畫自唐宋名流及勝國諸賢上下千載縱橫百輩先生兼總條貫莫不攬其精微每營一障則長林巨壑小市寒墟高明委曲風趣泠然使夫覽者若雲霧生于屋中山川集于几上下視衆作眞培塿耳山輿入郭多主慶雲菴及北寺水閣掩扉掃榻揮染不勌公卿大夫下逮緇徒賤隸酬給無間一時名士如唐寅文璧之流咸出龍門往往致于風雲之表信乎國朝畫苑不知誰當並驅也先生父恒字恒吉伯父貞字貞吉

沈貞吉恒吉二處士並善丹青風格明秀塤篪相映時謂趙文敏同流恒吉之畫師杜徵君

杜淵孝先生名瓊字用嘉明經博學家貧道尊貞潛醇和粹然爲丘壑之表畫亦遒麗效南唐董北苑

贊曰休矣煌煌乎沈先生之作集厥大成其諸金聲而玉振之者與二父庭聞杜公私淑其有以陶育之也夫然青出于藍矣允矣觀于海者難爲水也處士淵孝固一勺之多也

妙品志　四人　附四人

宋南宮先生

宋先生克字仲溫長洲南宮里人書學急就章得古人之妙尤善寫竹雖寸岡尺塹而千篁萬玉雨疊烟森蕭然無塵俗之氣

唐解元

唐寅字伯虎更字子畏吳郡吳趨里人才雄氣逸花吐雲飛先輩名碩折節相下庶幾青蓮之駕無忝金龜之席矣中南京解元坐事廢逃禪學佛任達自放畫法沉鬱風骨奇峭刊落庸瑣務求濃厚連江疊巘纚纚不窮信士流之雅作繪事之妙詣也評者謂其畫遠攻李唐足任偏師近交沈周可當半席

文待詔先生　文嘉　伯仁

文先生名璧字徵明後以字行更字徵仲金昌世家奕葉簪組弱齡俊茂蜚聲公卿間好古篤修大雅君子書名雄天下畫師李唐吳仲圭翩翩入室由諸生薦爲翰林待詔未幾謝歸逍遥林谷益勤筆硯小圖大軸莫非奇致晚歲德尊行成海宇欽慕縑素山積喧溢里門寸圖纔出千臨百摹家藏市售眞贋縱横一時硯食之士沾脂浥香往往自潤然慧眼印可譬之魚目夜光不別自異也年齡大耋神明不衰斷烟

殘渚篝燈夜作故得者益深保愛奉如珪璋子嘉及猶子伯仁並嗣其妙嘉竹樹扶疎伯仁巖巒鬱茂雖或未見其止足當赤幟繪林

張靈　朱生　周官

張靈字夢晉家與唐寅爲鄰兩人氣志雅合茂才相敵又俱善畫以故契深椒蘭靈畫人物冠服玄古形色清眞無卑庸之氣山水間作雖不由閒習而筆生墨勁斬然絶塵多可尚者靈性落魄簡絶禮文得錢沽酒不問生業嘐嘐然有古狂士之風爲郡諸生竟以狂廢同時有朱生周官並攻豪素官畫人物無俗韻然過爾纖弱猶不逮靈朱生樹石不減唐寅今官名猶在人間而朱遂寥寥足可弔憫

贊曰南宫翩翩俠骨水墨游戲唐畫含英咀華雕績滿眼張雖瓊枝莽折然一鱗一角要足爲珍文之蹟直能徧四海流遠　非夫所謂以人重者哉郎君猶子緯矣門風美哉芝蘭玉樹秀於階庭已乎

能品志　四人

兩夏君　太卿　中書

夏昶字仲昭崑山人由進士歷官太常卿楷書畫竹爲當時第一畨　海國兼金購求故當時有夏卿一箇竹西涼十錠金之謡卽一時寶惜可知矣余見其所作竹枝烟姿雨色偃直濃疎動合架度蓋行家也文皇甚賞其書眷顧隆渥緣此得爲其兄昺起自戎伍爲中書舍人昺字孟暘亦善書畫學高尚書蕭蕭有林壑之氣仲氏有所不逮云

周臣

周臣字舜卿吳郡人畫山水人物峽深風厚古面奇粧有蒼蒼之色一時稱爲作者若夫蕭寂之風遠澹之趣非其所諳

仇英

仇英字實父太倉人移家郡城畫師周臣而格力不逮特工臨摹粉圖黄紙落筆亂真至於髮翠豪金絲丹縷素精麗艷逸無慚古人稍或改軸翻機不免畫蛇添足

贊曰鮫人泣珠龍驥汗血文豹變而成錢山鷄吐

而爲綬夫人無技能是蠶不績而蟹不匡也兩夏瞻依日月聲華鵲起美而未善所乏天機周之創境仇之臨移雖曰偏長要之雙美耳

逸品志　三人

劉僉憲

僉憲劉公玨字廷美長洲人寫山水林谷泉深石亂木秀雲生緜密幽媚風流藹然高者攀鱗巨老庶乎升堂特未入室耳書宗李北海詩格清逸唐中葉響也挂冠歸田卜築秀野花木瓏瓏號小洞庭

兩陳君道復　子正

陳太學名淳字道復後名道復更字復父天才秀發下筆超異畫山水師米南宫王叔明黄子久不爲效顰學步而蕭散閒逸之趣宛然在目尤妙寫生一花半葉淡墨欹豪而疎斜歷亂偏其反而咄咄逼真傾動羣類若夫翠辨紅蕤葩分蘂析此俗工之下技非可以語高流之逸足也出其餘作草篆幽勝可觀仲子栝飲酒縱誕有竹林之習畫雖放浪太過竟非俗流

贊曰僉憲風疎雲逸清矣遠矣大學明泉秀壑薦伐町畦所謂牝牡驪黄之外者也子正雖其爽不隕惜未青水

遺耆志　三人

黄子久　趙善長　陳惟允

黄公望字子久常熟人洪武中尚在

趙原字善長郡人畫師王右丞洪武中召對不稱

陳惟允郡人爲潘左丞客有壽左丞仙山樓閣圖此
其畫之精絕者也
賛曰松漠亂華中原　江二三君子遭時不淑趙
陳兩生或嬰鱗莽元或僞朝俘　蠶絲爲翠反爲
身殃者耶黄之年躋大耋樂覩太平何其幸與

棲旅志　二人

徐先生

徐幼文先生名賁自蜀徙吳畫山水林石瀟灑可愛
詩名與高啓並所謂高楊張徐者也

張先生

張羽字來儀由潯陽徙居吳郡畫法米敷文好古博
雅文章有聲
賛曰兩賢奕奕雖楚有材晉實用之抑亦南國河
山之秀增其模寫耶

閨秀志　一氏

仇氏

仇氏英之女號杜陵内史能人物畫綽有父風
賛曰粉黛鍾靈翱翔畫苑寥乎罕矣仇媛慧心内
朗窈窕之傑哉必也律之女行厥亦牝鷄之及也

繪妙

歸安茅一相

六法三品

畫有六法一曰氣韻生動二曰骨法用筆三曰應物寫形四曰隨類傅彩五曰經營位置六曰傳模移寫六法精論萬古不移自骨法用筆以下五法可學而能如其氣韻必在生知固不可以巧密得復不可以歲月到默契神會不知然而然也故氣韻生動出于天成人莫窺其巧者謂之神品筆墨超絶傳染得宜意趣有餘者則謂之妙品得其形似而不失規矩者謂之能品

三病

畫有三病皆繫用筆一曰板二曰刻三曰結板者腕弱筆癡全虧取與物狀平褊不能圓混也刻者運筆中疑心手相戾勾畫之際妄生圭角也結者欲行不行當散不散佀物凝礙不能流暢也

六要

氣韻兼力一也格制俱老二也變異合理三也彩繪有澤四也去來自然五也師學捨短六也

六長

麄鹵求筆一也僻澁求才二也細巧求力二也狂怪求理四也無墨求染五也平畫求長六也

八格

畫有八格石老而潤水淡而明山要崔嵬泉宜洒落雲烟出沒野逕迂回松偃龍蛇竹藏風雨

十二忌

畫有十二忌一曰布置迫塞二曰遠近不分三曰山

無氣脈四曰水無源流五曰境無夷險六曰路無出入七曰石止一面八曰樹少四枝九曰人物傴僂十曰樓閣錯雜十一曰滃淡失宜十二曰點染無法

觀畫之法

大觀畫之法見短勿詆更求其長見巧勿譽反尋其拙大凡觀釋敎者尚莊嚴慈覺觀羅漢者尚四象歸依四象者謂有四國王之子有婆羅門或四衆　或比丘優婆塞　門觀道流者尚孤閒清古觀人物者尚精神體態謂有貴賤中外也仍觀折筭衣紋停分

形貌觀畜獸者尚馴擾擴厲觀花竹者尚豔麗閑逸觀禽鳥者尚毛羽翔舉觀山水者尚平遠曠蕩觀鬼神者尚筋力變異觀屋木者尚壯麗深遠

古今優劣

佛道人物士女牛馬近不及古山水林石花竹禽魚古不及近何以明之且顧愷之陸探微張僧繇吳道元及閻立德立本皆純重雅正惟出天然吳生之作爲萬世法號曰畫聖張萱周昉韓幹戴嵩氣韻骨法皆出意表後之學者終莫能到故曰近不及古至如

李成關仝范寛董源之迹徐熈黃筌之蹤前不藉師資後無復繼踵借使二李三王之輩復起邊鸞陳庶之倫再生亦將何以措手于其間哉故曰古不及近

粉本

古人畫藁謂之粉本前輩多寶蓄之葢其草草不經意處有自然之妙宣和紹興所藏粉本多有神妙者

賞鑒好事

看畫如看美人其風神骨相有肌體之外者今人看古蹟必先求形似次及傅染次及事寔殊非賞鑒法也米元章謂好事家與賞鑒家自是兩等家多資力貪名好勝遇物收置不過聽聲此謂好事若賞鑒則天資高明多閱傳錄或自能畫或深畫意每得一圖終日寶玩如對古人雖聲色之奉不能奪也看畫之法不可一途而取古人命意立迹各有其道豈拘以所見繩律古人之意哉鐙下不可看畫醉餘酒邊亦不可看畫卷舒不得其法最爲害物

絹素

唐人五代絹素麄厚宋絹輕細望而可別唐宋也

古今筆法

古人畫墨色俱入絹縷精神迥出僞者雖極力仿做而粉墨皆浮于縑素之上神氣亦索然葢古人筆法圓熟用意精到初若率易愈玩愈佳今人雖極工緻一覽而易盡矣

用筆得失

凡畫氣韻本乎游心神彩生于用筆用筆之難斷可識矣故愛賓稱王獻之能爲一筆書陸探微能爲一筆畫非謂能一筆可就也乃自始及終連綿相屬氣

脉不斷所以意存筆先筆周意内像應神全思不竭
而筆不困也

畫麈　吳郡沈顥

表原

世但知封膜作畫不知自舜妹嫘始客曰惜此神技
創自婦人予曰嫘嘗脫舜于瞍象之害則造化在手
堪作畫祖

分宗

禪與畫俱有南北宗分亦同時氣運復相敵也南則
王摩詰裁構淳秀出韻幽澹爲文人開山若荆關宏
璪董巨二米子久叔明松雪梅叟迂翁以至　明興
沈文慧燈無盡北則李思訓風骨奇峭揮掃躁硬爲
行家建幢若趙幹伯駒伯驌馬遠夏珪以至戴文進
吳小僊張平山輩日就狐禪衣鉢塵土

定格

少陵云高簡詩人意今人刻意求簡便落倪迂不刻
意求簡欲爲倪迂不可得也
趙大年平遠逸家眼目翦伐町畦天然秀潤從輞川
叓得來然昔有評者謂得胸中千卷書更奇古則無

畫可以無畫

予創作十筆圖以鬪同社尚繁者芟洗日淨頹林斷渚味外取味如經所云霹爐火中清冷雲也挹之有神摸之有骨玩之有聲唐人云漫漫汗汗一筆耕一草一木棲神靈怳惚畫中有物物中有聲此僅爲智者道吁嘉隆而後神骨且乏况聲乎

層巒叠嶂如歌行長篇遠山踈麓如五七言絕愈簡愈入深永庸史涉筆拙更難藏

董北苑之精神在雲間趙承旨之風韻在金閶已而

交相非非非趙也董也非因襲之流弊流弊既極遂有矯枉至習矯枉轉爲因襲共成流弊其中機棙循遷去古愈遠自立愈羸何不尋宗覓派打成冷局非北苑非承旨非雲間非金昌非因襲非矯枉孤蹤獨響戛然自得

辨景

山於春如慶於夏如競於秋如病於冬如定

筆墨

筆與墨最難相遭具境而皴之清濁在筆有皴而勢

隱現在墨

米襄陽用王洽之潑墨參以破墨積墨焦墨故融厚有味予讀天隨子傳悟飛墨法輪廓布皴之後緒背烘漫以顯氣韻沉欝令不易測題曰黯然鼓毫聯目失緒孏酣瀑呼或臞所都一墨大千一點塵刼是心所現是佛所說

寒山凡夫與予論筆尖筆根即偏正鋒也一日從晋人渴筆書得畫法題曰樹格落落山骨索索溪蒙草茸雲秀其中萃筆悦頹妄窮真露古人云畫無筆跡

如書家藏鋒若騰觚大掃作山水障當是狂章筆跡不計

位置

近日畫少丘壑習得搬前換後法耳

大凝謂畫須留天地之位常法也予每畫雲煙着底危峯突出一人綴之有振衣千仞勢客訝之予曰此以絕頂爲主若兒孫諸岫可以不呈巖腳柯根可以不露令人得之楮筆之外客曰古人寫梅剔竹作過墻一枝離奇具勢若用全幹繁枝套而無味亦此意

乎予曰然
行家位置稠疊不虛情韻特減然以驚雲落霧束縛
籠樹便有活機米氏謂王維畫目之最多皆如刻畫
不足學惟以雲山爲墨戲雖偏鋒語亦不可無
古人有活落處殘剩處嫩率處
郭河陽云遠山無皴遠水無波遠人無目予亦云遠
山有平無曲遠水有去無來遠人宜孤不宜侶
一幅中有不緊不要處特有深致
胸中有完局筆下不相應舉意不必然落楮無非是

機之離合神之去來既不在我亦不在他臨紙操筆
時如曹瞞欲戰若罔欲戰頭頭取勝矣
先察君臣呼應之位或山爲君而樹輔或樹爲君而
山佐然後奏管傳墨若用朽炭躊躇更易神餒氣索
愈想愈劣

刷色

右丞云水墨爲上誠然然操筆時不可作水墨刷色
想直至了局墨韻既足則刷色不妨

點苔

山石點苔水泉索線常法也叔明之渴苔仲圭之攢
苔是二氏之一種今之學二氏以苔取肖鈍漢也古
多有不用苔者恐覆山脉之巧障皴法之妙今人畫
不成觀必須蔟點不免嫫女添痴之誚

命題

郭熙云作畫先命題爲上品無題便不成畫此語近
于膠柱譬古人作詩或有詩無題即命題不可以無
題題之若題在詩先其響不之天而之人乎徐聲遠
云宴坐絕詩詩將自至麾之不去得句成篇題與無

題於詩何有良工繪事有布置而寔無布置無布置
而寔有布置象之所有不必意意之所有不必象理
不離于與見事不關乎慧用此中一着些子便判人
天何暇命題或者脫局賞心攄詞括語固無不可
自題非工不若用古用古非解不若無題題與畫互
爲注脚此中小失奚啻千里
古來豪傑不得志于時則漁耶樵耶隱而不出然嘗
托意于柔管有韻語無聲詩借以送日故伸毫構景
無非拈出自家面目今人畫漁樵耕牧題不達此意

作個穢夫傖父傴僂于釣絲戚施于樵斧略無坦道
自得之致令識者絕倒

落欵

元以前多不用欵欵或隱之石隙恐書不精有傷畫
局後來書繪並工附麗成觀
迂瓚字法遒逸或詩尾用跋或跋後系詩隨意成致
宜宗
衡山翁行欵清整石田晚年題寫灑落每侵畫位翻
多奇趣白陽輩效之

一幅中有天然候欵處失之則傷局

臨摹

臨摹古人不在對臨而在神會目意所結一塵不入
似而不似不似而似不容思議
孫虔禮右軍書而孫虔截然李何學工部詩而李何
各別雖然彼觀劍而悟走虺而成其爲師也非上上
根不能
董源以江南眞山水爲稿本黃公望隱虞山即寫虞
山皴色俱肖且日囊筆研遇雲姿樹態臨勒不捨郎
河陽至取眞雲驚湧作山勢尤稱巧賊應知古人稿
本在大塊內吾心中慧眼人自能覰着又不可撥寘
程沠作滂蕩生涯也

稱性

了事漢意到筆隨潰墨掃紙便是拈花擘竹
頃漢中題倪迂畫云初以董源爲宗後迂自題師子
林圖云此畫得荊關遺意非王蒙輩所能夢見俱不
免有前人在晚年隨意抹掃如獅子獨行脫落儕侶
一日燈下作竹樹傲然自得曉起展視全不似竹迂

笑曰全不似處不容易到耳
有一畫史日間作畫夢即入畫曉復寫夢境每入神
遂有蜩落屏端水鳴牀上魚堪躍水龍能破壁稱性
之作直操玄化蓋緣山河大地器類羣生皆自性現
其間卷舒取捨如太虛片雲寒潭雁跡而已

過鑒

專摹一家不可與論畫專好一家不可與論鑒畫
昔人云看畫以林泉之心臨之則高以驕侈之目臨
之則卑問以不可與賞心者同年語也予故云畫逢

青眼神偏王論到黃金氣不靈

今見畫之簡潔高逸曰士夫畫也以爲無定詣也實詣指行家法耳不知王維李成范寬米氏父子蘇子瞻晁無咎李伯時輩皆士夫也無定詣乎行家乎

世人遇世人畫則賞解人遇解人畫則賞習相近也日計不足歲計有餘無其人故無其畫

畫說

吳　莫是龍

趙大年畫平遠絶似右丞秀潤天成真宋之士大夫畫此一派又傳之爲倪雲林雲林工緻不敵而著色蒼古勝矣今作平遠及扇頭小景一以此二人爲宗使人玩之不窮味外有味可也

畫家之妙先定烟雲變滅中米虎兒謂王維畫見之最多皆如刻畫不足學也惟以雲山爲墨戲此語雖似過正然山水中當著意生雲不可用拘染當以墨漬出令如氣蒸冉冉欲墮乃可稱生動之韻

昔人評大年畫謂得胸中千卷書更奇古又大年以宋宗室不得遠游每朝陵回得寫胸中丘壑不行萬里路不讀萬卷書欲作畫祖其可得乎此在吾曹勉之無望于庸史矣

山之輪廓先定然後皴之今人從碎處積爲大山此最是病古人運大軸只三四大分合所以成章雖其中有細碎處甚多要之取勢爲主吾有元人論米高二家山書正先得吾意

畫樹之竅只在多曲雖一枝一節無有可直者其向背俯仰全于曲中取之或曰然則諸家不有直樹乎曰樹雖直而生枝發節處必不多直也董北苑樹作勁挺之狀特曲處簡耳李營丘則千屈萬曲無復直筆矣

枯樹最不可少時于茂林中間見乃奇古茂林惟檜栢楊柳椿槐要鬱森其妙處在樹頭與四面參差一出一入一肥一瘦處古人以木炭畫圈隨圈而點點入之正爲此也

柳宋人多寫垂柳又有點葉柳垂柳不難畫只要分枝頭得勢耳點葉柳之妙在樹頭圓鋪處只以汁綠漬出又要森蕭有迎風搖颺之意其枝須半明半暗又春二月柳未垂條秋九月柳已衰颯不可混設色亦須體此意也

畫樹木各有分別如畫瀟湘圖意在荒遠滅沒即不當作大樹及近景叢木如園亭景可作楊柳梧竹及古檜青松若以園亭樹木移之山居便不稱矣若重山複嶂樹木又別當直枝直幹多用攢點彼此藉

望之模糊鬱葱似入林有猿啼虎嗥者乃稱至如春夏秋冬風晴雨雪又不在言也

畫家以古爲師已自上乘進此當以天地爲師每朝起看雲氣變幻絶近畫中山山行時見奇樹須四面取之樹有左看不入畫而右看入畫者前後亦爾看得熟自然傳神傳神者必以形形與心手相湊而相忘神之所托也樹豈有不入畫者特畫史收之生綃中茂密而不繁峭秀而不寒即是一家眷屬耳

畫之道所謂以宇宙在乎手者眼前無非生機故其

人往往多壽至如刻畫細碎爲造物役者乃能損壽葢無生機也黄子久沈石田文徵仲皆大耋仇英知命趙吳興止六十餘仇與趙雖品格不同皆習者之流非以畫爲寄以畫爲樂者也寄樂于畫自黄公望始開此門庭耳

禪家有南北二宗唐時始分畫之南北二宗亦唐時分也但其人非南北耳北宗則李思訓父子著色山流傳而爲宋之趙幹趙伯駒驌以至馬夏輩南宗則王摩詰始用渲淡一變鈎斫之法其傳爲張璪荊關

郭忠恕董巨米家父子以至元之四大家亦如六祖之後馬駒雲門臨濟兒孫之盛而北宗微矣要之摩詰所謂雲峰石迹迥出天機筆意縱横參乎造化者東坡贊吳道子王維畫壁亦云吾于維也無間然知言哉

古人云有筆有墨筆墨二字人多不曉畫豈無筆墨哉但有輪廓而無皴法即謂之無筆有皴法而無輕重向背明晦即謂之無墨古人云石分三面此語是筆亦是墨可參之

余嘗謂右軍父子之書至齊梁而風流頓盡自唐初虞褚輩一變其法乃不合而合右軍父子殆如復生此言大不易會蓋臨摹最易神會難傳故也巨然學北苑元章學北苑黄子久學北苑倪迂學北苑學一北苑耳而各各不相似使俗人爲之一與臨本同若之何能傳世也

董北苑畫樹多有不作小樹者如秋山行旅是也又有作小樹但只遠望之似樹其實憑點綴以成形者余謂此即是米氏落茄之源委蓋小樹最要淋漓約畧簡于枝柯而繁于形影欲如文君之眉與黛色相參合則是高手也

趙大年平遠寫湖天淼茫之景極不俗然不奈多皴雖云學維而維畫正有細皴者乃于重山叠嶂有之趙未能盡其法也張伯雨題倪迂畫云無畫史縱横習氣予家有此幀又其自題師子林圖云予此畫真得荆關遺意非王蒙輩所能夢見也其高自標置如此又顧瀍中題迂畫云初以董源爲宗及乎晚年畫益精詣而書法漫矣蓋迂書絶工緻晚年乃失之而

聚精于畫一變古法以天真幽淡爲宗要亦所謂漸老漸熟者若不從董北苑築基不容易到耳縱横習氣即黄子久未斷幽淡兩言則趙吳興猶遜迂翁其胸次自別也

畫平遠師趙大年重山叠嶂師江貫道皴法用董源麻皮皴及瀟湘圖點子皴樹用北苑子昂二家法石用大李將軍秋江待渡圖及郭忠恕雪景李成畫法有小幀水墨及着色青緑俱宜宗之集其大成自出機軸再四五年文沈二君不能獨步吾吳矣

余讀雲卿畫說甚得文章三昧豈第爲畫說法哉

單期跋

畫禪

吳僧蓮儒

釋惠覺姚曇度子也姚最云丹青之用繼父之美定其優劣猶聶之流

光澤寺僧威公姚最云下筆爲京洛所知

迦佛陀禪師天竺人學行精慤靈感極多初在魏魏帝重之至隋隋帝於嵩山起少林寺至今房門上有畫神卽是迦佛陀之迹

曇摩拙叉天竺人善畫隋文帝時自本國來遍禮中

夏阿育王塔至成都雒縣大石寺空中見十二神形便一一貌之乃刻木爲十二神形於寺塔下至今存焉

同州法明善寫貌開元中嘗在內庭畫人物

智瑰善山水鬼神氣韻洒落

金剛三藏師子國人善西域佛像運筆持重非常畫可擬

釋翛然俗姓裴氏爲人恢誕强學不成一名善丹青工山水

貫休俗姓姜氏字德隱婺州蘭溪人初以詩得名後入兩川頗爲王衍待遇因賜紫衣號禪月大師能畫間爲本教像唯羅漢最著其畫像多作古野之貌不類人間所傳

傳古四明人畫龍獨造乎妙弟子德饒無染皆臻其妙

楚安漢州什邡人俗姓勾氏善畫山水人物樓閣點綴甚細

智蘊河南人工畫像人物

德符善畫松柏氣韻瀟洒住汴州相國寺

令宗乃丘文播異姓弟工山水人物像天王

浙僧蘊能工雜畫善畫佛像

巨然鍾陵人善畫山水筆墨秀潤善爲煙嵐氣象於峯巒嶺竇之外至於林麓之間猶作卵石松柏疎筠蔓草之類相與映發而幽溪細路屈曲縈帶竹籬茅舍斷橋危棧眞若山間景趣也得董源正傳

夢休江南人喜丹青學唐希雅作花竹禽鳥盡物之態

居寧毘陵人好爲戲墨作草蟲筆力勁峻不專於形似

釋仁濟永嘉善畫松初集諸家所長而學之後夢吞數百條龍遂臻神妙

與僧繼肇工畫山水與巨然同時體亦相類但峰巒稍薄怯也

仲仁會稽人住衡州花光山以墨暈作梅花如影然別成一家所謂寫意者也

寶覺和尚翎毛蘆鴈不俗

杭僧眞惠畫山水佛像近世佳品翎毛林木有江南氣象

惠洪覺範能畫梅竹每用皁子膠畫梅於生絹扇上燈月下映之宛然影也其筆力於枝梗極遒徤

妙喜師長寫貌嘗寫御容東坡贈詩云天容玉色誰敢畫老師古寺畫閉房夢中神授心有得覺來信手筆以忘幅巾長服儼不動孤臣入門涕自滂元老[illegible]坐鬢眉古虎臣侍立冠劍長

道臻嘉州石洞講師也能墨竹山谷贈序云道[illegible]

意尚存行自振於溷濁之波故以墨竹自名然臻過
與可之門而不入其室也
德正信州人徐兢明叔之兄徐林榫山之弟登科爲
平江教官棄而爲僧能畫山水人物種種清絕尊師
李伯時
道宏峨眉人姓楊受業于雲頂山相貌枯瘁善畫山
水僧佛晚年似有所遇遂復冠巾改號龍巖隱者其
族甚富宏不復顧止寄迹旅店惟一空榻雖被襆之
屬亦無有毎往人家畫土神其家必富畫猫則無鼠

往往言人心事輒符合凡如廁必出郭五里外審入
怪訝毎隨而窺之既就溷則無復便利但立語再四
而出後竟坐化店中八十餘成都正法院法堂有所
畫高僧
法能吳僧也作五百羅漢圖少游爲之記云昔戴逵
常畫佛像而自隱於帳中人有所否臧輒竊聽而隨
改之積年而就意法能研思亦當若此非率然而爲
之者也
智平成都清涼院僧也善畫觀音南商毛不滯守之

像以歸過海一夕風浪大作開展懇祈光相忽現如
大月輪長久之間巳數千里侯溥賢良載之觀音儀
中今水陸院普賢閣所畫像其徒虛巳作水石至今
現存
祖鑒成都僧任不動尊院師智平畫觀音今大慈超
悟院佛殿有十觀音又於邛州鳳皇山畫觀音一日
忽現五方圓相直閣計敏功爲作瑞像記見存
虛巳成都栢林院僧善山水有圖軸傳世今白馬院
僧慧琳本仕族多蓄圖書尊尚士大夫入慈藍者以

爲稅鞅之所爇香煮茗終日蕭然不知身在囂塵中
也有虛巳雪障及山水二圖甚佳
覺心字虛靜嘉州夾江農家甚富少好游獵一日縱
鷹犬弃妻子出家游中原作從犢圖詩孔南明崔德
符見而愛之招來臨汝連任葉縣東禪及州之天寧
香山三大刹兵亂還蜀邵澤民劉中遠兩侍郎復喜
之請住毘盧凡十八年初作草蟲南僧稱爲心草蟲
後因宣和待詔一人因事藏匿香山心得其山水訣
一日千里陳澗上稱之曰虛靜師所造者道也故乎

詩游戲乎畫如煙雲水月出没太虚所謂墨行水上自成文理者也陳去非稱其詩無一點僧氣

智源字子豐遂寧人傳法牛頭山攻雜畫尤長於人物山水嘗見看雲圖畫一高僧抱膝而坐石岸昂首竚目蕭然有出塵之姿

智永成都四天王院僧工小景長於傳模宛然亂真其印湘之匹亞歟初字文季棠龍圖喜其談禪欲請任院永牢辭曰智永親在未能也於是售己所長專以為養不免狥豪富屢肆所好今流布於世者非其

本趣也嘗作瀟湘夜雨圖上邵西山西山即題云嘗擬扁舟湘水西蓬窓剪燭數歸期偶因勝士揮毫處却憶當年夜雨時西山既咏詩問永云前輩曾有此詩否永因誦義山問歸篇西山瞿然亟取詩以歸翌日乃復改與之曾擬扁舟湘水夜雨窓聽雨數歸期歸來偶對高人畫却憶當年夜雨時深恐多犯前人也

真休漢嘉僧也山谷所與遊清閑居士王朴之了善模搨人物如真今見存

維真嘉禾人工傳寫

元靄蜀人太宗朝供奉工寫貌

超然不知何許人善作山水其峰巒礬頭酷似郭熙至於屋宇林石坡灘水口筆法孱弱與巨然殊不相類今人多以巨然超然連稱莫曉所謂

梵隆字茂宗號無住呉興人善白描人物山水師李伯時高宗極喜其畫每見輒品題之然氣韻筆法皆不逮龍眠

法常號牧溪喜畫龍虎猿雀蘆鴈山水樹石人物皆

隨筆點墨而成意思簡當不費粧飾但麤惡無古法誠非雅玩

月蓬不知何許人貌古怪亦不知止宿何地畫觀音佛像羅漢天王得古人體韻其畫不妄與人人罕有之

静賓號白雲善作異松怪石如龍騰虎踞上寫草字寺院多收

瑩玉澗西湖浄慈寺僧師惠崇畫山水

蘿窓不知名居西湖六通寺與牧溪畫意相侔千温

字仲言號日觀作水墨葡萄自成一家法人不能學又號知歸子

若芬字仲石婺州曹氏子爲上竺寺書記模寫雲山以寓意求者漸衆因謂世間宜假不宜真如錢塘八月潮西湖雪後諸峰極天下偉觀二三子當面蹉過卻求玩道人數點殘墨何邪歸老家山古澗側流著壁間占勝作亭扁曰玉澗因以爲號又建閣對夫容峰號夫容峰主嘗自題畫竹云不是之僧親寫曉來誰報平安

仁濟字澤翁姓童氏玉澗之甥書學東坡墨竹學俞子清梅學楊補之自謂用心四十年作花圈稍圓耳山水亦得意

圓悟閩人號枯崖能詩喜作竹石

慧舟號一山姿天台人居西湖長慶寺能詩作蘗竹或三二竿或百十成林不見其重復冗雜太虛江西人作竹學鄭王楷

智叶自描佛像人物

真惠善畫花果

希白自描荷花

德止號清谷工畫嘗畫廬山尋真觀二壁朱文公題其上

宗師溥光字玄暉號雪庵俗姓李氏大同人特封昭文館大學士賜號玄悟大師善真行草書亦善畫山水學關同墨竹學文湖州俱成趣

頭陀溥圓字大方號如菴俗姓李氏河南人於雪菴爲法弟書學雪菴山水墨竹俱學黄

海雲墨竹學樗軒

妙圓墨竹頗法度

智浩號梅軒墨竹雖少蘊藉脫洒蘭畧得自然趣

道隱字仲博號月澗俗姓李氏海鹽當湖人蘭石學趙子固墨竹宗王翠岩

允才號雪岑受業興石佛寺墨梅竹似丁子卿

時溥字君澤號兩岩華亭人居奉賢鄉接待寺通經律作詩亦畫墨竹三稍五葉而已

智海居燕中喜畫墨竹學海雲禪師

[illegible]雪窓畫蘭

右古尊宿六十餘家見于王氏畫苑及夏士良圖繪寶鑑蓋皆德成而後一藝之名隨之非棄本而務末也若唐之修然禪月宋之寂音妙喜元之月湖海雲皆僧林巨擘意其游戲繪事令人心目清涼蓋無適而非說法也書之以彙題曰畫禪

竹派

吳僧蓮儒

黃斌老不記名潼州府安泰人文湖州之妻姪也登科嘗任戎倅適山谷貶戎州與定交且通譜善畫竹山谷有詠其橫竹詩又謝斌老送墨竹十二韻云吾子學湖州師逸功已倍預知更入神後出遂無對

黃彝字子舟斌老之弟其名字初非彝與子舟也山谷以其尚氣故取二器以規之自後折節遂為粹君子舉八行終朝郎郡倅山谷用贈斌老韻謝子舟為

余作風雨竹兩篇前篇云歲寒十三本與可可追配後篇云森削一山竹牝牡十三輩誰言湖州沒筆力今尚在而與可每言所作不及子舟

朝議大夫王之才妻崇郡君李氏公擇之妹也能臨松竹木石見本即為之卒難辨又與可每作竹以貺人一朝士張潛迂疏修謹作紆竹以贈之如是不一又作一橫絹丈餘著色偃竹以貺子瞻過南昌山谷借而李臨之後數年示米元章于眞州元章云非曾直自陳不能辨也作詩曰偃蹇宜如李擇毫已遍翁

術書無遺妙琰慧有餘工熟是宜非筆初披颷有風
固藏惟謹鑰化去或難窮山谷亦有題姨母李夫人
墨竹偃竹及墨竹圖歌詩載集中
張昌嗣字起之與可之外孫也筆法既有所授每作
竹必乘醉大呼然後落筆不可求或强求之必詬罵
而走然有愧宅相者于攢三聚五太拘拘耳
文氏湖州第三女張昌嗣之母也居郫湖州始作黄
樓障欲寄東坡未行而湖州謝世遂爲文氏奩具文
氏死復歸湖州孫因此二家成訟文氏嘗手臨此圖

於屋壁暮年盡以手訣傳昌嗣今昌嗣亦名世矣
楊吉老文潜甥也文潜嘗云吾甥楊吉老本不好畫
竹一旦頓解便有作者風氣揮灑奮迅初不經意森
然已成愜可人意其法有未具而生意翛然矣無咎
亦有贈文潜甥克一學與可畫竹詩克一吉老字也
程堂字公明眉人舉進士爲駕部郎中善畫墨竹宗
派湖州出湖州之門者獨公明入室也好畫鳳尾竹
其梢極重作回旋之勢而枝葉不失向背又登峨眉
山見菩薩竹有結花於節外之枝者葺寄如裘即寫
其形于中峰乾明寺僧堂壁間儼如生也又象耳山
有苦竹紫竹風竹雨竹好事者已刻之石成都笮橋
觀音院亦有所畫竹且題絕句云無姓無名逼夜來
院僧根問若相猜攜燈笑指屏間竹記得當年手自
栽又作圓蔬嘗見紫芬紫茄二軸奪真也
蘇軾子瞻作墨竹從地一直起至頂余問何不逐節
分曰竹生時何嘗逐節生運思清拔出於文同與可
自謂與文拈一瓣香以墨深爲面而淡爲背自與可
始也作成林竹甚精作枯木枝幹虬屈無端石皴硬

亦怪怪奇奇無端如其胸中盤鬱也
趙令庇宋宗室善畫墨竹宗文同凡落筆瀟洒可愛
官至衡州防禦使
劉仲懷山陰人元祐從居諸暨善畫墨竹筆法師文
湖州
俞澂字子清吳興人作竹石得文蘇二公遺意清潤
可愛光宗朝任大理寺少卿寶謨閣待制致仕號且
軒
吳墳延陵人畫竹師文湖州

王世英字才仲號順齋不知何許人效東坡作墨竹
虞仲文字質夫武州定遠人善畫人馬墨竹學文湖
州
蔡珪字正甫丞相松之子畫墨竹學文湖州官至潍
州守
李衎字仲賓號息齋道人薊丘人官至江浙行省平
章政事致仕封蘇國公謚文簡善畫竹石枯槎始學
王澹游後學文湖州著色者師李頗馳譽當世
李士行字遵道文簡子官至黃岩知州畫竹石得家
學而妙過之尤善山水

柯九思字敬仲號丹丘生台州人官至奎章閣鑒書
博士博學文喜寫墨竹師文湖州亦善墨花
喬達字達之燕人官至翰林直學士善丹青山水學
李成墨竹學王庭筠後更學文同
李偶字士弘號貝嶠真逸官至集賢侍讀學士喜作
墨竹宗文湖州
周堯敏字禹卿號學山海鹽當湖人畫竹宗文湖
頗有得處

林[illegible]心台州黃岩人畫墨竹宗文湖州
盛昌字克明揚州人竹石師文湖州
蘇大年字昌齡號兩坡真定人居揚州竹石師[illegible]
[illegible]
宗師溥光字玄暉墨竹學文湖州

說郛續目録

弓第三十六

射經

明 李呈芬

李呈芬曰前輩有言兵險道也而陽言之我能往寇亦能往射家手口相傳不立文字豈謂挽二石不識一丁耶蓋秘之矣周官保氏敎國子五射曰白矢白鏃至指也此彎弓之法所謂彀率也曰參連謂先發一矢三矢夾于三指閒相繼拾發不至斷絕此注矢之法也曰剡注剡銳也弓弰也注指也箭發則靡其弰直指於前以送矢所謂彎秵說切控丁結切是也彎者後手摘弦如彎斷之狀翻手向後仰掌向上令見掌紋也控者以前手點弰如擲物之狀令上弰指的下弰指脾骨下也或謂矢頭剡處直前注于候不從高而下即諺所謂水平箭此發矢之法也曰襄尺襄平也尺曲尺也謂平其肘使肘上可置杯水猶架弦畢便引之比及滿使臂直如矢也或曰襄包也肘至手爲尺射者常以肱掖其胸脇無使他人之矢從虛而入此自防之法也曰井儀言開弓圓滿似井形也或謂四矢集侯如井字即詩四矢如樹此射法之妙也嗚呼射之道備矣鄒鍾曰射法雖多太要不過審固滿分四字

耳持弓欲固開弓欲滿視的欲審發矢欲分（分者兩手齊分也）知鏃者滿之象也而審益精臂力者固之徵也而分始齊射有臂力知鏃工夫靡不命中矣而先之以入扼壁立爲入門（凡執弓欲使把前人扼把後當四指本節平其大指承鏃却其頭指使不礙則和美有聲而後快也凡開弓身直頭偃前手腕仰爲病色宜戒）正心養氣爲根本至于射敵又與射的不同射的貴從容射敵貴神速從容則引弓稍輕而調猶可以及遠中微神速者非强弓重矢安能殺敵于百步之外哉故倭虜矢重弓勁中之者必斃彼近而始發發必中人乃華人徒

射經　八　李　二

畏之而不知用其所長也雖然弓矢器耳射藝耳器形而下道形而上藝成而下德成而上禮不盡于玉帛樂不盡于鐘鼓射亦不盡于弓矢張弓挾矢下學之方得手應心上達之妙下學可言上達不可言可言者吾不得而秘之其不可言者存乎人之自得矣故以所嘗試師友之法分篇十三系之以歌訣而射儀附焉竢同仇者共力之

利器第一

荀子曰弓矢不調羿不能以必中夫調之云者矢量其弓弓量其力蓋手强而弓弱是謂手欺弓弓强而手弱是謂弓欺手余所交遊善射之友有能引滿數十力弓者其所常習無過九力之弓所以養勇也蓋弓箭力量欲其相稱（古者弓以石量力今之弓以箇量力未詳出處然相傳九斤四兩爲之一箇力十箇力爲之一石或曰九斤十四兩爲一箇力云○凡弓五箇力而箭重四錢者發去則飄搖不穩而三箇力之弓重七錢之箭發之必遲而不捷何哉力不相對也故三力之弓用箭則長十拳所謂一拳名曰一把十把之箭其重四錢五分如四力之弓則用箭九把半以長或至十把猶爲相稱其重則五錢五分至于五力六力之弓用箭亦長九拳之半七力八力之弓用箭只長九把即長至九把半亦可也）故箭之長短隨弓力以重輕弦絈之精麁亦視

射經　八　李　三

弓之强弱（絈者屬弦以附弓彌其粗細不稱則弓弦不調）是故調弓審矢使輕重長短强弱適均然後目力會意縱送無虞而弓面之於弦口把力之方箭翎之製不以工拙而貴乎適宜（弓面貴窄不貴寬弦口貴緊把力貴軒輊寧一順不宜十字箭之製貴上粗而下細若秤幹狀寧粗毋細箭翎貴短弓弦貴粗弦粗滿扣則穩當而不走滚）弓矢調矣而于閑習臨敵器不同用（弓窄則美觀平時用之可矣若禦敵則宜寬弓重箭箭重則貫札深弓寬則不滚箭之至短不過九拳耳少則撒放時難加筋節也或有用三力半之弓而長十拳重六錢之箭似不如法而其射甚平快是必有法在乎加意精熟之）此利器之槩也訣曰弓用輕箭用長格箭得弦意怒强開弓勢前後分陰陽篩

出門時一點功平準狠去何用忺曰平曰準曰狠三者射之方也夫善事者必利器斯則知其端倪矣

辨的第二

夫箭稱百步之威所謂殺人于百步之外者也故其效在于中人而所習先于破的的者箭之候世俗通呼爲把子諺曰箭無落頭不知遠近是名野矢落頭謂落矢之所至如射的者至的射人者至人是也野矢謂不經師授放縱無法故的分遠近而前手應之如把子八十步前手與前肩對把子一百步則前手與眼對把子一百三四十步則前手與眉對其最遠至一百七八十步則前手必與帽頂對矣目力審眞氣至意注二目審顧不眞則箭發倉茫無

準矣由近及遠漸習精求善學射者其的必始于一丈百發百中寸以加之漸至于百步亦百發百中是爲術成此不易之法也凡把子五十步近者前手下前肩二寸直對把子中射之把子二十步者前手與左膊對正望把子根底射之故學射之初必滿挽而遠發寧高而過勿低而不及能及遠矣然後自近求準毋畫地以自局焉初學者曾未開弓便止射三二十步如此是自局也豈能遠耶法曰莫患弓軟服當自遠莫患力羸引之自任弓之力强勁曰硬力小而弱曰軟服者久而習熟之謂也羸猶弱也任有力也夫力勝于弓則氣和而命中及其升高俯墜隨地勢之低昂必移的以習之縱橫曳擲發無遺矢矣言預習之閑以需臨敵進退之熟也戚將軍曰對敵射箭惟膽大力定勢險節短則人莫能避矣凡臨敵必挽弓矣且勿滿挽且勿輕發只四平架手立定以養其勢必待將近數十步計之一發必中必能殺敵又或患將切身或爲賊先鋒然後一發而中收功十倍矣蓋弓矢長兵也長兵短用馬力百步者五十步而後發力五十步者二十五步而後發長則謂之勢險短則謂之節短也力百步謂力可至百步也力量倍而半用其力則勢有餘而無錯失之患故馬戰射敵射其大者不必的于射人語曰射人先射馬擒賊先擒王所以論其要也嘗觀時俗嗤武舉試闈之箭曰功名箭謂其徒能博第而不足以臨敵也於戲士取功名

何爲哉

明彀第三

孟子曰羿之教人射必至于彀學者亦必至于彀又曰羿不爲拙射變其彀率彀率者盈滿之謂也蓋鏃與弝齊爲滿弝必駡切弓弝也半弝之間謂之貫盈明乎盈滿之旨不以目而以指是故挽弦扣矢之節屈壓撒放之方古人秘妙可以意授矣凡射必大指壓中指把弓此至妙之古法須以大指上一指節探過中指上一節大指與中指並乎攢緊中指屈要平大指要微屈二指靠弓弝乎屈無名指與小指要十分屈十分緊自肩至肘與手要直如箭若一節彎屈骨節不對便無力不勁也後

手以二指勾大指上一節二指要斜靠箭扣指頂下垂箭扣搭穵最正稍上亦可若搭下恐箭多上起而不直前也搜弓未滿時前後手且少用力至箭鏃方進弓弛之時前後手掌十指並加力上緊審固撒放之法曰鏃不上指必無中理指不知鏃同於無目此指字乃是左手中指之末知鏃者指末自知鏃到不假于目也必指末知鏃然後為滿必箭箭皆知鏃方可言射把持定而知鏃則無打袖揺指之患凡打袖皆因把持不定凡矢揺而弱者皆因鏃不上指故也箭有脫兜之射者名家也非初學可語脫兜箭名射之號也其鏃進過虎口審傾而發為勢甚險觀者悚心此非初學可能然當效法之習之久而自能也然有志之士縱不能過何可不及不及者非力不足也不努力之故也人不努力百事無成豈

獨射藝乎哉故曰中道而立能者從之

正志第四

按列女傳曰怒氣開弓息氣放箭蓋氣怒則力雄而引滿氣息則心定而慮周此正志之則也若夫校試于演武之場則兢業操持而神凝思曠若無監司之臨其上若無大衆之列其左右徐徐然若閑習于野曠之間則心泰而力完必無嘈襍之驚倉遑之失於是鏃鏃能知而矢矢審固如之何不中故中的之箭可取必者自從容閑暇得之也未有匆忙恍惚而可取必也匆忙有中亦幸耳從容閑暇乃善射之主宰設若試場校射一發至五矢上下而猶未中者更要從容審次勿因不中而動荒忙之念動念則益爭張而六七八九矢更無中理矣又如長驅接戰之期旌旗蔽空鉦鐃震地倭鋒耀日而來　馬揚塵以進懼心一動則手顫身寒即乎目能穿七札亦必委而不振矣故為將之道當先治心謩之不喜激之不怒勝而不驕敗而不懾若泰山之崩于前而不驚若虎兕之出于後而不震無動容作色而和其肢體調其氣息一其心志備此五德惟轂率之是圖失諸正鵠反求諸其身此君子之道也

昔之覘射者見其百發百中乃曰可教射問之則教以善息善射者以技善息者進乎技矣苟志不先正隨氣為盈涸卽命中烏能比乎禮樂哉

身法第五

夫人之射雖在乎手其本主于身彀射時如身挺然直立兩足相並此謂大架第足並而下無力肩高而手易揺如兩股盡開身伏手低此謂小架第身伏手不能起足開腿急難收二者若與敵人對射大架不便躲避小架苦于收足均未為善身法之善莫若蹲

腰坐胯㝡為便宜腰蹲則身不動坐胯而臂不顯肩肘腰腿方萃于一處易起易伏遇敵之際前手捥弓可衛一身控摠撒放身俱不動在射者有法而旁視者美觀矣射經曰頤惡傍引頸惡却垂胸惡前凸背惡後偃皆射之骨髓疾也故身前竦為猛虎方騰額前臨為封兕欲鬬出弓弰為懷中吐月平箭濶為弦上懸衡此皆有威儀之稱也

手法第六

昔晉平公使工為弓三年乃成射不穿一札公怒將殺工其妻見公曰妾之夫造此弓亦勞矣而不穿一

札是君不能射也妾聞射之道左手如拒右手如附枝右手發箭左手不知公以其儀而射穿七札此儀也端身如幹直臂如枝左臂毫髮不動巧力盡用之右手是射家極則也射鵰穿楊之技非學者所易到也今學射者曰前手撇弓以緊為主後手摠弦撒放有法是前力也後巧也其法左手執弓必中中云者在把之中且欲當其弦心也有手取箭覆其手微拳令指第三節齊平以三指捻箭三分之一加于弓亦三分之一以左手頭指受之則轉弓令弦稍離身然箭卽以右手尋箭羽下至濶以指頭第二指節當濶約弦徐徐送之令衆指差池如鳳翮使當於心又令當濶羽向上弓弦既離身卽易見箭之高下取其中平直然後前手如推泰山後手如揠虎尾一拳主定前後直正慢開弓緊放箭射大存于小射小加于大務取水平前手撇後手絕存云者壓其前手加云者舉其前手總之欲拳與肩齊也前撇後絕射之玄機一撇一絕乃相應之妙萃聚精神奮力推拽胸銳前

挺背猛後夾則箭疾而加于尋常數等矣學者之病在始拽弓時兩手就緊至放手轉不加力矢去不遠若肩手不對矢向兩旁或後手得法前手不應箭不平快出門便動或前手得法後手不應箭必懈怠將落必動此巧力之妙在撒放時用凡箭去搖頭乃右手大食指扣弦太緊之故其扣弦太緊是無名小指鬆開之故射時用小草梢一寸以無名指小指共掐于手心箭去而草不墜卽箭不搖擺矣凡此皆下學之方耳今之射者疇能右發而左不知也不知云者

學造乎熟形神俱凝乃上達之妙也聖人天君泰然常應常静左手如拒亦復如是吾輩由用力以造于不動由知鏃以造于不知庶乎古之絕技哉

足法第七

凡射前腿似橛後腿似瘸隨箭收移只在後脚左肩與胯對垜之中兩脚先取四方立後次轉左脚大指對左肩尖當垜中心右脚横直鞋衩對垜此爲丁字不成八字不就射右收左射左收右射的之常法也造學之既熟則便截如轉環所以能應變此又不可

不知

眼法第八

昔飛衛教紀昌射以氂懸虱著牖望之三年若輪貫虱心而懸不絶蓋視小如大學不瞬而後能此射家第一義也人每挽弓便看把子滿眼俱把子矣箭多不眞如兩目正視把子亦不得眞然用目看扣看鏃非能射也對敵之際目稍瞬則不及避而制于人矣故凡射對賊或對把站定意在把子或敵人不得看扣至箭頭進弓兜時便審顧把子中心即放箭去未有不中的者其審顧法要兩眼角斜視得眞我輩欲求箭穩多中當于此注意焉

審固第九

南塘子曰記稱持弓審固審者詳審固者把持堅固也審字與大學慮而後能得慮字同君子於至善既知所止而定而静而安矣又必能慮焉而後能得所止君子於射箭引滿之餘發矢之際又必加審而後中的可決今射者多于大半矢之時審之亦何益乎且夫審者今人皆以爲審的而已不知審的第審中

之一事耳蓋弓滿之際精神已竭手足已虛若卒然而發則矢直不直中不中皆非由我心使矣必加審之使精神和易手足安固然後發矢其不直不中爲何故欲知審字工夫合于慮字工夫玩味之乃得

指機第十

射之有决俗名指機服之少長不宜圓所以然者取其緊夾大指庶臨陣無疎虞此不易之法也吾友于一躍别有獨得之妙 言曰用决之策原爲手指皮肉不能與絲弦相當故用此借木堅也今人多苦用

大力勾挽致箭縱橫不調用是機者其中有微妙焉如用于大指極根箭去木而不靈動捲進鈍躓之用于大指紋中扯拽無力消泛易去巧力審顧撇放之法會用不及而箭去矣世人有此二病莫知其端今善射者用決于大指近根處搭箭拽弦時決自徐徐前行方到大指紋中弓開已滿審顧用力即放矢去乎快俊妥良由此耳指機徐徐之妙難以言形惟以意會學射者參之

馬射第十一

王琚馬射法曰勢如追風目如逐電滿開弓急放箭目勿瞬視身勿偏坐不失其馳舍矢如破夫馬者人之命則調馬先之矣凡馬須平日適飼養時調度躡蹲聽令觸物不驚馳道不削前兩脚從耳下齊出後兩脚向前倍之則疾且穩而人可用器　馬慣戰數倍中國居常調度之功也馬上射把有以箭插衣領內或插腰間俱不便必須以箭二枝連弓靶把定又以一枝中弦掛爲便馬始騎時左手挽弓右手攬轡馬一縱時身即左跨便搭箭當弦左手高張如鳥舒一翼弓拽圓滿至把子與馬相對左手即落與左膝相對望把根射百發百中凡開弓必至九分滿乃發即七八分亦難中也馬多右開人身左跨左重馬不能右門則有左開身一右轉馬即過矣馬行直否盡在兩腿若久馳純熟則馬上身法如分鬃對鐙抹鞦云者惟所用之鄭若曾曰武士之常技三曰分鬃向前射也曰對鐙向傍對也曰抹鞦向後射也分鬃者以馬之頸鬃爲界一邊挽弓一邊發矢乃弄花巧之法邊軍不然以身俯出馬外于此挽弓就于此發矢

臨敵倉卒之際庶無謬誤對鐙者主左一邊而言今北方響馬常勒馬由道右而行讓客于左以便發箭亦此義也然是法但可施于途遇一二人耳設使衆敵叢射或敵在右將旋馬以應酬之也學騎射者須習左右手皆便方可雖然此以射言也若披堅執銳攻戰于白刃之外又必兩邊用力身活直坐以張弄武藝身若太伏恐馬前失身若後倚恐馬仰坐左右少跨與射不同蓋射不用力身猶輕也手持器械盡力使用身太離鞍馬蹶人仆是可以不慎乎哉

神奇第十三

夫射貴神貴奇凡射以目至神射以意至凡射惟中左奇射兼中右此今世之所間有而學者所能致也今夫彈鳥雀者不視弓不視彈以意逆飛者而中之挾矢者何獨不然初學時手足身眼之法毫不可廢及其後也諸法渾忘意的之所在而矢無虛發若弈進德輩是已夫射左者敵出乎右則難矣射右者敵出乎左則難矣吾友張一白左右開弓命中如一擬古岳武穆之臂或有用撒㨶射法正馳馬張弓以向

左忽轉跨而射右前後上下隨其所欲射之勢險節短莫過乎此孟子有言夫仁亦在乎熟之而已惟射亦然是以君子習焉習射以堊爲圈兩人各立圈內由遠及近對射相較以避矢出圈者爲負眼明手疾身法步法俱到而矢不及于其身若獨習于家者環堵之室懸草荐于梁下中粘紅紙大如指項以爲的日日射之的雖數步其引滿盡力悉如百步法至于箭箭紅心則出而射百步猶是矣故曰閉門造車出門合轍古人以投壺寓射以滴油寓射惟其埋一絲同領所習謂何耳諺稱武藝長一寸強一寸射爲諸藝之首以其長也更有長于射者必也大器乎雖然三軍之命懸于一將今特患無將耳易曰師貞丈人吉丈人者爲人所倚仗者也使有仁義之將恩威足以服吾人之心智勇足以破敵人之膽將見衆有所恃而技藝可施自皆胆大力定一發五豝矣不然雖有神射亦何益哉

考工第十三

按古天子之弓合九而成規諸侯合七而成規大夫

合五而成規士合三而成規蓋弓以直爲良故勾弓者謂之弊弓夫弓有六善焉一曰性體少而勁二曰太和而有力三曰久射力不屈四曰寒暑力一五曰弦聲清實六曰一張便正凡性體少則易張而壽但患其不勁欲其勁者妙在治筋凡筋生長一尺乾則減半以膠湯濡而極之復長一尺然後用則筋力已盡無復伸弛又揉其材令仰然後傅角與筋此兩法所以爲筋也凡弓節短則和而虛撓過吻則無力節長則徙而柱撓過咳則木強而不來（節謂把梢裨木）節得中

則和而有力仍弦聲清實凡弓初射與天寒則勁強而難挽射久天暑則弱而不勝矢此膠之爲病也凡膠欲薄而筋力盡强弱任筋而不任膠此所以射久力不屈寒暑力一也弓所以爲正者材也相材之法視其理其理不因矯揉而直中繩則張而不跛此弓人之所當知也噫古者上有道則百工信度且得執藝事以諫唐太宗聞弓人論木心不直則脈理皆邪深致取焉猶有古人遺意若射而穿則斬函人射而不穿則斬矢人雖曰威克厥愛允濟然于正心以正

百工之道遠矣夫兵凶器也始之以正心終之以來百工則遠人將服之其可忽哉其可忽哉

鄉射直節

信陽何景明

古者飲畢而射射之司馬燕之司正也此禮久不行而其文具儀禮然儀禮古文難讀雖昌黎韓子且苦之今郎與諸生言武弗解故復刻此使就此習之而後求之儀禮則其文辭緒理可尋也

序器

夫器一弗備則無以郎事惟樂放失久矣其器莫之有能備也今但以笙此人聲而以鼓磬節之

序事

夫事以明賢故遴而後蒞故賓主必乎司馬以下必能其事雖役必當其才德焉

樂譜

夫射之節於樂也天子以騶虞諸侯以貍首大夫以采蘋士以采蘩采蘋采蘩示敬也敬則可以修諸其身而施於天下矣

射儀

右射儀予視學漢中至金州集漢陰平利紫陽四學

師生將行射焉問其禮不知也乃使學官帥具其儀予稍稍爲說其文辭義意略去恢複輯其節理實近可行者爲之先屬范推官紳肄於東城之圃而予與呂憲使克中往觀焉憲使曰予在漢中蓋修其器矣未究其禮也謂紳曰其悉布茲何景明曰語曰禮失而求之野古禮亡不可見者何可勝道哉然鄉射之禮學校尚或習之予由鄠郿抵鳳漢攷之於學旣已無聞而有司並其器亡之往往督使旋修舉行之斑白之老有相與環堵駭視者矣嗟夫古人揖坐旋辟

之容與夫修於其鄉而一日不可缺者至使人以爲曠世聞見之事風俗於古豈不邈哉

射義

夫爵齒德三者通乎天下者也鄉飲尚齒也飲畢而射察其德也夫然後可以爵之於朝是故古者以射擇士

三射之節其於命辭見乎始射而命曰毋射獲毋獵獲知始射而獲也再射而命曰不貫不釋知再射而釋也三射而命曰不鼓不釋知三射而鼓也

始射獲而不釋試也懼弗審也再射而釋則審矣三射而鼓而禮樂備矣

始射不及賓者不敢役賓也不飲者不釋則不飲也耦射先賓不敢齒賓於耦也衆賓不耦賓在賓位則不敢踰大賓也故非主則不敢與賓耦

勝者張弓不勝者弛弓勝者立不勝者飲夫何言哉賢不肖喻矣

夫物惟時事惟宜先後不踰詳略有漸其惟射乎是故高而無用美而無當欲速而求成聖人勿爲也

弓矢敵器也聖人以揖讓用之天下復有可爭者乎夫射也者禁肆制躁履序蹈和一衆心貫萬事者也以此於天下也故治理而生遂

子曰君子無所爭必也射乎揖讓而升下而飲其爭也君子是故君子之於射也弗爭則其求諸己也弗力

夫君子仁人之用心也亦覩諸射之道焉已矣子曰射有似乎君子失諸正鵠反求諸其身孟子曰仁者如射射者正己而後發發而不中不怨勝己者反求

諸其身而已矣

名劒記

括蒼李承勛

軒轅劒

廣黄帝東行紀曰軒轅帝採首山之銅鑄劒以天文古字題銘其上帝崩葬喬山五百年後山崩室空惟劒在焉一旦亦失去

畫影劒

拾遺記曰顓頊高陽氏有畫影劒騰空劒若四方有兵此劒飛赴指其方則克未用時在匣中常如龍虎嘯唫

夏禹劒

夏禹鑄一劒藏之會稽山腹上刻二十八宿文有背面面文爲日月星辰背記山川

照膽

殷太甲劒名照膽古文篆書

昆吾 一爲錕鋙

子順對魏王曰周穆王時西戎獻昆吾之劒長尺有咫鍊鋼赤刃用之切玉如泥

辟邪劒

吳王有辟邪劒

越五劒

越絶書昔者越王勾踐有寶劒五聞于天下

龍泉太阿

晉書張華傳斗牛之間常有紫氣豫章雷煥曰寶劒之氣上徹于天華曰相者言吾年出六十位登三事當得寶劒佩之斯言豈效歟因問在何郡煥曰在豫章豐城即補煥豐城令煥到縣掘獄基入地四尺餘

得一石函光氣非常中有雙劒並刻題一曰龍泉一曰太阿是夕斗牛間氣不復見

吳二劒

吳越春秋干將者吳人也與歐冶子同師俱能爲劒闔廬使作二劒一曰干將一曰莫耶莫耶干將之妻也

吳鉤

吳越春秋闔閭既寶莫邪復命國中作金鉤曰善者賞百金有人殺其二子以血釁金成二鉤以獻向鉤呼二子之名曰我在此兩鉤俱飛著父胸乃賞百金服不離身

神劒

鉤命訣漢太公微時游山澤間有冶爲天子鑄劒指太公腰間佩刀曰若得雜冶即成神器可以克天下鼎精爲輔以滅三猳太公解投冶中劒成授太公

赤霄

漢高帝以秦皇戊子歲於南山得一劒名曰赤霄及貴常服之

神龜

刀劒錄漢文帝劒名曰神龜刻龜形以應大横之兆帝崩命入劒玄武宮

茂陵劒

世宗記漢昭帝時茂陵人獻一寶劒上銘曰直千金壽萬歲

鎮山劒

刀劒錄蜀後主禪造一巨劒以鎮劒口山往往人見精光求之不獲

倚天青虹

平陽史傳魏武帝初時有二劒一曰倚天一曰青虹其利斷鐵如泥一自佩一賜夏侯恩

珠劒

魏志羊侃初爲尚書郎以力聞魏帝試作武狀侃以手抉殿没指帝壯之賜以珠劒拜征東大將軍

魏三劒

典論曰魏太子丕造百辟寶劒淬以清漳礪以礛𥐻飾以文玉表以通犀光似流星名曰飛景又曰選莛

良金命彼國工精而鍊之至于百辟以爲三劒一曰飛景二曰流采三曰華鋌

清剛

魏太子造匕首二其一理似堅冰名曰清剛其二耀似朝日名曰陽文

尚方劒

朱雲傳雲奏帝曰願賜尚方斬馬劒斬佞臣頭

祕劒

彭寵傳朱浮對光武曰前吳漢發兵時大王遺寵以

祕劒

玉具

馮異傳赤眉延岑暴亂三輔以異爲征西將軍討之車駕送至河南賜以乘輿七尺玉具劒

思召

古今註袁紹在黎陽夢神人授一寶劒及覺果在卧所銘曰思召解之曰思召爲紹字

文士劒

文士傳楊修舉孝廉歷丞相府主簿總知內外事皆稱意魏文帝以下爭與之交好修以寶劒與文帝帝

佩之語人曰此楊修劒也其重修如此

西征劒

晉書張軌鎭涼州南陽王模遺軌以帝所賜劒謂軌曰隴以西征伐悉心相委如此劒矣

百萬寶劒

世説荀勗寶劒直百萬在母鍾許鍾會善書學荀手迹作書與母取劒不還後鍾起宅遂廢

定國

刀劍錄宋武帝裕于永初元年鑄一劍名其背曰寇國後入于梁

永昌

刀劍錄宋廢帝元徽中于蔣山之巔造一劍曰永昌

梁神劍

梁書武帝命陶弘景造神劍十三以象月升閏

鎮山沈水

刀劍錄魏道武帝于嵩阿鑄二劍一曰鎮山二曰沈水

龍雀

魏志赫連百鍊爲劍號曰大夏龍雀銘其背

水心劍

東晳傳秦昭王三月三日置酒河曲見金人捧水心之劍以奉王曰令君制有西夏因此立爲曲水

五丁劍

蜀小志五丁力士遺劍于梓潼縣之龍潭岩間發寶光

千金劍

劍俠傳唐晉公王鐸有千金劍以獲李龜壽

西河劍器

唐本紀公孫大孃舞西河劍器瀏漓頓挫獨出冠時一人而已

火精

杜陽雜編唐德宗將幸奉天自攜火精劍出內殿砍檻上鐵狻猊應手而碎及乘輿遇夜侍從皆見上仗數尺光明卽劍光也

鱗鋏星鐔

酉陽雜俎鄭雲逵少時得一劍鱗鋏星鐔有時而吼

西蕃寶劍

宋鑑紹興六年二月右相都督張浚請御前降西蕃寶劍給賜有功將士以爲激勸

古銅劍

東坡集郭祥正遺東坡古銅劍二坡詩以爲謝一雙銅劍秋水色兩首新詩爭劍鋩

楚銅劍

方輿志宋供奉官鄭文嘗官楚武昌江岸裂出古銅

劒文得之冶鑄精巧非人工所成者

角巾劒

劒俠傳角巾道人脫郭倫于惡少窘辱郭邀飲爲謝辭去曰吾乃劒俠非世人也擲杯長揖出門數步耳中鏗然有聲一劒躍出墜地躡之騰空而去

安定劒

咸賓集洪武甲寅安定王遣使貢異劒賜以織金文綺命其酋長立爲四部歲入貢爲常

澤劒

少儀曰侍坐於君子君子欠伸運笏澤劒首還屨問日之蚤莫雖請退可也

吳粵劒

考工記吳粵之劒遷乎其地而弗能爲良地使然也

桃氏劒

考工記桃氏爲劒身長五其莖長重九鋝謂之上制上士服之身長四其莖長重七鋝謂之中制中士服之身長三其莖長重五鋝謂之下制下士服之

分景流黃擇精

漢武內傳曰西王母帶分景之劒上元夫人帶流黃擇精之劒

繞指柔

廣輿圖曰楊州興化平望湖中一劒屈之首尾相就識者曰即繞指柔也

裴劒

一統志爪哇國有裴劒

龍泉

寰宇志龍泉縣南五里水可用淬劒昔人就水淬之

劒化龍而去故劒名龍泉

燕奴

洞微志一術士于腋間出二彈子令變即化雙燕飛騰名燕奴燕奴又變作二小劒交擊須臾入腋中

蘭子七劒

列子云蘭子以技干宋君弄七劒迭而躍之五劒常在空中宋君驚異之賜以金帛

辟兵劒

抱朴子或以月蝕時刻三歲蟾蜍喉下有八字者以

血書所持之劍亦得禁辟五兵之道

冶劍

玉海劍冶贊風伯吹爐雲師煉冶鐵飲朝流金精夜下價直十城名當千馬

斑劍

文選王文憲集序增斑劍六十人

白虎

繁露曰刀之在左青龍象也劍之在右白虎象也

三尺水

李賀劍歌先輩匣中三尺水曾入吳潭斬龍子

含光承景宵練

列子曰衛周孔其祖得殷之寶劍童子服之却三軍之衆其一曰含光二曰承景三曰宵練

越八劍

拾遺記曰越王句踐使工人以白牛白馬祀昆吾山神以成八劍一曰掩日二曰斷水三曰轉魄四曰懸剪五曰驚鯢六曰滅魂七曰却邪八曰真剛

玉名詁

成都楊慎

瑗肉倍好也

璧好倍肉也

環肉好若一也又曰玉空邊等也

瓏禱旱瑞玉刻爲龍文也

琥發兵瑞玉刻爲虎文也

珵楚玉也理六寸光自照

璠璵魯玉也

珚齊玉也

瑓晉玉也

瓊赤玉也

瓐碧玉也

瑎墨玉也

瑿玄玉也

玼紫玉也

瑍玉半白半赤也

璊玉赩色也

璍青白玉琯也

玾玉膚也

璞玉未理也

琢玉始理也

琈玉采也

璘㻞玉文也

玲玉聲也

璄玉光也

瑜玉中美也

琮玉加瑑飾也

玓瓅玉點也

玷玉缺也

珙大璧也

琡璋大八寸也

瑄璧大六寸也

璋半圭判白也

琦片玉也

珏兩玉琫奉使玉盛之車笭間者也

瑟玉華相帶如琴絃也

璪玉英羅列秩秩也

瑞舜所輯玉也

琯舜所受西王母獻玉也

琰夏桀寵女名刻于玉也

琬周王結好圭也

靈以玉事神也

瑒祀天玉也

璹玉器也

瑁圭頭邪刻也

璂玉飾弁也

琄玉珮之長也

瑬玉垂玉飾冕也

珩佩玉節步也

玦玉珮不連也

珕蜃飾佩刀也

璣珠不圓也

珽圭長三尺也

玫火齊珠也

瑛水晶珠也

瑠玉在櫝也

玩兒弄璋也

珈以玉飾笄也

瑱以玉充耳也

琫佩刀下飾也

璏玉劍鼻也

珇印鼻也

珧玉琯也

珂以玉飾馬銜也

珬老雕入海化爲珂珬蚌屬即車渠也

璫穿耳附珠也

瑂蠻女充耳玉也

瑑圭有凸鄂也

珧江珧蚌也

玪匳器也

瓖馬上飾玉所謂金鍐玉瓖也

琇琇瑩美石也

贄以玉相贈遺也

玖黑色玉可作鏡也

珷玞珉石似玉也

瑕玉病也

璬玉上大下小也

古奇器錄

吳 陸深

開元中張說爲宰相有人惠說一珠紺色有光名曰記事珠或有闕志之事則以手持弄此珠便覺心神開悟事無巨細渙然明曉一無所忘說祕而寶之

龜茲國進奉一枕其色如瑪瑙溫溫如玉其製作甚樸素若枕之則十洲三島四海五湖盡在夢中所見玄宗帝因名爲游仙枕後賜與楊國忠

內庫有一酒盃青色而有紋如亂絲其薄如葉於盃

足上有縷金字曰自暖盃上令取酒注之溫溫然有氣相吹如沸湯遂取於內藏

開元二年冬至交趾國進犀一株色黃如金使者請以金盤置於殿中溫溫然有暖氣襲人上問其故使者對曰此辟寒犀也頃自隋文帝時本國曾進一株直至今日上甚悅厚賜之

太白山有隱士郭休字退夫有運氣絕粒之術於山中建茅屋百餘間有白雲亭煉丹洞注易亭修真亭朝玄壇集神閣每於白雲亭與賓客看山禽野獸即以槌擊一鐵片子其聲清響山中鳥獸聞之集于亭下呼爲喚鐵

內庫中有七寶硯鑪一所曲盡其巧每至冬寒硯凍置於鑪上硯冰自消不勞置火冬月玄宗常用之

葉法善有一鐵鏡鑒物如水每有疾病以鏡照之盡見腑臟中所滯之物後以藥療之竟至痊瘥

王元寶家有一皮扇子製作甚質每暑月燕客即以此扇置於坐前使新水灑之則颯然風生巡酒之間客有寒色遂命撤去明皇曾命中使取視愛而不受

曰此龍皮扇子也

隱士郭休有一拄杖色如朱漆叩之則有聲每出入遇夜則此杖有光可照十步之內登危涉險未嘗失足杖之力也

學士蘇頲有一錦文花石鏤爲筆架嘗置於硯席間每天欲雨此石架即津出如汗逡巡而雨頲常以此爲雨候無差

虢國夫人有夜明枕設於堂中光照一室不假燈燭

岐王有一玉鞍一面每至冬月則用之雖天氣嚴寒

而此鞍在坐如溫火之氣中上開元天寶遺事

東方朔得西域國玉枝以進武帝帝賜近臣年高者云病則枝汗死則枝折老聃得之七百年不河偓佺得之三千年不折洞冥真

高祖初入咸陽宮周行府庫金玉珍寶不可勝言其尤驚異者有青玉九枝燈高七尺五寸下作盤龍以口銜燈燃則鱗甲皆動爛炳若列星盈室復鑄銅人十二枚坐皆高三尺列於筵上琴筑笙竽各有所執皆點綴華采儼若生人筵下有二銅管上口高數尺

古奇器錄　八　三

出筵後其一管空一管內有繩大如指一人吹出一人納繩則琴筑笙竽等皆作與真樂不殊有琴長六尺安十三絃二十六徽用七寶飾之銘曰璵璠之樂有玉笛長二尺三寸六孔吹之則見車馬山林隱隱相次吹息則不復見銘曰昭華之管有方鏡廣四尺高五尺九寸表裏通明人直來照之影則倒見以手掩心而照之則知病之所在腸胃五臟歷然無礙又女子有邪心則膽張心動

烽火樹積草池中有珊瑚樹高一丈二尺一本三柯上有四百六十二條是南越王趙佗所獻號爲烽火樹至夜光景常然

余尚書靖慶曆中知桂州境窮僻處有林木延袤數十里每至月盈之夕輒有笛聲發于林中甚清遠土人云聞之已數十年終不詳其何怪也公遣人尋之見其聲自一大栢木中出乃伐取以爲枕笛聲如期而發公甚實惜凡數年公之季弟欲窮其怪命工解視之但見木之文理正如人月下吹笛之像雖善畫者不能及重以膠合之則不復有聲矣

古奇器錄　八　四

紙箋譜

元 鮮于樞

西京雜記稱薄蹏注云小紙也

蔡倫後有左子邑善造紙蕭子良云子邑之紙妍妙輝光

東宮舊事皇太子初拜給赤紙縹紅麻紙勑紙各一百

稽含南方草木狀大秦出蜜香紙一云香皮紙微褐色有紋如魚子極香而堅韌晉武帝賜杜預萬番寫

春秋釋例及經傳集解

拾遺記海苔紙晉南越所貢以苔爲之名側理紙後人言陟釐武帝賜張華萬番造博物志王右軍寫蘭亭序用蠶繭紙又會稽庫中有紙九萬番悉以乞謝安

桓玄僞事詔令平淮作青赤縹綠桃花紙

宋張永所製紙爲天下最尚方不及

雷孔璋曾孫穆之有張華與祖書乃桑根紙

齊高帝造銀光紙賜王僧虔一名凝光紙

范甯教有土紙藤角紙梁簡文云特送四色紙三萬枚

陸陲有謝安成王賜西蜀箋紙一萬幅

湘東王爲荊州上武帝紙萬幅又春簡文紅箋二千番又云特送五色紙三萬枚

蕭誠采野麻土穀作五色斑紋紙

陳後主令婦人襞綵牋作五言詩

唐初將相官誥亦用銷金箋及鳳皇紙書之餘皆魚牋花牋

玄宗令李龜年持金花箋宣賜李白進清平調詞

段成式在九江造雲藍紙

趙象與武公業妾非烟以金鳳牋剡溪玉葉紙題詩相贈答

蕭貫夢至宮庭有婦人授貫衍波牋

成都古今記載蜀箋其目曰深紅曰粉紅曰杏紅曰明黃曰深青曰淺青曰深綠曰淺綠曰銅綠曰淺雲凡十樣又有松花紙金沙紙流沙紙彩霞紙金粉紙龍鳳紙桃花冷金之目

酉陽雜俎又紀與蜂相語子與靑童君奕勝獲琅玕紙十幅

楊炎在中書後閣用桃花紙糊窻

蕭穎士少夢授紙百番皆繡花文

紙譜又有玉板貢餘經屑表光之名

南唐有澄心堂紙細薄光潤爲一時之甲

劉恂嶺表錄異管羅州多棧香樹皮堪作紙

負暄雜錄唐人詩中多用蠻箋

高麗歲貢蠻紙日本國出松皮紙扶桑國出芨皮紙

蜀中藤紙

越中竹紙

江南楮皮紙

植杖閒談溫州作蠲紙大類高麗烏程出拳皆出其下

方輿勝覽歙績溪界有地名龍鬚出嘉紙有墨光白滑冰翼凝霜之目

東坡詩麥光鋪几淨無瑕注麥光紙名也

黃山谷爲范子默求染鴉靑紙

後山叢談云余於丹徒高氏見楊行密節度淮南補將校牒紙光潔如玉膚如卵膜今士大夫所有澄心堂紙不逮也

牋譜銘

東海屠隆

親朋擇交

青松指心皎日蒞盟鄜呂相責耳餘交傾欵欵陶陶莫可備數管鮑而下此道如土公叔所以著論孝標爲之太息白衣蒼狗毋以爲金石

平安竹素

臨洮西垂瀟湘南沚遼陽十年朔方萬里蘪蕪牽恨白雲惆悵綺疏閣中流黃機上忽竹素兮遠歸報游

子兮無恙蘇卿鐵腸賓家錦心徐淑秦嘉如瑟如琴隤竹素兮雲中暢歡樂兮莫任

雨花箋

吐廣長舌演微妙詞恒河乾須彌摧天女拱聽龍神下馳何寶花之盈座焱繽紛而離披

微波致辭

美東阿之麗藻乃婉孌而多情何靈人之委化寄柔心於目成睠微波之漲縠紋爰託以代尺素游龍乍昂而倏低驚鴻飛而不去生以情始亦以情終苟綢繆之相結雖異代兮猶通

江南春信

陽和洩萬物咸此華茁嚆爲遣使東皇太乙

蕉葉紙

其苗靈其葉青書倒薤扶桑經

鄧林一枝

詵名聃然而才空然蔚桂枝之巉巉然夫何對人主而沾沾然

三生果

認賊不眞蒸砂不熟見在如來過去恐辱有香其舌有緗其日兆蘇端明讖裴相國自無前因安成後果居流浪中何者爲我

八行書

開日南通夜郎寄漢陰報河陽鯉魚遺雁足翔征夫淚思婦腸結綢繆中慨慷丞萬里維八行

三生花

菩提樹優鉢花發弘願見釋迦

竹簡

截瀟湘浦斬質篔谷削以爲讀書斛斗薤槧其義皇之俗耶

五嶽藏書

桐栢霏烟泙丘吐霞靈篇北嶽妙焘西華玄夷蒼水應神禹邪岱宗玉牒七十二家我㦸太史金跋石室精靈呵護風雨弗蝕有光如虹燭奎壁

博山雲

有雲梟梟其上如結博山乍焚沉水未滅崦送穎陽峰吐東月黃庭罷兮磬聲歇

蟠桃三實

崑崙之桃高嶙峋開花結實動三千春朔兒無賴阿母嗔清虛之上乃有盜僊人

大千春

木有大年人亦有僊彤三光敝人埏吾聞之王喬偓佺

帝城春

粟留鳴澤雉馴衆芳廻柔條新剗騎宕帝城春

富貴春

銅臺歌喧金谷花繁馬嘶南陌火照西園露華零電光奔懷哉知止足老氏垂遺言

結蜃樓

欲明欲滅似近似遠瑚牕忽開璚簾乍捲日照轉麗風吹或斷海神登兮拷紅鬚龍女憑兮搖翠裙何精靈之不可究詰洵一氣之縹緲而虛無

貝葉牋

種自迦毗移于華壤畫一葉書可周大藏居士得之時有佛雲護其上

十友圖贊序

余山房十友皆江湖名流道者所贈林可山文房圖贊所不載羅雪江續圖贊所未錄各有麗澤及余余自弱冠至白首遊於十者之間皆以友呼之遂相與忘形不知孰爲友孰爲主也不表而出之負德多矣廼繕圖爲山房十友譜非知我者不敢示也

大石山人顧元慶書

十友圖贊

吳郡顧元慶

目錄

端友

右石屏高二尺有奇廣一尺三寸前後有詩與竹皆
東坡親蹟立必端直山房呼爲端友
贊曰有石如砥表公之刻竹既瀟灑詩亦精特乘
氣而潤應雨而滋清風披拂千古仰思

陶友

右古陶器小口扁腹容可二升旁一嘴寸許如管殊
不類人間酒器山房呼爲陶友
贊曰有古陶器斟酌隨手瓠扁其腹錢大其口非
樽非壺爲定爲甆醉鄉日月與爾長怡

談友

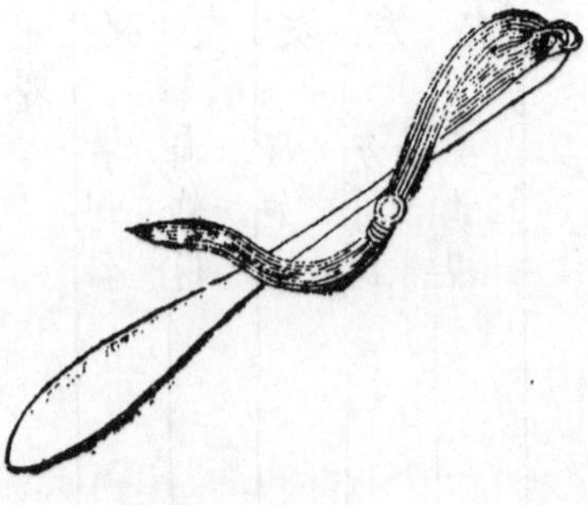

右玉麈柄長尺許上結騌尾暑中與客對談持之蚊蚋不敢近山房呼爲談友

贊曰琢玉爲柄結尾爲拂披風揮月清眞之逸清談欲吐玄論未窮吾惟於爾與趣攸同

夢友

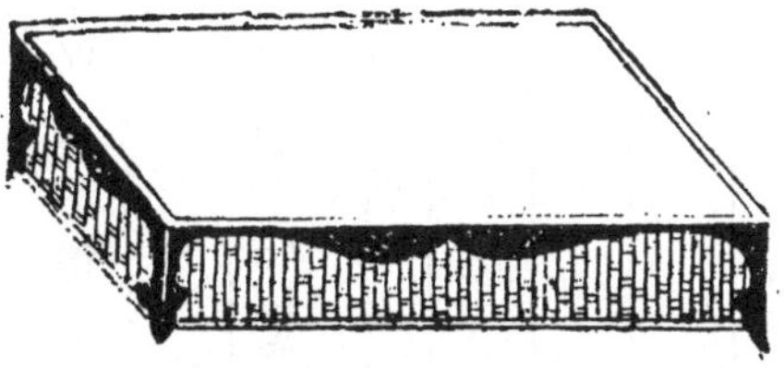

右湘竹榻高一尺二寸長七尺有奇橫如長之半周設木格中實湘竹余嘗偃臥其上寤寐中如在瀟湘洞庭之野山房呼爲夢友

贊曰懸下無踦廣狹有式徐徐而臥深深而息制衍班文裁全暈色一覽蘧然湘雲狼籍

狎友

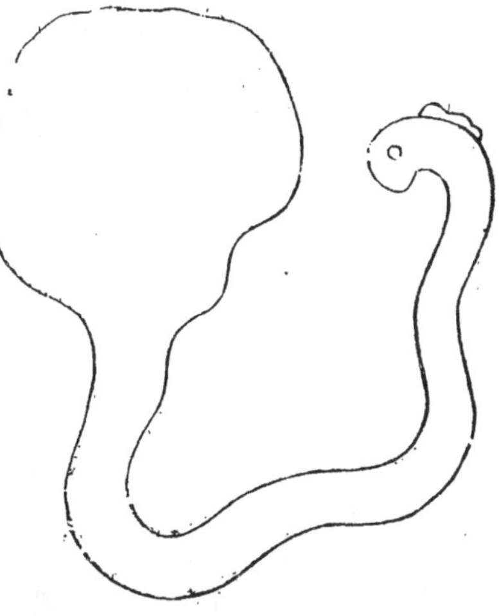

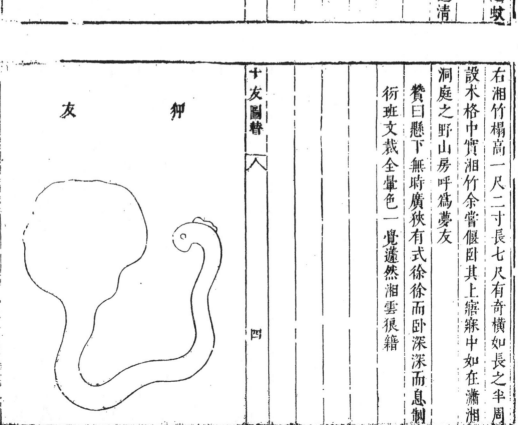

右鷺瓢腹大如拳但其柄拗縮如鷺頸狀柄下一眼引滿吸之有如鷺聲咨至猊狎不相猜疑山房呼爲狎友

贊曰腹小而容柄長而曲如鷺如鷹項拗頸縮幻化奇形蔄蠢膨脝既斟既酌嗚嗚有聲

直友

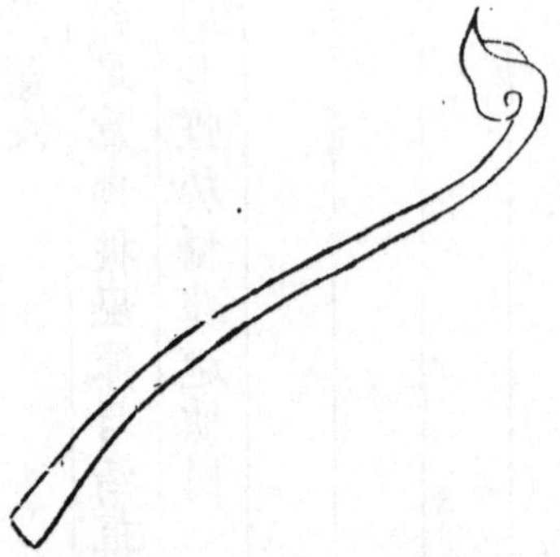

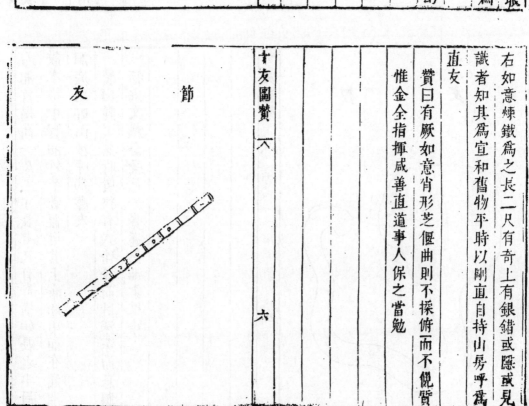

右如意煉鐵爲之長二尺有奇上有銀錯或隱或見識者知其爲宣和舊物平時以剛直自持山房呼爲直友

贊曰有厥如意肖形芝偃曲則不操俯而不俛質惟金全指揮咸善直道事人保之當勉

節友

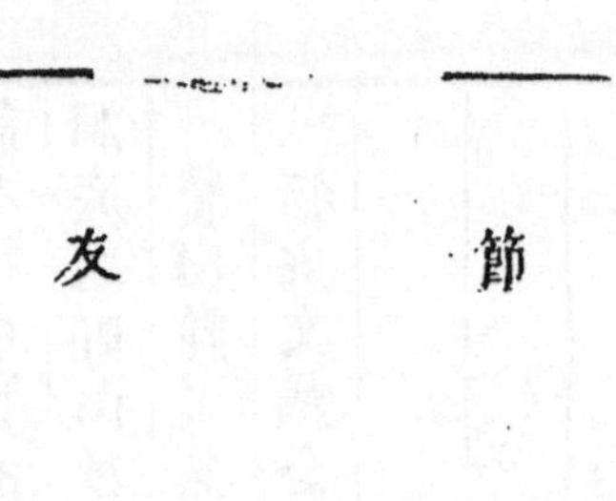

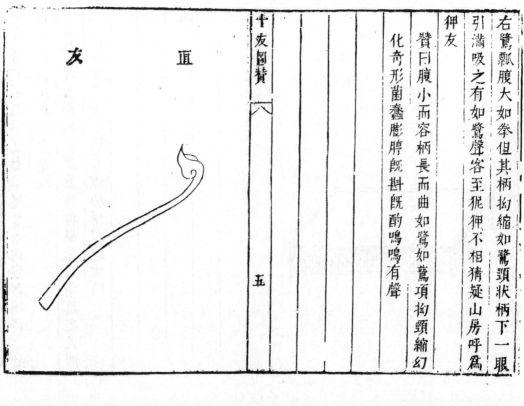

右紫簫鄧蔚之產上有九節吹有奇聲山房呼爲節友

贊曰有山鄧蔚九節之竹蔦水蒼龍淇園紫玉堅貞之操鸞鳳之聲滄江明月携爾同行

老友

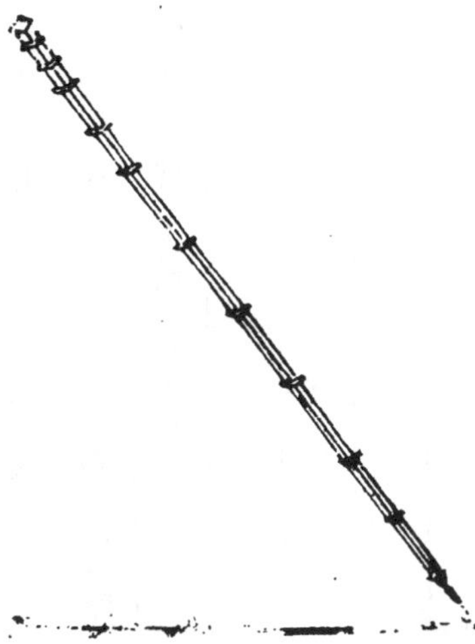

右方竹杖上有九節其崇不滿七尺余暮年好遊探奇歷怔多有相長之益山房呼爲老友

贊曰匪矩而方匪揉而直虛心勁節淸分孤特可以持危可以扶顛放遊五嶽與爾永年

淸友

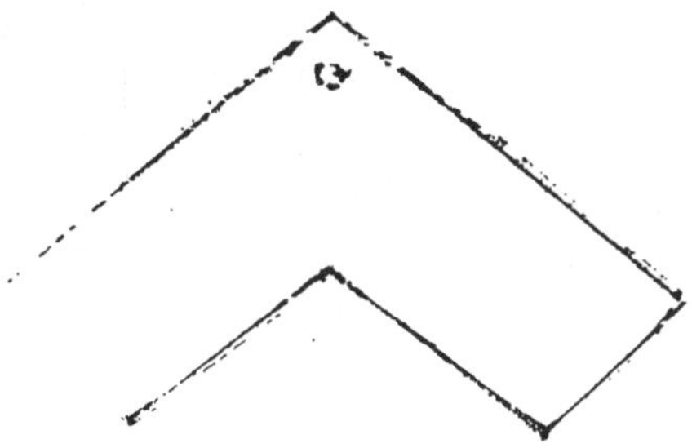

右玉磬股三寸長尺餘古之編磬也懸之齋中客有談及人間事擊之以代清耳山房呼爲清友

贊曰樂造矩半衷則中律輕清其聲貞明其質浮之泗濱懸之齋室輒談猥事亟擊勿失

黙友

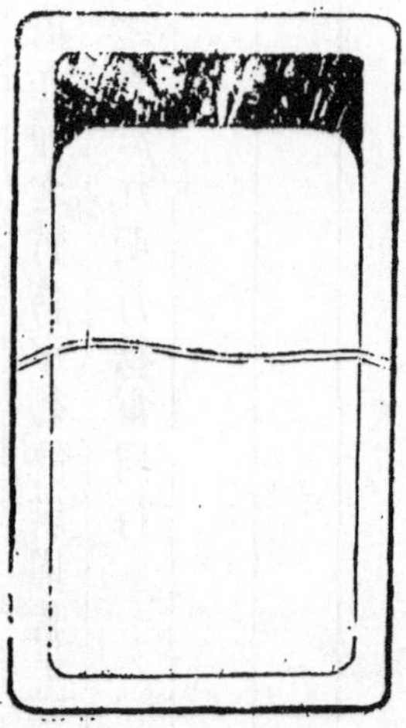

右銀潢硯南所翁所遺舊爲勝國袁伯長物背有伯長題碧落銀潢四字余嘗用之揮灑濕潤玄黙可愛山房呼爲黙友

贊曰伯長之刻山房之壁倬彼天潢爲章於石長河無聲垂象有碧清潤盎毫可以觀德

十友圖贊終

古今印史

吳邑徐官

前輩知書法

侍郎汪公名偉字器之屬吏書刺偉字下誤從巾汪怒云偉字不從巾當從十何爲錯寫遂手碎之吳文定公名寬字原博在朝時鄉人有浦姓者善刻圖書記而不知篆法嘗刻原博二字琴書文定見而笑曰博字當從十不當從心因復寄選門吏書刺端楷足矣求其知書法者亘

無一二焉固不足計也若篆刻圖書記而昧於六書偏旁豈不笑大方憶昔官與范武卿同寓星溪嘗鑒賞諸家印譜頗知其槩武卿好此尤篤經月之別輒增益數方時出與予評之某也古某也拙某也巧某也俗及制度之法一一品題之武卿深服予論嘗贈予詩有榆林結屋道人居我從論說增光彩之句因志其法於左名曰古今印史先之以吾師魏太常莊渠先生六書精藴中璽節印章四字之義冠於前俾覽者曉然知大義之所在夫篆刻多誤皆因六書之未明也乃叙古今書法於中末復節采李陽冰以下諸說附焉此雖無甚緊要然博雅之士亦或有取聊復存之

璽字

 古文從爾從土爲意  此文乃從玉

六書精藴曰璽印章也從爾從土古之制字者取命爾守土爲意其在臣也曰君命我矣何爲代君養民也其在君也曰天命我矣何爲代天養民也秦制惟天子用璽後之人因改從玉於義何居李斯又爲之

刻曰受命于天既壽永昌天之愛民甚矣豈其僻厚於一人以位爲樂邪試觀古今心畫誰也樸誰也華誰也公誰也私

節字

 古文  籀文  小篆

精藴曰節限制也其爲道也損過以就中天命也其爲物也刻符以合信君命也臣毋敢自專受節於君乃得專制於外周官守邦國者用玉節都鄙用角節凡使節以金門關用璽節道路用旌節取尊君之義

故其文象秉執之形上函象節其亟象節旄飾以爲文者也古之制器者以道而命名制字者象形以明道在天爲節氣在君爲節度在事爲節儉臣之忠節婦之貞節人之骨節木之枝節皆取限制之義也節用之則建不用則藏別作象受而藏之之形配合他字兼此二文

印字

官按三文諸家書俱有之原不分大小篆今并錄出

精蘊曰印亟節也刻文以識信從象手持節立

意法守所存數然若不可奪欲印事者先印其心公無私如天地信如四時矣嗟夫信不足有不信故爲之印以防民惟簡乃嚴惟嚴乃重後世官府遂無一事可少亦無一日無事印數刓矣何以救之曰省繁文而敦樸

章字

古文石鼓文見楊用修刻本未詳其義小篆

精蘊曰章樂之一成也字意從音從十條理自始而終也章與文同文也者其輝光也章也者其節奏也

皆因渾厚開之也官按因有節奏之義通用爲印章之章　印章制度大學衍義補所載者茲不復論

古文大略

倉頡黃帝史也生而神靈仰觀俯察其始制字曰古文與伏羲八卦相爲表裏上古無筆墨以竹挺點漆書竹簡上竹硬漆膩畫不能行故頭粗尾細象蝦蟆子形故曰科斗文又曰鳥跡書後世雖有筆墨亦擬其象而作書頭尾俱細更其名曰柳葉篆噫人心不古可以觀世變矣

籀文大畧

周宣王太史公籀損益古文爲篆以其名顯故謂之籀文以其官名又謂之史書因李斯小篆與別其名曰大篆後世遂稱大篆云附九成曰上古以漆書中古以石磨汁至後世始有墨按此籀文比古文又非科斗狀矣今世所傳石鼓文是也但屢經翻刻傳寫多失真官嘗見舊刻石鼓文方圓不同大小不一而變化靡常所謂文盛於周者此也近時楊用修刻本云李西涯所臨蘓東坡本穿鑿補綴未爲盡善盍予

昔日所見者因石刻歷歲既久火焚風剝多缺而不全乃可驗其真今太完備是可疑耳三代遺文多載於古鐘鼎上昔劉原甫收周鼎一器百字刻跡煥然所謂金石刻文與孔氏上古書相表裹字法有鳥跡自然之狀觀此乃知薛尚功所集鐘鼎文夏英公四聲韻多類此

小篆大畧

李斯又損益古文與籀文爲小篆益古篆多圓圈圓點小篆崇尚整齊悉破圓作方漸失古制矣今稱玉

著篆者是也小篆雖興於秦而其傳實本於漢許叔重搜集其文爲說文其功實多顧其書所載小篆居多古文籀文十無二三雖然官嘗聞之師曰說文中字儘有好者亦有不可通者細求其義然仍倉史之舊者尚多但增損點畫移易位置少變其文而古人之心法遂隱而弗彰爲可恨耳是以吾師命官篆六書精蘊不拘拘於科斗玉箸方圓平直布置各有個道理不同乎俗而實宜於俗不泥乎古而實合乎古識者多樂玩之大抵結字有主客筆勢有逆順畫有清濁奇正體有向背動靜故天文多圓燦然一天星斗地理多方宛如大地山河人道統成參於俯仰動植玉箸施於數目其畫直科斗施於主點其畫曲鳥獸動而艸木植取用於鳥跡柳葉也服食室器變動流行化裁於鐘鼎諸文也篆書之法不外乎此若刻之印章題之碑額古文第一籀文第二小篆第三後世多用小篆而遺倉史大不敬也或曰倉史古篆多遺缺小篆多完備取其便耳官嘗謂倉史遺文比小篆雖不全然倉頡篇石鼓文說文及通釋以下如六

書統六書故六書畧復古編續復古編字原正譌本義聲音文字通四聲五聲諸韻款識鐘鼎諸書嶧山碧落諸碑刻不能枚舉雖古文大小篆錯雜載焉亦不爲少也蓋物聚於所好恨不求之耳天下之大豈謂盡無也哉禮失而求諸野自古皆然矣吾師六書精蘊及官孝經古文集成皆按索諸書而得者安敢有一字杜撰哉師云倉史不足擇小篆可者以補其缺此說得之矣

隸書大畧

古人紀事皆是篆書更無別字也始皇特獄訟繁劇衙石程書程邈始變篆爲隸所以便隸佐所書故曰隸書亦曰佐書後之人以其形勢言之曰蠶頭燕尾斬釘截鐵又云摧鋒劍折落點星垂皆是也王次仲又小變其法曰八分書比隸太同小異但無點畫俯仰之勢耳或曰八分者去篆二分尚有八分之意未知是否嗟夫書至此二人古法大壞後得蔡邕刊正六經文字書丹刻石於太學古書稍得顯明下此日趨簡易轉沙流蕩而無法殊不足觀矣隸書不可施

於印章惟崔子玉作篆尚圓有似隸耳實非隸也隸書結體微方一一翻篆爲之既不移易位置又不減省其畫纔是書家翹楚近世如司馬温公魏鶴山熊與可諸公以篆法寓諸隸體最爲近古此後不多見也宋儒以楷書有古意者亦曰隸書若我
朝黃學士諫從古正文其庶幾乎於乎古書謹重如人端冕佩玉危坐拱立望之而莊敬之心生焉今書如岸幘褻裘利其便安人狎而悅之若行艸則褰裳縛袴疾步而趨矣使古人復生而視今之字必將駭

眩而驚歎而人顧鮮有知其非者何邪又竊怪夫今之學者耽嗜懷素智永諸帖終歲摹擬敝精竭神猶恨其不相似而倉史古篆罔克究焉何取法乎僧而藐視聖人邪多見其不愼所擇也古人有言寶書須寶德有藏文公周易本義眞蹟百金不願易者亦此意也大抵評書者且無問其他只看寫得合道理乃是知書者若寫羣字便要見得君字當在上羊字當在下庶知尊君之義若二字並列則失之甚矣此之謂不知類又如明者日月之光也倉頡制字取日東

月西合以爲意故書曰惟我文考若日月之照臨光于四海顯于西土荀子曰在天者莫明於日月武侯出師表云明並日月康節解字吟云日月爲明合數說而觀之則明字之義昭然矣或從目作眀非胡侖大明而取小明邪前人雖有如此寫終是俗書不可取法也嘗見吳文定公跋褚遂良書云書家謂作眞字能寓篆隸法則高古今觀褚公所書益信蔡虛齋曰天下之字人皆知其爲聖人所制而不知實本於造化所爲精蘊後敘曰六書而明譬若航海有筏指

月在天六經可無訓詁而自明也是皆知本之論夫何後世專取姿媚以悅人而不求古人之心畫而理晦而道厄矣官也憫古道之亡而用心於此亦已久矣非敢立異以違衆也特據夫理而已理之所在是之所必歸也方今古學大興常有見而好之者不待求子雲於後世也

孔子書

於乎有吳延
陵君子之墓

官按陶九成云先聖孔子采摭舊作緣飾篆文天授其靈綳物匪則今傳於世者比干墓銘與季札碑是也比干墓在衛州汲縣季札墓在常州江陰縣比干墓銘開元中游武之奇耕地得銅盤有文曰左林右泉後岡前道萬世之寧茲焉是寶共十六字書史有之後之人翻爲楷書非復古篆矣尚有數字散見于鐘鼎諸書茲不復載季札碑曰於乎有吳延陵君子之墓總十字皆古書與大篆相類生動而神馮識者見之咸謂其非今世物也或曰歷代綿遠其文殘缺唐玄宗敕殷仲容摹搨其本大曆十四年潤州刺史蕭定重刊於石者吾子行亦嘗疑此故其言曰按古法書止云於乎有吳君子而已篆法敦古似乎可信今此碑增入延陵之墓四字除之字外三字是漢人方篆不與前六字合云云官謂延陵墓三字實敦古無足疑者葢孔子之書參用倉史二文故方圓不同獨不觀孔子之言曰一貫三爲王而王字篆亦方正豈可以其體方而遂疑其非邪吾友林子孔承烈廣人也掌教江陰嘗惠我以搨本今特臨書於此俾

邇方僻壤得見孔子之心畫亦足以醒人心目原本字大尺餘今裁小之者以便覽云嗟乎予閱古法書多矣若先秦古文僅見大禹碑石鼓文及此刻耳此外不多得也古人云寶書須寶德德之盛孰有過於吾夫子者哉後世有得是書者其尚寶之歟

原六書

古人制字極簡易惟取意勝者爲之非若後世命題作文累數百言義理可以具載就如八卦便包函許多道理故曰六書與八卦相爲表裏試舉一二明之

如仁字從二畫者上天下地也人能參贊天地則爲仁義字從善字建首其從我者以善自我出爲義若作羊字訓全無意思矣又如直心曰悳日正爲是何其親切而著明哉廹撝謙本義有六書論七篇言之頗詳茲不復論戴平甫有言曰六書者羣經諸子百氏之通釋也六書不通而以億說繆爲之注疏是贅疏皆可讀也六書苟通由是而往天下之書不待注而爲響者也祇益其迷注疏滋多學者滋惑是故古之學者簡而嚴約而達用力省而功倍後之學者博

而膚雜而不貫用力勞而功少

繆篆　繆平聲

說文敘中有曰繆篆所以摹印也繆字今人多讀作繆誤之繆去聲非是宜以理推之當讀如綢繆牖戶之繆平聲蓋言篆文屈曲塡滿如綢繆也人多忽而不講篆刻往往致誤爲此故也夫篆書乃古人之心畫制作通造化實非淺易所可窺測者敢杜撰乎哉務須從古庶免識者之鄙繆字有三音本綢繆之繆從糸定意諧翏爲聲絲之纏緜重復者也凡纏緜重復多致於亂因爲繆誤之繆又爲秦繆公之繆音木及掖皮日休曰秦穆公立夷吾以致晉室之亂可以謚繆爲定觀此則後世稱秦穆者非也若宋穆之穆與此不同謚法布悳執義曰穆名實過爽曰繆

亥豕字

或問刊正經書者每云有魯魚亥豕之繆魯與魚字實相類固易譌也亥與豕字筆蹟廻別何云然邪殊不知古亥字作　比犬豕字只省一筆實相類者亥爲純陰木歸其根制字者取象木根蟠屈之形正

以見生氣伏藏也欲得其詳獨不見彔字之義乎蓋彔字古篆上從巳下從　合二文以成字巳爲四月辰名於時爲夏乾象也亥爲十月辰名於時爲冬坤象也天地法象示人也古人體之發爲心畫後之人不得其義混用象豕之象訛者詞費矣象豕之象象豕露牙散越之形請究古篆彼此各別

水字

水古篆作　官聞之師曰天地始闢融而成液有生之最先也萬物不得無以榮養而乃下之故曰上

善若水離造化未遠矣易象爲☵古文立☵之象也屈曲有動意象水流行也其中象巠流左右象衆流合并而後大也予言知者樂水得無以其員活而天機相爲感乎今篆刻偏旁或省文作□非篆法無此隷書有之不宜入印或又變體作●◎●只趨簡便不顧義理也於乎好古者往往翻篆以爲楷今郤翻楷以爲篆不知而作一至此邪偏旁誤字頗多舉此以例其餘詳見精藴音釋

古印

予家藏一古銅印龜鈕其篆文曰子實甚古且拙信非古人不能作意其爲漢物也嘉定一友姓潘名士英字子實因以此贈之昔劉尚書號鐵柯偶得一古印其文亦曰鐵柯往往有相同者雖然印多相同攷其世與其人則不同焉夫印者所以示信傳後也善則傳不善則否知此則知所以修身矣

宋字

宋景濂氏看篆書甚博觀其所書刪古獄瀆經可知官嘗見其真蹟後有一小圓印文作□竊疑之因舉此以問淮渠先生先生玩之良久曰吾得其義矣宋上梁也凡作室者莫重於上梁匪合衆力不能舉故其義又爲公共從□（音縣交覆深屋也）從□（象衆木交冓之形）會意謂而從□義從而瞞周封微子於商丘以奉殷後名國爲宋以其地於天文屬太梁之次□與□字小異知此乃知宋字篆法精妙云

抑字

邵康僖名銳字思抑有印曰邵思抑印四字抑印二字篆作□□有一書生見而笑曰一圖書而用

兩印字且一正一反何也殊不知□正抑字□乃是印字也書法有六此屬轉注故曰反印爲卬也若反可爲匠（音頗不可也）反□（古絕字從刀從絲亦作㡭）爲□（古繼）之類是也今楷作抑乃俗書耳官按古法字印不當用印字以亂名此特舉二字配合之妙大抵印章就如大書堂扁一須取義精二須書法古三要配合得宜予嘗登君山望大江因書□□□□四字頗寓此意

似孫字

華希相購得一舊印有□□二字持以問予予曰昔有高似孫嘗著子略一卷未知是斯人否□說文從人㠯聲□□從系從子系古繫字以系於子者爲孫會意希相復問似字從人之義予謂人之似是而非者不可不察也因作三似辨隸書一紙以歸之三似辨曰夫謙者有而不居之意而卑屈之可羞者則謂之諂儉者止而不過之意而鄙嗇之可恥者則謂之吝英氣者道義所發不容掩者也而客氣則用罔用壯氣質之偏而難近者也雖然英氣尚害事

而況客氣乎是歟者理實相懸而迹若相似焉者故有隕節以諛人則曰吾尚謙也嗜利以廢禮則曰吾尚儉也矜己而傲物則曰英氣不可無也於乎不有以辨之則藉口聖賢之教以遂其私者曷有極哉

武卿字

范武卿出二印與予評之一作□一作□□予曰用□□爲勝武從戈從止戈爲凶器古人好生之心觸事而發以設而不用立意故曰止戈爲武若從亡則義淺一說亡一音無故諧爲聲

善□從□古節字從□古奏字節訓止奏訓進取進止不越軌度之意卿爲大臣大臣道揆所出也故曰卿事之制也或從□未嘗□一音香鄉黨之鄉乃從之大抵看印章須原古人制字初意庶幾有得若泚泚觀之不知其意之所存抑末矣

縣字

□古縣字也從系系倒首以見意後世假借爲州縣字其旨深矣以近民者莫如縣令欲爲令者察民間疾苦故刻之印章俾其怵目而警於心民之困於

倒懸也救之惟恐後篤吾赤誠惻怛愛民如子而民亦愛之如父母上下感應而政成矣故先儒稱上任者曰視篆不曰視印而曰視篆者有以哉有以哉

仰昂字 詩瞻卬昊天作卬

況仰之有印作□□印古仰字取敬賢立意從□從人反身大節不可攀瞻望而企及之也仰其首則爲昂因爲低昂之昂古實一字也詩云顒顒卬卬正用此字趙子昂氏印文作□采用古文也

鳳朋字

有名鳳者印作□有名朋者亦作□蓋鳳朋古同一字也按說文曰鳳飛羣鳥從以萬數故以爲朋黨字師云朋篆當作□古語兩貝爲朋鳳小篆變體作□從凡從鳥鳳豈凡鳥邪

犇麤字　波滑字附

三牛爲犇者取衝突之勢知此則犇字之義可默識矣師云麤者心不精也暴其氣也心之精者氣容必肅麤則反之何取於三鹿曰鹿壽禽也善通督脉其爲息也微人遂之悉其行趨忽氣息爲之茀然故取

爲意靜專則精微動擾則麤悉人心物理皆如是矣波滑二字皆從水其從皮從骨者乃諧聲非會意也

氣乞字

嘗見友人收藏一卷詩文甚富然精麤不一其中有一引首曰乾坤淸氣四字氣篆作□非也小篆本作□氣爲火所化其出必炎上故象炎上之形凡求乞者必干上因借爲求乞字乞乞本同一字也後世隸楷以二字易混乃省一筆以別之而義反晦所謂乞丐者以其終日求乞爲事也所處亦卑甚矣是故有志之士不肯輕用一乞字伊川先生告詠[illegible]曰今人動不動用个乞字亦此意也於乎假借一門推類而用其義最精□本古餼字見周禮

公私字

古無私印之稱後人往往刻曰某人私印俱作□小篆也古文作□取不圓不方之形以見意圓者天道也方者地道也天地無私故曰天圓而地方若不圓不方則非天地之公而爲私也無疑矣□字從八從□會意□猶背也背私則爲公故□

象相背之形以見意

木才字

有名木者印作□篆法殊失古意按古文作□上象枝葉中象榦下象根以一字而上中下三才兼備故木亦謂之才俗混用材材古韻音災又按才古文作□象伐木于地而去其根枝邦工持尺量度取義此卽國家用賢選舉之法也是故賢才字與木才字同一義也小篆作□與古文小異

國賢字

郡二泉名寶字國賢印作□□囗從口象疆域形從八從土以八荒皆在我疆爲意臤從臣以用賢立意其從□者服勞王事也小篆作□□□從或或古域字亦善賢從貝貝財也以多財爲賢不若古文國賢印有二枚國字一從土一從方愚按古篆二文皆有之

晚字 曉字附

曾祖耕樂府君遺一小方印四字曰□□□□皆小篆也官謂古人制字多左形右聲今見晚

字日居右而疑之後觀周伯琦六書正譌有此字注曰日在西方也從日免聲始知其有所據又如曉字說文從白𣋡日將出先透微明也故曰東方既白

達字

羅念菴名洪先字達夫有小方印二一刻羅洪先印四字一刻達夫二字篆法古而刻亦精羅作□省文也於義無所取達作□妙有至理幸與達古字通用小羊也詩云先生如達羊最易產故從羊定意而諧□爲聲□音撻與大字微異產科有達生散正取易產意與倖幸字不同幸字從夭從屰會意屰古逆字又與執字偏旁小異尼輒切

象形印

昔有名爵者刻印作□有名爵者刻印作□皆古篆也先考七榆府君字起鳴浙人爲鐫一小印鳴字偏旁鳥字作開口形儼若飛鳴之狀胡可泉有鳥鼠山人小印鳥鼠二字酷肖其形沈伯生名蘇刻印作□玩之攸然出塵是皆善於摹印者也正暘於所謂筆畫之外得微妙法者與

父甫字

□古文籀文同□小篆與古文小異父者子之天也尊無二上制字者形難於象故指其□凡從又者說文通訓爲手故其文象右手之形執杖使人知其尊高一家所當奉事也古韻有二音本扶故切又斐古切借與甫同古公亶父之父是也

□古文籀文同□小篆甫嘗聞之師曰甫者男子之美稱也人生於天地之間其無用者則固與艸木而同朽矣惟有用者乃能自見於世故取用以定意而

諸父聲雖然其猶未若藏諸用乎用則不括可以閱
衆甫矣何故甫猶近名

𠂢氏字 𠂢音與氏同

𠂢 古文 𠂢 籀文見六書統 𠂢 說文雖無𠂢先然有出字或用此文亦通 六書統曰𠂢承旨切族下所分也古者姓統族族統𠂢適出繼位之餘凡側出者皆曰𠂢故爲文從側出以見意

氏 大小篆同 說文曰巴蜀山名岸脅之旁著欲落墮者曰氏氏崩聞數百里象形 乀聲揚雄賦響若氏隤

吾師嘗發二字之義曰𠂢統宗收族者也姓也者一大統系也𠂢枝分也故以側出取義古之賜𠂢也諸侯之別子爲祖也者至其孫以王父字爲𠂢始典也者官有世功則有官族邑亦如之王朝未出封者如諸侯之制秦不師古宗法遂亡是故國無世臣家無禮俗今欲大正姓𠂢則何如曰未能也請自宗法始矣小篆借氏爲𠂢氏蜀山崩也揚子蜀人也故其言曰響若氏隤今夫山其高插天則其結爲地盤也恒隅蜀山或峻若立壁或長如列墉而地盤多逼崩墜也固當象側山之形自上下墜爲勢噫摶厚則高明積累邪

可無墨青印色

印色通用朱予嘗見宋儒簡札中間有墨者元人則有用青者攷之皆制中不忍用朱故易之耳觀此可見古人敬謹之至一舉手而不敢忘父母也

不用黃紙 此條與上文意相類因系記之前後倣此

亰中黃紙著朱書有禁蓋黃者中色天子所用臣庶用之僭也嘗見莊渠先生家居作簡

凡黃紙輒不敢用爲是故也觀此一事之小而先生畎畝不忘君之心藹然可見

屬字

吾友王昭明嘗與予論書偶及屬字昭明曰屬從尾從蜀說文蜀葵中蠶也從虫立類從罒象其身首尾形也其類行則首尾相隨有連屬意予病其說之鑿思之思之不得其義厥後解孝經古文緑文生訓至五刑之屬三千始悟此乃發其義曰屬隸也連續也從尾定意諧蜀爲聲首在上而尾在下下必屬於上

故取隸屬之義臣之屬於君子之屬於父妻之屬於夫三綱之道上下之分一定而不可易者下之事上小心翼翼因爲洞洞屬屬之屬俗書作属從禹非詳見孝經古文集成

印章用成語

印章以名以字所以示信也如刻曰某官施之公文則可若古之關內侯是也近見湛甘泉一私章刻曰吏禮兵三部尚書子竊恠之甘泉稱古學乃亦爾邪及讀宋史乃知蘇東坡嘗爲吏禮兵三部尚書蓋用成語也文衡山庚寅生刻印曰惟庚寅吾以降此句出楚詞後輩有效之者改曰惟甲子吾以降殊爲可笑

正謙卦篆二字 冰字附

官按古篆川本作巛象水流行也唐李陽冰加一畫於中作巛乃古災字也川流而不息者也有土障塞之則爲災一者指土障塞之形二字音義各別不宜混用篆字亦誤有說見前冰古凝字陽冰之名㝳其義爲定爲重爲聚從仌古冰字從水取於水結成仌爲意篆當作仌巛今顧從川作仌巛非川爲流水流水不仌嘗聞之師曰性定而形自重心肅則容敬冰之道乎冰乎冰乎其未達此乎

乾字

昔有名乾者印文刻作☰此制極古六書統有云八卦文字之原其文止當用此後世假借用別字實非本文也震澤長語亦畧道此

卯酉字

兩戶爲門門開爲丣古卯字門閉爲丣古酉字卯爲

天門二月辰名萬物從此發生故象開門之形酉爲地戶八月辰名萬物從此歛藏故象閉門之形此皆象形兼會意字也干支字皆有說書此以見意云酉古酒字也故醉酗字皆從此立類

用印法

凡卑幼致書於尊長當用名印平交用字印尊長與卑幼或用道號可也反是則胥失之矣

凡寫詩文名印當在上字印當在下道號又次之蓋先有名而後有字有號故也試看宋元諸儒眞蹟中

用印皆然今人多不講此或曰印有小大小印用於上大者用於下庶幾相稱此世俗之見也只論道理當何如印之大小何足云諺曰用一不用二用三不用四此取奇數也其扶陽抑陰之意乎嘗見豐存禮翻刻蘭亭記用印太多非古法也雖然其中印文都有精者

著述姓字見經傳纂言

古今命字不同

夏商尚忠尚質稱名而已至周而人文漸開丈夫之

冠也始加之以字欲人顧名思義實有深意寓焉如孔子名丘以毋禱於尼丘山而生故字仲尼伯魚名鯉爲其生時適有饋孔子魚者名與字皆本於此顏子名回按古篆回字取義於水象水屈曲旋轉之形惟淵深則若是其他則順流而已故字之以子淵曾點字子皙（家語有子字）點字從占從黑小暗也皙字從析從日大明也暗者求於明猶去尺霧而覩青天也曾子名參參字當讀如參前倚衡之參故字子輿今人讀作參商之參非是冉伯牛司馬牛皆名耕蓋牛之爲用事在於耕是之取爾端木賜字子貢韓愈字退之一則取上予下獻君臣相交之義一則取卑以自牧不敢先人之意温公字君實文公字元晦非歛華就實之謂乎司馬相如字長卿長字當讀如長上之長以藺相如爲趙之上卿故云長耳藺乃賢者既同其名復效其職也牛僧孺字思黯以汲黯字長孺黯稱忠直故名取其字字取其名也范文正名仲淹字希文以王通字仲淹私謚文中子爲一代之儒故名亦取其字字則希其謚耳乃若蘇氏二子字說皆可

取法者也玩古人命字雖不同而其取義各有攸當官特舉其有關於大義者表而出之今人名理字元玉名嘉字子美不過釋文而已其視顧名思義之說果安在哉

道號

道號之稱雖起於末世然義各有取或因性急而以韋自勉或因性緩而以弦自厲有思親而號望雲有隱江湖而號散人紛然不同然皆士流則有之今也不然而胥吏之徒往往而有以號者衆也恒慮其相

同崇尚新奇有名木者號曰伴林有姓管名籥者號曰四竹穿鑿亦甚矣於義何居且習以成俗而稱謂之間有不諳大義者或責其友曰我長於汝也曷不以號稱而字我邪嗟夫孔子祖也子思孫也嘗稱仲尼明道兄也伊川弟也嘗稱伯淳蓋字之者乃所以尊之也何獨取於號乎古者相語名之質也周人尚之以字文矣末世則以號稱彌文也哉

說文

許氏說文字書之祖文公攷訂經書輒以此爲據周

是引證處甚切

說文刊板不一少有嘉者僅見宋板其字形不滿寸篆刻俱精乃徐鼎臣所書其弟楚金校正者外有包氏說文仍許氏之舊而間補臆說於下未見過人處然其中采用鐘鼎諸文亦有可取者

古今書刻

自古以竹爲簡以刀爲筆故簡牘浩繁而書用大缺其餘則金石之文如夏禹九鼎周宣石鼓之類是也至於木刻非特三代以上無之雖秦漢亦未聞唐末僅有之而未盛故宋時較正說文諸書但言唐本而不言唐刻唐版可知故葉夢得曰唐以前書籍皆寫本是也五代馮道以艱於求假木刻浸興然蘇東坡嘗云近借得漢書抄成便是貧兒暴富信斯言也木刻之盛其在宋之中葉乎官閱宋版書端楷紀倫元末 國初猶有可觀然北宋刻則有間矣嗣是而後愈盛而愈不足觀也於乎昔精而今不然者何邪蓋前所刻者皆有用之書可傳之本珍重之至宜乎其刻之精也比年以來非程文類書則士不讀而市不

鬻日積月累動盈箱篋越二三載則所讀者變於前所鬻者非其初矣是皆無益於用者安得求其刻之精乎昔人有云加災於木正爲此耳嗟夫士之窮年而習此者豈其所樂爲哉上以是取故下以是應也使爲人上者務於行而不驁於詞則士必反求諸古而游心於聖賢之學矣周禮賓興將不可復舉邪

以下附錄諸家之說

摹印法

李陽冰曰摹印之法有四功侔造化冥受鬼神謂之

神筆畫之外得微妙法謂之奇藝精於一規矩方圓謂之工繁簡相參布置不紊謂之巧

印不可僞

米元章曰畫可摹書可臨而不可摹惟印不可僞作作者必異王詵刻勾德元圖書記亂印書畫予辨出元字脚遂伏其僞木印銅印自不同皆可辨

印章制度

吾子行曰三代時無印周禮雖有璽節及職金掌其媺惡揭而璽之之說註曰璽其實手執之印也正兩

刻字如秦氏璽而不可印印則字皆反矣古人以之表信不問字反淳朴如此若戰國時蘇秦六印制度未聞淮南子人間訓曰魯君召子貢授以大將軍印劉安寓言而失詞耳漢晉印章皆用白文大不過寸許朝爵印文皆鑄盖擇日封拜可緩者也軍中印文多鑿急欲行令不可緩者也古無押字以印章爲官職信令故如此耳唐用朱文古法漸廢至宋南渡少如此者故後宋印文多繆白文印須用漢篆平正方直不可圓縱有斜筆亦當取巧寫過凡名印不可妄爲或姓名相合或加印章等字或兼用印章字曰姓某印章不若只用印字最爲正也二名者可回文寫姓下著印字在右二名在左是也單名者曰姓某之印卻不可回文寫名印内不可著氏字表德可加氏字宜審之表印字只用二字爲正式近人欲并姓字於其上曰某氏某若作姓某父古雖有此稱係他人美己卻不可入印人多好古不論其原不爲俗亂可也漢人三字印非複姓及無印字者印非名印盖字印不當用印字以亂名漢張安字幼君有印曰張幼

君右一字左二字唐呂温字化光有印曰呂化光此亦三字表德式道號唐人雖有不曾有印也白文印必逼於邊不可有空空便不古朱文印不可逼邊須當以字中空白得中處爲相去庶免印出與邊相倚無意思耳

官按吾子行集本多采楊王顏三家之說而附以己意厥後陶九成又采吾氏之說大抵大同小異

九疊篆

劉欽謨云我　朝凡印章每字篆疊皆九畫此正乾

元用九之義

圖書

陸文量曰古人於圖畫書籍皆有印記某人圖書今人遂以其印呼爲圖書正猶碑記碑銘本謂刻記銘於碑也今遂以碑爲文章之名莫之正矣

圖畫書籍識

都玄敬曰古人私印有曰某氏圖書或曰某氏圖書之記蓋惟以識圖畫書籍而其他則否今人於私刻印章槩以圖書呼之可謂誤矣

進士官銜

玄敬又曰唐宋人無有書進士於官銜之上者逮元猶然獨楊維禎廉夫當元世之季書李黼榜進士至用刻之印章蓋黼死節之臣廉夫之書之者欲自附於忠節之後其意固有在也後之人乃欲效廉夫故事者則失之矣

臨書入石法

李文正公曰所刻華山歌頗有風致但少覺肥重近時刻本自長江行以後大抵皆然第二泉詩雖骨亦不免此此雙鉤之過也凡鉤法用筆須是裹面描出盡墨而止再經摹刻方得恰好若徑於墨際著筆縱令極細自有纖毫積出便成粗厚又須得原字倒著案上惟視筆畫爲粗細庶不爲己意所亂

重碑額

吳文定公云或以碑額爲無用多不揭或碑寄工人艱於揭而置之不知碑無額如物無首爲完物乎

硯譜

古杭沈仕

記硯石

玉硯 西京雜記天子以玉爲硯取其不氷　丹石硯

水精硯 發墨如歙　白石硯 蔡州

高麗硯　紅絲石硯 紅黃相參

蘊玉石硯 會州　仙石硯 浮蓋山

紫金石硯 青州不發墨　素石硯

金雀石硯 淄州金雀山　黃石硯

鳳味硯 延平出水底　洮石硯 出臨洮

青石硯 青州　唐石硯 唐州紫色石無眼

宿石硯 宿州　戎石硯 戎州試金石

絳石硯 絳州　潍石硯

淄石硯 淄州　寧石硯 寧州

宣石硯 宣州　萬石硯 萬州懸金崖

明石硯 明州　成石硯 成州栗亭

登石硯 登州石色類歙　夔石硯 夔州如墨玉發墨

怖石硯 怖州龍壁下　瀘石硯 瀘州

吉石硯 吉州永淝　歸石硯 歸州大沱江

銀硯　鐵硯

漢祖廟瓦硯　灘硯

銅硯　澄泥硯

漆硯　古陶硯

蚌硯　銅雀硯 瓦出銅雀臺多效析開得之以爲硯

青州石末硯

硯名

龍尾　金星

羅紋　蛾眉

角浪　松紋

豆斑 並出歙之龍尾溪星者爲貴　紅絲

黑角　黃玉

褐色　鵲金黃玉石

紫金 出惠州唐彥猷作自爲天下第一質也　滋洞石 方州

綠石 化石　魯水 南海

金雀石 淄州　樂石 宿用

舌涎 相州　大沱石 歸州

角石[illegible]州　石末濰州

懸金崖石方州　熟鐵青州

澄泥虢州　駞基島石登州

玉堂

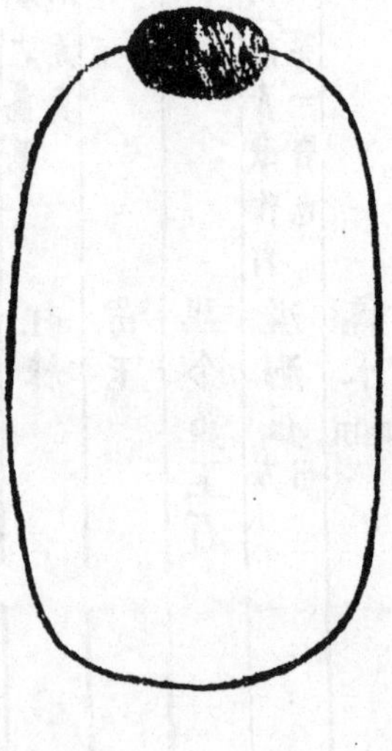

斧形

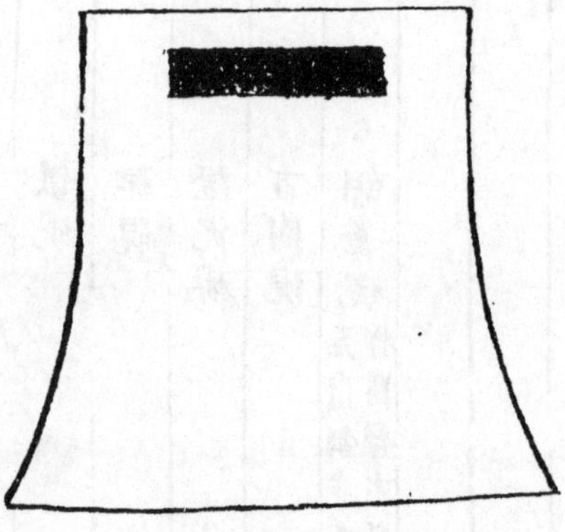

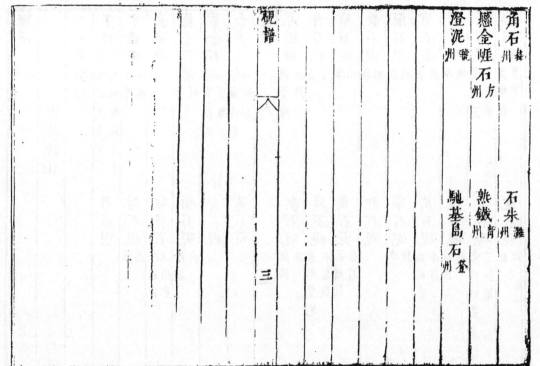

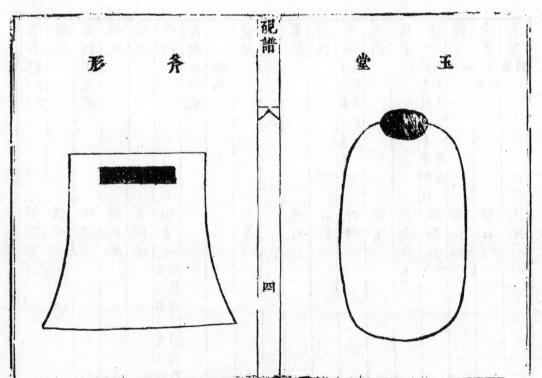

玉堂

鳳池

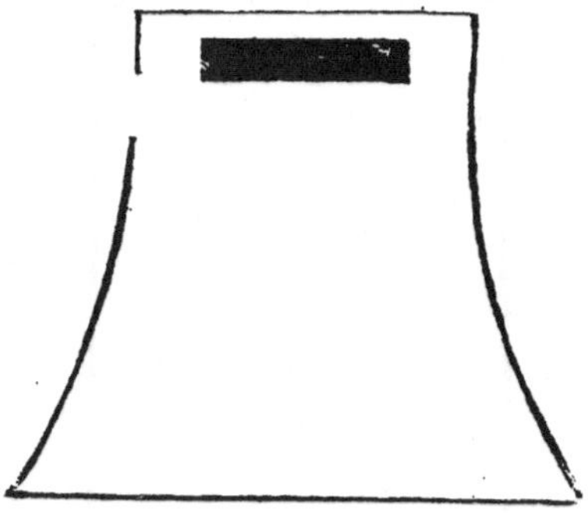

玉環

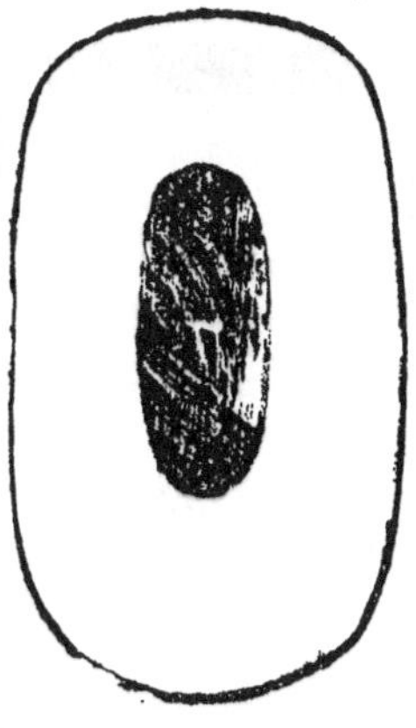

舍人

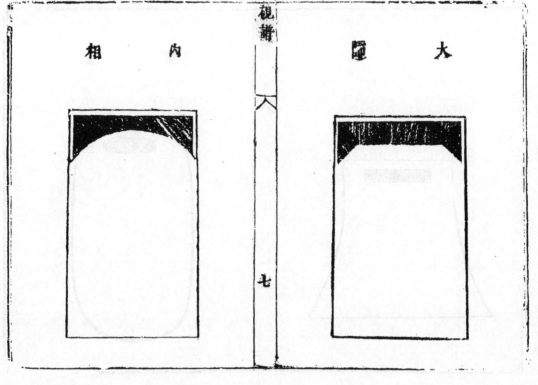

大璧

內相

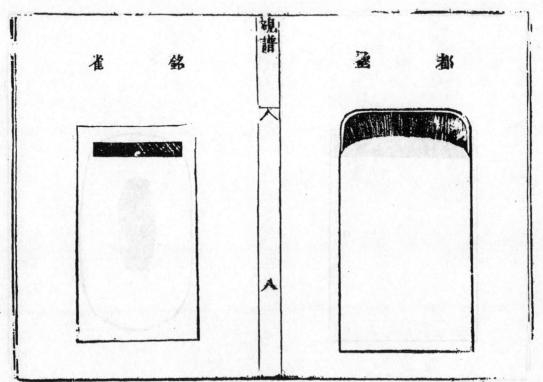

都堂

銘雀

方[illegible]

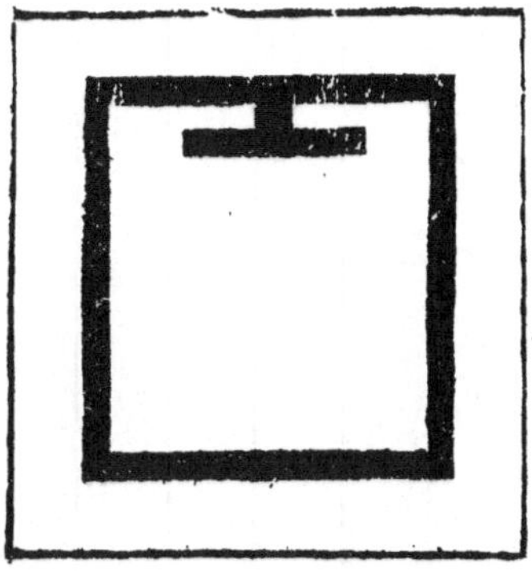

月池

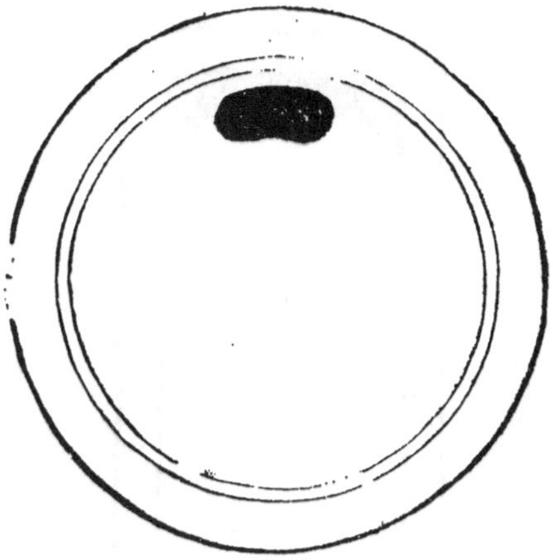

隻履

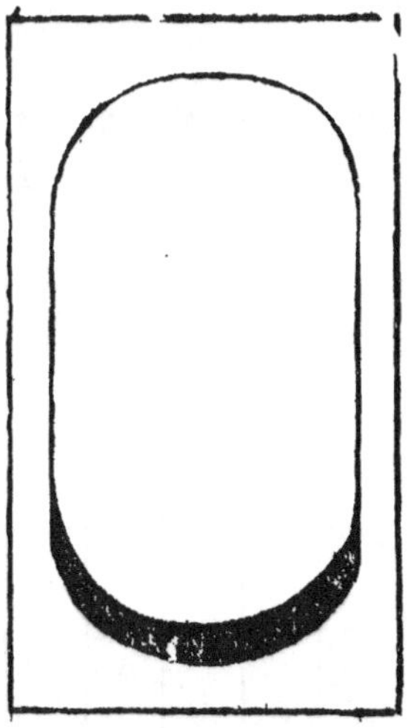

雙履

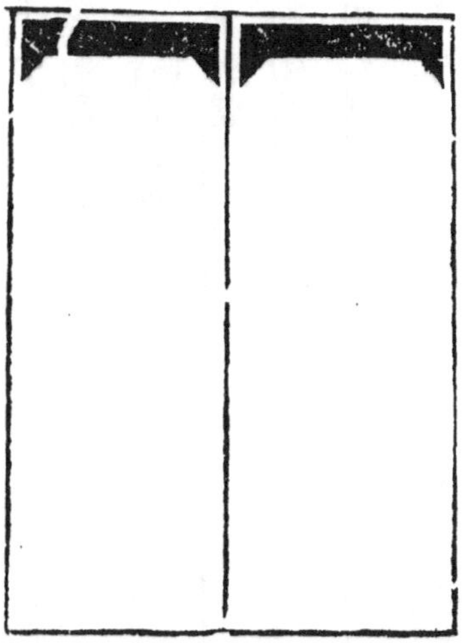

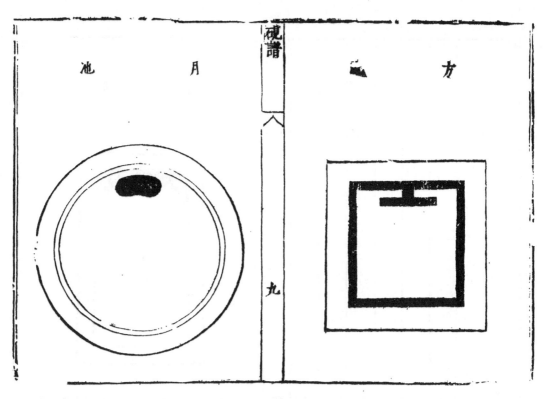

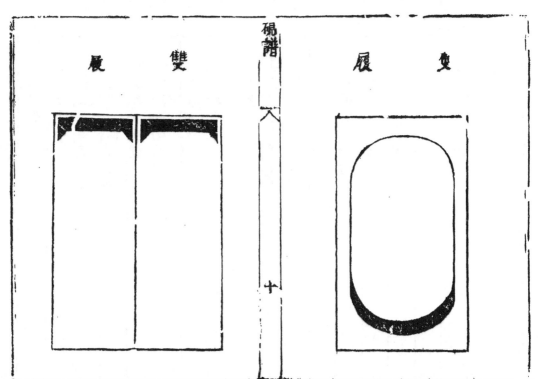

東 水

大

説郛續目録

弓第三十七

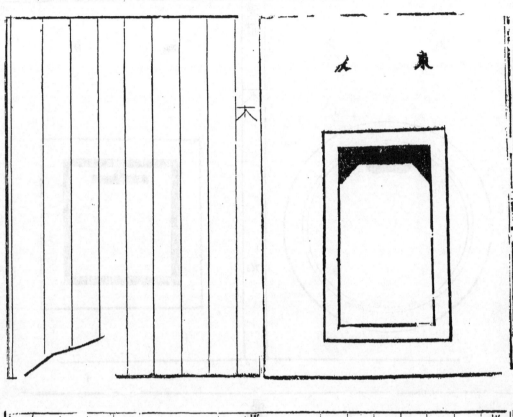

水品

吳興徐獻忠

一源

或問山下出泉曰艮一陽　二陰在下陽騰爲雲氣陰注液爲泉此理也　小空洞處空洞出泉亦理也山中本自有木脈洞壑通貫而無水脉則通氣爲風

山深厚者雄大者氣盛麗者必出佳泉水山雖雄而氣不清越山觀不秀雖有流泉不佳也

源泉實關氣候之盈縮故其發有時而不常常

涸者必雄長于群峰而深源之發也

泉可食者不但山觀清華而草木亦秀美

落也

瀑布水雖盛至不可食汛激撼盪水味已

性矣瀑字從水從暴蓋有深義也予嘗

皆泒流會合處出口有峻壁始垂挂

隻流如此者源多則流雜非佳品

瀑水垂洞口者其名曰簾指其伏

也

瀑水雖不可食流至下潭渟滙久者

深山窮谷類有蛟蛇毒沫凡流來遠者

之交蛟蛇相感其精沫多在流中食其

不食更穩

泉出沙土中者其氣盛涌或其下空洞

佳水

山東諸泉類多出沙土中有涌激吼怒如

也豹突水久食生頸癭其氣大濁

汝州水泉食之多生癭驗其水底凝濁如膠氣不清

越乃至此聞蘭州亦然

濟南王府池名珎珠泉者不待拊掌振足自浮爲珠

此氣太盛恐亦不可食

山東諸泉海氣太盛漕河之利取給于此然可食者

少故有間名甘露淘米茶泉者指其可食也若洗鉢

不過賤用爾其皂泥濁河等泉太甚不可食矣

傳記論泉源有杞菊能壽人今山中松苓雲母流脂

伏液與流泉同宫豈下杞菊浮世以厚味奪眞氣出

用之不自覺爾昔之飲杞水而壽蜀道漸通外取醯
鹽食之其壽漸减此可証
水泉初發處甚澹發于山之外麓者以漸而甘流至
海則自甘而作醎矣故汲者持久水味亦變
閩廣山嵐有熱毒多發于花草水石之間如南靖沄
水坑多斷腸草落英在溪十里内無魚蝦之類黄岩
人顧永主簿立石水穴戒人勿飲[illegible]如此類非一
天台蔡霞山爲省叅時有語云大雨勿飲溪道傍休
嗅草此皆仁人用心也

水以乳液爲上乳液必甘稱之獨重于他水
重厚者必乳泉也丙穴魚食乳液特佳煮[illegible]
上生衣而釀泗大益水流千里者其性亦重[illegible]
雲母爲膏靈長下注之流也
水源有龍處水中時有赤爥蓋其涎也不可犯晉[illegible]
嶠燃犀照水爲神所怒

二清

泉有滯流積垢或霧翳雲蓊有不見底者大惡若[illegible]
谷澄華性氣清潤必涵内光澄物影斯上品爾

山氣幽寂不近人村落泉源必清潤可食
骨石巉巖而外觀青蒼此泉之上毋也若上多[illegible]
少者無泉或有泉亦不清無不然者
春夏之交其水盛足不但蛟蛇毒沫可慮山[illegible]
經冬積者多流出其間不能無毒雨後澄寂[illegible]
言小也
泉上不交不吐葉落英悉爲腐積其下
旋轉吐納亦能敗泉
泉有滓濁須滌去之但爲覆屋作人巧者非

意
湘中記曰湘水至清雖深五[illegible]見底了了石
樗蒲矢五色鮮明白沙如霜赤岸如朝霞此異境
又別有說

三流

水泉雖清映紺寒可愛不出流者非源泉也雨澤滲
積久而澄寂爾
易謂山澤通氣山之氣待澤而通澤之氣待流而
也

老子谷神不死殊有深意源泉發處亦有谷神而混混不舍晝夜所謂不死者也

源氣盛大則注液不窮陸處士品山水上江水中井水下其謂中理然井水渟泓地中陰脈非若山泉天然出也服之中聚易滿煮藥物不能發散流通忌之可也異苑載句容縣季子廟前井水常沸涌此當是泉源止深鑿爲井爾

水記第虎丘石水居三石水雖泓渟皆雨澤之積滲竇之潢也虎丘爲闔閭墓隧當時石工多閟死山僧

泉多家常不能無穢濁滲入雖名陸羽泉與此脈通非天然水脈也道家服食忌與尸氣近若暑月憑臨其上解滌煩襟可也

四甘

泉品以甘爲上幽谷紺寒清越者類出甘泉又必山林深厚盛麗外流雖近而内源遠者

泉甘者試稱之必重厚其所由來者遠大使然也江中南零水自岷江發流數千里始澄于兩石間其性亦重厚故甘也

古稱醴泉非常出者一時和氣所發與甘露芝草同爲瑞應禮緯云王者刑殺當罪賞錫當功得禮之宜則醴泉出于闕庭鶡冠子曰聖王子德上薄太清下及太寧中及萬靈則醴泉出光武中元元年醴泉出京師唐文皇貞觀初出西城之陰醴泉食之令人壽考和氣暢達宜有所然

泉上不宜有惡木木受雨露傳氣下注善變泉味況根株近泉傳氣尤速雖有甘泉不能自美猶童蒙之性係于所習養也

五寒

泉不甘寒俱下品易謂井冽寒泉食可見井泉以寒爲上金山在華亭海上有寒穴諸咏其勝者見郡誌廣中新城縣冷泉如冰此皆其尤也然凡稱泉者未有舍寒冽而著者

溫湯在處有之博物志水源有石硫黃其泉溫可療瘡痍此非食品也黃庭内景湯谷神王乃内景自然之陽神與地道溫湯相耀列爾

予嘗有水頌云景丹霄之浩露眷幽介之浮華瓊醴

庶以消憂玄津抱而終老盖指甘寒也

泉水甘寒者多香其氣類相從爾凡草木敗泉味者不可求其香也

六品

陸處士品水據其所嘗試者二十水爾非謂天下佳泉水盡于此也然其論故有失得自予所至者如虎丘石水及二瀑水皆非至品其論雪水亦自至地者不知長桑君上池品故在凡水上其取吳松江水故惆惆非可信吳松潮汐上下故無赭泓若南泠在二

石間也潮海性滓濁豈待試哉或謂是吳江第四橋水兹又震澤東注非吳松江水也予嘗就長橋試之雖清激處亦腐梗作土氣全不入品皆過言也

張又新記淮水亦在品列淮故湍悍滓濁通海氣自昔不可食今與河合泒又水之大幻也李記以唐州栢岩縣淮水源庶矣

陸處士能辨近岍水非南零非無旨也南零洄洑淵渟清激重厚臨岍故常流水爾且混濁迥異嘗以二器貯之自晃昔人且能辨建業城下水況零岍故清濁易辨此非誕也歐陽大明水記直病之不甚詳悟爾

處士云山水上江水中井水下其山水揀乳泉水石池慢流者上其瀑湧湍激勿食之久食令人頸疾又多別流于山谷者澄浸不洩自火天至霜郊以前或潛龍蓄毒其間飲者可決之以流其惡使新泉涓涓酌之此論至確但瀑水不但頸疾故多毒沫可慮其云澄寂不洩是龍潭水此雖出其惡亦不可食論江水取去人遠者亦確井取汲多者止自乏泉處

可爾井故非品

處士所品可據及不能盡試者並列

蘄州蘭溪石下水

峽州扇子山下有石突然洩水獨清泠狀如龜形俗云蝦蟆口水

廬山招賢寺下方橋潭水

洪州西山東瀑布水

廬州龍池山水

漢江金州上游中零水

歸州玉虛洞下香溪水
商州武關西洛水
郴州圓泉水
七雜說
移泉水遠去信宿之後便非佳液法取泉中子石養之味可無變
移泉須用常汲舊器無火氣變味者更須有容量外氣不干
東坡洗水法直戲論爾豈有汲泉貯久可以子石淋數過還味者

暑中取淨子石壘盆盂以清泉養之此齋閣中天然妙相也能清暑長目力東坡有怪石供此殆泉石供也
處士茶經不但擇水其火用炭或勁薪其炭曾經燔爲腥氣所及及膏木敗器不用之古人辨勞薪之味殆有旨也
處士論煮茶法初沸水合量調之以鹽味是又厄水也

余嘗著煮泉小品其取裁于鴻漸茶經者十有三每閱一過則塵吻生津自謂可以忘渴也近遊吳興會伯臣示水品其旨契余者十有三緬視又新永叔諸篇更入神矣錢唐田藝蘅題

煮泉小品

武林田藝蘅

源泉

積陰之氣爲水水本曰源源曰泉水本作[illegible]
竝流中有微陽之氣也省作水源本作原亦作
泉出厂下厂山岩之可居者省作原泉本作[illegible]
流出成川形也知三字之[illegible]而泉之品思過[illegible]

山下出泉曰蒙蒙稺也物稺則天全水稺則味全
鴻漸曰山水上其曰乳泉石池漫流者蒙之謂也

曰瀑湧湍激者則非蒙矣故戒人勿食

混混不舍皆有神以主之故天神引出萬物而漢書
三神山嶽其一也

源泉必重而泉之佳者尤重餘杭徐隱翁嘗爲余言
以鳳凰山泉較阿姥墩百花泉便不及五錢可見
源之勝矣

山厚者泉厚山奇者泉奇山清者泉清山幽者泉
皆佳品也不厚則薄不奇則蠢不清則濁不幽則喧
必無佳泉

山不停處水必不停若停卽無源者矣旱必易

石流

石山骨也流水行也山宜氣以產萬物氣宜則脉長
故曰山水上博物志石者金之根甲石流精以生水
又曰山泉者引地氣也

泉非石出者必不佳故楚詞云飲石泉兮蔭松栢皇
甫曾送陸羽詩幽期山寺遠野飯石泉清梅堯臣碧
霄峰茗詩烹處石泉嘉又云小石冷泉留早味誠可
謂賞鑒矣

咸感也山無澤則必崩澤感而山不應則將怒而
洪

泉往往有伏流沙土中者挹之不竭卽可食不然
滲瀨之潦耳雖清勿食

流遠則味淡須深潭渟畜以復其味乃可食

泉不流者食之有害博物志山居之民多癭腫
于飲泉之不流者

泉湧出曰濆在在所稱珍珠泉者皆氣盛而脉湧
切不可食取以釀酒或有力

泉有或湧而忽涸者氣之鬼神也如劉禹錫詩[illegible]
今無湧是也否則徙泉喝水果有幻術邪
泉縣出曰沃暴灑曰瀑皆不可食而廬山水簾[illegible]
天台瀑布皆入水品與陸經背矣故張曲江廬
布詩吾聞山下蒙今乃林巒表物性有詭激坤
紛矯黙然置此去變化誰能了則識者固不食也
瀑布實山居之珠箔錦幙也以供耳目誰曰不宜

清寒

清朗也靜也澄水之貌寒洌也凍也覆氷之貌泉不

煮泉小品　三

難于清而難于寒其瀨峻流駛而清岩奧陰積而寒
者亦非佳品
石少土多沙膩泥凝者必不清寒
蒙之象曰果行井之象曰寒泉不果則氣滯而光不
澄不寒則性燥而味必嗇
氷堅水也窮谷陰氣所聚不洩則結而爲伏陰也在
地英明者惟水而氷則精而且冷是固清寒之極也
謝康樂詩鑿氷煮朝飧拾遺記蓬萊山氷水飲者千
歲

下有石硫黃者發爲溫泉在在有之又有共山一[illegible]
半溫半冷者亦在在有之皆非食品特新安黃山朱
砂湯泉可食圖經云黃山舊多黟山東峰下有朱沙
湯泉可點茗春色微紅此則自然之丹液也拾遺記
蓬萊山沸水飲者千歲此又仙飲
有黃金處水必清有明珠處水必媚有孑鮒處水必
腥腐有蛟龍處水必洞黑㜲惡不可不辨也

甘香

甘美也香芳也尚書稼穡作甘黍甘爲香黍惟甘

煮泉小品　四

故能養人泉惟甘香故亦能養人然甘易而香難未
有香而不甘者也
味美者曰甘泉氣芳者曰香泉所在間有之
泉上有惡木則葉滋根潤皆能損其甘香甚者能釀
毒液尤宜去之
甜水以甘稱也拾遺記員嶠山北甜水遶之味甜
[illegible]十洲記元沙玄澗水如蜜漿飲之與天地相畢
曰生洲之水味如飴酪
水中有丹者不惟其味異常而能延年卻疾須[illegible]

大川諸仙翁修煉之所有之葛玄少時爲臨沅令縣廖氏家世壽疑其井水殊赤乃試掘井左右得丹砂數十斛西湖葛井乃稚川煉所在馬家園後淘井出石匣中有丹數枚如芡實啖之無味棄之有色漁翁者拾一粒食之壽一百六歲此丹水尤不易得凡不淨之器切不可汲

宜茶

茶南方嘉木日用之不可少者品固有媺惡若不得其水且煮之不得其宜雖佳弗佳也

茶如佳人此論雖妙但恐不宜山林間耳昔蘇子瞻詩從來佳茗似佳人曾茶山詩移人尤物衆談誇是也若欲稱之山林當如毛女麻姑自然仙風道骨不浼烟霞可也必若桃臉柳腰宜亟屏之銷金帳中無俗我泉石

鴻漸有云烹茶于所產處無不佳葢水土之宜也此誠妙論况旋摘旋瀹兩及其新邪故茶譜亦云蒙之中頂茶若獲一兩以本處水煎服卽能祛宿疾是也

今武林諸泉惟龍泓入品而茶亦惟龍泓山爲最彼兹山深厚高大佳麗秀越爲兩山之主故其泉清寒甘香雅宜煮茶虞伯生詩但見飘中清翠影落羣岫烹煎黃金芽不取穀雨後姚公綬詩品嘗顧渚風斯下零落茶經奈爾何則風味可知矣又况爲葛仙翁煉丹之所哉又其上爲老龍泓寒碧倍之其地產茶爲南北山絕品鴻漸第錢塘天竺靈隱者爲下品當未識此耳而郡志亦只稱寶雲香林白雪諸茶皆未若龍泓之清馥雋永也余嘗一一試之求其茶泉雙絕兩浙罕伍云

龍泓今稱龍井因其深也郡志稱有龍居之非也葢武林之山皆發源天目以龍飛鳳舞之讖故西湖之山多以龍名非眞有龍居之也有龍則泉不可食矣泓上之閣亟宜去之浣花諸池尤所當浚

鴻漸品茶又云杭州下而臨安於潛生于天目山與舒州同固次品也葉清臣則云茂錢塘者以徑山稀今天目遠勝徑山而泉亦天淵也洞霄次徑山

嚴子瀨一名七里灘葢沙石上曰瀨曰灘也總謂浙江但潮汐不及而且深澄故入陸品耳余嘗淸

泊釣臺下取囊中武夷金華二茶試之固一水也武
夷則黃而燥冽金華則碧而清香乃知擇水當擇茶
也鴻漸以婺州爲次而清臣以白乳爲武夷之右今
優劣頓反矣意者所謂離其處水功其半者耶
茶自浙以北皆較勝惟閩廣以南不惟水不可輕飲
而茶亦當愼之昔鴻漸未詳嶺南諸茶仍云往往得
之其味極佳余見其地多瘴癘之氣染着草木北人
食之多致成疾故謂人當愼之要須采摘得宜待其
日出山霽露收嵐淨可也

煮泉小品 七

茶之團者片者皆出于碾磑之末既損真味復加以
垢即非佳品總不若今之芽茶也蓋天然者自勝耳
曾茶山日鑄茶詩寶銙自不乏山芽安可無蘇子瞻
壑源試焙新茶詩要知玉雪心腸好不是膏油首面
新是也且末茶瀹之有屑滯而不爽知味者當自辨
之
芽茶以火作者爲次生曬者爲上亦更近自然且斷
烟火氣耳況作人手器不潔火候失宜皆能損其香
色也生曬茶瀹之甌中則旗鎗舒暢清翠鮮明尤爲
可愛
唐人煎茶多用薑鹽故鴻漸云初沸水合量調之以
鹽味悉能詩鹽損添常戒薑宜着更誇蘇子瞻以爲
茶之中等用薑煎信佳鹽則不可余則以爲二物皆
水厄也若山居飲水少下二物以減嵐氣或可耳而
有茶則此固無須也
今人薦茶類下茶果此尤近俗是縱佳者能損眞味
亦宜去之且下果則必用匙若金銀大非山居之器
而銅又生腥皆不可也若舊稱北人和以酥酪蜀人

煮泉小品 八

入以白土此皆蠻飲固不足責
人有以梅花菊花茉莉花薦茶者雖風韻可賞亦損
茶味如有佳茶亦無事此
有水有茶不可無火非無火也有所宜也李約云茶
須緩火炙活火煎活火謂炭火之有焰者蘇軾詩
火仍須活水烹是也余則以爲山中不常得炭且
火耳不若枯松枝爲妙若寒月多拾松實蓄爲煮
之具更雅
人但知湯候而不知火候火然則水乾是試火先

試水也呂氏春秋伊尹說湯五味九沸九
紀
湯嫩則茶味不出過沸則水老而茶乏惟
衣乃得點瀹之候耳
唐人以對花啜茶爲殺風景故王介甫
莫漫煎其意在花非在茶也余則以爲
不宜矣若把一甌對山花啜之當更助
羔兒酒也
煮茶得宜而飲非其人猶汲乳泉以灌蒿
焉飲之者一吸而盡不暇辨味俗莫甚焉

靈水

靈神也天一生水而精明不淆故上天自降
靈水也古稱上池之水者非與要之皆仙飲也
露者陽氣勝而所散也色濃爲甘露凝如脂美
一名膏露一名天酒十洲記黃帝寶露洞冥記五
露皆靈露也莊子曰姑射山神人不食五穀吸風
露山海經仙丘絳露仙人常飲之博物志沃渚之
民飲甘露拾遺記含明之國承露而飲神異經西
海外人長二千里日飲天酒五斗楚詞朝飲木蘭之
墜露是露可飲也
雪者天地之積寒也氾勝書雪爲五穀之精拾
穆王東至大㠑之谷西王母來進嵰州甜雪是
也陶穀取雪水烹團茶而丁謂煎茶詩痛惜藏
堅留待雪天李虛己建茶呈學士詩試將梁
動建溪春是雪尤宜茶飲也處士列諸末品
者以其味之燥乎若言太冷則不然矣
雨者陰陽之和天地之施水從雲下輔時

和風順雨明雲甘雨拾遺記香雲遍潤則
靈雨也固可食若夫龍所行者暴而霪者
腥而墨者及檐溜者皆不可食
文子曰水之道上天爲雨露下地爲江河
故特表靈品

異泉

異奇也水出地中與常不同皆異泉也亦
醴泉醴一宿酒也泉味甜如酒也聖王在上
也刑賞得宜則醴泉出食之令人壽考

玉泉玉石之精液也山海經密山出丹水中多玉膏其源沸湯黄帝是食十洲記瀛洲玉石高千丈出泉如酒味甘名玉醴泉食之長生又方丈洲有玉石泉崑崙山有玉水尹子曰凡水方折者有玉

乳泉一鍾乳山骨之膏髓也其泉色白而體重極甘而香若甘露也

朱砂泉下產硃砂其色紅其性温食之延年卻疾

雲母泉下產雲母明而澤可煉爲膏泉滑而甘

茯苓泉山有古松者多產茯苓神仙傳松脂淪

中千歲爲茯苓也其泉或赤或白而甘香倍常又泉亦如之非若杞菊之產于泉上者也

金石之精草木之英不可殫述與瓊漿並美非凡泉比也故爲異品

江水

江公也衆水共入其中也水共則味雜故鴻漸曰江水中其曰取去人遠者蓋去人遠則澄深而無蕩漾之漓耳

泉自谷而溪而江而海力以漸而弱氣以漸而薄味以漸而醨故曰水曰潤下潤下作鹹旨哉又十洲記扶桑碧海水旣不鹹苦正作碧色甘香味美此固神仙之所食也

潮汐近地必無佳泉蓋斥鹵誘之也天下潮汐惟武林最盛故無佳泉西湖山中則有之

楊子固江也其南泠則夾石渟淵特入首品余嘗試之誠與山泉無異若吳松江則水之最下者也亦復入品甚不可解

井水

井清也泉之清潔者也通也物所通用者也法也節也法制居人令節飲食無窮竭也其淸出于陰其入入于濁其法節由于不得已脉暗而味滯故鴻漸曰井水下其曰井取汲多者蓋汲多則氣通而流活耳終非佳品勿食可也

市廛民居之井烟爨稠密汙穢滲漏特潢潦耳在郊原者庶幾

深井多有毒氣葛洪方五月五日以雞毛試投井中毛直下無毒若廻四邊不可食淘法以竹篩下水方

泉鑿井得水者亦可食
棟者其源通海舊云東風時鑿井則通海
也
若火井粉井雲井風井鹽井膠井不可
則又純陰之寒沍也皆宜知之
不可容易漱濯犯者每爲山林所憎
見淘之華故鬬新妙運當然也
八 十三
其秀而蔭若叢惡則傷泉今雖未能使瑶
拂其上而修竹幽蘭自不可少
不惟殺盡風景亦且陽氣不入能致陰損
其小者作竹罩以籠之防其不潔之侵
惟能醒味亦宜淘淨之僧家以羅
江亦取其潔也包幼嗣淨律院詩
濾泉侵月起僧簡長詩花
老園林詩濾水夜澆花

道者亦所當爾也
厨可接竹引之承之以奇
凡淨淙可愛駱賓王詩刳木取
忌
能自汲須遣誠實山童取之以免不
十瞻愛玉女河水付僧調水符取之
流焉耳故曾茶山謝送惠山泉詩舊
管
不洗之亦可以去其提盪之濁滓若其味
小品 八 十四
愈減矣
子置瓶中雖養其味亦可澄水令之不清
惠山泉詩錫谷寒泉櫥石俱是也
潔淨白石帶泉煮之尤妙尤妙
遠必失原味唐子西云茶不問團銙要之貴
江井要之貴活又云提瓶走龍塘無數十
其茶不減清遠峽而海道趨建安不數日可
茶不過三月至矣今據所稱已非嘉賞蓋建
至茶且必三月而始得不若今之芽茶于清

明穀雨之前陟采而降責也數千步取塘水較之石泉新汲左杓右鐺又何如哉余嘗謂二難具享誠山居之福也

山居之人固當惜水況佳泉更不易得尤當惜之亦作福事也章孝標松泉詩注瓶雲母滑漱齒茯苓香野客偷煎茗山僧惜淨牀夫言偷則誠貴矣言惜則不驕用矣安得斯客斯僧也而與之爲鄰耶

山居有泉數處若冷泉午月泉一勺泉皆可入品其視虎丘石水殆王僕矣惜未爲名流所賞也泉亦有

幸有不幸邪要之隱于小山僻野故不彰耳竟陵子可作便當煑一盃水相與蔭青松坐白石而仰視浮雲之飛也

茶譜

吳郡顧元慶

余性嗜茗弱冠時識吳心遠於陽羨識過養拙於琴川二公極於茗事者也授余收焙烹點法頗爲簡易及閱唐宋茶譜茶錄諸書法用熟碾細羅爲末爲餅所謂小龍團尤爲珍重故當時有金易得而龍餅不易得之語嗚呼豈士人而能爲此哉頃見友蘭翁所集茶譜其法於二公頗合但收採古今篇什太繁甚失譜意余暇日删校仍附王友石

竹爐（即苦節君像）并分封六事於後重梓於大石山房當與有玉川之癖者共之也

茶略

茶者南方嘉木自一尺二尺至數十尺其巴峽有兩人抱者伐而掇之樹如爪蘆葉如梔子花如白薔薇實如栟櫚蒂如丁香根如胡桃

茶品

茶之產于天下多矣若劒南有蒙頂石花湖州有顧渚紫筍峽州有碧澗明月邛州有火井思安渠江有

蒲片巴東有眞香福州有柏巖洪州有白露常之陽羨婺之舉巖丫山之陽坡龍安之騎火黔陽之都濡高株瀘川之納溪梅嶺之數者其名皆著品第之則石花最上紫筍次之又次則碧澗明月之類是也惜皆不可致耳

藝茶

藝茶欲茂法如種瓜三歲可採陽崖陰林紫者爲上綠者次之

採茶

團黃有一旗二鎗之號言一葉二芽也凡早取爲茶晩取爲荈穀雨前後收者爲佳粗細皆可用惟在採摘之時天色晴明炒焙適中盛貯如法

藏茶

茶宜蒻葉而畏香藥喜溫燥而忌冷濕故收藏之家以蒻葉封裹入焙中兩三日一次用火當如人體溫溫則去濕潤若火多則茶焦不可食

制茶諸法

橙茶將橙皮切作細絲一斤以好茶五斤焙乾入絲間和用密麻布襯墊火箱置茶於上烘熟淨綿被罨之三兩時隨用建連紙袋封裹仍以被罨焙乾收用

蓮花茶於日未出時將半含蓮花撥開放細茶一撮納滿蕊中以麻皮略縶令其經宿次早摘花傾出茶葉用建紙包茶焙乾再如前法又將茶葉入別蕊中如此者數次取其焙乾收用不勝香美

木樨茉莉玫瑰薔薇蘭蕙橘花梔子木香梅花皆可作茶諸花開時摘其半含半放蕊之香氣全者量其

茶葉多少摘花爲茶花多則太香而脫茶韻花少則不香而不盡美三停茶葉一停花始稱假如木樨花須去其枝蒂及塵垢蟲蟻用磁罐一層茶一層花投間至滿紙箬縶固入鍋重湯煮之取出待冷用紙封裹置火上焙乾收用諸花倣此

煎茶四要

一擇水

凡水泉不甘能損茶味之嚴故古人擇水最爲切要山水上江水次井水下山水乳泉漫流者爲上瀑湧

湍激勿食食久令人有頸疾江水取去人遠者井
取汲多者如蟹黄泥濁鹹苦者皆勿用

二洗茶

凡烹茶先以熱湯洗茶葉去其塵垢冷氣烹之則美

三候湯

凡茶須緩火炙活火煎活火謂炭火之有焰者當使
湯無妄沸庶可養茶始則魚目散布微微有聲中則
四邊泉湧纍纍連珠終則騰波鼓浪水氣全消謂之
老湯三沸之法非活火不能成也

凡茶少湯多則雲脚散湯少茶多則乳面聚

四擇品

凡瓶要小者易候湯又點茶注湯有應若瓶大啜存
停久味過則不佳矣茶銚茶瓶銀錫爲上甆石次之
耳
茶色白宜黑盞建安所造者紺黑紋如兔毫其坯微
厚熁之久熱難冷最爲要用出他處者或薄坯色異
皆不及也

茶三要

一滌器

茶瓶茶盞茶匙生鉎音星致損茶味必須先時洗潔則
美

二熁盞

凡點茶先須熁盞令熱則茶面聚乳冷則茶色不浮

三擇果

茶有真香有佳味有正色烹點之際不宜以珍果香
草雜之奪其香者松子柑橙杏仁蓮心木香梅花茉
莉薔薇木樨之類是也奪其味者牛乳番桃荔枝圓

眼水梨枇杷之類是也奪其色者柿餅膠棗火桃楊
梅橙橘之類是也凡飲佳茶去果方覺清絶雜之則
無辨矣若必曰所宜核桃榛子瓜仁藻仁菱米欖仁
栗子雞豆銀杏山藥筍乾芝麻莒蒿萵苣芹菜之類
精製或可用也

茶效

人飲真茶能止渴消食除痰少睡利水道明目益思
除煩去膩人固不可一日無茶然或有忌而不飲每
食已輒以濃茶漱口煩膩既去而脾胃健旺

凡肉之在齒間者得茶漱滌之乃盡消縮不覺脫去不煩刺挑也而齒性便苦緣此漸堅密蠹毒自已矣然率用中下茶出蘇文

茶錄

吳郡馮時可

茶一名檟又名蔎名茗名荈檟苦茶也蔎則西蜀語茗則晚取者本草荈甘檟苦羽經則稱檟甘荈苦茶尊為經自陸羽始羽經稱茶味至寒採不時造不精雜以卉莽飲之成疾若採造得宜便與醍醐甘露抗衡故知茶全貴採造蘇州茶飲徧天下專以採造勝耳徽郡向無茶近出松蘿茶最為時尚是茶始比丘大方大方居虎丘最久得採造法其後于徽之松蘿結庵採諸山茶于庵焙製遠邇爭市價倏翔湧人因稱松蘿茶實非松蘿所出也是茶比天池茶稍粗而氣甚香味更清然于虎丘能稱仲不能伯也松郡佘山亦有茶與天池無異顧採造不如近有比丘來以虎丘法製之味與松蘿等老衲亟逐之曰無為此山開羶徑而置火坑蓋佛以名為五欲之一名媒利利媒禍物且難容況人乎

鴻漸伎倆磊塊者是茶經蓋以逃名也示人以處其小無志于大也意亦與韓康市藥事相同不知者乃

謂其宿名夫羽惡用名彼用名者且經六經而經茶乎張步兵有云使我有身後名不如生前一杯酒夫一杯酒之可以逃名也又惡知一杯茶之欲以逃名也

芘莉一曰笒筤茶籠也犧木杓也瓢也永嘉中餘姚人虞洪入瀑布山採茗遇一修眞道士云吾丹丘子祈子他日甌犧之餘乞相遺也故知神仙之貴茶久矣

茶經用水以山爲上江爲中井爲下山勿太高勿多石勿太荒遠蓋潛龍巨虺所蓄毒多于斯也又其瀑湧湍激者氣最悍食之令頸疾惠泉最宜人無前患耳

江水取去人遠者井取汲多者其沸如魚目微有聲爲一沸緣邊如湧泉連珠爲二沸騰波鼓浪爲三沸過此水老不可食也沫餑湯之華也華之薄者曰沫厚者曰餑皆茶經中語大抵畜水惡其停煑水惡其老皆于陰陽不適故不宜人耳

茶疏

吳　許次忬、

產茶

天下名山必產靈草江南地煖故獨宜茶大江以北則稱六安然六安乃其郡名其實產霍山縣之大蜀山也茶生最多名品亦振河南山陝人皆用之南方謂其能消垢膩去積滯亦共寶愛顧彼山中不善製造就於食鐺大薪炒焙未及出釜業已焦枯詎堪用哉兼以竹造巨笱乘熱便貯雖有綠枝紫筍輒就萎

黃僅供下食奚堪品鬬江南之茶唐人首稱陽羨宋人最重建州于今貢茶兩地獨多陽羨僅有其名建茶亦非最上惟有武夷雨前最勝近日所尚者爲長興之羅岕疑即古人顧渚紫筍也介於山中謂之岕羅氏隱焉故名羅然岕故有數處今惟洞山最佳姚伯道云明月之峽厥有佳茗是名上乘要之採之以時製之盡法無不佳者其韻致清遠滋味甘香清肺除煩足稱仙品此自一種也若在顧渚亦有佳者人但以水口茶名之全與岕別矣若歙之松羅吳之虎

丘錢塘之龍井香氣濃郁並可雁行與岕頡頏往
次甫亟稱黃山黃山亦在歙中然去松蘿遠甚往時
士人皆貴天池天池產者飲之略多令人脹滿自余
始下其品向多非之近來賞音者始信余言矣浙之
產又曰天台之雁宕栝蒼之大盤東陽之金華紹興
之日鑄皆與武夷相爲伯仲然雖有名茶當曉藏製
製造不精收藏無法一行出山香味色俱減錢塘諸
山產茶甚多南山盡佳北山稍劣北山勤於用糞茶
雖易茁氣韻反薄往時頗稱睦之鳩坑四明之朱溪

今皆不得入品武夷之外有泉州之清源倘以好手
製之亦與武夷亞匹惜多焦枯令人意盡楚之產曰
寶慶滇之產曰五華此皆表表有名猶在雁茶之上
其他名山所產當不止此或余未知或名未著故不
及論

今古製法

古人製茶尚龍團鳳餅雜以香藥蔡君謨諸公皆精
於茶理居恒鬬茶亦僅取上方珍品碾之未聞新
若漕司所進第一綱名北苑試新者乃雀舌冰華

一夸之直至四十萬錢僅供數盂之啜何其貴也
然冰芽先以水浸已失真味又和以名香益奪其氣
不知何以能佳不若近時製法旋摘旋焙香色俱全
尤蘊真味

採摘

清明穀雨摘茶之候也清明太早立夏太遲穀雨前
後其時適中若肯再遲一二日期待其氣力完足香
烈尤倍易於收藏梅時不蒸雖稍長大故是嫩枝柔
葉也杭俗喜于盂中撮點故貴極細理煩散鬱未可

遽非吳淞人極貴吾鄉龍井肯以重價購雨前細者
狃於故常未解妙理岕中之人非夏前不摘初試摘
者謂之開園采自正夏謂之春茶其地稍寒故須待
夏此又不當以太遲病之往日無有於秋日摘茶者
近乃有之秋七八月重摘一番謂之早春其品甚佳
不嫌少薄他山射利多摘梅茶梅茶澁苦止堪作下
食且傷秋摘佳產戒之

炒茶

生茶初摘香氣未透必借火力以發其香然性不耐

勞炒不宜久多取入鐺則手力不勻久於鐺中過熟而香散矣甚且枯焦尚堪烹點炒茶之器最嫌新鐵鐵腥一入不復有香尤忌脂膩害甚於鐵須豫取一鐺專用炊飲無得別作他用炒茶之薪僅可樹枝不用幹葉幹則火力猛熾葉則易燄易滅鐺必磨瑩旋摘旋炒一鐺之內僅容四兩先用文火焙軟次用武火催之手加木指急急鈔轉以半熟爲度微俟香發是其候矣急用小扇鈔置被籠純綿大紙襯底燥焙積多候冷入缾收藏人力若多數鐺數籠人力即少

僅一鐺二鐺亦須四五竹籠蓋炒速而焙遲燥濕不可相混混則大減香力一葉稍焦全鐺無用然火雖忌猛尤嫌鐺冷則枝葉不柔以意消息最難最難

岕中製法

岕之茶不炒甑中蒸熟然後烘焙緣其摘遲枝葉微老炒亦不能使軟徒枯碎耳亦有一種極細炒岕乃采之他山炒焙以欺好奇者彼中甚愛惜茶決不忍乘嫩摘採以傷樹本余意他山所產亦稍遲採之待其長大如岕中之法蒸之似無不可但未試嘗不敢

漫作

收藏

收藏宜用磁甕大容一二十斤四圍厚箬中則貯茶須極燥極新專供此事久乃愈佳不必歲易茶須築實仍用厚箬填緊甕口再加以箬以真皮紙包之以苧麻緊扎壓以大新磚勿令微風得入可以接新

置頓

茶惡濕而喜燥畏寒而喜溫忌蒸鬱而喜清涼置頓之所須在時時坐臥之處逼近人氣則常溫不寒必

在板房不宜土室板房則燥土室則蒸又要透風勿置幽隱幽隱之處尤易蒸濕兼恐有失點檢其閣庋之方宜磚底數層四圍磚砌形若火爐愈大愈善勿近土墻頓甕其上隨時取竈下火灰候冷簇於甕傍半尺以外仍隨時取灰火簇之令裏灰常燥一以避風一以避濕却忌火氣入甕則能黃茶世人多用竹器貯茶雖復多用箬護然箬性峭勁不甚伏帖最難緊實能無滲罅風濕易侵多故無益也且不堪地爐中頓萬萬不可人有以竹器盛茶置被籠中用火即

黄除火卽潤忌之忌之

取用

茶之所忌上條備矣然則陰雨之日豈宜擅開如欲取用必候天氣晴明融和高朗然後開缶庶無風侵先用熱水濯手麻帨拭燥缶口内箬別置燥處另取小罌貯所取茶量日幾何以十日爲限去茶盈寸則以寸箬補之仍須碎剪茶日漸少箬日漸多此其節也焙燥築實包扎如前

包裹

茶疏 六

茶性畏紙紙於水中成受水氣多也紙裹一夕隨紙作氣盡矣雖火中焙出少頃卽潤鴈宕諸山首坐此病每以紙帖寄遠安得復佳

日用頓置

日用所須貯小罌中箬包苧扎亦勿見風宜卽置之案頭勿頓巾箱書簏尤忌與食器同處並香藥則染香藥海味則染海味其他以類而推不過一夕黄矣變矣

茶箋 四明聞龍

茶初摘時須揀去枝梗老葉惟取嫩葉又須去尖與柄恐其易焦此松蘿法也炒時須一人從傍扇之以袪熱氣否則黄色香味俱減予所親試扇者色翠不扇色黄炒起出鐺時置大磁盤中仍須急扇令熱氣稍退以手重揉之再散入鐺文火炒乾入焙蓋揉則其津上浮點時香味易出田子蓺以生曬不炒不揉者爲佳亦未之試耳

茶箋 一

經云焙鑿地深二尺闊一尺五寸長一丈上作短墻高二尺泥之以木構於焙上編木兩層高一尺以焙茶茶之半乾昇下棚全乾昇上棚愚謂今人不必全用此法予嘗構一焙室高不踰尋方不及丈縱廣正等四闈及頂綿紙密糊無小罅隙置三四火缸於中安新竹篩於缸内預洗新麻布一片以襯之散所炒茶於篩上闔戶而焙上面不可覆蓋蓋茶葉尚潤一覆則氣悶罨黄須焙二三時俟潤氣盡然後覆以竹箕焙極乾出缸待冷入器收藏後再焙亦用此法色

香與味不致大減

諸名茶法多用炒惟羅岕宜於蒸焙味眞蘊藉世竸珍之卽顧渚陽羨密邇洞山不復倣此想此法偏宜於岕未可槩施他茗而經已云蒸之焙之則所從來遠矣

吳人絕重岕茶往往雜以黃黑箬大是闕事余每藏茶必令樵青入山採竹箭箬拭淨烘乾護罌四週半用剪碎拌入茶中經年發覆青翠如新

吾鄉四陲皆山泉水在在有之然皆淡而不甘獨所

謂宅泉者其源出自四明潺湲洞歷大闌小皎諸名岫迴溪百折幽澗千支沿洄漫衍不舍晝夜唐鄞令王公元偉築埭它山以分注江河自洞抵埭不下三數百里水色蔚藍素砂白石粼粼見底清寒甘滑甲於郡中余愧不能爲浮家泛宅送老於斯每一臨泛浹旬忘返携茗就烹珍鮮特甚洵源泉之最勝甌犧之上味矣以僻在海陬圖經是漏故又新之記罔聞季疵之杓莫及遂不得與谷簾諸泉齒譬猶飛遁吉人滅影貞士直將逃名世外亦且永托知稀矣

山林隱逸水銚用銀尚不易得何况鍑乎若用之恒而卒歸於鐵也

茶具滌畢覆於竹架俟其自乾爲佳其拭巾只宜拭外切忌拭內蓋布帨雖潔一經人手極易作氣縱器不乾亦無大害

吳興姚叔度言茶葉多焙一次則香味隨減一次予驗之良然但於始焙極燥多用炭箬如法封固卽梅雨連旬燥固自若惟開壜頻取所以生潤不得不再焙耳自四五月至八月極宜致謹九月以後天氣漸

肅便可解嚴矣雖然能不弛懈尤妙尤妙

東坡云蔡君謨嗜茶老病不能飲日烹而玩之可發來者之一笑也孰知千載之下有同病焉余嘗有詩云年老耽彌甚脾寒量不勝去烹而玩之者幾希矣因憶老友周文甫自少至老茗碗薰爐無時蹔廢飲茶日有定期旦明晏食禺中餔時下春黃昏凡六舉而客至烹點不與焉壽八十五無疾而卒非宿植清福烏能畢世安享視好而不能飲者所得不旣多乎嘗畜一龔春壺摩挲寶愛不啻掌珠用之旣久外類

紫玉内如碧雲眞奇物也後以殉葬

按經云第二沸留熱以貯之以備育華救沸之用者名曰雋永五人則行三盌七人則行五盌若遇六人但闕其一正得五人卽行三盌以雋永補所闕人故不必別約盌數也

茶解

古鄞羅廪

按唐時產茶地僅僅如季疵所稱而今之虎丘羅岕天池顧渚松羅龍井鴈宕武夷靈山大盤日鑄朱溪諸名茶無一與焉乃知靈草在在有之但培植不嘉或疏採製耳

茶地南向爲佳向陰者遂劣故一山之中美惡大相懸也

茶園不宜加以惡木惟桂梅辛夷玉蘭玫瑰蒼松翠竹與之間植足以蔽覆霜雪掩映秋陽其下可植芳蘭幽菊清芬之物最忌菜畦相逼不免滲漉滓厥眞

凡貯茶之器始終貯茶不得移爲他用

烹茶須甘泉次梅水梅雨如膏萬物賴以滋養其獨甘梅後便不堪飲大甕滿貯投伏龍肝一塊卽中心乾土也乘熱投之

貯水甕須置陰庭覆以沙石使承星露則英華不靈氣常存假令壓以木石封以紙箬暴於日中則

耗其神内閉其氣水神敝矣

李南金謂當用背二涉三之際爲合量此眞賞鑒言而羅鶴林懼湯老欲於松風澗水後移瓶去火少待沸止而瀹之此語亦未中窾殊不知湯既老矣雖去火何救哉

茶爐或瓦或竹大小與湯銚稱

採茶製茶最忌手汗膻氣口臭多涕不潔之人及月信婦人又忌酒氣蓋茶酒性不相入故製茶人切忌沾醉

茶解　二

茶性淫易於染着無論腥穢及有氣息之物不宜近卽名香亦不宜近

山堂夜坐汲泉煮茗至水火相戰如聽松濤傾瀉入杯雲光艷潋此時幽趣故難與俗人言矣

茶色白味甘鮮香　撲鼻乃爲精品茶之精者淡白濃亦白初潑白　貯亦白味甘色白其香自溢三者得則俱得也近來好事者或慮其色重　注之投茶數片味固不足香亦窅然終不免水厄之誚然尤貴擇水香以蘭花上蠶荳花次

爲泉旋汲用之斯良丙舍在城夫豈易得故宜多汲貯以大甕但忌新器爲其火氣未退易於敗水亦易生蟲久用則善最嫌他用水性忌木松杉爲甚木桶貯水其害滋甚挈瓶爲佳耳

茶解　三

羅岕茶記

西江熊明遇

産茶處山之夕陽勝於朝陽廟後山西向故稱佳總不如洞山南向受陽氣特專稱僊品

茶産平地受土氣多故其質濁岕茗産於高山渾是風露清虚之氣故爲可尚

茶以初出雨前者佳惟羅岕立夏開園吳中所貴梗觕葉厚有蕭箬之氣還是夏前六七日如雀舌者佳最不易得

藏茶宜箬葉而畏香藥喜温燥而忌冷濕收藏時先用青箬以竹絲編之置罌四週焙茶俟冷貯器中以生炭火煅過烈日中曝之令滅亂插茶中封固罌口覆以新磚置高爽近人處霉天雨候切忌發覆須於晴明取少許別貯小缾空缺處即以箬填滿封置如故方爲可久或夏至後一焙或秋分後一焙

烹茶水之功居六無泉則用天水秋雨爲上梅雨次之秋雨冽而白梅雨醇而白雪水五谷之精也色不能白養水須置石子於甕不能益水而白石清泉會心亦不在遠

茶之色重味重香重者俱非上品松羅香重六安味苦而香與松羅同天池亦有草莱氣龍井如之至雲霧則色重而味濃矣嘗啜虎丘茶色白而香似嬰兒肉眞精絶

茶色貴白然白亦不難泉清缾潔葉少水洗旋烹旋啜其色自白然眞味抑鬱徒爲目食耳若取青緑則天池松蘿及岕之最下者雖冬月色亦如苔衣何足爲妙莫若余所收洞山茶自穀雨後五日者以湯薄

澣貯壺良久其色如玉至冬則嫩緑味甘色淡韻清氣醇亦作嬰兒肉香而芝芬浮蕩則虎丘所無也

岕茶牋

北海馮可賓

一序岕名

環長興境產茶者曰羅嶰曰白巖曰烏瞻曰青東曰顧渚曰篠浦不可指數獨羅嶰最勝環嶰境十里而遥爲嶰者亦不可指數嶰而曰岕兩山之介也羅氏居之在小秦王廟後所以稱廟後羅岕也洞山之岕南面陽光朝旭夕輝雲滃霧浡所以味迥別也

一論採茶

雨前則精神未足夏後則梗葉大粗然茶以細嫩爲妙須當交夏時看風日晴和月露初收親自監採入籃如烈日之下又防籃内鬱蒸須傘蓋至舍速傾淨籃薄攤細揀枯枝病葉蛸絲青牛之類一一剔去方爲精潔也

一論蒸茶

蒸茶須看葉之老嫩定蒸之遲速以皮梗碎而色帶赤爲度若太熟則失鮮其鍋内湯須頻換新水蓋熟湯能奪茶味也

一論焙茶

茶焙每年一修修時雜以濕土便有土氣先將乾柴隔宿薰燒令焙内外乾透先用粗茶入焙次日然後以上品焙之焙上之簾又不可用新竹恐惹竹氣又須匀攤不可厚薄如焙中用炭有烟者急剔去又宜輕搖大扇使火氣旋轉竹簾上下更换若火太烈恐糊焦氣太緩色澤不佳不易簾又恐乾濕不匀須要看到茶葉梗骨處俱已乾透方可并作一簾或兩簾置在焙中最高處過一夜仍將焙中炭火留數莖於

灰燼中微烘之至明早可收藏矣

一論藏茶

新淨磁罈周廻用乾箬葉密砌將茶漸漸裝進搖實不可用手捺上覆乾箬數層又以火炙乾炭鋪罈口紮固又以火煉候冷新方磚壓罈口上如潮濕宜藏高樓炎熱則置涼處陰雨不宜開罈近有以夾口錫器貯茶者更燥更密蓋磁罈猶有微罅透風不如錫者堅固也

眞廣

茶雖均出於岕有如蘭花香而味甘過霉歷秋開罎烹之其香愈烈味若新沃以湯色尚白者眞洞山也若他嶰初時亦有香味至秋香氣索然便覺與眞品相去天壤又一種有香而味澁者又一種色淡黃而微香者又一種色青而毫無香味者又一種極細嫩而香濁味苦者皆非道地品茶者辨色聞香更時察味百不失一矣

一論烹茶

先以上品泉水滌烹器務鮮務潔次以熱水滌茶葉

水不可大滾滾則一滌無餘味矣以竹筯夾茶于滌器中反覆蕩去塵土黃葉老梗淨以手搦乾置滌器內蓋定少刻開視色青香烈急取沸水潑之夏則先貯水而後入茶冬則先貯茶而後入水

一品泉水

錫山惠泉武林虎跑泉上矣顧渚金沙泉德清半月泉長興光竹潭皆可

一論茶具

茶壺窑器爲上錫次之茶杯汝官哥定如未可多得則適意者爲佳耳

或問茶壺畢竟宜大宜小

茶壺以小爲貴每一客壺一把任其自斟自飲方爲得趣何也壺小則香不渙散味不耽閣況茶中香味不先不後只有一時太早則未足太遲則已過的見得恰好一瀉而盡化而裁之存乎其人施于他茶亦無不可

茶宜

無事　佳客　幽坐　吟咏　揮翰

徜徉　睡起　宿醒　清供　精舍

會心　賞鑒　文僮

茶忌

不如法　惡具　主客不韻　冠裳苛禮

葷肴雜陳　忙冗　壁間案頭多惡趣

茶寮記

雲間陸樹聲

園居敞小寮于嘯軒埤垣之西中設茶竈凡瓢汲罌注濯拂之具咸庀擇一人稍通茗事者主之一人佐炊汲客至則茶烟隱隱起竹外其禪客過從余者每與余相對結跏趺坐啜茗汁舉無生話終南僧明亮者近從天池來餉余天池苦茶授余烹點法甚細余嘗受其法于陽羨士人大率先火候其次候湯所謂蟹眼魚目參沸沫浮沉以驗生熟者法皆同而僧所

烹點絕味清乳面不黟是具入清淨味中三昧者要之此一味非眠雲跂石人未易領略余方遠俗雅意禪棲安知不因是遂悟入趙州耶時杪秋既望適園無諍居士與五臺僧演鎮終南僧明亮同試天池茶于茶寮中

茶寮記

茶事

雲脚乳面

凡茶少湯多則雲脚散湯少茶多則乳面浮

茗戰

建人謂鬭茶爲茗戰

茶名

一曰茶二曰檟三曰蔎四曰茗五曰荈楊雄注云蜀西南謂茶曰蔎郭璞云早取爲茶晩爲茗又爲荈

候湯三沸

茶經凡候湯有三沸如魚眼微有聲爲一沸四向如湧泉連珠爲二沸騰波鼓浪爲三沸則湯老

秘水

唐秘書省中水最佳故名秘水

火前茶

蜀雅州蒙頂上有火前茶最好謂禁火以前採者後者謂之火後茶

五花茶

蒙頂又有五花茶其房作五出

文火長泉

顧況論茶云前以文火細烟小鼎長泉

報春鳥

顧渚山茶記山中有鳥每至正月二月鳴云春起也至三月四月云春去也採茶者咸呼爲報春鳥

酪蒼頭

謝宗論茶豈可爲酪蒼頭便應代酒從事

漚花

又曰候蟾背之芳香觀蝦目之沸湧故細漚花泛浮餑雲騰皆俗塵勞一啜而散

換骨輕身

陶弘景云若茶換骨輕身昔丹丘山黄山服之

花乳

劉禹錫試茶歌欲知花乳淸冷味須是眠雲跂石人

瑞草魁

杜牧茶山詩云山實東吳秀草稱瑞草魁

白泥赤印

劉禹錫試茶歌云何況蒙山顧渚春白泥赤印走風塵

茗粥

茗古不聞食晉宋已降吳人採葉煑之曰茗粥

湄

一人品　[illegible]人與茶品相得故[illegible]
[illegible]泉石磊塊胸次間者

二品泉
泉以山水爲上次江水井水次之井取多汲者
汲多則水活然須旋汲旋煮汲久宿貯味減鮮冽

三煎點

煎用活火候湯眼鱗鱗起沫餑鼓泛投茗器中初入湯
少許俟湯茗相投即滿注雲脚漸開乳花浮面則味全
[illegible]驟則乏味過熟則味昏底滯

四嘗茶
茶入口先灌漱須徐咽俟甘津潮舌則得眞味雜他
果則香味俱奪

五茶候
[illegible]靜室明窗曲几僧寮道院松風竹月晏坐行吟
[illegible]把卷

六茶侶
翰卿墨客緇流羽士逸老散人或軒冕之徒超
[illegible]味者

七茶勳
除煩雪滯滌酲破睡譚客書倦是時茗椀策勳不
凌煙

焚香七要　臞仙

香爐

爐以宣銅潘銅彝爐乳爐如茶盃式大者爲適用他觀

香盒

用剔紅蔗段錫胎者以盛黄黒香餅法製香磁盒用定窯或饒窯者以盛芙蓉萬春甜香倭香合三子五子者用以盛沉速蘭香棋楠等香外此香撞亦可矣

遊行惟倭撞爲宜

爐灰

以紙錢灰一斗加石灰二升水和成團入大竈中燒紅取出又研絕細入爐用之則火不滅忌以雜火惡炭入灰炭𥻘則灰死不靄入火一蓋即滅対奇者用茄蒂燒灰等說大過

香炭墼

以鷄骨炭碾爲末入葵葉〈葵花少加糯米粥湯和之以大小鐵塑槌擊成餅以堅爲貴燒之可久或以紅花楂代葵葉或爛棗入石灰和炭造者亦妙

隔火砂片

燒香取味不在取煙香烟若烈則香味漫然頃刻而滅取味則味幽香馥可久不散須用隔火有以銀錢明瓦片爲之者俱俗不佳且熱甚不能隔火雖用玉片爲美亦不及京師燒破砂鍋底用以磨片厚半分隔火焚香妙絕燒透炭墼入爐以爐灰撥開僅埋其半不可便以灰擁炭火先以生香焚之謂之發香欲其炭墼因香爇不滅故耳香焚成火方以筯埋炭墼

四面攢擁上蓋以灰厚五分以火之大小消息灰上加片片上加香則香味隱隱而發然須以筯四圍直搠數十眼以通火氣週轉炭方不滅香味烈則火大矣又須取起砂片加灰再焚其香盡餘塊用瓦合起可投入火盆中薰焙衣裳

靈灰

爐灰終日焚之則靈若十日不用則灰潤如遇梅雨則灰濕而滅火先須以别炭入爐煖灰一二次方入香炭墼則火在灰中不滅可久

匙筯

匙筯惟南都白銅製者適用製佳瓶用吳中近製短頸細孔挿筯下重不仆者似得用耳

說郛續目錄

弓第三十八

觴政

楚　袁宏道

余飲不能一蕉葉每聞鑪聲輒踴躍遇酒客與留連飲不竟夜不休非久相狎者不知余之無酒腸也社中近饒飲徒而觴容不習大覺鹵莽夫提衡糟丘而酒憲不修是亦令長之責也今採古科之簡正者附以新條名曰觴政人爲飲客者各收一帙亦醉鄉之甲令也荷葉山樵識

一之吏

凡飲以一人爲明府主斟酌之宜酒懦爲曠官謂冷也酒猛爲苛政謂熱也以一人爲録事以糾坐人須擇有飲材者材有三謂善令知音大戶也

二之徒

酒徒之選十有二欵于詞而不佞者柔于氣而不靡者無物爲令而不涉重者令行而四座踴躍飛動者聞令即解不再問者善雅謔者持曲爵不分愬者當盃不議酒者飛斝騰觚而儀不愆者寧酣沉而不傾潑者分題能賦者不勝盃杓而長夜興勃勃者

三之容

飲喜宜節飲勞宜靜飲倦宜詼飲禮法宜瀟洒飲亂宜繩約飲新知宜閒雅真率飲雜糅客宜逡巡卻退

四之宜

凡醉有所宜醉花宜晝襲其光也醉雪宜夜消其潔也醉得意宜唱導其和也醉將離宜擊鉢壯其神也醉文人宜謹節奏章程畏其侮也醉俊人宜加觥盂旗幟助其烈也醉樓宜暑資其清也醉水宜秋泛其爽也一云醉月宜樓醉暑宜舟醉山宜幽醉佳人宜

微酡醉文人宜妙令無苛酌醉豪客宜揮觥發浩歌醉知音宜吳兒清喉檀板

五之遇

飲有五合有十乖涼月好風快雨時雪一合也花開釀熟二合也偶爾欲飲三合也小飲成狂四合也初鬱後暢談機乍利五合也日炙風燥一乖也神情索莫二乖也特地排當飲戶不稱三乖也賓主牽率四乖也草草應付如恐不竟五乖也强顔爲歡六乖也華履板摺謏言往復七乖也刻期登臨濃陰惡雨八

乖也飲湯遠緩廹暮思歸九乖也客佳而有他期妓
讙而有別促酒醉而易炙美而冷十乖也
六之候
歡之候十有三得其時一也賓主久間二也酒醇而
主嚴三也非觥罍不謳四也不能令有耻五也方飲
不重膳六也不動筵七也錄事貌毅而法峻八也明
府不受請謁九也廢賣律十也廢替律十一也不恃
酒十二也歌兒酒奴解人意十三也不歡之候十有
六主人吝一也賓輕主二也鋪陳雜而不敘三也室
觴政　八　三
暗燈暈四也樂澀而妓驕五也議朝除家政六也迭
謔七也興居紛紜八也附耳囁嚅九也蔑章程十也
醉嘮嘈十一也坐馳十二也平頭盜甕及偃蹇十三
也客子奴囂不法十四也夜深逃席十五也狂花病
葉十六也飲流以目睚者爲狂花目睡者爲病葉其
他歡賞害焉例當叱出害馬者語言下俚面貌麁浮
之類
七之戰
户飲者角觥兕氣飲者角六博局戲趣飲者角譚鋒
者角詩賦樂府神飲者角盡累是曰酒戰經云
百戰而勝不如不戰無累之謂也
八之祭
凡飲必祭所始禮也今祀宣父曰酒聖夫無量不及
亂觴之祖也是爲飲宗門配以阮嗣宗陶彭澤王無
功邵堯夫十哲曰鄭文淵徐景山稽叔夜劉伯倫向
子期阮仲容謝幼輿孟萬年周伯仁阮宣子而由巨
源胡母彦國畢茂世張季鷹何次道李元忠賀知章
李太白以下祀兩廡至若儀狄杜康劉白墮焦革輩
觴政　八　四
皆以醞法得名無關飲徒姑祠之門垣以旌釀客亦
猶校宮之有土主梵宇之有伽藍也
九之典刑
曹參蔣琬飲國者也陸賈陳遵飲達者也張師亮寇
平仲飲豪者也王元達何承裕飲儁者也蔡中郎飲
而文鄭康成飲而儒淳于髡飲而俳廣野君飲而辯
孔北海飲而肆醉顛法常禪飲者也孔元張志和仙
飲者也楊子雲管公明玄飲者也白香山之飲適蘇
子美之飲憤陳暄之飲駭顔光祿之飲矜荆卿灌夫

之飲怒信陵東阿之飲悲諸公皆非飲派直以與寄所托一往摽譽觸類廣之皆歡塲之宗工飲家之繩尺也

十之掌故

凡六經語孟所言飲式皆酒經也其下則汝陽王甘露經酒譜王績酒經劉炫酒孝經貞元飲畧竇子野酒譜朱翼中酒經李保續北山酒經胡氏醉鄉小畧皇甫崧醉鄉日月侯白酒律諸飲流所著記傳賦誦等爲内典蒙莊離騷史漢南北史古今逸史世說顏

觴政　八　五

氏家訓陶靖節李杜白香山蘇玉局陸放翁諸集爲外典詩餘則栁舍人辛稼軒等樂府則董解元王實甫馬東籬高則誠等傳奇則水滸傳金瓶梅等爲逸典不熟此典者保面甕腸非飲徒也

十一之刑書

色驕者墨色媚者劓伺順氣者宮語含機顐者械沉思如負者鬼薪梗令者決遁狂率出頭者憮嬰罪人冠愆儀者共艾畢謹未闌乞去者非對履衣皆罪人罵坐三等青城旦舂故沙門島浮托酒狂以雪使爲高乂驅其黨效尤者大辟

十二之品第

凡酒以色清味冽爲聖色如金而醇苦爲賢色黑味酸醨者爲愚以糯釀醉人者爲君子以臘釀醉人者爲中人以巷醪燒酒醉人者爲小人

十三之杯杓

古玉及古窰器上犀瑪瑙次近代上好瓷又次黄白金叵羅下螺形鋭底數曲者最下

十四之飲儲

觴政　八　六

下酒物色謂之飲儲一清品如鮮蛤糟蚶酒蟹之類二異品如熊白西施乳之類三膩品如羔羊子鵞炙之類四果品如松子杏仁之類五蔬品如鮮筍早韭之類

以上二款聊具色目下邑貧士安從辦此政使瓦盆蔬具亦何損其高致也

十五之飲飾

棐几明牕時花嘉木冬幕夏陰繡裙藤席

十六之歡具

楸枰高低壺觥籌骰于古鬥崑山紙牌羯鼓冶童女侍史鸚鵡沉茶具以候渴者吳箋宋硯佳墨以候詩賦者石公見酒錢輒醉乃欲以白衣領醉鄉乎夫披堅執鋭非將不武而將將者不然留侯狀貌如女子未可謂非萬人敵也石公曉暢飲畧深入酒解糟丘伯業不得不與吾黨共推之丘坦䟦

附贖刑

有青州從事以袁中郎先生觴政寄余余喜其嚴簡而正飲輒與俱間出示客客弗省也曰歎塲勝地安用司空城旦書乎夫妄呼擊柱隆準公且厭苦之乃法酒遂廵遂至莫敢仰視彼客如公榮者幾人烏在觴之可以無政也顧中郎以捄世鑄刑書持法頗峻余謂肉刑廢久矣畫冠草纓履屝艾韠又如塗羮木胾終無食理政以觴名而功令不稟於康狄奚其爲政哉昔穆天子作贖刑準于世輕世重之意今二三

如巳酣暢桮杓之間而以刑爲政則虛也以贖爲刑則實也請以呂刑之意附中郎之律而行假五齊以寄三章之約俾奉憲者不疑於徙木而骫法者不玩於蒲鞭雖使白衣尸糟丘盟可矣例成示客客皆曰善遂附之末簡

十七之贖刑

墨之贖伯雅一囚飲

劓之贖蠡一鼓而牛飲

宮之贖舌一與三騶對飲

[illegible]之牘青衣行酒
鬼薪之牘長跽徧壽坐客
決遞之牘子斗酒生彘肩
懵嬰之牘視劓仍作一聲驢鳴
艾畢視宮去驂鼓缶而歌
菲屨之牘行炙時賜餘瀝
三等視械仍自浮大白二
城旦舂視鬼薪須明府予自新錄事報可乃得還坐
沙門島決遞仍自唱挽歌

大辟之牘浮以鴟夷竟席不齒

石約法十三條耳綱目不踈吞舟是漏引經合例存乎其人然中郎之律如是余不欲多之温温恭人守而勿失刑措不用可也戊申長至書于獨歡齋中瑯琊周京野王補撰張秋閱定

中郎酒評

劉元定如雨後鳴泉一往可觀苦其易竟陶孝若如俊鷹獵兔擊搏有時方子公如游魚狎浪喁喁終日丘長孺如吳牛齧草不大利快容受頗多胡仲修如徐孃風情追念其盛時劉元質如蜀後主思鄉非其本情袁平子如五陵少年說劍未識戰場龍君超如德山未遇龍潭時自着勝地袁小修如狄青破崑崙關以奇服衆

丁未夏日與方子公諸友飲月張園以飲户相角

因爲評

文字飲

甬東屠本畯

文字飲者非軒轝非幽貞而軒轝而幽貞也夫鵬搏鷃搶登輿逍遥韵士騷人不殊風雅其人皆考槃衡泌之居所談盡幽討撰微之事飪烹漿餽具表性真于唱喁隨各發天籟不任于相不泥于游其斯之謂文字飲乎系之詩曰爰采苦南山下考槃碩人吾于處爰采蘭以代櫝考槃碩人不素餐白雲從松石朋霞液瓊脂洵素封貽我瓊玖意彌甚分何以報之文字飲分

飲人

名流　勝士　韵人　可見

真率　忘機

飲地

花前　林下　小閣　幽館

泛舟　流觴

飲候

花時　筍時　魚時　清秋

新綠　紅葉　積雪

飲品

數品　小品　點心　出新

薄粥　肉湯　果羹

飲趣

清談　度曲　圍爐　吹簫

友造　妙令　吟成

飲助

賞古玩　新醸熟　瓶花粲爛　茗椀

放爆　爇名香　誦名言　名酒遠將

酸湯　澡身

飲禁

累日　再旦　苦勸　避酒

談隱微　作清態

飲闌

欹枕　散步　踞石　分韵

擊磬　投壺　岓中

醉鄉律令

錢塘田藝衡

序曰皇甫子奇作醉鄉日月條刺飲事三十篇自謂酒史之董狐矣第其叙述稍冗肯綮弗章讀之不能無遺恨焉予也陸沉丘壑託契麴生晨夕相從情好甚篤惜其風味久涸于俗子而品詠未罄于高賢也取皇甫氏之意而芟繁撮要易其未然而補其未備著爲醉鄉律令一篇庶使湎身濡首者有所禁而不濡齊聖溫克者有所循而益謹爾嗟乎選勝賞心能無崇飲千鍾百榼貴在德將在昔賢豪咸非情者酒中之趣先得我心予誠有味于酒乎聊以韜精光澆磊落耳

醉鄉之宜十有一

醉花宜晝　醉雪宜夜
醉月宜樓　醉暑宜舟
醉山宜幽　醉水宜秋
醉佳人宜微酡　醉文士宜妙令酌無苛
醉豪客宜揮觥發浩歌　醉將離宜鳴鼉
醉知音宜樂侑語無它

酒徒之選十有二

款於辭而不佞者　愉於色而不靡者
怯猛飲而惜終懽者　撫物爲令而不涉重者
聞令即解而不再問者　善戲謔而不虐者
語便便而不亂者　持屈爵而不分愬者
偕衆樂而惡外囂者　飛斝騰觚而德儀無愆者
坐端凝而神爽逸者　寧酣沉而不傾瀉者

酒所不懽之候十有四

主人吝　賓輕主
會客不投　殽核雜陳而不序
妓嬌而樂澁　譊家常議朝除
迭詼諧　刻觴政
錄事不綱　興居紛紜
附耳囁語　苛章程而驟牛飲
醒木訥而醉勞曹

小酒令

錢塘田藝蘅

古有令圃芝蘭一卷庭萱譜一卷小酒令一卷紀集所載咸極精妙未易枚舉余嘗與騷墨淸酣頗窮雅令偶記數種因筆左右聊供笑談非敢曰文字飲也

秋宵賞月忽輕雲翳之因爲四聲令曰雲掩皓月以羽觴飛巡仍擊缶四聲爲韻催之一韻不叶者罰一觴不成句者罰四之座客可錄者有曰天朗氣烈曰秋爽興發曰蟾皎桂馥曰風冷露潔曰情美醉極蓋

不許重出一字故難之也最後一妓名玉蟾者曰行酒唱曲莫不大加稱賞以爲用常言合調不孤雅會可謂俊姬也

一日酒所談杜子美大麥行云大麥乾枯小麥黄婦女行泣夫走藏東至集壁西梁洋問誰腰鎌 與羌其意蓋本于漢之童謠也謡曰小麥青青大麥枯誰當穫者婦與姑丈夫何在西擊 時正麥秋將至海寇方猖軍民擊倭婦女耕穫頗合此景因舉以爲令一人曰小麥青青大麥齊誰當穫者母與妻丈夫何在西擊氏一人曰小麥青青大麥黄誰當穫者婦與娘丈夫何在西擊羌一人曰小麥青青大麥嚛誰當穫者姑與嫡丈夫何在北擊耿余曰諸君對酒空談尚含倭 而不敢攻擊何况于望風而不逃避赴敵而不敗北者哉因得句曰小麥青青大麥多誰當穫者婦與婆丈夫何在東擊倭又曰小麥青青大麥垂誰當穫者母與姨丈夫何在西擊 咸曰姨何可以當婦余笑曰此小姨塡房也蓋座上客有大姨夫作小姨夫者故戲之衆發一笑合席各賞一觴又曰小

麥青青大麥蒼誰當穫者婦與嫜丈夫何在南擊漳咸訝曰漳何以當擊余曰漳州人正賊首也時適有福建人在席衆皆撫掌絶倒一寧波客曰小麥青青大麥有誰當穫者婦與母丈夫何在東擊守咸曰何也曰本府太守貪酷害民狠如倭賊十倍故當擊之衆又哄然一人曰小麥青青大麥豐誰當穫者婦與翁丈夫何在西擊 咸笑曰婦翁何可以共事乃曰鄰有子從戍者而無母其公遂淫其媳故云然耳皆人笑而散

座間舉杜牧之詩烟籠寒水月籠沙夜泊秦淮近酒家商女不知亡國恨隔江猶唱後庭花爲令余曰烟籠寒水月籠原夜泊秦淮近酒村商女不知亡□恨隔江猶唱詠金門有日月籠坻近酒司玉交枝有日月籠川近酒船鷓鴣天有日月籠汀近酒亭柳稍青又月籠濠近酒曹月兒高此重一月字故罰一觥又月籠洲近酒樓楚天秋余曰諸令皆佳或於后主不切耳乃終之曰烟籠寒水月籠沚夜泊秦淮近酒市商女不知亡國悲隔江猶唱朝天子衆既賞余而又以不調罰余于是更歌曰烟籠寒水月籠津夜泊秦淮近酒鄰商女不知亡國恨隔江猶唱綵樓春盖用臨春結綺樓之事也而客之玉交枝獨切玉樹云

楊大年有閒忙令云世上何人最號閒司諫拂衣歸華山世上何人最號忙紫微失却張君房客與爲令禁用故事但以常言行之或曰云云閒順風順水下平灘云云忙過關過堺搶頭航或曰云云閒極品歸家又有錢云云忙參官溺急沒處覓衆大笑曰此眞忙矣余曰世上何人號最閒娼家孤老包過年世上

何人號最忙婦女偷情夫進房衆又大笑稱妙

奕問

吳郡王世貞

余既與李時養論奕歸而臆數其人與品手書貽之乃其事有奇而未可據者因再疏一通爲奕問俟後博考傳記毋妨再續也

問叚柯古所載鳩摩羅什爲人奕起子空處皆作龍鳳形信乎曰其人奕品下至八九道或可誘而成耳不然什公亦姑幻障人耳目無是理也問顧思言三十三着而勝神頭王信乎曰一說日本上也奕至三

十三着而决勝所謂通神者也其猶在坐照上乎師言於品不登第一而攻之史古未有神頭國而日本王由來不入朝將無好事者爲此勢以附會其說乎未可必也問孤山老姥之說信乎曰或有之然非積薪之自爲神也好事者假神而抑積薪之語也所謂指示以攻守刼殺之方甚畧曰是子可敎以常勢耳其抑積薪可見也問一行於張燕公宅見積薪奕遂與之爲敵且曰念貧道四句乘除語人人盡爲國手信乎曰有之一行神於數者也神於數則可以觸

其曰四語乘除人人國手非也問陸子靜一悟河圖數而勝國手信乎曰其徒假一行事而神其師之誣也子靜奕品甚下今不覩其遺文若葛藤而胡以能悟也問范甯兒之勝王抗信乎曰有之抗重而甯纖也甯兒以有心待抗而抗以無心待甯兒猶之乎司馬仲達之於孔明也且此一局耳未可定也問滑能之事信乎曰能暴死耳奕者之神其說也是天人者勝能而何又假能也問王質爛柯之說信乎曰不然也堯至今三千六百年耳度不能十局也則爲神仙

者曷壽焉問劉仲甫之高王積薪兩道也祝不疑之高仲甫一道也晉士明之高仲甫兩道也信乎曰果爾則積薪而上有四道矣仲甫之高積薪也其持論也自爲高者也不疑士明之高仲甫也乘瑕者也二子用壯而仲甫用衰也問王粲陸瓌之覆局信乎高品哉曰惟仲甫與顏倫亦能之此善記者也非與於品者也問孟堅之有旨也應瑒之有勢也馬融曹攄王粲劉恢蔡洪梁宣之有賦也李尤之有銘也高品哉曰唯永嘉林生有集焉而品第五也此工於文者

也非異乎品者也問吾子何如曰猶之乎數子而已

奕

奕問　八　三

奕旦評

何章馮元仲

今夫奕之爲數小數也然非天子不刑非天子而聖人不甚至仙佛尚有勁敵上帝亦取能罪奕豈戔戔者事哉吾儕小人上不能交赤松及羨門下不能朋擊壤友木石顧惛惛然務方罫之間變唐亂虞使孤山老姥踉蹌風馳鳩摩羅什勃窣緇廬王仲宣顧師言輩奇剝紋楸上世有韓岳程李以目皮相恐長訶之血讐哉乃退而作奕旦評

奕旦評　八　一

評曰凡制必原所始不忘本也今追尊陶唐氏有虞氏爲奕帝如酒帝之都醉鄉草聖之君書苑也丹朱撫軍商均監國其爲奕王明適統也奕秋通國之善奕者也有吹笙過者不知奕道是語也齊東乎不得不以此道推鼻祖也祖衜七歲入高品奕中天士也王粲覆局不誤一道奕中神人也王積薪槃局馬鬣間徵道上餅餌奕中魁宿也滑能爲上帝所取奕中香案吏也王中郎坐隱林道人手談陸象山悟河圖人中辯才也蘇養直今日讓老夫一着李巖老四脚

棋盤人數局我始一局鍾山道士持棋隱語彼亦不敢先此亦不敢先及坡公喜敗奕中之樞下史漆園吏也班固奕旨皮日休奕原劉瑒奕勢張擬十三經王弇州奕旨奕問詳哉乎其言之未盡也王季重奕律其嚴乎銘則李尤啓則任孝恭品序則沈約至杜牧元積張喬劉禹錫以詩著馬融蔡洪王粲曹攄梁武梁宣諸人以賦著懿歟鑠哉言人人殊皆奕中之文人才子也齊高棋圖二卷王延昭棋論一卷劉仲甫忘憂集三卷棋勢則尹洙二卷徐徹七卷王子冲

十卷沈敞十卷馬朗廿九卷天監棋品一卷則柳惲著也棋勢重元圖一卷則玄機子著也九品序錄共六卷則范汪著也金谷九局譜一卷則徐鉉著也棋圖一卷圖手綱格一卷圍棋故事一卷則我高皇帝著也他若石室秘傳橘叟玄談秋仙遺譜適情錄奕萃搜玄玉局藏機以及奕微奕選奕正皆奕中之鴻生鉅儒也奕中有三老五更如祖納之忘憂李訥之弄子忘恚陳亞之手寒呵子武陵王曅之破获阮茂弘之局切亦急袁羌之不輟尹文子之愉智

[illegible]茂名之立覩到溉之低睡似懸庛搥是也奕中國士如殷仲堪之能看梁武之素工丁晉公之酷好蔡頴葉濤之等妙是也奕中有伉俠如王大令之窺豹何尚之之救諸徹是也奕中有達伯如阿戎之視奕阮嗣宗之決賭是也奕中有通人如毛經之目視棋局耳聽決獄謝太傅之與過賭墅費偉之對戲無倦張茂先之推枰袁虎之𠋫易義是也奕中有梟將甘夫子在西京爲天下第一有選首江霦中輿第一有都匠羅蘢獨步當時有筭博士褚思莊巧遲有干

里豹王抗速思取勢有人中龍則吳之嚴子卿馬恩明爾時呼爲奕聖是也乃若不韻則王司空與子爭道擔夫也沈之才弄經被決衆囚也黃會直管黔江鄉愿也荆公不如且已贏師也崔慰祖辭枇宿猾也謝弘微投局于地古鄉碎劉樹頭司馬行酒叟遐鈍漢也乃若肯人者流則羊玄保補郡弄臣也王叔文侍東宮婦寺也陳遂償博倍僕也侯筭路如安重贏賈豎也亂局如陳保守錢虜也僞輸如李道古故抽如孔熈光不死不生如賈玄啅伎子也乃若五禁者

管子役具者陶荆州迷風者賈誼見智者淮南曠日者韋曜役心者李畋惜寸陰者王隱之不解着棋擔糞者林和靖非撮囊則朽人非白丁則吠夜犬也是皆俗物來敗人意者也乃若方外張倩永嘉山二道士橘中二叟孤山老姥婦女二童爛斧柯仙仙乎奕也鳩摩羅什空虛起子作龍鳳形法遠禪師升座說法禪戲奕也張清精敏龍吐棋經銳牙龍角奕之鬼董狐也評止乎未也於古吾庚得二十四人於 明吾得廿又九人名不可得而聞者二人不落姓氏者

奕旦評　　四

一人漢末則馮翊山子道王九眞郭豊曹太祖也晉氏季則王敬豫也宋則宋文徐羨之也齊則柳世隆蕭曄子良也梁則朱异王休仁夏赤松及湘東王也魏則范甯兒李彪也吳則皇象書趙達數等輩爲八絶一也北燕則樂杪也唐則顧師言在大中初行子至三十三着勝神頭國王今所傳鎮神頭是也宋則劉仲甫祝不疑晉士明與李慈（即重恩）王憨也此吾得廿四人于古者也　明興江陰相子樓得達（鄞人）開其源而正德之李文正楊文襄喬莊簡士大夫中之冠冕也嘗是時吾四明范洪稱國手而至所稱永嘉派者有鮑一中李冲周源徐希聖若而人爲之冠新安派則有汪曙程汝亮方子謙若而人爲之冠京師派則有顏倫善李釜若而人爲之冠釜卽將養顏卽決局不差一道者也八閩有蔡學海四明有岑小峰及六合之王玄所廣陵之方渭津此其人俱入夜臺矣最後無爲州則有雍皞如能以收着勝人新安則吕存吾蘇爾瞻雅熟勢而許敬仲乃與蘇稱敵手宣州則李紹梅永嘉則僧鄭野雪三楚則李賢甫及宗室

奕旦評　　五

朱玉亭吳則范君甫范在王玄所下其局極大棄取變幻爲諸人冠惜哉收局無成耳王局小但善守而能收局王乃極高之低手范乃極低之高手也凡此數人唯方范朱以資得方朱巧而善戰頗屈于大局益巧可加于不已若至遇大敵則巧無所施矣其餘皆以苦心鑽仰熟勢而成雖工亦小大都人工有餘天巧不足皆第二流人也而林符卿遂出而爲諸人冠符卿嘗與余言四海之內不知幾人稱帝幾人稱王非徒勝我者不可得卽論敵手覷其無人吾不取

法于人與譜而以棋稱爲師即神仙復出自三子而上不敢多讓矣雍與林吾見其人矣吾聞其語矣他則未見其人也此吾得廿有九人於明者也瑯琊宛委載有闕陳生暘方生武不甚表著此二人者吾得其姓矣名不可得而聞也有遊僧與樓同時能勝江陰相子不落姓氏於人間者也是皆奕中之散聖無所庸吾評者也評止矣前吾而起者吾得而評之後吾而起者吾不得而評之也評已復有奕難亦有引

附奕難

奕難設爲問答而寓言焉如客難賓戲烏有亡是類也然者倣諸難經蓋荅曰也未俱殿棋中語作後勁則余竊取之矣嬾民次牧氏識

難曰從前十九路云何而有所住然余其返之太素且道黑白未分時一着落在什麽處難曰方四聚五花六持七云何肇于一然余其太虛爲室着時自有輸贏着了並無一物難曰舉棋不定作伏抵巇何以披之然余亦烏能知林麓隱隱晏漢離離入類狡兎之繞丘乍似戲鶴之干霓難曰子胡不精而很登絕巘馳峻坂然余損之又損寧學步蹇歸效顰醜女難曰子胡不脫胎換骨逼人咄咄然余不知四伐九伐飾遁僞疑聲手俱發難曰子胡不突圍橫行乘快指揮然余不發殺機祇解閉門作活不解奪角衝圍難曰子胡不深其壘伏萬矢出不出止不上然余幸逃于東奔西靡勝固欣然敗亦可喜難曰子胡不設詐坑屈人兵然余不捺奇贏與世爭唯其無所爭故能入于不死不生難曰子北矣胡不仰人鼻息太呼求救然余不近華胄怯呵詬寧當機不讓頻戰累鬪難曰子胡不工十三篇妙稱手傳然余何暇焉混沌譜但欲眼背與邊韶敵手今被陳搏饒先難曰子胡不埽爾軌塞爾兌閉目不視然余行行且止不有博奕者乎爲之猶賢乎巳

奕律 計四十條

越 王思任

約法三章

笞 每一十贖銀五釐罪止笞五十

杖 每一十贖銀一分六十起罪至杖一百

徒 徒作愚徒之徒每一年贖銀三錢不贖侍坐一年罪止徒三年至總徒不准贖終身侍坐不許對奕

斷罪依新頒律

凡斷奕間之罪皆須具依新頒本律不得以意爲

奕律 一

出入違者笞五十

纂注本律乃具載本條之律也若故出故入則有心舞文矣故笞之

殺人

凡殺棋除威逼人致死者擬議定奪威逼人者杖八十其謀殺故殺鬬毆殺劫殺戲殺誤殺過失殺自盡殺造畜蠱毒殺及採生折割人俱登時殺死勿論

纂注威逼人致死者或敵家搶換叫罵敲拍或旁人咻閧溷亂指點則被殺者出於嗔憤不得已而情有可原故當擬議定奪而威逼者仍杖八十以懲之若夫謀殺者則智出其上而定計以殺之也故殺者則力出其上而決意以殺之也鬬毆殺者則兩相格殺而殺之也劫殺者因打劫而殺之也戲殺者偶爾游兵鬬之而亦弄假成真以殺之也誤殺者彼無可殺之理我無殺彼之心原爲此塊而忽然誤殺彼塊也過失殺者在彼原不當殺而或脩補自錯官着自滿因其過失而殺之也自盡殺者非過非失明明活棋而必欲自盡以至於殺也造畜蠱毒殺者捐數子與之食因而毒殺之也採生折割者彼已生矣或投截其間而割殺其數子也以上數項非人有大力則我原不能將誰尤乎故曰登時殺死勿論也

擄掠

凡見已大敗輒敢擄掠圖賴人者杖一百徒三年仍坐贓一百二十貫其激變溷局有所規避者杖

奕律 二

八十徒二年偶失者不坐

纂注見敗而擄掠爲羞惡之心實有混賴之意必徒創而又坐贓則計窮而姦杜矣若激變者出於有心躲閃或落子亂局或敲局亂道是亦擄掠之漸也故徒僅稍減之然無心偶錯則不必坐矣

白晝搶奪

凡白晝搶奪人棋杖九十徒二年半強悔者杖七十哀悔者笞五十聽悔一次仍紀過罰一子

纂注言白晝則燈下在其中搶奪者謂人侍子未下或下子未定而遽從手中奪之以起其子也情雖強而實則竊故徒懲之強悔杖七十惡其張也若哀悔者尚有輸服之意笞之而聽悔一次所以示憐又必記過罰子以責其改所以示法律可謂寬嚴並濟矣

事發在逃

凡局已分勝負因而挾憤逃去不終者杖一百總徒四年

〔纂注〕擄掠猶聽人之揶揄在逃則不復施已之面目況云挾憤是剛而昧耻者吾非斯人之徒與而誰與

公取竊取皆爲盜

凡公取竊取皆以盜論公取杖七十徒一年半竊取杖六十徒一年仍計贓科罰錢一子加三等

〔纂注〕公取當人前而潤取之也竊取乘人背而竊取之也公取甚於竊取故加重然耻莫耻於盜故皆三倍罰之也

威力制縛人

凡挾威力拆擊人棋而制縛之者杖一百罷局不叙恐嚇人者笞四十

〔纂注〕此與威逼不同威謂威勢力謂氣力挾者如挾貴挾尊挾長挾淼挾慣挾嬌之類拆則不上悔人之棋擊則不待人奕之定制者拘也縛者細也是必欲以强取勝而拘細之使不得動也律惡强故杖一百雖勝不叙恐嚇人如口稱決殺之類亦亂人觀聽者并笞之

奏對不以實

凡奏對詐欺不以實告者杖一百

〔纂注〕奏對即應答也詐欺不以實告謂敵或他有應酬問着何着而故詭言以哄之也此自可耻事查出杖以一百亦痛快人心矣

詐爲瑞應

凡詐爲瑞應詐稱死亡詐喜詐悲詐驚詐乞暗邀人心者各笞五十

〔纂注〕瑞與遂同詐爲遂應原不欲應之而故爲應狀以哄其着也詐稱死亡原未必即殺而故云已殺以懈其着也詐喜者未勝而自賀詐悲者未失而預愁詐驚者有陡然一悟之意詐乞者有無故索憐之情是數者心甚苦勞態俱鄙猥然詐僞與强竊有間故僅笞以五十也

那移出納

凡將出納之子暗中那移者杖六十隱蔽者罪同夾帶飛詭者杖八十徒二年

〔纂注〕出納之子即在局中之子也那移則非其原着矣隱蔽者或以袖遮或以手影俱係弊端故俱杖以六十至夾帶飛詭則亡而爲有東而西弊大而爲盜矣故當杖八十徒二年也

教唆詞訟

凡教唆者杖八十把持喝令扛幇扶同者杖九十罷局不叙願終者聽該着立案不行

〔纂注〕奕如兩家之訟父之曲直自見乃旁觀人代爲之奕何爲也教唆以言語把持喝令則以强力扛幇扶同則以串謀矣故杖有不同而罷局則一願終者聽聽被害之人願終也所敘之着斷然不

許依用也

詐教誘人犯法

凡詐教誘人犯法至死者杖九十若左使殺人者杖一百

[纂注]詐教與左使情同而事異詐教則可信而可疑稍驚覺則不隨其術中左使則爲彼而爲此至死亡猶不知其就裡故一杖九十而一杖百也

庸醫殺傷人

凡庸醫見人棋子有病初無故害之情不按方術强爲鍼刺因而致死者杖六十終身不許行術

[纂注]庸醫乃低棋之别名方術即奕譜之正法雖有救人之心而甚有殺人之着杖以六十而禁其終身奕棋當自謂不寃也

術士妄言禍福

凡旁觀原無確見而恣口得失代人驚喜者笞五十

[纂注]得失者其口之妄也驚喜者其色之妄也勞而取厭忠而被謗何報如之當笞五十

漏洩軍情大事

凡旁觀將機密重情及緊關事務漏洩而又代爲打點者杖一百顯相告語者杖九十隱者杖八十以手足聲氣者杖七十色目者杖六十

[纂注]重情則係一局之利害緊關則係一着之存亡豈宜漏洩而又代爲打點是既爲之開提又爲之畫策則對局者難與故杖一百顯相告語如云其處當補某處當棄公然無憚豈可爲訓隱者如西南風緊且管自家之類言雖含糊大要點破矣故杖八十至於手足聲氣色目之類猶有畏心故因其淺深而分杖之多寡也

同行知有謀害

凡同行知他人有謀害而輒相告戒者杖六十

[纂注]此條重同行二字與旁觀不同曰謀害則着中已見以其同行也故罪止於杖六十而杖止於告戒也告戒如泥云詳慎從容之類

宮内忿爭

凡對局時兩相忿爭者各杖七十本日罷局不叙

[纂注]奕本雅戲而忿爭則惡道矣本日不叙所以冀兩家之悔悟而平其他日之情也

立子違法

凡下子須正大明白若翻混起倒觀望者俱以違法論笞五十

[纂注]翻者翻安其上而不落混者混界其中而不明起倒者既放復取而不決觀望者察言觀色而不定皆陋品也笞五十允宜矣

囑託公事

凡囑託人代謀代數者笞四十代者罪亦如之

〔纂注〕此條明顯

罵人

凡罵人者笞一十互相罵者各笞一十

〔纂注〕罵人者罵局也如云臭矢之類

搬做雜劇

凡奕時腐吟優唱手舞足蹈覩聽狂惑者俱笞五十

〔纂注〕數者不惟撓亂人心抑且佚蕩巳志故笞之

奕律　八　七

守支留難

凡奕棋久持不下令人悶待過一刻者笞一十若本當議疑未及半刻而故催促以亂之者笞二十

〔纂注〕笞久持所以剏滯慝也笞催促所以警聒鬧也

冒支

凡正着官着須一遞一着敢有乘忙冒支多着者杖八十

〔纂注〕此條明顯

遺失物

凡數棋誤將棋道遺失者即當自還違者笞五十

〔纂注〕如棋塊散碎或花做誤遺應當明白說還豈可隱昧此條爲數五數十而設

收留迷失子

凡數棋偶然迷失一子許收留作數不許徑起違者笞三十

〔纂注〕迷失自當留算徑起則圖倖少故笞之此條爲一子而設

公事失錯

凡因公事偶錯即自覺舉許紀過罰二子改正其已經應次者不許改換

〔纂注〕公事失悞豈無錯失即刻檢舉方許罰三子改正然此爲敵人未應者言也若已經應央則不聽其換矣是亦兩平之道

奕律　八　八

檢踏災傷

凡局中檢起死子須面同清理違者杖六十若非死子而作死子本九子而作十子者杖八十被傷人慍慚不肯看拾者杖七十

〔纂注〕面同淸理則無有後言子數責實則不敢虛報律意無非所以杜爭也

事畢不放回

凡事畢不即輸服而苦留再奕者杖七十

〔纂注〕事畢即局終之謂所奕乃歪纏之情故當杖七十

謀反

凡曾經投師輸拜而忽然拒敵不肯饒服者以謀反論但列子杖一百總徒四年止係平交昔弱今強者彼此增減勿論

〔纂注〕律意止重師字如曾經學奕輸拜則雖青出於藍亦當木思其本如輒敢對壘驕抗不須與奕但列勢子即當杖一百總徒四年所以懲倍惡而正終身也若平交則彼此互饒增減勿論也

私和

凡奕棋有犯不即舉發而同罪相抵以私和者杖八十仍盡本法

〔纂注〕同罪相抵如各掛一局各悔一着之類

禁止迎送

凡奕棋不許迎送違者笞一十

〔纂注〕迎送則心志不專爭托有漸故笞之

上言大臣德政

凡以奕語事貴長巧爲稱頌者杖七十或隱惡退敗有所圖爲者杖一百

〔纂注〕稱頌至巧止欲取人之悅有爲詐敗則將行己之私一發一險故分別杖之

誆騙

凡棋力高出人上而故求對着減饒誆賭人財物者杖六十計饒子之力每一子加一等財物追入官若止求省力匿不盡長者笞二十棋力本低而不服饒及妄欲饒人者各杖八十

〔纂注〕原可饒而必欲對原可多而必求少誘人輕賭是爲誆騙既杖之矣而又計子加等追財物入官庶其罪乃盡也若但求省力而不盡所長雖屬詐情猶有謙意僅笞之而已至不服饒與必欲服饒人者皆不量力之妄人也故均杖之

侵占街道

凡棋子不由棋路而欲多挨一子希圖箕賴者以侵占論杖八十

〔纂注〕此條明顯

冒破物料

凡敲棋碎子或因爭奪而致傷他物者杖六十責令賠償係已者勿論

〔纂注〕此條明顯

造作不如法

凡棋局俱要間闊鮮明故不如法希圖熘人者杖

六十限三月内改造違者杖一百

〔纂注〕此條明顯

辯明冤枉

凡奕棋犯罪果出冤枉而旁人不爲辯明者杖八十

〔纂注〕此條重旁人而設或主儒敵强或跡似實非俱要旁人代爲伸雪而律之委曲亦至矣

起解金銀足色

凡奕所賭進務要足色足數如低假短少每三錢徒一年賭飲食者亦如之

〔纂注〕此條明顯

市司評物價

凡博進不便而以他物抵償者赴市司評估不實者杖八十强抵者同罪

〔纂注〕博進不便謂所博之貲不便也他物如書畫扇疊之類市司卽旁人也不實兼低昂而言

虛出通關

凡銀物不持而徒寫欠券者杖八十受者減一等若彼此對支者杖六十

〔纂注〕此條明顯

貢舉非其人

凡奕須其人相當若故爲貢舉而實陷害之者杖六十

〔纂注〕貢舉卽推遜之意其人卽奕棋之人也若大相懸絶而必欲其奕雖未嘗誆騙之而亦戲弄之矣况戲弄之乂卽與誆騙之心乎故曰陷害之也杖六十宜矣

化外人有犯

凡奕律須行天下係我同志者各當遵守如化外人聽其有犯不用此律

〔纂注〕化外人乃負固不服而必犯此律者是夷狄也於夷狄直縱之麾之而已何足較焉

詩牌譜

吳興王良樞編

牙牌式

牌六百扇廣六分厚一分以一面刻字一面空白其字聲平仄以硃墨別之椿牌一扇長準詩牌二刻曰詩伯

平聲字二百飾以硃

天風雲烟霞霄霜晴陰明
泉山峯坡湖沙波川溪江
堤磯汀池園村堦家洲巖

涯巒濱田郊丘泉方塵東
西南流春秋冬凉時光陽
年晴和淒宵昏花梅松桃
梧桐城蘋枝芳蘿枯荷林
苔蘆香蒼蓮華葩蘭茅英
笻茶笙人君仙翁僧童樵
賓漁情懷心神頭思襟愁
亭臺窗橋樓庭齋居門扉
扃軒廬闌堂鄰菲扶皆能
因親陳安難觀玄然偏何
過藏長相忘空沉生揚踪
橫開斜離憂臨攜歸眠還
題遊當迎閒吟歌來尋堪
悲如侵黃清紅聲浮輕滋
殘成令深邊平中高低前
孤雙飄搖多隨痕連新留
傾凭凝分窮容重從微揮

續增平聲一百字

遲餘穿移迴叢鳴垂收聞
敲翻同無舍通悠休求飛
鷄啼[redacted]魚禽鶯蜂鴻舟
帆簾燈琴樽棋杯屏衣囊
詩鍾壺碪觴裳絃車巵書
丈巾屣醪濃輝稀芬頻群
喧繁憐妍懸翩稍紛狂依
青乘投驚登籠層柔稠舒

音三鮮矜虛凄蕭嬌遥樓
佳吹寬環斑攀間千歡終

仄聲字二百飾以墨

有對與畔紫鳳久喜侶渚
聚戶洒友海採蚕生夏響
此境嶺杳逈萼錦漸積媚
未曙朗北桂麗劒裊愛峻
縱萬翫面宿乍淨盛郭岫
袖覆茂蔭艷逐倏玉列拂

發忽結酌薄陌隔合雜襯
巳得許處閣是倚纔耳理
子舉五解舞載待引淺遣
少皓雅笋把寡兩仰想賞
往久九首後覽掩送鳳弄
呼寄遂事味遇最慨凝恨
歎戀羨嘯意口屋轉向悵
濯逸髮澙闊絕閣說寺舘
燕棹檻桄榻酒席笛帶釣

曲艇鷺鴈鵠鳥蝶雪霧日
露水月院洞苑澗浪路石
塢壑徑野谷岸地沼砌小
一賞聽奏古不半笑飲吐
臥欲杖達短起眺老遍綠

續增仄聲一百字

映照裏疊獨點數寂幾共
趣片泛亂落訪影度蘚浸
冷出舞斷上白淡夢畫擊

應放外滿入望碧近遠擁
下醉立詠傍去爽更色樂
靜渺韻似逺到散墜若急
在正好聳隱見氣動暗勝
棲轉破秀捲唱謝細夕雨
景暮夜午暖晚曉晝霽欸
驟

分牌式

凡分牌均爲四分每一百扇以一人爲詩伯執備牌

內取一扇以字畫數到某人次第取用以紙筆令詩伯掌之各人所得之韻所立之題即先附錄防換詩成錄之然細評優劣

分韻式

如四牌既分詩伯信手取牌二扇每人與一扇作韻先用平字平字若孤却用仄字仄字又孤傍坐人就於詩伯分內信手摘取一扇作韻若再孤再換若三得韻孤者准荒牌

立題式

凡立題先將自己所得之牌通察字意其中多山峰洞石澗壑之類則立山景題或多江蘋湖草烟浦漁磯則立水村釣題其他或林泉田野城市樓臺春秋曉暮之類遍宜辯體詳意立題後告令詩伯錄訖然後鋪牌

用字式

凡遇一字兩音其平仄可兼用者任意如欲用重疊字者但下一牌留一空以下一字讀作二字或如古詩云休教枝上啼啼時驚妾夢又如樹頭樹底覓殘紅一片西飛一片東之恁意下一片二留二空是也

借字式

借字可否俱聽詩伯字有三借一曰借音如清作青半作泮畔之義音同形近者方許二曰加減如鋪作金蓮作車西作洒水作冰止許用大加減小不可用小加減大三曰勻和如花柳風月人皆好用未鋪之前訖過俱許通借其字一個或二三個留空寫補

較勝式

詩既成矣待詩伯錄訖然後衆人徐議次第不許强

分妍醜偏任己以傷斯文之會

品第式

詩有四等七言六言五言四言也有三品上中下也上品者貼題貫理聯句切當成於一氣中品者語句清奇首尾貫串全無俗俚句字下品者題體不失平仄和暢意味平平其他事實雜亂首尾斷續雖聲可誦亦作荒牌

賡奇式

凡詩已成勝負已畢有能將自己前牌攪亂更立題一

名仍用前韻詩成雖十數首皆依格得賞不許盜用前詩相連三字否則以荒牌論

翻新式

且如甲乙詩成賞罰已畢丙丁看出甲乙牌內詩意未盡卽能代彼鋪出好詩者共賞罰止較甲乙丙丁不預詩伯

和韻式

如賞罰已訖看彼牌內題韻與我牌內字意相協者令詩伯將他題韻錄記明白借來將我牌依他題韻

轃成詩者依格賞罰或二人競欲交題換韻者聽詩伯不預

收殘式

若四人之詩已成餘零牌通及一付有能鋪出詩者賞罰亦同賞格題韻許隨手立意

洗荒式

若其中一人之牌已荒有能代彼鋪成者本人該罰荒牌之籌盡與代鋪之人詩伯不預

疊錦式

各人牌內看詳有韻若干俱盡報錄若隱藏被人看出就作荒牌其中若有十韻或七八韻俱要成詩但許隨意成題不必先報亦以品格多少詳其勝負

聯珠式

四牌旣分不用詩伯分數一人先出或五言四言不句一句次坐者聯之就出不句一句又及次坐者週而復始其韻以四句一換牌盡爲終一人不就次坐者代之不就者罰代之者受焉

合璧式

如二人作對較勝不用詩伯此出句三次彼對句三次對畢彼却出三次此亦對三次一次出十五言隔對一句三言一句二出十一言隔句一句五言一句三出九言隔句一句七言一句對亦如之能者勝不能者負

煥彩式

如二人較勝以三百扇爲一句期成八句詩亦用四等二級或爲湯詞古風歌行長短或欲鋪長篇辭賦成套曲調則用全牌一付輪流鋪之其賞罰當自定

予得是譜藏之禮矣小峰先生一見而奇之先生性不飲然多飲輿謂近世觴政繁俗宜歸於雅乃刻而傳焉夫嘉賓式讌導樂宣和即不如唐人擅場而適趣遠矣吳輿庚陽王良樞䟦

宣和牌譜

錢唐瞿祐

一所引唐人詩句或取之律或取之歌行或取之絶句法有會意者有即景者有象形者有紀數者有諧聲者有比色者如六宮絲管爲不同異代風流爲八單取之意也幺二三爲春四五六爲夏取之景也三爲柳爲鴈五爲梅爲雲取之形也二爲兩京三爲三月取之數也六爲綠取之聲也四爲紅幺爲白取之色也大都合作者什之八九可謂披沙揀金往往見寶即宋人詩詞有絶佳者不敢濫入恐大雅君子以爲儒冠而[illegible]服也

天牌

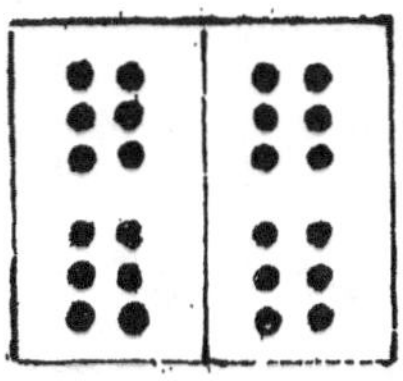

萬里無雲河漢明 宋之問

地牌

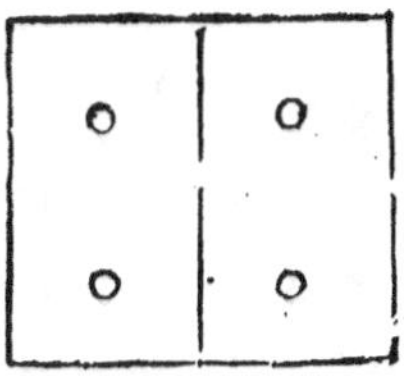

桃花亂落如紅雨 李賀

人牌

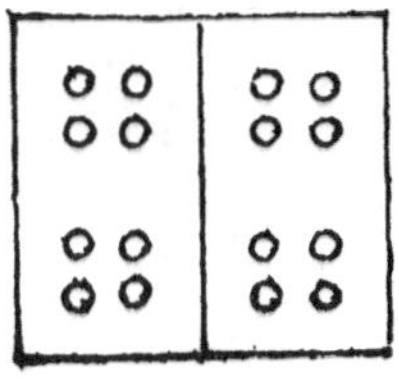

義士還家盡錦衣 李白

和牌

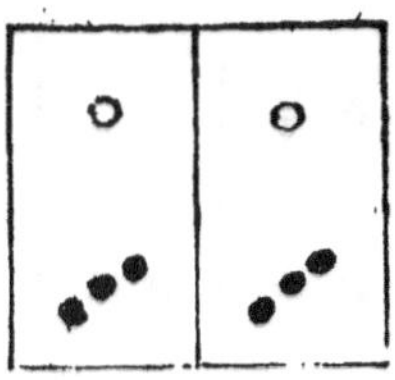

飛鴻賓賓日月白 杜甫

七星劍

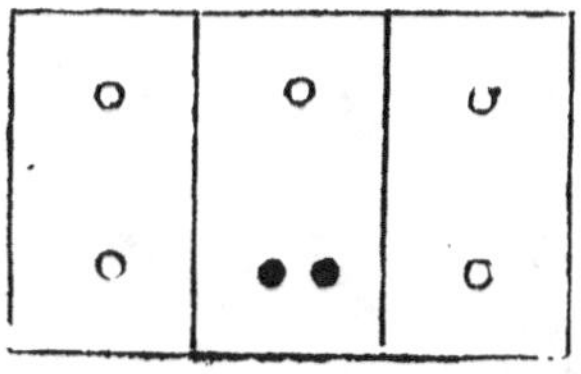

城上平臨北斗懸 蔡襄

三綱五常

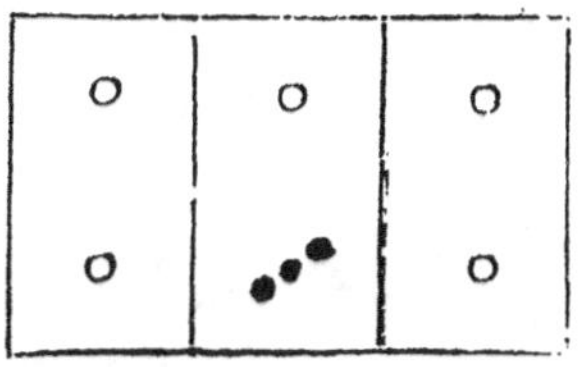

三峰直上五千仞 岑參

櫻桃九熟

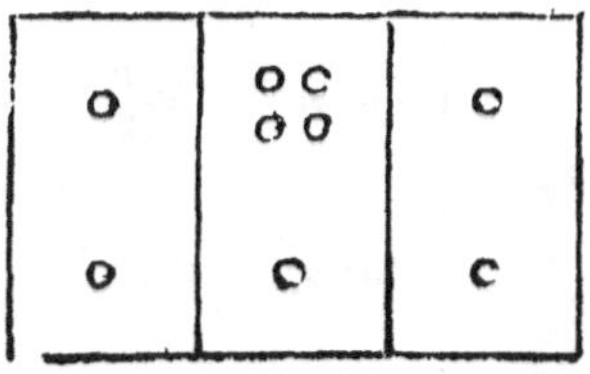

四代五公享茅土 李頎

晝夜停

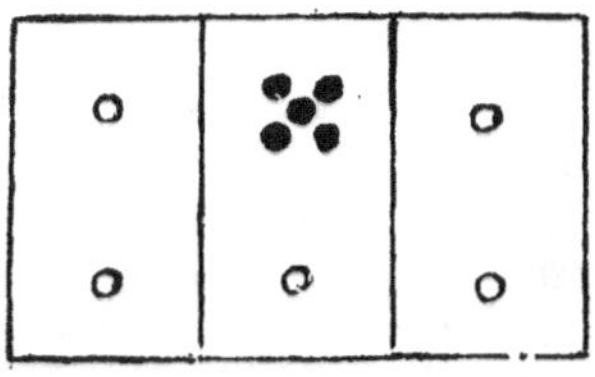

輕煙散入五侯家 韓翃

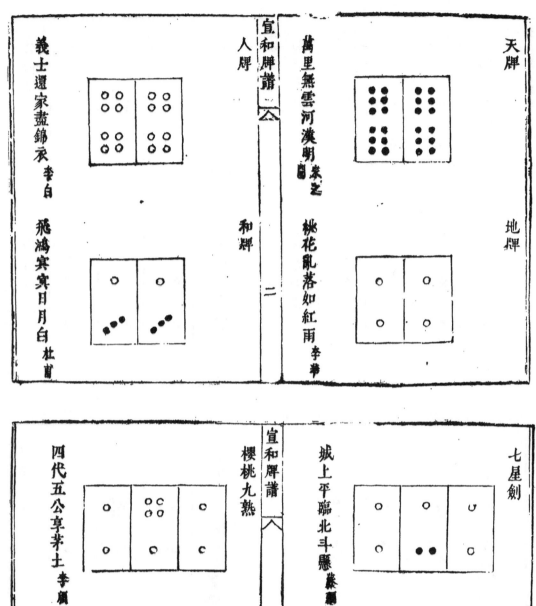

公領孫

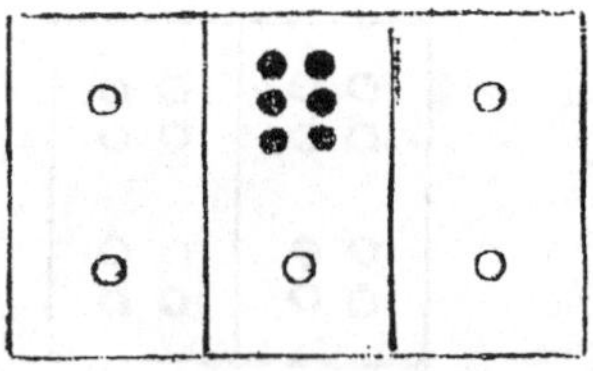

白頭翁入少年場 白居易

踏梯望月

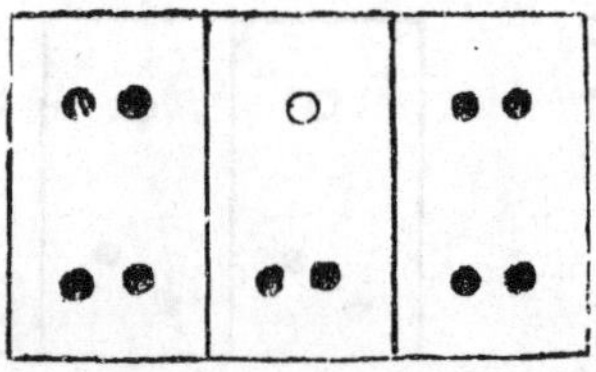

一曲江南十斛珠 杜牧

劍行十道

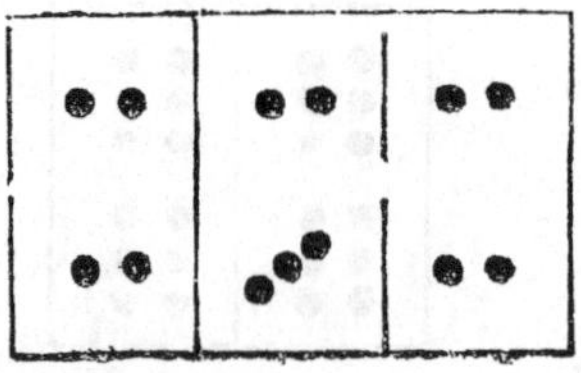

十年風景在三春 劉象

十月應小春

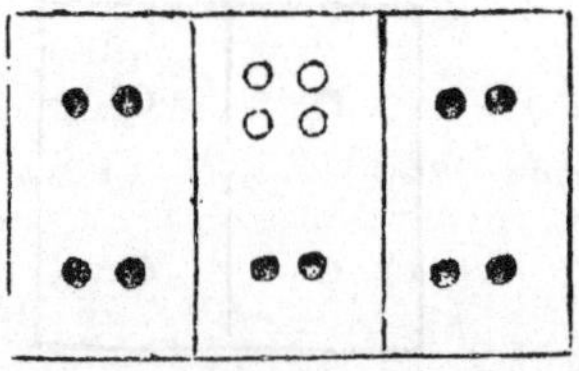

十月花開不待春 元稹

觀燈十五

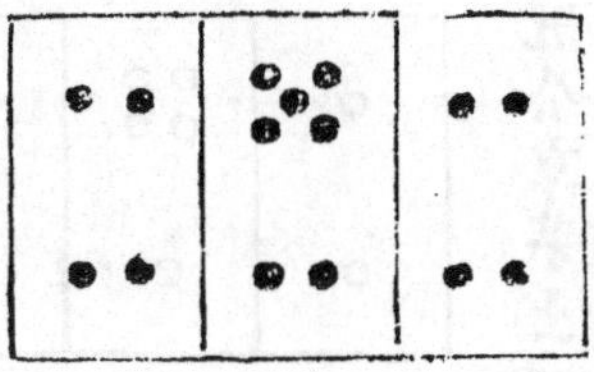

年年十月梅花發 [illegible]

上天梯

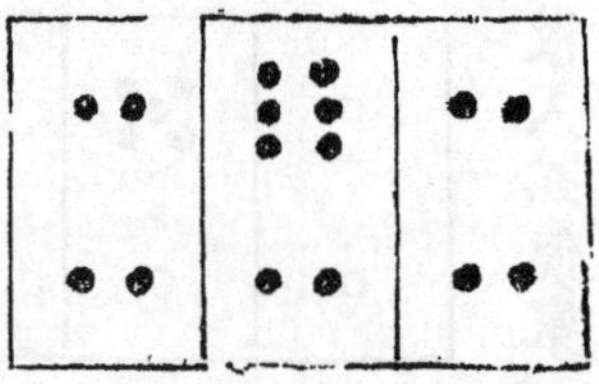

五湖春水接遥天 裴[illegible]

雁銜珠

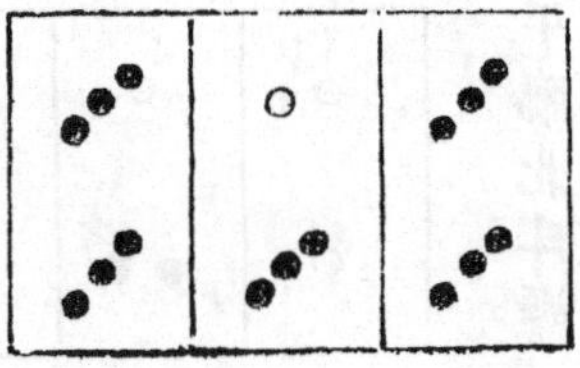

楊柳千條花欲綻 沈佺期

二姑把蠶

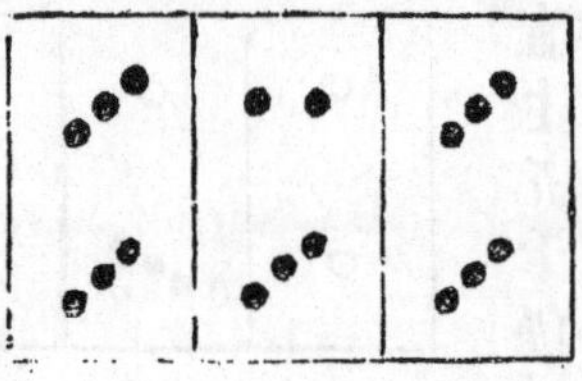

黄鳥啼烟二月朝 黄甫

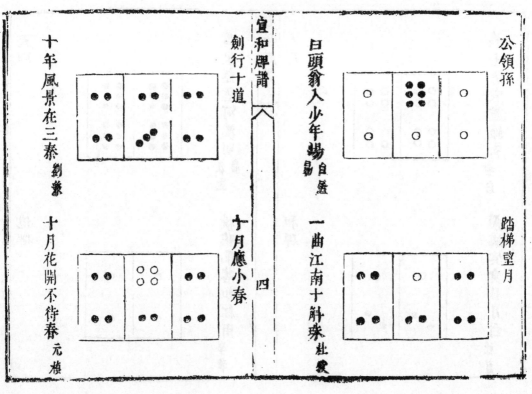

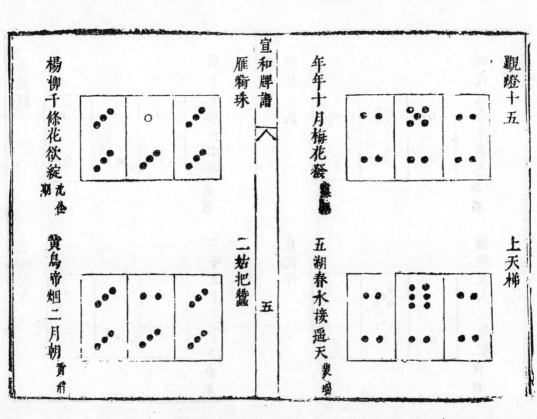

宣和牌譜　八　六

羣鴉噪鳳

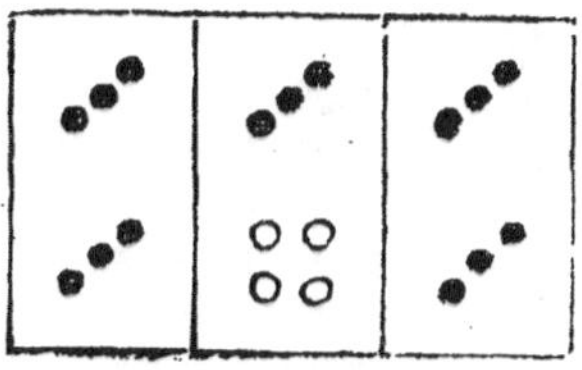

桃花欲落柳條長 [illegible]

寒雀爭梅

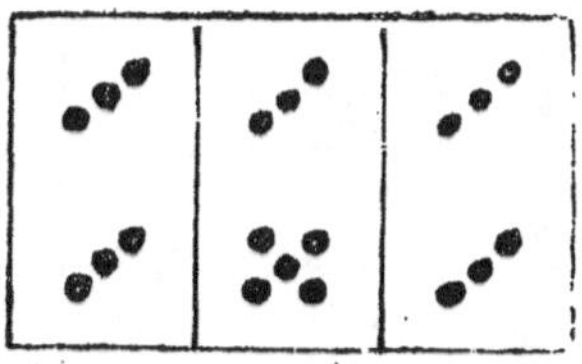

[illegible]令門前五柳春 [illegible]

鐵索纜孤舟

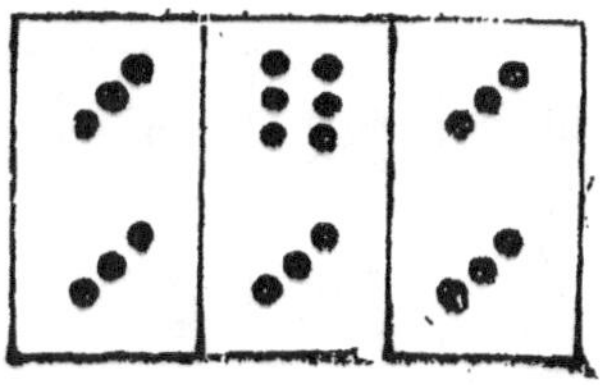

垂楊下繫釣魚船 高適

火煉丹

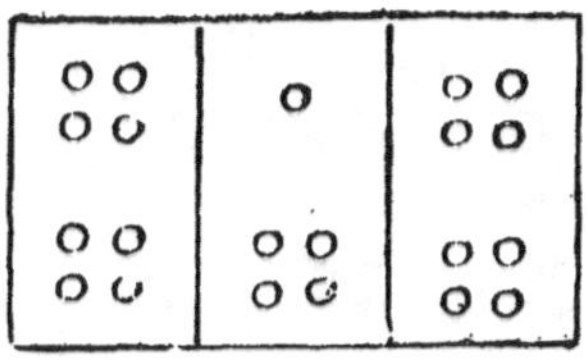

空庭日照花如錦 楊衡

宣和牌譜　八　七

二士入桃源

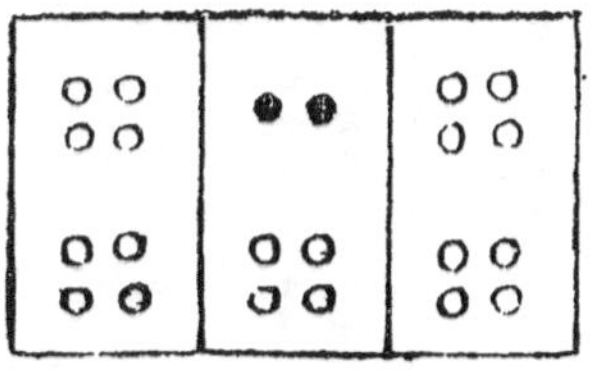

霜葉紅於二月花 [illegible]

霞天一隻雁

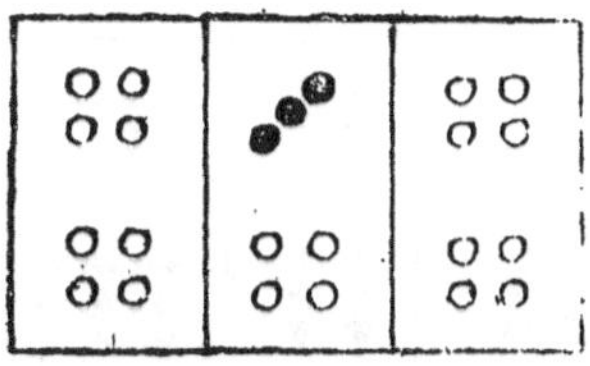

[illegible]卻桃花一片紅 施肩吾

火燒梅

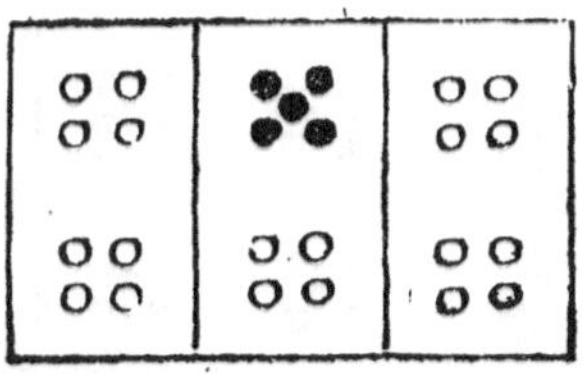

青山盡是朱旗遶 王維

隱老人花叢

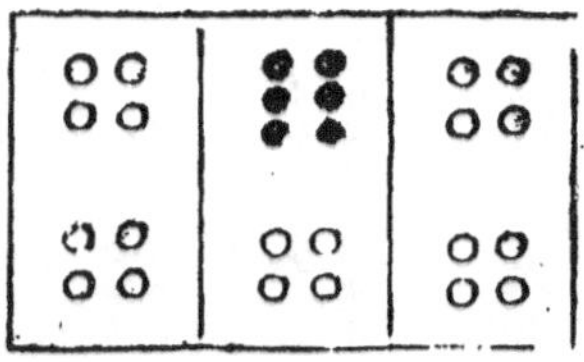

老醉花間能幾人 劉禹錫

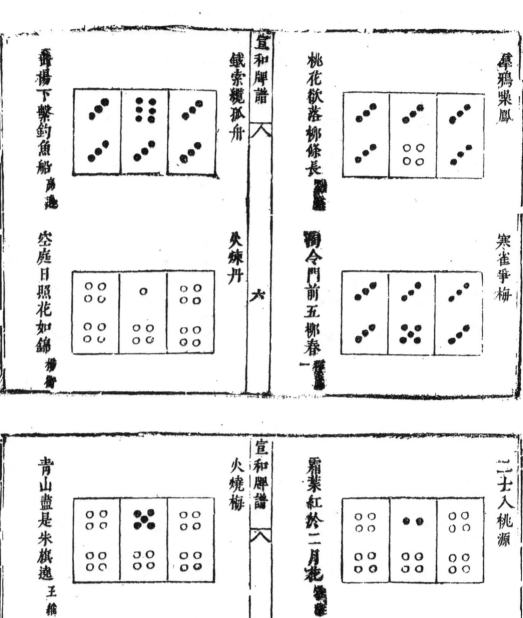

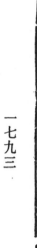

梅梢月

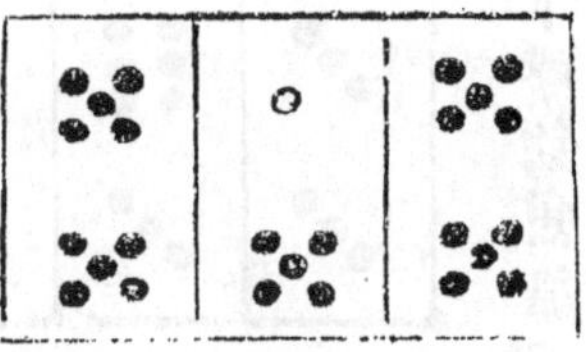

相思一夜梅花發 盧仝

二郎遊五岳

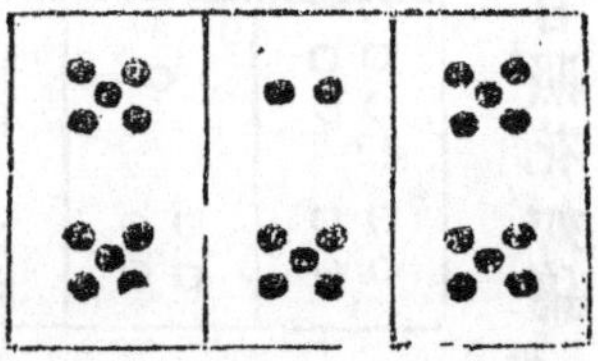

更憶雙峰最高頂 郎士元

歛入菱窠

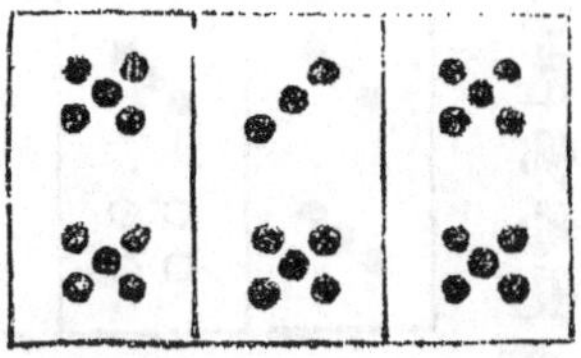

興酣落筆搖五岳 李白

貪花不滿三十

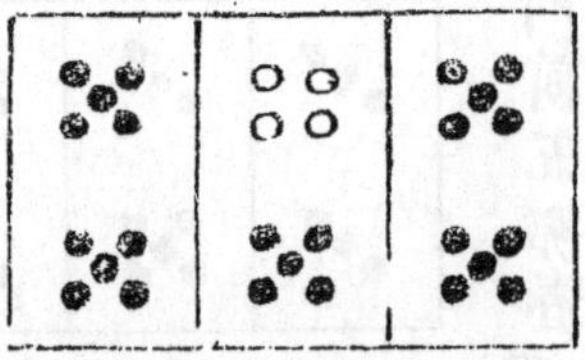

獨折南園一朶梅 杜牧

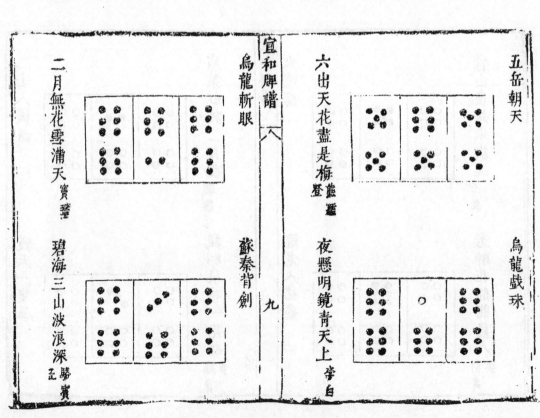

五岳朝天

六出天花盡是梅 龍靈登

烏龍戲球

夜懸明鏡青天上 李白

烏龍斫眼

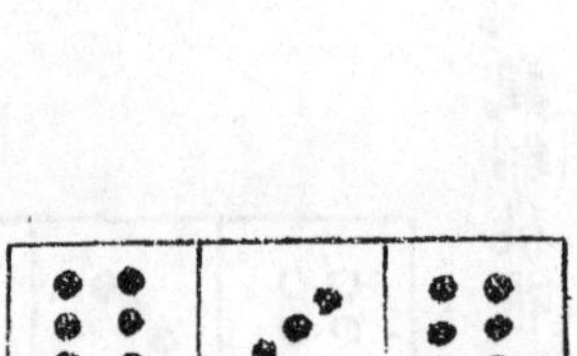

二月無花雪滿天 竇鞏

蘇秦背劍

碧海三山波浪深 駱賓王

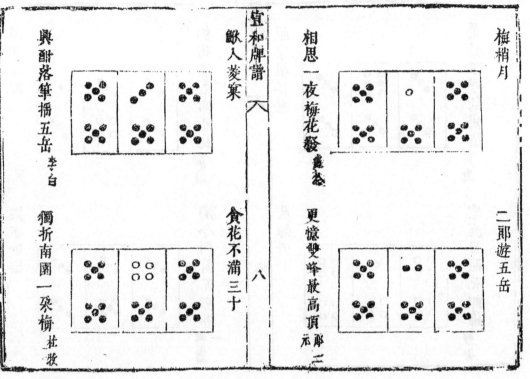

將軍掛印

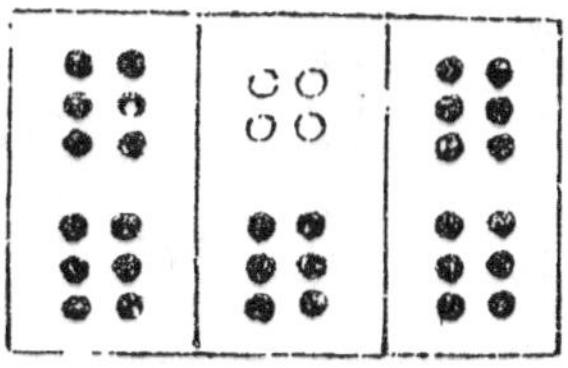

將軍天上封侯印　高適

恨點不到

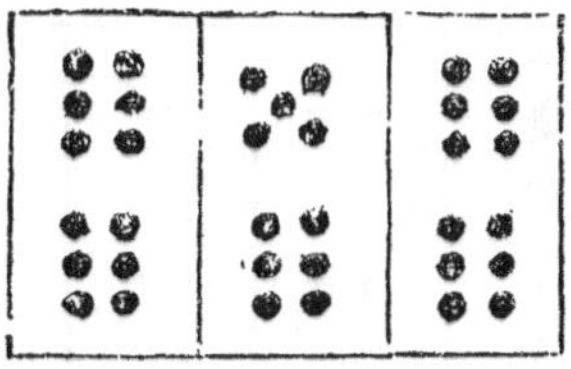

梅花色白雪中明　江總

孩兒十

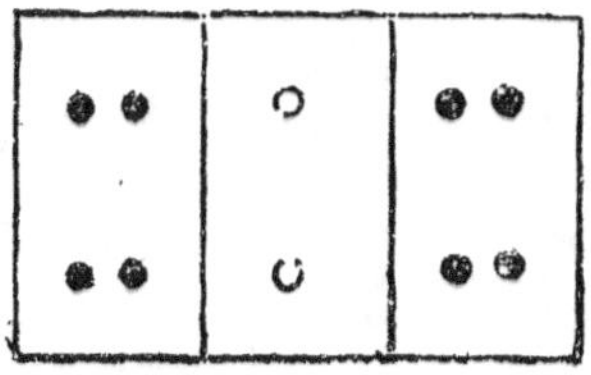

詩中日月酒中仙　皮日休

斷足雁

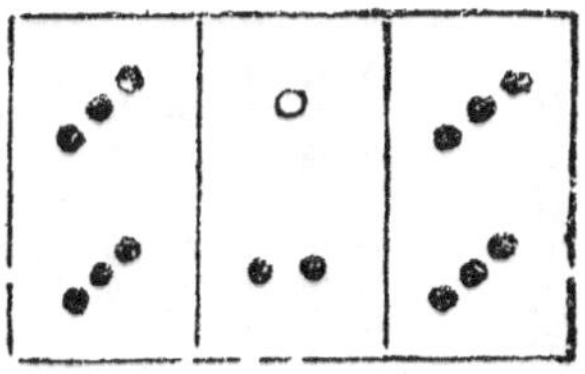

錦書雁斷今難寄　張喬

一枝花

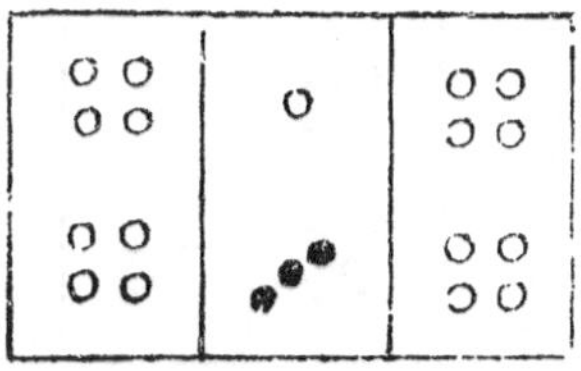

三更獨立看花月　薛能

隔子眼

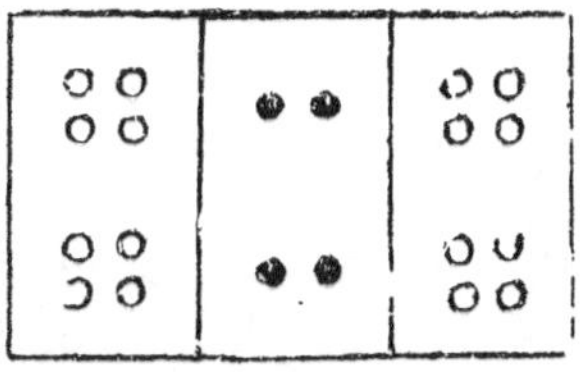

花際裴徊雙蛺蝶　劉希夷

油瓶蓋

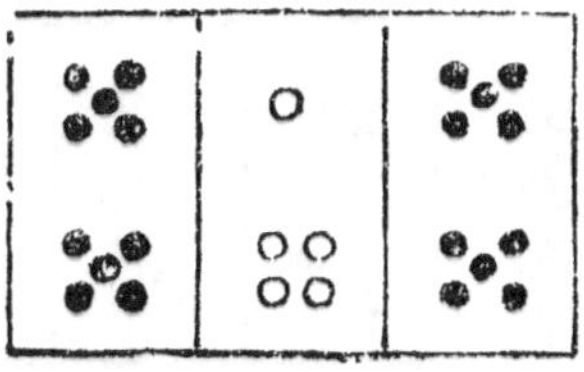

日邊紅杏倚雲栽　高蟾

劈破蓮蓬

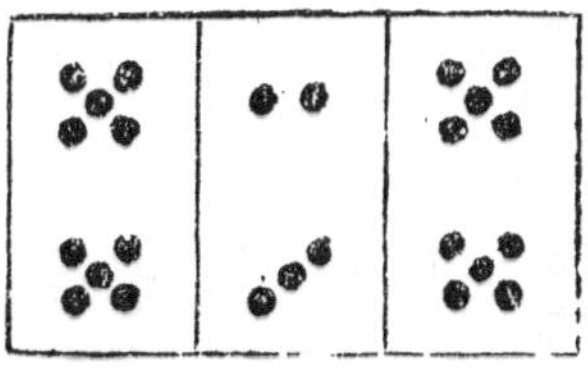

雲中猶有兩三家　張喬

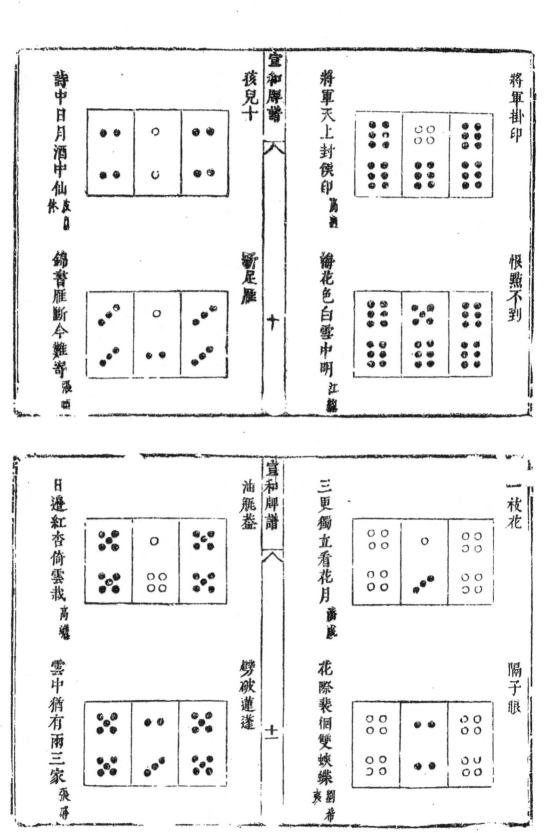

雙龍入海

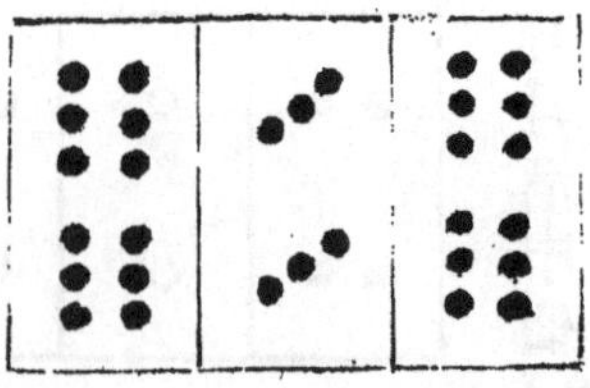

碧濤深處有潛龍 戴叔倫

鍾馗抹額

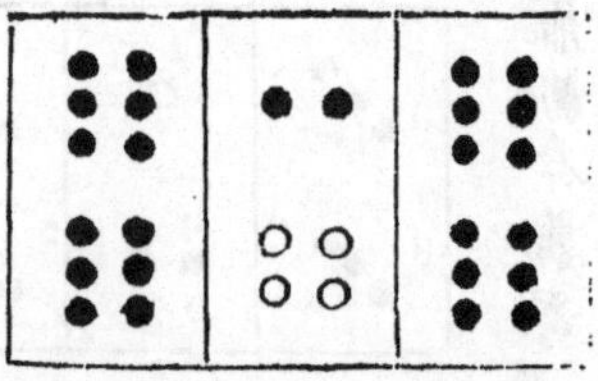

蓬山二月看花開 李賀

禿爪龍

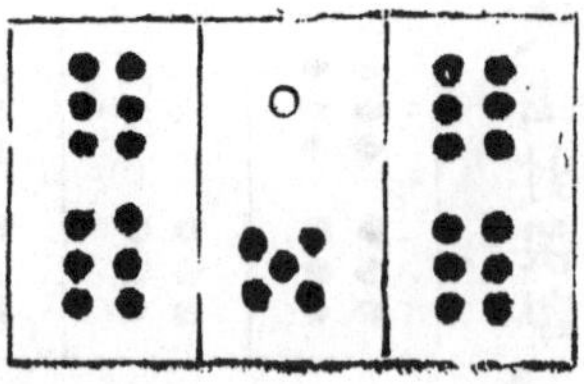

白玉堂前一樹梅 蔣維翰

洪範九疇

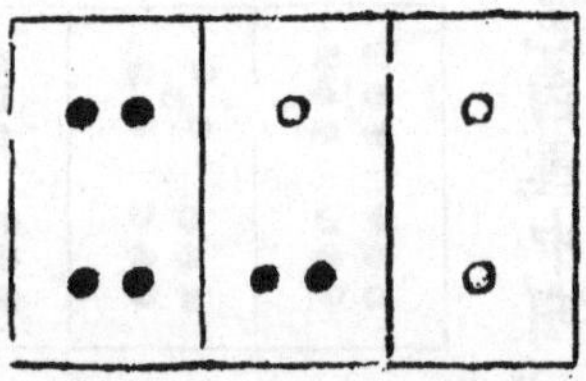

九點秋煙黛色空 李賀

魚遊春水

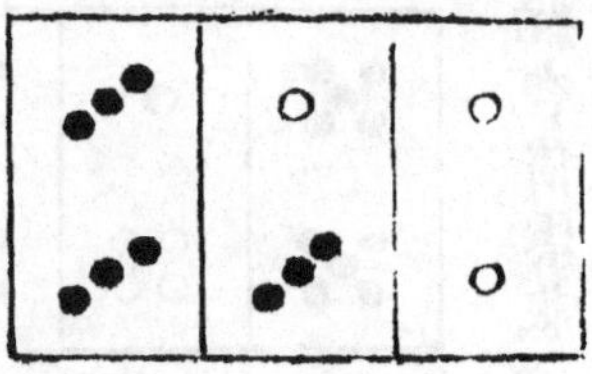

爲與三山送九仙 [illegible]

落花紅滿地

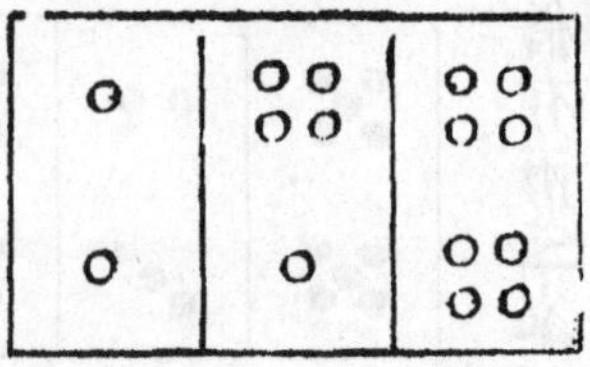

晉豔桃嬌奪曉霞 唐彥謙

雪消春水來

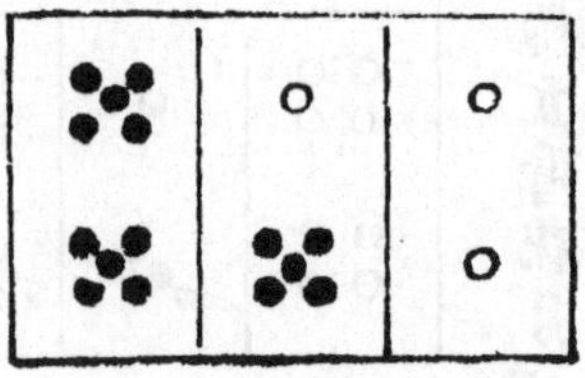

三湘五湖意何長 賈至

天地交泰

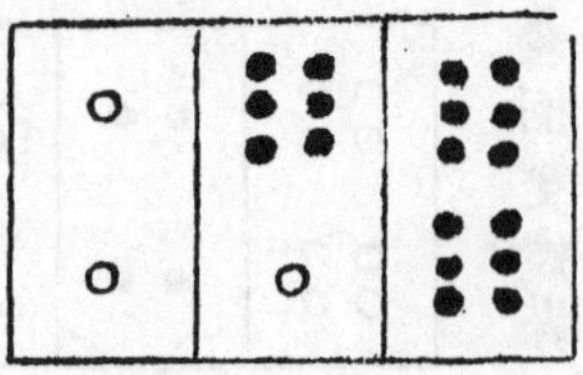

地險悠悠天險長 李商隱

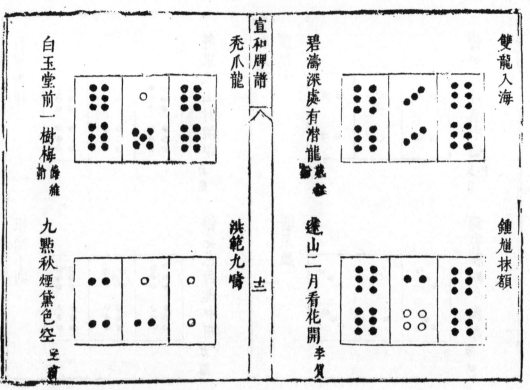

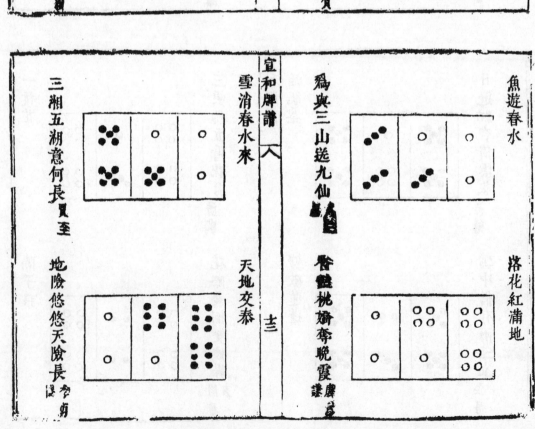

河圖十五

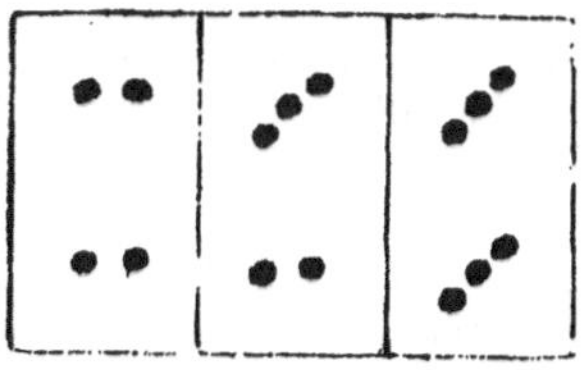

九日茱萸饗六軍　儲光羲

花開蝶戀枝

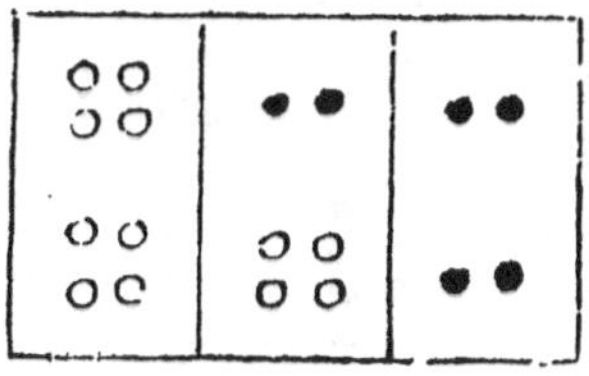

水滿清江花滿山　李嘉祐

三斗混雜

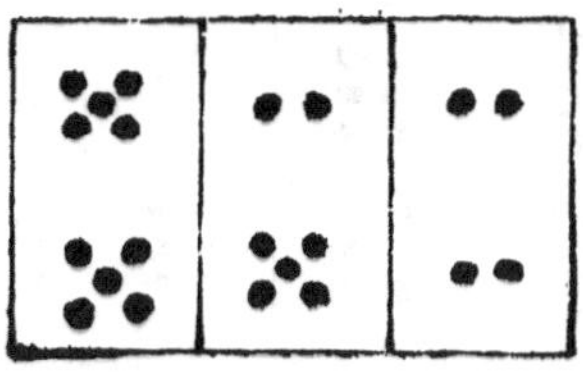

時時仙蝶隔雲來　錢起

二十四氣

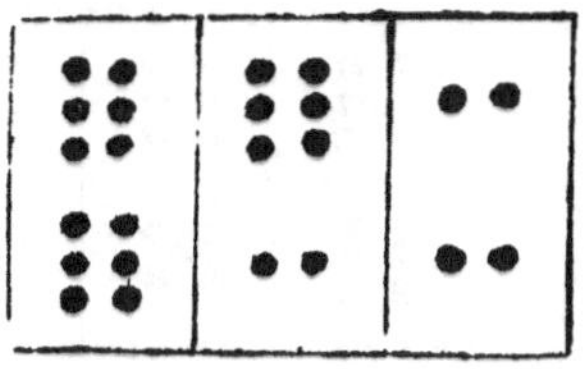

不見青陰六里長　宋曾

九溪十八洞

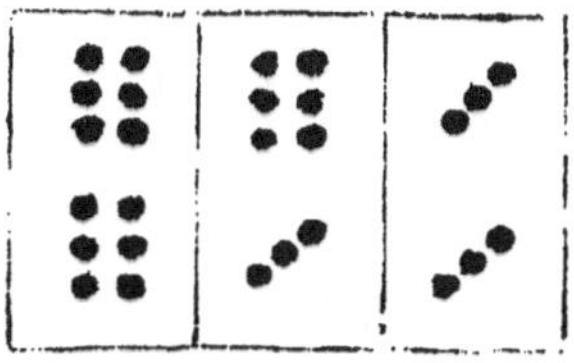

九疑山碧楚天高　張碧

紫燕穿簾幙

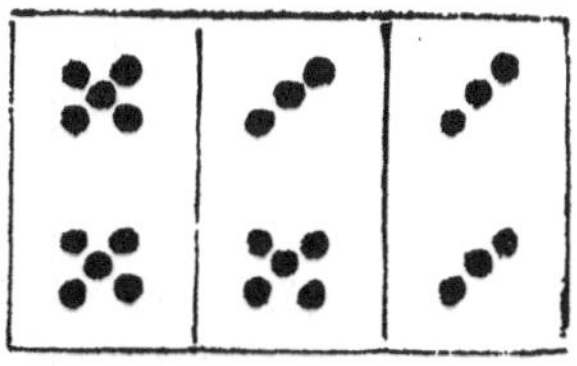

梅花柳絮一旹新　趙彥昭

桃紅柳綠

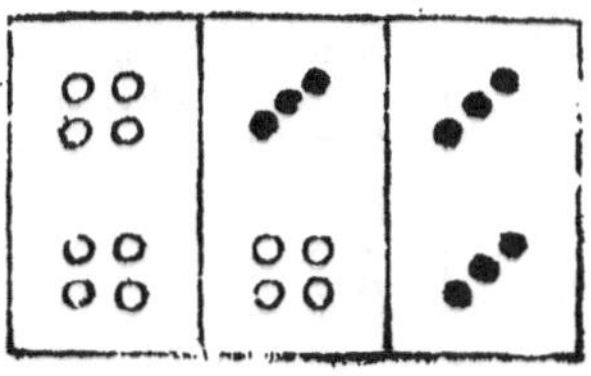

宮前楊柳寺前花　王建

金菊對芙蓉

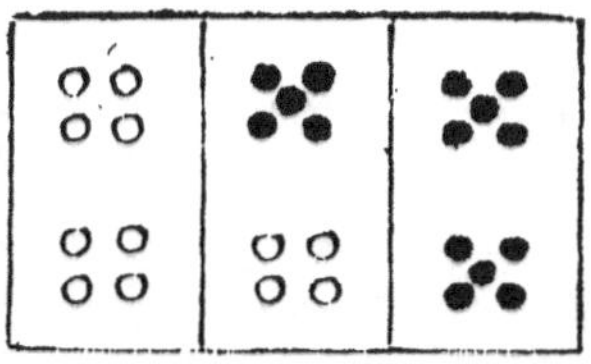

腎菊蒲園皆可羨

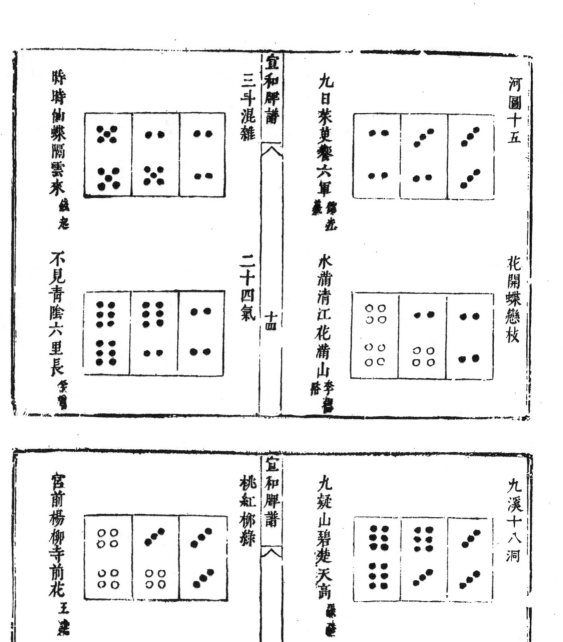

綠暗紅稀

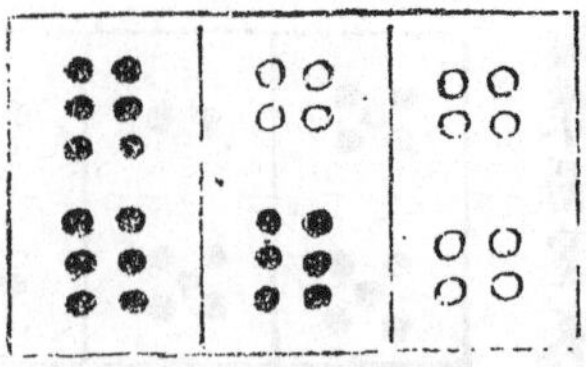

紅花初綻雪花繁 溫庭筠

龍虎風雲會

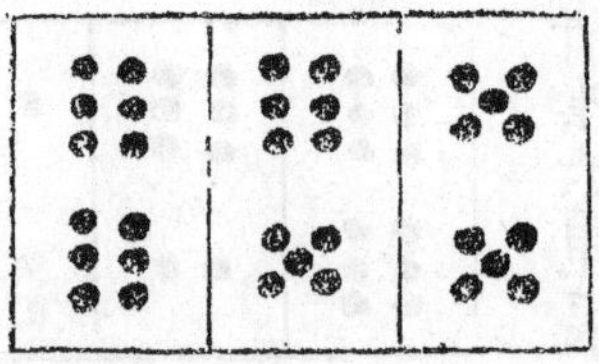

花發梅溪雪未消 釋惠洪

順水魚兒

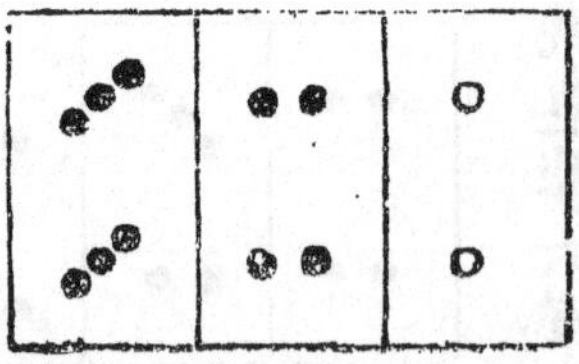

只言歲歲長相對 崔護

正馬軍

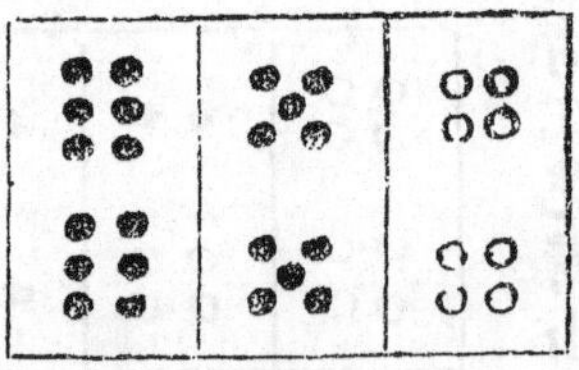

紅綠層層錦繡斑 白甫

正雙飛

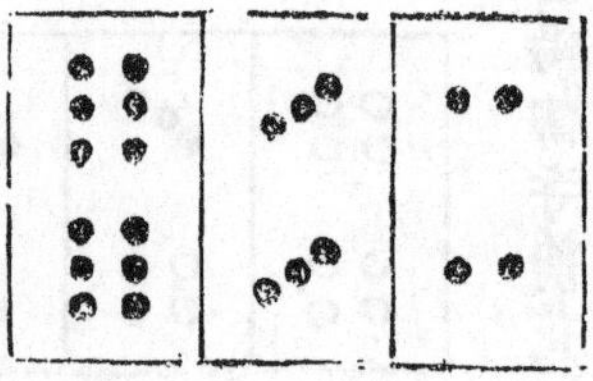

綠陰相間兩三家 司空圖

順不同

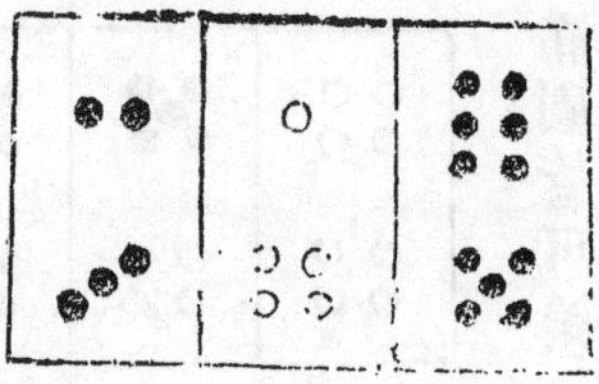

歲歲年年人不同 宋之問

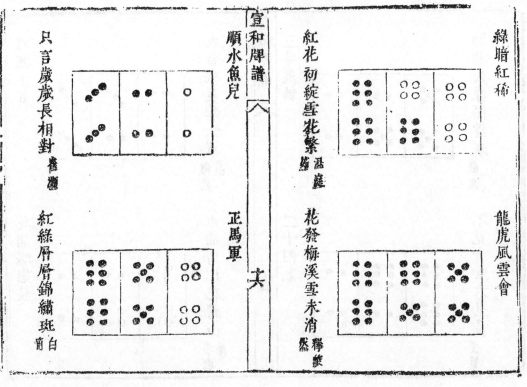

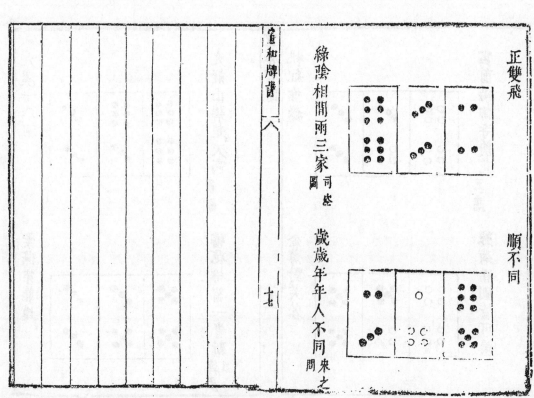

壺矢銘

明　袁九齡

一　矢肇柘棘禮射所沿

二　燰馬歌貍侑樂賓筵

三　淮罷作酒齊晋相先

四　玉女石妓巧鬬嬋娟石崇妓善隔屏投中

五　累掇連取曹耦㚇然

六　倪老善削豐本鋭耑

七　東南竹箭美亦俱焉

八　宜配梟壺雅詡盤旋

九　君才元淑賦言百千邯鄲淳字元淑賦投壺千言

十　青門拍板音以節宣

十一　尠製一手奇會兩全

十二　爲物雖藐藉君永傳

越倪老以棗拍壺矢擅名吳越今歿已从其子嗣業終弗若也邵士顯以舊所藏拍遺余袁九齡復惠矢十二系銘二十四句分鐫矢本辭彩古雅不減邯鄲乃録以廣好事者陶允嘉

附陶允嘉棗拍銘歌有節拍司之越之倪製稱奇佐吳歈舞柘枝聽拍聲影歟歟

朝京打馬格

西極文翔鳳

李易安更定直和馬以二十馬命辭打之客二十馬座數客而爭馳搏道於一孔旋打旋下煩聒而艱於着手予特為朝京馬不厭增客客止一馬由八方而赴一主中央為四十九道其一虛者帝座也其六道之次第環者乾六位也外為七十二道離之為八方者以八方拱一都也方各以八拱一其方各有一者八辟也八辟在馳驅之中而帝座之虛一者在馳驅

之外君靜而臣動也帝座之外次第以八環者朝市也四正四奇縱橫皆九者九重也其入必由四正奇者正之附庸也入都而六道皆可適其路維均使黠者得趨避以取勝也中央直南之第一路為闕前朝覲之位也咸會於朝位故最先南次東西次東西南次北次東西北中天下而立以南面為正左掖右掖北闕皆北面於南者臣道也以先得君為勝非以先據要路為疾足也以正路為衝者黜邪徑不使捷取也卜馬之例蓋取諸九塗夫塗之一達者道路二達者岐旁三達者劇旁四達者衢五達者康六達者莊七達者劇驂八達者崇期九達者逵故以二投畟命之上弗用十下弗及一九於南之央置馬八於東之央置馬七於西之央置馬六於東南之央置馬五於西南之央置馬四於北之央置馬三於東北之央置馬二於西北之央置馬客先置馬而主馬再得采即得跨之如積薪者戒競先未必皆獲也上弗用十者數以九也下弗及一者虛其一以象帝座不可用也行馬之例則四正皆自本方入東南西南皆自南入

東北自東入西北自西入八九為勝采進二路六七為賞采進一路四五為旁采弗進二三為罰采退一路其下馬處得罰采以次黜歸其方之隅再得則罰一帖入涯不至闕一路而得勝采者是謂過上罰却三路三舍之避以自貶損打馬之例一曰超乘謂遇勝采而主馬適當客馬之後即超而駕其前者賞十帖二曰跨駿謂主馬所進之路適當客馬之路即跨而疊其上者賞九帖三曰軼塵謂客馬在別路而主馬即自其傍馳而過之者賞八帖四曰蹴錦謂主為

擅客馬而蹴之者賞七帖五曰截雲謂截客馬而當其前者賞六帖六曰追電謂客馬追主馬而及者賞五帖七曰翻玉謂主馬被跨而得勝采者翻擲客馬却一路賞四帖八曰圍風謂主馬却走而超乘跨駿者賞三帖九曰收驄謂主馬却走而蹴錦者賞二帖十曰附驥謂跨客馬而却走一路即當其後者賞一帖一馬先至闕者勝他即罷一馬至闕而他馬不移本位者罰七帖不入京者罰五帖入京而不至五路者罰一帖帖一錢至十錢當局之初酌定當局先醵錢爲注以錢衡觴以浮座客

彩選百官鐸

脩舉治法例

内閣之職當以調爕爲匡捄不宜以迎合爲擔當欺誤有才而非才諱與無過而成過若夫銓宰不能辨奸中樞不能滅賊司農以剝民爲富國士師以順旨爲明刑禁近無忠言臺諫無公論撫按不率屬守令不安民欲求治平何繇可得且自貴入成均而師氏之教廢璫叅國柄而清流之禍興軍政之敝極于營管滋令之剏繇于胥吏故於數者致詳云　將相得人則天下自治故以陟卜壇拜爲之轂而持衆輻刑及大夫毋寧安置岳正入閣出戍欽州解縉典機讁叅交趾我　朝之巳事也故以軍民府爲大臣負罪之歸焉　左都之糾察大奸貪是盡職也應賞其曰無犯幺者是善化也愈應賞且夫人不網漏細不毛苛亦治體云　一切非常遷舉悉稟祖制非謾也

行吏尚等滋如上擲有餘色俱許帶行准作一緣

兵部尚書以三擲得德才五爲全如二擲巳全[illegible]

不須再擲身色得一已足重者俱不論如第二第三擲三色既全亦後復有餘色不拘德才功么俱帶行未全者不准　巡按糾察本止外官恐人少難行聊通內外爲之但內者不行賞罰　科道糾舉時如止對局一人即以一巡行糾一巡行舉　駙馬惟初下色如重渾等類許赴選儻已出門復以么回如僧會道會之回么二三武舉應試之回渾三俱不許　全三全一外　也全二刑餘也三者並不與駙馬選正途疑偏外地恐驟內監僧道何嘗有皃　土教坊大

彩選百官鐸　八　二

爲非類六者並不與淑女選　教官惟初選許應試其陞降入者並不許　舊例官生無得爲吏部科道者今寶丞中書遂與進士一體聊取快意使高位大老耤其子孫多得幾分斕腥錢耳圖中惟此一條稍涉假借　官至一品不賜亦玉今似分爲兩項又加級少有至一品者今亦未免權宜　謫發口外爲民而遂去爲土官　王者此事似所稀見然安知其無今粵西歸順泗城等州土知州岑大倫等浙之餘姚人也又萬曆年間有貢夷頭目率諸酋入市貿物較

價不遂大出訴厲初猶侏僑既而忽露　語則氣人也圖中特開此途以示謹嚴之意

分別流品例

文途自本途外宗人聖裔僧道陰醫教坊等俱附文武途自本途外公侯伯國戚等俱附武他如內監四夷土官則自成一途也　文途內凡科甲辟召貢舉聖裔俱正途粟監承吏僧道陰醫等俱異途　辟召理學異才神童以德才功出身貢舉蔭服官出身及舉人陞副都督撫者准進士　理學么授待部者仍

彩選百官鐸　八　三

准進士　耆民稅戶授參政參議員外者准進士治中運同准舉人長史通判准監生　王官以龍飛超內閣司業翰博光少者准進士死少以下准舉人運副以下仍監生　官生起家寶丞中書者准進士院都以下准舉人　曆數封內侯加官保者准正途授加銜正卿及欽天五官者俱准異途　選貢選州同縣丞者如後陞出通判同知運同上林監正副以上及加銜京職參政議等官雖復降謫正作正途如從不得入清流徑繇王官加品服者作異途舉人降就

貢選是以革去衆人矣一一照選貢行　內閣未加
官保者准正二品樞輔總理准正一品翰林院大學
士准二三品遥授把總准三品守備進士准照甲第
二甲從六品三甲從七品　督撫等官無定品級准
照前任如前任係太僕寺卿陞巡撫僕卿正三品則
此亦正三品之類是也

起局出色例

四色雙同曰重三同曰渾四同曰全重四曰德亦曰
四重六曰才亦曰六重五重三重二曰功亦曰五三

二重幺曰幺重四兼重六曰對四六渾四准二德餘
做此　四及六五三二對者曰金對六五三二　兩
對者曰素對四四四幺曰帶柄三紅幺幺幺四曰眞
珠窩六六六五五五五五六俱曰大要六六幺四曰金
鑽項六六六四曰將軍印三四五六曰穿花

行色封積例

德才功並出先行德次才次功不許倒行　德才功
幺不准折惟對積賞並出者止行德不行幺　係封
積賞得采者惟三紅准行其金素對大要金鑽俱不
准　得色即行不許揀擇取舍規避停待又加內監
方在積賞而得三紅等變色者立赴委任等途不許
遷避　封積賞見德及幺即止得德行德其才功俱
不許行惟加一貼者才功俱行幺免　封積賞出全
德全幺俱照正擲行贈罰如例全才准二德全功准
一德俱免贈籌　左都看擲三幺以正擲爲主其係
封積賞出者俱不算惟巡撫及科道糾舉巡按糾察
此三項看擲封積賞出德幺並准　本項不註幺如
少保以上正擲遇采幺並出行采不行幺

采色敗色例

得全德者人贈十籌欽賞二十籌作十德行　得全
才功者人贈三籌欽賞五籌宮保內閣侯伯樞輔總
略總理俱行二德蔭一子以中左大征文自尚侍以
下几科甲出身及聖裔辟召貢舉出身理學異才神
童俱赴文途邊才武都督以下至六品及國戚全四
全六俱赴武途邊才文廩貢以下武未入流及各異
途曆數內監吏土俱赴各途邊才　吏兵尚書左都
選郎撫按進士知府知縣不必赴邊才准行本項上

等如吏尚經行東閣二德餘倣此然願赴者聽
才及蕩平復得全才功者作三德行仍得贈籌　凡
得采色不願赴邊才者准行一德賞賀俱減半　四
紅准十德行者兵部尚書以三德准奴抓賊全去二
德准去奴抓一德准去奴巡撫以三德准每巡有德
二德准通算有德一德准德勝幺巡按及獻替科舉
俱以二德准全合一德准半合進士知府以三德准
全出又多二德准全出一德准德才鎮撫司打問以
三德准六籌二德准三籌一德准二籌　獻替科舉

巡撫赴邊才以遇二回行四德者准行全合　四紅
行十德及邊才以二回行四德遇本項下有註三紅
者即以二德准行其叙賞以德回行二德者即不准
三紅　協理京營叅贊機務翰林諸差文武鄉會主
考提督武學朝覲進表給賜王府官褒獎紀錄叙賚
遇金對三紅及京營總督遇素對武衛所襍職赴比
試運米者遇渾才功及素對俱照本任行　得全幺
者文武五品以上及内監未經委任嬖倖者發口外
爲民籍没本籌一半文武六品以下及内監曾經委
嬖者盡没本籌出局吏土四品以上没半籌擒入
隸敎坊奉鑾五品以下全没出局　籍没議欲減等
者全四十籌半二十籌

卓異陞遷例

對品陞翰林者从二子賓客正三正詹从三翰學正
四少詹从四祭酒正五庶子从五諭德正七編脩
陞二級京堂者从二兵尚正三右都从三吏左正四
左副都从四僕卿正五左僉都从五僕少正七寶丞
陞一級京堂者从二右都正三右副都从三通使

正四光卿从四右僉都正五僕少从五理右丞正七
光丞

京外京堂例

凡欽差俱作京官惟邊備總兵以下仍作外官　加
品服者原任在京作京官在外作外官　僉都通議
寺丞司丞以上俱稱京堂惟常湯丞不是

屬官輸籌例

内則宗人經歷遇宗令六部郎中以下遇尚侍都察
院經歷以下及十三道遇僉都以上通政大理太

光禄太僕鴻臚自經歷寺正博士署正主簿以下遇通政常少理丞僕丞光丞鴻丞以上京府經歷京縣以下遇京推以上詹府國監主簿博士以下遇少詹司業以上翰林庶吉博籍詔目遇翰學欽天上林太醫兵馬自五官典署御醫吏目以下遇監正副院使判正副兵馬五軍經都遇左督錦衣鎮撫千戶以下遇揮使俱輸一籌　外則布按府經歷以下遇參議僉事推官以上府州縣有司教官及雜職遇布政廉使州縣有司教官及雜職遇知府鹽運僕苑自經歷

主簿監正以下遇運同少卿以上鹽課吏目遇副舉以上王府審理儀正以下遇左右長史降官內知州運判等官遇本堂掌印官參將以下遇副總以上都司經斷以下遇都僉以上外衛鎮撫經知遇揮使總旗以下遇揮僉以上外衛所遇欽依都僉以上各土司經知吏目等遇土堂官俱輸一籌　春坊司經尚寶六科中行儒學勳戚俱無屬

統屬重輸例

凡在統屬之中彼此遷移歷一官則輸一籌如總制在任知府既輸一籌及知府陞副使又輸一陞參議布政又各輸一或降同知等官亦又輸一又如知府在任布政既得知府輸籌及布政陞巡撫又得一陞總督制又各得一或降廉使亦又得一舉一槩餘文武一體　加銜餘外官加參政參議者遇邊關制督仍同各官一體輸籌　兵部官得武屬輸籌照文例彼此遷移歷一官則輸一籌惟吏部尚書內外各官止輸一次以後遷歷更不復輸　凡統屬輸籌如吏尚邊督等下稱某品以下云云皆指現任而言如未

仕與罷閒革譴者俱不論

文武廕官例

不拘正封遇準俱廕閣臣廕四子各文武止二子其餘武功以準功等廕者不限數　凡廕許得美官籌一切輸賀罰籌俱不出如彼此俱係廕官即得交相輸賀一人兼兩廕即以兩分輸籌　其爭先得最先出者許得第一人籌次先出者得第二人籌　凡正鄉犯一么即革封積賞革不論　餘全四及功廕襲封公侯伯者止賀一籌

京外調降例

原任京官孫咨訪降一級用者公孤宮保正一文降子太保武降前同从一文降刑尚武降右僉正二文降工左侍武降守使聖裔曆數入官保者於品服內遞降翰林正二降戶左侍正三降僕卿正四降理左丞从四降光少正五降寶少从五降寶丞正六降光丞从六降常博正七降中書从七降行人尚書左右都降刑右侍侍郎副都通使理卿降光卿餘官俱調外　舉人等官進士亦可通降陞出仍照進士行或

有科甲陞入王官者遇金對三紅陞出苑少運副等項仍行科甲　舉人降謫有通入進士降官內者陞出仍照舉人行　凡調謫俱就開署不得於美缺及本衙門行　布按二司及知府不許行苑運使降補　凡稱降一級者如無級可降俱一級罰一籌　凡孫聽戲降級者俱降外任　應降布政叅政叅議者俱行右副使行分守僉事行鹽法　守部進士赴同考以么察降者二甲准六品三甲准从七品降各正途降官內　內監孫供明開住者赴私家開住

復任回位例

有復現任前一位者如主考同翰林掌察回吏部之類是也他如邊才擢樞輔赴蕩平蕩平回位是回樞輔非回邊才內伯孫立功褒獎褒獎回位是回立功非回內伯餘倣此　有復原出身原衙門者如附學聽考取一等一等回位仍回附學教諭應試激賞激賞回位仍回教諭之類是也他如廉使朝覲遇考察考察復任是復廉使非復朝覲叅將出征遇恢復恢復伏位是復叅將非復出征餘倣此　又詳言之任

實位虛實者官職也如上自宮保閣部下至生儒承吏等類是也虛者叙列職掌差委行事也如東閣之調爕等項兵部之叅贊協理贊畫監紀等項翰林科道部屬中行等差洊司之執奏駁正外官之卓異欽取行取給孫朝覲進表叙賚紀錄考覈等項選監之選擢等項鄉會生儒之考試邊臣之蕩平恢復武官之總督守備理刑提督練兵聽用中軍大征出征隨征運水比試內監之委任變俸異途之納級改資拕選等項四　之朝貢之類是也凡回位惟孫桼色出

而復回者許回虛位如文途以邊才得德武官以出征得全者以赴蕩平蕩平得幺回位則仍回邊才及出征之位是也其係常色出而復回者徑回實職如都督以功赴大征而失機失機回位徑回都督是也又如工部主事奉差抽分得采色赴邊才而邊才以二回或以幺回者仍回抽分如以幺考察考察得德或係調閒伏任則徑回主事又如內官左少監以委任赴邊才邊才回位仍回委任如以幺謫守南海南海伏任則徑回左少監以此類推　各途積籌凡係

邊才遇幺回者積過級籌准通算其餘如選監係積分取入文華等堂遇幺回者原積分籌准算一半內監係積籌取出委任嬖倖而後復回者原積之籌並抹除不准

賀贈輸籌例

凡應賀贈輸籌者具詳圖內本條下大都歷一美官止受賀贈一次如初選御史時得過賀籌後或降出復入則不復賀若初入時未經掌察及掌河南之類而後入得之則仍受掌察掌河南賀籌又如吏部事降出復入歷員外驗封則不復賀至考功文選仍受功選賀籌若係功選降出復入者并功選亦不復賀矣餘倣此　凡賀贈不相還賀贈與輸則兩事也　凡稱賀一輸一贈一貢一施一給一賄一罰一或遺籌字者省文耳

罰籌追籌例

欺罰十籌不及覺察者天罰爭拗躁誤俱罰五籌餘例具悉圖中本條及敗色例下　各文武官受屬官輸籌而以幺去任者追輸籌入官賀贈籌不論　罰

籌如例分給追籌及沒籌留供欽賞　犯罪係輕入重每一罪罰一籌有重改輕不再罰　凡因全幺籍沒出局者免輸出局罰籌　打問以不輸籌及稍輸自認罪名徒以上者免罰籌　鎮守太監以幺及大征充軍者俱赴淨軍加倍罰二籌出局者照例止罰四籌　如積籌等項乍到得幺無可准除圖在又不開明者量罰一籌

注籌會籌例

每臨局各注籌若干半供欽賞之用半供本局

之用　四人以上最先出者得次後出者八籌次先出者得次後出者四籌三人以下止最先出者得最後出者八籌注罰等籌三籌以下歸最先出者四籌以次先出者二三分五籌一四六籌一四七籌二五八籌三五九籌三六十籌三七分每人百籌每籌科錢十文非錢不行仕路之敝也久矣

傳曰國家之敗繇官邪也官之失德寵賂章也神聖秉硎極厲天下意至力殫而其轍不易何哉禍父覘之蛙腹每脹無可語者以語兒童夫使兒童習之可以嬉　君相察之可以治在其斯乎是故索隱爲之贊曰

獻三十字上百官圖彼以㕦闗此以呼盧

說郛續目録

弓第三十九

頵譜

鄭樵叟

叙曰排者聚六子於盤從而横之以成排也分擲六色爲骰聯而二之三而排之而譜成語曰獻笑不及排故有呼骰爲壽色目排爲　江豪爽者見嗤而沉思者重有寄也鄭樵叟散置　色聯而標之故曰碎金其奇用長白二單白十二而窮其變凡牌之數五十有六及六六生又於六骰各去一色用白補之一擲而六博具焉其用義遂入微矣然鄭樵叟用排

而遺純色六六生用骰以會其變純白極而純色缺焉氷華生乃合而譜之增純色七而以半頵八之數共六十四以合易卦命曰頵譜而二義可互見且各有專致云所謂半頵者動之機而數之頵動與數合機適頵見可白可單而不可以偶合可一可六而不可以形求變而通之神而明之則太極生生之義歸焉爾得之者爲間值而居上賞之半靈瑞所獨鍾也

計具後例以意得之

六博新例

一碎金用牌中無色者二面倣易有太極之義自無而有則有單色者十二面猶易之有先天也自有而重之則有雙色者十二面猶後天之有乾坤也觸類而長之則有雜色者三十面猶其有諸卦也右無而左有故無色者得賞十籌單色者得賞八籌貴純而賤駁故雙色者得賞六籌雜色者得賞四籌其餘賞采皆本之宣和舊譜稍有損益則所謂以義起者也夫宣和譜有正牌而二六三六獨無對四五等色與四六等何異而獨黜爲雜牌其於六博之變亦疎矣

今更定對色二十八采奇色四十六采采各有詩

一梅花令六六生所製也今改爲六一令言總六譜而呈之一盤也照舊式刻骰子六個每個一面用白五面刻成數目粧色綺筵對客博飲一擲可兼六令

凡六色俱見成牌則以宣和譜行之不成牌爲閒色

凡六擲見五色而遇一白照前合歡譜行之不合者爲閒色

凡六擲見四色而遇二白則以除紅譜行之不勝者爲閒色

凡六擲三色三白則以闘腰譜豹兒喜相逢令雜行之不如式者爲閒色

是

六擲遇四白而見兩色者行雙成誇不對者爲間色
凡六擲遇純白爲最奇准佛經千二百功德得八
賞入牌內行賞以此例之

一勻滿盤者元人舊有此名蓋賞多益寡而純其數者也吳中初傳爲合搭轡執轡者必六詩云六轡如組組以成文義取諸此然名非雅馴不若仍舊之爲當其淡四同之外以二合之數分而計之以取盈焉其詩句則捜採所安者而命之未妥者仍闕以俟其偶得故未備也說者曰干旄之詠素絲可六可五可

四請自合歡除紅之令而各勻之如合歡三四一二一六是三五一四一六是如除紅逢二三一么一五是一四一二一六是姑從之倘牽强太煩便傷雅道矣

一稱頳譜氷華生所定也以長白三之累者三之凡入牌增者八而半頳桼於孤白之間易曰幾者動之微吉之先見者也其爲體也若有若無其爲用也闕則補巧則通生生不窮變變無極其義蓋取諸易其數則滿於爻而六譜兼焉若詩句則有待而後定下

敢以鹵莽而貽譏大雅君子爾好事者靜而排之思而契之必不以爲謬悠談矣

師律三章

師律而臧非律則不可以行三軍倣舊義而立三章焉一曰先鋒前二牌是也二曰中堅中三牌是也三曰後勁下三牌是也中堅先立而後選鋒以出有成師而無選鋒勝在帷幄也反敗爲勝惟中堅能後勁者輔車多助之力無郤顧以還師而歛至焉故列出作第一貳師第二而中堅後勁相爲倚伏者居第三

夫堅而不動者庸有之未有勁而可以不堅者也則主將之與輔佐必有分矣

何謂先鋒白爲最西方主金兵象也次偶乘焉堂堂正正之謂也銳爲偏師則衙虛飛鉗善用奇者得之矣

何謂貳師一全師大四對八白八純之類是已大萬有一焉八或千百之一焉非易覯也一成師則六殊六國六序六備是已猶藉聲先鋒以揚銳者勝矣

何謂中堅求將也純備爲上勻滿盤輔之五白爲次

五遇輔之四白爲下合歡輔之外此皆恃先鋒相角
而後取勝焉
何謂後勁三輔是巳倚中而著勁則重壘爲雄重而
功倍者後勁故也

師律遺法

易曰師出以律否臧凶鬪排之法放師卦之義而等
之爲三焉凡排一色不襍者爲正如投瓊之類以至
宣和之周及六純是巳猶之師貞丈人也其次變而
不失其正者爲奇如合如勺二色一排居中而左右

夾輔整齊者是巳猶九二之長子也其三變體不中
不正錯綜參差者非三四之弟子乎若三軍則丈人
師師而輔佐皆丈人長子也故登壇者獨賀焉若成
師則長子帥師矣弟子輔佐矣亦有弟子自相輔佐
者故易與也至若全師則三者皆隱而未見此之謂
全若純色六隊王者之師也有征无戰者也天下无
敵焉四對八純亦稱无敵之師不戰而屈人兵者也
誰敢不服一失律焉不免于凶矣非王者萬全之師
也殆覇者之師與下此至三軍則敵國也設兩軍
于中原交綏可也必欲鼓之選鋒銳進則勝敗斯分
矣倘未成列亦不鼓儳也其仁者之師與此皆陳而
後戰者也兵法之常也亦有野戰不陳如岳武穆妙
運以克大敵者非奇兵乎則丈人長子相爲倚伏而
弟子勿使參焉然制勝全藉選鋒揚銳選鋒不銳不
能不屈于有制之師也

式法六則

一排塲擇開曠勝地不可延雜賓須素心沈思人方
有韻致

一排式徑寸而止不可長長則不能運轉
一排几用八仙棹分八角坐各面濶二尺徑四尺不
可太寬太寬則散漫無紀
一排法衆中推一盟主主壇以總章授之七家臨壇
執贄一籌俱聽約束以較殿最無負則無贄負一家
則罰一籌志愧負二家亦然至三負則推最勝者代
與主盟執贄如初再土者交賀二籌三土者賀三籌
以是爲進九合則止稱爲王佐不復與較矣九合而
不知退是謂無將故抑而止之

一總章用牙牌長二寸濶一寸厚三分一面畫太極上篆師貞丈人一面畫八卦上署八方九合一匣貯之仍給六骰其中令便宜差點行事

一令籌以牙爲之或剖竹亦便長五寸闊如么點各散八十一根籌窮再給五給而黜不得復與齊盟如黜而求進是謂干紀雖有外援無徇以贖徇則損半鑰以懲貳心

紀慶新令

紀者籍而考成者也置小圓牌一十三面一面署掌

儀三面曰旌功九面曰紀錄得半纇者受瑞畢盟主以圓牌十三面授之稽長白者三旌之壘壁間以防偶澗而紀錄以給佐軍三給而後受賀著爲令

凡執纇者排完繳牌於盟主惟紀録出者三紀而自納以論功焉附紀令

慶者成功而受爵者也先期八家各出醵治具外設壇列席上下各一左右各三受爵者居上執纇者居下如賀三軍則盟主亦下陪執纇當首坐重將也重張樂或陳歌舞一闋而再臨戎事以警怠媮而快同

盟之耳目故醵必先聚而勝敗姑待後定著爲令

凡治具者有主道不與會盟與則擾八家先日共推之或以醵進附慶令

凡三主軍政者樂再闋五主盟者樂二闋九合則終宴罷會矣附慶令

凡賀三軍中之籌主執同舉上下則家進賀籌主執不預重中軍也附慶令

凡三軍之慶遇貳師並出勝負各不相較亦隨例舉賀卽下軍偶值勿拜附慶令

六博譜

歙　潘之恒

敘曰排者聚六子於盤從而橫之以成排也分擲六色爲骰聯而二之三而排之而譜成語曰獻笑不及排故有呼骰爲喜色目排爲悶葫宜豪奕者見嗔而沉思者重有寄也

譜目

宣和譜

宣和譜宋徽宗時宮中之戲也流傳人間久矣爭二五六一牌舊譜失載人遂罕有知者唯吳下花園令猶用之

又勻滿盤者元人舊有此名蓋衆多益寡而純其數者也吳中初傳爲合搭彎執彎者必六詩云六轡如組組以成文義取諸此然名非雅馴不若仍舊之爲當其法四同之外以二合之數分而計之以取盈焉

又六色中有聚六之令俗云捉六兩人分骰相角以大取小小者窮則購以弁於六盡六而罷亦骰法之嚴者與下醉六義相證余更名曰逐鹿言必獲而後已也

合歡譜

合歡譜近時袁舜臣所擬色用五者五骰之中也大都取合色者酒以合歡不合不可以酬酢也故數之所闕即以斷絶之例賞之數之所合即合而成勝有古一馬從二馬之義焉

舊傳五色有醉六之令亦因角牴乃可用之其法取三同外二色聯者較點勝則一賞雙則二賞合則三賞四色則四賞純則五賞所擲之人見一六則罰一籌在勝者亦與負者對飲負則加負此尤僅見稱快者可備骰令之一

除紅譜

除紅譜蓋楊提舉廉夫當元季之亂避兵吳下與二三游好妓小蓉瓊花等日賭除紅其負者脱妓鞋觴之謂除紅者除四紅言之也數之前後皆八自九點進至十二點爲賽色自十三點而上至十七點爲勝八點而下至四點爲負各五色十八點爲大勝三點爲大負今博徒率用之或曰宋天官冢宰朱河所作也故俗訛爲豬窩云

鬬腰譜

鬬腰譜作者藏其名稱登瀛子云色三爲絫故色之數起於三以成對者亘其首尾而所餘一色間其中爲腰象焉凡勝者腰皆麄也凡敗者腰皆細也總之則四五六皆麄么二三皆細也麄者成排而細者廢不用

今俗有豹子令用純色爲豹四五六爲豹首么二三爲豹尾外句者爲雄豹内削者爲半豹外句如一四一六一二小句盤是内削如兩么一四兩二一五是也首擊則尾從句穠則削峻矣此可補角牴之一噱耳又喜相逢以純色爲大相逢合色爲小相逢亦可備博戲一班

雙成譜

雙成譜相傳以爲丁諷所作諷以好色病廢常令兩女妓披侍見客於堂中益亡賴求妙年殊質不已每讌飲輒令女妓博色覓對先得對者爲勝即令侍寢故遂名雙成云

投瓊譜

投瓊譜投瓊者猶之射的也皇甫嵩性嗜酒作醉鄉日月條刺飲事十三篇自謂酒史董狐俦與客飲輒投色令覆射不中卽浮以大白如其色數客不勝飲者輒逃去嵩亦不顧笑謂客曰此飲中趣豈容俗物知也

兼三圖

甬東屠幽窔

除紅圖賞紅用四瓊醉綠圖罰六用五瓊供賓筵而佐觴所繇來遠矣兼三圖舉渾釆用三瓊客問何謂兼三答曰斟酌紅綠之間以行賞罰是名兼三往予在薊門觴政行此貽書劉駕部玄子曰君有嘉宴執政毋乃不給於投瓊敢餉諸下史駕部使使要予曰兒之孱覢四座咸歡以未懸解也惟是藉手於下執事下執事肯酒然命駕豈惟不佞其坐客實微寵靈

敢布左驂是會也盡卜夜之歡予歸老波臣檢點敝笥兹圖在焉而駕部化爲異物矣可勝歎哉今居聖也林下風日逍遥未艾再爲整齊令執政者行觴屠幽窔著

投瓊例

勝釆渾么渾四渾六飲五杯　渾五渾三渾二飲四杯

餘釆十七點十六點十五點飲四杯　十四點十三點十二點飲三杯　十一點十點九點飲二杯

八點七點飲一杯　六點五點四點飲二杯

凡行酒遇四紅減去一杯　遇六加上一杯　四六相併免減免加

凡行酒照題任意依杯數請客故雖投擲不論贏輸

兼三五十六圖總目

渾色六采

么么么爲一代一雙送絕世才學　单傳子孫

四四四爲渭水非熊送尊官　送年高鷹揚者

六六六爲天上六龍送侍經筵者　新進士

五五五爲滿地梨花送愛花客　簪花客

三三三爲九微片片送張燈開宴　家藏美燈

二二二爲六朝金粉送遊章臺者　有美妾媵者

十七點計一采

五六六爲五雲麗天送好樓居　有臺榭

十六點計二采

四六六爲六龍隨駕送曾扈從者　陛姓行第六

六五五爲繡簾花滿送華堂張綺幕者　有妓侍

十五點計二采

三六六爲三星在天送宵征者　喜露坐者

四五六爲胡姬十五送納妾者　好少者

十四點計四采

六四四爲舞閣金鋪送新造樓閣者　簪金玉者

二六六爲天上雙星送遠歸者　新婚者

三五六爲三層樓閣送有層樓者

四五五爲十月杏花送多種花木者　住杏花村

十三點計五采

么六六爲圓月中天送愛月者　賞月者

三五五爲纖軫十三送妓樓飲酒者　佩香者

二五六爲樓閣含春送居樓閣者　有内寵者

三四六爲七賢六逸送竹林竹溪姓氏者

五四四爲鳳樓雙度送同妻拜門者　内外寵者

十二點計五采

二五五爲梅應小春送有梅花者　姬名梅者

六三三爲芙蓉出水送善詩者　畫船載妓泛賞

么五六爲六街花月行擊鼓催花

四五爲三條九陌送居大街者　居京師者

二四六爲漢宫春曉送好内者　動戚往還者

十一點計六采

五三三爲柳絮花飛行席上生風　美人傳令

三四四爲八月星槎送好遊客　新船試賞

么五五爲葵向日傾送孤忠自許者

么四六爲陽臺近鏡送新婚　喜晉對鏡

二四五爲白雲芳草送思親懷友　貽花客

三二六爲魚鴈傳書送寄帶書信客并左右鄰席

十點計六采

兼三圖

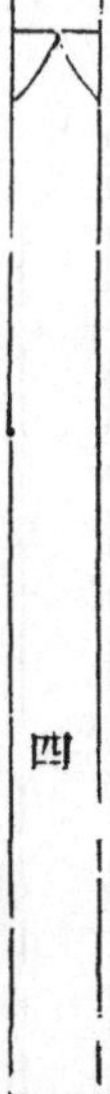

四

四三三爲十里春花送愛看人家花木　行賣花令

二四四爲零落梅花送懶養花者　姆名梅花者

六二二爲二八秦樓送善簫笛者　寵年二八者

二三五爲三市七條送摘阮彈琴　善經商者

么四五爲愁紅怨綠送寄約相失者　妻妾互妬

么三六爲天人一致合席飲左歌右唱

九點計五采

么四四爲織女粧紅送善粧飾者　飲酒面紅者

五二二爲對酌山花送對坐巨觥拳色任意

么三五爲三五明月送行第三五　寵年三五者

二三四爲鴛鴦七十送妾媵多者　僕從盛者

么二六爲芳卉九衢送愛花者　巷陌有九者

八點計五采

二三三爲二人同心送席上論心　提婚賣政

六么么爲綠綺南金送奢華者　僮僕鮮衣者

四二二爲八水分流送近水鄉者

么三四爲星月璧光送歸客喜相逢

兼三圖

五

么二五爲小徑疎花送有盆景者

七點計四采

五么么爲竹林名飲行七賢過關

么三三爲娥眉山月送美眉目　作清態

三二二爲七寶香車送車騎者　薰香者

么二四爲月夜花朝送常設客者

六點計二采

四么么爲春鎖二喬送有二妾姬者

么二三爲鴈行中斷送兄弟或朋友離別

五點計二采

三么么爲點水蜻蜓送坐不安席者罰二人

么二二爲落日雙凫送曾作縣者

四點計一采

二么么爲凄涼四星送喪偶者

數錢葉譜

天都汪道昆

語云河間姹女工數錢夫心無盡藏數無窮極工者爲誰惟不貪乃能工故有取於廉介之士

汪道昆序曰博者快一擲直以飄訕相役僕鴟夷尚矣金谷而下不亦泰甚乎哉孟嘗諸豪豪舉者半王孫十族始詘終贏淵明以還詘之詘者也其贏過當令名無窮稽古而擬其倫雜而不越故事率取諸水滸傳負不相蒙變而爲美人爲學士爲才色互出爲名花其無當均也乃今籍以行酒則以狗酒徒云

凡四十八章次如左

野史氏曰知空與量之相敵也而後可語數錢之工矣

空湯瓶第一　賞四注

舊稱空沒文文門所尊今居四門之首惟極皆得制之而尊以下毋所屬與無量數均等五出則中分之

擬其人曰陶淵明雖取瓶罄之說惟顏子屢空足

以當之

贊曰其臥徐徐其覺于于瓶之罄矣其樂只且

如令白衣人各迭執者一杯坐無白衣取鄹自飲

玉麒麟第二　賞三注

側無此葉其來犢矣亦不知所自今稱尊於文門取毛蟲之長能食金然非乘時不能爲瑞

其人曰呂蒙正

贊曰無奈闍黎飯後鐘

如令來遲者免飲執者與先至者皆大爵

半醬第三　賞二注　吳人呼爲醬客

其人於陵仲子至當

贊曰貿貿而起井上有李萬鍾何加惡用鶃鶃

如令三飲各半杯

一文錢第四　賞一注

其人杜甫至當

贊曰囊空恐羞澁留得一錢看

如令醆空者各飲一杯

二文錢第五　以下至九文皆無賞

其人黔婁

贊曰苦節不戚是爲齊也士飾巾不移是爲婁也

王之報

贊曰坐鳴琴貧非病結駟來寧受命

續贊云背貧女令爲王施雖少報亦當

如令與盛衣冠車騎者同飲

續令奉席中寒微士小杯王令報一大爵

八文錢第十一

其人爲林類

贊曰被裘兮一叟近百歲兮黃耆拾穗兮糊口

如令坐中殘盃併入一器照分數飲

九文錢第十二 舊以此葉爲極今葉無賞

其人爲范丹

贊曰能塵爾甑能滅爾性鼎食何人鄙心生塵

如令免飲

十文錢第十三 舊無此葉今居極極勝賞兩尊

其人白圭

贊曰人棄我取人取我予

如令與對席擲對對則彼飲不對則自飲

一百子第十四 百亦稱索在此門爲極極勝賞如尊

其人匡衡

贊曰鄰燭入帷誦詩解頤

贊曰維爾魁岸一擲百萬卒之長世聊以世玩

如令樗蒲者巨觴

一萬貫第二十五 此門爲極

其人何曾極嘗

贊曰日食萬錢胡然不饜

如令盛供具者飲

二萬貫第二十六

其人卓王孫

贊曰爲令帳具召賓得胥

如令如音者飲

三萬貫第二十七

其人宜曲任氏

贊曰爾踐金玉爾審爾粟爾出爾粟歸爾金玉

如令有餘者倍飲

四萬貫第二十八

其人烏氏倮

贊曰烏氏治生艮以勤務孳六畜比都君

如令敬奉陶朱公一杯自飲六杯

五萬貫第二十九

其人曰猗頓

贊曰蠡師然頓師蠡猥云師師胡不濟濟

如令立奉授令者一觴

六萬貫第三十

其人爲寡婦清

贊曰遺秉爾階恤緯爾培胡爲乎新臺

如令好清客飲

七萬貫第三十一

其人卜式

贊曰萬夫之雄自致三公

如令助邊者飲

八萬貫第三十二

爲呂不韋

贊曰陽翟賈捐素封啖艾豭勝祖龍

如令自飲杯酒即以殘杯更酌進遠遊貴人

九萬貫第三十三 賞一注舊稱尊

其人虯鬚客

贊曰知雄守雌捐洗得所矯矯游龍擇地安處

如令出席授新相知者一觴退而自飲一爵

十萬貫第三十四 賞二注舊無此葉

其人孟嘗君

贊曰客三千傾七國借私交恣超忽

如令好客者飲渺小者飲五月生者飲

京萬貫第三十五 賞三注舊無此令稱尊

其人端木叔

贊曰世受殖公無恤邁祖德

如令富翁子飲

一十萬貫第三十六舊無此葉今爲極極勝賞如尊

其人曰國氏

贊曰人之君子天之小人

如令執者與對席扳長者名一杯

二十萬貫第三十七舊爲極章至九十皆無賞

擬其人曰牛僧孺

贊曰朝爲行雲暮爲行雨

如令好内者行二杯

三十萬貫第三十八

其人爲武安侯

贊曰託肺腑傾人主假之年吾族汝

如令執者與坐者最善飲者分曹對壘六博爭雄

負則各以其黨同飲

四十萬貫第三十九

九十萬貫第四十門

其人爲董卓

贊曰郿塢足葬首族郿塢堅葬首燃

如令姓名草頭者飲

百萬貫第四十五 賞一注吳葉獨此晉花執者得上賞負一擔二人皆媚之

其人擬吳王濞

贊曰而恬而封乎而而眦而宗乎而而令而躬乎而

如令老徙者飲

千萬貫第四十六 賞二注

爲梁孝王

贊曰謂爾不群爾抗大君謂爾不馴爾多令人

如令同詞客飲

萬萬貫第四十七 賞三注新舊俱稱尊

其人稱石季倫極當古今富傾人王者無二

贊曰財滋多守則鄉令古豪奢奈樂何

如令執者與坐中最善飲者賭拳負者罰依金谷

酒數

無量數第四十八 舊無此葉今總攝四門

其人擬陶朱公以其積而能散也

贊曰七策二羸千金三散散茲後人奕世鉅萬

如令隨意飲坐客觴三行禾則旅酬一巨觴同醉

野史贊曰始而奥空終也三散然則士貧何足病哉

富而可求亦從吾好爾

楚騷品

天都汪道昆

叙曰離騷九歌前人各有繪圖精妙入神摹倣作葉子式用以行酒甚雅太函公仕楚託以自況並亦有縹緲之思乎余從象輿索之入譜儻亦附景差大招之義將爲湘夫人以求雲中君於壽宮庶幾衆而來下以慰余思也古有命丁尋梅實開此竇從意所之可爾潘之恒識

觴政舊例坐客各一籌主令者悉覆而授之得籌各

默覘云何仍各覆之案上得三閭者不覆任意卜湘夫人得則罷此籌而行彼籌各籌以次如法行酒如失一籌輒飲一觴以彼所舉之籌各行觴如法昔函翁居楚舉九歌爲籌古以賢者比美人義取諸此

東皇太乙

雲偃蹇兮姣服芳菲菲兮滿堂五音紛兮繁會君欣欣兮樂康

歌人合唱引滿而釂

雲中君

蹇將憺兮壽宮與日月兮齊光龍駕兮帝服聊翺遊兮周章

兩鄉爲壽

湘君

君不行兮夷猶蹇誰留兮中洲美要眇兮宜修沛吾乘兮桂舟令沅湘兮無波使江水兮安流

奉所遲客

湘夫人

帝子降兮北渚目眇眇兮愁予嫋嫋兮秋風洞庭波

兮木葉下

飲相日者

大司命

靈衣兮披披玉珮兮陸離一陰兮一陽衆莫知兮余所爲

二骰兮陰陽數飲

少司命

孔蓋兮翠旌登九天兮撫彗星竦長劍兮擁幼艾荃猶宜兮爲民正

近美人者飲
東君
青雲衣兮白霓裳舉長矢兮射天狼操余弧兮反淪
降援北斗兮酌桂漿
與人藏鬮射不中者飲一斗
河伯
乘白黿兮逐文魚與女游兮河之渚流澌紛兮將來
下
擲骰定數聯席流飲

三閭大夫
舉世混濁我獨清世人皆醉我獨醒
值此者免飲坐中索湘夫人失一人飲一杯
山鬼
乘赤豹兮從文狸辛夷車兮結桂旗被石蘭兮帶杜
蘅折芳馨兮遺所思
觴知已者
國殤
操吳戈兮被犀甲車錯轂兮短兵接旗蔽日兮敵若
雲矢交墜兮士爭先
與下席賭拳
禮魂
盛禮兮會鼓傳芭兮代舞姱女倡兮容與
羯鼓催花

嘉賓心令

毘陵巢玉庵

敘曰丙戌中以僻蔭書與客緩步漢公墩左惟見野花幽草禾黍荊棘鋤犁鱗砌爾憶昔日之盛安在哉因成小飲竊諸才子富貴風流互吟其詩名尚酊爲雖非東山蘭亭之舉然所以興懷則一也喜醉似泥既而選古時妓列爲二冊是亦片時感慨之釀成也我賓其心之時在嘉靖五年春日

毘陵玉菴謹書

十八才子序目

十八佳人序目

才子一　王令

太陽二　合座共敬三杯

王羲之　右軍本清真瀟洒在風塵山陰遇羽客邀此好鵞賓揮素寫道經筆精妙入神書能籠鵞去何

曾別主人　群賢畢至少長咸集

才子二　監令

少陰二　知令主令同奉一杯

陶潛　掃逕歸來日未遲開中山酒醉中詩春風自舞門前柳不與他人管別離　素琴本無弦漉酒用葛巾

才子三

乾三　左右佳人陪飲一杯

謝安　經春無事連歯醉彼此往來能幾家切莫辭

拚十分酒盡從他笑滿頭花　旣與人同樂亦與人同憂

才子四

坎☵奉佳人頭名一杯復與十五六佳人各飲一杯

相如　淒淒復淒淒嫁女不須啼願得一心人白頭不相離　無德可稱徒富貴有錢難買是清明

才子五

艮☶此詩歌奉合席

石崇　尊前莫惜千金費醉裏能令萬事輕須信人

生行樂耳此身何必絆浮名　吹龍笙歌鹿鳴觴玉板醉金觥

才子六

震☳笑飲三杯

李白　玉樓巢翡翠金殿宿鴛鴦選妓隨雕輦徵歌出洞房　白酒釀來緣好客黃金散盡爲收書

才子七

乾☰敬座中達尊客三杯

阮咸　花無長在樹人無長在世有花須當賞有

須當醉秋霜上鬓來春風吹不去　藤杖手中花氣潤荷衣身上酒痕多

才子八

坎☵獨罰五杯

畢卓　昨日花如繡今朝花作塵人身一如花胡爲長苦辛古今富貴皆黃土唯有青山解笑人　不是老夫偏愛酒酒能遣興啓詩囊

才子九

艮☶罰奉左席戒飲

劉伶　一日生一日落明日不如今今日不如昨短歌行聲苦惡人生行樂須及時腰纏何必揚州鶴　我欲四時携酒去莫教一日不花開

才子十

震☳前三位末位佳人同主令雙杯深淺自斟

韓熙載　生年不滿百常懷千歲憂晝短苦夜長何不秉燭遊爲樂當及時焉能待來茲愚者愛惜費但後世嗤仙人王子喬難可與等期　酒熟黃雞肥候月圓丹桂香時

才子十一

乾三 兌飲

東坡 菡萏池邊風滿衣木犀亭下雨霏霏老夫記得坡仙語病體難禁玉帶圍 因過竹院逢僧話偷得浮生半日閑

才子十二

坎三 左奉才子一杯 右同佳人一杯

黃山谷 綠陰垂野草青青時有幽香一樹明晚泊孤舟古樹下滿川風雨看潮生 多病有花亦快意清閑無酒總神仙

嘉賓心令 八 五

才子十三

艮三 隨意佳人 對飲三杯

賀知章 四明有狂客風流賀季真長安一相見呼我謫仙人昔好杯中物今爲松下塵金龜換酒處却憶淚沾巾 人生得意須盡歡莫把金尊空對月

才子十四

震三 佳人二杯才子 一杯傳奉滿座

陶穀 淮南二十四橋月馬上時時夢見之想得揚州醉年少正圍紅袖寫烏絲 欲留年少待富貴富貴不來年少去

才子十五

乾三 對佳人畫中月 梅者酹酢一杯

孟浩然 年年小蹇雪行時吟首羅浮得意詩夜靜月窗尋好友誰云和靖獨相知 雪梅天詩酒仙驢背上灞橋邊

才子十六

坎三 佛子羽客 同樂一杯

秦少游 書當快意讀易盡客有可人期不來世事相違每如此好懷應與幾時開 閉門覓句陳無己對客揮毫秦少游

嘉賓心令 八 六

才子十七

艮三 拉佳人後四 名謅飲一杯

趙子昂 古墨輕磨滿几香硯池祄溶照人光北窗時有涼風至閑寫黃庭一兩章 書 筆琴一張酒可樂詩可狂暑也避寒也忘

才子十八

震三任意同佳人飲杯以醉為度

白樂天　晚涼思飲兩三杯召得江頭酒客來莫怕秋無供醉物水蓮開盡木蓮開　樂天樂天閒中詩酒風月無邊

佳人一　知令

太陰二　北慶三杯

許瑶英　雪面淡娥天上女鳳簫鸞翅欲飛去玉蟬翹翠步無塵楚腰如柳不勝春　穠李四絃風舞席部華三弄月籠床

嘉賓心令　八　七

佳人二　令尾

少陽二　主令對飲一杯

紅兒　裙拖六幅瀟湘水鬢染巫山一片雲玉貌只應天上有清歌豈合世間聞　座間若有一點紅斗筲之器盛千鍾

佳人三

巽三　席中青年文雅客同奉一杯

玉簫　美人顏如玉笑語情偏真動衣香滿路移步襪生塵水下看粧影眉頭盡月新寄言天外客個是洛川人　綠水紅蓮一朶新千花萬草無顏色

佳人四

離三　第五才子對飲七杯

綠珠　樹上花花下人可憐顏色皆青春昨日看花花灼灼今日看花花欲落勸君盡此花下歡莫把東風總吹却　酒逢花更好雲去月偏明

佳人五

坤三　奉座間風致客一杯主令陪飲

雪兒　梁王宴罷下瑶臺窄窄紅靴步雪來恰似陽

嘉賓心令　八　八

春三月暮楊花飛盡牡丹開　盛德好將銀管述麗辭堪付雪兒歌

佳人六

兌三　尋席中幽怨客樂飲二杯

好好莫愁　雙頰凝酥髮抹漆眼光入簾珠的皪與音嬌軟帶兒痴多少閒愁總未知自古佳人真命薄閉門春盡楊花飛　阿嬌金屋貯麟鳳玉堂游

佳人七

巽三　同末位二才子令尾下三美人酹酢一杯

香　簾日已高三丈透金爐次第添香獸紅錦地
衣隨步皺佳人舞徹金釵溜酒污時沾花蘂臭別殿
微聞簫鼓奏　奚奴香白醲溫煖自相宜

佳人八

離三 評座中量至淺者滿飲二杯

朝雲愛愛　高髻雲鬟宮樣粧春風一曲杜韋娘司
空見慣渾閑事斷盡蘇州刺史腸　對酒有花非
負酒對花無酒是虧花

佳人九

嘉賓心令　八　九

坤三 才子詩有花者各陪罰一杯

樊素　十五年前似夢遊曾將詩句結風流偶助笑
談嘲阿軟那知傳誦到通州　梧桐院春風面冬
可爐夏是扇噫美人兮美人兮美人

佳人十

兌三 二三才子各一杯隨奉五六七才子暢飲三杯

杜秋娘　椒壁懸錦幕鏡奩觸玉蟾月上白璧門燈
影浮參差金堦玉露重閑把紫簫吹燕媒得皇子天
人親捧持虎睛珠絡緞金盤犀鎮帷　馬腸丹荔

佳人惜玉憐香學士

佳人十一

巽三 自飲二杯奉合席才子又飲一杯

書仙　玉皇前殿掌書仙一染塵心下九天莫怪濃
香薰骨膩雲衣曾染御爐香　枕前淚與階前雨
隔箇窗兒滴到明

佳人十二

離三 免飲恭奉知令左右才子主令左右佳人一杯

薛濤　粧成每被秋娘妬一曲紅綃不知數鈿頭雲

嘉賓心令　八　十

篦擊節碎血色羅裙翻酒污　錦江膩滑峨眉秀
化出文君與薛濤

佳人十三

坤三 奉八九十才子一杯後與主令同飲一杯

柳青娘　蜀國佳人號細腰東臺御史惜妖嬈從今
喚作楊臺柳舞盡春風萬萬條　條子推不去可
人費招呼

佳人十四

兌三 歌此詩賀極青年客對飲雙杯

徐月卿　天下能歌蝶幸娘花前月底奉君王九重深處無人見獨把新聲傳順郎　報道今年花事好花枝留與少年攀

佳人十五

巽☴　免飲

小桃　小桃破蕚未成春羅綺叢中第一人聞道使君歸去後舞衫歌袖總生塵　佳節每從愁裏過衰顏謾到酒邊紅

佳人十六

離☲　合席任意纏酒幾杯

琴客　婷婷嫋娜十三餘荳蔻梢頭二月初春風十里揚州過捲上珠簾總不如　晝長公事盡佳客小淹留

佳人十七

坤☷　吟咏滿座三杯尊高年客一杯

賈愛卿　願得貔貅十萬兵犬羊巢穴一時平功成不用封侯印只問君王乞愛卿　入吾座者清風對吾飲者皓月

佳人十八

兌☱　佳人頭五名才子前三名酣飲二杯

泰弱蘭　好因緣惡因緣秖借郵亭一夜眠別神仙琵琶撥盡相思調知音少待得鸞膠續斷絃是何年

人生歡合隨處桃源

敘云嘉賓心令者述鹿鳴詩我有旨酒宴彼嘉賓之義蓋宴以酒則洽酒有令則行令易簡則崇崇則弗亂觴政也令數法太極儀象八卦取義精矣其總序一象太極也名士殊美象兩儀也名士則

有主令監令殊美則有知令令尾象四象也四象生八卦陽卦四陰卦四四其四各得十六陽則名士當之陰則殊美當之合四象而總得三十六焉一衆情責之主令糾其愆責之監令多言者罰知令司之有酒者罰令尾司之名曰心令無庸於心焉假名妓戲不淫於樂可見王菴巢君之制令一舉而衆美集也尚冀賓筵之達者變而行之則又有有餘不盡之意焉余因喜而識之時嘉靖丙戌歲中秋穀旦南濠居士書

亘史曰此牌殊有風雅之致前輩猶可想見今之酒人徒豪舉耳丁未孟夏十三月余鴻宥邀泛舟竹溪寺潭上象玄出此佐酒脩然如見八十年前光景神歸錄之時坐客爲謝少連氏鮑山甫氏鄭徵仲氏葉繼美氏余宜中氏賓王共八人坐小舟中一筏載酒肴一筏載歌吹雲烟滃蕩風日妍和潭寫濃陰湍激清響勝流心賞自謂無讓古人矣

氷華菴居士記

葉子譜

歙　潘之恒

題辭云葉子古貝葉之遺製前人削桐書柹題楓佩蘭皆取諸葉此簡策之所昉也物各有品雖小技必有可觀作葉子譜

名數品

葉子始於崑山初用水滸傳中名色爲角抵戲耳後爲馬掉扯三章六章掇一疊又有鬬雙頭截角尊極搶結歸一種種今不盡行其法分立四門自相統轄由空鑿至九爲錢果錢爲百果百爲萬果萬爲十萬以至萬萬萬勝千千勝百百勝錢錢數賤九而貴空殊倒置有味戲百出而不窮用數多而尚變故也至酒牌出而古意逾失用之逾淺禰爵花妓旣已不倫甚至淫媟欲嘔徒敗人興亦惟崑爲濫觴云汪伯玉司馬富於酒德憐才士而矜窮人數錢之令爲蔣生文藻作也義舉貧而賢者與富而恣者較不啻羞稱之惟致而能散以無量數終焉顛倒豪傑揮斥宇宙可謂錢神之董狐酒魔之巫咸足爲貧兒吐氣矣歙

器撲滿之喻何以尚此故首崑山而揭之

分門品倣於崑山令馳馬橋僧盛行之

錢製圓而孔方取象於大反敷於空故尊空沒文空者所以貯也當其無有貯之用屬波斯獻馬爻稱饕客饕者獸食之餘井上有李是也里人目為枝花枝花者花未成果故自一至九咸呼為果本枝花而得名而文錢為最初之義其數十一葉而極於九索以貫錢百文為索極於一而尊於九九者數之盈十索則名貫矣故去十為萬始焉葉凡九

萬者索之累十而得名者也極一而尊九不居其十以十者有所總也葉數亦如索

十舉成數一不必紀而二首焉以偶對百百而千千而萬示極而不孤處尊而不汰數之成也葉得十一野史贊曰㩳其成無忘其空空以基之成以息之是四十張之所由作也

圖象品模崑山製

十字門計十一葉畫形皆半身萬門倣此

尊萬萬貫天魁星呼保義宋江貌異　千萬天傷星行者武松　百萬天罪星短命二郎阮小五醜人首為雙頭而自側弁呼曰百歪頭是也　九十天敗星活閻羅阮小七　八十天滿星美髯公朱仝抱子雙頭　七十地勇星病尉遲孫立　六十天威星雙鞭呼延灼　五十天孤星花和尚魯智深　四十天殺星黑旋風李逵　三十天暗星青面獸楊志　二十地慧星一丈青扈三娘

萬字門計九葉

尊九萬貫天退星插翅虎雷橫　八萬天空星急先鋒索超　七萬天猛星霹靂火秦明　六萬天微星九紋龍史進雙頭　五萬天壽星混江龍李俊　四萬天貴星小旋風柴進　三萬天勇星大刀關勝　二萬天英星小李廣花榮　一萬天巧星浪子燕青

索子門計九葉有象肖貫之索而錢圖孔方

尊九索自下疊四貫疊二貫而銳其一　八索疊二而四之　七索疊二者三而斜其一　六索如六水雙遶　五索如艮卦形　四索如雙珠環　三索如品字形　二索如折足　一索如股鈌

文錢門計十一葉

尊空沒文原貌波斯進寶形標曰空一文其形全體而矬足黑靴或題為矮脚虎以空為尊反之也　半文錢花實各半或曰一枝花或曰饕客　一錢如太極自一至九以所貌大小不以次　二錢如腰鼓　三錢如乾卦形　四錢如連環　五錢如五岳真形　六錢如坤卦形　七錢如北斗形　八錢如塊玉　九錢如三疊峰

重贊曰聞賓四門所以禮賢不聞積聚而工數錢故

愚稱守　運之有神能積能散存乎其人空不居其歎萬不履其盈萑苻之輩有若宋公明亦足爲世所程誰曰不經

刻書品　倜崑山叟

凡扯張鬬虎俱去十門張用萬萬空湯爲雙花虎用千兵爲統轄弁州庸上客衆亦存十門取九萘其權也今搜崑山舊牌而强名其刻畫者拈一爲截角二爲斜眼三爲豹牙四爲内鈌五爲雙白六爲雙箸七爲斜齒八爲外鈌九爲弦月曰鈌皆爲脣曰白屬眼

曰箸屬鼻月乃如眉五官差具矣壬子除夕定

截角：一豹三張同	斜眼：二豹三張同	豹牙：三豹三張同
内鈌：四豹三張同	雙白：五豹三張同	雙箸：六豹三張同
斜齒：七豹三張同	外鈌：八豹三張同	弦月：九豹三張同

亘史云自鬬雙頭外有以邊圍競者標藥而掩其幅凡折角去齒抉目剜膚惟所令而相靡不以偏長取勝惟虎中之豹最宜參之或曰五刑未備旁何以修眉代臧耳耶倘亦龎嫂人諱之也

投一雷品

江鄙爲豪飲頗厭煩苛人座惟投葉於俎嚮間各射所覆執之尊居以四門爲殺推上客主監衆環攻焉惟一反掌而勝負立見歡聲轟然飲如決雷矣

馬掉品　亦云馬棹腳謂馬四足失一則不可行訛腳爲角非

馬掉以軍令行之法分四壘用崑山葉四十張各執其八而虛八爲中營主將護之以紀最殿定賞罰焉

遥將以虛卜植幟於壇而三家環攻之袒左整亂曰齊袒右襪拍而稽數以標首出者若狙張以偵四門三家者遥應而主將孤立無援軍行八出再捷爲平三爲勝以掉奇者奇者與赤手等不爲功而餘勇者故示弱以餌之蘄收全功焉大都三家務合從而主將衡之居壇之上雖尊兼毋吝留慮敵以倖得偶居壇之下雖小劣必讓毋貪噬欲分力以窮寇主不譸顯客不嫌詐顯則易奏績而詐者有巧中故其詐也僅以愚主而客皆黙諭不目挑不指動不聲揚不以

堞示異犯此者皆下品其顯也用以讐敵不阽危不持滿不市尊不羞娩成犯此者無勝策三捷者勝一壘而五捷者亦勝一壘善軍者快三而娩五焉五斯拙矣五捷而收三壘則巧莫如之故七門者勝敗之紐逾此則棄其八有制人者人勿顧多奇功焉家有全勝者無私讓有後御者無先雄有勁掠者無饕小以神運智以人合天以遲馭泰因微而顯轉敗爲功此不可以家戶曉口舌諍也悟者自得之爾

部中惟百萬簪花上國之將相也猶齊之管晏鄭之

僑肸魏之信陵雖臣而威震主矣故其賞獨專敗亦得勝亦得或倍之以勝倍也或三之以自出師而三也惟勝敗均者尚焉主將得百萬無尊無捷而勝居一矣惟四尊并而百萬無所庸其勝四之四尊而挾百萬則益而五之矣

四尊視虎葉之副各以門取尊而柏葉掩其上軍罷而稽程故有尊而不勝者矣未有百而不尊者也葉之副而當尊則兼者勝矣兼者尊之第二葉也今婁水之間或貴兼而抑尊此無將之心所不取也匹夫而稱雄則極或有時而尊軍司馬紀錄可也勢固無兩尊矣

自先鋒賞出師之捷而十門無敢出者矣執千兵者用壘守焉先鋒不見則千兵無敢求功十隊無敢嘗者慮或爲先鋒詭得也惟執百者可以十隊徼焉徼亦不能爲豪其他路弱矣雄者輒一搏而縱奇兵此射鵰手也勝則挫其鋒矣闖家有執先鋒以無偶而勿紀則搏之功爲懋戢者依法相進退則葉之善經矣先鋒者何百萬是也得先鋒則喜而得千兵則憎

用與不用殊也

野史曰余百戲盡劣惟馬掉窺一斑焉里人目爲迂莫有揣其長者吳人嘗而尚之每席必張焉而善者王杜史章大娘顧以豪爽持勝侯生最有膽窮日夕不厭曾一勝音何余再北於杜史自此以還有肩齊無踵接者矣

續葉子譜

歙　潘之恒

看虎吊 一名鬭虎

亘史曰看虎者江淮問女兒角戲以雄爲最上乘蓋取龍女疾獻珠刹那間轉女成男之義翻士也當用窮而不思奮非夫矣孟子曰晉人有馮婦者善搏虎虎負嵎莫之敢攖馮婦攘臂下車故余觀鬭虎而知健婦之槩也木蘭縱榮豈不慚丈夫哉

測曰鬭虎取崑山牌四十葉去十門惟選千兵以領

三路共專轄者惟萬他有所不屑制也如二人角各得十三章守營者四或三人角各九章守營者三始於齊以定方揭一爲先鋒先鋒無避有進而無退進而爲順一作後或作殿爲豹惟利是視不則委而罷之獨敌師焉掊之以三或四或五而分其隊序爲順純爲豹自一至九以數呼之豹極於九非雄莫能尚矣此惟百萬軍中斬上將者足當之順與豹各有制索勝錢萬勝索復以大小相制無幸焉惟千可統萬之八九而空醫亦挾一元名曰半豹半爲豹之下而能制錢索之順與千統能制人者加賞一章此順之變者也千兵一索一錢爲天豹則豹之始犢者惟聽制於二豹矣空醫一萬爲駁則專制天豹者也凡治此術者以銳破堅以單破衆以弱破老尚衝突而散連衡貴節制而黜偏師焉連衡以守則拙偏師以拙則殺矣數窮於一而復於九三極皆其至也君子有炳然之思大人虎變是已次槩其二以合於入則困窮之義勝也三七爲穿則劫而得所請者也千兵御空而滿索則爲駕如中軍挾左右廣以行千兵而統於一則

匹夫而有君得乎丘民而爲天子盖世之雄莫之與京矣於是進爲九法

一曰相角爲敵敵而勝者一章一賞　三同爲豹豹而勝者一章一賞　序三爲順順而勝者一章一賞得千統與半豹以制勝者各加賞一章無制則否

駁能制天豹者亦加賞一章

二曰五萬爲中堅賞二章有制則否

二曰八萬爲次將爲輔賞三章有制則否故萬如愼行而後能勝也三索三萬七錢爲穿山甲賞三章

則穿窬之輩或有時而刼營也
四曰二索二萬八錢爲窮（一作卯卯亦作窮）賞四章嘉其志
可也
五曰一索一萬九錢爲虎賞五章極而當恭者也
六曰千兵九索空湯爲鴛賞六章
七曰三九之豹賞七章
八曰三路之首爲富（一作獅）賞八章
九曰千兵一萬一索爲雄賞九章去其貪欲軍氣始
揚所謂百戰而百勝者也

以上按法程之旨以無爽要而究其妙在八錢合二
之窮九錢合一之虎七錢合三之刼空湯合九之富
千兵合一之雄鴛爲三路之魁窮取三極之次故執
之者有玄思焉多算勝少算不勝毋超距毋犯鼻毋
守遲毋嗜小利趨則易蹶犯則易刷遲則易孤嗜小
利則害大謀法之所忌也比而較之變而通之知彼
知已敵雖勁不能逃吾法矣故曰微者所以成其鉅
者也弱者所以輔其强者也千者所以控其一者也
易曰履虎尾不咥人記曰一夫當關萬夫莫敵又曰

三軍可奪帥也匹夫不可奪志也知斯三者而虎之
義盡矣嗟乎泰山之婦遠苛政而不遠虎彼固計之
審矣誠不以富於窮又何難焉萬曆己酉首春楊采
英頓愓然皆金陵角妓口授手習遂以臆測其微而
義著花之朝在襄成樓譜成惟天豹穿山甲李寶文
冬夜補於秦淮閣中者
凡曰徽曰窮曰獅本方若犍更定俟再攷之又曰
狠郎也其義則已列於前矣

扯五章品（此扯三張之疊出而極其變者也余從閩人郭聖僕定於虎丘）

去十貫一門只存千萬共三十葉人拈六葉分爲三
副副分三市每市九點第一一葉爲一市第二二葉
爲一市第三三葉爲一市舊用六葉今以第三葉活
用可前可後妙處正在此張如合成十點名之曰撞
爲最末數除十點外以零數算若合十九只算九點
每市素九三注花九四注雙花合九五注素八兩注
花八三注雙花合八四注其餘以點數勝者俱一注
花九打素九大九打小九九打八素九打花八花八
打素八大八打小八他可類推錢門九錢打八錢一

文錢打半文錢近有去半文錢用萬萬者則以萬萬爲至尊之花以萬萬花九作五注萬萬雙花九作六注萬萬花八作四注欲取注多意耳花作一點亦可作無點千萬空文爲花扯三張一准此例

五一

如一文一索一萬千萬空文之類五十注花照例加

五紅

萬萬千萬空文九萬八萬九索八索九文八文俱算紅如三九雙花或二九三花俱四十注如三八雙花或二八三花五紅内有八之類俱三十注花照例加

若遇真君雙合照例另加注四十注三十注雖難値似太重請減其半

純五

如五張俱萬貫門或俱索門或俱錢門二十注花照例加萬萬千萬俱算在萬貫門若復遇真君雙合照例另加注同五在馬棹眾勿貪今爲奇遇請殺其半

大九

五張合成一九十五注花照例加若共合十九點不合此例十五注亦殺作九注

真君

三市俱九是爲真君九注花照例加花打素大打小俱照例

少君附

亘史云三九爲真君則三三當爲少君宜六注余聞之介州公三三之九與花九埒得四賞謝少連師目爲川九加九賞又似太過今改定以六賞爲當若合二九亦同雙花例謝廟然之

雙合

前三張合九或十九後三張亦合九或十九是爲雙合六注如花在中八注花在前後七注

對子

惟雙合有之如前三張一三五後三張亦一三五之類兩注色樣外另算千萬與空文作對若萬萬不與千萬空文作對多一注故耳

自五一五紅純五大九對子遇色樣皆折算不劈倒其餘色樣皆大打小

九合共二十九副

花花九　花花八　花花七　花一七　花一八
花二六　花二七　花三五　花三六　花四四
花四五　花九九　一一七　一二六　一三五
一四四　二二五　二三四　三三三　一九九
二八九　三七九　三八八　四六九　四七八
五五九　五六八　五七七　六六七　八如例推

扯三張例俱如前

潘之恒曰余戊子歲從弇州公在留都右司馬邸無日不與文酒會酒行數巡郎令取牌扯三張每一人

為主衆環而敵之或全勝或全負或勝負相參負者取大斗飲之力歉有起逃者果醉則勿追佯醉則止全勝者衆不服乃再主與衆敵成大噱盡歡公間陶然令兩豎子扶掖而入客復與諸公子竟歡屢會而情若新其酒令之善册以諭此

鬭天九品

敘曰鬭天九之戲汪喬孫自廣陵傳來云是吳興鬭牌法頗與看虎相似宜即廣陵人為之然約法三章甚簡略於中亦可致思足術也去穎入於葉子亦從其類之變法爾庚戌初伏日記

測曰天九鬭法用舊牌三十二片分為五隊而正祿之別為華　界焉三六二六以點不齊黜而　之凡華得二十有二而　得十華隊成三而　惟二華何所尊尊天也故天牌居華首執者無敵雙出者賞四籌長六是已而地人和次之為前隊次選累色牌首長五次長三長二為中隊而聽制於前單則單制雙則雙制各以序惟單能破雙令長六不得成功者有之矣次取對色五六四六么六么五為後隊而聽制

於中單雙相制如前而前隊亦不得相越以制不務勤遠也然自天牌以下無殊賞以牌計籌而已示權無所分也　何所尊尊九也故九居夷首執者雙出亦稱無敵賞四籌與華同三六四五是已次以點對二六三五稱八二五三四稱七么四二三稱五各為偶相屬為正隊而二四么二獨以外　鄙之然自二九以下各相為制如華例而六與三合亦以九稱雄焉徼賞三籌合執則雖夷莫能制也喬孫第言其外而未悟以九故表出之又有總例焉名曰拴結取重

後一出或單或雙勝者舉全功焉得賞五籌故善鬬者莫不思其後也此所謂法簡而意深者耶其行陳大略如看虎法三人行各取九餘五爲營二人行各取十三餘六爲衛營衛以伏故莫得窺善兵者交智善戰者伐謀此之謂也

亘史曰吳人扯三張有花九素九之尊介州公宴客日行之九之貴尚矣謝山子詒撫州鬭葉者有賦亦重搶結則天九已兼二義疇謂角戲末技也而可忽諸

天九華　隊式　華隊二 隊二

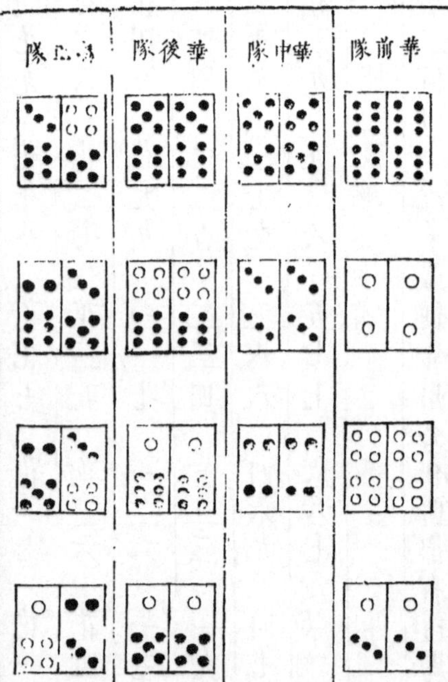

偏隊

中曰自華　之有分也不相爲制惟前三隊各以次於隊中又蓮　之惟　九不得先衛慮爲華天所統此氷華生之獨斷也虎之尊千亦著此義作者想當然爾

方不其別一月自金陵歸語余曰吾得天九鬬法莫余勝矣子之偏隊稱九艮當第單行宜聽制於余曰然前有之合執則雖　莫能制正謂此也

期蓮生語不其曰天九善矣牌也而列於葉何居我見必反之余曰唯唯否否期蓮所執者象也余所從者法也法行則象華矣期蓮能排之也而勿鬬乎則余亟反矣近叢睉好事家有變此牌作三十二葉或可執而行足破期蓮疑無深訝爾嗟夫今世之假面甚多取其變相勿問本來可也

運掌經

賁禺黎遂球

黎子性憎巾幘恒喜筆墨秋雨壓屋斗地如湖以足按展如駕小舟研田水溢不可以畊乃出就牌里少年爲蠟牌戲恨無敵手入夜而返架脚几上思其事理餘與猶限隱不忘輒從燈前疏之名曰運掌經以示戲伴以從拾桐而書故亦曰桐階副墨

凡蠟牌各從其類以數之多者爲貴有以少爲貴者

錢之類是也非貴少也錢之大者如大漢布刀一可當十一日所以魁没文者富不敵貧貧者算勝富受制焉亡地之能存也

凡牌之用有數適焉大可一寸高倍出之厚僅盈指紙輕小便易挾以偕遊一也靈活可思二也無彈碁坐隱之煩三也可容至四人以作酒政多至十八而贏四也可以聚談不厭五也隨以韻諳分而賦詩六也

有數宜焉宜於舟中宜花下宜燈前宜夕月宜席上宜書暇宜圍爐宜避暑宜登由宜慧人宜快人宜解人宜俠士宜靜女宜才子宜詩客宜文士宜幻士宜壯士宜淡沲好書之俠宜恐恥出矜之雄宜有心少年宜古生磨勸之流宜數學宜禪悟

凡鬬牌其思淡於圍棋旨幽於射覆義取於藏鉤樂匹於鬬艸致恬於梟盧拋擲若夫市井之徒非不舉然用之然負者必爭失者必恨倖得必驕以至於鳴嵩局傍觀異裹佁儗亦甚陋矣英雄之事不乞憐於人不借倖於天不爲竊行不以侮愚磊磊落落得計

者昌故用之尤可以觀品也

凡鬬牌慧者在衰可與庸者恃上駟以自全慧者留其魁以制人藏其次者以待用雖下駟中駟上駟矣

凡鬬牌庸者知之日守其故慧者爲之日通于微

凡鬬牌之道潛則勿用亢則有悔得時乘權求爲可繼失勢隨人相時乃典

凡鬬牌之道慧者不可自恃其筭算過則恍上駟易老中駟難藏出必受殃慧者不輕出謹乘其勝

噫得權何時成敗易定故善藏用者尤勿失時天不

可知慧者勿過求於必得勿過計於利害之終勿遺回於有以必握其柄徙棄日前故奇正相生不離乎嘗苟非其人道不虛行也

凡鬬之所寶惟識與悟善識者託其諸類而有無可決去留可皆虛實可測盈縮緩急可擬矣善悟者因於其故入於其竅老而變之方壯乘之前之右之左之留之去之遲之速之人見而誤之我詭而用之人詭而用之我見而悟之彼方有其計可全覩矣

凡善識耳不必屏聲目不必辨色口可互談而左右

陰陽之數確乎不亂天也人也

凡善悟不執故常不尚奇險不過疑人不過信人而前後左右之伏一擊必中人也天也

是故識者必悟不悟則執其識如是者危悟者必識不識必眩其悟如是者危

凡牌輸贏之供朱提爲下其上者曰飲酒得贈詩名柴小楷書松箋古書名花珍玩

凡牌未出皆覆既出皆仰覆者數玄以象天也仰者形見以象地也視仰之形測覆之數以施幹運者人也四類以象四時也極之以萬爲數象萬物也終則有始天行也一出一入或出於遠或出於近日之與月也或幽或明明則皆見幽則皆暗晝夜之義也四人四方也餘者置中中央之象也一曰爲三人之鬬者無四方然而連其虛則六合也右以旋左天運然也從日月之行度也一曰天左旋凡二十四節之氣皆以左旋善鬬者迎其機以回天故右旋也生尅象五行也曰牌何生此尅則彼生也如上者尅中則下者生矣八鬬象八卦也如三則九亦雒書之數九也

凡始鬬則互易而混之太極也剖而視之兩儀之初分也吾與人之鬬必去其二而不用者衍也尸衍一牌衍二人也智者不窮其物多留餘地以勝天也餘以六葉六合之外可以存而不論也不盡其類不極其故此所以員而可思幾而可用也

如三人則餘者十有一葉于窮矣而復有一物之不可以終窮也

是故錢之類十有一用與不用皆不可窮也索與萬之數皆九也善留其所不盡也十之數以至於千萬

萬萬惟十有二葉者約其數不爲悉計不欲得而窮之也

凡四類之中多寡不同而合之則其四十葉者物以不齊爲齊也

勝一負以象剝復剝復者天而德慧術知務以勝之人之力也

是故署之以宋江之徒者必勇敢忠義然後可勝而又非徒讀書者所能知也故署之以不知書之人李贊曰此皆忠義之人惟其非讀書之人

一曰必以錢索千萬爲其類之名者人之所重惟利可以勝人惟利慧者得利以興愚者因利以亡凡五行之金皆能殺人不其然乎有以殺人者也有聚之而適以自殺者也

凡鬪牌優容仁也附其類以共力義也必擊勇也有讓禮也成算智也守欵信也一曰負者必輸信也皆非也此去則彼留以待其來而必擊之去者留者共成其事一存一亡不足爲意觀變審時一心不二者信也如嬰杵臼之徒是也

凡牌以類聚者朋友也從其魁君臣也以次出兄弟也相繼父子也柔不能勝而配以剛之夫婦也父子有親故相繼以聯屬爲貴也凡貴者加上賤者附下不以賤加貴者上下之等以賢治不肖以貴治賤知時之未可爲則不爭其類隱潛以神其算

悟者曰吾姑附於其類以神吾算彼且以我之附之也藏器於身待時而動勢有可乘一擊必勝則君子制小人之道也

牌經十三篇

吳　龍子猶

論品篇第一

未角智先鍊品毋多言崑山謂牌爲閉口葉子毋彈機如認牌偷牌及誑語惑人皆是毋使氣毋險志毋僥倖毋陰嫉得勿驕失勿吝大敗勿戀大勝勿劫終日拈賭其爭也君子斯爲美

論吊篇第二

諺云牌無大小只要湊巧不湊巧不能吊也一牌死二牌生三牌則死一四可以死二五則可以死三矣

將欲取之必固與之將兼取之必各與之先與一卓方可吊之假張先出多留假張則吊不穩重張先得惟重張方可然則缺路矣不利則速往如假張得利必敵人雖欲正本速往彼仍讓矣若待他路既通彼有眞張爲副必不讓也敗則改圖若遽爲敵擒則此路彼必尚有不宜復往美不欲盡盡則何以制人擒不欲早早則索然無味與其起椿毋寧縱散與其苟活如無賞而正本之類毋寧姁敵故單或呈巧或不能正本而只以一脫吊死椿家忠之義也若椿家遇醜牌亦可用此術以吊死散家五或見拙五卓或與三卓同吊謂之臭五卓先後人已之間可不審與

論發篇第三

牌之死生吊之多寡全係發張我以往則彼以來故小者先而大者後小可衆戰所多之路雖小可圖若權在底家可以用情大莫孤行如次賞頂張之類獨而無繼者愼勿輕出倘犯敵鋒必無幸矣無張而發非窮則詐如他路大而不眞又無副張可發此窮牌也雖空路亦不得不發矣若他路本有眞賞而反發空路者志在於吊也椿家往往以此惑人低牌照底計出無聊諺云牌低照底發蓋既無關係則照底牌以聽天數勿誤認其有也散勿輕志散家所出之路多有留張待闘切勿志之椿勿過信發有不發無常理也在椿家則不可盡信單路者險非頭未必闘着故曰險雙路者穩三路者盛四路者全險急得便宜急上卓穩遲可以緩盛寬可用情於人全勁不勁則不能多吊要之相機而行可

也雖有智者不易吾言矣

論捉放篇第四

馬吊之法三人同心以攻一椿凡決取舍須權上下謂上手下手椿在上宜縱椿在下宜截雖不正本亦宜縱截所謂單或呈巧者也若牌大亦不必頂張不嫌輕放如九萬放八萬八萬放七萬之類茍非椿家皆可同張不必累捉如六萬捉五萬五萬捉四萬之類與不捉同反爲折張而有利於椿正本之後切勿求多寧闕以制人有賞之家何妨故讓諺云者賞面

論門篇第五

角有體乎曰有一門爲正二門爲佐三門爲雜四門不成牌矣門之生熟視賞所標已出賞者爲熟路未出賞者不論已發未發總謂之生去莫若生若多留生張未免惹生矣存莫若熟真生但喜重頭如萬門斷生而八七萬在手偶出其一他人卽有九萬亦未必便得利也假熟須防縮腳已發而未見賞者謂之假熟此路之賞未必不起但難於正本故縮腳以待耳若大者既盡彼必以一大一小正本矣勢必惹生穿爲先發雖有兩賞而無小牌以副之出後仍須惹起生路不如先出生路而藏賞以制人也謀能料敵方可翻青如鬬至第七張本有熟路而忽然出生謂之翻青此必逆料散家之無椿家之有而出奇以窮之要之不可爲常也經曰多算勝少算不勝況無算乎

論滅篇第六

夫擒賞及時滅亦有序早曰催張言催人之捉滅也遲曰戀滅謂戀而不舍催則利人先人而滅則人窺我之虛而擒縱惟所操矣若椿在下手尤忌戀則飴人或大小而擒之未必已有或過大而縱之恐爲人截故意俄延以觀下手之有無此後計也縱有深心已玷雅品惟賞無前後不妨速滅次與頂張終非其例次賞與頂張雖止受一牌之制然先滅則人得覓其有無故寧後也至於聽鬬如醜牌有滅無捉懶於應人總滅去聽三家自鬬恥同降敵招侮取辱君子所戒

論留篇第七

正本之艱留張最重生路無大熟路無小真極勝於假賞熟鬬之路極有時真若生路雖次賞未必他人無正賞之留也存兩不若守一如別路不真留亦無益不如單守一路可幸而遇之然而受制尚多熟或取敗出其不意生或見功是在一時之權巧而已

論隱篇第八

凡牌分到手喜慍勿形譎者例用終亦易測或盛而故爲愁歎或衰而反作張揚雖欲賺人難逃識者無聲無臭斯其至乎失未及七牌不可棄美雖已盡銳若方始挫而不衰久而彌整卽算人不足於以禦人算有餘矣

論恐篇第九

恐之爲道利可制而艱可貞無賞之家勿忙正本無賞則鬬係至小卽不正本無傷也熟戰之路勿急上卓熟路不來若急於上卓則少情矣寧輸一牌勿容椿起寧少一吊勿容椿比本張下真者謂之比張如椿家先有一卓則亦在比中萬一正本爲害不小故寧少吊一家毋留假張以起椿萬全之術也

論還篇第十

諺一木家牌落得來此言底之有權也第四家爲底家牌到此擒縱惟命故其權最重善算者務以底制椿而不使椿作底待可

共功何妨故縱如頭家與末家同路多縱之則各吊一家矣縱大者小必報縱小者大亦償如小牌屢得早明知縱我則雖大亦還張矣張可還而不可抽抽巳牌以示之照會出此路也雙張有尾凡兩張連出者必有第三張來矣兩路無頭凡兩路求人者必還後一路謂之正本張萬一失信靜以俟之苟見於色是謂自窮之道如巳無還張誤信其有而放之只宜靜待苟見於色爲他家所覺誰肯犯我之鋒哉

論意篇第十一

凡牌在入手雖不聞不見可以意之示小者流多長凡妬牌多先出小雖小屢得卓必有大者在手用大者道毎短若急出大張正本其餘可

知滅疾者牌必醜可滅者多故疾捉急者門必狹牌止一路難於正本捉必急矣可擒而故縱者餌也知其牌讓姑讓一卓而弃吊之可縱而故擒者誘也如九萬七萬在手而不放八萬之類恐人得卓少我一吊也餌則速圖彼既餌我其牌必盛我當速圖正本狠當徐守彼有兼并之意我速圖則敗矣藏盈而出虛者椿家之巧也凡椿家發牌多發巳所無之路爲疑兵其有者反藏以待人也棄少而用多者散家之常也多則使於來往先大後小者求也以小還張先小後大者探也本有大者恐犯鋒先以小探之敵得本惹生多應通路既正本後發生張必手有人牌欲通此路以便於擒也獨行無繼須識闗門突出大張而不還者必是重張欲留以闗人不肯缺此一路也大牌顯滅决有副張如滅八萬必尚有七萬信其巳滅必隨其術中也熟路恐割定皆正賞賞不忍棄故寧去熟張以圖僥倖散則迎之椿則避之繇此而推思過半矣

論損益篇第十二

凡戰之道同智相角奇趣乃呈擇大者愚不論生熟但擇大者留之此左計也備多者拙牌雖四門未必盡用若無路備之反致掣肘戀賞者必速亡若熟路必不可棄者寧滅生賞若戀之不舍其亡必矣貪吊者必起椿如惹生及客椿此張之類一人用智庇及兩家其或寡謀累亦非小語云益者三友損者三友此之謂歟

論勝負篇第十三

夫勝負雖微幾則先見醜牌得利必有奇祥三賞不開定非佳兆椿前色樣半是凶徵過後牌來足占福薄頭贏難保終贏晩勝方爲全勝否極而泰切勿矜持盛過忽衰急須謹守至於洗有煩簡拍有厚薄智巧之士亦多變通然一飲一啄有數存焉落椿未必美落椿則便於出賞然諺云三落椿輪得慌落椿七輪得急等語亦有時而驗居三未必惡諺云奸牌不落第三家當其運降過蹇亦濟及其氣盡逢吉變凶困亨之化斷乎不爽大凡有不同或獨開或對

而開武並肩開武連三開武滿場開武單開武雙開武挨手開（謂椿前開人臨椿復自開）而武滅殺開（武椿前有賞滅死而椿上反開）武餘氣開（四家牌雖已周而椿牌過盛勢未必遽斬尚有餘氣）武代開（開而不應上手應開武應大開而開之不盡下手有鋩）出注多寡以意裁之時至而不乘與非時而強索兩者皆敗道也

搿陣譜

雲間表福徵

吾友汪尊生有句曰拳猜譜醉容夫既列酒兵難廢搿陣雲間表履善先生以辣悍之筆號令糟壇遂覺與武子十三篇並樹中原赤幟

拳者權也馬者乘也小闕實則易窮大衍機則善託因託而乘攻所必獲出窮而變反復其常常在我則開在彼矣

兵者務氣雄者務隱氣盛有厭氣隱有作作啓一路之奇隱犯千蹊之險初臨貴犯其險以嘗彼之庸次陣貴犯其庸以寄我之險凡三変而往蔑不慎者無險無庸應敵若鍾無庸無巧觀神如老雄附隱投暇陣堅矣

師衡首虛彼不意也師久詭拙彼不度也巧十而拙一拙爲巧用度九而意八意可一摩摩十之三上聖也摩十之五中黨也摩十之八下類也先摩後規匿其術而往聖可侮矣

性者情之設質者性之貌十甲曰質註甲曰情設甲

曰貌貌爲性也壯何彰乎滿不自揣躁不自呈浮不自疑實不自道怯不自假形不自謀四體生則笑語從七性遣則遲速隨矣權者意性而兩商交者因彼而藏我者也

脟有五隱顯數隨之交有五色服形半之蓄而示細再而示緩纖而示廣壯而示斂易而示難脟之隱設也細則暴其無蓄緩則仍其非再廣則擁其不纖斂則聲其莫壯難則發其匆易顯之隱設也五隱之内五色示焉衷甲於袖端揣其端而服體呈矣安所隱

焉

凡陣交以願者可得其色交以律者可得其涯交以素者可得其情彼無算則我有鉄彼詳臆則我無破矣

上士貴困中士貴揣下士貴襲能避彼襲十勝其百能先彼揣内專於外固道之師無襲也無揣也而必襲也必揣也

俎豆者軍旅之寄詩書者干戈之府相形則爭相鎮則犯彼鋭以先我萎而動焉出我鋭也彼可萎也彼嘗以峻我億而投焉出我億也彼可投也投之而累億戒其鋭我也故億貴奇也

未陣虞其實既野計其合既陣籌其常既退恐其復常不可忘復不可易視復如初合復可易得也視常如一路陣可累獲也能籌於廿之外者復不縱矣

留師之實非前則後非多則寡留九而攻一衆之算止此約矣留一而擁九衆之奇止此顯矣商其所虚閱其來攻師實不待閱而半可億也

壘以甓臂初藏合以屈信爲伸藏而設奇尚可虞其

腹也伸而不藏夫何畏乎用吾間也伸吾間也知屈伸之間者雖藏猶綱矣

陣敗罰其斧暈益盡其雄非數多者獲少而師勞脫有物故不可得當矣故七合而六可因者百合而小俘也故斧多而敵可窮也追窮逐逋十易於一也

最險者因平以襲最智者附拙以披襟貴伏也舒貴理也天且不違而況於人乎

不言而雄雄者言在裾也不數而多寡者數在心也師嘗久則裾癈而數不足論矣甫其避也乃吾所嘗

也何啻數之粗跡乎
閱象以指布位以策數在月先象在位先得象而策數者以神合外神也是名後天得數而揆實者以象合外象也是名先天
以意戰者默頫而往以語戰者盛氣而往以形戰者閱實而往以故戰者籌常而往意者令天之腳也語者佐天之腳也形者天定之腳也故者天襲之腳也知斯而陳者手可玄矣
唐皇甫松酒令曰亞其虎膺謂手掌曲其私根謂
腳陣譜
指節以蹲鴟間虎膺之下蹲鴟大指也以鉤戟差玉柱之傍鉤戟頭指玉柱中指也潛虬潤玉柱三分潛虬無名指也奇兵潤潛虬一寸奇兵小指也死其三洛謂彈其腕也生其五峰遍乎五指也謂之招手令

說郛續目錄
弓第四十

瓶史

楚　袁宏道

一花目

燕京天氣嚴寒南中名花多不至即有至者率爲巨璫大畹所有儒生寒士無因得發其幕不得不取其近而易致者夫取花如取友山林奇逸之士族迷于鹿豕身蔽于豐草吾雖欲友之而不可得是故通邑大都之間時流所其摽其目而指爲雋士者吾亦欲友之取其近而易致也余于諸花取其近而易致者

入春爲梅爲海棠夏爲牡丹爲芍藥爲安石榴秋爲木樨爲蓮菊冬爲蠟梅一室之内荀香何粉迭爲賓客取之雖近終不敢濫及凡卉就使乏花寧貯竹栢數枝以充之雖無老成人尚有典刑豈可使市井庸兒溷入賢社貽皇甫氏充隱之嗤哉

二品第

漢宮三千趙姊第一邢伊同幸望而泣下故知色之絶者蛾眉未免俛首物之尤者出乎其類將使傾城與衆姬同輦吉士與凡才並駕誰之罪哉梅以重葉緑蕚玉蝶百葉緗梅爲上海棠以西府紫緜爲上牡丹以黄樓子緑蝴蝶西瓜瓤大紅舞青猊爲上芍藥以冠羣芳御衣黄寶裝成爲上榴花深紅重臺爲上蓮花碧臺錦邊爲上木樨毬子早黄爲上菊以諸色鶴翎西施剪絨爲上蠟梅磬口香爲上諸花皆名品寒士齋中理不得悉致而余獨叙此四種者要以判斷羣菲不得使常閒艷質雜諸奇卉之間耳夫一字之褒榮于華衮今以蕊宮之董狐定華林之春秋安得不嚴且慎哉孔子曰其義則某竊取之矣

三品具

養花瓶亦須精良譬如玉環飛燕不可置之茅茨又如嵇阮賀李不可請之酒食店中嘗見江南人家所藏舊觚青翠入骨砂斑垤起可謂花之金屋其次官哥象定等窑細媚滋潤皆花神之精舍也大抵齋瓶宜矮而小銅器如花觚銅觶尊罍方漢壺素温壺匾壺窑器如紙槌鵝頸茄袋花尊花囊蓍草蒲槌皆須形製短小者方入清供不然與家堂香火何異雖舊亦俗也然花形自有大小如牡丹芍藥蓮花形質既

大不在此限嘗聞古銅器入土年久受土氣深用以養花花色鮮明如枝頭開速而謝遲就瓶結實陶器亦然故知瓶之寶古者非獨以玩然寒酸之士無從致此但得宣成等窰磁瓶各一二枚亦可爲乞兒暴富也冬花宜用錫管北地天寒凍水能裂銅不獨磁也水中投硫黄數錢亦得

四擇水

京師西山碧雲寺水裂帛湖水龍王堂水皆可用一入高梁橋便爲濁品凡瓶水須經風日者其他如桑

水滿井水沙窩水王媽媽井水味雖甘養花多不茂苦水尤忌以味特鹹未若多貯梅水爲佳貯水之法初入甕時以燒熱煤土一塊投之經年不壞不獨養花亦可烹茶

五宜稱

插花不可太繁亦不可太瘦多不過二種三種高低寄如畫苑布置方妙置瓶忌兩對忌一律忌成行列忌以繩束縛夫花之所謂整齊者正以參差不倫意態天然如子瞻之文隨意斷續青蓮之詩不拘對偶此眞整齊也若夫枝葉相當紅白相配此省曹堦下樹墓門華表也惡得爲整齊哉

六屏俗

室中天然几一藤牀一几宜闊厚宜細滑凡本地邊欄漆桌描金螺鈿牀及彩花瓶架之類皆置不用

七花祟

花下不宜焚香猶茶中不宜置果也夫茶有眞味非甘苦也花有眞香非烟燎也味奪香損俗子之過且香氣燥烈一被其毒旋即枯萎故香爲花之劍刃棒

香合香尤不可用以中有麝臍故也昔韓熙載謂木犀宜龍腦酴醿宜沉水蘭宜四絕含笑宜麝薝蔔宜檀此無異笋中夾肉官庖排當所爲非雅士事也至若燭氣煤烟皆能殺花速宜屏去謂之花祟不亦宜哉

八洗沐

京師風霾時作空牕淨几之上每一吹號飛埃寸餘瓶君之困辱此爲最劇故花須經日一沐夫南威青琴不膏粉不櫛澤不可以爲姣今以殘芳垢面穢膚

無刻飾之工而任塵土之質枯萎立至吾何以觀之哉夫花有喜怒寤寐曉夕浴花者得其候乃爲膏沐澹雲薄日夕陽佳月花之曉也狂號連雨烈焰濃寒花之夕也脣檀烘日媚體藏風花之喜也暈酣神斂烟色迷離花之愁也欹枝困檻如不勝風花之夢也嫣然流盼光華溢目花之醒也曉則空庭大廈昏則曲房奥室愁則屏氣危坐喜則讙呼調笑夢則垂簾下帷醒則分膏理澤所以悦其性情時其起居也浴曉者上也浴寐者次也浴喜者下也若夫浴夜浴愁

直花刑耳又何取焉浴之之法用泉甘而清者細微澆注如微雨解酲清露潤甲不可以手觸花及指尖折剔亦不可付之庸奴猥婢浴梅宜隱士浴海棠宜韻致客浴牡丹芍藥宜靚裝妙女浴榴宜艷色婢浴木樨宜清慧兒浴蓮宜道流浴菊宜好古而奇者浴蠟梅宜清瘦僧然寒花性不耐浴當以輕綃護之標格既稱神彩自發花之性命可延寧獨滋其光潤也哉

九使令

花之有使令猶中宮之有嬪御閨房之有妾媵也夫山花草卉妖艷實多弄烟惹雨亦是便嬖惡可少哉梅花以迎春瑞香山茶爲婢海棠以蘋婆林檎丁香爲婢牡丹以玫瑰薔薇木香爲婢芍藥以罌粟蜀葵爲婢石榴以紫薇大紅千葉木槿爲婢蓮花以山礬玉簪爲婢木犀以芙蓉爲婢菊以黄白山茶秋海棠爲婢蠟梅以水仙爲婢諸婢姿態各盛一時濃淡雅俗亦有品評水仙神骨清絶織女之梁玉清也山茶鮮妍瑞香芬烈玫瑰旖旎芙容明艷石氏之翔風羊

家之净琬也林檎蘋婆姿媚可人潘生之解愁也罌粟蜀葵妍于籬落司空圖之鸞臺也山礬潔而逸有林下氣魚玄機之綠翹也黄白茶韻勝其姿郭冠軍之春風也丁香瘦玉簪寒秋海棠嬌然有酸態鄭康成崔秀才之侍兒也其他不能一一比像要之皆有名于世柔佞纖巧頤氣有餘何至出子瞻榴花樂天秋草下哉

十好事

嵇康之鍛也武子之馬也陸羽之茶也米顛之石也

倪雲林之潔也皆以癖而寄其磊塊雋逸之氣者也余觀世上語言無味面目可憎之人皆無癖之人耳若眞有所癖將沉湎酣溺性命死生以之何暇及錢奴宦賈之事古之負花癖者聞人談一異花雖深谷峻嶺不憚蹶躄而從之至於濃寒盛暑皮膚皴鱗汗垢如泥皆所不知一花將萼則移枕攜襆睡臥其下以觀花之由微至盛至落至于萎地而後去或千株萬本以窮其變或單枝數房以極其趣或臭葉而知花之大小或見根而辨色之紅白是之謂眞愛花是之謂眞好事也若夫石公之養花聊以破閒居孤寂之苦非眞能好之也夫使其眞好之已爲桃花洞口人矣尚復爲人間塵土之官哉。

十一　清賞

茗賞者上也譚賞者次也酒賞者下也若夫內酒越茶及一切庸穢凡俗之語此花神之深惡痛斥者寧閉口枯坐勿遭花惱可也夫賞花有地有時不得其時而漫然命客皆爲唐突寒花宜初雪宜雪霽宜新月宜煖房溫花宜晴日宜輕寒宜華堂暑月宜雨後宜快風宜佳木蔭宜竹下宜水閣涼花宜爽月宜夕陽宜空階宜苔徑宜古藤巉石邊若不論風日不擇佳地神氣散緩了不相屬此與妓舍酒館中花何異哉

十二　監戒

宋張功甫梅品語極有致余讀而賞之擬作數條揭于瓶花齋中花快意凡十四條明窗淨室古鼎宋研松濤溪聲主人好事能詩門僧解烹茶蘄州人送酒座客工畫花卉盛開快心友臨門手抄藝花書夜深鑪鳴妻妾校花故實花折辱凡二十三條主人頻拜客俗子闌入蟠枝庸僧談禪窗下狗鬭蓮子衚衕歌童弋陽腔醜女折戴論升遷强作憐愛應酬詩債未了盛開家人催算帳檢韻府押字破書狼籍福建牙人吳中贗畫鼠矢蝸涎僮僕偃蹇令初行酒盡與酒館爲鄰案上有黃金白雪中原紫氣等詩燕俗尤競玩賞每一花開緋幙雲集以余觀之辱花者多悅花者少虛心檢點吾輩亦時有犯者特書一通座右以自監戒焉

花寄缾中與吾曹相對既不見摧于老雨甚風又不受傷于鈍漢麄婢可以駐顏色保令終豈古之味隱者歟郁伯承曰如此則雖虬花九錫亦覺非禮之禮不如石公之愛花以德也請捧之掃花頭陀繼儒跋

缾花譜　　吳　張謙德

夢蝶齋徒曰幽棲逸事缾花特難解解之者億不得一厥昔金潤鄰年述譜余亦稚齡作是數語其間孰是孰非何去何從解者自有定評不贅焉乙未中秋前二日書

品缾

凡插貯花先須擇缾春冬用銅秋夏用磁因乎時也堂廈宜大書室宜小因乎地也貴磁銅賤金銀尚清雅也忌有環忌成對像神祠也口欲小而足欲厚取其安穩而不泄氣也

大都缾寧瘦毋過壯寧小毋過大極高者不可過一尺得六七寸四五寸缾插貯佳若太小則養花又不能久

銅器之可用插花者曰尊曰罍曰觚曰壺古人原用貯酒今取以插花極似合宜

古銅缾鉢入土年久受土氣深以之養花花色鮮明如枝頭開速而謝遲或謝則就缾結實若水秀傳世

古則爾陶器入土千年亦然

古無磁缾皆以銅爲之至唐始尚窯器厥後有柴汝官哥定龍泉均州章生烏泥宣成等窯而品類多矣尚古莫如銅器窯則柴汝最貴而世絕無之官哥宣定爲當今第一珍品而龍泉均州章生烏泥成化等缾亦以次見重矣

瓷器以各式古壺膽缾尊觚一枝缾爲書室中妙品次則小蓍草缾紙搥缾圓素缾鵞頸壁缾亦可供插花之用餘如暗花茄袋葫蘆樣細口匾肚瘦足藥罈

等缾俱不入清供

古銅壺龍泉均州缾有極大高三二尺者別無可用冬日投以硫黄斫大枝梅花插供亦得

品花

花經九命升降吾家先哲君諱翊所製可謂縮萬象於筆端實幻景于片楮矣今譜缾花例當列品錄其入供者得數十種亦以九品九命次第之

一品九命

蘭　牡丹　梅　蠟梅　各色細葉菊

水仙　滇茶　瑞香　菖陽

二品八命

蕙　酴醾　西府海棠　寶珠茉莉

黄白山茶　巖桂　白菱　松枝

含笑　茶花

三品七命

芍藥　各色千葉桃　蓮　丁香

蜀茶　竹

四品六命

山礬　夜合　賽蘭　薔薇

秋海棠　錦葵　杏　辛夷

各色千葉榴　佛桑　梨

五品五命

玫瑰　薝蔔　紫薇　金萱

忘憂　豆蔻

六品四命

玉蘭　迎春　芙蓉　素馨

柳芽　茶梅

七品三命

金雀　鄭蜀　枸杞　金鳳

千葉李　報穀　杜鵑　洛陽

八品二命

千葉戎葵　玉簪　鷄冠

林禽　秋葵

九品一命

剪春羅　剪秋羅　高良姜　石菊

牽牛　木瓜　淡竹葉

折枝

折取花枝須得家園鄰圃侵晨帶露擇其半開者折供則香色數日不減若日高露晞折得者不特香不全色不鮮且一兩日即萎落矣

凡折花須擇枝或上葺下瘦或左高右低右高左低或兩蟠臺接偃亞偏曲或挺露一幹中出上簇下蕃鋪盖缾口取俯仰高下疎密斜正各具意態全得畫家折枝花景象方有天趣若直枝蓬頭花朵不入清供

花不論草木皆可供缾中插貯第摘取有二法取柔枝也宜手摘取勁幹也宜剪卻惜花人亦須識得採折勁枝尚易取巧獨草花最難摘取非熟諳名人寫生畫跡似難脫俗

插貯

折得花枝急須插入小口缾中緊緊塞之勿泄其氣則數日可玩

大率插花須要花與缾稱令花稍高于缾假如缾高一尺花出缾口一尺三四寸缾高六七寸花出缾口

八九寸乃佳忌太高太高缾易仆忌太低太低雅趣失

小缾插花宜瘦巧不宜繁雜若止插一枝須擇枝柯奇古屈曲斜裊者欲插二種須分高下合插儼若一枝天生者或兩枝彼此各向先湊簇像生用麻絲縛定插之

缾花雖忌繁冗尤忌花瘦于缾須折斜欹花枝鋪撒小缾左右乃爲得體也

缾中插花止可一種兩種稍過多便冗雜可厭獨秋

花不論也

滋養

凡花滋雨露以生故缾中養花宜用天水亦取雨露之意更有宜蜂蜜者宜沸湯者淸賞之士貴隨材而造就焉

滋養第一雨水宜多蓄聽用不得已則用淸淨江湖水井水味鹹養花不茂勿用

插花之水類有小毒須旦旦換之花乃可久若兩三日不換花輒零落

缾花每至夜間宜擇無風處露之可觀數日此天與人參之術也

事宜

梅花初折宜火燒折處固滲以泥牡丹初折宜燈燃折處待軟乃歘薔荷花初折宜搥碎其根擦鹽少許荷花初折宜亂髮纏根取泥封竅海棠初折薄荷嫩葉包根入水除此數種可任意折插不必拘泥牡丹花宜蜜養蜜仍不壞竹枝戎葵金鳳芙蓉用沸湯插枝葉乃不萎

花忌

缾花之忌大槩有六一者井水插貯二者久不換水三者油手拈弄四者猫鼠傷殘五者香烟燈煤熏觸六者密室閉藏不沾風露有一於此俱爲缾花之病

護缾

冬間別無嘉卉僅有水仙蠟梅梅花數種而已此時極宜敞口古尊罍插貯須用錫作替管盛水可免破裂之患若欲用小磁缾插貯必投以硫黃少許日置南窻下令近日色夜置臥榻傍俾近人氣亦可不凍

一法用淡肉汁去浮油入缾插花則花悉開而缾略無損

缾花有宜沸湯者須以尋常缾貯湯插之緊塞其口候既冷方以佳缾盛雨水易卻庶不損缾若即用佳缾貯沸湯必傷珍重之器矣戒之

缾史月表

甬東屠本畯

正月花盟主　梅花　寶珠茶

花客卿　山茶　鐵幹海棠

花使令　瑞香　報春　木瓜

二月花盟主　西府海棠　玉蘭　緋桃

花客卿　綉毬花　杏花

花使令　寶相花　種田紅　木桃

李花　月季花　剪春羅

三月花盟主　牡丹　滇茶　蘭花

碧桃

花客卿　川鵑　梨花　木香

紫荊

花使令　木筆花　薔薇　謝豹

丁香　七姊妹　郁李

長春

四月花盟主　芍藥　薝蔔　夜合

花客卿　石巖　罌粟　玫瑰

花使令　刺牡丹　粉團　龍爪

垂絲海棠　虞美人　楝樹花

五月花盟主　石榴　番萱　夾竹桃

花客卿　蜀葵　樂陽花　午時紅

花使令　川荔枝　梔子花　火石榴

孩兒菊　一丈紅　石竹花

六月花盟主　蓮花　玉簪　茉莉

花客卿　百合　山丹　山礬

水木樨

花使令　錦葵　錦燈籠　長鷄冠

仙人掌　賴桐　鳳仙花

七月花盟主　紫薇　蕙

花客卿　秋海棠　重臺朱槿

花使令　波斯菊　水木香　矮鷄冠

向日葵

八月花盟主　丹桂　木樨　芙蓉

花客卿　寶頭鷄冠　楊妃槿

花使令　水紅花　剪秋羅　秋牡丹

山查花

九月花盟主　菊花　月桂

花客卿　月桂

花使令　老來紅　葉下紅

十月花盟主　白寶珠　茶梅

花客卿　山茶花　甘菊花

花使令　野菊　寒菊　芭蕉花

十一月花盟主　紅梅

花客卿　楊妃茶

花使令　金盞花

十二月花盟主　臘梅　獨頭蘭

花客卿　茗花　漳茶

花使令　枇杷花

春　花小友　茨菰　藍綿

夏　花小友　菖蒲　紫蘭　艾

水葱　茴香

秋　花小友　梃翠　金線草　虎茨

觀音草

冬　花小友　風蘭　天茄　金萱

金柑　金橘

花曆

練江程羽文

花有開落涼燠不可無曆秘集月令頗與時舛予更輯之以代筆壺之位數白記紅誰謂山中無曆日也

正月

蘭蕙芳　瑞香烈　櫻桃始葩

徑草綠　望春初放　百花萌動

二月

桃夭　玉蘭解　紫荊繁

杏花飾其靨　梨花溶　李能白

三月

薔薇蔓　木筆書空　棣萼韡韡

楊入大水爲萍　海棠睡　繡毬落

四月

牡丹王　芍藥相于階　罌粟滿

木香上升　杜鵑歸　荼蘼香夢

五月

榴花照眼　萱北鄉　夜合始交

薝蔔有香　錦葵開　山丹頳

六月

桐花馥　菡萏爲蓮　茉莉來賓

凌霄結　鳳仙降于庭　雞冠環戶

七月

葵傾赤　玉簪搔頭　紫薇浸月

木槿朝榮　蓼花紅　菱花乃實

八月

槐花黄　桂香飄　斷腸始嬌

白蘋開　金錢夜落　丁香紫

九月

菊有英　芙蓉冷　漢宮秋老

芰荷化爲衣　橙橘登　山藥乳

十月

木葉脫　芳草化爲薪　苔枯

蘆始荻　朝菌歇　花藏不見

十一月

蕉花紅　枇杷蕋　松柏秀
蜂蝶蟄　剪綵時行　花信風至

十二月

蠟梅坼　茗花發　水仙負冰
梅香綻　山茶灼　雪花六出

花小名

練江程羽文

花間園丁名始知業習於專也若五色殊彩五方殊俗園丁拘虎矣譬紫爽紅或多逸事刪經拾傳誌此小名

牡丹曰木芍藥　荷曰芙蕖
梔子曰薝蔔又曰林蘭　櫻桃曰石察
木槿曰蕣華又曰日及又曰麗木
瑞香曰麝囊　夜合曰蠲忿又曰合歡

薔薇曰玉鷄苗　罌粟曰米囊
山礬曰海桐　辛夷曰木筆
芍藥曰將離　杜鵑曰紅躑躅
茉莉曰鬘華　芙蓉曰拒霜
蜀葵曰戎葵又曰一丈紅又曰花米
丁香曰百結　秋海棠曰斷腸花
玫瑰曰徘徊　紫薇曰百日紅
玉簪曰白鶴　萱曰忘憂又曰宜男
素馨曰悉那茗　凌霄曰紫葳

荼蘼曰佛見笑　水香曰錦棚兒

學圃雜疏

花疏

果疏

瓜蔬疏

花疏

吳　王世懋

南中梅都於臘月前便開吾地稍遲紅梅最先發元日有開者此花故當首植性多蟲易敗宜時去之閩中有深淺二種可致其淺者次則杭之玉牒本地之綠萼爲佳曾於京師許千戸家見盆中一綠萼玉牒梅梅之極品不知種在何處當詢而覓之予貧園中一綠萼梅偃蹇婆娑下可坐數十人今特作高樓賞之子孫當加意培壅若野梅可罝竹林水際鶴頂梅

種園中取菓不足登几案也

迎春花雖草木最先點綴春色亦不可廢余一盆景結屈老幹天然得之嘉定唐少谷人以爲寶

一莖一花者曰蘭宜興山中特多南京杭州俱有雖不足貴香自可愛宜多種盆中今人絶重建蘭却只是蕙見古人畫蘭殊不爾虎丘戈生曾致一盆葉稍而長稍粗於興蘭出數莖正春初開花特大於常蘭香亦倍之經月不凋酷似馬遠所畫戈云得之他今尚活特花廣求此種以備春蘭之絶品

玉蘭早於辛夷故宋人名以迎春今廣中尚仍此名千幹萬蕊不葉而花當其盛時可稱玉樹樹有極大者籠蓋一庭然樹大則花漸小不可不知余童時猶見人珍重今不然矣

吾地山茶重寶珠有一種花大而心繁者以蜀茶稱然其色類殷紅嘗聞人言滇中絶勝余官莆中見士大夫家皆種蜀茶花數千朶色鮮紅作密瓣其大如盆云種自林中丞蜀中得來性特畏寒又不喜盆栽余得一株長七八尺舁歸植澹圃中作屋幂於隆冬

春時拆去蕋多輒摘却僅留二三花更大絶爲余兒所賞後當過枝廣傳其種亦花中寶也

海棠品類甚多曰垂絲曰西府曰棠梨曰木瓜曰貼梗就中西府最佳而西府之名紫綿者尤佳以其色重而瓣多也此花特盛於南都余所見徐氏西園樹皆參天花時至不見葉西園木瓜尤異定是土產所宜耳垂絲以櫻桃木接開久甚可厭第最先花與玉蘭同時植之傍掩映不可廢也貼梗草本郡城中種之極高大當訪求種法以備一種紫綿宋小說茲溪

澹隱叢話備載之

杏花無奇多種成林則佳城中朱氏園中百株偃仰水傍余嘗携榼賞之今當於廣圃荒池别置一林

桃花種最多若金桃蜜桃灰桃之類多植園中取果其可供玩者莫如碧桃人面桃二種緋桃乏韻即不種亦可也壽星桃矮而花能結大桃亦奇可玩桃殊不中食

余性雅愛梨花之類而微恨其氣不可與吾地酷少此種溶溶院落何可無此君終當致之

紫荆郁李綉毬皆非奇卉然是點綴春光者亦是難廢下至金雀錦帶棣棠剪春羅雖瑣瑣彌甚園中安可無一綉毬亦無足取初見閩人來賣一花云是紅綉毬倭國中來者余後至建寧見縉紳家庭中花簇紅毬儼如剪綵名曰山丹乃知是閩卉也此種亦堪置庭中

牡丹本出中州江陰人能以芍藥根接之今遂繁滋百種幻出余澹圃中絶盛遂冠一州其中如緑蝴蝶大紅師頭舞青猊尺素最難得開南都牡丹讓江陰獨西瓜瓤爲絶品余亦致之矣後當於中州購得黄樓子一生便無餘憾人言牡丹性瘦不喜糞又言夏時宜頻澆水亦殊不然余圃中亦用糞乃佳又中州土燥故宜澆水吾地濕安可頻澆大都此物宜於沙土耳南都人言分牡丹種時須直其根屈之則死深其坑以竹虚插培土後拔去之此種法宜知

余以牡丹天香國色而不能無緑葉易散之恨因復剏一亭周遭悉種芍藥名其亭曰續芳芍藥本出揚州故南都極佳一種蓮香白初淡紅後純白香獨如

蓮花故以名其性尤喜糞予課僮溉之其大反勝於南都即元馭所愛也其他如黒紫硃砂紅之類皆妙甚已致數種歸開時客皆蟻集眞堪續芳矣

玫瑰非奇卉也然色媚而香甚旖旎可食可佩園林中宜多種又有紅黄刺梅二種絶似玫瑰而無香色瓣勝之黄者出京師蔓花五色薔薇俱可種而黄薔薇爲最貴易蕃亦易敗余圃中特盛木香惟紫心小白者爲佳圃中亦有架宋人絶重荼蘼香今竟不知何物疑即是白木香耳今所謂荼蘼白而不香定非

宋人所珍也

花之紅者杜鵑葉細花小色鮮瓣密者曰石岩皆結數重臺自浙而至頗難畜餘干安仁間徧山如火即山躑躅也吾地以無貴耳渥丹草種也有散丹有捲丹然詩人稱之最爲近古宜畜芍藥之後罌粟花最繁華其物能變加意灌植妍好千態曾有作黃色綠色者遠視佳甚近頗不堪聞其粟可爲腐澁精物也又有一種小者曰虞美人又名滿園春千葉者佳

蜀葵五色千葉者佳性亦能變黑者如墨藍者如靛

大都罌粟類也廣庭中籬落下無所不宜

萱草忘憂其花堪食又有一種小而純黃者曰金萱甚香而可食尤宜植於石畔不竹離野花厚培之能作重臺異態他如夜落金錢鳳仙花之類俱籬落間物也

草花多種最惡者虎斑百合蛺蝶花金絲芋園亭間決不可植故不如高良姜白蛺蝶尤堪入畫偶種一兩株亦得百合中名麝香者人謂即夜合花根甜可食宜多種圃中間取佳者爲盆供宜與中山最多人取其根餽客香不如家園所種蔓陀羅花香狀畧同食能令人發狂

夾竹桃與五色佛桑俱是嶺南北來貨夾竹桃花不甚佳而堪久藏佛桑即謹護必無存者茉莉花百中一二可活然終不能盛花大抵只宜供一歲之翫佛桑間買一二株茉莉三五株花事過即爲朽株矣木槿賤物也然有大紅千葉者有白千葉者二種可亞佛桑宜覓種之

建蘭盛於五月其物畏風畏寒畏鼠畏蚓畏蟻其根

甜爲蟻所逐養者常以水奩隔不令得緣入余作一屋於竹林南外施兩重草席坎地令稍深貯蘭於其上無風有好日開門暴之所畜二三十盆無不盛花者其種亦多玉魫爲第一白幹而花上出者是也次四季次金邊名曰蘭其實皆蕙也閩產爲佳贛州蘭葉不長勁價當減半

石榴本在外國來者然獨京師爲勝中貴盆中有植幹數十年高不盈二尺而垂實纍纍至目者皮子之紅白一隨其花花而不實者曰餅子深紅淡紅二種

昔山亭之珍也吾地不宜盆中移歸不一二年壞矣
餅子紅榴稍佳而樹大非几案前物單葉有黃白
淺深紅四種存以標異可也
素馨出閩廣者不甚香亦間携至吾地白者香勝於
茉莉即彼中亦手之見閩中又有樹蘭賽蘭二種賽蘭一名珍珠蘭即賁人以爲蘭香者
亦曾移植吾地多不能生
紫薇有四種紅紫淡紅白紫卻是正色閩花物物勝
蘇杭獨紫薇作淡紅色最醜水野花種也白薇近來
有之示異可耳殊無足貴臭梧桐者吾地野生花色

花䟽　八　七

淡人無植之者淮揚間成大樹花微者縉紳家植之
中庭或云後庭花也獨閩中此花紅鮮異常能開百
日亦名百日紅花作長鬚亦與吾地臭梧桐不同園
林中植之灼灼出矮墻上至生深澗中清泉白石甚
臺奪目每欲携子歸種種未得後當問閩人取種永
嘉人謂之丁香花
蓮花種最多唯蘓州府學前種葉如傘蓋莖長丈許
花大而紅結房曰百子蓮此最宜種大池中舊又見
白二種黃名佳卻微淡黃耳千葉白蓮亦未爲奇

有一種碧臺蓮大佳花白而瓣上恒滴一翠點房之
上復抽綠葉似花非花余嘗種之摘取瓶中以爲西
方品近於南都李鴻臚所復得一種曰錦邊蓮蒂綠
花白作蕊時綠苞已微界一綫紅矣開時千葉每葉
俱以胭脂染邊真奇種也余將以配碧臺蓮甃二池
對種亦可置大鋼中爲几前之玩若所謂並頭品字
四面觀音名愈奇愈不足觀切勿種
山礬一名海桐樹婆娑可觀花碎白而香宋人灰其
葉造黝紫色今人不知也以山谷詩遂得兄梅幸矣

花䟽　八　八

柑橘花皆清香而香橼花尤酷烈甚於山礬結實大
而香山亭前及廳事兩堦皆可植
梔子佛經名薝蔔單瓣者六出其子可入藥入染重
瓣者花大而白差可觀香氣殊不雅以佛所重存之
凌霄花蔓生纏奇石老樹作花可觀然間能墮胎娠
人不可採大都與春時紫藤皆園林中不可少者
玉簪一名白鶴花宜叢種紫者名紫鶴無香可刈也
剪秋羅色正紅聲價稍重於剪春羅然官盛夏已開
秋葵鷄冠老少年秋海棠皆點綴秋容草花之佳

者鷄冠須矮脚者種磚石砌中其狀有掌片毬子纓絡其色有紫黃白無所不可老少年別種有秋黃十樣錦須雜植之眞如錦繡成矣就中秋海棠尤嬌好宜于幽砌北窻下種之傍以古拙一峯菖蒲翠筠草皆其益友也

木樨吾地爲盛天香無比然須種早黃毬子二種不惟早黃七月中開毬子花密爲勝即香亦馥郁異常丹桂香減矣以色稍存之餘皆勿植又有一種四季開花而結實者此眞桂也閩中最多常以春中盛開

吾地亦間有之宜植　種

芙蓉特宜水際種類不同先後開故當雜植之大紅最貴最先開次淺紅常種也白最後開有曰三醉者一日間凡三換色亦奇客言曾見有黃者果爾當購之芙蓉入江西俱成大樹人從樓上觀吾地如秦荆狀故須三年一斫卻

菊至江陰上海吾州而變態極矣有長丈許者有大如盌者有作異色二色者而皆名粗種其最貴乃名色剪絨各色撞各色西施各色狠牙乃謂之細種種之最難須得地得人燥濕以時蟲蠹日去花須少而大葉須密而鮮不爾便非上乘元馭閣老尤愛種菊京師有一種大紅曰麻葉紅曰相袍紅元馭爲翰林時特命囊之馬首歸今吾地尚有此種然開不能大佳想亦地氣使然菊中有黃白報君知最先開甘菊可作湯寒菊可入冬皆賤種也而皆不可廢又有一種五九月開亦異種也

秋花多可人獨秋牡丹爲下品宜勿種

黃山茶白山茶紅白茶梅皆九月開二山茶花大而

多韻亦茶中之貴品楊妃山茶稍後與白菱同時開楊妃是淡紅殊不能佳爲是冬初花當具一種耳白菱花純白而雅且開久而繁人云來自閩中余在閩問之乃無此種始在豫章得之定是嶺南花也花至季冬始盡性亦畏寒花後宜藏室中

蠟梅是寒花絕品人言臘時開故以臘名非也爲色正似黃蠟耳出自河南者曰磬口香色形皆第一松江名荷花者次之本地狗纓下矣得磬口荷花可亦何況狗纓

凡花重臺者爲貴水仙以單瓣者爲貴出嘉定短莖高花最佳種也宜置瓶中其物得水則不枯故曰水仙稱其名矣前接蠟梅後迎江梅眞歲寒友也花之四季開者蘭桂而外有月桂長春菊即金粟花月桂閩種爲佳

芭蕉惟福州美人蕉最可愛歷冬春不凋常吐朱蓮如簇吾地種之能生然不花無益也又有一種名金蓮寶相不知所從來葉尖小如美人蕉種之三四歲或七八歲始一花南都戶部五顯廟各有一株同時

作花觀者雲集其花作黃紅色而瓣大於蓮故以名至有圖之者然余童時見伯父山園有此種不甚異也此卻可種以待開時賞之若甘露則無種蕉之老者輒生在泉漳間則爲蕉實耳

吾地人最重虎刺杭州者不佳不如本山其物最喜陰難種然吾所愛者天竹纍纍朱實扶搖綠葉上雪中視之尤佳余所在種之虎刺之下旱珊瑚盆中可種水珊瑚最易生亂植竹林中亦作蔓生者曰雪裏珊瑚不足植也

菖蒲以九節爲寶以虎鬚爲美江西種爲貴本性極愛陰清明後則剪之冬則以網覆之不惟明目兼助幽人之致余嘗過武當山青羊澗見幽勝處輒生泉石上眞有仙氣宜多畜之

福州有鐵蕉嶺州有鳳尾蕉似同類而稍異狀然好以鐵爲糞將枯釘其根則復生亦異物也云能辟火園林中存一二株亦可翠筠草極陰處種之色翠甚可愛尤宜與秋海棠作伴

木則天目松栝子松千頭柏纓絡柏金線柳皆佳品

也次則丹楓石楠梧桐黃楊西湖柳烏絨樹北人謂之馬纓花皆可植於水次果則櫻桃李枇杷橘栗葡萄皆可種也以供盤飣予所錄次者在花故草木之類從略竹是吾家子猷所好園中自當日有其種類當別有記

果蔬

吳 王世懋

百果中櫻桃最先熟即古所謂含桃也吾地有尖圓大小二種俗呼小而尖者爲櫻珠既吾土所宜又萬顆丹的掩映綠葉可翫澹圃中宜當多植

梅種殊多既花之後青而如荳可食者曰消梅脆梅綠萼梅消梅最佳以其入口即消也熟而可食者曰鶴頂梅且霜梅梅醬梅供一歲之咀嚼園林中不可少

杏花江南雖多實味大不如北其樹易成實易結林中摘食可佳枇杷出東洞庭大自種者小然郤有風味獨核者佳蓋凡果須接乃生獨此果直種之亦能生也

楊梅須山土吾地沙土非宜種之亦能生但小耳樹極婆娑可愛今當種澹圃高岡上與山礬相覆蔭

李種亦殊多北土盤山縣香紅妙甚江南絕無然亦有一種極大而紅者味可亞之亦有王黃青翠嘉慶子俱稱佳品吾園中僅有粉李一種餘當致之

桃有金桃銀桃水蜜桃灰桃匾桃澹圃中已備金銀二種皆佳品也

梨如哀家梨金華紫花梨不可見也今北之秋白梨南之宣州梨皆吾地所不能及也聞西洞庭有一種佳者將熟時以箬就樹包之味不下宣州嘗覓此種植之亦一快也

花紅一名林禽即古來禽也郡城中多植之覓利味若非佳而特可觀北土之蘋婆即此種之變也吾地素無近亦有移植之者載北土以來亦能花能果形

味俱減然猶是奇物王相公及政僉園俱有之二種雖貴賤難易迥別吾圃中各植三兩株足矣來禽種雖易然與桃性俱多蟲而易敗種者苦於剔蟲若標則數年一易可耳

核桃北果而宜山種吾地絕少然亦可種

葡萄雖稱涼州江南種亦自佳有紫水晶一種宜於水邊設架一年可生纍垂可翫不但以供飣餖也

吾地棗不能佳第擇其紅色者種一株以當摘鮮亦得

安石榴無如京師致之南方多死即生多化爲鹿狀不若求富陽種種之須實大子綻即不甘亦是供設

柿種多吾地特宜若海門柿雜柿無核火珠柿皆甘冷可食宜植墻隙

柑橘產於洞庭然終不如浙温之乳柑閩漳之朱橘有一種紅而大者云傳種自閩而香味逕庭矣余家東海上又不如洞庭之宜橘乃土產蜿花甜蜜橘二種卻不啻勝之金橘牛乳者易生而品下圓者甘香然亦家園種者佳第橘性畏寒值冬霜雪稍盛輒死

植地須北蕃多竹霜時以草裹之又虞春枝不發記兒時種橘不然豈地氣有變也

香櫞花香實大雖酸澀齒以爲湯則大佳置實盤中盈室俱香實佳品也閩中乃無之而以佛手柑名近閩洞庭人亦有種而生者吾圃中尤不易植也

栗山果也植之平地亦生懸殼如蝟亦堪備一種佳實

銀杏樹有大合抱而不實人言樹有雌雄聞亦有生治之則生樹長大秋冬葉純黃間楓林中相錯如織此植圃中岡上即不實可也

栝子松俗名刷牙松歲久亦生實雖小亦甘香可食南京徐氏西園一株是元時物秀色參天月中第一

山東有文官果花亦可觀形味稍似馬金囊禮部精膳司亦有一株不知可移植吾地否若無花果不獨京師即吾地種輒生但惡不足爲園林重耳

瓜蔬疏

吳　王世懋

西瓜古無稱云金主征西域得之洪皓自燕中携歸然瓜中第一美味而種徧天下不應晩出異方之物乃爾吾地以將福柵橋二處爲絶品然家園中所種色青白而作犹樣者便佳不必將柵也

甜瓜以香而小者爲第一作黄綠二色豈即邵平所種五色子母瓜耶今涼州塞外作乾條遺遠人味極甘嘗是此種若南瓜雖有奇狀殊色僅堪煮食酷無

意味而更與羊食忌是可廢

王瓜出燕京者最佳其地人種之火室中逼生花葉二月初即結小實中官取以上供唐人詩云二月中旬已進瓜不足爲奇矣又一種秋生者亦佳吾土俱宜閏中二三月間食入夏枯矣

瓜之不堪生啖而堪醬食者曰菜瓜圓者如甜瓜長者如王瓜皆一類也以甜醬漬之爲蔬中佳味

天下結實大者無若冬瓜味雖不甚佳而性温可食

絲瓜北種爲佳以細長而嫩者爲美性寒無毒有云多食之能痿陽北人時啖之殊不爾然用其蒂可瀹小兒痘汁滴瓶中能消痰火其涼可知矣

吾地有名錦荔枝者外作五色蜂窠之狀内子如鱉蟲人甚惡之不知閩廣人以爲至寶去實用其皮肉煮肉味殊苦廣人亦爲涼多子京師種摘而自供食性在泉州見城中遍地植之名曰苦瓜形稍長于此種耳

匏子瓜類也大而扁者可食小而長作細腰者可瓬種類頗多偶得佳者不啻珍品瓠子匏類也形稍長

鋭上豐下味似勝之唐鄭珣瑜所謂亦去毛爛黄熟拘折須此物也

韭最獲利且宜吾地冬盡春初韭黄眞佳味但吾奉道不食耳

芥冬種以春不老爲第一北京爲上南京次之吾地不逮也芥之有根者想即蔓青京師大而脆爲蔬中佳味携子歸種之城北而能生尚小已竟如之然移植他所輒不如初謂是北種北人闘則其地偏生然蔓青菜云是諸葛武侯所種是也

古人食菜必曰葵王右丞清齋折露葵是也乃今菜品竟無稱葵不如何菜當之又所重曰秋末晚菘亦竟無定說卽爾雅翼亦難悉也大都今之冬菜如郡城箭桿菜之類皆可稱菘箭桿雖佳然終不敵燕地黄芽菜可名菜中神品其種亦可傳但彼中經冰霜以窖廬覆之葉脫色改黄而後成此都不宜耳

蕹菜空中而味脆獨南京有之可以種盆中攜歸取食入地則不生

魏文貞公好食芹世以比曾晳之羊棗然今南北兩

瓜蔬疏　三

京芹皆長數尺而味絕佳何必文貞始嗜盖芹本水際野植而獨兩京種之老圃故佳想取植之亦得爾耳

萵苣絕盛於京口鹹食脆美卽旋摘烹之亦佳

菠菜北名赤根菜之凡品然可與豆腐並烹故圜中不廢若君達菜俗名甜菜者菜斯爲下矣

蘿蔔須長而白如雪甜而消如梨者乃稱絕品南北兩京多圓而大赤色雖佳味殊不敵也

胡蘿蔔獨常熟爲佳然酷非余所須若胡荽味苦無

當而在五葷之內不植吾圃中可也

葱蒜薤與韭雖俱五葷而爲人所常用薤性稍平江浙多有之吾地少亦可不種

薯蕷本山中野植與黄獨同類故名山藥然獨保定懷慶諸處爲佳閩浙多作紅色而味不甘糯吾地種美惡在兩種間亦不可廢

芋古名蹲鴟吾土最佳有水旱紫白二種旱者不可食此地若種之得法有十斤者

香芋落花生產嘉定落花生尤甘皆易生物可種也

瓜蔬疏　四

甘露子如耳環醬食之脆美亦別方之產吾地可種

莧有紅白二種素食者便之肉食者忌與鼈共食一種野生及馬齒莧俱堪食

百草中可食者最多薺菜枸杞苗五加芽草中之美味菊苗亦佳大抵摘野蔬入饌尤覺趣耳

蔞蒿多生江岸九江諸處採賣至以數百石船裝之遠貨吾地亦自不乏

芡一名鷄頭果中之美味而最補益人然獨杭州多而佳京師產者形如刺蝟而有粳糯糯而大者味勝

杭產吾地俱不宜然勤種之鮮摘亦勝

茭即芰也而多種有紅有綠有深水有淺水有角有腰而產於郡城者曰哥窰蕩產於峴山者曰婁縣皆佳甚須其種種之

茭首以秋生吳中一種春生曰呂公茭以非時爲美初出時煮食甜軟據爾雅翼曰苽即菰蔣之類曰菰首者即今之茭首也又有黑縷如黑點者名烏鬱今茭中有之余所種僅秋生者耳然菰實有米而今茭白未聞有之或者野茭乃生米也

茨菰古曰鳧茨種淺水中夏月開白花秋冬取根食味亞於香芋

荸薺方言曰地栗亦種淺水吳中最盛遠貨京師爲珍品色紅嫩而甘者爲上

蓮房之大者名百子蓮藕則白蓮單瓣者乃生高郵寶應第一吳中亦佳吾土僅供瓶耳

蓴以張陸所誇遂爲吳中口實然實不佳且非池塘間物也

滿筍蘆筍皆佳味而蒲筍尤佳吾地人乃不知取食耳然種蒲者多間取之若不成笋豈其種別耶

蒔圃同春

長溪夏旦

正月

三品梅 有紅粉白三種一花三子如品暑月用野梅移接如子發者枝大始開

綠萼梅 花白蒂綠更有一種重臺者俱有香灌以清水

野梅 種二其子大小一如其葉香而喜腴

山茶 色紅喜腴一名寶珠心無黄間者爲上無香

麥季 色粉紅花亦森秀微香

二月

紅杏 色桃紅清香喜肥

辛夷 色淡紅一名木筆花先後葉亦一奇亦香似玉蘭

玉蘭 色白韵香夏月以辛夷接之

獨本蘭

並蒂蘭 二稱長日於陰花杏葉秀

紫荊 枝榦俱花夏日葉香如荷味

御李 有紅白二色喜陰無香

黄棠棣 以上諸品當以腴灌之微香

三月

牡丹 其色有五性最宜爽白露後去其餘葉覆以腴肥及蒜只澆清水若遇霜雪花開更盛香且異常

蜀茶 紅白二色清而喜腴秋時用烏豆水灌之其花益妍

雪毬 色白喜陰常澆以腴鮮秀異常花大如斗近覺微香

碧桃 俱可植盆中喜腴

扁桃 花瓣有百其色木紅艷麗可愛亦桃之最冠者且喜有香

美人桃 色鮮可愛但恨無香

紫蘭 即紫燕

煙蘭 微香

碎米雪 俗名米篩花以上諸種性俱喜腴無香

玉團 即小雪毬喜腴宜陰極香

長春 有三色紅白粉甚香四時稍開春來更盛

木香 大小二種俱白色香甚可愛

粉團 粉紅色有香

薔薇 有紅黄白三色以上諸種杜皆喜腴開于春月最可扳籬當植土徑

四月

芍藥 色紫一種粉紅春秋澆以肥水若殺雞湯更妙亦有一種單葉者香

杜鵑 有黄紫紅三色花性喜陰栽用山泥

醉蘭　色黃性喜清肥有香宜陰畏霜忌屎澆以冷茶葉能鮮秀

木蘭　色淡紅花如蘭喜腴樹大如開香極幽異

含笑花　花紅香清

榴花　有紅白森紅三色

墻毬　性宜清肥藤枝好濕微香

荼蘼　有白紫二色清香

鶴頂紅　一年一發喜腴微香

蜀葵　其色有五俗名一丈紅喜腴無香

白玉帶　有香

葯圃同春　三

金盞花　色金黃一年一發香濁

千興　黃白二色有香

射干花　一名白蝴蝶微香

黃蝴蝶　葉秀喜腴猶香

黃蜂花　花開如蜂無香

六月

荷花　有粉紅白二色喜日有香每年二月九日可栽用羊糞爲妙

玫瑰　色粉紅一種紫者名薔薇可浸油合粉亦可和酒

茉莉　色白畏霜每年二月二日盡去其舊葉將鷄糞並肥泥覆之盛開清香可愛

紫薇　色紫花極耐久無香

山丹　有丹紅二色性宜腴畏霜花極耐久俗名馬纓花微香

青蘭紅蘭

金線邊　葉邊有黃香

銀線邊　葉邊有白一種能結子者名蕙俱有香

朝槿　有粉紅大紅黃三色俱畏霜稍香

夾竹桃　色淡花紅極森秀且耐久無香

水枝　色白稍香宜濕

萱花　色黃一名忘憂有單葉百葉二種

葯圃同春　四

曇花　花紅子堪串珠微香

天竹　有花能結子微香

剌牡丹　色淡紅有香

金雀花　色黃喜向陽微香

金絲桃　色黃畏日畏霜無香

鐵線蘭　色玉白一名西番菊微香

金鐘花　色黃一名三叉箒花開有三朶以呼之有香

佛桑　紫白二色堪以炒食微香

百日紅　色紅一名野梧桐無香

剪春羅 色黄一年一發無香

斜堤花 色白有香畏霜以上諸種俱喜肥

六月

祁花 色黄無香

葵花 色黄所云向日傾者無香

金鳳 有五色俗名指甲花無香

謝落金 即滴露金色黄有似饅頭菊微香

杜若 有紅白二色叓有一本三色者又有中大因闊小者名一鉢頭千兵俗呼雞冠

七月

玉簪花 色白喜肥有香

秋海棠 喜陰畏日葉秀花雅最宜澆以便水忌手跡以上俱一年一發

八月

芙蓉 喜近水有紅白二色更一種朝白暮紅名曰醉芙蓉又一種紅白各半者微香

瑞蘭 花如醉蘭木本性宜清肥香極悠遠

鶴蘭 色白無香

醉楊妃 蘭種清而喜肥花而盆外色淡無香

九月

菊花 有百奇種遲速不同開四五月澆以水六七月澆以溶湯及蘆當去其秀之多者則花妍而大獨黄白更香

桂花 丹黄白三色一種名日月桂俱香

十月

白錢茶 喜腴夏月用山茶移接花極可愛清香

十一月

鹿葱花 一名金盞銀臺微香

剪絨花 色紫別名剪秋羅微香

十二月

水仙花 性喜清肥一年一發有香

海棠花 紅白二色

瑞香 紅白二色畏日宜清極香

募種兩堤桃柳議

錢塘聞啓祥

蘇子瞻云杭之有西湖如人之有眉目此自千古快論特未嘗析言之余竊謂兩湖其日也湖之有兩堤之有花柳其眉也葑草則其翳也使人無目目無眉均不可以為人故為目計莫先去葑為眉計莫先植花柳與禁折花柳余二十年來見湖上花事盛歲即甚豐否則儉感召之機有必然者今宋劉兩父母慨然念之於撫字之暇種花若干樹為之先余輩則相與手額而誦靈臺之詩曰此子民責也敢獨煩乎於是共議醵錢種桃柳各千株盡補兩堤之缺城中不乏韻人過此韻事豈甘自外況歲事相關亦憂世君子所樂聞也特護花一節不無仰藉此中惡習大都狂生以折花為豪傖以折花為趣吏胥以折花為武三[illegible]人腹恣意催殘禁檄未行西子雙蛾已感損殆盡矣今願燈事甫畢即以護花符嚴督舟子徧歷兩堤有犯無赦既為西子護目不得不兼為西子護眉風流勝事太平盛事一舉兼之不惟是也勿剪勿伐召公所茇余輩行且復手額為兩父母誦甘棠之詩矣

條議十則

花族甚繁梅種特貴今但種桃不及梅何也曰選花如人量才及地梅如高士宜置丘壑桃如麗人宜列屏障梅以神賞政不嫌少桃以色授政不厭多況巳有柳點眉之黛何可無桃益眉之彩舍彼取此亦各其宜耳

柳亦有宜舊堤古樸如老人龐眉政須直柳新堤便婣如美人修眉則垂柳為宜合救上下園丁（湖墅有上花園下花園）吸為扦植張緒當年永豐坊角頓還舊觀豈非快事俗云清明插柳此固其時矣

種樹之法太大難活太小難待當酌中者此為確論今取十年以長直可四五十丈者通計千樹蘇得五十千便足辦此杭人湖游之盛日費斗金略破慳囊為一出手五十千何足道哉

東坡築堤徧插芙蓉燦如雲錦今桃柳之外亦應植此不過費園戶十日工耳再於老堤隙地植楓柏數

十株新堤路傍兼蓺野菊果爾則長天秋水添却錦障數重徧地金錢亦不愧給孤長者矣

望湖亭前有西府海棠一株所謂漢宫三千趙姊第一良非虚語近亭既傾此花復為有力者負之而趨深可太息補亭補花此亦其候也

種花故難護花亦甚不易舊例以各埠長年輪番何護止於花時令似應更擇一二園丁知花木性情者時其饑飽達其喜怒不止令狂且却步而已但須量給廪餼使常住不去是在具山林經濟者共熟籌之

也

既護花亦應護堤正如阿嬌金屋柳姬章臺何可忽諸舊堤堅厚久而不壞前人作事不徒一時大畧如此新堤向來沙石工美正堤之旁護有小堤亦稱盡善近為無賴子盜石一空及今禁止猶存什一否則花神有剝廬之嗟油壁青驄俱不免載胥之患

蘇堤之外更有白堤所謂裏六橋者是也今遺跡尚存橋内外滄海桑田幾不可問矣俟時平年豐一願重來自儔作前度劉郎此尤意外之幸耳

萬曆間龍王堂守僧砍伐桃柳取以為薪其罪視樵折游人加一等矣吾師馮具區祭酒嘗移書督學橥溪蘇公求訶止之今即無此事然漸不可知當特設一禁遡桃個柳什令司事人稟白公府自行更置不許擅動一葉一枝此獘其永杜乎

此上種種皆為西子護惜然傳神寫照政在阿堵護持尤不容已今眼中之翳有待金鎞所不必言而眼輪日側眼光日小有識憂之亦不特游觀一事而已

草花譜

古杭高濂

題蘭花

三種惟杭城有之花如建蘭香甚一枝一花有紫花黃心有白花黃心者紫若胭脂白似羊脂花甚可愛出法華山採其原墩者種背陰處可活開花紫白者名蓀葉較蘭稍劣

迎春花

春首開花故名每于放花時移栽土肥則茂燖牲水

澆之則花蕃二月中旬分種

山礬花

生杭之西山三月着花細小而繁香馥甚遠故俗名七里香

笑靨花

花細如豆一條千花望之若堆雪然無子可種根窠叢生茂者數十條

蝴蝶花

草花儼若蝶狀色黃上有赤色細點闊葉秋時分種

金莖花

金莖花如蛺蝶風過花如飛舞搖蕩婦人採之為飾諺曰不戴金莖花不得入僊家

映山紅

本名山躑躅花類杜鵑稍大單瓣色淺若生滿山頂其年豐稔人競採之

鹿葱花

花儼蜨蝶三大圓瓣而三小尖瓣色葱藕色中心白地紅黃點點搖風弄影丰韻可人

萵苣花

俗名金盞花也色金黃細瓣攢簇當春初即開獨先諸花

金雀花

春初開黃花甚可愛儼狀飛雀且可采以滾湯着鹽焯過作茶供一品

薔薇花

有大紅粉紅二色喜屏結肥不可多腦生莠虫以煎銀店中爐灰撒之則虫盡斃正月初剪枝長尺餘插

種

寶相花

花較薔薇朶大而千瓣塞心有大紅粉色二種

十姊妹

花小而一蓓十花故名其色自一蓓中分紅紫白淺紫四色或云色因開久而變有七朶一蓓者名七姊妹云

金沙羅

似薔薇而花单瓣色更紅艷奪目

黄薔薇

色蜜花大亦奇種也剪條扦種近廣于昔態嬌韻雅薔薇上品

金鉢盂

似沙羅而花小夾瓣如碗紅鮮可觀

月削紅

花似薔薇色紅瓣短葉差小於薇

羊躑躅

生諸山中花大如杯盞類萱色黄羊食生疾若瘂

郁李花

有粉紅雪白二色俱千葉花甚可觀如紙剪簇成者子可入藥

玫瑰花

出燕中色黄花稍小于紫玫瑰種紫玫瑰多不久者緣人溺澆之即斃種以分根則茂本肥多悴黄亦如之紫者乾可作囊以糖霜同搗收藏謂之玫瑰醬各用俱可

麗春花

罌粟類也其花单瓣瓣常飛舞儼如蝶翅扇動亦草花中之妙品也

錦帶花

花開蓓蘂可愛形如小鈴色粉紅而嬌植之屏籬可折供玩

木香花

花開四月木香之種有三其最紫心白花香馥清淵高朶萬條望若香雪其青心白木香黄木香二種皆

及也亦以剪條插種不甚多活以條扳入土中一

段培泥伺月餘根長自本生枝外剪斷移栽可活

棣棠花

花若金黃一葉一蕊生甚延蔓春深與薔薇同開可助一色

紫丁香花

木本花如細小丁香而瓣柔色紫蓓蕾而生萎種俱可自是一種非瑞香別名

野薔薇花

色有雪白粉紅二種採花拌茶療病烹食即愈

茶蘼花

大朵色白千瓣而香枝根多刺詩云開到荼蘼花事盡爲當春盡時開耳外有奢色一種

纏絲花

花葉儼似玫瑰而色淺紫無香枝生刺針時至煮繭花盡開放亦以根分

結香花

花色鵝黃較瑞香稍長花開無葉花謝葉生枝極柔軟多以蟠結上盆

枳殼花

花細而香聞之破鬱結籬傍種之實可入藥

紅蕉花

種自東粵來者名美人蕉其花開若蓮而色紅若丹中心一朶曉生甘露其甜如蜜即常芭蕉亦開黃花至曉瓣中甘露如飴食之止渴

海桐花

花細白如丁香而嗅味甚惡遠觀可也

金錢花

出自外國梁時外國進花朶如錢亭亭可愛昔魚弘以此賭賽謂得花勝得錢可爲好之極矣

史君子花

花如海棠柔條可愛夏開一簇花絕輕盈作架植之蔓延若錦

杜鵑花

出蜀中者佳謂之川鵑花內十數層色紅甚出四明者花可二三層色淡

凌霄花

葍生花黃用以蟠綉大石似亦可觀花能墮胎

吉祥草花

吉祥草易生不拘水土中不土俱可種惟得水爲佳用以伴孤石靈芝清甚花紫蓓生然不易發如家居種之有花似云吉祥

眞珠蘭

眞珠蘭色紫蓓纍如珠花開成穗其香甚穠以之蒸牙香棒香名曰蘭香者非此不可廣中極盛擕至南方則不花矣

月季花

俗名月月紅凡花開後即去其蒂勿令長大則花隨發無已

秋牡丹

草本遍地延蔓葉肖牡丹花開淺紫黃心根生分種

楝樹花

苦楝發花如海棠一蓓數朶滿樹可觀

挂蘭

産浙之温台山中巖谷深處懸根而生故人取之以竹爲絡挂之樹底不土而生花微黃肖蘭而細不可缺水時當取下水中浸濕又挂亦奇種也

淡竹花

花開二瓣色最青翠先人用綿收之貨作畫燈青色并砂綠等用

金燈花

花開一簇五朶金燈色紅銀燈色白皆蒲生分種

紫羅襴

草本色紫翠如鹿葱花秋深分本栽種四月發花可愛

四季花

花小葉細色白午開子落自三月開至九月其枝葉擣汁可治跌扑

翦秋羅

花有五種春夏秋冬羅以時名也春夏二羅色黃紅不佳獨秋冬紅深色美亦在春時分種喜肥則茂又有一種色金黃美甚

含笑花

産廣東其花如蘭形色俱肖花開不滿若含笑然隨
即凋落余初得自廣中僅高二尺許今作拱把之樹
矣且不懼冬

罌粟花

花有千瓣五色虞美人瓣短而嬌滿闌春夾瓣飛動
春以子種

夾竹桃

花如桃葉如竹故名然惡濕而畏寒十月初宜置向
陽處放之喜肥不可缺壅

玉簪花

春初移種肥土中則茂其花瓣拖麪入少糖霜煎食
香清味淡可入清供紫者花小葉上黃綠間道喜水
分種盆石栽之可玩

指甲花

生杭之諸山中花小如蜜色而香甚用山土移上盆
中亦可供玩

梔子花

有三種有大花者結山梔甚賤有千葉者有福建矮
樹梔子可愛高不盈天

慈菰花

水中種之每窠花挺一枝上開數十朶色香俱無惟
根至秋冬取食甚佳

鼓子花

花開如拳不放頂幔如缸鼓式色微藍可觀又可入
藥

孩兒菊

花小而紫不甚美觀但其嫩頭揉軟置之髮中衣帶
香可辟汗作氣

紫花兒

遍地叢生花一可愛柔枝嫩葉摘可作蔬春時子種

夜合花

紅紋香淡者爲百合蜜色而香濃日開夜合者名夜
合分二種根可食一年一起取其晶大者供食小者
用肥土排之則春發如故

番山丹

有二種一名番山丹花大如碗瓣俱捲轉高可四五

尺一種花如硃砂本止盈尺茂者一幹兩三花朵嬰
可觀也亦須每年八九月分種方盛

石竹花

石竹二種單瓣者名石竹千瓣者名洛陽花二種俱
有雅趣亦須每年起根分種則茂

紅萱花

花開一穗十蕋纍纍下垂色姸桃杏其葉瘦如蘆亦
可觀也

戎葵即蜀葵

出自西蜀其種類似不可勝地肥善灌花有五六十
種奇態而色有紅紫白墨紫深淺桃紅茄紫雜色相
間五月繁華莫過于此

紅麥

麥種花妙如剪子大于麥數倍色紅可愛

錢葵即錦茄花

花葉如葵稍矮而叢生花大如錢止有粉間深紅
色開亦耐久

萱花

有三種單瓣者可食千瓣者食之殺人惟色如蜜者
香清葉嫩可充高齋清供又可作蔬食之不可不多
種也

山丹

花如朱紅外有黄色有白色花者二種稱奇亦在春
時分種

蓼花

花開絡蘗而細長二寸枝枝下垂色粉紅可觀惟水
邊更多故俗名水紅花也花葉用以煎汁洗脚瘋癢

良

金鳳花

金鳳花有重瓣單瓣紅白粉紅紫色淺紫如藍有白
瓣上生紅點凝血俗名洒金六色

十樣錦

十樣錦杜頭亂葉有紅紫黄綠四色故名其雁來紅
以雁來而色嬌紅老少年至秋深脚葉深紫而頂紅
少年老頂黄而葉綠

雞冠花

鷄冠有掃帚鷄冠有扇面鷄冠有紫白同蒂名二色鷄冠

金銀蓮

湖中甚多園林盆泥藉水種之但止二色重臺者可愛

纓枝牡丹

柔枝倚附而生花有牡丹態度甚小纓縛小屏花開爛然亦有雅趣

槿花

籬槿花之最惡者也其種外有千瓣白槿大如勸杯有大紅粉紅千瓣遠望可觀即南海朱槿那提槿也且揷種甚易

水木犀

花色如蜜香與木犀同味但草本耳亦在二月分種

秋葵花

色蜜心紫秋花朝暮傾陽此葵是也秋盡收子移種

白菱花

木本花如千瓣菱花葉同梔子一枝一花葉托花朶七八月開色白如玉可愛亦接種也

茗花

即食茶之花色月白而黃心清香隱然瓶之高齋可爲清供佳品且蒔在枝條無不開遍

茶梅花

開十一月中正諸花凋謝之候花如鵝眼錢而色粉紅心黃開且耐久望之雅素無此則子月虛度矣

番椒

叢生白花子儼禿筆頭味辣色紅甚可觀子種

水仙花

有二種单瓣者名水仙千瓣者名玉玲瓏又以单瓣者名金盞銀臺因花性好水故名水鮮单者葉短而香可愛用以盆種上几

瑞香花

有紫花名紫丁香有粉紅者名瑞香有白瑞香有綠葉黃邊者名金邊瑞香惟紫花葉厚者香甚

雪下紅

一種藤木生子類珠大若芡實色紅如日累累下垂

積雪盈顆似更有致故名

野葡萄

生諸山中子細如小豆色紫倚藤而生狀若葡萄蟠之高樹懸挂可觀

錦荔枝

草木藤蔓種盆結縛成蓋圭葉若荔枝少大色金紅肉甜可食

青珊瑚

產廣中結實如珊瑚鈎色青翠可玩

亳州牡丹表

亳州薛鳳翔

花之品

昔班孟堅作人表次等有九鍾嶸評詩列品惟四則物之巨細精粗必有分矣况於神花變幻自惟總歸巨麗藉使欣賞失倫則何以奮造化謝花神乎夫其意遠態濃艷生相外靈襟洒落神光陸離如鶱如翔欲驚欲抑譬巫娥出峽宓女凌波故曰神品至於玉潤珠明光華韶佚瓌姿艷質悍魄銷魂意者漢室之麗娟吳宮之鄭旦矣故曰名品亦有詭蹤幻跡異派殊宗馳色流輝不恒一態魚龍縶乎抑狐尾也故曰靈品若夫品外標妍局中競秀盈盈吳氏之絳仙孀嫺霍家之小玉故曰逸品又有絳唇玉貌膩肉豐肌望靈芝於瓊樓閱麗華於藻井都自撩人總堪絕代故曰能品抑或媚色娟娟粉香沃若徐娘老去畢竟風流潘妃到來猶然羞澁大雅不作餘響尚亦做曰具品作花品表

神品	名品	靈品

天香一品
嬌容三變
無上紅
赤朱衣
奪錦
大黃
小黃
金玉交輝
黃絨鋪錦

銀紅嬌
繡衣紅
軟瓣銀紅
碧紗籠
新紅嬌艷
宮錦
花紅繡毬
銀紅繡毬
花紅萃盤

勝嬌容
醉玉環
新紅繡毬
新紅奇觀
妬榴紅
榴花紅
花紅疊翠
秋水妝
老銀紅毬

楊妃淺醉
花紅神品
海棠魂
花紅平頭
花紅舞青霓
銀紅舞青霓
花紅魁
萬花魁
西萬花魁

合歡嬌
轉枝
妖血
酡面嬌

天機圓錦
銀紅犯
方家飛燕妝
飛燕紅妝
海棠紅
新銀紅毬
方家銀紅
碎瓣無瑕玉
青心無瑕玉

梅州紅
綠花
萬疊雪峰
無名三種
縷金衣
五陵春
花紅獨勝
花紅無敵
鬬艷

絳紗籠
杜鵑紅
楊妃繡毬
歹劉黃
大素
小素
素白樓子
玉帶白
玉玲瓏

碧玉樓
玉簪白
鸚鵡白
塞羊絨
白鶴頂
玉板白
綠珠墜玉樓
佛頭青
鳳尾花紅

金屋嬌
嬌白無雙
雪素
獨粹

太真晚粧
恐濟紅
芹葉無瑕玉
平實紅
銀紅錦繡
魏紅
賽幕嬌紅
梅紅剪絨
花紅纓絡

念奴嬌
漢宮春
墨葵
油紅
墨剪絨
墨繡毬
中秋月
琉璃灌米
藕絲平頭

萬卷書
桃紅萬卷書
喬家西瓜穰
桃紅西瓜穰
進宮袍
嬌紅樓臺
倚新粧
界破玉
花膏紅

堯英妝
張家飛燕妝
銀紅艷妝
白屋公卿
賽玉魁
碧天一色
黄白繡毬
艷陽嬌
奇色映日

奇色獨占魁
銀紅妙品
連城玉
玉潤白
瑶臺玉露
冰清白
藕絲霓裳
珊瑚鳳頭
銀紅絕唱

三春魁

逸品
瓜穰黄
非霞
洛妃
肉西
醉西
勝西施
李西施

能品
珊瑚樓
舊月紅
大火朱
桃紅鳳頭
太真冠
馬家飛燕妝
倚欄嬌

具品
王家紅
狀元紅
金花狀元
洒金桃紅
腰金紫
淡藕絲
紫舞青猊

觀音現
白舞青猊
玉蘊紅
玉芙蓉
繡芙蓉
添色喜容
玉樓春雪
金精雪浪
銀紅魁

喬紅
大嬌紅
嬌紅
玉雲樓
玉樓觀音現
醉猩猩
玉兎天香
潔玉
睡鶴仙

大紅舞青猊
粉舞青猊
茄花舞青猊
藕絲舞青猊
藕絲樓子
火齊紅
壽春紅
蓮蕊紅
海天霞

張家飛燕妝
玉美人
輕羅紅
滿地嬌
無瑕玉
緑邊白
白蓮花
銀紅上乘
朶霞綃

觀音面
桃紅舞青猊
醉仙桃
素鸞嬌
脫紫留朱
花紅寶樓臺
玉樓春
大葉桃紅
綢葉桃紅

羊血紅
四面鏡
石家紅
桃紅樓子
老僧帽
陳州紅
胭脂紅
平頭紅
金線紅

胭脂界粉

亳州牡丹表 八

妬嬌紅
羊脂玉
玉繡毬
沈家白
平頭白
遲來白
醉楊妃
鶴翎紅
一百五
烟粉樓
桃紅線
紅線
藕絲繡毬
波斯頭
大添色真容

大紅繡毬
大紅寶樓臺
彩霞紅
七寶冠
朱砂紅
細葉壽安紅
麤葉壽安紅
回回粉西
細瓣紅
八
西天香
殿春芳
蝦春魁
慶天香
水晶毬
玉天仙
粉紅樓子
勝天香
醉春容

亳州牡丹表 九

粉繡毬
粉重樓
减粉紅
勝緋桃
瑞香紫
紫姑仙
徐家紫
紫重樓
茄花紫
九
烟籠紫
印墨紫
葉底紫
茄色紫
茄皮紫
紫纓絡
丁香紫
平頭紫
紫繡毬

玉重樓
白剪絨
白纓絡
玉絨毬
玉盤盂
青心白
伏家白
鳳尾白
出觜白

玉碗白
汴城白
蓮香白
茄色樓
藕色獅子頭

花之年

丘道源牡丹榮辱志云施之以天時順之以地利節之以人事其栽其接無竭無滅其生其成不縮不盈余故表其年使知衰殘之期時至事起而爲之接命焉牡丹子生者二年曰幼四年曰弱六年曰壯八年曰頽秋接者立春曰弱穀雨曰壯三年曰强生與接俱不能無分分一年曰弱二年曰壯三年曰强八年曰艾十二年曰耆十五年曰老耆則就衰老則日敗再接再分就衰日敗者復返本而還元立春曰弱一年曰弱矣此馴領之道年表最爲吃緊栽接主成接候而至天時地利人事之紀也

子
一年
二年 幼
三年
四年 弱
五年
六年 壯
七年
八年 强

接
秋分
立春 弱
穀雨 壯
一年
二年
三年 强

分
一年 弱
二年 壯
三年 强
四年
五年
六年
七年
八年 艾
九年
十年

十一年

十二年　者

十三年

十四年

十五年

牡丹八書

亳州薛鳳翔

種一

種以下子言故重在收子喜嫩不喜老七月望後八月初旬以色黄爲時黒則老矣大都以熟至九分即當剪摘勿令日曬常置風中使其乾燥中秋以前即當下矣地宜向陽擇土宜細熟界爲畦畛取子密布上以一指厚土覆之旋即痛澆使滿甲之仁咸浸滋潤後此無雨必五日六日一加澆灌務令畦中常濕

久雨則又宜疏通之若極寒極熱亦當遮護苗既生矣則又俟時三年之後八月之中便可移根使如其法再二年餘必見異種矣然子嫩者一年即芽微老者二年極老者三年始芽子欲嫩者取其色能變也種陽地者取其色能鮮麗也

栽二

牡丹雖有愛陰愛陽不同大都自亳以南喜陰不畏霜雪北地寒氣勁烈陰則多爲所傷以故不可一例言也又栽花不宜乾燥亦最惡汙下江北風高土硬

平地可栽江南卑濕須築臺高三尺許亦不可太高高則地氣不接栽法之要量其根之長短準鑿坑之深淺寬窄坑中心起一圓堆以花根置堆上令諸細根舒展四垂覆以軟爐淨土勿參磚石糞穢之物築土宜實不宜虛立秋至秋分栽者不可用大水澆灌止以濕土杵實恐秋雨連綿水多根朽重陽以後栽者須以大水散土滲實之至臘每去二尺一本庶根不交互花自繁茂

分三

凡花叢大者始可分第宜察其根之文理以利鑿微引至稠穡之會乘其間而折之每本細根亦須存五六莖或一株分爲二繁者分爲三最要根幹相稱依法栽培以需其茂者也但分後花自薄弱而顏色盡失其故蓋洩氣使然耳不特根分而花弱色減即以全根原本移過別土亦必□年而元氣始復花之豐跌正色始見況遠攜者乎今覓花者不如其故動疑爲授鮮不評矣花移近處秋分前後無論已或二三百里外須秋分後方可不然有氣蒸根腐之虞千里外又須以土相和成漿以蘸花根謂之漿花花籍養稍久可耐又以蒲草之類包裹不使透風自無妨生意一人可負數十本多則恐致損折或近冬氣寒必加糯粃入裹中方妙

接四

風土記書接法不詳亦不甚中肯綮凡接花須於秋分之後擇其牡丹壯而嫩者爲母如一叢數枝須割去弱者取強盛者存二三枝皆入土二寸許以細鋸截之用刀劈開以土品花釵兩面削成鑿子形插入

母腹預看母之大小釵亦如之至于母口正者釵固削正母口斜者曲者釵亦隨其斜曲務要大小相宜斜正相當倘有本大而釵小者以釵就本之一邊必使兩皮湊合以麻鬆鬆纏之其氣庶幾互相流通蓋因脈理在皮裏骨外之故後用土封好每封覆以二瓦以避雨水俟月餘啓瓦撥土視母本發有新芽即割去之仍密封如舊明年二月初旬又啓撥看視如前法蓋一本之氣不宜洩於芽蘖始凝注於接枝本年花開倍勝原本矣若不以舊法接修漫然爲之必

無生理凡接須在秋分之後早則恐天暖而胎爛也養花之家先須以老本分移單栽候發嫩枝爲接花母本也隆慶以來尚以芍藥爲本萬曆庚辰以後胎知以常品牡丹接奇花更易活也故繁衍無旣

澆五

初栽澆足以後半月一澆旱則旬日一澆水不喜多亦厭其少多則根爛少則枯乾久秒之種如冬不凍兩旬一澆不澆亦無害正月二月宜數日一澆三月花有蓓蕾或日未出或下春時汲新水一二日一澆

牡丹八書　八　四

夏則亦然惟秋時不宜澆澆則芽旺秋發明年難爲花矣吾鄉顔氏於花盛開時花下以土封隄備池注水花可多延數日澆用塘中積水尤佳于新水以其水煖而肥故也澆水須如種菜法成溝畦以水灌之最省人力不然力不𣪍而花凋二月以後澆如不足花單而色減也

養六

新栽芽花遇冬月或以豆萁柳葉鬪其根嫩枝不[illegible]疵無損傷洛陽花記云以棘數枝置花叢上棘氣[illegible]可以辟霜亦一法也又栽伏土根幹蒼老者不必爾牡丹好叢生又自繁冗當擇其枯老者去之嫩者止留二三枝一枝止留一芽二芽亦喜削盡傍枝獨本成樹至正月下旬根下有抽白芽者卽令削去花必巨麗謂之打剝根下宿草亦時芸之勿令蕪茂分奪地力花將開前五六日須用布幔蓆薄遮蔽不但增色自是延久若一經日晒神彩頓失秋後樹上枯葉不可打落葉落則有秋發之患或自落太早看胎將有發動須預以薄絹將胎縛嚴始免其病不然則明

牡丹八書　八　五

春花損矣

醫七

花或自遠路攜歸或初分老本視其根黑必是朽爛卽以大盆盛水刷洗極淨必至白骨然後已仍以酒潤之本本易活諺曰牡丹洗脚正謂此也間有土蠶能蝕花根蠼螋能齧根皮大槩白花根甘多蠹白舞青猊與大黃更甚凡花葉漸黃或開花漸小卽知爲蠹所損舊方以白蘞砒霜芫花爲末撒其根下近尺以生栢油入土寸許蟲卽死糞壤太過亦有蟲病或

病卽連根掘出有黑爛粗皮如前洗淨另易佳土過一年方盛此醫花之要

忌八

栽花忌本老老則開花極小惟宜尺許嫩枝新條忌久雨瀑暑蒸薰根漸朽壞忌生糞鹹水灌溉糞生則黃鹹水則敗忌鹽灰土地花不能活忌生糞爛草之所多能生蟲忌植樹下樹根穿花不旺忌春時連土動移卽有活者花必薄弱忌花間折長恐損明歲花眼牡丹記云烏賊魚骨入花樹膚輒死此皆花忌也

說郛續目錄

弓第四十一

荔支譜卷上

晉安徐𤊹

荔支自宋蔡忠惠公譜錄而其名益著世代既遐種類日夥騷人韻士題品漸廣然散逸不收則予墨之失職而山林之曠典也惟時朱夏側生斯出名題於西川貢珍於南海吾閩所產實冠彼都可謂盧橘慚香楊梅避色者矣爰倣蔡書別爲茲譜狀四郡品目之殊陳生植制用之法旁羅事蹟褎采詠題品則專取吾閩事乃兼收廣蜀物匪舊存品惟今疏深媿聞

見未殫筆札荒謬博雅君子將塵挂漏之譏予小子其何敢辭焉

福州品

一品紅福州產之極品者故名

狀元紅顆極大味清甘福州產爲第一種與莆中興

江家綠皮綠刺紅大如鷄子味極清美蔡譜所記之樹已絕其種永慶里猶有傳者

虎皮蔡譜謂出大乘寺今寺廢樹絕惟靈岫里山前有之

牛心詳出蔡譜今歸義里三畬方南鋪有此種

蚶殼以狀言之已見蔡譜今亦出歸義里

駞蹄長大甘柔

金櫻上銳下方色深黃

栗玉似金櫻而圓味差勝

洞中紅出宿猿洞因名

星毬紅枝條生葉葉比他種差厚色紅而不絳扁者如橘圓者如雞子核皆如丁香亦有無核者食之甘脆有韻蓋神品也奪其枝而植者竟莫能逮焉出靈

岫里今永慶里亦有之

饅頭皮粗厚味甘大如饅頭故名

磨盤皮粗厚味甘大如雞子近蒂處甚平七月熟

金線實圓刺尖有金線界其中出永慶里

鳳池超實圓味甘出尚幹鄉故御史林公鈛家

中冠亦呼中觀體圓核小皮光味清大不如桂林成熟時香聞數里惟凰岡環水內者肉裹其核過半他處肉薄核露風味頓減

桂林皮粗厚大如雞子味甘

金鐘形如鐘皮畧粗厚色如硃砂味甘大類桂林
勝畫皮厚刺尖味甘肉豐大似桂林七月熟出長樂
縣六都者最佳他種不及
鑽玉皮粗厚味甘濃實似金鐘凰岡產爲最
綠珠一名結綠俗呼綠荔支實如山榛無核味最清
至熟時實與葉無辨惟凰岡有之此異品也
紅繡鞋實小而尖形如角黍核如丁香味極甘美傳
即十八娘種今惟歸義里枕峰山有之
龍牙色紅長二寸許上下俱方出永慶里蔡譜獨載

興化軍一種與此稍異
鷄引子一朶數十枚大小錯出其大者核小小者無
核七月熟宋侍郎鄭文肅公湜墓前一株今四百餘
年其樹猶存墓在城門山
天柱樹極高大出凰岡
山中冠實大而圓餘荔將盡此荔始熟味微酸澁
馬先白實類海山其熟最早味不甚甘
山金鐘實大微長荔之中等者
中秋綠色綠亦山枝種味微酸熟最後故名中秋

松梢蕾皮厚而粗味澁大如松子故名
勝江萍以味甘得名皮光山枝中之最佳者或呼爲
勝江陳淨江瓶俱此種
勝江陳
淨江瓶
滿林香實絶類桂林皮微黃味甘其香倍於衆品
鶩卵皮光無刺色紅出歸義里
蜜九味甘肉厚俗呼肉九
鵲卵皮薄實圓斑如鵲卵味微酸山枝中之佳者七

月熟
白蜜皮粉紅甘如蜜
醋甕色微黃味酸品之最下
將軍帽實如松蕾皮厚肉澁
雞肝實扁味甘色紅俱無核出清廉里
牛膽顆極大一握僅三四枚山枝品之異者出水西
桐坑
火山亦呼海山廣南種肉薄味酸四月熟品最下
郡西自閩清古田皆不可種蓋此二邑厥土高

集也北自連江羅源近海之處間亦有之實小味酸色不深紅其熟差晚半月郡之附郭獨鳳岡一村其種類甚夥不下數百萬株大者十圍高二十丈名曰天柱皆五代時居民所植者至今蕃盛不絕更長樂一邑尤爲奇妙蔡譜自江家綠以下十九種與今時所産品目各異按譜索之十不得三四豈即當時之種而異其名邪今所最重於時者中冠勝畫狀元紅次則桂林金鐘大抵閩中之産可弟視南粤僕視瀘戎君謨譜爲果中第一信非虛也

興化品

皺玉

郎官紅

游丁香

紫璃

百步蘭壽香

西紫

黃香

大小江綠

瑞堂紅

松紅

麝囊紅

百步香

黃玉

玉堂紅

延壽紅出延壽里實比狀元紅差大肉厚核小宋徐鐸所植之樹猶存

狀元紅即延壽紅種皮薄肉厚核小味香莆産此爲第一

綠紗一名綠羅袍味甘

白蜜色白味甘

青甜

霞墩荔支實類狀元紅出霞墩故名

蔡宅紅出蔡君謨故居因以爲名

陳紫詳見蔡譜第二篇今下林尚有二株即當時物

松蕾

溜

宋家香核小味甘傳自宋公樹者因名今宋氏宗祠後有一樹

黄石紅出穀城山樹高三十餘丈大可十一二圍其陰可蔭十畝傳云鄭君謨譜中宋公樹王氏老媼抱泣者至今猶存

星垂皮紅實如鴨卵荔支之最大者俗呼秤錘出莆田吳塘村樹大七八圍腹空可容五六人盤根如山蓋數千年之物

火山肉薄味酸四月熟

莆中荔支蔡譜謂名家不過十餘品今譜中所載亦不多見如玉堂紅一種在南廂下林乃宋名臣陳大卞手植居第之果也狀元紅出於楓亭者珍於時舊名延壽紅宋元豐間狀元徐鐸所植鐸於楓亭薛奕以文武雙魁遂結姻媾故授其種於奕而楓亭之地宜荔因擅其名今驛舍中庭六株色皆參天其外數十里紅翠掩映一望如錦皆此種也至於夏初先熟厥名火山者莆中惟黄巷有之蔡譜謂其品殿最有翼嘗詆東坡四月食荔支謂坡未嘗到閩不識眞荔支是特火山耳王敬美謂莆中狀元香不如長樂之勝畫而勝畫乾之不如狀元香風味此評殊當

泉州品

大將軍

七夕紅

桂林

中冠俗以光皮者爲上

金鐘

早紅

白蜜

狀元紅

張官人

馬家綠

百步香

松蕾

火烟

鱉卵皮紅大如鱉卵核如米粒

丁香核小得名

綠衣郎皮綠如瓜皮實如鴨卵味甘澁出晉江

黑葉皮紅比狀元紅稍大味甘

麻餅實如黑葉味甘酸

火山肉薄味酸四月熟

柳鐺顆極大實類興化秤錘

進貢子其熟最先實如黑葉味甘不似火山

泉中荔支蔡譜惟推藍家紅法石白二品紹興初郡守葉廷珪植二百株於郡圃王十朋第之以大將軍爲第一今大將軍尚有存者而藍家紅法石白在宋時已不可識矣他邑如南安同安惠安諸種以桂林綠衣郎黑葉爲上安溪雖產不及南同惠三邑之多若永春德化種遂寡寥矣

漳州品

火山

中半

虎皮斑

南海

綠羅袍出平和琯溪張氏者佳

陳紅

冰團

大綠

小綠

余家綠

中冠

金鐘

黑葉

漳中荔支蔡譜惟載何家紅一品耳茲且歲久其品遂絕今龍溪諸邑多植中冠間有金鐘得種佳者瓤厚核小味甘其次唯火山爲盛肉薄味酸頓減聲價大抵漳郡不及泉中遠甚漳平龍巖二邑不產

荔支譜卷下

晉安徐𤊹

一之種

荔核入土種者氣薄不蕃雖蕃不結實間有成樹者經十餘歲稍稍結顆肉酸澁無味鄉人于清明前後十日内將枝稍刓去外皮一節上加膩土用棕裹之至秋露枝上生根以細齒鋸從根處截下植之他所勿令動揺三歲結子纍然矣　接枝之法取種不佳者截去元樹枝莖以利刃微啓小隙將別枝削針插

固隙中皮肉相向用樹皮封緊寛緊得所以牛糞和泥封酌褁之凡接枝必待時暄盖欲藉陽和之氣一經接博二氣交通則轉惡爲美也若近海魚鹽之處斥滷土醎其味微酸不佳縱奪接之終不能以彼易此也

二之焙

荔性宜熱最畏高寒古樹歷數百年者枝柯詰屈根榦盤旋其陰可蔽數畝此歲久根深縱霜霰侵壓不過葉瘁無損於樹當春仍發新葉開花結實至于新種不歷十數年者樹穉根淺一遇霜霰隨卽枯萎明年不復花實鄉人有愛其樹者當極寒時樹下以稻草煨火緼之寒氣不侵葉無凋損秋冬之際以淤泥和糞壅壓其根仍伐去枯條不令礙樹逢春尤易發生更有歇枝之樹隔一年而實者詳見蔡譜

三之啖

蔡譜引列仙傳本草經謂食荔有益於人可以得仙當盛夏時乘曉入林中帶露摘下浸以冷泉則殼脆肉寒色香味俱不變嚼之消如絳雪甘若醍醐沁心

入脾蠲渴補髓啖可至數百顆或畏其飽粘鹽少許啖之卽消其鄉民鬻於市者積擔盈筐離其本枝暑氣侵觸香色稍減較之就食林中者味亦不逮非必如白傳所云一日二日三日而後變也鄉人常選鮮紅者於竹林中擇巨竹鑿開一竅置荔節中仍以竹籜裹泥封固其隙藉竹生氣滋潤可藏至冬春色香不變若紅鹽火焙曬煎者俱失真味竟成二物矣

四之曬

占風日晴霽時摘下於烈日中朗曬至乾以核實爲

準風味殊勝於焙用竹籠箬葉密封可致久遠若風雨暴至則肌肉潰爛反不如焙矣蔡譜有紅鹽之法今貢獻不行其法尠傳

五之焙

擇空室一所中燔柴數百斤兩邊用竹筒各十每筒盛荔三百斤密圍四壁不令通氣焙至二日一夜荔遂乾實過焙傷火則肉焦苦不堪食乾者狀元香最佳鄉人多焙桂林金鐘以其實大美觀尤易于粥臞仙收乾荔法藏於新磁甕每鋪一層即取鹽梅三五箇箬葉裹如粽子狀置其內密封甕口則不蛀壞誠意伯劉伯溫先生謂乾荔支變者先於殼上刺十許孔用蜜水浸之以銀盂盛于湯罐頭上蒸透即肉滿可食

六之煎

荔初熟時乘露連蒂摘下以黃蠟熬勻封點蒂上勿令脫落盛之罐中將冬蜜煑熟得宜俟蜜冷浸之蜜過於荔始不洩氣藏至來春開視如鮮若荔過熟則漿滿肉腐不能久藏取蜜寘以荔支花釀者為第一

臞仙謂臨熟時摘入甕中澆蜜浸之以油紙封固甕口勿令滲水投井中雖久不損

七之漿

取荔初熟者味帶微酸時榨出白漿將蜜勻煮蜜熟為度置之磁瓶箬葉封口完固經月漿蜜結成香膏食之美如醴酪荔肉仍以白蜜緩火熬熟淨磁器收之最忌近鍼　又法取生荔曬至一日頻番令勻去殼取肉每一斤白蜜一斤半於砂銚內慢火熬百千沸又以文武火養一月磁鉢攤于日中曬至蜜濃為度盛於磁瓶見臞仙神隱

荔支譜

莆田宋珏

福業第一

荔支之於果僊也佛也實無一物得擬者江瑶柱河豚腴既非其倫塞蒲陶楊家果不堪作奴矣歐陽永叔比之牡丹亦觀場之見耳譬於月以爲鉤爲鏡爲珪皆第二月非月體也蔡君謨亦云剝之凝如水精食之消如絳雪其味之至不可得而狀也夫不可得而狀迺深於荔支者矣荔支之在天下以閩四郡爲

最四郡以吾興爲最興又以楓亭爲最此人所知者然不盡然黑葉之入釀未可以粤產輕之莆城外若東埔若葭墩實有可鄉祝楓亭者人不辨耳余生于莆既幸與此果遇且天賦啖量每啖日能一二千顆值熟時自初盛至中晚腹中無慮藏十餘萬而喜別品喜檢譜始以泉浸繼以漿解磁盆筠籠一物不具則寧不啖知交中啖量差與予敵者獨有郭聖胎方次道二人次道不能枯碧聖胎客秣陵五六歲歲不一歸歸又不必與熟時值也豈能消受清福也乎彼不知者又無論矣蘇子瞻曰日啖荔支三百顆不妨長作嶺南人又曰我生涉世本爲口南來萬里真良圖語雖激亦有味乎言也況余每歲婆娑樹下有十餘萬在腹中又何嫌蝬舶海陬也哉既私喜于荔癖獨擅果然之餘不能自秘自蔡譜及徐氏譜外別著食譜三百餘條未暇詮次適道協以其新刻見示因以清福黑業共六十七事俾之以廣同好亦玉照堂梅品遺意也

食荔清福　三十三事

開花雨時　結實風時　次第熟

雨初過　裛露摘　護持無偷摘

同好至　晚凉　新月

浴罷　簪茉莉　拈重碧

微醉　科頭箕踞　佳人剝

乳泉浸　寒漿解　臨流

對鶴　樓頭　聯騎出觀

名品嘗遍　檢譜　辨核

貯以磁盆　懸青筠籠　着白苧

掛帳中　殼堆苔上　膜浮水面
色香味全　隔竹聞香　土人忽送
食荔黑業三十四事
暴雨　妬風　偷兒先嘗
鳥嘴啄　蜂蟻　蛀蔕
烈日中摘　斷林　剝漬糖蜜
無清泉　點茶　不喜食者在
數核　啖不得飽　溪水浸
腥鹹解　魚肉側　殼上有景迹

醉飽後　市販爭價　説貴賤
惡味　攫　博
懷藏　主人慳鄙　忌熱勸莫餐
色香稍變　白曬　焙乾
不識品核　無釀法　松蕾出
樹杪如晨星

荔社第二

生閩海者未必皆見此果得見此果熟時得啖啖又得飽又得遍嘗名品以飽此直探鮫人之宮入齊奴之室恣取其徑寸晶珠盈丈珊瑚以歸不容易也此吳越好事一聞生荔支者以耳爲目復以耳爲口涎垂至踵思褰裳濡足而無從也然世不乏好奇客竟未有越千里百里爲荔支而至者乃土人耳目所慣恬不知寶晶珠珊瑚視與甘桃酣李無異余故有清福黑業之喻矣里中同好既稀食量亦罕每欲招數友結爲一社如蓮社梅社之類亦復參差不果暮春方氏道見過余預及之次道喜曰吾去夏客雲間苦憶此物今當不輕放過遂於六月六日先集林謙伯

受伯之權園約日一舉至荔謝而止約言凡五則余爲盟主焉夫以希奇靈異之物而能珍惜之呵護之結以同趣集以嘉晨幕以濃陰浴以冷泉披以快風照以凉月和以重碧解以寒漿徵以往牒紀以新詠雖跡涸塵壞而景界仙都身坐火城而神遊冰谷寧獨吳越好事遙想不得即自傳劈紫綃於南賓蘇翁薦虬珠于嶺表亦第無佛稱尊不能與我輩作敵明矣

社以火山盡日修以松蕾出日止每日一人直之日

以三千顆爲率多者益善

直社者先期報所社無定所古刹名園各適其勝方舟輿騎隨奏其宜多在郊駉尤爲幽寂

社以辰而集遣酉而散午具蔬粥一餐晚佐清樂數簋勿爲豐侈饜饇以點雅集

散時各拈一題一韻次社彙呈如不成者罰出荔支三千顆集時專以飲噉爲事不復以吟咏關心隨意携茶鐺奕具枕簟香爐談笑而已

敗意者逃避應嚴好事者闌入勿拒

衍蔡第三

梁蕭惠開云南方之珍惟荔支矣其味絶美楊梅盧橘自可投諸藩溷故東坡詩云南村諸楊北村盧直與荔支爲先驅君謨謂一木之實生于海瀕巖險之遠性畏高寒不堪移植曾不得班于盧橘江橙小發光彩此譜所由作也

浪齋便錄曰唐世進荔支貢自南方楊妃外傳以貢自海南杜詩亦云南海及炎方惟張君房以爲忠州東坡以爲涪州未得其真近閱涪州圖經及詢土人云涪州有妃子園荔支蓋妃嗜生荔支以驛騎傳遞故君謨譜曰天寶中妃子尤愛嗜涪州歲命驛致又曰洛陽取於嶺南長安來於巴蜀此實錄也後人不須置喙矣

晚香堂抄云楊貴妃生日帝命許雲封等小部張樂長生殿因奏新曲未有名會南方進荔支因名曰荔支香故杜子美病橘詩云憶昔南海使奔騰獻荔支百馬死山谷到今耆舊悲又解悶詩云先帝貴妃今寂寞荔支還復入長安則明皇時進荔支非嶺表明

矣蔡君謨云生荔支中國未之見也九齡居易雖見新實亦未遇夫真荔支然則東坡所云永元荔支來交州天寶歲貢取之涪皆非生荔支也張君房胜說亦以爲忠州何耶豈未讀君謨譜乎

歐陽修啓上君謨端明侍郎遂爾大暄不審氣體何似承已對謝應已漸治裝無由詣前日劇瞻企荔支圖已令崔慤傳寫自是一段佳事碑文好者前已倒僕今又于東退麓中得此數十本勒李敷送上因出過門爲幸不宜修頓首

又一帖與七哥制幹云熱甚不審尊體起居何如中荔子新熟分奉四百枚今歲風亭熟皆晚候有佳品當特獻耳五月廿四日襄啓

浪齋便錄曰蔡君謨守泉日書荔支譜于安靜堂有鄭熊者亦記廣中荔支凡二十二種以附蔡譜之末曰玉英子曰燋核曰沉香曰丁香曰紅羅曰透骨曰犲狗曰僧耆頭曰水母子曰蒺藜曰大將軍曰小將軍曰大蠟曰小蠟曰松子曰蛇皮曰青荔支曰銀荔支曰不意子曰火山曰野山曰五色荔支

牒宋第四

林虞齋云宋香乃宋故家喬木也蔡譜品題此居其最靈根一株生香不斷數百年之風味猶存今宋君對此樹而植斯堂堂成求扁于余因題之曰品中第一景定壬戌之秋竹溪林希逸書

輒醉老人云至正癸卯燕會于宋氏之庭庭有古荔樹擅名宋香者世傳舊屬王氏黃巢亂兵欲斧薪之王媼擁樹號泣願與俱死賊憫之斫樹一斧而止荔子迄今猶有斧痕蔡端明亦譜其略特之相去五百餘年樹益向榮根本蟠踞層陰蔽虧叅政公移席其下慷慨懷古酌以卮酒俾予舉爲詠歌之以紀良集八十翁張師夔書于輒醉齋

林崇璧云莆中名產稱荔支爲殊品而荔支之尤者惟陳紫宋香爲特勝蔡公譜藥謂陳紫種出宋氏則宋香較之陳紫又其尤也樹距作譜時已三百禩迄今又不知幾代洪武間相繼奪于戎衛之官宋子孫不克復者凡二十餘載迨永樂初年始返業于宋宋君文用者驟復而喜已又戚然懼其復失也一日持

蔡端明墨跡及張氏師夔所作壽圖來徵記于余永樂乙酉嘉平月林環書

錢氏閩遊志曰宋香陳子所從出核有斧痕余驗之實然樹在宋氏宗祠後至正戊戌六月宋介夫遺百顆與盧希韓并搨蔡公詩墨一紙不和蔡韻有多情故舊偏憐我一種甘香更可人宋祖芳名傳不滅蔡公妙跡玩猶新之句亦刻於石永樂以後樹漸枯死今其世孫宋比玉爲山屋傍尚有一樹大數十圍樹腹已空可坐四五人相傳是其孫枝云

朱李和詩曰蔡公譜張老圖宋香品第世絶殊亭亭嘉植榮且敷巢兵欲斧炊行厨王媪抱樹死與俱尤物幸耳留佷株宋氏老人八十餘得之卽此嘗世居五百餘祺枝巢舒清陰如幄垂庭除薰風時來蘭麝如赤日照耀珊瑚珠桃紅籠出白雪膚斧痕着核留眞模與香奇味天下無有孫支用美且都撫之愛護如瓊琚故家喬木多摧枯雲仍世守應無虞

林希哲詩曰吾莆名果鮮荔支君謨有譜世所知陳紫方紅固爲貴宋香品彙尤珍奇六月炎歊日正長

纍纍綠葉垂絳囊薰風微度疎林晚比隣猶覺聞清香核上儼若斤斧痕玆事奇怪難評論云是當年巢寇亂欲伐其枝投熒焚皤皤老嫗以身庇天然幻出斯瓌異至今又歷數百年後人培植常留意

荔酒第五

嶺南好事作荔支醧頭取荔支肉榨之入酥酪辛辣以合醬又作簽肉以荔支肉作柳子花與酥酪同炒土人大嗜之此荔支一厄也卽蔡譜中紅鹽蜜煎白曬亦失荔支之性惟順昌雪花火酒以荔支投之浹旬而出濃艷幽沈如西施醉倚玉牀太眞溫泉出浴用泥頭封固其酒至隔歲開之滿屋作新荔支香矣南海人以黑葉入釀與粤西寄生酒并重于江南蔡譜各製俱備而不知釀法何也豈公嗜茶而不喜飲耶新安程隱士孟陽曾于殷司馬坐中嘗之因作荔支酒歌曰君不見杜陵諸侯老賓客左劈輕紅右枯碧至今浣花詩句中春酒荔支色相射誰將巧意相和浹便釀荔支作春酒重碧輕紅兩有無鵲卵瑩然落吾手風流司馬霜髯鬢玉盤珍羞十萬錦天輸尤

物慰好事遥從庾嶺飛百壺飲中余考最下戶一勺分潤詩腸枯銀罌乍發香氣麄玉杯映色清若無北客浪傳酒如乳央儂巳墮涎成珠主人貪奇樂更殊金屛笑出如花姝自將丰骨比妍麗羅襦玉膚不用摹韶顏若并化爲酒玉山共倒誰當扶君不見坡仙流離南海噉百顆一官爲口誇良圖何如三絶眼前是果爲醴酥人醍醐但恨古人不見爾君我不樂何爲乎荔支之妙如此而當時蔡公不及余因取而補之

余與吳茺叟人嘗荔支酒戲作一詩紀之我有一尊
酒巳是隔年藏泥頭雖夫開繞屋生幽香日夕遲所
歡緘固不忍嘗夫君自遠來下馬坐我牀遠行應渴
饑得無思瓊漿感此開泥頭盥手稱一觴君問此何
酒是名十八娘暑月辨色起裛露提筠筐稍頭掇繁
星樹底數罌囊初卸紫羅襦後脱絳紗裳薌澤異蘭
蓓膚理等雪霜浴之以醽醁肌骨日清凉一酌祛世
慮再酌澆仙腸三酌風瀰腋吹君將翱翔顒君且勿
翔爲君歌短章妾本水晶毬今成琥珀光無由覩上

國老死守炎方茗芋不成曲惆悵情内傷
又荔酒初熟紀事傳釀璚漿法叮嚀授老妻色純精
種火味辣慎封泥缸面收新漉甕頭驗舊題世間何
物比應與芥茶齊
又與周六郎嘗荔支酒詩一首釀得荔支酒泥頭爲
汝開香風繞屋散翠色撲罌來擬茗春初芥方花雪
後梅一斟三贊歎坐看玉山頹

紀異第六

秣陵武進士孫稚明其父在日家巨富養鶴數十隻
中一隻飛去七日不歸及歸口啣鮮荔支一穗共七
枚廻翔而下視之皆如新摘孫召賓客子孫玩賞累
日以示識者皆云此東粵荔支非閩種也然事亦奇
異矣稚明天啓二年爲太湖總練親與予言時稚明
巳八九歲亦啖一枚云
余既刻蔡公别紀偶於殘帙中檢得二則一墨客揮
犀曰嶺南無雪閩中無雪建劍汀邵四州有之故北
人嘲曰南人不識雪向道似楊花然南方楊柳實無
花是南人非止不識雪兼不識楊花也元庚寅季冬

二十二日余時在長樂雨雪數寸遍山皆白土人莫
不相顧驚嘆是日召友人吳述正同賞時南軒梅一
株盛開述正笑曰如此景致亦恐北人所未識是歲
荔支樹皆凍死遍山連野彌望盡成枯林至後年春
始於舊根漸抽芽櫱又數年始復茂盛譜云荔支木
堅理難老至今有三百歲者生結不息今去君謨殁
五十年矣是三百五十年間未有此寒亦異事也

荔奴第七

側生見重於世詩賦歌詠連篇累牘獨旁挺寥寥何

也豈以色香蝕殊味亦遠遜遂爾見輕耶然圓若驪珠赤若金丸肉似玻瓈核如黒漆補精益髓蠲渴扶飢美顏色潤肌膚種種功効不可枚舉至于寄遠廣販坐賈行商利及倍于荔子則龍目何可貶也至若耳食之夫以荔熱傷人龍目大補及欲昂此輕彼則婢學夫人不覺膝自屈矣

荔支淨盡龍目叢生時則玉露流晨金風弱晚緩劍飽餐亦非人世所有譬梅花已殘忽有桃杏牡丹初謝重見芍藥幽蘭乍萎仍生蕙草皆不可無一不能

有二者也謂之曰奴其義如滕其功如殿然亦惟實圓虎目蜜毬等品方堪作奴耳

丙寅秋日歸故園啖龍眼有極佳者因隨意作一詩紀之以示姪孫廷翼諸人令記其一平昔輕旁挺不堪荔作奴今知奴有等賢蠢亦多途方回及陶侃自比常奴殊外裝黃金飾中懷白玉膚劈破皆走盤顆顆夜光珠更憐核似漆湛湛小兒瞳龍目與虎目比喻何其愚但恨荔熟時主在奴不俱安得共盤敦牀頭捉刀夫際此清娛候晶晶空滿盂尼父思伯玉使乎復使乎

雜紀第八

余刻荔支食譜成即治越裝三月十五日也親朋相送北郭指荔子丹爲歸期與妻孥別亦曰牆東一樹留以待我若東埔陳紫二樹余每歲得飽啖者則陳六郎書至謂予未歸吾東西樹不摘也無端留滯栖浦至六月既望身始泊姑蔑城下先一日爲寶陀大士現辰甫俗家有荔樹者侷辰盡摘供養即在村落亦必滿擔入城雖霞墩楓亭東埔諸名品未盡然

供養之餘因而飽啖者蓋多至廿日外諸名種次第堪摘過此則松蔔出于樹如晨星矣是一年得啖荔子者自五月晦前後造七月初旬僅可四十日耳無端客姑蔑復十餘日翹首故園數樹如白榆之在天上每與同行翁君譚及輙夜分不能寐翁曰休矣如此說食還能飽否明日傳其語於孫不伐不伐新都人問荔支之狀何若余曰難言也子不讀君謨譜乎亦曰殼薄而平瓤厚而瑩剖之凝如水精食之消如絳雪又曰暑雨初霽晚日炤耀綠葉絳囊鮮明掩映

[illegible]手之間俛如星火非名畫之可得而精思之可述然居易嘗爲之圖君謨亦令崔慤寫生無已吾亦貌陳紫宋香以示君於是舟中無事東坡所謂指如懸搥者毋盡一枚孫生拍掌大叱以爲奇翁亦從旁歎賛云咄咄逼真余笑謂翁如此飢看亦復飽人耶於是且笑且畫共得四十五枚色澤膚理與生無別但不能香味耳因憶壬寅夏日客建州僧舍亦不得歸噉荔支偶見新安程孟陽墨寫荔支冊以素馨數朶一面書殷司馬坐上飲荔支酒歌畫雖不類而歌奇

古有韻堪爲荔酒傳神且能以素馨相掩映此其人豈尋常也哉予憐其意口占一歌附方求仲往今七年矣不知此扇已達孟陽及孟陽見歌以爲何如也今既寫圖并録維詩于左庶幾歸兄覩則妻孥藉以解嘲或張之東埔樹下與六郎快讀一過不至移文相誚爾萬曆戊申六月十九日大來舟中記

荔支譜

華亭曹蕃

閩中果實推荔支爲第一即巴蜀所産能挾一騎紅塵博妃子笑者亦未得與之雁行自蔡君謨學士著譜聲價頓起時運遞遷種植蕃衍品格變幻月盛日新閩人士爭哆口而艷談之即永嘉之楊洞庭之楊梅宣州之栗燕地之蘋婆果似俱爲荔支壓倒嚁等曾不敢與爲伍余驟聞其説竊竊致疑其然豈其然乎遂于今歲暮春之初馳入閩中謂閩人士不佞素

慝負虛聲者此來將爲荔支定品迺閩人士之言曰閩八郡延建汀邵地屬高寒時降霜霰不堪樹藝漳不及泉泉不及福興君請自試之余遂栖遲於二郡間泛蒲觴渡鵲橋踰兩月矣饔飧稍歇無非咀嚼此果津津乎其有味不敢妄肆譏彈而品遂定一日閩人士造余邸而問曰聞君日啖三百顆曾與荔支評月旦乎余笑曰今迺知閩人之譽言非誇也緑葉蓬蓬團圓如蓋扶踈掩天赫曦若避吾愛其樹纍纍丹實槎頭掛星晴光掩映照耀林藪吾愛其色絳囊乍

剖蠙珠初薦瓊漿玉液絕勝醍醐吾愛其味濕帶靈華寒凝絳雪薫風臘度疑對檀郎吾愛其香幸自長慶之叙事傳神張曲江之賦語如畫此果已蒙九錫產類實非八閩唯端明蔡學士典化軍人也生長於扶荔之鄉聞見既真㲉最不爽一經品題遂爾增價但今據譜牒中所載三十二品而索之陳紫江綠蚶矣即彼稱中駟十亦不得二三豈其名號之靡新抑或今昔之異態余如未及大嚼而漫曰某佳某佳幾於耳食恐腐肉爭嘲與人爲閩人左袒致楊家果

便覺無色余滋赧矣遂僅舉曾嘗試其風味者二十餘種列於左自稱荔支小乘云萬曆壬子秋識

狀元紅　顆極大味清甘福州產爲上乘方伯邕園亭中有一株摘數百顆相贈且曰不敢獨享此名也余謂檢蔡譜當稱方家紅

星毬紅　扁者如橘圓者如雞卵核如丁香間亦有無核者食之甘脆有韻神品也出靈岫里

磨盤　皮粗厚味甘大如鷄卵近蒂處甚平七月熟

玳瑁紅　殼上有黑點疎密如玳瑁故名見蔡譜

桂林　皮粗厚大如鷄卵味甘

中冠　體圓核小皮光味清成熟時香聞樹下惟鳳岡環水內者肉裹其核過半他處肉薄核露便當少讓

金鐘　形如鐘皮稍粗厚色如辰砂味甘大類桂林

勝畫　皮厚刺尖味甘肉豐七月熟出長樂縣六都者佳余留省士紳陸續見餉可五千顆日啖不能盡暴日乾之風味大勝於火焙

綠珠　一名綠羅袍味最清熟時實與葉色無辨惟

鳳岡有之異品也鳳岡村附郭種類最繁不下數百萬株大者十圍高二十丈名曰天柱五代時民間所植也至今猶存

紅繡鞋　實小而尖形如角黍核如丁香味絕甘美傳即十八娘遺種蔡譜謂閩王王氏有女第十八好啖此品因而得名其塚今在福州城東報國寺旁

白蜜　皮粉紅甘如蜜

狀元香　舊名延壽紅皮薄肉厚核小味香莆陽產爲第一宋元豐間狀元徐鐸所植楓亭薛爽文武兩

魁也與驛結奏晉因得傳其種而楓亭地稍汙邪宜荔遂擅名瀰山被野所產最盛楓亭驛荔支遂甲天下

霞墩　以地名卽陳紫種也狀巨味甘朴謙伯園在霞墩中有荔數百株主人邀酌樹下噉飽而歸

星垂　殼紅實如鴨卵荔支之最大者俗呼秤錘

雙髻　狀絶小每穗必並頭雙蒂故名

火山　五月初先熟肉薄味酸品最下驟食之能損絳囊生聲價

勝江萍　殼光味甘以後四種迺山枝之佳品也

滿林香　色微黄味甘甫及樹下芬芳迎鼻

牛膽　顆絶大出水西桐坑

中秌綠　殼色綠味微酸最晚熟因其時遂名中秌

大將軍　後四種泉州品也

丁香荔

綠衣郎

御鐘

虎皮班　後四種漳州品也

中冠

金鐘

黑葉

余足不入泉漳戶亦不及啖泉章品然大都荔支所產泉已不如福興漳又遠不如泉側生一派幾墜箕裘姑詢二郡之負名高者爲狗尾續俟他日驗焉

荔支譜

明　鄧道協

荔支一物種類實繁右漢摘辭俯古列品明倫與公採集羣書爭奇抵勝令此二譜誠雖贅言不揣未學輒爲蛇足者亦有說焉一以君謨墨本與印本之頗異也二以各郡聲稱之不一也三以與公蒐採之未盡也四以詩家錫名之未安也五以嶺南品第之當定也六以古人北擬之實濫也七以畫手寫生之失眞也輒抒所聞聊爲博笑其佐議未敢鍼砭蔡若

集錄或可步王踵張云爾時崇禎改元夏日

第一

忠惠以莆陽近産作郡福泉各距其家未盡百里督課稍嚴民實向化風流儒雅迴異羣倫元夕則出教張燈端陽則與民競渡成俗寓借樂之意予嘗再役泉州每渡萬安拜公遺像考公舊蹟思慕公之爲人而公之書法已妙唐室宋朝諸公自當斂手渡口兩碑韻高鋒正千秋不磨百世可師荔譜七章竟分虞手歐褚而下雖與鴈行惟叔與家主與生家與冢謬誤滋甚使後世而下尊金石乎信梨棗乎余嘗數爲訂正參考異同疑信相半公之舊蹟獨見此二刻記得友人林興卿見公手書劉氏墓碑从臥榛莽大爲賞識乃手自印搨傳之海内獨荔譜傳摹漸失其眞今安得初本而品題印證之庶幾不負忠惠作譜至意

第二

荔支雖名土宜尤在培壅余嘗新正三日往鳳岡見土人俱肩扶土堆積樹根地木以種植爲事故荔子

獨甲諸處陳紫游紫本爲同生方紅周紅未甚區別將軍卽爲天札野種實是椰鍾七夕何異中元黃玉原乎皺玉雞卵鵲卵一物異名火山海山仍是早熟因其速化第見微酸若稍待時不嫌早慧余嘗食得熟者亦見作醋

第三

荔子原無用核種者皆用好枝刳去外皮以土包裹待生白根如毛再用土覆一過以臘月鋸下至春遂生新葉他木栽時皆去枝葉獨荔樹要留宿葉承露

若葉去露穢則無生機余嘗六七月鋸荔支籚新根方生無不存活最怕日曬必求稍陰凉處時時灌水方易生葉嘗在水西嶺東黄氏見池塘植山枝一顆云係核種土人言山枝皆用核種無有鋸蘆者蘆字之義果木非核種者稱蘆蓋福州方言也余嘗以龍目作蘆今已生葉又以梅樹裛蘆次年花實凡樹枝堅者皆可作蘆凡果核堅者方可爲種惟李無仁獨否古人以王戎賣李鑽核千古負冤李一名夫人者皮多帶粉故云今日核中無仁謂爲夫人李既無仁

何用鑽核也徐譜以荔支種不佳者以好本接之龍目有接法荔支恐無接法余前接數株皆不活

第四

蜀都賦云旁挺龍目側生荔支側生者對旁挺而言何嘗以荔支即名側生也果爾則龍目當稱旁挺矣王敬美先生文章博識一代冠裳其爲陳玉叔作序稱側生吐氣蔣中蘗太史少年作賦名滿燕都且産自温陵亦稱側生聲價則側生之名乃文人錫予在閩未嘗有此説也荔子本正出爲果中之王牡丹爲花中之王若一立賤字榮辱所關奈何以側生名之久懷扼腕未敢遽爲聲說秣陵僑寓許閱舊譜考究蜀賦而斷側生即旁挺之類殊非荔子之別名後之作者毋踏襲其繆誤

第五

五嶺七閩鄰封比境風土既近氣韻攸同荔子高下未能甲乙大抵此種爲美不特閩美而粵亦美此種爲下不特粤下而閩亦下從來宦遊二土者皆未悉其眞味者本草圖經者謂此木以荔爲名而帶牢甚

不可摘取乃以利斧劙斫其枝故名爲利枝此説不經不特不知物性又且不知物情余向客粤食之甚甘可比漳泉上品大抵五嶺過煖時多失候勢亦宜然福州寒煖適中物自純美嶺南縱不得與延壽勝畫爭雄乃列蜀川之後實爲厚誣嘗從先子宦遊滇南見沐國觴丹荔數枚盛以金縷雕盤其酸不可入口大抵摘之太早正味未全即福州佳種亦以早摘作酸負昔生質之過耶

第六

古人有以盧橘比荔子又有以荔子比楊梅又有以香橼爭勝又有以櫻桃競妍又有尊之太過以龍眼爲之奴古今人皆未眞識荔支趣也凡物各具一種之妙安得倫比惟時當盧橘則盧橘美時當楊梅則楊梅美各以其候爭妍取憐四時成功何能殿最而欲升之於上夷之於下其亦果中罪人

第七

劉崇龜姻舊或干以財則不荅惟圖荔支則受古文載此一段余不知崇龜何故獨重斯圖至此豈未之

見乎但荔支實難寫也余嘗見名手圖之無一生氣此實天然正色不易名狀畫家原有難易桃花荔支俱難描寫崇龜所好因以不易見珍耳每念中表陳和叔寫生之妙未嘗屈過圖寫于今已矣言之黯然

記荔枝

溫陵吳載鰲

古今植菓其明艷可口無過荔枝者肉可食所謂鳥得之高飛人嘗之肉肥也殼與其核皆可以香其於五方惟閩粵巴蜀及交阯七郡有之漢初尉陀以備方物唐天寶中楊妃篤嗜歲命涪州驛致然荔之美當在晨露初晞引手伸摘即啖一入郵未見生荔枝也廣南州郡與夔梓間早熟肌肉薄而味甘酸予宦於澄四月杪輒遇荔枝然酸不可食大與吾閩閩中

惟四郡有之福州最多而興化之狀元紅核小如豆最稱奇特泉漳時亦知名種近百品月多美若進貢子綠羅袍早紅桂林皆擅甘滋之勝豈可相敵者在廣惟黑葉耳若論龍眼則潮州之深川種厚而大閩自長樂外不及也有宋蔡君謨曾命工寫生且恨其僻於遠方不得班於盧橘江橙之右噫荔枝亦何恨之有

其二

興化園池勝處惟種荔荔尤重者陳紫即狀元紅其

樹曉熟其實廣上而圓下大可徑寸有五分香氣清遠色澤鮮紫殼薄而平瓤厚而瑩膜如桃花紅核如丁香母剝之凝如水精食消如絳雪蔡君謨所謂天下第一也凡荔枝皮膜形色有類乎是已爲中品然士大夫怕熱者多不敢食予見前輩黄文簡先生嗜好淡然自狀元紅出未嘗食第二顆而亦有桃籍流連至以爲一月之飯者予食荔不能過五十顆蓋其性熱甚食訖以噉他物輒不相宜云又有一種厚皮尖刺肌理黄色附核而赤食之有渣此下等也評荚華明艷之文者亦宜作如是觀

其三

福州荔被野洪塘水西尤盛城中越山當州署之北鬱爲林麓暑雨初霽晚日照紅數里焜如星火非名畫之可描也初著花時商人計林斷之以立券其後主者欲購亦必先與錢泉漳亦然其紅鹽者水浮陸轉以入京師外省、　之屬莫不愛好故商人販彌多而種植彌繁然荔之性豈嘗鹽者哉持鹽入甘大可莞爾此無奈何之計云爾品目至多惟江家綠爲州第一莫敢低卬余每應鄉試輒以六月後行未噉一福荔也快心於其藕節與龍眼而已矣

其四

夢坡周生四千里由杭而之遙以余之失耦也來相視至乎渡口見荔而駭不知其何物也但見顏色鮮紅出三十文遣僕買焉賣荔者命之開襟以承既滿懷仍有多許夢坡曰嘻是大佳物抑又何價之廉也每日噉之者再至於不計酸滿且謀之余曰家母氏平生未嘗得食此至甘願移一本而植之家園焉余

蓋聞之而有深感也予每分身而同息故嚙指之精誠感萬里卧氷之應下躍鱗魚吾聞荔木堅理難老恒可百年荔之實則以燭渴補髓見美於稗川若使堂北永有萱中國忽生荔垂白老人進一顆而開頹其與綏山桃安期棗夫何以異

其五

初種畏寒方五七年深冬覆之以護霜霰花春生蔌蔌然白色其實多少在風雨時與不時也間歲生者謂之歇枝有仍歲生者半生半歇春花之際旁生新

葉其色紅白六七月時色已變綠此兩年開花者也今年實者明年歇枝也忌麝香遇之花實盡落其熟未更採雖鳥皆不敢近或已取之蝙蝠蜂蟻爭來蠹食園家有名樹旁植四柱小樓夜守之防盜又破竹五尺七尺搖之答答然以逐蝙蝠之屬吾嘗與李傳之友過名園啖荔啖二百未竟量而李爲炎氣所薰遂坐假寐傳曰是其瞥可再買也拔而售之更得三百荔斯須李醒顧盤曰荔尚有耶悦甚乃再啖啖竟自循其髮曰女曾戲我遂大笑而竟啖量焉

其六

荔而紅鹽也如韓愈投荒蘇軾寓黃也雖有些風致已落惡境荔而白曬也如曲端承酒周興入甕也枯槁烈日中其味盡索荔而蜜煎也以甘受甘與甘而強之使受譬如陶貞白質本清華儘快松風之夢又故使爲宰相小此一番宰相不更受用太過耶人性各有宜適福澤甘辯附益反損其趣者蜜煎是也古以此修貢道里既遠人命供損曬煎之間又或因而責賂豈如　清朝不貢無益之物不貽前丁後蔡之嘲而九譯通道遐方貢琛之爲長籌也哉

其七

陳紫江綠方家紅

游家紫出名十年種自陳紫而實大過之可謂黃於地青於藍者也　小陳紫　宋公荔枝　周家紅僞立興化軍何家紅出於漳法石白在泉法石院綠核色丹而小荔皆紫核此以綠異出福州

圓丁香體味皆勝有標核已上十二品依蔡君謨等次自虎皮下則無等次凡二十品

虎皮以色名牛心以狀名玳瑁紅硫黃朱柿均以點色得名　蒲桃荔枝　蚶殼　龍牙頗怪　水荔枝漿多而淡　蜜荔枝純甘如蜜是只過甘失味之中　丁香荔枝核如小丁香　大丁香味澁　雙髻小荔枝眞珠肉圓白如珠荔之小者止於此

十八娘荔枝色深紅而細時方之少女俚傳閩王王氏有女第十八好啖此品因而得名意使娘子而似荔枝則謂荔枝之化可也使荔枝而托十八娘以傳則眞可無負荔枝也

將軍荔枝五代間有爲此官者種之後人以其官號其樹亦如大夫松然然而松爲秦所封斯玷松矣如荔枝者善點綴將軍乃武乃文也

釵頭顆紅而小故特貴

粉紅者則謂其如傅朱粉之飾故名

中元紅荔枝將絶方熟以晚重於時吾泉中荔欲過時輒有山荔山荔者荔之閏位也

火山本出廣東四月熟味甘酸肉薄漳泉俱有之

凡種植多以子以核獨荔則用奪接之法法於春夏

時取荔南枝之嫩者刈其皮徑二寸以土破瓦兩封而縛之將及朞其處徧生根度可奪種乃加斧焉其枝遂活隔二年亦生子雖不多然亦甘美可食直未能大耳其於人也居常宅許則周公之孫子蒼梧翠竹爲北平之家兒氣類蒸感自可奪舍投胎夫具體而微即荔亦有之也

廣菌譜

新安潘之恒

木菌

木菌即木耳生於朽木之上無枝葉乃濕熱餘氣所生亦名木檽木樅樹雞木蛾曰耳曰蛾象形也曰檽以軟濕爲佳也曰樅曰雞因味似也南楚人謂雞爲㙡曰菌亦象形於蛾乃貝子之名或云地生爲菌木生爲蛾北人曰蛾南人曰蕈

五木耳

五木耳生犍爲山谷中六月多雨時采之暴乾可烹食陶弘景云此五木耳不顯言是何木惟桑樹生桑耳有青黄赤白者軟濕者人采以作葅無復藥用蘇恭云桑槐楮榆柳此爲五木耳軟者並堪啖楮耳人常食槐耳療痔

桑耳

桑耳曰檽曰蛾曰雞曰黄曰臣皆冠以桑又呼爲桑上寄生

槐耳

槐耳亦名槐菌名亦雜而稱檽蛾如桑側惟鸒榮帶安其上以艸覆之即生蕈耳

榔耳

榔耳主補胃理氣治反胃吐痰用五七箇煎湯服即愈

杉菌

杉菌出宜州生積年杉木上狀若菌采無時

皂角菌

皂角菌生皂樹上木耳也不可食

香蕈

香蕈生㭰榔枳椇木上紫色者名香蕈字从草从覃覃延也蕈味雋永有覃延之意

天花蕈

天花蕈即天花菜出五臺山形如松花而大於香蕈氣如蕈白色食之甚美

蔴菰蕈

蔴菰蕈出東淮北山間埋桑楮木於土中澆以米泔待菰生采之長二三寸本小末大白色柔軟其中空虛狀如未開玉簪花俗名雞足蔴菰謂其味狀相似也一種狀如羊肚有蜂窠眼者名羊肚菜

雞㙡蕈

雞㙡蕈出雲南生沙地間丁蕈也高脚繖頭土人采烘寄遠以充方物氣味似香蕈而不及其風韻

雷蕈

雷蕈出廣西橫州遇雷過即生須疾采之稍遲則腐或老不堪用矣作羹甚美亦如雞㙡之屬其價並珍

舵菜

舵菜即海船舵上所生菌也亦不多得

鍾馗菌

鍾馗菌即土菌地上經秋雨生重臺者一名仙人帽蓋鍾馗神名也此菌釘上若繖其狀如鍾馗之帽故以名之亦名地雞亦名獐頭菌

鬼菌

鬼蓋鬼繖鬼屋皆菌種而異名夏日得雨聚生垣墻下多赤色或生糞堆上見日即消黑旦生而夕死亦名地蓋地芩又名鬼筆者生穢處頭如筆紫色名朝

生暮落花小兒呼爲狗溺卽鬼盖之類而無繖者也此類皆主瘡疥晒乾研末和油塗之牛糞上黑菌尤佳又馬勃亦菌類也

竹蓐

竹蓐卽竹菰也草更生曰蓐得溽濕之氣而成本艸作竹肉因其味也生慈竹林夏月逢雨滴汁着地涌出如鹿角白色者可食生苦竹枝上如鷄子似肉臠者有大毒又曰竹菰生朽竹根節上狀如木耳或紅白色酉陽雜俎云江淮有竹肉大如彈丸味如白樹雞卽此物也惟苦竹生者有毒

雚菌

雚菌之雚當作萑乃蘆葦之屬讀如桓若音觀乃鳥名或以爲鸛屎所化非也今渤海蘆葦澤中鹹鹵地往往有之其菌色白輕虛表裏相似與衆菌不同療蚘蟲有效出滄州秋雨以時乃有之若天旱久霖卽稀日乾者良

地耳

地耳卽地踏菰生丘陵如碧石青也亦石耳之屬生於地中者爾

石耳

石耳亦名靈芝生天台四明河南宣州黃山巴西邊徼諸石崖取高處遠望如烟山中人縋絙采之必險絕處乃得今廬山亦多狀如地耳寺僧采曝餽遠先去沙土作茹勝如木耳佳品也

葛乳

葛乳諸名山皆有之惟太和山釆取乃葛之精華秋霜浮空如芝菌涌生地上其色赤質脆

種芋法

吳郡黃省曾

一之名

芋說文曰大葉實根駭人故謂之芋徐鍇曰芌猶吁吁驚辭也故曰駭人齊人謂之莒孝經援神契謂之莒芋廣雅謂之渠芋葉謂之蔌載廣志凡十四等有曰君子芋大如斗魁如杵旅有曰車轂芋有曰鋸子芋有曰旁巨芋有曰青邊芋此四芋是多子有曰談芋魁大如瓶小子葉如繖蓋紺色而紫莖其長丈餘易熟長是爲芋之最善者莖可作羹臛肥澀得飲乃下有曰蔓芋緣枝而生有曰鷄子芋色黃有曰百果芋魁大而子繁多畝收百斛種以百畝棻以養彘有曰旱芋七月熟有曰九面芋大而不美有曰象空芋大而弱使人易飢有曰青芋有素芋子皆不可食

唐本注云芋有六種青芋細長毒多初煮要須灰汁易水熟乃堪食爾白芋圓芋連禪芋紫芋毒少並正爾蒸煮噉之員白連禪又可兼肉作羹野芋大毒不可噉也陶隱居謂之老芋形葉相似如一根並殺人垂死者飲以土漿糞汁可活本草謂之土芝蜀謂之蹲鴟前漢謂之芋魁後漢謂之芋渠葉俞縣有百子芋新鄭有博士芋蔓生而根如鵝鴨卵今有南京芋煮之可掐皮而食甘滑異於它品茅山有紫芋吳郡所產大者謂之芋頭旁生小者謂之芋妳種之水田者爲水芋但廣雅曰藉姑水芋也亦曰烏芋本草烏芋一名水萍一名槎牙一名茨菰一名晃茨毘陵錄謂之燕尾草以其葉如椏也又名田酥狀如澤瀉不正似芋根黃而小恐自爲一種非土芝之水芋也寶安錄有乾濕二種濕名水芋乾名旱芋味差劣松志蘇之西境多水芋以芋魁爲旱芋嘉定名之博羅又有皮黃肉白甘美可食莖葉如扁豆而細謂之香芋又有引蔓開花花落卽生名之曰落花生皆嘉定有之

二之食忌

本草云有毒陶隱居曰生則有毒性滑尤爲服餌家之所忌博物志云野芋狀小于家芋食之殺人蓋欲也家芋種之三年不收旅生亦不可食劉禹錫云十

月後䴡乾收之冬月食不發病它時月不可食久食則虛勞無力圖經曰食之過多則有損傷唐本云多食動宿冷

三之蓺

種芋之古法氾勝之書曰區方深皆三尺取豆萁納區中足踐之厚尺五寸取區上濕土和糞納區中萁上厚尺二寸以水澆之足踐令保澤取五芋子置四角及中央足踐之旱則數澆萁爛芋生子皆長三尺一區收三石

種芋法　八　三

齊民要術云宜擇肥緩土近水處和柔糞之二月注雨可種率二尺下一本芋生根欲深劚其旁以緩其土旱則注之有草鋤之不厭數多治芋如此其收常倍

崔寔曰正月可菑芋

家政法曰二月可種芋

務本新書曰芋宜沙白地地宜深耕二月種爲上時相去六七寸下一芋芋蓋三目衆人來往眼日多見并聞劚鍋聲處多不滋胤比及炎熱苗高則旺頻鋤其旁秋生子葉以上壅其根霜後收之又云區長丈餘深濶各一尺區行相間一步寬則透風滋胤

物類相感志江湖所生土芋磊塊自實若天雷頻則多生若耕種欲取不得名之若呼芋字則遂迯不見矣

種芋之今法十月收芋子不必芋魁恐妨鬻食但擇旁生圓全者每畝約留三千子掘地尺五寸窖藏之上覆以土若不藏經凍則踈壞無力矣至開春地氣通可耕先鋤地摩塊曬得白背又側土以曬二三次

種芋法　八　四

去其草每畝用開糞二十擔匀澆俟糞入土即再鋤轉否則糞見日而力薄臨種下水之後再下豆餅五斗清明後下秧秧田種田皆宜加以新土和柔之否則蒔插硬礫損子秧田鋤過曬得白背車水作平出所窖芋子有芽者以芽其上無芽者以根在下密布田中以稻草蓋之日曝其芽蔓瘁日澆水一次或隔日亦可待芽間吐發三四葉長二三寸即可種矣葉多而太長則種之必盡落故葉而重吐發是爲失時種時相去一尺八寸下一芋子或一尺六寸種必在

小滿前種後肥土必深沸宜去其草乾一二日其根
乃行不乾則根腐黃而不生乾至小小土圻即上水
若大圻則乾壞矣常常使潤澤種蔣以陰天乃爲佳
至七月乃塘塘法在芋子四角之中掘其土遍畝皆
然壅在根上則土緩而結子圓大霜後起之芋魁每
千可鬻白金一兩芋㛐千斤可鬻白金一兩五錢田
之有瓦礫者不可種凡種二歲必再易田不然則不
長旺所易之田種禾仍佳
凡種旱芋於二三月間往杭州買白者方是須求鬆
種芋法　五
土淺耕下秧俟秧出復耕地懸開三四寸種後以土
厚壅其根日溉之以水糞苗長不必糞則旁生小者
尤多於水芋
其種就兩於地冬間覆以稻草至明年二三月間起
曬乾再下秧復如前種
四之事
史記卓王孫曰岷山之下沃野下有蹲鴟至死不飢
蹲鴟者大芋也
左思三都賦所謂蹲鴟之沃則以爲濟世陽九是也

袁安爲陰平長時年飢租入不畢安聽使輸芋曰百
姓飢因長何得食穀先自引芋而食
薛包歸先人冢側種稻芋稻以祭先芋以自給
李雄克成都衆甚飢餧乃將民就穀于郪掘野芋而
食之
列仙傳曰酒客爲梁使燕民益種芋三年當大飢卒
如其言梁民不死
齊民要術曰芋可以度飢饉度凶年今中國多不以
此爲意後生有耳目所不見聞者及水旱風蟲霜雹
種芋法　六
之災便能餓死滿道白骨交横知而不種坐致泯滅
悲夫人君者安可不督課之哉

野菜箋

甬東屠本畯

按周逖之云草生大塊中不煩灌漑而滋蔓長活萋萋芊芊於淡泊之鄉栖遲而不能爲厚把玩而不能爲榮吾甚賞其言也夫菜之爲物也名理談玄非此無以澄其清素畸人旅寓非此無以慰其饔飧病骨癯骸非此無以養其冲和擊鮮嚼肥非此無以解其腥羶由是清虛藉以日來滓穢因之日去信乎紈袴膏粱遇而不顧鐘鳴鼎食擯而不

錄也予四明人也四明野菜同于王周兩君者不收收其異者二十二品詠之非四明所產者曰蘘荷種蒔不煩灌漑者曰甘菊曰露芫荽灌漑種蒔而成者曰雪裏蕻香芋落花生芋禾蹲鴟

茌

物生無種惟菌與芝採之掇之可以療饑南山有蕨西山有薇與爾栖遲飽餐是宜

萓

鑿沼如帶開畦若貫種鮒薦先蒔蔬謀醉凡今之時一切征稅憂來無方誰爲生計焉得萱草言樹之背

芹

有芳者芹香滑擬蓴薄言採之于河之滸甘而美之相彼野人相彼野人欲獻至尊

草決明

惟茲決明有石有草石也體剛草也色好葱蒨秋妍幽人所憐雨中百草爛死階下決明色鮮

椿芽

香椿香椿生無花葉嬌枝嫩成杈枒不比海上大椿八千歲歲歲人不採其芽香椿香椿愼勿譁見童攀

摘來點茶嚼之竟日香齒牙

薇

可茹可茹彼美有薇何以至此在水之湄伊誰採之古也伯夷

蕨

採掇採掇彼美有蕨旣茹其其不畏其蹷勿謂其賤歉歲可活

百合

有藕似蓮有根如蒜淨友不御酒人所饜乎昔聞中曾宴尊誤向餚烝一染指十載不敢親皓齒恐葷臙脂顏色死

金雀芽

漢武車中黃金雀飛去多時覓不著歲久幻出仙茎精來向波臣國裏生波臣國名金雀樹以此供茶有清趣嘗見吾家老家督一匀三日輕勃率

甘菊芽

惟南有谷金水甘惟土有菊其草仙惟君子兮不素

餐老人前日苦頭痛爲枕爲茶亦不定夜誦陳琳檄一篇朝起魏武霍然病

玉環菜

甘露草生何欄珊堪綴步搖照玉環所以因名玉環菜一爵蕭爽齒牙間有菜勿耗朱宇圃有果勿蒸哀仲梨朱宇鼎俎亦多品借問備員玉環宜不宜

薯蕷

誰將薯蕷沙畦植煮得清泉映白石但可吟邊細細嘗豈應醉後頻頻食如姬極知薯蕷清洗手排當薯蕷羹終非七子同羣飲堪作三閭共獨醒

落花生

落花一落結蘂成落花不落蘂不生世人盡惜花欲落我願落花長落蘂長馨朝來點茶花片輕香迸磁甌清更清盧仝七碗喫不得無端笑殺落花生

香芋

東田芋子白如石西川芋子黃如栗石白滑流匙栗黃甜似蜜我今採石兼採栗渴可生津饑得力豪華公子不解餐糊嫌此芋點茶多氣息

蘘荷

尼父處鄉食不徹姜楚騷有荷著名曰蘘白者白蘘赤者赤蘘逼爾神明啖爾辛芳

雪裏蕻

四明有菜名雪裏蕻頭旨蓄珍莫比雪深諸菜凍欲死此菜青青蕻尤美吾欲肉食兮無卿相之腹血食兮無聖賢之德不如且啖雪裏蕻還共酒民對茶時求益

芋禾

山芋青青田芋輭田家藉作凶年飯芋禾采采𠛬其𣎴飽食山中行得遠昨者山人遺一盂平平之腹安居諸食之茸欲獻天子共笑老夫憨且愚

蹲鴟

歉歲粒米無一收下有蹲鴟飯不憂大者如盎小如毬地爐文火煨悠悠須臾清香戶外幽剖之忽然眉破愁玉脂如肪粉且柔芋魁芋魁滿載甌朝吹一顆鼓腹游飽餐遠勝𣂏羊頭何不封汝關內侯

香楝腦

緣溪楝樹翠且瓌遙望深深如遠山花如木樨亦瑣碎香若茉莉非等閒溪邊歲久樹不少嫩葉叢叢青未了小君摘此來點茶浮動清泉香楝腦

梔子花

給孤園中祇樹羅金栗薝蔔兼娑羅是時金仙開講席目觀還同鼻觀多一從阿難提獎後摩登不復興妖魔饑餐渴飲不可那手持應器詣門過絕似薝蔔麵與拖三咽馨香五臟和

楨梘芽

小雨霏霏紅藥翻階光照地而不豔顏無日而不開擊如意七尺高之珊瑚盡碎藏金谷四十里之錦帳空圍皎童方度曲明月又晌盃勞目成傳手中芍藥步丁東返上宮娥眉抱清光兮荏苒味餘韵兮徘徊

莞荽

相彼莞荽化胡攜來臭如葷草脆比菘臺肉食者喜羹食者諱惟吾佛子致謹於齋或言西域興渠別有種使我罷食而疑猜

野菜譜

明餘姚滑浩

士君子一生出處不在廊廟則在山林故得意而鳴其盛則寄詠於賡雨之黍苗或失音于朝陽之梧寓意之所至吟須隨之即或泉石自娛而茶經食譜以至溪毛澗芷之微無不可以供塵餘而資談噱此亦山林韻事不得志於時者之所爲也余向以忤璫謫居舊圃猶徉于蕺山蘭渚之間尊羹藿食性若安之矣暇繙篋中書見所謂野菜譜一帙皆出尋常藝植之外因各係以詩嘯詠之餘每饒野意雖不敢比於先賢菜窩諸說然而託物寓言聊以備園叟農書之外史云爾昔賢之詠尒也有曰民間不可一日有此色士君子不可一日不知此味夫使民間菜色不形而吾儕各無忘咬菜根之初念在廟廊則憂其民在山林亦不敢不憂其君出處之間各成其適其敢曰肉食者鄙而翊詡矜藿食以自傲也哉

白鼓釘　一名蒲公英四時皆有惟極寒天小而可用採之熟食

白皷釘白皷釘豐年賽社皷不停凶年罷社皷絕聲皷絕聲社公惱白皷釘化爲帥

剪刀股　春採生食兼可作虀

剪刀股剪何益剪得今年地皮赤東家羅綺西家綾今年不聞剪刀聲

猪殃殃　猪食之則病故名春採熟食

猪殃殃胡不祥猪不食棄道傍採之採之充吾腸

絲蕎蕎　二三月採熟食四月結角不用

絲蕎蕎如絲縷昔爲養蠶人今作挑菜侶養蠶衣整齊挑菜衣襤褸張家姑李家女隴頭相見淚如雨

牛塘利　二三月採熟食亦可作虀

牛塘利牛得濟種草有餘青蓄水有餘味年來水草枯忽變爲荒薺采采療人饑更得牛塘利

浮薔　入夏生水中六七月採生熟皆可食

采采浮薔涉彼滄浪無根可托有莖可嘗野風浩浩野水茫茫飄蕩不返若我流亡

水菜　秋生水田狀類白菜熟食

水菜生水中水深不可得挈筥遶堤行日暮風波息

水滿忽焰人面色如菜色

看麥娘 隨麥生隴上因名春採可熟食

看麥娘來何早麥未登人未飽吾當與爾還厥家共嘸糟糠暫相保

狗脚跡 生霜降時葉如狗印故名熟食

狗脚跡何處尋狡兎亂走妖狐吟北風揚沙一尺深狗脚跡何處覓

破破衲 臘月便生正二月采熟食三月老不堪食

破破衲不堪補寒且饑聊作脯飽暖時不忘汝

斜蒿 三四月生小者一科俱可用大者摘嫩頭于湯中畧過晒乾臨時再用湯泡油鹽拌食白食亦可

斜蒿復斜蒿采采臨春郊終日不盈把悵望登東臯欲進不能進風日寒瀟瀟

江薺 生臘月生熟食可用花時不可食但可作虀用

江薺青青江水綠江邊挑菜女兒哭爺孃新死兄趁熟止存我與妹看屋

燕子不來香 早春采可熟食燕來時則腥不堪食故名

燕子不來香燕子來時便不香我願今年燕不來常與吾民充饑糧

猢猻脚跡 以形似名三月采之熟食

猢猻脚跡空爾泉石胡不自安犯我田宅遭彼侵凌畝畝蕭瑟穫而烹之償我稼穡

眼子菜 六七月采生水澤中青葉背紫色莖柔滑而細長可數尺熟食

眼子菜如張目年年盼青懷布穀猶向秋來望時熟何事頻年倦不開愁看四野波漂屋

猫耳朵 正三月采搗爛和粉麪作餅蒸常之

猫耳朵聽我歌今年水患傷田禾倉廩空虛鼠棄窠猫兮猫兮將奈何

地踏菜 一名地耳狀如木耳春夏生雨中雨後采熟食見日則枯沒化爲水

地踏菜生雨中晴日一焰郊原空莊前阿婆呼阿翁相攜兒女去匆匆須臾采得青滿籠還家飽食忘歲凶東家懶婦睡正濃

窩螺薺 正月二月采之熟食

窩螺薺如螺髻生水邊焰華麗去年郎家田不收挑菜女兒不上頭出門忽見窩螺羞

烏藍擔 烏大也村人呼大爲烏此菜但可熟食之

烏藍擔擔不動去時腹中饑歸來肩上重行路遲日
暮還家方早炊
蒲兒根 即蒲草嫩根也生熟皆可食
蒲兒根生水曲年年砍蒲千萬束水鄉人家衣食足
今年水深淤絕蒲食盡蒲根生意無
馬欄頭 二三月叢生熟食又可作虀
馬欄頭攔路生我爲拔之容馬行只恐救荒人出城
騎馬直到破柴荊
青蒿兒 即茵陳蒿春月采之炊食時借二月二日和粉麪作餅者是也

青蒿兒纔發頴二月二日春猶冷家家競作茵陳餅
茵陳療病還療饑借問采蒿知不知
籓籬頭 臘月采熟食入春不宜用
籓籬頭延蔓草傍籬生青梟梟今年薪貴穀不收折
籓籬煮籓籬頭
馬齒莧 入夏采沸湯瀹過曝乾冬用旋食亦可楚人俗元旦食之
馬齒莧馬齒莧風俗相傳食元旦何事年來采更頻
終朝賴爾供飧飯
鴈腸子 二月生如豆芽菜熟食之生亦可食

鴈腸子遺滿壑應是今年絕飲啄兩翼低垂去不前
苦遭饑鶻相掄搏嗟哉鴈兮有羽翰何況人生行路
難
野落籬 正二月采頭湯過可食之
野落籬舊遮護昔爲里正家今作逃亡戶春來荒薺
滿堦生挑菜人穿屋裡行
茭兒菜 入夏生水澤中即茭芽也生熟皆用
茭兒菜生水底若蘆芽勝菰米我欲克饑采不能滿
眼風波淚如洗

倒灌薺 采之熟食亦可作虀
倒灌薺生旱田上無雨露下有泉抱甕不來還自鮮
造物冥冥解倒懸
灰條 此菜二種一種葉大而赤即藜藋一種葉小而青即今所采者湯過油塩伴食
灰條復灰條采采何辭勞野人當年飽藜藿凶歲得
此爲佳殽東家鼎食滋味饒徹却少牢羹太牢
烏英 一名烏英花入夏生水澤中生熟皆食六月不可用
烏英花烏英菜菜可茹兮花可愛連朝摘菜不聊生
豈有心情摘花戴

抱孃蒿叢生故名二三月采可熟食

抱孃蒿結根牢解不散如漆膠君不見昨朝兒賣客船上兒抱孃哭不肯放

枸杞頭村人采爲甜菜頭春夏采嫩頭熟食秋采實即枸杞子冬采根即地骨皮

枸杞頭生高丘實爲藥餌來甘州二載淮南穀不收采春采夏還采秋饑人飽食如珍羞

苦蕒臺二月采用葉擣和麪作餅生亦可食

苦蕒臺帶苦嘗雖逆口勝空腸但願收租了官府不辭吃盡田家苦

野菜譜　七

羊耳禿二三月采熟食

羊耳禿短簇簇穿籓籬如羝觸饑來進退無如何前村後村荊棘多

野莧菜類家莧夏采熟食之

野莧菜生何少盡日采之充一飽城中赤莧美且肥一錢一束賤如艸

黃花兒正二月采熟食

黃花兒郊外草不愛爾花愛爾充我飽洛陽姚家深院深一年一賞費千金

水馬齒生水中與旱馬齒相類熟食

水馬齒何時落食玉粒啣金嚼我民饑殍盈溝壑惟皇震怒別厥齒化爲野草充藜藿

野荸薺四時采生熟皆可食

野荸薺生稻畦苦薅不盡心力疲造物有意防民饑年來水患絕五穀爾獨結實何纍纍

蒿柴薺

蒿柴薺我獨憐葉可食楷可燃連朝風雨欄村路饑寒不能出門去

野菜譜　八

野綠豆莖葉如綠豆而小生野田多藤蔓生熟皆可食

野綠豆匪耕耨不種而生不萁而秀摘之無窮食之無臭百穀不登爾何獨茂

油灼灼生水邊葉光澤生熟皆食又可作乾菜食

油灼灼光錯落生岸邊炤溝壑溝壑朝來餓殍填骨肉未冷攢烏鳶

雷聲菌夏秋雷雨後生茂草中如蘑菇味亦相似

雷聲菌如卷耳恐是蟄龍兒雷聲呼輒起休誇瑞草生莫羨靈芝死如此凶年穀不登縱有禎祥安足倚

蔞蒿 春采苗葉熟食夏秋莖可作虀心可入茶

采蔞蒿采枝采葉還采苗我獨采根賣城郭城裡人家半零落

掃箒薺 春采熟食

掃箒薺青簇簇去年不收空倚屋但願今年收兩熟場頭掃箒掃盡禿

雀兒綿單 三月采可作虀此菜甚莛蔓鋪地而生故名之

雀兒綿單託彼終宿如綃如衾匪絲匪穀年饑願得充我餐但穿我屋蔽雨寒

野菜譜　九

菱科 夏秋采熟食

采菱科采菱科小舟日日臨清波菱科采得餘幾何竟無人唱採菱歌風流無復越溪女但採菱科救饑餒

燈蛾兒 二月采熟食

燈蛾兒落滿地化作草青青遺此饑荒歲曾見當年遶絳紗于今燈火幾人家

薺菜兒 春日采之生熟皆可食

薺菜兒年年有采之一二遺八九今年纔出土眼中挑菜人來不停手而今狼藉已不堪安得花開三月三

芽兒拳 正二月采熟食

芽兒拳生樹邊白如雪軟如綿煑來不食淚如雨昨朝兒賣他州府

板蕎蕎 正二月和羮采之炊食三四月結角不堪用

板蕎蕎兮吾不識出無路兮入無室將學道兮歸空山草爲衣兮木爲食

碎米薺 三月采止可作虀

野菜譜　十

碎米薺如布穀想爲民饑天雨粟官倉一月一開放造物生生無盡藏

天藕兒 根如藕而小熟食楷葉不可食

天藕兒降平陸活生民如雨粟昨日湖邊聞野哭忽憶當年採蓮曲

老鸛觔 二月采之熟食亦可作虀

老鸛觔老鸛觔去年水涸無纖鱗蟻垤纍纍聲不聞老鸛何在觔獨存

鵞觀草 正二月如麥青炊食

鵞觀艸滿地青青鵞食飽年來赤地不堪觀又被饑人分食了鵞觀草

牛尾瘟 生深水中葉如髮莖如藻冬月和魚煮食夏秋亦可食之

牛尾瘟不可吞疫氣重流遶村黄毛牸烏毛㸺十莊九疃無一存摩桫犁耙淚如湧田中無牛更無種

野蘿蔔 葉似蘆菔故名熟食

野蘿蔔生平陸匪蔓菁菁若蘆菔求之不難烹易熟饑來獲之勝粱肉

兎絲根 一名兎絲苗春采苗葉秋冬采根蒸食味甘多食令人眩暈也

兎絲根美可嘗千萬結如我腸饑人得食不輟口腸細食多飲八九

艸鞋片 二三月采熟食

艸鞋片甘貧賤不踏軟紅塵常行芳草茵從教惡且皴忍向泥塗棄一任前途阻且長着來猶能趂熟腸

抓抓兒 秋深采之日乾和穀者食如粉清香可愛

抓抓兒生水湄却似兎松初出時須知可食不可棄不能療癢能療饑

雀舌艸 其形似稱初生時采熟食

雀舌艸葉似茶采之采之溪之涯途中饑渴不能進遍尋烟火無人家

說郛續目錄

弓第四十二

雚經

泉州蔣德璟

象乳

文象聿與叓做鳥虢沮誦倉頡作大慧觀八九既還極妙窮賓斯殊體矣

蔣德璟曰鸛贊萑誤萑非萑妖今从古文作雚

一名

一名䳄羿見爾雅注一名鶻雛見穆天子傳注一名冠雀見華嶠漢書一名負釜見陸機疏一名負金以其喜負日飛日色如金見詩考一名黒尻一名背竈一名皂裙見陸機疏一名旱羣以天旱則羣飛見合璧事類亦名皂帔見博雅

國言

於方則北荒謂之老雚亦曰鸑鳥南京通語曰雚河南謂曰雚兒陳魏之間亦曰皁帔自關而西謂之冠雀浙江蘇松之間或曰烏童雚福建謂之烏尾雚兩粵之會郊曰灰鶴出新會

形表

綠背修頸晧身黑翅赤腳皂帔胸釜背竈短尾高大
類鶴而頂不丹
雚不善唳啄相戛而鳴鳴則反頸擊啄其鳴轉搖其
頸聲如砧聲
陶貞白論雚有兩種似鶴而巢樹者曰白雚黑色曲
頸者曰烏雚
東莞記雚毛灰白二種粤西名灰鶴

鳳微

天老曰鳳象雚顙鴛思

蔣德璟曰鹿鳥四千五百鳳王之雚得鳳之顙曰羽
覇

性姐

雚善飛摶其飛也奮曾霄上落處不知幾千里
日札曰雚善符
考異郵曰雚鴿者飛行屬之陽夷狄之鳥穴居於陰
也
短腳多伏長腳多立雚夜棲亦立
水鳥硃圓善唼陸鳥咮銳善啄雚陸鳥也而生涯於
水
雚以彖鳴
禽經震爲鶴陽鳥巽爲雚陰鳥故雀知夜半雚知風
雨
雚仰鳴晴俯鳴陰雄鳴晴雌鳴陰
埤雅雚知天蟻知地
魚出水而雚神守之蟻出垤而雚喜鳴之

影孳

雚影抱蝦蟇聲抱

雚影交鶴聲交

鶴母

雚生三子一爲鶴

烝璀

鵲粱蔽形雚石歸酒
禽蟲述雚擇礜石嫗卵以助暖營小池養魚以飼雛

孕璀

雚卵如三升杯
鶴卵易得雚卵難求以爲盃直千金

陳容

風后有雚鵞之陳

雚好旋飛旋飛必雨古法以爲陳

罡師

駕晝印開宂以出蠹而鼠竊之鴆步罡轉石以出蜮

而雚如之

雚能以彖書符作法

羽翻

爾雅雚鶚鶡鵚射之銜矢射人

雚遺火畢方銜火

諺云雚巢莫覩神維白虎

丹稗

淮南萬畢術曰天雄雚胎日行千里

抱樸子雚血塗金丹一丸內衣中以指物隨口變化

方筌

神農本經雚骨味甘無毒主鬼蠱諸疰毒五尸心腹

疾

陶隱居曰宜用白者

雚骨有小毒殺樹木禿人毛髮沐湯中下少許髮盡

脫亦更不生

虀臣

野萊譜老雚觔二月采之熟食亦可作虀

蒢貢

鳳陽府歲辦雚翎四千根

帘招

酒譚曰樹雉之招者利倍蔦之招者倍差雚之招招

者倍三

事眾

三墳補逸曰天子之馬走千里天子之狗走百里雚

鷄飛八百里

達摩說法百雚聞經

張廣年紹定中署某縣譙樓巢雚中弋帶箭造庭哀

鳴若訴廣年閱箭首得弋人姓名拘懲之雚乃退

梁元帝遊春苑白麻紙畫鹿圖師利像雚鶴陂池芙

蓉醮𢈔圖並有題印傳於代

貞觀七年製破陣樂舞圖左圓右方先偏後伍交錯

屈伸首尾迴互象魚麗鵞鸛樂工披銀甲執戟而舞

魏公秉任左拾遺題品朝士丞相姚崇長大行急目爲趂蛇鸛雀坐貶新興尉

太平興國八年帝清心殿讀書自巳迄申有蒼鸛飛止殿鴟尾逮俺卷去帝恠之宰相宋琪曰昔楊震講間冠雀銜三鱓墮庭亦符斯應

王荆公好解字說不本說文妄自杜撰劉貢父曰易之觀卦卽是老鸛詩之小雅卽是老鴉荆公不覺欣然久廼悟其戲

高郵雙鸛棲南樓上人弋其雄雌獨孤栖旬餘鸛羣偕一雄與共巢若媒之者竟日弗偶遂皆飛去雌鸛忽攢嘴入巢隙倒掛而死烈鸛碑

蕭山縣文廟鸛屢結巢結東則東齋登第結西則西齋登第輒有驗始信爲瑞鳥也

蔣德璟曰貝寉諸經未嘗策事箭海棠之譜策事又何叱雛也鸛事上泝圖紀近迄聖代天真則僞天木羽佛祖則達摩尸婆臆採末香諸怪斯貫廼若須江邑瑞應在石梁惇史可徵璟不敢諱而不列惟農經緝於方筌偏荒副於鞮史灾占編于異緯事替瓜含無取殺置若其儉紕俟博雅焉

獸經

吳　黃省曾

麒牡麐牝

爾雅曰麐麕身牛尾一角漢京房易傳曰馬蹄有五彩腹下黃高丈二吳陸機草木鳥獸魚蟲疏曰黃色圓蹄角端有肉音中鐘呂行中規矩遊必擇地詳而後處不履生蟲不踐生草不羣居不侶行不入陷阱不罹羅網王者至仁則出

亦曰瑞獸

牡鳴曰逝聖牝鳴曰歸和春鳴曰扶助夏鳴曰養綏尚書中候握河紀云帝軒題象麒麟在囿孝經援神契曰德至鳥獸則麒麟臻唐傳云堯時麒麟在郊藪春秋感精符曰王者不刳胎不剖卵則出於郊漢董仲舒春秋繁露曰恩及羽蟲則麒麟至鴟冠子曰麟者玄枵之精也德能致之其精必至

毛族之君長也

大戴禮記曰毛蟲三百六十而麟爲之長王隱晉書曰太始元年白麟見羣獸皆從

騶虞義獸

山海經曰林氏國有珍獸大若虎五彩畢具尾長於身名曰騶虞乘之日行千里漢許慎說文曰食自死之肉名曰騶虞草木鳥獸魚蟲疏曰騶虞白虎黑文不食生物不履生草應信而至者也蓋白虎西方毛蟲故云義獸孫柔之瑞應圖記曰王者不暴虐及行葦則見孝經援神契曰德至鳥獸白虎見河圖括地象曰令訾野中有玉虎晨鳴雷聲聖人感期之興

羔羊跪乳

說文曰羔羊子也春秋繁露曰羔飲其母必跪類知禮者公羊傳何休注云乳必跪而受之

羱羊善鬬

爾雅曰羱如羊郭璞注曰羱羊似吳羊而大角角橢出西方晉呂忱字林曰野羊大角者也宋陸佃埤雅曰善鬬至死廣志曰羱羊角重於肉

羚羊防患

爾雅曰麢大羊郭璞注曰似羊而大角圓銳好在

崖間陶隱居云角甚多節蹙蹙圓繞唐陳藏器
草拾遺曰羚羊角有神夜宿以角掛樹不着地蓋
防患也字説云鹿比其類環其角外向以自防麢
獨棲其角木上是所謂麢

羊不祥

急就篇顏氏注曰䍬羊未卒歲也一曰　羊重百
觔者爲䍬王應麟補注曰　羊怪獸殷之衰夷羊
在牧

馬之良者曰騊駼曰驥

字林云騊駼北狄良馬也一曰野馬史記曰匈奴
奇畜則騊駼瑞應圖記曰幽隱之獸有明王在位
則至穆天子傳曰野馬走五百里説文解字曰驥
千里馬也回鶻傳曰唐時東骨利幹國產良馬曰
中馳數百里太宗時來獻帝取其異者號十驥

蹏趼曰騉

爾雅曰騉蹄趼善陞甗郭璞注曰騉蹄如趼而健
上山秦時有騉蹄苑

小領曰盜驪

邢昺爾雅䟽曰駿馬小頸名曰盜驪穆天子傳曰
天子命駕八駿之乘右服盜驪而左綠耳

青曰騏

急就篇顏氏注曰青驪之馬文如綦也説文解字
曰文如博綦尸子曰馬有秀騏

赤曰騮

説文解字曰赤馬黑毛尾也荀子曰驊騮騏驥纖
離綠耳古之良馬也

紫曰紫鷰

葛洪西京雜記曰文帝自代還有良馬九匹故曰
紫鷰騮尸子曰我得民而治則馬有紫鷰蘭池

白曰白義

穆天子傳曰天子八駿三曰白義王粲漢末英雄
記曰公孫瓚常乘白馬又揀白馬數十疋選射之
士號爲白義從以爲左右翼　其畏之

非龍曰龍

周禮曰馬八尺以上爲龍月令曰駕蒼龍尚書中
候曰龍馬赤文綠色

非魚曰魚
爾雅曰二目白魚郭璞注曰似魚目也詩曰有驔魚
回毛在膺曰宜乘
邢昺爾雅疏曰回旋也膺胷也旋毛在胷者名宜乘漢樊光爾雅注曰俗呼之官府馬李伯樂相馬法旋毛在腹下如乳者千里馬
在肘後曰減陽在幹曰茀方背曰闋廣
邢昺爾雅疏曰此別馬旋毛所在之名也幹脅

馬火畜也其蹄圓其疾臥起先前足牛土畜也其蹄圻其疾立臥先前足
造化權輿云夫乾爲馬坤爲牛乾陽物也馬故蹄圓坤陰物也牛故蹄圻陽病則陰勝故馬疾則臥陰病則陽勝故牛疾則立馬陽物故起先前足臥先後足牛陰物故起先後足臥先前足
虓獅子也無角而喜走
司馬彪續漢書曰章和元年安息國獻獅子形似麟而無角後漢順帝紀陽嘉二年疏勒國獻獅子封牛漢劉珍東觀漢記曰疏勒王盤遣使文時詣闕獻獅子似虎正黃有頓耏尾端茸毛大如斗張華博物志曰魏武伐頓月得獅子還至四十里雞犬皆無鳴吠
亦曰狻麑
爾雅曰狻麑如虦貓獷食虎豹郭璞注曰即獅子也穆天子傳曰狻麑日走五百里
亦曰白澤
說文曰一名白澤瑞應圖記曰黃帝巡於東海白

澤出能言語賢君德及幽遠則出
虎於菟也無角而善卜
說文曰虎山獸之君也楚謂之於菟能畫地卜食狐剛子感應類從譜曰虎行以爪圻地觀奇耦而行
亦曰李耳
漢楊雄絕代語釋別國方言曰虎陳魏宋楚之間謂之李父江淮南楚之間謂之李耳注曰虎食物值耳即止以觸其諱故也

赤曰伯都
方言曰自關東西或謂之伯都
黄黑曰蜼
爾雅曰蜼卬鼻而長尾郭璞注曰蜼似獼猴而大黄黑色尾長數尺似獺尾末有岐鼻露向上雨即自縣於樹以尾塞鼻或以兩指江東人亦取養之爲物捷健
蒼白曰貊
廣志曰貊色蒼白其皮溫煖南中八郡志曰貊大

如驢狀似熊多力食鐵所觸物無不拉
獬豸任法
漢東方朔神異經曰獬豸忠直見人鬬則觸不直聞人論則咋不正一名任法獸
嬾婦惡織
異物志云昔有婦嬾織姑槌之死爲此獸其膏以照讀書績紡則暗若宴會歌舞則明
麏麚短脰
邢昺爾雅疏曰脰項也麏麚之獸皆短項

威　長春
爾雅曰威　長脊而泥邢昺爾雅疏曰威　之獸長春而劣弱少力也
豺祭以獸其陳也方秋獵候也
爾雅曰豺狗足說文曰狼屬狗聲邢昺爾雅疏曰貪殘之獸月令曰季秋之月豺祭獸戮禽又曰是月也天子乃教於田獵埤雅曰豺獺之祭皆四面陳之而獺圓布豺方布
獺祭以魚其陳也圓春漁候也

埤雅曰獺獸西方白虎之屬似狐而小青黑色膚如伏翼水居食魚說文曰猵屬月令云孟春之月獺祭魚然後虞人入澤梁本草圖經云江湖間多有之北土人亦馴養以爲翫魏張揖廣雅曰一名水狗然有兩種有猵獺形大頭如馬身似蝙蝠淮南子曰養池魚者不畜猵獺
麈統其類
獸似鹿而大名苑曰鹿之大者曰麈羣鹿隨之皆視麈所往麈尾所轉爲準

果然猇其類

僞唐徐鉉異錄曰九眞晉浦縣有獸名果然猨狖類也色青赤有文居樹上吳萬震南州異物志曰交州以南有果然獸其名自呼身如猨犬面唐李肇國史補曰楊州人取一果然而數十果然可得蓋果然不忍傷其類聚族而啼雖殺之不去也此禽獸狀而人心薄俗有不如者果然大類猩猩

狐惡其類鬼所乘也一名玄丘校尉千年變淫婦

埤雅曰狐性疑則不可以合類故字從孤省也說

文曰狐妖獸鬼所乘也海錄碎事曰玄丘校尉狐也郭氏玄中記曰千歲之狐爲淫婦百歲之狐爲美女名山記曰狐者先古之淫婦也其名曰紫化而爲狐故其性多自稱阿紫于寶搜神記曰狐媚人自稱阿紫唐段成式酉陽雜俎曰野狐名紫夜擊尾出火將爲怪必戴髑髏拜北斗不墜則化爲人矣

鹿愛其類仙所乘也一名銀鹿矦千年變蒼白

爾雅曰鹿牡麚牝麀其子麛鳥獸草木魚蟲疏曰鹿欲食皆鳴相召志不忌也埤雅曰鹿愛其類出於天性舊說鹿者仙獸當自能樂性從其雲泉至六十年必懷於角下角有斑痕紫色如點行或有涎出於口不復能急走也葛洪神仙傳曰魯女生者餌术絶穀入華山後故人逢女生乘白鹿從玉女數十人海錄碎事曰銀鹿矦鹿也抱朴子曰鹿壽千歲滿五百歲則色白劉向列仙傳曰鹿一千年爲蒼鹿又百年化爲白鹿又五百年化爲玄鹿

熊子路也自樹而投地

說文云熊似豕山居冬蟄春出祖中之述異記曰東土呼熊爲子路劉敬叔異苑曰以物擊樹云子路可起於是便下不呼則不動也詩義疏曰熊能攀緣上高樹見人則顛倒投地而下

猶大子也自地而升樹

爾雅曰猶如麂善登木說文云隴西謂犬子爲猶玃屬也海錄碎事曰聞人聲乃豫升木如此上下故稱猶豫

狒狒人面而善笑

爾雅曰狒狒如人被髮迅走食人郭璞注曰梟羊也山海經曰梟羊在北朐之西其狀人面長脣有毛反踵見人笑亦笑左手操管

猩猩人面而善啼

爾雅曰猩猩小而好啼山海經曰人面豕身能言語郭璞注曰今交趾封谿縣出狀如貛㹠聲似小兒啼蜀志曰音作小兒啼聲旣能人語又知人名酈道元水經注曰猩猩形若狗而人面頭顏端正善與人言音聲妙麗如婦人對語聞之無不酸楚

南中志曰土人執還内牢中人欲取者到牢邊語云猩猩可自推肥者出之既擇肥竟相對而泣

文文善呼

山海經曰放皐之山有獸焉其狀如蜂枝尾而反舌善呼其名曰文文

雙雙善行

山海經曰南海之外赤水之西流沙之東有三青獸相并名曰雙雙

羊羒牂也亦曰羭羖

爾雅曰羊牡羒牝牂夏羊牡羭牝羖郭璞注曰羒吳羊白羝夏羊黑羖羭羭黑羝也歸藏曰兩壺兩羭

亦曰髯鬚主薄其聲芊芊非佳草不悅

崔豹古今注曰羊一名髯鬚主簿說文解字曰芊芊鳴也從羊象聲氣上出其性嗜草

豬豭彘也亦曰豨豵

方言曰豬北燕朝鮮之間謂之豭關東西或謂之彘或謂之豕南楚謂之豨其子或謂之豚或謂之

豯吳揚之間謂之豬子

亦曰長喙參軍其聲嘍嘍非人便不珍

古今注曰豬一名長喙參軍漢趙岐三輔决錄曰馬氏兄弟五人共竹客舍養豬賣豚故民謂之曰苑中三公鉅下二卿五門嘍嘍但聞豚聲符子曰朔人獻燕昭王以大豕曰養奚若使曰豕也非大圊不居非人便不珍今年百二十矣人謂豕仙

豹廉獸也廉而有文

豹一名程列子曰程生馬古詩云餓狼食不足餓

豹食有餘言狼貪豹廉有所程度而食埤雅曰豹花如錢黑而小於虎文豹有赤白玄數種草木鳥獸魚蟲䟽曰尾赤而文黑謂之赤豹毛白而文黑謂之白豹爾雅曰貘白豹郭璞注曰似熊小頭痺脚黑白駮山海經云幽都之山有玄虎玄豹

狼貪獸也貪而有靈

說文曰狼似犬鋭頭而白頰埤雅云狼青色作聲諸竅皆沸平語曰狼上食將遠逐食必先倒立以上所向故今獵師遇狼輒喜蓋狼之所向獸之所

在也其靈智若此故古之造式者不用槐瘦棗瘤而以狼牙爲柱取其靈智也

麝父别香

爾雅曰麝父麕足字林云小鹿有香其足似麞故曰麝足陶隱居云麝夏月食蟲蛇多至寒則香滿入春急痛自以爪剔出之著屎溺中覆之皆有常本草圖經曰趙璘公雜說云西止之麝噬栢而食栢故其香結東南山谿有松而無栢故麝不結也

舍利吐金

文選東京賦注云舍利獸名性吐金故名舍利

麐性喜山

埤雅曰麐性喜山抱朴子曰山中寅日稱赤吏者麐也說文曰麐麕也爾雅曰麕牡麌牝麜其子麆

麋性喜澤

埤雅曰鹿林獸也麋澤獸也又曰麋性喜釋博物志曰麋掘澤草而食其場成泥名曰暖民隨此墢種稻其收百倍爾雅曰麋牡麔牝麎其子䴢

駝智而安

漢書月氏注曰橐駝脊上若封土然晉陸翽鄴中記曰脊如馬鞍博物志曰燉煌西渡流沙往外國千里餘中無水時有伏流處人不能知橐駝知水脉過其處輒停不行以足踏地人於所踏處掘之則得水後周四夷傳曰流沙四百里夏日多熱風其風欲至唯老駝知之即預鳴而聚之埋其口於沙中是謂智而安

蝟鈍而鷙

爾雅曰彙毛刺邢昺疏曰彙即蝟也其毛如針埤

雅曰蛸狀似鼠性極獰鈍物小犯近則毛刺攢起如矢見鵲便仰腹受喙具矢䡾爛淮南子曰鵲天中蛸此理之不可推也是謂鈍而斃

貉愚而全

字林曰貉似貍善睡然其營窟與貛皆爲曲穴以避雨暘亦以防患淮南子曰貛貉爲曲穴

狙巧而危

廣雅曰猴一名狙一名王孫一名　孫莊子曰吳王浮於江登於狙之山衆狙見之恂然棄而走有

獸經　八　十五

一狙焉委蛇攫搔見巧乎王王射之敏給搏矢王命相者趨射之狙死王顧其友顏不疑曰狙之伐巧恃其便以傲予以至此極也吳筠玄猨賦曰狙伐巧而招射

蒼兕覆舟

爾雅曰兕似牛說文曰兕如野牛青毛其皮堅厚可制鎧漢王充論衡曰太師尚父爲周司馬將師伐紂到孟津之上杖鉞把旄號其衆曰蒼兕水中之獸也善　人舟因神以化欲令急渡

黃羆拔木

爾雅曰羆如熊黃白文郭璞注曰長頭高脚猛憨多力能拔樹木

黑犀駭鷄

爾雅曰犀似豕郭璞注曰形似水牛猪頭大腹痺脚脚有三蹄黑色三角在頂額鼻上鼻上者食角也劉恂嶺表錄異曰犀有三角一在額上爲兕犀一在鼻上爲、帽犀牯犀亦有二角皆爲毛犀而今人多傳一角之說韓詩外傳曰太公使南宮适

獸經　八　十六

至義渠得駭鷄犀抱朴子曰通天犀有白理如綫者以盛米置羣鷄中有鷄欲往啄米至輒驚却故南人名爲駭鷄犀也

土而息鼠

廣雅曰貍一種面白而似牛故名玉面又名牛尾人家捕畜之鼠皆帖伏不復出穴矣

獨一鳴而猨絕影

感應類從譜曰獨一叫而猿散盡獨猿類也似猿而大食猨俗謂之獨猿其一鳴猨皆騰木拔林披

動倬慄而避匿之矣

猿三鳴而人下淚

說文曰猨㸚屬或黃或黑春秋繁露猨似猴大黑色長前臂郭仲產荆州記曰巴東三峽猨長鳴至三聲聞者莫不垂淚宜都山川記曰峽中猨至清諸山名傳其聲泠泠不絕行者歌之曰巴東三峽猨鳴悲猨鳴三聲淚沾衣

烏龍喜雪

于寶搜神記曰張然犬名烏龍埤雅曰犬喜雪諺

云雪落狗喜

丈人喜月

抱朴子曰山中夘曰稱丈人者兎也古今注曰兎口有缺論衡曰生子從口中出埤雅曰吐而生子故謂之兎春秋運斗樞曰玉衡星散而爲兎魏兎券典畧曰兎者明月之精博物志曰兎望月而孕

風獸兆風

山海經曰凡山有獸焉其狀如彘黃身白尾名曰聞𤜶見則天下大風易曰風從虎

火獸兆火

山海經曰鮮山有獸焉其狀如貘大赤喙赤目白尾見則其邑有火名曰𤟤即

水獸兆水

山海經曰空桑之山有獸焉其狀如牛而虎文其音如欽名曰軨軨見則天下大水

旱獸兆旱

山海經曰排山有獸焉其狀如豚其音如狗吠其名曰貍力見則其邑多土功

山丈丈求金縉山姑求脂粉

海錄雜事曰嶺南皆有一足反踵手足皆三指雄曰山丈雌曰山姑夜扣人門雄求金縉雌求脂粉

象之膽春前左而夏前右

說文曰象長鼻牙南越之大獸三歲一乳異物志曰象身倍數牛而目不如豕鼻長六七尺大如臂其所食物皆以鼻取之沈懷遠南越志曰象牙長丈餘脫其牙則深藏之削木代之可得圖經曰象有十二種肉配十二辰屬雖鼻是其肉又膽不附

胙脊則在諸肉間浮化中上死一馴象斃太宗命取膽不獲使問徐鉉鉉曰當在前左足既而剖足果得又問其故鉉曰象膽隨四時今其斃在春故知在是也

貓之睛午則竪而暮則圓

酉陽雜俎曰貓目睛旦暮圓及午竪斂如綫其鼻端當冷唯夏至一日煖一名蒙貴一名烏圓

在子其鳴也在子

酉陽雜俎曰在子者鼈身人首炙之以藿則鳴曰在子

孟極其名曰孟極

山海經曰石者之山有獸焉其狀如豹而文題白身名曰孟極是善伏其名自呼

窮奇之音獋狗

山海經曰邽山其上有獸焉其狀如牛蝟毛名曰窮奇其音如獋狗

諸懷之音鳴鴈

山海經曰北嶽之山有獸焉其狀如牛而四角人目彘耳其名曰諸懷音如鳴鴈

䍶䍶一目

山海經曰泰戲之山有獸焉其狀如羊一角一目目在耳後其名曰䍶䍶

從從六足

山海經曰栒狀之山有獸焉其狀如犬六足其名曰從從

蟨則比肩

爾雅曰西方有比肩獸焉與卬卬岠虛比爲卬卬

岠虛齧甘草即有難卬卬岠虛負而走其名曰蟨呂覽曰蟨鼠前而兔後趨則頓走則顛

𤡿則無口

山海經曰洵山有獸焉其狀如羊而無口不可殺也其名曰𤡿郭璞注曰稟氣自然

風狸長肩

酉陽雜俎曰南山有獸名風狸如狙肩長好羞見人至低頭無人至乃於草中尋摸忽得一草莖折之長尺許窺樹上有鳥集指之隨指而墮因取內

食之

足訾文臂

山海經曰蔓聯之山有獸焉狀其禺而有鬣牛尾

文臂馬蹄見人則鳴名曰足訾

驢父馬母曰贏

崔豹古今注曰驢爲牡馬爲牝則生贏

馬父驢母曰駃騠

說文曰駃騠馬父驢母也

山都見人則走

異物志曰廬陵大山之間有山都似人裸身見人便走自有男女長四五尺

犰狳見人則眠

山海經曰餘峩之山有獸焉其狀如菟而鳥喙蛇尾見人則眠名曰犰狳郭璞傳云佯死也

遇畏則畏

獸各遇其所畏則畏如貙畏虎畏熊之類

遇食則食

獸各遇其所食則食之如豹食豻豻食蝟之類

有所制　有所醉

如蝟制虎貓食薄荷則醉虎食狗則醉之類

有角者膏無角者脂肉食者悍草食者愚

酉陽雜俎曰食草者多力愚如牛馬之屬食肉者勇敢而悍如虎狼之屬

萃三曰羣偶二曰友

小雅日篇曰或羣或友周語曰獸三爲羣故二曰友友親於羣在數宜少

生子曰產藹草曰薦

說文曰人及鳥生子曰乳獸曰產獸之何食草爲薦

薦子者神人以薦獸遺黃帝帝曰何食何處曰食

土處曰穴本處曰寓

穴處如熊類爾雅釋獸以闕洩以上爲寓屬邢昺爾雅疏曰寓寄也言此上獸屬多寄寓木上故題云寓屬

色隨五行

蒼龍之屬木行赤豹之屬火行黃熊之屬土行白

虎之屬金行黑豬之屬水行

毛應四氣

春則毛盛夏則毛希少而革易秋則更生而整理冬則生而毛細毛以自温焉

或變化或各歷年歲

如能五百歲能化爲狐狸兎五百歲色變白狼三百歲善變人形之類

異種殊形同歸地理

獸之種類不齊形狀各殊然獸皆行地之物同易曰牝馬地類

虎苑目錄

虎苑目錄終

虎苑序

嘉靖癸丑王子甥於吳郡陸氏陸氏墓在花山竹塢
塢深多亂泉怪石虎渡太湖來踞塢中食人不去又
數月聞擒虎過陸丈門外人皆擁門觀王子出稍後
虎已去從觀者問虎文甚奇王子歎恨不及見虎他
日游山間尋擒虎處又觀虎磨牙搶搶皮如削心異
之山人競來譚虎王子憶古書中及人間所聞虎事
往往酬答之客好事者命牘牘記又趣王子梓王子
謂虎猛獸談者色變不當梓客曰奚害夫六經聖人

之文皆談虎談虎奚害王子迺因類成篇分爲十四
德政美循良也孝感勵天親也貞符奏瑞也占候驗
術也戴義崇報德也殛暴明帝罰也威猛示雄武也
靈怪載妖凶也豢擾存胎害之吉搏射垂傷勇之戒
紀神攝以表仙釋之蹤紀人化以抑獸行之慝紀旁
喻以徵風譬之規紀雜志以廣見聞之博篇成系贊
其下客謂太簡王子曰不然譬諸飲食粱肉取飽若
夫山豆海狙猜多染即厭矣于是請客命篇客謂曰
虎苑云太原王穉登序

虎苑卷上

太原王穉登

德政第一

宋均爲九江太守郡多虎患前太守常募設檻穽而
猶多殘害均到郡下記屬縣曰江淮之有虎猶河北
之有雞豚今爲民害咎在殘吏而勞廣張捕非憂恤
之本也其務退奸貪進忠善可一去檻阱除削課制
後虎相與東渡江
劉昆爲弘農太守虎皆負子渡河詔問行何德政致

是對曰偶然耳帝曰此長者之言也
童恢爲不其令戶人嘗爲虎害迺設阱捕之生獲二
虎恢呪曰天生萬物惟人爲貴虎狼當食六畜而殘
暴于人王法殺人者死傷人抵罪若虎殺人者俛首
不然號呼一虎閉目如懼狀即時殺之一虎奮躍而
去
魏世祖時有獻虎者問虎何食曰食肉詔曰下民饜
糟糠何忍以肉飼虎命虎賁射殺之
劉陵爲長沙安成長先時多虎百姓患之皆徙他縣

虔之官修德政踰月虎皆出境百姓復還

法雄爲南郡太守郡濱帶江沔雲夢藪澤多虎暴前守賞募張捕乃更爲害雄下記曰虎狼在山林猶人居城市古者至化之代猛獸不擾皆由仁及飛走太守雖不德敢忘斯義記到其毀壞檻穽不得妄捕是後虎害遂息

王子香爲荆州刺史有德政卒於支江有三白虎宿衛其側垂首不動及喪去踰州境忽不見其樹碑文號曰支江白虎也

國朝于梓人楚產洪武中進士有異術歷官知登州有訴其親傷于虎者梓人命卒賫牒山中方爐而虎至帖耳隨行觀者如堵叐伏庭下梓人數其罪百笞之許其改過叱之出虎遂循故道而去

慈谿張昺成化間爲鉛山令虎食寡婦子訟于張張令去比日來廼齋戒爲文祭城隍神約五日內必獲虎伏辜不然廟當毀後五日天未明夢神告虎來張挾矢升堂二虎伏庭中不動張曰爾食吾民罪當死一虎有不傷人者出一虎出一伏如故張善射引彀三中其首命卒亂鞭殺之召婦人歸其虎昺字仲明御史大夫楷之子所至有政聲

牟俸廉察江西夢虎身被三矢而登舟遂驚寤以告僚佐僉事胡某見牟性行謙謂曰得無獄冤耶牟憮然罷先是牟斷吉安女子殺夫獄有疑女許嫁貧士親迎時盜殺貧士塗中士之父疑婦家嫌其貧而殺之訟于牟牟怒不察因案女姦而謀殺其夫論死胡逮問女姦夫無所得使媪驗其女又處子問士與誰交密云同舍生周彪胡沈思曰虎三矢登舟彪也因

檄彪修志既至召彪密室引其手曰牟公廉知若事欲論極典吾憐若材止牟公第吐實當相援耳彪錯愕即跪陳聞女艷故謀殺貧士圖妻女胡錄其辭白牟遂出其女而論彪死焉

讚曰奕奕循吏仁孚異類負子挾犖涉波以去穩矣弘農猗歟九江二君爲政竹簡生香

孝感第二

嚮香楊豐女也隨父田間刈稻豐爲虎所噬香年才十四身無寸兵遽搤虎頸虎弈逸得免太守孟肇之

上其事詔旌門閭

區寶居父喪鄰人格虎虎逸入其廬即以簑覆之鄰人問寶寶曰虎豈可藏耶人遂去虎後送禽獸助寶祭祀

景定間郢州村民一姊一弟偕樵常日姊樵歸爨弟樵爨薪養母一日負薪歸虎逐弟發木爪其裾姊拏虎尾呼曰虎食我無食弟弟死母誰養虎回視置之而去

成都章惠仲與妹壻丘生偕赴試出峽舟覆丘死焉

章登第調并研主簿還及峽聞弟死舍舟乘馬疾行過萬州日黑馬仆墜厓下虎來銜章髮章謂虎曰汝靈物當聽吾語吾母八十生子二人女一人往年妹壻死于江今年弟死于室獨吾一身存將竊升斗祿養母汝食我柰母老何虎聞遽捨之天明章攀木而上適得歸章赴官母卒未幾亦卒乃知一念之善脫於虎口爲母故也

朱泰家貧養母百里鬻薪親極滋味戴星代木虎負之去朱厲聲曰食我不惜母無托耳虎棄泰于地去泰竟不死里人以爲孝感醵金遺之目爲虎殘

讚曰天親遘凶赴難如歸踴躍捍衛當者披靡髯齔非儒爪牙非威鬼神祐之共濟阽危

貞符第三

騶虞白虎黑文不食生物不踐生草不履生蟲虎壽千歲五百歲者色白

樞星散而爲虎

虎窟山相傳燕濟南太守胡諳于此山掘得白虎因名焉

虎丘初名海涌吳王闔閭葬其下發卒六十萬人治之葬三日白虎蹲其上因名

魏文帝將受禪郡國奏白虎二十七見

周永昌中涪州多虎有獸似虎而絕大逐一虎噬殺之錄奏檢瑞應圖曰酋耳也不食生物遇虎則殺之

讚曰白虎金精縞質玄章西方之宿匪禍伊祥聖人受曆寶圖皇皇孰謂於菟騏驎鳳凰

占候第四

虎奮衝破又能畫地卜食兵法曰將開牙門常背

向破其以此歟

虎行以爪坼地卜食觀奇偶而行今人畫地卜者

虎卜

虎交而月暈

虎嘯則風生

南山久旱以長繩繋虎頭骨投潭中有龍處水擊不定俄頃雲起雨亦隨降

虎威如乙字形長一寸在脇傍皮内尾端亦有之佩之臨官主無官人所媢嫉

晉武帝母李太后簡文時執役宮中簡文無子令善相者相諸宮人相者指后當生貴子而有虎厄帝幸之生武帝及會稽王道子既爲太后服相者之驗而怪虎害無謂且生未識虎乃令工圖形戲擊之便患手腫而崩

班超微時相者謂燕頷虎頭當爲萬里侯已而果然

沈僧照嘗校獵中道而還左右問何故荅曰國家有邊事須還處分問何以知曰向聞南山虎嘯俄而使至

讚曰交維暈月嘯廼生風天文協應譬彼雲龍手萌厄禍頭兆侯封靈占歷歷符節攸同

戴義第五

郭文舉與虎探去鯁虎送鹿報

長興邸嫗山行遇虎銜入深谷虎蹲嫗前不食嫗曰莫有刺欲去否虎舉足示嫗見爪下竹刺拔去之騰躍數四銜嫗至舊所不相傷夜置一鹿于門而去

李叟家湖濱蠶月出條桑幼孫守室虎渡湖餓甚入室見孫不食登豕牢負豕去叟歸尋豕甚怪夜聞虎

中虎嘯及豕鳴天明視之豕故在而大過前豕益虎銜來報之也

讚曰蠢爾毛蟲懷德惟深黠者謂何下石甘心黃雀玉環靈蛇寶珠中山之狼于爾何誅

殛暴第六

義興某人攜妻往歷陽附一舟長年悅其妻欲圖之方艤舟紿其人曰吾此地多相識謂若妻舟中吾與若先登陸同行至山下被毆死長年即還舟刼其妻曰而夫死于虎而無苦當與吾偶妻哭謂尋得遺骸

嘗從汝長年不得已漫挈之往塗間遇虎徑攫長付
而去婦見虎謂夫果死慟哭於途人問得其故云適
自邑中來見人蝟爲舟人毆死復甦豈爾夫耶婦請
尋之果其夫更生云
乾道中江西水災豐城農夫挈其母及妻子就食他
所過小溪密語妻曰穀貴艱食豈能俱生我襁兒先
渡毋老不能來可弃之婦不忍披姑以行足陷泥淖
方取履見白金爛然在水中拾得之語姑曰本爲貧
徙今幸天賜可歸矣登岸視其夫不見兒戲沙上問

之云被黑牛銜入林中入林視之流血丹地已爲虎
食矣
大德中荆南九人山行避雨入土洞中虎來踞洞口
視眈眈八人密議推一人愚者出喚虎虎當去虎得
人銜置他所坐如故須更洞崩八人死愚者竟生
義興陳氏婦蠱而孀居家鄰木客客悅其姿莫能犯
乘夜登垣舁木寘其庭詰旦指爲竊訟于官婦事玄
壇神素虔慟告神夢神曰令吾虎報爾仇未幾客偕
侶山中伐木黑虎躍出叢竹噬客去衆喪魄久之

讚曰槩夫茹柔傷彝叛倫神實禍淫俾虎噬人天
討有嚴帝命有虔斧鉞奚事元凶殲焉
威猛第七
虎類能識人氣行至百步輒伏而嗥聲震山谷須臾
奮躍搏人
虎骨甚異雖只尺淺草能身伏不露及虓然作聲則
巍然大矣
虎中有眞虎眞虎不可射其見射於斐旻者非眞虎
也

虎不食小兒兒癡不懼虎故不得食亦不食醉人必
俟其醒始食非俟其醒俟其懼也
虎饑亦啖菓實不特獸也凡食人男子自勢婦人自
乳惟不食婦人之陰
虎不行曲路遇之者引至曲路卽可避去
虎食犬則醉犬乃虎之酒也
虎搏兎先於四圍遺溺兎不能出坐受其搏
虎爲獸長亦曰山君
虎豹之駒雖未成文已有食牛之氣

讚曰高山大壑窟宅深藏豢養不採狐兎潛亡武
臣洸洸龍旂鳥章妖氛清明萬國來王

靈怪第八

闞伯比淫于邙女生子文焉邙夫人使弃諸夢中虎乳之邙子田見之遂使收之楚人謂乳穀謂虎於菟故命曰闘穀於菟

虎殺人能令尸起自解衣此倀鬼所爲也

開元中韋知微爲蕭山令縣多山魈變幻爲害前後官吏多被其禍知微至究其窟宅烈火焚之邑中寢

然一日有客稱蘭陵蕭慥來訪知微談鋒捷麗辨敏無雙知微甚加顧重容出懷中小合有獼猴大才如粟謂知微曰此猴雖出峽所得寵轉可玩輒當相贈知微竒之誇示于内猴忽騰躍化爲猛虎兵仗無施闔門遭噬孑遺無有矣

周象好獵爲汾陽令夢乳虎相逼驚寤得疾僧海寧過其門謂郡父曰此有妖氣當爲禳之象聞召僧僧仗劍禹步誦呪入門直至寢所遶牀數匝叱之忽聞牀下虎吼家人奔駭象不覺投牀下死僧命衣輿之須臾如故

長慶中處士馬拯馬沼約遊衡山拯先至見麗[illegible]舉動撲野邂逅歡甚倩拯僕隨下山市鹽酪俄頃[illegible]至云山下見虎食人盡化爲僧拯詢知是巳僕方驚顧僧亦來口血尚殷二人紿僧云井有怪物因其窺井推僧墜井中乃虎也下石壓殺之急趨歸日巳瞑見獵者張機道傍召二人宿棚上曰虎方暴不可歸二人從之薄暮猛虎觸機矢貫心死忽見僧道男女舉群至號哭云殺我禪師讐未復復殺我將軍耶二

人叱之曰爾倀無知生爲虎食死爲虎役今幸虎死又哀哭之何故哉于是諸倀冓散終不知禪師將軍者虎也

景雲元年蕭志忠爲衡州刺史臘日將畋先期樵人薪于霍山夜半月白見長人衣豹皮角而光若虎兕狐狸千百從行自稱玄冥使者奉帝命以若屬充蕭使君畋數群獸哀號不起使者曰當求解于嚴四[illegible]人施從至東谷中黃冠坐虎皮上使者告之黃冠曰蕭公仁者本順時令若滕六降雪巽二起風當[illegible]

出矣命狐狸求美女醇醪書朱符分餉之群獸皆懽鳴黃冠喻曰昔爲仙子今爲虎流落陰厓足風雨將斑毳被余身千載青山萬般苦樵人歸未明而風雪暴至蕭公罷畋矣讀其詩知嚴四爲虎也

大中間寗茵秀才假大僚莊于南山下月夜有斑寅將軍來謁氣頴雄武自陳斑氏出於鬭穀於菟有文斑之象因以爲姓後漢班超生而虎頭封侯萬里其故將種官虎賁中郎將比因得罪竄伏山林耳遂朗吟一章曰但得居林嘯焉能當路蹲渡河何所怯終是怯劉琨甯甚疑之遽辭去及明視門外惟虎蹤而已

清源陳褒隱居別業臨牕夜坐外皆荒野月正明見婦人騎虎過牕下徑之屋西先有婢臥屋壁下婦人取竹枝從壁隙中刺婢即呼腹痛起出戶如厠褒歐愕未及言婢已爲虎所攫遽救之得免鄉人言村中恒有此怪蓋虎倀也

陳郡謝玉爲瑯琊內史在金城其年多虎暴有一人乘小船載少婦揷刀著船舷婦登岸便爲虎銜去其

人拔刀逐之口呼鍾山蔣侯求助即有黑人來導行入虎穴虎子聞聲謂母虎至皆走出即刺殺之隱樹間良久虎來倒牽婦入穴中其人以刀斫斷虎腰虎死婦故活夜夢黑衣人云蔣侯生汝知否還家殺猪祠焉

建炎間荆南多虎郭外人多移家入城避虎張四者移未畢而虎至急竄于梁虎升堂蛻皮化爲丈夫出門尋張張下取皮置梁上虎還失皮甚窘探懷中丹符擲于地曰吾奉天符取若等姓名都除惟若在耳能還我皮當捨若張曰除我名廼還汝皮虎出筆除之張擲皮下虎蒙皮復故形咆哮大躍張震駭幾墜虎去明日六十里外雷震殺虎

資州趙媼業乳醫夜聞扣門方出應爲人負去行如風至石厓下語趙曰爾無畏吾虎也吾妻方產能全吾妻當謝爾黃金入穴見牝虎坐蓐趙爲收得虎子即負趙歸明夜聞人呼曰謝救妻子五里外虎殺一僧衣下黃金汝取之平旦如言往果得金

荆州陟屺寺僧那照善射言夜格虎時必見三虎並

來挾者虎威在中者虎虎死威入地得之可却百邪虎初死時記其頭枕處月黑夜掘之掘時有虎吼不足畏此虎之鬼耳掘三尺當得物如琥珀蓋虎目光淪入地之所爲也

義興多虎成化間邵某設機于路虎過中箭跡之不獲明日行山廟見土偶股間箭在焉令閽而毀其廟又總兵趙輔征廣西蠻見群虎飲溪中趙引弓射之中其魁帶箭去明日邏者于古廟中見神被箭集勝開趙神之新其廟不若前令之毀爲得云

陸丈外舅先隴在花山竹塢中林壑幽邃往年多虎墳鄰人帶月採茶見白袍丈人謂曰去去虎且至倉皇升木見一群流血人來繞樹數匝云走却也當是茶中人洩之矣悵悵而去須臾虎至過岡度前嶺其人趨歸語其妻但不解茶中人何謂傾筥視之乃龕中木偶也先是此偶在山廟中拾得之龕事於梁中夜鼠鬭墜筥中不之知及是乃悟遂金身石屋虔奉焉

讃曰關生𢁙野猛虎飼之匪虎飼之惟神賜之爲鬼爲魅又易使之妖不勝德正直耻之

虎苑卷下

豢擾第九

梁鴦曰且一言我養虎之法夫食虎者不敢以全物與之爲其碎之之怒也不敢以生物與之爲其殺之之怒也虎之與人異類而媚養已者順也故其殺之逆也吾豈敢逆之使怒哉亦不順之使喜也何則喜之復也必怒故曰不處中和勢極則反必然之數耳

孔公文韶爲廣西按察使艤舟江口鄰舟有占城人進虎京師延公過舟虎在圈中毛色炳煥一夷人能

馴虎開圈弄虎手探口中略無所損戲其足輒退縮夷人言虎惜爪距故也又呼其名即長吼吼駭然而退

董奉爲醫術甚神種杏成林人來謝者使益種杏杏實時虎守杏不去

江口孫御史夫人養一乳虎甚馴著牀屏間玩弄如意後虎漸大夫人歸寧扃虎室中五日方還虎楞甚見夫人便作礴噬狀夫人大驚命格殺之

扶南王范尋常畜生虎人有訟未知曲直輒投虎虎不噬則爲直于是蠻貊之人祀虎爲神

讚曰猛獸野心反噬非久出柙遺害咎歸典守上林濇風嗇夫緘口破檻脫檻牽攘以走

搏射第十

卞莊子曾好勇嘗刺虎館豎子止之曰兩虎方食牛牛甘必鬬則大者傷而小者亡從傷而刺一舉當兩獲莊子然之果獲二虎

李禹有勇力帝使刺虎縣下圈中未至地有詔引出禹以劍斫絕纍欲刺虎上壯之

李廣在北平出獵見草中石以爲虎射之中石飲羽視之石也明日更射不復入

李廣與兄弟獵于宜山見臥虎射之一矢即殪斷其頭爲枕示服猛也鑄銅象其形爲溲器示厭之也今人作虎枕自廣始又謂溲器曰虎子穆天子時有虎在葭中七萃之士曰高奔戎乃生捕虎而獻之天子命神而畜之東虞是曰虎牢

孫權好畋長乘馬射虎虎突前攀馬鞍張昭變色諫權謝曰年少不能慮事然猶不能已命作射虎車

周處年少時凶彊俠氣爲鄉里所患又義興山中虎長橋下蛟並皆暴犯人謂三横而處尤劇處聞有自新意便射殺蛟及虎虎名邅跡乃白額虎也

天寶中緱氏縣太子陵仙鶴觀每年九月三日夜即有道士一人上仙張竭忠爲令不信命勇士執兵夜覘之三更後見黑虎入觀銜一道士射之不死乃棄道士而去其年遂無上仙者明日令大猳石穴中捴殺數虎得金簡玉籙冠帔骨髮甚多皆前時上仙者也觀遂廢爲陵使之居

勝國時張興祖萬戶善射虎平生射殺十數虎他日遇虎一發而踣語人曰闘生虎驕可療齒因拔之虎氣垂絶猶爪裂其轊人遂目之爲殺虎張

黄埭阮其有膂力溪行遇虎突入其舟阮前抱虎腹相持入水踰時廼出虎逸去阮歸晝寢猫登其榻蒙中驚呼虎至戰汗死

肇慶人言其鄉有人善捕虎夜持藥矢蔽林中聚薪燃火有虎與熊偕來附火人潜發矢射中熊疾熊發矢怒視虎已而痛甚即拔巨木擊虎虎死熊纔之斃兩獲焉

孔公文部卒都昌時一卒長身多力夜行遇虎乃登木木無巨幹虎怒齧之欲仆卒躍下持虎尾不解道無行人語虎曰吾與若俱力盡捨之恐見食即不食我當三號虎便三號卒縱之掉尾而去

義興王昌六絶有力能拔樹嘗之野見人持鎗遂虎王取槍鼠折之笑曰槍柔若此虎烏能死哉拔道傍巨竹剡其末未竟而虎來張頤向王王以竹貫其喉見持虎兩足擲林中則已僵矣

陸丞童子師包君家龍丘山中地多虎與妻家隔嶺居妻弟某生素剛愎夜飲包家昏黑欲歸不能止登嶺月出一虎蹲石上見人方張頤未及踴躍生遽以轊擲之趨歸視轊已裂矣明日嶺上行人言虎脫頤死

山西有人善搏虎蓄一弓極勁出必自隨一日官命捕虎山中使其侶將弓以從道語間虎出于簿函呼弓來其侶倉皇惧以他弓與之而將弓者遠矣柔不堪用應手折其人以手扼虎足虎人立而吼虎頷骨

楊塈抵擊不已賴有鐵幘可禦不然碎首矣日且墨
道無一人其人恐更有他虎當不可禦遂伸臂與虎
一挃而虎死焉葢虎性甚耿有不如意即憤極須驁
人乃死其人識虎性故假手殺之吾奘中人官山西
親見之召至啓其臂傷痕尚新也
讚曰徒博稱暴輕生奚取雅歌不敢風云傷汝飛
將射石飲金沒羽畢行三軍嗟嗟誰與

神攝第十一

仙人鄭思遠長騎虎故人許隱病齒求治鄭曰惟得

虎鬚及熱插齒間當愈即拔數莖與之因知虎鬚治
齒也
老彭殷大夫也姓籛名鏗歷夏至殷八百餘歲歷踼
有彭祖仙室常有兩虎在祠左右前世禱請風雨莫
不輒應祠訖地即有虎跡云
東海黃公能御虎佩赤金刀以絳繒束髮及衰老力
憊飲酒過度不能復行其術秦末有白虎見于東海
黃公乃以赤刀往厭之術旣不行遂爲虎所殺二輔
入俗用爲戲

介象入山求神仙臥石上有虎舐象額象寤謂虎曰
天使汝衛我者汝留若山神使試我者汝去虎乃去
吳猛有道術同縣鄒惠政迎猛夜于中庭燒香虎來
抱政兒超籬去猛語云無所苦須臾當還虎去數步
忽送兒歸
貴州僧結菴龍虎山下嘗赴齋市人家倩四僕肩輿
以行至即從主人求密室閉僕其內加扃鑰戒勿與
食主人念僕遠來不當令枵腹俄聞咆哮走視之皆
虎也驚悖毛竦爭來言僧但微笑齋罷啓鑰喚出依

然僕也遂舉輿去葢始以法攝制山中虎耳
土官祖有神術能捕虎長樂謝士元守建昌虎近郭
噬人士元自往捕之兵衛甚盛祖過見之笑曰捕一
虎何輙張耶守知其神召問之曰第令衆人毋呼我
姓名聽我指使虎易制耳乃令東芻燃火先行毋伐
金鼓旣至虎所虎踞竹林中祖被髮而進以袖拂虎
頭虎不動遂乘之以行觀者塞道及郭門一人呼曰
官先生騎虎來矣虎遂回首齧祖足祖亟呼獵徒帶
稍刺殺虎人問祖何術曰玄壇法也葢道家謂玄壇

神能伏虎耳

讚曰至人御虎身尊道高馴服無忤如豕于牢蕡

公習幻絳繒赤刃術衰乃死角觝遺嘲

人化第十一

牛哀病七日化而爲虎其兄啓戶而入虎搏殺之方其爲人也不知其將爲虎也及其爲虎也不知其嘗爲人也

宣城太守封邵化爲虎食郡民民呼曰封使君時人語曰毋爲封使君生不治民反食民

隴西李微皇族子恃才倨傲東遊吳楚莫知所適明年微故人李儼使嶺南至商於界有虎騰出草中見儼匿身言曰故人知我乎我李微也往年歸汝墳病予逆旅夜聞人呼走出山谷間不覺以手攫地而步視髀間斑毛茁然心惡之臨溪顧影已爲虎矣初食狐兔既乃噬人今其骨髮故在嶺下耳行負幽明殊爲羈縶何故人言罷大慟托儼周其家甚哀懇儼回車登嶺見虎吼林中聲震巖谷後從南中取道還歸不復由此矣

處不易爲江陰軍僉判妻病火食絶不食惟啖生肉與趙隔寢婢媵侍疾者輒病死不朞月更三人皆死老兵持肉自戟門入怒不食自後圃即食之趙後得闞衡州妻白晝化虎而去人謂戟門有神而三婢者遭其乘夜吮血故殞焉

葉薦妻譏妬葉七十始蓄一妾妻即求離異築室山後居焉家人日夕省候葉謂不復妬令妾訊之日落不返親詰其處門戶深扃破關而入則妻已化爲虎食妾盡矣

劍州李忠因病化爲虎初忠病久其子買藥歸而省父忠視子朶頤涎流子驚視父已作虎形出外扃其室穴壁窺之乃眞虎矣

乾道五年趙生妻李氏病頭風家人聞虎吼走視之化爲虎頭問之不能言但隕淚撫其幼子與飲食不復食但食生肉日飼數斤久之乃死李生時凶悍人謂惡報云

讚曰凶悖濟惡獸心是聘戴弁峩峩猛踰貔貙五內既乖化爲異類倏焉咆哮啞人不顧

旁喻第十三

易曰大人虎變其文炳也

孔子適楚有婦人哭于路而哀使子貢問之曰爾之哭重有憂乎曰然子貢問其故曰吾舅死於虎吾夫又死焉今吾子又死焉是以哀之子貢曰奚不去也曰無苛政孔子聞之曰小子識之苛政猛于虎也

齊饑陳臻謂孟子曰國人望夫子復勸王發棠孟子曰是爲馮婦也馮婦善搏虎有衆逐虎虎負嵎莫之敢攖衆望見馮婦趨而迎之馮婦攘臂下車衆皆悅

之爲上者笑之

龐共與太子質于邯鄲謂魏王曰今一人言市有虎王信乎王曰否二人言王信乎王曰否三人言王信乎曰寡人信之共曰夫市無虎明矣然而三人言成市虎今夫邯鄲去魏遠于市議臣過于三人願王察之共從邯鄲還果不得入呂蒙欲從軍母止之蒙曰不入虎穴焉得虎子

曹公擒呂布布顧劉備曰玄德卿爲坐上客我爲降虜今縛我亟獨不可一言耶操曰縛虎不得不亟也

韓子曰虎之能縛狗者爪牙也使虎失其爪牙使狗用之則反伏於狗矣

司馬遷曰猛虎在山百獸震恐及在檻穽搖尾而求食積威約之漸也

劉夢得守連州替高霞寓高後入爲羽林將軍承繼顧附書夢得欲請自代劉答書云昔有嫗行山中過虎虎舉足示嫗見有芒刺爲拔去之虎感奮而去及歸擲麋鹿狐兔於嫗家日無虛焉一日忽擲死人入村人執嫗爲殺人嫗說前事得釋乃登垣語虎曰感

則感矣叩首大王更不拋人來也

解學士縉應　制題虎顧衆彪圖云虎爲百獸尊誰敢觸其怒惟有父子情一步一回顧　文皇素不悅仁宗聞此惻然即遣夏原吉迎於南京可謂善諷者矣

讚曰苛政傳譏大人易著君子見幾耻爲馮婦良臣善諷比物援類大君納約罕譬而喻

襍志第十四

爾雅曰熊虎醜其子狗絕有力麙

漢律曰捕虎一購錢三千其狗半之

記曰迎猫爲其食田鼠也迎虎爲其食田豕也詩曰

有猫有虎注謂猫似虎而淺毛疑即俗所謂山猫耳

非如人家所畜者盖猫亦食人特其威猛亞于虎云

易曰虎視眈眈其欲逐逐

三九者陽氣成故虎七月而生陽立於七故虎首尾

長七尺般文者陰陽襍也

淮南子曰虎不可使緣木

風俗通曰人卒得病燒虎皮飲之繫之衣服亦辟惡

縣虎鼻門上宜官子孫帶印綬縣虎鼻門中周歲取

作屑與婦飲之生貴子勿令人知知即不驗亦勿令

婦見之

神荼鬱壘兄弟黃帝時人能執鬼鬼有禍人者以葦

索縛之投食虎於是官常以臘除畫虎桃人于門

方言虎陳魏之間曰李父淮楚之間曰李耳注謂虎

食物値耳而止以觸其諱

百體書中有虎　召奏用虎爪書不可學以防詐

山𤢖一名山臊能役虎害人

周禮方相氏歐罔象罔象好食亡者肝而畏虎與柏

故墓上置石虎樹栢爲此也

二廣俗好於門畫虎頭書聻字

仙藥中有虎脫齒

蝟能跳入虎耳

蠻夷猾夏取此義

猾無骨入虎口虎不能噬處虎腹中自内嚙之今云

虎鷹能飛捕虎豹身大如牛翼廣一丈

虎鬚草江東人織以爲席

禽蟲之善搏生者多稱虎如虩曰蠅虎鳩曰魚虎守

宮曰蝎虎土附曰蝦虎鵴鳩剖葦食蟲曰蘆虎皆以

其善食是物而有是名

士子初登選及遷除朋僚歡燕謂之燒尾說者謂虎

欲爲人惟尾不變須焚之乃變故燕以名海中虎頭

白皮料影三種鯊魚皆能變化

桀之女樂三萬人投虎于市觀其驚駭

子華少學公羊十四擧孝廉到洛陽遇虎爭一羊乃

瞋目按劍斬羊腹虎各以其半去

秦召公子無忌不行使朱亥奉璧一雙秦王怒令著亥虎圈中亥瞋目視虎眥裂血濺虎不敢動

大觀間呂化山中居民夜聞虎鬬聲甚厲已而寂然黎曉覘之見二虎頭八蹄而已意方鬬時别有猛獸過而兩食之後有見異獸下山中金毛五文狀類獅子是必食虎者也然不知其何名

韓蘄王夫人京口倡也嘗五更入府賀朔見虎蹲臥廊間駭甚趨出不敢言已而衆至復往視之廼髃卒也蹴之起問姓名爲韓世忠心異之歸告其母具酒

邀韓約爲伉儷蘄王後貴遂封兩國夫人

宋丞相范文穆公好談虎搆軒曰説虎

被虎傷者當啖菜油三四盌

龍丘山農家窶甚里胥至欲烹抱雛母雞爲供具胥恍惚見黃衫女前拜乞命俄失所在入屋見其家縛雞胥不許去數日復來雞已抱出一群雛見胥飛鳴作相感狀胥出門遇虎幾欲近忽一雞飛撲虎眼胥得逸去却還其家已失雞問之云朝來飛去胥具述虎事共往尋之雞已折翮斃草間自是山中不復食雞

鉛山趙氏乳犬引雛行虎來攫母犬趙持矛呼衆逐虎虎趨捷莫能及雛犬悲鳴嚙虎尾虎憚追莫敢回顧帶之而走骨挂榛棘灑血殷地終不肯釋虎爲犬所累犇逸稍遲遂遭追及死于刃下矣

魏明帝于宣武場上斷虎爪牙縱百姓觀之王戎七歲亦往看虎承間攀欄吼觀者辟易顛仆戎湛然不動了無恐色

吳王徐知誥嘗遊秋山除地爲廣塲編虎皮爲大幄率僚屬會其下號曰虎帳忽暴風飄帳碎如飛蝶知

誥心惡之歸數日病卒

吳俗好鬬蟋蟀用黃金花馬爲注里人張生爲之屢負禱于玄壇玄壇張所素奉夜夢神云遣吾虎助爾在北寺門下張覺往尋之獲黑蟋蟀甚大每鬬輒勝獲利甚豐久之乃死

陳氏家義興山中夜半虎當門大虓闢門視之乃一少艾雖衣襦凋損而姿不傷問知是商女隨母上墓作寒食爲虎所啣至此陳婦見其端麗諷之曰能

爲吾子婦乎女謝惟命乃遂配其季子踰月其父母蹤蹟得之喜甚遂爲婚姻目曰虎媒

趙南仲丞相居溧陽私第作圈養四虎圈近火藥庫藥焙遺火衆砲倏發地震屋傾四虎悉斃人以爲駭

元時外夷貢獅子虎頭狗身形色不類官中以爲非眞夷人牽入虎牢虎皆帖伏不敢動獅遂溺于虎首虎益慴懼由是信爲眞獅子也

宣德間程雲南爲尚寶一日被召至虎城傍門啓虎突出程驚呼不已 上大笑蓋虎去爪牙上特用戲

之耳

國朝劉馬太監從西番得一黑驢進 上能一日千里又善鬬虎 上取虎城牝虎與鬬一蹄而斃又鬬牡虎三蹄而斃後取鬬獅獅折其脊劉大慟葢龍類也

讚曰六經譚虎聖人之書班班載籍雲爛星垂分篇劃牘採綴紛紜蒙茸支離裨益多聞

名馬記

越郡李翰

龍馬

伏羲時龍馬負圖出河遂則其文以畫八卦

飛黃

淮南子曰黃帝治天下飛黃服皁高誘曰飛黃如狐背有角日行萬里乘之壽三千歲韓愈曰飛黃騰踏去不能顧蟾蜍

應劭曰乘黃龍翼馬身黃帝乘而仙

唐龍馬

尚書中侯曰堯時龍馬銜甲赤文綠色臨壇上甲似龜廣袤九尺圓理平上五色文有列星之分斗政之度帝王興亡之數

神馬騰黃吉光騕褭飛兔駃騠 騕音咬褭音裊駃音決

孝經援神契曰德至山陵則澤出神馬

瑞應圖曰騰黃者神馬也其色黃王者德御四方則至一名吉光乘之壽三千歲此馬無死時

騕褭與飛兔同以明君有德則至飛兔日行三萬里

禹治水土勤勞天應其德至駃蹄者后土之獸也自
能言語王者仁孝於民則出禹治水有功至

漢書音議曰騕褭神馬也赤喙黑身

宋志曰漢元和中騰黃見郡國

驪

記曰夏戎事乘驪殷乘翰周乘騵夏駱馬黑鬣殷白
馬黑首周黃馬蕃鬣號曰曾有三代之馬

吉黃

周書曰犬戎之馬赤鬣白身目若黃金名曰媽吉黃

之乘成王時來獻或曰文王時獻之 媽一作駁媽音民駁音文

八駿

拾遺記曰周穆王馭八龍之駿一名絕地足不踐土
二名翻羽行越飛禽三名奔霄夜行萬里四名超影
逐日而行五名踰輝毛色炳輝六名超光一形十影
七名騰霧乘雲而奔八名挾翼身有肉翅遞而駕
按轡徐行以帀天地之域

翠龍

楊雄河東賦注師古曰翠龍穆天子所乘馬也

玉馬

瑞應圖曰玉馬者王者清明尊賢則至一本曰玉
馬者師曠時來

驌驦

左傳唐成公有兩驌驦馬

文馬

左傳宋人以文馬百駟贖華元于鄭

朱鬣

左傳宋公子地有白馬四公嬖向魋魋欲之公朱其

尾鬣以與之

啟服

左傳衛侯來獻其乘馬曰啟服

秦七馬

古今注曰秦始皇有七名馬一曰追風二曰白兔三
曰躡影四曰追電五曰飛翻六曰銅雀七曰晨鳧

楚騅

史記項王駿馬名騅常騎及敗至烏江謂亭長曰吾
騎此馬五歲所當無敵不忍殺以賜公

九逸

西京雜記漢文帝自代還有良馬九匹皆天下駿足也名曰浮雲赤電絶群逸驃紫燕綠螭驄龍十驎駒絶塵號九逸

烏孫天馬

張騫傳元狩中得烏孫馬好名曰天馬及得宛汗血馬益壯更名烏孫馬曰西極馬宛馬曰天馬

赤兔

曹操傳呂布有駿馬名赤兔常騎乘之時人爲之語

曰人中有呂布馬中有赤兔

絶影

後漢書曹公所乘馬名絶影

白鶴

拾遺記曹洪與魏武所乘之馬名曰白鶴時人諺曰憑空虛躍曹家白鶴

上黨澤馬

宋志魏黃初中上黨得澤馬

紫騂

魏志陳思王表文帝曰臣於武皇帝世得大宛紫騂馬一匹教令習拜

驚帆

古今注曰曹眞有駃馬名驚帆言其馳驟烈風舉帆之疾也

大宛馬

晉武帝泰始六年九月大宛獻汗血馬

晉太元神馬

晉武帝太元十四年寧州刺史費統言晉寧郡滇池

縣兩神馬一黑一白盤戲河水之上

元馬

華陽國志會無縣有元馬河元馬日行千里死於蜀今元馬冢是也

滇池神馬

華陽國志曰神馬四匹出滇池河中

大宛千里駒

晉載記符堅遣使西域於是大宛獻千里駒皆汗血朱鬣五色鳳膺麟身堅命群臣作止馬詩而遣之

豬白

載記慕容廆有駿馬曰豬白有奇相逸力雋比之於

鮑氏驄命鑄銅以圖其象親爲銘贊鐫勒其旁置之

薊城東掖門

龍驤

齊書齊太祖乘常所騎赤馬入殿及踐祚號此馬龍

驤將軍

青海驄

隋書吐谷渾有青海中有小山其俗至冬輒放牝馬

名馬記　六

於其上言得龍種嘗得波斯草馬放入海因生驄駒

日行千里故世稱青海驄

康國馬

武德七年康國獻名馬

十驥

唐書骨利幹遣使獻良馬十匹唐太宗爲之制名號

爲十驥一曰騰霜白二曰皎雪驄三曰凝露驄四曰

懸光驄五曰決波騟六曰飛霞驃七曰發電赤八曰

流金騧九曰翔麟紫十曰奔虹赤乃序其事曰[illegible]

則千里飛紅流汗則三條振血塵不及起影不暇生

決波騟

酉陽雜俎曰決波騟走歷門三限不躓太宗尤惜之

隋内庫有交臂玉猿二臂相貫如連環特表其轡

拳毛騧

唐太宗有拳毛騧杜甫觀曹將軍畫馬圖曰昔日太

宗拳毛騧近時郭家師子花今之新圖有二馬復令

識者久嘆嗟

黄驄驃

名馬記　七

樂志書太宗破竇建德乘馬名黄驄驃命樂工製黄

驄疊曲宫調也

波斯馬

吐谷渾傳得波斯馬牧于海生驄駒日步千里

蹀馬

通典唐翔麟鳳苑廐蹀馬俯仰騰躍皆合節朝會用

樂則兼奏之

紅玉

天寶中大宛進汗血馬六匹紅紫青黄丁香桃花叱

櫟上乃改名紅玉紫玉平山淩雲飛香百花聳命圖
於瑤光殿

龍支馬

天寶中皇甫惟明奏龍支縣人庫狄孝義有馬生龍
駒身有鱗而不生毛時有慶雲五色覆馬上久而不
散

赤驃

岑參赤驃馬歌曰君家赤驃畫不得一團旋風桃花
色

太原異馬

唐開元十二年太原獻異馬駒其耳如筒左右各十
六肋肉尾無毛

靈昌異馬

明皇時靈昌郡得異馬於河帝西幸入渭水化爲龍
泳去

龍駒

祥符九年大名監產赤馬肉尾無鬃是龍駒

出格馬

紹興七年五月廣右進出格馬十匹上留其一餘付
殿前司上曰馬之良者不必西北

九花虬

唐書太宗以郭子儀收復偃師功賜九花虬馬

肉騣

蘇東坡集泰州進一馬項下重胡倒毛生肉端此肉
騣也

促織志

公安袁宏道

論畜

京師人至七八月家家皆養促織余每至郊野見健夫小兒群聚草間側耳往來而貌兀兀若有所失者至於溷廁污垣之中一聞其聲踴身疾趨如饞猫見鼠瓦盆泥罐遍市井皆是不論老幼男女皆引鬪以爲樂

論似

有一種似蚱蜢而身肥大京師人謂之聒聒亦捕養之南人謂之紡線娘食絲瓜花及瓜穰音聲與促織相似而清越過之余嘗畜二籠挂之簷間露下凄聲徹夜酸楚異常俗耳爲之一清少時讀書杜庄聆髮松林景象如在目前自以蛙吹鶴唳不能及也

又

又一種亦微類促織而韻致悠揚如金玉中出温和亮徹聽之令人氣平京師人謂之金鐘兒見瞻則[illegible]遇明則止兩種皆不能鬪故未若促織之盛

論體性

嘗觀賈秋壑促織經其略謂蟲生於草土者其身軟生於磚石者其體剛生於淺草瘠土磚石深坑向陽之地者其性劣

論色

其色白不如黑黑不如赤赤不如黄黄不如青

又

白麻頭青項金翅金銀絲額上也黄麻頭次也紫金黑色又其次也

論形

其形以頭項肥脚腿長身背濶者爲上頭尖項緊脚瘦腿薄者爲下

論病

蟲病有四一仰頭二捲鬚三練牙四踢腿若犯其一皆不可用

名色

其名色有曰牙青拖肚黄紅頭紫狗蠅黄錦蓑衣肉[illegible]頭金束帯齊旅翅梅花翅琵琶翅青金翅紫金翅

馬頭金翅油紙燈三段錦紅鈴月額頭香色肭鈴之
類甚多不可盡載

養法

養法用鰍魚夌肉蘆根蟲斷節蟲扁擔蟲煮熟栗子
黄米飯

治法

醫治之法嚼牙喂帶血蚊蟲内熱用豈芽尖葉落胎
糞結用蝦婆頭昏川芎茶浴咬傷用童便蚯蚓糞調
和點其磨口

總論

石公曰已上乃促織之態貌情性纖悉必具嗟乎一
蟲之微妙曲折如此由此推之雖蠛蠓蟭螟吾知其
情狀與人不殊矣

促織志

麻城劉侗

産

永定門外五里禾黍堯堯然被野者胡家村禾黍中
荒寺數出質兆萬接所産促織矜鳴善鬬殊勝他産

捕

秋七八月游閑人提竹筒過籠銅絲罩詣蘩草處缺
墻頹屋處甎甓土石堆磊處側聽徐行若有遺亡跡
聲所縷發而穴斯得乃探以尖草不出灌以筒水躍
出矣視其躍状而佳逐且捕之

辨

捕得色辨形辨之辨審養之養得其形若氣試之試
而才然後以鬬

材

促織經曰蟲生于草土者身軟磚石者體剛淺草瘠
土者性和磚石溪坑及地陽向者性劣若是者穴辨
凡促織青爲上黄次之赤次之黑又次之白爲下蝱說
紅麻頭白麻頭青項金翅金絲額銀絲額上也黄麻

頭次也紫金黑色次也　若是者色辨首項肥腿脛長
背身闊上也不及斯次反斯下也　其號之油利撻蟖
彀青棗核形土蜂形金琵琶紅沙青沙紺色爲一等
長翼梅花翅土狗形螳螂形飛鈴爲一等皂鷄蝴蝶
形香獅子爲一等　若是者形辨養有飼焉有浴焉有
病用醫焉　鰻魚菥撮蟲水蜘蛛區檐蟲滿紅蟲蟖白
粟黄米飯食養也搾小青蟲汁而糖調之以浴臆脾
甜水以滌水養也蟲病而治之水畔紅蟲主積食蚊
帶血者主冷卵蜍蛔上日樺樾蟲主熱粉青小青蝦

主闘後自然銅浸水點者主闘損茶薑點者主牙損
童便調蚯蚓糞點者主咬傷竹蝶主氣弱蜂主身瘦
醫養也　如是促織性良氣全矣中則有材焉者問試
而亟蓄其銳以待闘

闘

初闘蟲主者各内蟲乎比籠身等色等合而内乎闘
盆蟲勝主勝蟲負主負勝者翹然長鳴以報其主然
必無負而僞鳴與不闘而巳負走者其收辨其養素
其試審也蟲闘口者勇也闘間者智也闘間者俄而
闘口敵蟲弱也闘口者俄而闘間敵蟲強也

名

考促織爾雅曰翰天鷄李巡曰酸鷄郭璞曰莎鷄一
曰樗鷄方言曰蛀蟀一曰蜻蛚爾雅翼曰蟋蟀生野
中好吟于土石磚瓦中闘則矜鳴其聲如織故幽州
謂之促織也

留

促織感秋而生其音商其性勝秋盡則盡今都人能
種之畱其鳴深冬其法土于盆養之蟲生子土中入

冬以其土置煖炕日水灑綿覆之伏五六日土蠕蠕
動又伏七八日子出白如蛆然置子蔬葉仍灑覆之
足翅成漸以黑匝月則鳴鳴細于秋入春反僵也

俗

凡都人闘促織之俗不直閭巷小兒也貴遊至曠厥
事豪右以銷其貲士荒其業今亦漸衰止惟嬌姹兒
女闘嬉未休

別

然嬉之蟲又不直促織有蟲黑色銳前而豐後

皆岐以躍飛以翼鳴其聲磴稜稜然蟲也宵即鳴鳴竟刻明即止瓶以琉璃飼以青蒿狀其聲名之曰金鐘兒有蟲便腹青色以股躍以短翼鳴其聲聒聒夏蟲也絡緯是也晝而曝斯鳴矣夕而熱斯鳴矣稽籠懸之餌以瓜之瓤以其聲名之曰聒聒兒其先聒聒生者曰蚪螞蚱以比于聒聒腹大似泿囊翅太似恨長鳴太似恨細有蝍蟉者蛚也馬蝍蟉者蟬也名以聽者之所爲情寂寥然也鳴益呼其候焉三伏鳴者聲躁以急如曰伏天伏天入秋而凉鳴則凄短如曰

秋凉秋凉取者以膠首竿承焉驚而飛也鳴則攸然其粘也鳴切切如曰吱吱入乎手而握之鳴悲有求如曰施施促織之別種三肥大倍焉者色澤如油其聲呦呦呦曰油胡盧其首大者聲梆梆曰梆子頭銳喙者聲篤篤曰老米嘴三者不能鬭而能聲擯于養者童或收之食促織之餘草具螞蚱之種三俱不鳴青翼而黃身躍近而飛遠飛則見其襲羽或紅焉或黃焉曰螞蚱其青而長身者曰匾蟲嬉者股繫而提之使飛不止以覩其襲羽其扁身長脰昂首出肩者

刀郎螳螂也性怒無所畏讓嬉者亦股繫而觸之以觀其怒也蜻蜓之類三大而青者曰老青紅而黃者曰黃兒赤者曰紅兒好繫水而飛飛童圈竹結絲線綱曰絃循水次群逐而撲之名呼以䚂曰棲棲撲着曰絃着得一曰一朶以色玩如花也別有鱉身象鼻而貝色大如朱纓曰椿象生椿其臭椿也不可觸有若牛赤豆而草麻點者曰瓢兒生蔬畦捉之則溺腥黃汚不可脫而童手之不已也有金光而綠色甲堅而鬚勁以動曰金牛兒黑色白點曰春牛兒無所可

娛也繫而髮之則已有玄身而兩截形剛而性媢其後首則前頓聲嘣嘣然仰置之彈而上還復其故處不能遂覆而走也曰叩頭蟲一曰擣碓蟲焉

四明屠本畯

張將軍九嵕先生者元戎觀甫之尊公也博物洽聞猶嗜著述嘗遊蛟川滃州小白華諸境而食海味隨筆作贊頌銘解十六品此品傳而觀其品者足慰名飲誦其文者良深雋永增四明海錯一段奇事矣第鰉魚青鯽澹菜黃蛤鱉無雄蟹郭索之類或信訛傳或未詳攷或評隲稍嚴或賞譽差隆不佞因而索隱于條下政恐失真故爲訂訛也然

蘇長公以江瑶柱爲蟹類皆信譌傳則何異張將軍之以黃魚爲鰉青鯖爲鯽乎唐詩云海味惟甘久住人不但于味卽其名亦久習人方得不譌耳不佞宦遊閩中著海錯通譜今十六品出而余瞠乎其後矣

海物惟錯久住人甘贊頌銘解久住人請山海有經景純贊成猗歟九嵕有贊有銘文綵品儁品籍文宣甬海之東遂成不刊節彼贊銘海物惟異厖世奇人曷標厥麗

蚶子頌

内柔而茹外剛而錯惟柔乃食其肉惟剛幾磨其殼茹其肉棄其殼蚶乎蚶乎其贊食指之甘而扶糟丘之酣者乎

江瑶柱贊

宼于江石髓瓊漿美如瑤雲腴露膏圓而柱玉鬚冰筋倘生北海伯夷不採西山之薇以供赤松喬矦永辟人間之穀笑說麟脂是俗羹不堪大嚼屠門肉

索隱曰蘇長公嘗作江瑶柱賦余未及見也又言

雖禪人衲子亦當朶頤何大爲饞口開例耶若覽此贊又添一滑稽案矣想蘇公賦不過此耳

子蟹解

蟹何多名也爲彭蜞爲彭蜎爲彭越爲招潮爲郭索爲博帶爲傑步爲狠螳蟹何多名也鱸魚紫蟹子江南爲勝謂殼上斑點者是蘇長公最嗜蟹有詩曰半殼含黃須點酒兩螯宜紫勸加飡但汝爲無腸公子今何又爲多子夫人夫仁人之于汝子也何不視之爲鳲鳩又何忍視之爲螟蠕也言下有一轉語曰應

作不喫法

索隱曰凡蟹之行人皆稱爲郭索而非別有一種及觀怪山傅子翼蟹譜亥行爲螃蟹横行多足爲郭索也

礪房賛

蜂房水窩幾千萬落附石以生得潮而活所茹海藻所吞月魄貯白玉甌雲凝霧結沁甘露漿延流溢咽是無上味形容不得

索隱曰一名牡礪出海島壓石而生其殼磈礧相

粘如房楊升菴賛云海曲礪房或名蠔山嵜渠磊砢牡牝異斑肉曰礪黄醲味海蠻同野先生兼富其味更詳之

淡菜銘

食土之毛有淡其菜淡而不厭毛猶有倫淡味也內也毛象也外也食其味核其象觀其外知其內可謂之西子不潔誰言是東海夫人魯論鄉黨篇曰色惡不食臭惡不食失飪不食不時不食蓋兼之矣

索隱曰淡菜土名殼菜味清而美不作腥氣未可以其形不雅而謂之色惡不食臭惡不食也銘貶太嚴

土鐵歌

土非土鐵非鐵肥如澤鮮如屑乍來產自寧波城看時却似嘉魚穴盤中箇箇瑪瑙烏席前一一丹丘血見者嘗飲者嚥舉杯喫飯兩相宜腥腥不惜廣長舌

索隱曰土鐵一名泥螺出南田者佳五月梅雨收製三吳士人酷嗜土鐵者謂不但喫飯飲酒即點茶亦妙予嘗舉以爲笑

蟳頌

豐若無肌柔若無骨截之肪耶盡之脂耶乳沉雪山鉢底酥凝玉門關外露滴仙盤掌中其郎若箇之化身也耶

索隱曰蟳身柔如膏無骨鱗細口闊齒多一作鱙諺曰人孱弱者曰蟳水族風味眞上品也頌若華衮妙極形容

蛤有多種

蛤與蚌同類而異形也長者爲蚌圓者爲蛤海蛤百

歲燕所化也蛤蠣千歲鳥所化也蛤蜊殼薄而小候
風雨以殼為翅而飛也蛼蛤兩頭皆尖也文蛤小而
色紫也車螯大而殼厚也姑勞似車螯而薄也蜆亦
蛤也石蜐蛤也待春而叢生也石華蛤也附石而零
生也諸蛤皆產于海中而此間又有呼為黃蛤者甚
作

索隱曰石蜐土名龜脚又名佛手蚶皆以象形立
名其肉端有兩黑爪至春月散開如葩故閒居賦
云石蜐應節而揚葩是也古詩云東經石蜐春當

是蚶類

黃蛤贊

類若蕉實出于沙汀聚如繁星輕如蜂翎味如寧馨
其於大者何不覗之如丁丁而其於小者何不任之
為形形

鱟箋

形如覆釜色如紺碧血如蔚藍尾如禿戟負如浮圖
行如屈折眼竅于背足攢于腹珠綴于肋乘風曰帆
聯遊曰筏伏雌曰媚奇形異狀莫詳其說解曰東海

閑行覓鉤槎先生浪道似魚蝦急將一甲歸圖畫始
信魚翁舌不差

索隱曰鱟介屬口足皆在覆斗之下每雌負雄雖
風濤不解故漁必雙得之以竹編為一甲鬻焉埤
雅云鱟尾燒之可辟蚊然蚊螫之輒甦又暴之日
中往往無恙隙光射之即死未知其故何也若形
色狀態則備于此箋矣

團魚說

鱉河伯從事也狀如覆肺四目六足專以目聽其稟

異也所伏之處必有浮沫藏形于淵伏卵于陵純雌
無雄以思想生其性異也江南漁人得鱉于渚繫于
簷前明日視之則一巨蛇也其化異也即煮鱉之章
詩人為孝友之張仲美而羅衣託夢古人以為怪也
而今而後吾且以物為路諸父之不食而願為崔弘
度之放舍也孔子曰丘未達不敢嘗

索隱曰團魚有雄有雌雌者腹藏卵能生產而無
腎雄者腹藏腎而不藏卵古詩雄兎走趧趚雌兎
眼迷離則兎亦有雌雄矣

醉蟹贊

世人皆醉而我獨醒者靈均也世人皆醒而我獨醉者伯倫也不肯以我之察察而受物之汶汶棄世者也甘我之沉沉而任物之彼彼溷世者也以汝之醉蘇我之醒以其昏昏使人昭昭再飲再醉舉杯持螯是謂醉蟹解我宿酲

索隱曰自非備嘗拂鬱焉能托物陳情宛轉若此讀醉蟹贊吾欲擊唾壺矣

鰉魚鯗魚銘

鰉魚一名鱑魚骨軟肉細其味頗佳春夏乃生謂之春來惟多乃鮨名曰白鯗海水茫茫亦有灌莽舟人以漁四兩舉網其意云何千萬垓壤民利用生亦可以養鮮者爲鰉登不燕饗乾者爲鯗二盆用享水陸之閒行識受想亦復如是曰鰉曰鯗

索隱曰鰉魚黄魚各有一種肉與味亦自不同即如吾郡梅魚比黄魚極小肉與味正相似閩中呼爲小黄魚其鱗色燦爛金星如大黄魚也然又各自一種今銘合鰉黄爲一種誤矣蓋鱘鰉別是一種吾郡嘉靖末年網者得之以爲怪物棄于海中間有去鼻而貨食者邇來亦知爲鮮矣終不甚貴也黄魚謂之石首者腦中藏二白石子故名又謂之洋生魚土人從小滿節候黄魚散子在海洋中魚貫串若山移而過商人倩漁師聽魚聲乃報曰釣魚來有幾里幾里云漁者舉網或得千萬頭或空不得蓋遇與不也今黄鰉大相懸絕毫釐千里用是訂訛

青鯽歌

撲茅積得玄鯽顔如漆味如腊煮向石防中咽嘆蟠桃吐崑核比五葷是雞肋中間棄之殊可惜

索隱曰青瘠魚身扁而鱗色俱白以背上一條青脊得名非青鯽魚也其膏腴甚美出泰化縣士庶咸珍之在諸魚之上過清明時候腦中生蟲名魚蝨其蝨漸大而魚亦漸瘦便不堪食蓋不時不食矣豈張將軍食此魚時正在生蝨之候爲過時之食耶歌刺稍嚴矣然以瘠爲鯽土人故自訛耳以白爲玄未渓覩厥狀也

蟶贊

其形如淡菜而其堅也闇闇其肉如蝦蛤而其味也泊泊即不謂之腥鯖亦可謂之肉臛固不尊之爲大嚼亦可謂之爲細餟悠悠獨酌三嗅而作

鰌魚頌

駕青虬驂玄螭肥而癡湼而淄似烏鰂比黑魚不嫌入淤而食泥猶堪哺糟與啜醨

魚品

遯園居士

江東魚國也爲人所珍自鯽魚刀鱭河豘外有鯉青黑色有金光隱閃大者貴有鯶似鯉而身狹長鱗小而稍黑有青魚類鯶而鱗微細有鱖巨口細鱗蘇子所謂狀似松江之鱸者也㞚利如錐肉緊而無刺類鼈螯有白魚身窄而長鱗細白肉甚美而不韌有鯿小頭身横視之圓如盤而側甚薄大者曰鮥腹脊多腴有鯪身圓如竹頭尖而喙長俗所名火篇觜也善啖諸魚而品下有鱘鼻長與身等口隱其下身骨脆美可啗爲鮓良其腮曰玉梭衣有鱧身似鱓而色純黑頭有七星俗曰烏魚道家忌食之其性耐久埋土中數月不死得水復活有鮰頭微扁而身青白色無鱗尾無歧肉最肥張志和詩桃華流水鱖魚肥即此第此魚惟秋爲美俗曰菊華鮰有鲇頭扁而口哆濶身黄黑白錯尾如鮰小者曰汪刺有鯽水中自產爲野魚以後湖者良性獨屬土有鰱頭巨而身微類鯿鱗細肉頗膩江南人家塘池中多種之歲可長尺許

係曰此家魚也有青白二種大者頭多腴爲上味有麪條魚身狹而長不踰數寸銀魚之大者也裴以麪糊油煠而薦之又有黃鯉鰻鱺皆以魚名其形質實一蛇別爲一族與蝦鱉同

說郛續目録

冥寥子游

四明屠隆

冥寥子爲吏困世法與人吐匿情之譚行不典之禮何謂匿情之談主賓長揖寒暄而外不敢多設一語平生無斯須之雅一見握手動稱肺腑掉臂去之轉盻胡越面頌盛德則夷也不旋踵而背誹之也燕坐之間寔辨有口迺託簡重身有穢行謬爲清言攫要言譎實莊語觸忌則一切置之而別爲浮游不根之譚誑而假優伶之謳歌以亂之即平日口鼻悉非我

可嗔喜笑罵總屬不眞俗已如此雖欲力矯之不能何謂不典之禮賓客酬應無論尊貴雖其平交終日磬折俛首何嘗于天而日與之遠何親于地而日與之近貴人纔一啓口諾聲如雷一舉手而我頭已搶地矣彼此相詰絕不欲見而下馬投刺徒終日僕僕夫往來通情非舉行故事也先王制禮周如是乎褒衣束帶縛如檻猿虱噆膚癢甚而不可捫跬步閒行輙恐除官守馬上以目注鼻視不越尺寸視越尺寸人即從旁偵之溺下至不可忍而無故莫敢駐足其大者三尺在其前淸議在其後寒暑撼其外得失煎其中豈惟縲絏之夫哉雖有豪傑快士通脫自喜不涉此途則已一涉此途不得不俛而就其籠絡冥寥子將縱心廣意而游于漭瀁之鄉矣

或曰吾聞之道士處靜不枯處動不喧居塵出塵無縛無解俄而柳生其左肘有鳥巢于其頂此亦冥靜沉寥之極也供爨下之役拾地上之殘此亦卑瑣穢賤之極也而至人皆冥之子厭仕路之跼蹐而樂奇游之淸曠無迺心爲境役乎冥寥子曰得道之人入

水不濡入火不焦觸實若虛蹈虛若實靡入不適靡境不冥則其固然余乃好道非得道者也得道者權柄在我虛空粉碎投之囂喧穢賤若濁水靑蓮淤而不染故可無擇乎所之余則安能若柳之從風風寧則寧風搖則搖若沙之在水水淸則淸水濁則濁余嘗終日淸靜以晷刻失之終歲淸靜以一日失之欲聽其所之而在境不亂不可得也使天子可以修道則巢許何以箕潁使國王可以修道則釋迦何以雪山使列侯可以修道則子房何以謝病使庶官可以

修道則通明何以挂冠余將廣心縱意而游于莽蕩之鄉矣

或曰願聞子游真寥子曰夫游者所以開耳目舒神氣窮九州覽八荒采真訪道庶幾至人吸雲芝逢石髓御風騎氣冷然而飄渺不知其何之然後歸而掩關面壁了大事矣余非得道者宅神以内養德以濟游氣以虚敢不力諸然而未也宅神以内忽而馳乎外養德以濟忽而移于濃游氣以虚忽而着于意其中不寧則稍假外鎮之其心無以自得則或取境娱

之故余之遊迹奇矣挾一烟霞之友與俱各一瓢一衲百錢自隨不取盈而欲令百錢常滿以備非常兩人乞食無問城郭村落朱門白屋仙觀僧廬戒所乞以食不以酒以蔬不以肉其乞辭以孫不以哀畀則去之其不畀者亦去之要以苟免飢而已有疑物色者寧而自免去有見凌者屈體忍之有不得已無所從乞即以所携百錢用其一二遇便即補足焉非甚不得已不用也行不擇所之居不擇所止其行甚緩日或十里或二十里或三十四十五十里而止不取多多恐其罷也行或遇山川之間青泉白石水禽山鳥可愛玩即不及住選沙汀磐石之上或坐而眺焉邂逅樵人漁父村氓野老不通姓氏不作寒暄而約略談田野之趣移晷乃去別而不關情也大寒大暑必投栖止焉而不行懼寒暑之氣傷人也行必讓路津必讓渡江湖風濤則止不渡或半渡而風濤作則凝神定氣委命達生曰苟渡而溺天也即恐寧免乎如其不免則游止矣幸而獲免游如初遭惡少年于道或誤觸之少年行其無禮則孫辭謝之謝之而不

免則游止矣幸而獲免遊如初有疾病則投所止而調焉其同行者稍爲求藥而已則處之泰然内視反聽無怖炊如是則重病必輕輕病立愈如其大運行盡則游止矣幸而獲免游如初蹤迹所至遲者疑焉而以細人見禽或以情脱或以智免如其不免則游止矣幸而獲免游如初行而託宿石庵茅舍無論也託宿而不及即寺門岩阿窮簷之外大樹之下可以偃息或山鬼伺之虎狼窺之柰何山鬼無能爲苦虎狼無術以制之不有命在天乎以四大委之而神氣

丁不爲動卒塡其喙數也則游止矣幸而獲免游如初其游以五嶽四瀆洞天福地爲主而以散在九州之名山大川佐之亦止及九州所轄人迹所到而巳其在赤縣神州之外若須彌崑崙及海上之十洲三島身無羽翼恐不能及也所遇亦止江湖之士山澤之臞而巳若扶桑青童暘谷神王桐柏小有王母雲林諸眞身無仙骨恐不得覯也其發五岳也棘立罡風之上游覽四海之外萬峰如螺萬水如帶萬木如薺星河摩于巾領白雲出于懷袖鵾鷄槩手可拾日

月掠雙髩而過之即嘯語亦不敢縱非惟驚山靈殆恐只尺通乎帝座矣上界晴灝萬里無纎翳下方雷雨晦冥而不知微聞霹靂聲細于兒啼斯時也目光眩瞀魂氣躍躍出壙垠即欲乘長風而去何之乎或西日欲陷東月初吐烟霞晃射紫翠倏奕峰巒遠近乍濃乍淡又或五夜聞鐘聲大殿門不闗虎嘯有風颯颯去披衣起視則兎魄斜墮殘雪在半嶺烟光濱濛前山不甚了了于斯時淸冷逼人心意欲絶又或嶽帝端居群靈來朝瓊佩參差鈴管蕭蕭殿角雲氣

羽帔霞綃恍惚可睹似近而遥快哉靈人之音何彼冷風之斷之也五岳而外名山復不少矣若四明天台金華括蒼金庭天姥武夷匡廬峨眉終南中條五臺太和羅浮會稽茅山九華林屋諸洞天福地稱仙靈之窟宅神明之奥區者莫可殫數芒屩竹杖縱不能遍歷隨其力之所能到而遨焉飲神瀵之水問仙鼠之名啖胡麻之飯餐栢上之露或絶壁危峰陡揷天表人不能到則以索自縋而登或石梁中斷玉扉忽開奮而闖入無恐谽谺穿寥之洞深黑而不見底

儻通一線仰逗天光以火自爇而入焉無恐以尋高流羽士肉芝瑶草及仙人之遺蛻處游于大川若洞庭雲夢瞿塘巫峽具區彭蠡楊子錢塘空濶浩淼魚龍神怪之所出没微風不動空如鏡也神龍不怒抱珠臥也水光接天明月下照龍女江妃試輕綃躡文履張羽葢吹洞簫而出凌波徑度良久而滅胡其冷奕也惡風擊之洪濤隱起鳴賈怒天吳助之大地若磨焉窩縣若簸焉怳乎張龍公挾九子擘青天而飛去胡其險壯也又秀媚靚粧莫如虎林之西湖楊

柳夾岸桃花臨水則麗華貴嬪之開曉鏡也菱葉吐華芙蕖濯濯朝光澄鮮芳香襲人則宜主合德之出浴也天清月朗風物明媚朱閣朝臨蘭橈夕泛則楊家妃子之笑也烟雨如黛群山黯淡奇絕變幻亦大可喜則吳王西施之顰也冥寥子散步西泠六橋已而深入天竺靈鷲禮古先生罷而出訪丁野鶴于烟霞石屋之間又潮音落迎則冥寥子之家山也觀音大士道場在焉采蓮花而觀大海豈不勝哉意興既遠汗漫而行萬里足下耳目偶慊其性或旬

日居之終朝趺坐以煉三寶道德五千言其竅與妙乎玉清金笥其忘與覓乎扶桑玉書其不問隣乎陰符二篇其機在目乎太上指其觀心古佛操其定慧因禪定以求參同則兀如非枯也仙靈之官眞如之寺金身妙相晃燿如日月燭既明矣香既淸矣羽人衲子分蒲團而坐啜茗進藥繙經閱藏小倦則相與調息入定久之而起則月在篠蘿萬籟閴然沙彌以頭觸地童子搧藥爐而瞑于斯之時雖有塵心何由而入也若在曠野矮墻茅屋酸風吹扉淡日照林

羊歸乎長坂飢鳥噪于平田老翁敝衣亂髮而擺桑之下老婦以瓦盆貯水而進麥飰當其情境淒絕亦蕭瑟有致哉若道人之遊以此爲厭薄則不如無遊也若入通都大邑人烟輪轃車馬塡委冥寥子行歌而觀之若集百貨者若屠沽者若倚門而謳者若列肆而卜者若聚訟者若戲魚龍角觝者若樗蒲蹴踘者冥寥子無不寓目焉興到入酒肆沽濁醪焚枯魚生菜兩人對飲微醒長吟采芝之曲徘徊四顧意豁如也驚詫市人何物道者披藍縷蕭然而風韻乃爾

乎衆共疑之蓋仙人云須臾徑去不見高門大第王公貴人置酒爲高會金釵盈座玉盤進醴堂上樂作歌聲遏雲光隷守門拄杖仵乎道人闖入乞食焉雙眸炯碧意度軒軒而高唱曰諸君且勿喧聽道人歌花上露花上露何盈盈不畏冷風至但畏朝陽生江水既東注天河復西傾銅臺化丘隴田父紛來耕三公不如一日醉萬金難買千秋名請君爲歡調鳳笙花上露濃于酒淸曉光如珠如珠惜不久高墳鬱壘壘白楊起風吼狐狸走其前獮猴啼其

流香渠上紅粉殘祈年宮裡替若厚請君爲歡早
回首歌罷若有一客怒曰道者何爲吾輩飲方驩而
渠聲來敗人意亟以胡餅遣之道人則受胡餅趣出
一客謂其從者曰急追還道者前一客曰飲方懽恨
渠來溷人以胡餅逐之善矣何故追還後一客曰僕
察道者有異欲令還而熟視之前一客曰乞兒也向
異之有彼渠意所需一殘羹冷炙而足又一客曰味
初歌詞小不類乞者座上若有一紅綃歌姬離席曰
以兒所見此道者天上謫神仙也兒察其眉宇清淑

賓寥子游　九

音吐俊亮謬爲乞兒狀而舉止實微露其都雅歌辭
深秀乃金臺宮中語固非人間下里之音況吐乞兒
口哉神僊好晦迹而遊人間急追之勿失最後一客
曰何關渠事亦飲酒耳試令追還道者固無奇矣紅
綃者不服曰兒固與諸公無緣文若有一青綃者復
離席曰諸公等以此爲賭墅可乎試令返道者果有
異則言有異者勝返之而無奇則言無奇者勝諸公
大悶曰善令從者追之則化爲烏有先生矣從者返
[illegible]報一客曰吾固知其不可測也紅綃者秋然曰[illegible]

而出門而即烏有耶惜哉失一異人
賓寥子曳杖逍遥而出郭門連經十數大城皆不爲
至一處見峰巒背郭樓閣玲瓏琳宮梵宇參差掩映
下臨清池時方春日部秀鳥鳴嘉樹百卉敷榮城中
士女新裝袨服雕車繡轂競出行春或蔭茂樹而飛
觴或就芳草而布席或登朱樓或攜青雀或並轡而
尋芳或連袂而踏歌賓寥子樂之爲之踟蹰良久俄
而有一書生膚清神爽翩翩而來長揖賓寥子曰道
者亦出行春乎僕有少酒在前溪小閣櫻桃之下朋

賓寥子游　十

儕不乏而欲邀道者助少趣能從我去乎賓寥子欣
然便行至其處若見六七書生皆少年俊雅先一書
生笑謂諸君曰吾輩在此行春無雜客適見此道者
差不俗今日之尊罍欲與道者共之諸君以爲何如
咸應曰善于是以次就坐道者坐末席酒酣暢洽談
議橫生臧否人物揚扢風雅有稱懷春之詩者有咏
采秀之篇者有談廊廟之籌策者有及山林之遠韻
者辨博紛綸各極其至道人在座飲啖而已先書生
雖在劇談中顧獨數目道人曰道者安得獨無言[illegible]

人曰公等清言妙理聽之欣賞而不能盡解又何能出一辭少選諸君盡起行陌上折花攀柳時多妖麗蘼蕪芍藥徃徃目成而道人獨行入山徑良久而出諸君曰道者獨行何爲曰貧道適以雙柑斗酒徃聽黃鸝聲耳一書生曰道者安得作許語差不俗庸知非黃冠中之都水賀監耶道人深自謙抑諸君復還就坐一人曰今日之游不可無作一人應曰良是有一人則先成一詩曰疎烟醉揚柳微雨沐桃花不畏清尊盡前溪是酒家一人曰厨冷分山翠樓空入水

烟青陽君不醉風雨送殘年一人曰戲問懷春女輕風吹綉襦不嗔亦不答只自采蘼蕪一人曰金鞭擲道傍寶馬桃花汗何故擲金鞭儂將試紈扇一人曰青山帶城郭綠水明朝陽日莫那能返開簾延月光道人曰諸公開美詩各佳甚一人曰道人能賞吾輩之詩必善此技某等願聞道人起立謙讓再三諸君固請不輟道人不得已徐曰諸公信一時之秀秖各擅場貧道蟬噪蛙鳴以博諸公噴飯乃吟曰沿溪踏沙行水綠霞紅處仙犬忽驚人吠入桃花去諸君大

驚起拜曰咄咄道者作天仙之語我輩固知非常人也於是競問道人姓名但笑而不答問者不已道人曰諸公何用知道人名雲水野人邂逅一笑即見呼以雲水野人可矣諸君既心異道人于是夕欲挽入城郭道人笑曰貧道浪遊至此四海爲家諸公謬愛即追隨入城無所不可遂因攜入城以次更宿諸君家自是或登高堂或入曲房或文字之飲或歌舞之場道人無不徃者城中傳聞有一雲水野人好事者爭相致之道人悉赴人與之飲酒即飲酒與之詠詩

文即談詩文挈之出遊即出遊詢以姓名則笑而不答其談詩文剖析今古規合體裁頗核或稱先王間及世務兼善恢諧人愈喜之而尤習于養生家言偶觀歌舞近靡曼或調之以察其意道人欣然似類有標韻者至主人滅燭爾兒燕笑媟狎即正容危坐人莫能近夜嘗少卧借主人一蒲團結跏趺其上倦則即其上假寐而已人以此益異焉居月餘一日忽告去諸君苦留之不可得各出金錢布帛諸物相贈作詩送行臨別諸公皆來會惆悵握手有泣下者寘寥

子至郭門第僅足百錢恐出諸公所贈諸物散給食
者而去諸公聞之益歎息莫測所以
寘寥子行出一山路深窅峭隘喬木千章藤蘿交蔭
仰視不見天日人烟杳然樵牧盡絕但聞四旁鳥啼
猿嘯陰風肅肅而恐人寘寥子與其友行許久忽見
一老翁龐眉秀頰肘有綠筋髮垂兩肩抱膝而坐大
石之上寘寥子前揖之老翁爲起注目良久不交一
言寘寥子長跽進曰此深山無人處安得有翛然者
翁殆得道異人也弟子生平好道中歲無聞石火賁

油心切悲歎願垂慈旨以開迷老翁佯爲弗聞固請
之乃稍教以虛靜無爲之旨無何別去目送久之而
滅山深境絕處安得無若而翁者耶
又或隨其所到有故人在焉疇昔以詩文交者以道
德交者以經濟交者以心相知者以氣相期者思一
見之則不復匿姓名徑造其家故人見肅見寘寥子
衣冠稍異怪問之荅曰余業謝人間事通明季眞吾
師也曰公婚嫁畢乎未也以俟其畢如河之清向子
平去則不返余猶將指家山聊以適吾性爾于是

之清齋追往道故數十年之前俛仰一笑俱屬夢境
友人乃低回旣嘆且羨寘寥子共無累之人耶夫貴
賤高張榮華滲漉人之所易溺也白首班行龍鍾盤
跚猶戀此物而不肯舍一旦去之攢眉向人業問車
馬而遲行出國門而回首旣返田舍不屑屑焉耗種
稑理麻豆而日夜問長安之耗或遺書當路故人焉
胸中數往數來直至屬纊乃已有大拜命下之日卽
其屬纊之辰有目瞑數時而朝使後至者大可笑也
子何修而能早自脫屣若此寘寥子曰余聞中觀焉

殆有所傷而悟也余觀于天日月星漢何亢而早夜
西馳今日之日一去卽失雖有明日非今日矣今年
之年一去卽失雖有明年非今年矣天日自長吾日
日短三萬六千朝而外吾不得而有也天年自幻吾
年自短百歲而外吾不得而有也又況其所謂百者
所謂三萬六千者人生常不得滿而其間風雨憂愁
塵勞奔走之日常多良時嘉會風月美好胸懷寬閑
精神和暢琴歌酒德樂而遺妛者知能幾何日月之
行疾于彈丸當其轂轆而欲墮西岩雖有拔山扛

之力不能挽之而東雖有蘇張之口不能說之而東雖有摴里晏嬰之智亦不能轉之而東雖有觸虹蹈海之精誠不能感之而東古今談此事以爲長恨余觀于地高岍爲谷深谷爲陵江湖湯湯日夜東下而不止方平先生曰余自接待以來已三見滄海爲桑田矣余觀于萬物生老病死爲陰陽所摩如膏之在冉火下熬之不斯須而乾盡如燭在風中搖搖然淚枯燼落頃刻而滅如斷梗之在大海前浪推之後浪疊之泛泛去之而莫知所棲泊又況七情見戕聲色

見伐憂喜太極思慮過勞命無百年之固而氣作千秋之期身坐膏火之中而心營天地之外及其血氣告衰神明不守安得不速壞乎王侯將相甲第如雲擊鐘而食動以千指平旦開門賓客擁入日昃張晏粉黛成行道人過之呵聲雷鳴而不敢窺後數十年又過之則蔓草瓦礫被以霜露風凄日冷不見片瓦兒童放牛牧豕之場乃疇昔燕樂歌舞處也方其門盛豪華諧謔歡笑時寧知遂有今日大榮衰歟何其一瞬也豈止金谷銅臺披香太液經百千年而後淪

沒哉暇日出郭登丘隴鬱鬱纍纍燕韓耶晉魏耶王侯耶厮養耶英雄耶騃子耶黃壤茫茫是烏可知吾想其生時耽榮好利競氣爭名規其所難圖而獵其所無益憂勞經營疇不其然一朝長寢萬慮俱畢余嘗宿于官舍送往迎來不知其更幾主也余嘗閱乎朝籍去故登新不知其更幾名也余嘗出關門臨津渡陟高崗眺原野舟事絡繹山川莽蒼不知其送人幾許也歎息沉吟或繼以涕泗則吾念灰矣友人曰晏子有言古而無死則爽鳩氏之樂也齊景公流涕

悲傷識者譏其不達今吾子見光景之駛疾知代謝之無常而感慨係之至于沉痛得無屑達人之識乎賓寥子曰不然代謝故傷傷乃悟也齊景公恨榮華之難久而欲據而有之以極生人之樂我則感富貴之無常而欲推而遠之以了性命之期邈不同也曰子今者遂已得道乎賓寥子曰余好道非得道者也曰子好道而游者何賓寥子曰夫游豈道哉余厭仕路竭蹶人事煩囂而聊以自放者也欲了大事須俟閒關日子一瓢一衲行歌乞食有以自娛乎賓寥子

曰余聞之師蓋有少趣在濟烹羊宰牛水陸畢陳其始亦甚甘也及其饜飽膨脝滋覺其苦不如青蔬曰飯氣清體平習而安之殊有餘味妖姬孌童盡態極妍檛鼓吹笙滿堂男沸其始亦甚樂也及其興盡意敗轉生悲凉不如焚香擁書兀兀獨坐氣韻蕭疎久而益遠某雖常濫進賢冠家無負郭索無阿堵止有圖書數卷載之以西波臣懽爲某累一舉而損之水濱此身之外遂無長物境寂而累遣體逸而心閒其趣詎不長哉一衲一瓢任其所之居不擇處與不擇

物來不問主去不留名在冷不嫌入熱不涸故吾之游亦學道也其人乃欣然而喜曰聆子之言如服清凉散不自知其煩熱之去體也

子既好道願聞其旨夫三教亦有異乎曰無有異也今夫儒者在世之法也釋道者出世之法也儒者用實而至其妙處本虛釋道用虛而至其現處本實譬之人嘉穀以濟饑甘漿以止渴以漿濟饑不濟以穀止渴不止儒者以其道治世修明人倫建立紀綱法精綱密人待以爲命然而世法榮華易生健羨世法無常易生得失世法束縛易生厭苦世法勤勞易生煩躁至于釋道貴寂寞而去榮華重性靈而輕得失離束縛而尚灑落舍煩躁而就凄凉故儒者譬則穀食也釋道譬則漿飲也以釋道治世若以漿濟饑固無所用之欲存儒而去釋道若食穀而不飲漿如煩渴何故三教並立不可廢也曰釋與道亦有異乎曰無有異也釋貴虛靜道亦貴虛靜釋貴無爲道亦貴無爲釋之所重在神故但修性而不言命靈明之極萬劫不壞是性自該命也道之所重在形故多修命

然必性命雙修以性立命而後超凡度世是命不能離性也道家鍊精還氣鍊氣還神鍊神還虛以成大丹而出有入無是有爲而無爲也釋家戒生定定生慧至于慧則靈光所在亦丹也是全以無爲無爲之爲其道愈大也釋家一證真空萬劫不壞長生其所不必言者道家形神俱妙自然長生初非貪長生而修道以長生爲言者蓋爲學人設而非黃老之本旨也道家有專言修命者其道不大雖足延年易壞所謂地仙之輩是也釋家修性不徹則其形既壞而其

神有未能獨立不免投胎奪舍所謂清靈之鬼是也要而言之佛道若成仙何論乎修仙者以佛修仙仙道乃大二氏微有不同其大處同也友人曰子之論三教核矣何患不成冥寥子曰夫道知之非難行之難而不知若盲者之索塗也知而不行畫餅其可充饑乎於是里中之人稍稍有知冥寥子者相期來覩冥寥子懼其疲于酬應乃辭友人而行

至一處乞食或見官府五百縛一貧者而鞭之甚楚索錢不得五百愈怒貧者聲淚俱下一豪家子鮮衣

怒馬從者如雲陵轢市人市人屏息屠兒持利刃宰牛刲羊豕呼聲極哀諸魚鱉蚌蛤鰍鱔堵積如丘山腥穢聞數十里或婦與姑反唇者或子與父誶語者狡童婦飾而姍淫妖娼當門而挑客作過種種冥寥子愍之呼集市人廣爲設法闡菩提之果論天人之福拈三生之緣指善惡之報無住而修行則爲大乘清虛而修行則爲仙品有漏而修行則生天界抱欲而修行則成魔道嗔心而修行則成修羅壞法而毀道則名闡提尷暴而婬毒則化羅刹棄善而縱惡墮地獄惡極而罪大則沉阿鼻其言凱切聽者悚然多有因而改悔者

俄而一書生至與冥寥子論辨書生曰仙與佛果有之乎曰是何言歟今夫凡夫縱欲憂勞則心氣憒耗偶時日清心寡慾則神識爽然人能斂縛真氣保和靈光則成仙作佛又何疑也吾姑淺言之佛道兩藏及高僧傳神僧傳傳燈錄列仙傳諸書往往出至人大儒手百千萬億歲以來彼豈盡無其事而妄言之以欺誑後世者耶神怪鬼魅世人嘗有見聞者有鬼

神則有仙佛何言其無即爲謗道曰所謂東岳酆都閻羅冥官果有之乎曰是何言與今夫明有閻浮提天子宰割四海其下則有宰相六曹監司群牧宣教達情以恩威慶賞整齊萬民而後成世道人天之上有天帝端居統治下土其下則有天神諸將三官萬靈考校人間善惡分別賞罰以彰神理子謂神靈無有寧謂上帝亦無有乎有上帝而無神靈一孤帝巍然于玉清之上乎又何以賞罰善惡而行其教令也曰善惡報應三世因果果有之乎曰作善降之百祥

作不善降之百殃儒者之言也欲知前世因今生受者是欲知來世因今生作者是釋氏之言也今夫愚騃薄惡之子終身富貴慶流子孫非其今生足以受之也或以其前世種福根深也聰明好修之夫夭札坎壈後嗣零落非其今生有以取之也或以前世之修福業薄也不然則此二事遂不可解而上帝賞罰之權倒置矣噴之一少年來戟手而罵寘寥子曰道人乞食得食即去饒舌何爲是妖人也吾且聞之官攘臂欲毆寘寥子寘寥子笑而不荅或勸之乃解

于是寘寥子行歌而去夜宿逆旅或有婦人治容艷態而窺于門須臾漸逼微辭見調寘寥子私念此非妖也耶端坐不應婦人曰吾仙人也愍子勤心好道故來度子且與子宿緣幸無見疑吾將與子共遊于度索蓬萊之間矣寘寥子又念昔聞成子學道荆山試而不遇卒爲邪鬼所惑失其左目遂不得道而絶寘謂以爲猶是成子用志不專頗有邪心故也夫鬼狐或人傷生殞命固也不可近即聖賢見試不遇亦非所以專精而凝神也端坐如初婦人皆然不見矣鬼狐爲魔試皆不可知矣寘寥子游三年足跡幾遍天下目之所見耳之所聞身之所接物態非常情境靡一無非鍊心之助雖泯跡不爲無補哉于是歸而葺一茆四明山中終身不出

廣寒殿記

德御製

北京之萬歲山在宮城西北隅周廻數里而崇倍之皆奇石積疊以成嶄巖乎巍巍乎巉峭峻削盤廻起伏或陡絕如壑或嵌巖如屋左右二道宛轉而上步躡屢息乃造其巔而飛棲複閣廣亭危榭東西拱向頫仰輝映不可殫紀最高者爲廣寒殿崇棟飛檐金鋪玉砌重丹疊翠五彩煥焉軼雲霞納日月高明閎爽而北枕居庸東挹滄海西挾太行嵩岱並立乎前

大河橫帶乎中俯視江淮一目無際寰中之勝槩天下之偉觀莫加於此矣永樂中朕嘗侍　皇祖太宗文皇帝萬機之暇燕遊於此從容之頃　天顔悦懌指顧山川而諭朕曰此古軒轅所都而後來趙宋之疆境也宋弗良于行金取而都之金又弗良元取而都之元之後裔不存殷鑒加弗良焉　天鑒我　太祖高皇帝聖德命之弔伐用誕安天下天下既定高皇帝念前故都也簡於諸子以命我奠茲一方我惟夙夜敬勵不敢怠寧以仰副　高皇帝付託之重賢建文嗣位信用姦回兆亂宗室舉四方全盛之師以加我于時茲城孤立殆一髮引千鈞矣賴　天地宗廟之祐獲以城之孱弱禦老安其邑而存其覆又因以清姦慝奠　社稷而至于今日夫山川猶昔也昔之人以否德而失之　高皇帝以大德而得之我承藉　高皇帝克艱難而保存之奈何其可忘愼德又頒茲山而諭朕曰此宋之艮嶽也宋之不振以是金不戒而徙於茲元又不戒而加侈焉睹其處思其人夏書所爲儆峻宇彫牆者也肆吾始來就國汝

其侈存其槩而時游焉則未嘗不有儆于中昔唐九成宮太宗亦因隋之舊然其泰侈而不改作時資燕游以存監省汝將來有國家天下之任政務餘閒或一登此則延而思吾之言遠而不忘聖賢之明訓國家生民無窮之福矣朕拜稽受命無時或忘書不云乎皇祖有訓詩不云乎儀刑文王肆嗣位以來凡事天愛民一體　皇祖之心敬而行之洞洞屬屬罔間夙夜此登茲山顧視殿宇歲久而陁遂命工修葺永念　皇祖儼如在上敬以所授大訓筆而勒諸槃

右既以自省亦以昭示我子孫於億萬年宣德八年
四月丁亥記

洞簫記

長洲陸粲

徐鏊字朝楫長洲人家東城下爲人美丰儀好修飾而尤善音律雖居廛陌雅有士人風度弘治辛酉年十九矣其舅氏張鎮者富人也延鏊主解庫以堂東小廂爲之卧室是歳七夕月明如晝鏊吹簫以自娯入二鼓擁衾榻上嗚嗚未伏忽聞異香酷烈雙扉無故自開有巨犬突入嚙綴金鈴繞室一周而去鏊方訝之聞庭人語切切有女郎携梅花燈循階而上分

兩行凡十六輩後一美人年可十八九瑶冠鳳履文犀帶著方錦紗袍袖廣幾二尺若世所畫宮粧之狀如玉色瑩然與月光交映眞天人也諸侍女服飾畧同而形製差小其貌亦非尋常所見入門各出籠中紅燭插銀臺上一室朗然四壁頓覺宏敞鏊股栗不知所爲美人徐步就榻坐引手入衾撫鏊體殆遍良久趨出不交一言諸侍女遵從而去香燭一時俱滅鏊驚怪志意惶惑者累日越三夕月色愈明鏊將寢又覺香氣非常心念昨者佳麗得無又至乎逡巡侍

女復擁美人來室中羅設酒殽若几席施架之屬不見有携之者而無不畢具美人南鄉坐顧盼左右光彩煒如也使侍女喚鏊鏊整衣冠起揖之美人顧使坐其右侍女喚鏊捧玉盃進酒味醇冽異常而肴極精腆水陸諸品不可名狀美人謂鏊曰卿莫疑訝身非相禍者與卿宿緣應得諧合雖不能大有補益然能令卿資用無乏飲食常可得遠味珍錯繒素綺錦亦復都有世間可欲之物卿要即不難致但憂卿福薄耳復親酌勸鏊稍前促坐歡笑辭致温婉鏊唯唯

不能出一言飲食而已美人曰昨聽得簫聲知卿與致非淺身亦薄曉絲竹願一聞之傾侍女取簫授鏊吹罷美人繼奏一曲音調清越鏊不能按也且笑曰秦家女兒纔吹得世間下俚調如何解引得鳳凰來令渠簫生在應不羞爲徐郎作奴逡廵越明夕又至飲酒闌侍女報曰夜向深也因拂榻促寢美人低面微笑良久乃相携登榻帳幃裀藉窮極瑰麗非復鏊向時所眠也鏊心念吾試詐跌入地觀其何爲念方起榻下已徧鋪錦褥殆無隙地美人解衣獨着紅綃裹肚一事相與就枕交會已而流丹浹藉宛轉恇怯難勝鏊於斯時情志飛蕩顛倒若狂矣然竟莫能一言天且明美人先起揭帳侍女十餘奉匜沃盥良久粧訖言別謂鏊曰感時追運偶得相從良非容易從兹之後歡好當復無間卿舉一念身即却來但憂卿此心還易翻覆耳且多言可畏身自來誠不欲令世間俗子輩得知須卿牢爲秘密而已遂去鏊恍然自失徘徊疑睇者久之晝出人覺其衣上香酷烈異常多怪之者自是每舉念則香驟發美人輒來來則携

酒相與歡宴頻頻向鏊說天上事及諸仙變化其言奇妙非世所聞鏊心欲質問其居止所向而相見輒於吶辭乃書小札問之終不答曰卿得好婦適意便足何煩窮問閒自言吾從九江來聞蘇杭名郡多勝景故爾暫游此世間處處是吾家耳美人雖柔和自喜而御下極嚴諸侍女在左右惴惴跪拜惟謹使事鏊必如事已一人以湯進微僾蹇輒摘其耳使跪謝乃已鏊時有所須應心而至一日出行見道傍柑子意甚欲之及夕美人袖出數百顆遺焉市物有得者

必爲委曲便方致之鼇有帷巾數端或剪六尺藏焉鼇方勸覓美人來語其處令收之解庫中失金首飾美人指令於城西黄牛坊錢肆中尋之盗者以易錢若干去矣詰朝往訪焉物宛然在徑取以歸主人者徙瞪目視而已鼇嘗與人有爭稍不勝其人或無故僵仆或以他事横被折辱美人輒告云奴輩無禮已爲郎報之矣如此往還數月外間或微聞之有愛鼇者疑其妖勸使勿近美人已知之見鼇曰痴奴妄言世寧有妖如我者乎鼇嘗以事出微疾病邸中美人

数來坐于傍時時會合如常其眠處人甚多了不覺也数戒鼇云勿輕向人道恐不爲卿福而鼇不能忍口時復宣泄傳聞浸廣或潛相窺伺美人始悒會鼇母聞其事使召鼇歸媒爲娶妻以絶之鼇不能違美人一夕見曰郎有外心矣吾不敢復相從遂絶不復來鼇雖念之終莫能致也至十一月望後一日鼇夜夢四卒來呼過所居簫家巷立土地祠外一卒入呼土神神出方巾白袍老翁也同行曰夫人召鼇隨之出胥門履水而度到人第院墻裏外喬木數百章蔽

翳天日歷三重門門盡朱漆獸環金浮漚釘有人守之進到堂下堂可八九仞陛數十重下有鶴屈頸卧焉綵繡朱碧上下煥映小青衣遥見鼇奔入報云薄情郎來矣堂内女兒捧香者調鸚鵡者弄琵琶者歌者舞者不知幾輩更迭從窓隙看鼇亦有舊相呼者微誚罵者俄聞珮聲冷然香烟如雲堂内遞相報云夫人來老人牽鼇使跪窺簾中有大金地爐燃獸炭美人擁爐坐自提筯挾火時時長嘆云我曾道渠無福果不錯少時呼捲簾美人見鼇數之曰卿大負心

昔語卿云何乃輒背之今日相見愧未因欷歔泣下曰與卿本期始終何圖乃爾諸姬左右侍者或進曰夫人無自苦箇兒郎無義便當殺却何復云顧指群卒以大杖擊鼇至八十鼇呼曰夫人吾誠負心念嘗蒙繾綣情分不薄彼洞簫猶在何無香火情耶美人因喚停杖曰實欲殺卿感念疇昔今貰卿死鼇起匍匐拜謝因放出老翁仍送還登橋失足遂覺兩股創甚卧不能起又五六夕復見美人來將鼇責之如前話云卿自無福非關身事既去創即差後詣胥門蹤

跡其境者不可得竟莫測爲何等人也予少聞參事
胥面質之得其首末如此爲之叙次作洞簫記

周顛僊人傳

洪武御製

顛人周姓者自言南昌屬郡建昌人也年一十有四歲因患顛疾父母無暇常拘於是顛入南昌乞食於市歲如常顛如是更無他往元至正間失記何年忽入撫州一次未幾仍歸南昌有時施力於市戶之家日與傭人相雜暮宿閭門之下歲將三十餘做有異詞凡新官到任必謁見而訴之其詞曰告太平此異言也何以見當是時元天下承平將亂在邇其顛者故發此言乃曰與詞不數年元天下亂所在英雄據險殺無寧日其稱僞漢陳友諒者帥烏合之衆以入南昌其顛者無與語也未幾朕親帥舟師復取南昌城降朕撫民既定而歸建業於南昌東華門道左見男子一人拜於道傍朕謂左右曰此何人也左右皆曰顛僊朕三月歸建業顛者六月至朕親出督工逢顛者來謁謂顛者曰此來爲何對曰告太平如此者朝出則逢之所告如前或左或右或前或後務以此言爲先有時還見以手入胸襟中似乎討物以手置

口中問其故乃曰蝨子復幾何對曰二三十此
等異言大槩知朕之不寧當前見時即言婆孃及人
鄉談中常歌云世上甚麼動得人心只有臙脂抹粉
動得婆孃娘裏人及問其故對曰你只這般只這般
每每如此及告太平終日被此顛者所煩特以燒酒
醉之暢飲弗醉明日又來仍以蝨多爲說於是製新
衣易彼之舊衣新衣至朕視顛者舊裙腰間藏三寸
許葛蒂一莖謂顛者曰此物何用對曰細嚼飲水腹
無痛朕細嚼水吞之是後顛者日顛不已命蒸之初

以巨缸覆之令顛者居其內以五尺圍蘆薪緣缸煆
之薪盡火消揭缸而視之儼然如故是後復蒸之以
五尺圍蘆薪一束半以缸覆顛者於內周遭以火煆
之烟消火滅之後揭缸而視之儼然如故又未幾時
以五尺圍蘆薪兩束半以缸覆顛者於內煆煉之薪
盡火消之後揭缸視之其烟凝於缸底若張綿狀顛
者微以首撼撼小水微出即醒無恙命寄食於蔣山
寺主僧領之月餘僧來告顛者有異狀與沙彌爭飯
遂怒不食今半月矣朕奇之明日命駕親往詢視之

至寺遥見顛者來迓步趨無艱容無饑色是其異也
因盛殺餚同享於翠微亭膳後朕密謂主僧曰令顛
者清齋一月以視其能否去僧如朕命防顛者於一
室朕每二日一問問至二十有三日果不飲膳是出
凡人也朕親往以開之諸軍將士聞之爭取酒殺以
供之大飽弗納所飲食者盡出之良久召至朕與其
享食如前納之弗出酒過且酣先於朕歸道傍側道
右邊待朕至及朕至顛者以手畫地成圈指謂朕曰
你打破個桶做一個桶發此與言當是時金陵村民

聞之爭邀供養一日逢後生者俄出與詞噫教你充
軍便充軍又聞中見朕常歌曰山東只好立一個省
未幾朕將西征九江特問顛者曰此行可乎應聲曰
可朕謂顛者曰彼已稱帝今與彼戰豈不難乎顛者
故作顛態仰面視房之上久之穩首正容以手拂之
曰上面無他的朕謂曰此行你偕往可乎曰可詢畢
朕歸其顛者以平日所持之拐拏之急趨朕之馬前
揺舞之狀若壯士揮戈之勢此露必勝之兆後兵行
帶往至皖城無風舟師難行遣人問之顛者乃曰只

嘗行只嘗有風無膽不行便無風於是諸軍上牽以舟泊崖沂流而上不二三里微風漸起又不十里大風猛作揚帆長驅遂達小孤朕曾謂相伴者曰其顛人無正語防閑之儻有謬詞來報馬當江中江豚戲水顛者曰水怪見前損人多伴者來報朕不然其說顛果無知棄溺於江中至湖口失記人數約有十七八人將顛者領去湖口小江邊意在溺死去久而歸顛者同來問命往者何不置之死地又復生來對曰難置之於死語未旣顛者猝至謂朕欲食朕與之食

周顛僊人傳　四

食旣顛者整頓精神衣服之類若遠行之狀至朕前鞠躬舒項謂朕曰你殺之朕謂曰被你煩多殺且未敢且縱你行遂糗糧而往去後莫知所之朕於彭蠡之中大戰之後回江上星列水師以據江勢暇中試令人往匡廬之下顛者所向之方詢土居之民要知顛者之有無地荒人無惟太平宮側草莽間一民居之以顛者狀云之謂民人曰是曾見否對曰前者俄有一瘦長人物初至我處聲言好子我告太平來了你爲民者用心種田語後於我宅内不食半月矣洇

入匡廬無知所之朕戰後歸來癸卯圍武昌甲辰平荊楚乙巳入兩浙丙午平吳越下中原兩廣福建天下混一洪武癸亥八月俄有赤脚僧名覺顛者至自言於匡廬深山巖壑中見一老人使我來謂　大明天子有說問其說乃云國祚殿廷儀禮可以此奏朕思方今虛誰者多朕馭宇内至尊於黔黎之上奉上下於兩間善聽善見恐貽民笑故不見不答是僧伺候四年仍在匡廬意在欲見朕不與見但以詩二首寄之去後二年使人詢之果曾再見否其赤脚者云

周顛僊人傳　五

不復再見又四年朕患熱症幾將去世俄赤脚僧至言天眼尊者及周顛僊人遣某送藥至朕初又不欲見少思之旣病人以藥來雖眞假合見之出與見惠朕以藥藥之名其一曰溫良藥兩片其一曰溫良石一塊其用之方金盆子盛著背上磨着金醆子内喫一醆便好朕遂服之初無甚異初服在未時間至點燈時周身肉内搐掣此藥之應也當夜病愈精神日强一日服過三番乃開有菖蒲香盞底有丹砂沈墜鮮紅異世有者其赤脚僧云其在天池寺去岊有五

里餘俄有徐道人來言竹林寺見詩往視之某與同往見天眼尊者坐竹林寺中少頃一披阜衣者入其謂天眼曰此何人也對曰此周顛是也方今人主所詢者此人也即令人主作熱湯當送藥與服之天眼更云我與顛者和人主詩某問曰詩將視否對曰已寫於石上某於石上觀之果有詩二首朕謂赤脚曰還能記乎曰能即命錄之見其詩麤俗無韻無聯似乎非詩也及遣人詣匡廬召至使者至杳然矣朕復以是詩再覩其詞其字皆異尋常不在鐫巧但說事耳國之休咎存亡之道已決矣故紀之以示後人

一瓢道士傳

公安袁中道

一瓢道人不知其名姓嘗持一瓢浪遊鄂岳間人遂呼爲一瓢道人道人化於澧州澧之人漸有得其蹤跡者語予云道人少讀書不得志棄去走海上從軍時倭寇方盛道人奇勇非常從小校得功至裨將後失律畏誅匿於群盜出沒吳楚間久乃厭之以貲市歌舞妓十餘人賣酒淮揚間所得市門貲悉以自奉諸妓更代待之無日不擁艷冶食酒肉聽絲竹飲食供侍擬於王者又十餘年心復厭之亡去乞食湖湘

閒後澧澧人初不識既久出語顛狂多奇中發藥有效又爲人畫牛信口作詩有異語人漸敬之饋好衣服飲食皆受而棄之人以此多延款道人道人棲古廟中一日于爐炭裏取金挺付所去爲我召僧來禮懺懺畢買一棺自坐其中不覆令十餘人移至城市上手作拱揖狀大呼曰年來甚擾諸公貧道別矣雖小巷間無不周遍一市大驚復還至廟中乃仰卧命衆人曰可覆我　人不敢覆視之已去矣遂覆而埋

之果之甚輕不類有人者予聞而大異焉人又問曰
猪有道者不宜淫且淫且盜者又不宜脫然去死
予大有疑以問予予曰予與汝皆人也烏能知之夫
濟顛之酒也三車之肉也鎖骨之淫也寒山拾得之
詬也皆非大眼莫能知也古之諸佛固有隱于猪狗
中者况人類乎子與予何足以知之哉

醉叟傳

公安袁宏道

醉叟者不知何地人亦不言其姓字以其常醉呼曰
醉叟歲一遊荆澧間冠七梁冠衣繡衣高攢濶輔修
髯便腹望之如悍將軍年可五十餘無伴侶弟子手
提一黄竹籃盡日酣沉白晝如寐百步之外糟風送
鼻徧巷陌索酒頃刻飲十餘家醉態如初不穀食唯
啖蜈蚣蜘蛛癩蝦蟆及一切虫蟻之類市兒驚駭爭
握諸蟲以供啖遊行時隨而觀者常百餘人人有侮

之者輒作數語多中其陰事其人駭而反走籃中嘗
畜乾蜈蚣數十條問之則曰天寒酒可得此物不可
得也伯修予告時初聞以為傳言者過召而飲之童
子覓蟲出十餘種進皆生啖之諸小虫浸漬盃中如
雞在醯與酒俱盡蜈蚣長五六寸者夾以栢葉去其
鉗生置口中赤爪獰獰屈伸脣髭間見者肌栗叟方
得意大嚼如食熊白豚乳也問諸味孰佳叟曰蝎味
大佳惜南中不可得蜈蚣次之蜘蛛小者勝獨蟻不
可多食多食則悶問食之有何益曰無益直戲耳後

與余往來漸熟每來踞坐砌間呼酒痛飲或以客禮禮之即不樂信口浪譚事多怪誕每數十語必有一二語入微者詰之不答再詰之即佯以他辭對一日偕諸甥出遊茨及金焦之勝道值叟二甥言其年嘗登金山叟笑曰得非某某耶我置酒某幕客相從乎二甥驚愕詰其故不答後有人竊窺其篋見有若告身者或云曾爲彼中萬戶理亦有之叟蹤跡怪異居此無所晚宿古廟或闌闠簷下口中常提萬法歸一一歸何處凡行住坐眠及對談之時皆呼此二語有詢其故者叟終不對往余赴部時猶見之沙市今不知在何所矣

石公曰余於市肆間每見異人恨不得其蹤跡因嘆山林巖壑異人之所窟宅見于市肆者十一耳至於史冊所記稗官所書又不過市肆之十一其人既無自見之心所與遊又皆屠沽市販遊僧乞食之輩賢士大夫知而傳之者幾何哉往聞澧州有冠仙姑及一瓢道人近日武漢之間有數人行事亦怪有一人類知道者噫豈所謂龍德而隱者哉

奇説

拙效傳

公安袁宏道

家有四鈍僕一名冬一名東一名戚一名奎冬即余僕也掀鼻削面藍睛虬鬚色若繡鐵嘗從余武昌偶令過隣生處歸失道往返數十廻見他僕過者亦不問時年已四十餘余偶出見其凄凉四顧如欲哭者呼之大喜過望性嗜酒一日家方煑醪冬乞得一盞適有他役即忘之案上爲一婢子竊飲盡煑酒者憐之與酒如前冬偃僕突間爲薪焰所着一烘而過鬚

眉幾火家人大笑仍與他酒一瓶冬甚喜挈瓶沸湯中俟煖即飲偶爲湯所濺失手墮瓶竟不得一口瞠目而出嘗令開門門樞稍緊極力一推身隨門闢頭顱觸地足過頂上舉家大笑今年隨至燕邸與諸門隸嬉遊半載問其姓名一無所知東貌亦古然稍有誠氣少役於伯修伯修聘繼室時令至城市餅家去城百里吉期已迫約以三日歸日晡不至家嚴同伯修門外望至夕見一荷擔從柳堤來者東也家嚴大喜急引至舍釋擔視之僅得蜜一甕問餅何在東曰昨至城偶見蜜價賤遂市之餅價貴未可市也時約以明納禮竟不得行戚奎皆三弟僕戚嘗刈薪跪而縛之力過繩斷拳及其胸悶絕仆地半日始甦奎貌若野獐年三十尚未冠髮後攢作一紐如大繩狀弟與錢市帽奎忘其紐及歸束髮加帽眼鼻俱入帽中駭嘆竟日一日至比舍大逐之即張空拳相角如與人交鬬者竟嚙其指其癡絶皆此類然余家狡獪之僕往往得過獨四拙頗能守法其狡獪者相繼逐去資身無策多不過一二年不免凍餒而四拙以無過

坐而衣食主者諒其無他計口而授之粟唯恐其失所也噫亦足以見拙者之效矣

李公子傳

雲間陳繼儒

李公子者父泌為唐鄴侯侯既老謝事辟穀公子宮
襲侯封不願侯願詞賦肄習肅宗新復兩京以兩京
賦試進士御泰清殿親臨之公子立就萬言未嘗加
點賦上上方午饌太常作樂命輟樂讀之愛其美也
袖入宮中擢第一人勒石刻兩京賦于殿前公子方
十九眉目清映紫衣白馬宛如神仙上一見大喜謂
侍臣曰鄴侯宣勞再造邦家曾不肯剖粒自飽今其

子雖不願侯授官宜與侯等以集賢學士授之公子
謝曰臣實不敢當此但乞告身一通便宜由水間縣
伯不得追呼足矣上嘉其志御寫勅札于腸宮頒兩
人曰一以掌書一以媛酒郭汾陽有女曰清明君者
有殊色喜讀離騷古陶謝詩嘗刪詩去其鄭衛者手
錄一卷日日批註閨房中以小室廟祀舜二妃配娥
以魯其伯之母黔婁之妻春秋祭之以文其高閒如
此汾陽王難其配以李兩京賦視之清明君慨然嘆
息曰可矣既歸李李年少諠浪醉時微以諷語侵犢

明君不悅見其謝過乃笑曰妾之天性栖栖藝文圖
其所長若欲濡首酒杯從公嘲笑間乞煖熱所謂憩
豆之事則有司存無已願以黃金千斤為公子置妾
數百以任恣討汾陽王聞之也遣人分馳四方四方
有奇女子以詩名顯者搜訪殆盡而其中曰纖纖曰
白娟曰鶯翻曰春蔑曰紅草曰暈兒曰綠絲曰碎桃
皆骨柔氣清熟於古文奇字而纖纖善箏白娟善歌
春蔑善鑒古碑善笙紅草善彈鳥善鼓琴暈兒善嘯
綠絲碎桃善種花花經二人手無不活又善騎馬鶯

翻善丹青善舞公子樂之以酒酒必以詩詩成諸美
人起而和歌歌無襍聲其地修竹清泉細簾嘉樹月
出之時鳥啼絃亂相與牽衣抱袖紅白低迷起視草
頭蕉葉之上大都墨漬酒痕而已清明君無問晴雨
每候山果新熟則遣美人捧進公子或書史有奇事
可讀者以綵線識之則遣捧進公子或成新篇或偶
得一二佳句不忍獨賞則遣捧進公子故美人人人
得親公子也而清明君嘗其酒半嘗乘紫帷小車臨
焉公子率纖纖以下短謳長歛彈箏鼓瑟次第上壽

酒已則各以平日所賦詩獻清明君焚香緩坐細加品題稍不安者爲改點數字每點一字輒以一觴罰公子曰君老於詩者也不爲美人更之乃含糊作影子過耶是必咎香火情美人皆笑曰善誠如夫人言是宜罰如此者連罰數觴公子竟醉矣公子嘗游太蘋州時有新進士選名妓百人浮於荷花蕩中衆進士本措大骨相驟得此足高志揚畢露醜態公子更布衣坐小舟往來觀之有進士呼曰是小船中秀才何爲者汝能飲酒乎曰能能賦詩乎曰能曰若是汝

且過我公子岸然據其上座執酒卮睥睨雲霄不爲禮衆進士以爲狂生也俟其酒乾欲以詩困之及分韵公子謝不能曰頃刻以謾語誑君一杯酒耳實不曉詩爲何物衆進士顧諸妓大笑曰吾故料狂奴未必諳此吾輩且自作詩詩許久沉唫不成一語語出又村俗可笑者乃手舞足蹈互相傳示嘆賞不已已而悉出金玉寶玩以陳富貴耳語諸妓曰是秀才曾見此否傍有一黄衣妓者秀質楚楚愁態嫣端公子叩之曰吾觀汝一似有憂者汝有心事可訴我我爲

汝料理不難一進士掀髯大言曰汝欲了此君心事但恐酸秀才正自不堪是嘗負我千金分毫無所償今見我不覺斂容耳公子笑曰此細事何足憂於是衆進士又大笑轉以爲狂生也頃之公子之樓舡適至鼓吹大作公子呼進士與各妓過船羅列食糕酒豔皆以五色寶玉明珠翡翠雕鏤裝綴之奇麗特甚公子見之斥曰何乃陳此俗物亟撤去悉付黄衣娘子今日一段心事爲汝結證了也已命更席則陶鬹梵鼎無非三代物最近者亦秦漢銅罋隔簾女伴隱

隱作樂曲譜俱內調及公子新詩人間無聞者進士目睨不敢問使各妓拜而請詩欲因詩尾得公子姓名已知其爲公子也皆紛紛向前奪詩公子令曰汝輩且置酒于此若酒冷而詩不成者罰我詩成而酒熱者罰汝往往酒未及溫已搖筆滿紙矣紙盡無可奈何乃裂帛絹絹盡則裂帷幕屏嶂之類又盡則各剪裙襟或絕長袖以進所得片言隻字如獲奇寶貼身藏之衆進士誘之以酒酩酊多半竊去妓有啼者公子以爲可憐也公子起立作樂女伴乘閒說之曰

汝輩盡肯落籍從公子游乎。有別院在湖山之上門前朱樓一帶覆以垂楊松篁中粉廊紅樹高臺短橋宜雪宜月四面繞以梅花五六十里縹渺之際則林楓萬株擁若霞氣楓樹間有高樓翼以堂廡其正中以奉藏經其兩旁以貯古今典書左有酒庫凡天下名酒無不藏右有泉庫凡天下名泉無不具若此者可以儲汝矣諸妓唯唯乃盡從公子歸公子悉召酒人劍客高僧道士曉夜酣歌沉浮此中賦詩之暇非細談釋部則酬論兵符燭盡酒空醉而後已賓客既

散時與綠絲碎桃高裝駿馬踏入深山中過平原易地着鞭奪路抛悶如飛樹巔邊聽山鳥聲則命紅草彈鳥偶不中皆拍手笑浮以半觴轉入幽險處美人車不得度攀蘿挽石欲上欲下笑哭襍出忽到荒岡崇嶺之上天風四來暈見清嘯一聲木葉亂舞裓褫飄脫步立不定公子懼其傷也乃徐返焉天下聞公子名飢寒之士輻輳來集候其將歸皆匍伏道左叩頭大呼曰非公子無以活我公子轉盼間賞勞都徧日費千金無幾微顏色一日就中忽有執公子衣者

曰願辟人臣有所言公子不憶於陵歸乎汝所謂於陵陳仲子者也上帝憐汝貞苦故今日罡汝李家湧徹世味清明君即向時辟纑夫人耳夫日之光有短長月之息有生死人之福有往還公子宜早決且汝父鄰族及婦翁汾陽王皆為清微天帝君侍女夫婦來久矣言訖不見公子大悟以家產萬億計悉散之與清明君入洞庭石公山修道不知所終後陸贄之華亭常見公子往來三泖中

楊幽妍別傳

雲間陳繼儒

幽妍小字勝兒生母劉行一在南院負艷聲早歲落籍去嗣陳氏陳之姨蕭四娘挈往金閶習吳語遂善吳歈董笑曰是兒甫八歲如小燕新鶯不知誰家郎有福死此雛手陳歿撫于楊媪媪奇嚴課書課綉課彈棊紗有夙解不督而能女兒弟多方狡獪嘲弄詑傲終不能勾其一粲也庚申楊媪避難吳越載幽妍與俱年巳破瓜矣薄幸難嫁有心未逢俯首叩膺形

于咏嘆一日遇張聖清于秀林山之屯雲館羣碎瀟前席糾無主獨幽妍兀坐匡牀旁無轉盼掠鬟舐袖笑而不言私禱云儂得耦此生死可矣張聖清者才高筆儁骨采神栝造次將迎綢繆熨帖人莫覺其爲廉察使子也舟中載圖史鈲索悉付小青衣排當小青衣能射主人意中事兼工竹肉聖清曰此西方迦陵鳥以迦陵呼之每攜入竹嶼花溪逦作新弄而最不喜平康狹邪之游謂此輩正堪與髯頭奴大腹長鬣賈相徵逐豈容邪魔入我心腑至是與幽妍曰成者久之明日遂合鏡于舟次焉于時溽暑書則布席長林菶則移棹別渚琡簾清簟縈繞茶烟翠管朱絃淋漓酒氣幽妍自謂十五歲以前未嘗經此韻人韻事即聖清亦曰世豈有閨中秀林下風具足如勝兒者乎昵熟漸久絕不肯勁語媟詞兩人交相憐亦復交相重曰吾曩過秀州草庵外問老尼經聲㵝然抱出世之想自慚絆縛不能擘翻奮飛今昵君串珠纏臂持戒精嚴同心如蘭願言倚玉十年不死請事空王宿羽流螢實聞斯語聖清歔涕而謝之七月懸試

白下幽妍送別青溪注眄捷音屈指歸信蓋爾杳然及重九言旋而幽妍先驅渡江去矣自此低迷憔悴瘵疾轉深腰減帶圍骨見衣表王修微謂余曰吾生平不解相思病何許狀亦不識張郎何許人今見楊家兒大可憐始知張郎能使人病病者又能願爲張郎死郎不顧立枯爲人腊矣聖清聞之遑急足往視幽妍聞緘棒藥涕泗泥溷嬿兒恐閉絕魚雁消息不通幽妍典簪珥賂侍兒屬桃葉渡閔老作字以達意焉扃鑰斗室不見一人即王孫貴游剝啄者皆刀穊

自矢而已媪卞怒𢘿甚撾詈無人理取死數四救而復甦不得已復載之東來聖清偵狀義不負心有俠容徐内史就中爲調人鬻歷悍媪無得故懸高價殺此鐵石兒媪唯唯聖清乃納聘迎爲少婦稽首廉察公遂遂如女上且覬宜男勿詰責也比入室病甚猶强起薰香澣衣劈箋滌硯聖清手書唐人百絶句授之讀皆上口又雅能領畧大義每環回離腸斷魂之句掩抑不自勝眞解語花也病中解脫了無怖容佛號喃喃手口頗相續忽索鏡自照不覺拍几慟哭曰

勝兒薄命遂止於斯又好言謂聖清曰君自愛切勿過爲情痴旁招訶笑妾如有知當轉男子身以報君耳又曰妾命在呼吸儼大人新宅不祥盍移就郡醫療之歲値除夕聖清歸侍椒觴別去幽妍懨懨喘益促侍兒問有何語傳寄郎君但瞪目搥胸不復成聲矣蓋壬戌臘月二十七日也聖清奔入城且號且含歛延僧修懺撤葷血者兼旬雕刻紫檀主置座隅或懷之出入衣袖衾裯間食寢必祝祝必啼啼曰吾欲挾不死藥乞返魂香起幽妍於地下而不可得又欲金鑄之絲綉之倩畫師寫照百回而未必肖也何如徵傳眉道人爲逝者重開生面乎余曰傳且就恐挑哀端俟君病良已乃敢出而評料君之終不及見也幽妍墓在龍華里聖清選地結茆龕祀文佛如來儼其始願修竹老梅環映左右清芬凉影颯如有人晝眉郎散花女其將比肩提臂踏歌而嬉于此乎古有盧江吏華山畿歐陽詹秦少游之義娼糾結夙緣一慟而卒初疑出于誕妄今乃信爲果然如幽妍聖清者少判在鳳窠羣鴛鴦牒中豈死于情哉死于數也

余不恐以介靜辭爲作別傳付子墨墨娥相與流通之死乎不死矣

阿寄傳

錢塘田汝成

阿寄者淳安徐氏僕也徐氏昆弟別產而居伯得一馬仲得一牛季寡婦得阿寄阿寄年五十餘矣寡婦泣曰馬則乘牛則耕踉蹌老僕廼費我藜羮阿寄嘆曰噫主謂我力不若牛馬耶廼畫策營生示可用狀寡婦悉簪珥之屬得銀一十二兩畀寄寄則入山販漆朞年而三其息謂寡婦曰主無憂富可立致矣又二十年而致產數萬金爲寡婦嫁三女婚兩郎齎聘

皆千金又延師敎兩郎旣皆輸粟爲太學生而寡婦則阜然財雄一邑矣頃之阿寄病且死謂寡婦曰老奴馬牛之報盡矣出枕中二楮則家計鉅細悉均分之曰以此遺兩郎君可世守也言訖而終徐氏諸孫或疑寄私蓄者竊啓其篋無寸絲粒粟之儲焉一嫗一兒僅敝緼掩體而已嗚呼阿寄之事予蓋聞之俞鳴和云夫臣之於君也有爵祿之榮子之於父也有骨肉之愛然垂纓曳綬者或不諱爲盜臣五都之豪糴父行賈匿良獻苦否且德色也廼阿寄村鄙之民衰邁之叟相婺人撫髫穉而諸守薾業戶祚彫落濟鳌在念非素聞詩禮之風心激寵榮之慕也廼肯畢心殫力昌振鎡基公爾忘私斃而後已是豈尋常所可及哉嗚和人曰阿寄老矣見徐氏之族雖幼必拜騎而遇諸塗必控勒將數百武以爲常見主母不睇視女使雖幼非傳言不離立也若然御縉紳讀書明禮義者何以加諸移此心也以奉其君親雖謂之大忠純孝可也

義虎傳

吳郡祝允明

荆溪有二人髫丱交壯而貧富不同窶子以故窶變無他技獨微解書數妻且艷富子乃設謀謂言若困甚盍圖濟乎窶告以不能故富子曰固知也某山某甲豐於財乏主計吏覓久矣若才正應膺此耳若欲吾爲若策之邪窶感謝富子卽具舟費并載其艷者以去抵山又謂言吾故未嘗凤語彼彼突見若夫婦得無少忤乎一忤且不可復進留而內守舟吾若先

容焉計也窶從之偕上山富子宛轉引行險惡溪林中窶胼胝碎破血出被踝踊不已至極寂處乃蹴而委之地出腰鈌斫之隕絕富子謂死矣哭下山謂艷者若夫君嚙於虎矣若之何婦惟哭富子又謂言哭無爲吾試同若往檢覓不見乃更造計耳婦亦從之偕上山富子又宛轉引行別險惡溪林中至極寂處擁而求淫之婦未答忽虎出叢柯間咆哮奮前嚙富子去艷焉婦驚定心念彼留行且爾吾夫其果在虎腹中矣不恕客轉身而歸迷故途順途而哭㸃見一人步於傍問故婦陳之人言爾勿哭當返諸舟可歸爾舟在彼遂導之返見舟而滅蓋神云婦登舟莫爲計俄而山中又一人哭以出逐察之厥雄也婦疑駭其大鬼與夫亦疑婦當爲賊收矣何獨尚存哉旣相逼果夫果妻也相攜大慟而甦各道故夫曰彼圖淫若固未淫若圖死我固未死我間我可留我憾也婦曰吾苦若死若固不死圖報賊賊固自得報矣我憾亦何不可置邪於是史悲而慰哭而笑終歸完於鄉祝子曰祝賊始謀時何義哉巳乃以巧敗受不義之

誅於虎虎亦巧矣非虎也天也使婦不遇虎犇理於人而報賊且未必遂遂且未若此快也故巧而不足以盡虎以義表焉可也

倉庚傳

成都楊慎

梁武帝代齊餘居齊宮後庭稚齒在潞余之亞者損之又損尚溢乎百數郗后心妒焉帝閒居一日覽大荒經云倉庚食之令人不妒遂下令虞人收捕此鳥絡野籠山佛首爭獻者盈軒墀乃救中庖以爲官膳旦旦不繼他肉后與帝食而甘之帝心冀其術之速驗試問后曰此餘甘可以分諸夫人乎后即輟箸不食帝曰荒經曷余欺乎其諸食力尚淺耶將盡脯其

餘倉庚中有老而慧者鼓翄作人語而稱曰余西壽之羽臣也余祖逮事庖羲氏庖羲氏之佐有鳥鳴者主建福是釐百羽命余祖曰而仁鳥也其司春飫[illegible]茲以還奕世載育及周文王邑於岐山西申有鳳鳥者覽其德而下之羣鳥皆徃從之萃於岐下維時鳳翔者露翥者雨舞者霜嘷者翽翽者夜啄者以爲司復有巴人之比翼蜀山之文翰方山之孔鳥善芳不脉翡翠華首咸集宮樹王及後宮不之奇也而余族獨著彤管焉其詩曰維葉萋萋黃鳥于飛焉甚有助懿德象丕二睆彎戲引弓飛土而逐之后曰非所以養童心也戒勿彈周公白文王命羅氏境內特貰不捕焉今帝不欲爲文王則已欲爲文王盍赦赦驅帝曰爾曷知周文王試爲我言文王后妃之德何如鳥乃喜而躍曰鳥知之鳥知之配后妃之德貫文王之烈日者天之明月者地之紀夫爲妻綱象日明使婦從夫故月紀日載魄於西由朓以升嫡月載魄於東由嫡以逮媵帝笑曰禮失乃求諸鳥乎爲我譔之鳥引脰曰鳥何知鳥何知月之朝也君以視朝不近内

焉后亦辟焉月始魄左媵六人迭御三夕象微陰也月成魄右媵六人迭御三夕象漸陰也月成弦三夕而世婦迭御焉月成采三夕而御妻迭御焉月之幾望后當一夕陰將盈也月之端望后當一夕陰極盈也月之后望后當一夕陰不終盈也自是三夕仍降而御妻三夕薦降而世婦三夕還降而左媵三夕復降而右媵及月之夕也君以掩身不近内焉后亦辟焉象月以進象月以退授銀環告進也正金環告退也施玄的告辟也鳴珮玉告節也由朓以升嫡本微

而著盛由嫡以逮媵自盛以下微勿使陰厭陽勿使柔乘剛嗣續以昌壽命以長此陰禮教六宮而頌聲洋萬方也又公此制於天下諸侯有副宮大夫有側室士有妾富夕侍夜做是爲節當此時豈伊無險陂王制鮹之妒亦何能爲周制之蕪久矣而欲委罪於微禽變性於纖羽不亦異乎且荒經之誕非神農之術也帝而信之是不知也沉詆之專非周文之制也帝而行之是不仁也負此二愆不可以君羽族而況君江東乎帝聞庚言嫚然側席郄后聞之蹙然無色乃命寫其言於斧扆行其制於永巷郄后𢠸然更爲逮下之行庚之力也帝喜曰徒信古陳編不如倉庚言乃放之不殺封爲金陵郡公唐世有號金衣公子者卽其後也

煑茶夢記

元　楊維禎

鐵龍道人卧石床移二更月微明及紙帳梅影亦及半窗鶴孤立不鳴命小芸童汲白蓮泉燃槁湘竹授以凌霄芽爲飲供道人乃遊心太虚雍雍凉凉若鴻濛若皇芒會天地之未生適陰陽之若亡恍兮不知入夢遂坐淸眞銀暉之堂堂上香雲簾拂地中著紫桂榻綠璚几看太初易一集集內悉星斗文煥煒爚熠金流玉錯莫別爻畫若烟雲日月交麗乎中天欻玉露凉月冷如冰入齒者易刻因作太虚吟吟曰道無形兮兆無聲妙無心兮一以貞百象斯融兮太虚以淸歌已光飈起林末激華氛郁郁霏霏絢爛淫艶迺有扈綠衣若仙子者從容來謁云名淡香小字綠花乃捧太玄杯酌太淸神明之醴以壽予侑以詞曰心不行神不行無而爲萬化淸壽鼎紆徐而退復令小玉環侍筆牘遂書歌遺之曰道可受兮不可傳天無形兮四時以言妙乎天兮天天之先天太之先復何仙移間白雲微消綠衣化烟月反明予內間予亦

用矣遂冥神合玄日光尚隱隱於梅花間小芸呼曰
凌霄芽熟矣

西玄青鳥記　防風茅元儀

崇禎癸酉季秋余方困追攝又苦痁疾兀坐著水之
世殊堂卓午門剝啄不已繼而闖入告曰齊之王使
君遣伻致幾遝廵不悟曰豈我友季木乎開緘則曹
縣王士龍也讀其書云得西玄寶志甚驚慕顧我乩
乩通霄前根似遠瑶藐普文一切比於商交昔年楚
生今作嫦菩傳咏俱在可攬挹也鄙性蕭寂無嘗閉
門修道今爲我茅君傾倒倘係天譜勿疑其有塵妄

也書不盡意詳於錄柙外寄西玄實錄四部余驗顧
色變既而嘆曰宿生未忘舊境入夢亦已屢矣君西
玄洞主來往奇蹤露覘剖端亦已至矣又何疑焉乃
卒業之按王君名士龍别號五雲又曰嵾堂主人嘗
以貢至京師受業北雍與余爲同舍生余不識也君
私識之既而謁選得嘉興判督儲胥嘗十至苕上余
客遊不值也或遺之西玄志置皮中未及省覽遷鄜
州刺史未幾罷一意修鍊視之道棘戶土窟不與世
通而東方諸仙嘗從乩赴與相酬答甚夥君一日袖

殘帙得西玄志咤之西玄志者余姬陶楚生永歸余
余夢羽衣者引之來將歸閒天樂歸不三載化去余
又夢羽衣者引之還曰西玄洞主也姬垂化聞見音
樂羽幢頗有所言余考之西玄洞者十大洞天之一
也故嘗爲姬作傳海內同人爲作傳記及悼亡詩賦
甚衆共釐爲三卷曰西玄洞志云㕘此又二十年矣
余於壬申春嘗有詩曰翠落珠沉二十年重來欵桃
卧湖邊真真喚應仍長夜燕燕飛孤更寞天下地上
天無覓處殘山剩水宛如前半生彈指成何事從寃

茆郎一惘然其感遠矣君覽書躊躇上箋於群真曰
我果青官耶楚生西玄必逮吾衆顧余艷茅郎之才
情而復驚其爲愛人割股此千古至情隻行入連比
之膏盲哀而非潔出忠孝之源孤身豈貳心我豈情
癡太濫漫然副千里毫無干涉之慾蓋亦實有感焉
今合掌向娘師十座仗借楚生過我自叙源流撮合
天世以爲實錄揮鑴裝演發揚意氣不使西玄有志
而無從東海結思而永滯則我之功固不在洪都道
士隴西少君下而我娘師一種銀尖玉甲指彈見齋

彩於江南錦春香豐叢中者萬年一日矣郎聞之裁
玉我形亮亦不爲禁退首塵神蓍九天玄女手復之
曰楚生緣有頭緒非楚生口傳不能奇憹千古然伊
身入東局勢有轄屬不能草草隨文卒以承命卽遣
宮侍飛查瑤閬橋頭額榜六月十六日又當有青菩
一十二駕過鑾堂勞輩慰卿中或有陶此子原係我
瑤池西玄洞八主之一名倩英茅生亦我東朝大元
宮二品才官蕭世璞也兩人實係蟠宴侍讌倩來自
爲卿傾目倒耳輩未耐煩語至期卿但烹茶燃香以

俟之傳章可走致也卿意已表奏形主慈灌王母矣
形瑤卿卿必不左卿不日命下卽告卿笑笑月日九
天玄女鴻澄氏哀手復繼復報其所上形表詞曰倩
氏情重落風流案塵土娓娓有招魂歌膺於割股漢
不無泥渣瑜瑕乎忽鑒堂主人叩請暢臆大旨渡鍾
抱以解嘲啟鋼書果成行饒可度世是亦美意也爲
此申請降旨額查案證事何遲早以塞問答不敢擅
行懇示來訊又述形旨批答曰查取陶世英七世緣
爽落局情癖一點較然照著灼有對應冊藉是亦幾

根世苗之最報者已行塡償抹案矣忽來文云云是
髓君欠股生一影珠鏡瓊耳不得不那次擲額寄六
五十二之末淺此一叚奇景於人間世秪虞世之杲
子癡兒因以血肉喂獅吼奈何一笑爲復容渠吻瓛
後於六月望陶倩英果同神菩十有一駕至乃自述
小傳曰倩英字賁實別號之華西王母金國重吏姊
姰郎陶姓也初南海丙儀官滔金蓮露靈結孩九寸
有知覺運動放五色毫光蒙我大士點化於大穢元
年七月朔成形爲美女偶聽華濛經旨了悟生去魄

落青濛水上皈精於西天星主大夷氏陶穴中遂指
之以爲姓焉是時柔㮶之質顏如紅玉王母五宫主
秀光君雲駕偶逢憐愛携歸瑤島謂我王母引朝僉
主形玉拜命十二歲授瑤池香吏十八歲轉印吏二
十四歲轉勑吏又三年擢蟠桃䖝侍歷官四十年加
封西玄洞主掌群仙押印　晉記笑語行坐豪欽醉醺
緩急敬肆一切儀度出入客有蓬萊小秘洞主者亦
東朝二品官也姿儀鮮偉談吐迅發陶美之因微次
其浪倚洞天分紫翠騎雲願入九重樓之句覰覰脉

爪咀咏不置忽被玉監瑤察雙奏兩謫矣因此七世
苦縛償緣不已或受謗而投繯或競私而殞命或涉
險而槊緊或冒趯而鋒殂或竊逃而械梏種種顛連
僅摶二世正寢菰村天合自分一日百年無端中闔
櫻波長安榔浪枳棘遊仙一枕三秋而已矣浩然賞
鬱而歸又辱瑤池南海雙引入大東朝我僉形憐憫
垂恩勤功扣苦仍以西玄洞主改加二品元君封號
詳於題著不絜侍形朝玉分褫候蘆一朝萬澗英復
何恨哉英復何恨哉嗟嗟落瀚無涯回頭是岸雙修

了事是在股郎倩英今有七言律韻三十首俱高雅
螺翠山諸景之妙者我固逍遥雲華于青紅銀玉之
表日洋洋也五陵八百敎主禱天其吐我不乎世之
憐我於昔日者豈如知我於今日知我於今日又不
如自知累刼之苦而寧其軀於高妙淸閒不轉輪地
之爲妙也菩薩無浪語奉彤命而來答覆問而徑得
此亦可以報止生於百一矣止生勗勉哉言不盡意
復爲之歌歌曰螺揭兮漁沚湘斑兮魂氾蓰零濤兮
花帷芝苓面兮雕脂凌雲彩雲兮東西故山藐姑兮

冤衣附金南還分龍溪虎嘯於玄乙其自署曰神霄
東府内苑螺翠山元澄第一宫闕　證覺元君陶倩
英其所云七言律韻三十首一曰螺翠山註曰五彩
百峰騰凌萬仞帝賞大醉立賜佳名詩曰碧落岧嶢
萬仞寒緑浮鸚啄滴湘欄九峯靈運三千界八桂嵐
封十一盤斜剪龍珠吞海日乳牽鳳閣蝌香蘭玉皇
拭目瞳元亂爭倚紅雲仔細看二曰胭脂河註曰瑶
東宫千里紅鮮可愛内多异瑶其砂服之立昇詩曰
紺綳綃茵水鏡平芙蓉色黠碧桃輕紅雲城下三江

西玄青鳥記　六

滚紫玉樓前九曜明霞襯虹飛螢火亂鳥開雷鏘鋒
鷔鶩楓崖萬里聽龍吼二月春初日午喃三曰玉笑
亭註曰彤建金梁玉甍之亭於螺山佳處榮帝醉而
蒋蘿來也詩曰歸來峰下倒雲漿大叫風生醉壽陽
九百四庭龍瑞靄八千六院轉官商龍飛瞳影諸天
韻鳳嘯金盤寶座香雨露恩深蓬嗣穩甲蟆難不仰
君王四曰八寶臺註曰彤供玉佛地鉢珠袈錫杖嚴
項珠貝座曇服稱八璡在螺巔九十丈詩曰丈六金
身萬仞臺玉精石乳供如來燈光天竺蒲無偈塔影

感胡珞有胎三昧俱從明鏡了九環爭上碧檯迴形
雲而壁東王鉢億萬滔滔信水堆五曰瓊花池註曰
此種蓮屬也五香異香入口經月不散池在螺山東
詩曰繡剪薰風鋪鑑池寶華和月韻琉璃錦光五色
凝嬌艷霏辯千層散彩儀誰向邗關收玉睨我從蓬
苑採珍奇年年爭作京垓頌豈拒雕欄九獻匹六曰
會鷲山註曰彤偷土几嘆徹鑒在凝凝紫氣中次日
土几成玉嶂矣因題此詩曰揮袖高頭叱海雲忽呈
嶂寶破氤氲臨阜想像鴻爲我華表依稀鶴是君鎖

西玄青鳥記　七

彈豈穿剛利結桑田任幻馬牛群雙傾膠雨時無幾
玉洞金厨伺錦紋七曰青蓮浦註曰普陀種也五色
奇嬌四季不落香入雲霄之上詩曰慈海凌波佛頂
光酷炎冷綻碧錢香薄嵐細剪瓏瓏骨軟玉輕鑴雅
素粧不染雙頭新面目無瑕合璧舊瀟湘從今派滴
天邊遠萬劫凝凝月一牀八曰梅繡軒註曰梅合五
種清香四時改換形勅星君所手種也詩曰艷陽深
處露華濃入在瑤臺珠水中額點春窓開嫩線琴彈
月窟剪香紅溪陰雪冷悲湘客洲畔蘆凋怫塞翁何

似錦翻蘭蔚遠瑞光浮動碧曈曨九曰紅鶴廠註曰
種出東南玉蕊天歌舞能言廠在虛明樓外詩曰誰
採朝霞巧砌成凌飛偏映稚花檻太陽火煉金鷄舞
紫壽烟洞琥鳳鳴茜染百寧籠彩室霓妝八寶下銀
城閒來歌罷憑嬌怯醉擬遺翎笑幾聲十曰絨鹿遥
註曰鹿潔白生絨絲可織火浣布塔圓國所獻駕輦
日行十萬里詩曰萋青芳草映金屏絨玉吻馴九獸
靈雪洒蒼苔梅點絮月穿桐影露沾萍牌封駕上圖
東紀綠錫官中署北濵紫岱光環斜鏡坐開看率舞

西玄青烏記　八

躍天庭十一曰杜花洲註曰五色燭熳香彩异常花
精爲十殿嫦娥亦封青菩名金函詩曰斗紋線縷徹
烟霞翁鬱盈盈五色花彩袖翩翩鈿秀碧靚粧嬌媚
賈凌華月含寶鳳金籠小春綻水鷺玉觴奢坐向驕
移人盡醉濃香薰透五陵家十二曰紅雲窩註曰萬
花堆攢形九鳳飛珠爲踏之遂成紅雲不散矣詩曰
百花叢簇滚虹霓香窩宮道邱絳泥甲帳千官瞻紫
霧貝宮萬戶燕胥黎鳳毛錯落金華殿琥淥輕盈寶
黎似去無心旋有意振時高漾舞時低十三曰瀲

王泉註曰彤主賞月下呂亭階下忽出一泉沐手遂
成美玉因賜此名詩曰碧井銀濤萬綠垂修簾風動
映晴披木犀亭外珠珍模鐵夯崖頭瑪瑙脂化石黍
娥腮有淚凌濤金帥乃含洏可知福地金元髓壓倒
蓬瀛月馥池十四曰絳桂窩註曰千株成窩彤宴王
母忽見美女求封遂勅星君携入廣寒令爲青菩呂
雲韶詩曰丹精山上仙人種腦髓庵前玉女花碎酒
霞珠香燭爛亂拋電絮影加加中霄蛟翅紅橋縷兩
閼爐肋紫陣賒最是金匜呑曉日彤雲濃處宴清華

西玄青烏記　九

十五曰藏簪石註曰彤偶望曹藏石隨現金字八月
圓峰户萬年璀樹開黎花香滿地郎此是蓬萊詩曰
泠泠三夏碧瑕姿問月凝眸憶所思寶鳳雙飛環笑
日紅霙叢舞大圓時風生鸞唱支機迷雪剪形廣玉
蕊披蓋道巾陽金作礪京垓聚會有剸制十六曰藏
經樓註曰元日拜藏忽現七老形即封爲藏史七老
卯謝而去恭水儀品元等佛也詩曰寶軸牙籤十萬
箱圖書龍馬闢玄黃一函清劂乾坤髓三教包含日
月光了寂不空爲道德經綸實落在文章樓高千仞

天丁護夜夜紅雲徹帝鄉十七日報歲軒註曰軒有
八門風氣隨候出入忽化白鳳能言無所不報異事
不可枚舉詩曰桑田滄海世如流萬劫壽山此處求
座下金羊驚暖泛眼前玉兎識春秋瑤娘殿上雲棲
酒陽子宮中碧杏既報說人間圓日近黃河清處是
丹丘十八日貯月閣註曰閣原名藏春五月晦寶彤
懲愚月滿輪隨上涼酒竟宵郎易此名詩曰皓魄流
香寶桐圓清妍何處不娟娟秘函雙對銀笙館虛浪
閑升玉蓮船鏡寫芙蓉香有蒂壺藏山水淨無烟玲

瓏瞥透三千頃超出崆峒另一天十九日銀漢閣註
曰天孫綉窟水經形院七十里可覩五色珠玉彤呼
爲銀沫砌閣刻禁旨云詩曰披銀一帶鎖彤關星斗
織華萬象噴天上玉精淋斗角人間尾閭透雷門桑
花亂洒崑崙頂杏乳金澆渤海根波射萬宮光五色
蘭橈笑泛碧雲樽二十日聚香欄註曰在紅鶴巖南
有牡丹千株五色隨時四時不卸香聞四十里詩曰
卞二雕欄盡白琦賣花聲裏唱流鶯月來露濺胭脂
瘦風去雲牽琥珀輕毬國龍鬚蘭麝露仙姬鳳骨玉

香瑩酥來忘郝千宮錦倒卧瑤階碧漢橫二十一日
上池泉註曰周九里紅玉砌成照影見髓拔毛換骨
蓋山岳星月儲精地也詩曰拔毛換骨一泓銀灼灼
先天理後身太素源從金鼎唯上清脈接御園春錦
紋進帶支機影浹祇翻爲姹女非千古秀姿誰不借
鶖形雙注九陽神二十二日七龍浦註曰黃龍雄據
赤泉形垦降罷此浦以駕瑤華神通不可殫述也詩
曰瀲灩桑江萬劫流電驚雷吼伏神州瓠開法手沉
蝌翅勢到雲衢覆蜃樓波浪一清天柱穩星光萬斛

海門秋月穿無恙澄潭影好和滄歌古渡頭二十三
曰萬歲山註曰形實百九十四丈善于龍山忽震响
驚天有萬歲聲遂名詩曰上界嵩陽一線穿摩空岩
矗入理天精含玉腦乾坤髓形寫金丰門頌傳蒼碧
峰頭雲釀雨緋紅池畔水含烟龍飛鳳舞無雙例拱
河中叁億萬年二十四日朝元臺註曰甲子爲元彤
即登祝以爲定規云詩曰夜夜焚香聽曉鐘健行不
怠理大工已誇渡口輕身過何愛竿頭進步功荊璞
千敲白雪膩丹爐九轉御花紅寄言土玉眞修日源

謎形啓大祝風二十五日紅松棚註曰花五色十二
香味异常絲可爲席不焚不垢詩曰蜿蜒如線色如
脂十八公中虬髯兒犀帳千門龍絳雪艶粧九院舞
丹絲鳳旋蛟室迴紋倒珠滚覽裒玉手拔三月桃源
開萬樹青霄影裏火龍披二十六日儁草堦註曰草
長九尺盤旋如緑髮作簾席夏冷冬煖詩曰霏霏拂
拂緝輕痕翠色青香入玉尊共韻滄歌芳草蒂同栓
紅線紫櫃根鶵穿細梛朝雲峡龍掛睞松暮雨村便
宴不妨呼纈枕堦前卧玩九梅門二十七日樁濤塢

註曰入萬年一開花造酒可醉千日上巢火鷄雲蟾
諸鳥詩曰波聲滚滚大江來寶蕊亭亭翠幰開八萬
靈根插海岳京坱秀色掩蓬萊龍飛鱗甲乾坤瘦鳳
囀笙簧日月限幾度鈞天爭響後風雲直上碧崔嵬
二十八日栢子堂註曰不花而子其形如李碧色香
緋能延壽玉名栢果形稱精李詩曰寶相靈花十丈
柯冲霄虬幹舞婆娑風生八表開天籟露洒千秋接
玉窩入齒爭誇水玉碎鐫奇誰識歲年多聚來百子
功成日萬歲聲中九奏和二十九日九魚甕註曰南

海偶出飛魚神横大士伏獻彤土置之琁甕自此日
朝天諷咒矣詩曰法水靈潭境界寬初潛年忌保平
安雲開斗閃千尋影飛建三霖九界寒天一日中涎
是雨寶懷領下珠爲丹等閒舒爪乾坤動高撥青霄
十二巒三十日落簪非註曰形圭偶遊翠環嶺忽落
九龍紫玉簪遂成寶井日呈五雲龍鳳雷電光怪矣
詩曰紫龍飛下寶形粧銀漢誰移玉蕊鄉天地渾元
開地脈陰陽融液出陽綱源通栢子流蘇影木樨桃
根雀乳香海晏河清鰲道穩萬迴六六數鶯鶯又賤

日倩有一几嗽雲窓公暇以觀書臨帖哦句爲私課
蝶園千景礴人偶拈三十韻以寫逍遙之意於萬一
今丐土玉五雲代録附小傳之後令世之觀者知我
穩棲銀餘飛遊青末與夜臺腐焦者不同嗟嗟竟合
元神一丹注脈誰謂蟬脫尸解者死而死耶但念雲
卿得無指酸或餘瀋流郝織甲刻化人不安耳柰何
癸酉涼風十有七日倩英蕢實舊陶姓楚生一笑漫
識於微鑾堂中檻又題鑾堂主人札曰陶筴土青沐
過辱悕吹霄漢忽梴頭角馳逐乎十一龍茟豈減玉

河春浪鰍鬣龍餘難物笑鼓耳赧甲牽步叨陪大座何幸如之感承起骨活肉之恩敢忘草結環銜之報而況大圓不遠蓋爲洒洒矣詞不盡心謹寄一律傳累請教幸賜斧藻萬感詩曰小鳥晨階啄瓣芽搔斂抹雨捲紅絲夢廻瘦結丁香顆春姦嬌醉荳蔻花紅引鶴軒榴火熱月闌鳳座紫輪賒螽樓劫証千京蕃霓舞爭催碧玉槎六月廿六日同十二青菩至復貽札曰朽土不慧謬辱彤圭勉吹過鑿赧背楓句願我君原笑一斑幸甚七夕同九菩至又貽札曰陶生贄

痽耳連擾又來不知卿耐煩否今日再書十首請教七月十七日同十一青菩至又貽札曰倩乎塹傷賓東海波餘二十年備位銀宮致身極樂幸甚矣傳詩已完附名諸大神菩之後譬如置荊釵於玉鏡臺前忝叨過望更何幸如之序已辱星君艮諾廿七重來捧硯忝作賓中之主卿爲主中之賓得無厭我煩數甚耶幸達求恕之笑笑七月廿七日同青官十菩至又貽札曰星君前序許脫稿於今日謹操赤玕紫碑邊笑白儀再九叩以待焉八月初三日同地藏等八

菩至又貽札曰星君大師爲我撰西玄實錄前序公議甚佳適金册而論再序宜丐九天大師爲之方可配星主而桃董稱爲緒言於後乃妥允若此是陶三叨佳序矣謹以質之冰公裁定其所云撰三序者一爲月宮天子太陰星君加封東木元澄宮一品右輔卯月梅一爲九天玄女太精玄一娘娘東府明元官一品正輔加封東魯齊宋三都督史兼查四大部洲惡善元慧靖義清瑩正直武勇文穆無上大菩薩袁鴻澄一爲金國上侍總督蟠桃園纂緝晉賜數冊加

封東宮上元洪圖正菩薩雙成董玶所云十座神菩者一爲袁鴻澄乃玉帝次女一爲梅卯月玉帝長女一爲李景靈一爲李正甫玉帝四女郎慈聖一爲袁寅旭一爲杞雲衢玉帝八女一爲杜玉函玉帝七女一爲張清元一爲李華娥玉帝三女一爲賈澄空郎王母七女玉卮所云六月十五日同楚生過鑒堂之十二雋一爲曹大家一爲紅拂賓相蒨山一爲稻蘿綵紅澄一爲何仙姑蕙香郎八洞數一爲呂太后倩彤一爲張嬌雲嬌一爲袁潑妃泊白一爲劉靜彤芬

一爲劉無雙空之一郎陶倩英楚生一爲寳鴻夷雲霏一爲尉遲梅笑玉瑩所云六月廿六同過之十二駕一爲金源聖母前玉京母一爲后土皇地祇一爲南海觀世音一爲峨眉山普賢一爲五臺山文殊一爲茹山穹源一爲九嶷山白衣龍光一爲馬小娥曦玉帝七女一爲鴻川韋源郎宋太后一爲白韞玉貞王郎佛母準提一爲楊舒儀玉環郎唐妃子一爲董雙成玤一郎陶倩英楚生所云七夕日同過之青菩十駕一爲玄珠一爲罔我一爲生化一爲元后眞宮

鐵木氏瑩覺郎忠順夫人二娘子一爲太素郎瑤池長宮主玄射一爲桃花聖母周象賢郎邑姜一爲圖越元君薄妤郎漢文帝母一爲薊遼元君玄伯郎金谷綠珠一爲鴻基郎瀬女一郎陶楚生所云七月十七日同過之青菩十二駕一爲驪山老母郎斗母一爲瑤池王母一爲藐姑神女一爲天孫織女一爲南岳夫人魏瀛伯一爲中山教主垣亭崔尚郎鶯鶯一爲元樞上官趙飛燕一爲瑤池中侍賈凌華一爲木德教主趙合德一爲大理眞宮郭蠑光郎光武中宮

一爲玄昇覺主秦赤玉一郎陶倩英楚生所云七月廿七同過之青菩十駕一爲北斗賈夫人一爲南斗郭夫人一爲巡行四大部洲金伯曹仙姑一爲北海教主盧夫人一郎前過之呂后一爲西秦之毛皇后一爲漢宮戚夫人一爲南唐耿先生一郎前過之綠珠一郎藏城楚生所云八月三日同過之青菩八駕一爲地藏王菩薩一爲東岳賈夫人一爲堯女舜娥皇一郎前過之馬小娥一爲戴雲衡字象乾一爲呂雲部一郎前過之董雙成一郎陶楚生各有封號其

詳載之實錄將成楚生復貽主人札曰楚正侍形天忽得十師申奏角外附箋不覺萬菩開顏楚且驚飛欲絕矣讀此先謝附以小絕爲致米翁千劫犬馬翻憶一念之差九天下土五世顛連再生風露那江天輛孤𣶏雲酸楚生之楚楚而楚也幸三聖吹噓前根有賴忽而道貴菩天今且名香世代苦醒甜酣陶陶陶矣日與沙府神王遥天價重千金人人別目豈細事哉感恩圖報寧有已時耶謹傾倒鳴心如此如此十座神菩亦貽札曰余問刀人動手三月矣楚生曾

來一覶否答曰楚生喜死走馬燈既去又來假事代
人日二三過獨以卿揮汗蠅書咄嗟儕嘆不置耳顯
晦開頭今昔與感或撫掌大笑忽泣下數行梨花爲
露璦蕋翻香聲嫋嫋曆詞領燕目卿若見之當爲冁
迷心醉矣秪恐書成賀謝之箋千百不盡薄俸作貧
卿之過也笑笑吾遂索求者甚多卿姑焚百部以應
之待渠翻鍋之後則不復爲煩矣韻舉凌天霄旭晃
撼豈止一楚之快哉謹代布腹心以鳴感實録既
成九月十二日王君具表上形皇八部文元等師楚

生一百五十部焚畢亂示云楚侯領書久矣有小詩
奉謝詩曰珍重瑤織刋碧落恩懷心腐願毛胎兩塵
脫却烟花類姓字香芬出萬垓又云倩英忙甚今去
九天四大老處上號送我籛歷劫冊望月具表朝玉
客叙客叙去後王君問十座曰道元一念偶動成此
惷帙聞楚生語令人駭薾問何說座曰此事上帝已
風若干大老會議公評俟表上命下楚生晉位一品
則加封諦脫胎換骨另是一番事體茅總戎托借十
分而卿度世闢幽視鳌尊玉之功不待言矣事大如

天非從風花吟嘯中得之楚生今見大老尚行屬禮
一晩晉位後與師保我輩俱頡頏矣五雲五雲尚在
睡夢間也其所云玉者即玉皇也所云形者即神霄
東府萬宮主宰紫儀娘娘也其月宮天子即月姊所
爲序有曰龍沙欲會八百將與五陵一切倘有槩於
寡人之微語與實録之所以成哉其九天玄女哀禍
澄所爲序有曰靈神相生兩霄表裏屬者大元十大
年三月三日我玉携師保登後宮玄精山望氣偶攀
靈霄殿東南隥虛雙峰安得三支壯觀是夜風攀輿

剛陡增一峰晶瑩似玉穩合無間玉帝大喜勅封玄
停仙伯有雪浪千頭起玉檜之句此上宮之瑞實東
方之助也願我東都去靈霄百里而近廣方千里山
水護環獨鑫伯大精圍直北少亭亭特立之主勢此
我玉帝形皇兩聖人意內事固我十一大皇之所預
鑒而他人識想或不淡入此裏越數日形皇請玉於
九霓官開賀瑞之宴忽飛來一山閣官報形啓玉貫
鑾往觀紫蝀藍根從巖萬仞百峰千嶽景勝玄精堂
踴賞吽絶曰有是哉璧之來奇甚也朕得穩坐如此

山足矣乃飛舩大醉封爲螺翠峰黛色凝靑所以旌
形貞也且螺翠有羅萃之義見大聚團圓不遠立成
琅玉峰頭五岳飛之句形封玉柱峰擊天直上所以
象元健也且玉柱有玉注之義見龍雷吞頼降崇赤
有菩身誓作擎天柱之句甲爐冉建寶瑞三千大哉
天機此其一也楚生初任西玄與玉女爲朋此來東
內以形鼇作主是何等際遇而慶幸可知也其雙成
董玠所爲序有曰西玄東府是道之寄也而豈道哉
倏而西玄倏而東府倏而西玄東府之間而西玄而

東府而不西玄而不東府與夫不不西玄不不東府
者皆可觀也陶乎陶乎吾師乎陶豈吾師乎是亦異
聞已余乃詩報王君曰草堂蕭寂舊寒氈雲笈年來
手自箋扣户忽傳天外信開緘備述故人仙丹丘廿
載無消息靑鳥今朝說秘緣始識前生蕭世璞好期
玉笑共飛搴旣得書十日後感異夢乃爲詩以紀之
曰我夢臨碧海萬山高嵽嵲艅艎截强弩蛟龍不能
懟薄疾未蒞軍高卧出廬簡忽聞伊人約共度滄茫
淺欣焉往就之意即凌飛艑青鳥乃傳言必俟登壇

墠我意方悵然軍宴恐加展有神甚奕奕附載志艮
腆客曰書祀之可以得平善方期橫海功揮戈呼吸
揃翅翱歸十州不復更仰俛邂君將共發倏忽東方
辨余之宿生亦頗自知無待今日然於此益决矣餘
生無幾唯有沉溼大道以待鸞驂鶴馭重聯楚生於
聚生玉笑之間耳至明年甲戌夏五月病始間乃約
畧而爲記

說郛續目録

弓第四十四

女紅餘志

楚　龍輔

鄗覲載籍頗多僻秘女紅之暇每一沉酣推玄底妙庶有別于瞽者一日屬君讀何遜詩不解山枝詠新識意鄗聞之笑曰彼奈何忘越人歌耶山有木兮木有枝心悅君兮君不知政何所謂詠新識也因于間日稍有所識以便觀覽要多婦女家事

圓鬼

東陽詩云圓鬼始降晨離胴之光景倏忽石火猶邊

君何不來徒有相思

瓊漿

游仙詩序云有仙童降于郊進余以瓊漿味甘如飴騰空而去故其詩有瓊漿且未洽羽轡已騰空之句

綠綺窓

隋文帝為蔡容華作瀟湘綠綺窓上飾黄金芙蓉花琉璃綱戶文杏為梁雕刻飛走動費千金

珠窓

唐玄宗武惠妃窓上三色明光之珠

桂宮

陳後主爲張貴妃麗華造桂宮于光昭殿後作圓門如月障以水晶後庭設素粉罘罳庭中空洞無他物惟植一桂樹樹下置藥杵臼使麗華恒馴一白兔麗華被素袿裳梳凌雲髻插白通草蘇朶子靸玉華飛頭履時獨步于中謂之月宮帝每入宴樂呼麗華爲張嫦娥

紅壁

用尚衣多病文帝以硃砂塗四壁以辟邪故謂之紅

廻風曲

王母別漢武昇雲命長裾歌廻風之曲

白紵歌

沈[illegible]白紵歌五章舞用五女中間起舞四角各奏一曲[illegible]翡翠群飛以下則合聲奏之梁塵俱動舞已則舞管獨歌末曲以進酒

碧絃

安光以黎洞寶香爲琴以崑山碧玉爲絃故曰碧

琴

飛黃鬢

元雍姬艷姿以金箔點鬢謂之飛黃鬢

豪犀

豪犀側鬢器也詩曰側釵移袖拂豪犀

金梭

羊侃姬張靜琬能織奇錦有金梭玉躡伏兔鹿轤皆人間所無之寶爲飾

寶鑷

袁術姬馮方女有千金寶鑷插之增媚

金籠

青琴採桑携金籠玉鈎

玉雲

吳王亮夫人洛珍有櫛名玉雲

郎當

郎當淨櫛器也

鈿

[illegible]聽[illegible]金蟲寶粟之鈿

蓮枝帶

荀奉倩將別其妻曹洪女剪蓮枝帶以相贈後人分釵即此意

寒蛩裀

翔風因季倫見棄聽寒蛩心悲因織寒蛩之裀以獻之

赤珠

吳絳仙有夜明珠赤如丹砂恒繫于蓮花帶上着胸前夜行他人遠望但見赤光如初出月輪不辯人也

承雲

承雲衣領也昔姚夢蘭贈東陽以領邊繡腳下履領邊繡即承雲也沈并入物為十詠又有憶來時憶坐時憶食時憶眠時四詠俱為夢蘭作也當時傳誦之

裙

周昭王延娟以奇錦為裙晝看成鳳夜看成龍名交龍鬪鳳裙

巾

華佩姬孫荊玉拂履皆用輕綵合璧錦巾

鏡

季月素大鏡名正衣小鏡名約黃中鏡名圓冰

玉撥

隋煬帝朱貴兒插崑山潤毛之玉撥不用蘭膏而鬢髮鮮潤

生香屧

無瑕屧牆之內皆襯沈香謂之生香屧

太華氈

光武后陰麗華步處皆鋪太華精細之氈故足底纖

滑與手掌同

熨斗

姚月華熨斗名麟首黃金為之

剪刀

潘炕姬解愁有雙龍奪珠之剪

尺

吳王亮紫華有襍寶黃金尺

盈盧有畫尺

辟塵麈

無瑕嘗執辟塵麈禮觀世音誤落香殿中火燃不及
取至今名爲無塵殿

磲盌

盈盈家奴婢皆用黃金飾磲盌

莫難珠

李愿姬女寶腕紃恒貫莫難珠

珊瑚

宋緯侍女數百桂鏡皆用珊瑚枝

翠毦

臨川王宏妾江無畏善騎馬翠毦珠覊玉珂金鐙

釵帔

燕昭王賜旋娟以金梁却月之釵玉角紅輪之帔

索鈎

崇蘭館序云綺幔高褰結金索皆翀麥之穗冰簾不
捲懸銀鈎盡仙蒜之條

杵

杵之神曰細腰庾信詩曰北堂細腰杵

帳

吳主綝[illegible]姬製鸞鳳帳焚百花香于內則鸞鳳皆
飛舞古老云鸞鳳乃仙蜂血所染仙蜂出休與山其
形如猫愛花香聞有異香不遠千里必食之而後返

琵琶

陳後主孔貴嬪琵琶名褱風

玉鏡臺

淑文所寶有對鳳垂龍玉鏡臺淑文名婉姓李氏賈
充妻

針

許允婦阮氏有古針一生用之不壞

南華謝美人針詩曰同心欲製錦歲月好磨礱眼中
如得線蹙下敢辭縫

衣帶

桓谿女字女幼製綠鋪衣帶作竹葉樣遠視之無二
故無瑕詩云帶葉新裁竹簪花巧製蘭女幼庾宣婦

圓頂簪

魏文帝陳巧笑挽髻別無首飾惟用圓頂金簪一隻
插之文帝目曰玄雲黯靄兮金星出

玳瑁床

楚娘名伎也寢玳瑁之床懸翡翠之帳

璫

璫婦人首飾也詩曰明璫間翠鈿

玳瑁屏

陽文張玳瑁屏風黃金爲屈膝長七尺廣一丈可以卷舒

燭

柰愛瑛琬宮中燭心至跋皆用異香寶屑燃之有異彩數里皆香湯伐之發其殘跋值萬金

扇

東陽嘗贈所歡二扇一曰銀花一曰寄情後復歸之有詩云還君與妾扇

賣眼

覩美女詩序云賣眼香屏之中弄姿渌水之側及挑李之芳年輕金珮之重體

淚

鮫人之淚圓者成明珠長者成玉筯

眼語

寵姐每嬌眼一轉憲則知其意宮中謂之眼語又能作眉言憲寧王也

黃姑

黃姑牛郎也馮婦勇士也皆以女名

阿侯

語曰欲知菁蓉色但請看芙蓉欲知莫愁美但看阿侯容阿侯莫愁子也

異妹

秦韓出異妹嬌妍委靡消冕奪目鄰國購之千金不

許

柘彈

春游詩序云誇柘彈于禽林競韓盧于獸苑

印檢

南華牋云啟印檢而含情睹題書而揮淚

暮妝

令嫺答徐悱詩有云落日照靚妝開簾對春樹一日薄暮令嫺忽作新妝夫喜曰照靚妝不若更新妝佳

也令嫺人笑爲之罷粧

梅

南華封梅爲寄春君

瑯琊草

文賓進上以瑯琊草十車可以染綬

燕都妓品

冰華梅史

敘曰燕趙佳人顏美如玉蓋自古豔之矧帝都建鼎於今爲盛而南人風致又復襲染薰陶其豔宜驚天下無疑萬曆丁酉庚子間其妖冶已極余自辛卯出都未及寓目後得梅史葉子猶可想見其一二人以此帙北金陵蓮臺仙會而謔浪過之作此品題固不須莊語耳

余倦游任俠東郭之履久穿好色非眞登墻之窺未許退珠情於燕趙遵路攬袪傷酒態於荆高入林把臂名士多傾城之悅佳人有入宮之嫉故碧雞坊裏

無元白之題評而白牡丹詩忝崔張之嘲謔前則叙行十一乃郢上之春詞巳非實錄後則宮名三六雖南中之月旦何取濫觴是用效顰以之倚嫁蓋取憐競態旁觀每當局之迷而分品計功過目有持平之察要以愛憎如山巳心作粘泥之累妍媸若照情無繫鑑流之波遊龍極有歌秖應抱恨於紅顏然何地不逢焉用致譏於糊眼定茲條例餝我航籌

一借用科名例

蓋女容況巳入貌榮名雖有不言之蹊亦多私植之果要知浮名無異於戲塲吠聲聊因乎俗耳

一四元例

蓋英雄寧王扶餘壯士武甘雞口故一椾盡賜無榮及第之名而我武維揚益增艮士之重凡久壓公等者則僅如其人焉

一四殿例

燕都妓品　二

蓋不啖安期之棗詎辯嗜痂不聞奉倩之香誰知逐臭故雖有一妍不掩衆醜地各簡一人以爲尾續人各剏其字用示鈇誅

一詩評例

蓋斷章者取其諧情闡微者窮乎肖貌故古言其意今[illegible]嫌[illegible]女之誨淫亦賴唐風之振雅

一世説例

蓋蘇丞[illegible]水盡[illegible]

其詠詞嘉謔乃酒佐之麈談而品題微識亦花神之信史

一金谷例

蓋當筵掩袖巴里亦可徵聲倚市調粧脂粉偏能汙色故必得之於牝牡之外賞其專長更索之於形骸之中罰其獨短

一萬曆庚子花朝日新都梅史識

十字元一名狀元郝筠字林宗東院人

韋應物詩能使萬家春意閑評云不知秋思在誰家世説王司州在謝公坐詠入不言兮出不辭乘回風兮載雲旗語人云當爾時覺一坐無人

燕都妓品　三

執此坐美少年合席奉酒仍合席飲

方德甫云筠大有丰姿豔驚人目新都王伯約娶歸沈郎云奪我燕支山使我婦女無顔色

二名榜眼陳桂字雅卿本司人

杜甫詩五陵佳氣無時無評云五陵之氣如此世説荀中郎在京口登北固望海云雖未睹三山便自使人有凌雲意若秦漢之君必當褰裳濡足

執此坐有風調者巨觥

方德甫云桂貌瘦身長眉目清揚而面色稍黑手爪自好其擅一時名當有適情耳余答云此生定有烈士風余曾爲江郎作傳

三名探花魏寄 字素紈東院人

李羣玉詩玉鱗寂寂飛斜月評云是梅花神境

世説有人語王戎曰嵇延祖卓卓如野鶴之在雞羣答曰君未見其父耳

執此坐秀雅客三杯

四名二甲傳臚李增 字燕容西院人

王維詩懸知獨有子雲才評云無地不生才

世説益州獻蜀柳數枝枝條甚長狀若絲縷武帝植於太昌雲和殿前嘗嗟賞之曰楊柳風流可愛似張緒當年

執此坐西座首席巨杯

方德甫云增貌不揚情亦劣而頗擅時名終不見重於名家法眼

五名三甲傳臚李定 字夜珠東院人

沈佺期詩林中覓草纔生蕙評云沅有芷兮澧有蘭

世説李元禮一世龍門時同縣聶季寶小家子不敢見元禮元禮呼見坐置砌下牛衣上一與言即決曰此人當作國士

執此坐新婚一杯

方德甫云定年最少色甚麗當是燕中第一流余弟昌國曾狎之昌國賈甚詘得此足以詘矣今嫁郭皇親家

六名二甲進士楊六 字娟娟東院人

沈佺期詩粧樓翠幌教春住評云住得便住

世説人問撫軍殷浩談竟何如答曰不能勝人差可獻酬羣心

執此坐主人笑飲

七名三甲進士小田大 字瑤生前門住

王昌齡詩西宮夜靜百花香評云夜香

世説或問汝南許章曰叔慈慈明孰賢許曰二荀皆玉也慈明外朗叔慈内潤

此坐妙肌理者奉一鞋杯
八名朱殿試進士屈四人 字學若屈二妹西壁
元稹詩力士傳呼覓念奴評云高公公再來不聲
世説王僧息輕林公藍田曰勿學汝兄汝兄自一
如伊
執此坐兄弟同飲雙杯
九名出差進士黑劉四 字龍西前門住
李賀詩雄鳴一聲天下白評云不辯黑白只辯雌
雄

世説支道林常養數匹馬或言道人畜馬不韻支
曰貧道重其神駿
執此坐善歌者飲大杯
十名守部進士王壽 字文娟本司人
李商隱詩薛王沉醉壽王醒評云五侯鯖
世説竺法深在簡文坐劉尹問道人何以游朱門
答曰君自見其朱門貧道如游蓬戶
執此坐離席一杯
余舊狎本司一姬亦名王壽後嫁徐寶石家以
籍没入官爲侯家所得今曰守部似之恐另有
一王壽也然後載王艮則壽猶晚華疑復出耳
十一名告病進士段四 字素如本司人
杜甫詩曾貌先帝照夜白評云畫名尚在
世説陳恭公判亳州生日親族多獻老人星圖姪
世修獨獻范蠡五湖圖贊曰賢哉陶朱霸越平吳
名隨身後扁舟五湖
執此坐善畫小杯
萬字元一名會元魏玉 字道溫東院人

王建詩仙人掌上玉芙蓉評云秀豔高出
世説陳後主有玉柄麈尾至佳執之曰當今雖復
多士如林堪執此者獨張譏耳即授譏
執此坐有談鋒者合席奉酒仍合席飲
二名會魁屈二 字文若西院人余見其初年爲臨淮小侯所寵
劉長卿詩天連秋水一人歸評云獨得瀟蕩
世説李白登華山落雁峰曰此處呼吸之氣想通
帝坐恨不攜謝朓驚人詩來搔首問青天耳
執此坐奉首席左右隣一大杯吟内字詩一句

方德甫云文若質固温雅性復幽静髮膚手趾無處不佳眞具美女之態

三名會中武郝長（字長卿東院人）

錢起詩宜春花滿不飛香評云這是何樣花

世說邊文禮才辯俊逸孔北海薦於曹公曰邊讓爲九州之被則不足爲單衣襜褕則有餘

執此坐露齒者一杯

四名會副榜王福（字文蘭東院人）

王建詩夜夜還棲雙鳳凰評云不必定是鳳凰

世說謝太傅道安北云見之乃不使人厭然出戶去不復使人思

執此坐隨意飛送幾客

五名挂選舉人李（字月卿東院人）

衛萬詩不捲珠簾見江水評云定是具眼

世說顧長康畫人或數年不點目睛人問其故曰四體妍媸本無關於妙處傳神寫照正在阿堵中

執此坐巨目近視各隨量飲

六名就教舉人郭冏（字子夜東院人）

岑參詩兩耳垂肩眉覆面評云羅漢相

世說索靖有先識遠量指洛陽宮門銅駝歎曰會見汝在荆棘中

執此坐念佛號飲酒四杯

七名武狀元崔瓊（字子玉東院人歸王景純姊妹三人皆在籍）

曹松詩憑君莫話封侯事評云燕頷虎頭飛而食肉

世說齊太祖奇愛張思光時與款接且曰此人不可無一不可有二

執此坐豪客三大杯

子玉善騎射能作琵琶馬上彈自入金陵深處閨閣中未試其技及景純新得鳳臺園喜曰可爲我築金埒令足盤馬吾將與子射雉其間觀此亦稍露其槩及景純死嫁吾家訒叔其純氣之守似木雞矣將焉之三歎

八名武解元左翠（字飛卿前門外住人）

吳融詩氣色高含細柳營評云氣色各別終是色高

世說劉子翼常面折僚友之短退無餘訾李百藥
常語人曰劉四雖復罵人人多不慽
執此坐狂梗好動者一大觥
方德甫云姿首俱出人頭地巳綠
九名武會舉王二 字燕如本司人
韓翃詩羣公楯鼻好磨墨評云一味黑
世說祖士少見衛君長云此人有旄仗下形
執此坐與合席賭拳各一見
百字元一名解元馮丑 字湘雲前門住人郎馮二雲之姪女馮巧亦其妹也

燕都妓品　八　十

高適詩自言獨未逢知音評云芳心自懂
世說李元禮風格秀整高自標持欲以天下名教
是非爲巳任後進之士升其堂者以爲登龍門
執此坐能詩能書美丰姿者合席奉酒仍合席飲
二名經魁崔四 字新蘭東院人
常建詩青絲素絲紅絲絲評云三場樣樣搭色高
薦高薦
世說庾公爲護軍屬桓廷尉覓一佳吏桓後見徐
寧而知之致於庾公曰人所應有其不必有人所

應無巳不必無
執此坐多情者三杯
三名亞魁孫三 字真真前門外住人
王建詩貧女銅釵惜於玉評云羞澁爾爾亦何妨
惜
世說漢哀帝問鄭尚書崇卿門何以如市對曰臣
門如市臣心如水
執此坐衣縞素免罰
四名鄉中式張三 字燕燕東院人

燕都妓品　八　十一

沈佺期詩海燕雙棲玳瑁梁評云生存華屋處
世說晉武帝既不悟太子之愚必有傳後意嘗在
凌雲臺上坐衛瓘欲申其懷因如醉跪帝前手撫
牀曰此坐可惜
執此坐旅寓者飲
五名給賞秀才小田一 字文舒前門外住人
温庭筠詩柳花飄蕩似寒梅評云似是不似不似
是似
世說裴使君問管公明何尚書一代名士其實何

如菅曰其才若淼淼之水所見者清不見者濁

執此坐年少者歌奉合席

六名秀才崔枚 小字美兒東院人

李商隱詩新得佳人字莫愁評云字得

世說王仲寶小時叔父僧虔撫之曰我不患此兒

無名政恐名太盛手書崔子玉座右銘貽之

執此坐未婚者一杯

七名監生李昭 字昭容東院人 德甫云昭肥而黃髮別有傳

劉禹錫詩芙蓉脂肉綠雲鬟評云是誰

世說王元澤數歲時客有以一獐一鹿同籠以獻

問元澤何者是獐何者爲鹿對曰獐邊者是鹿鹿

邊者是獐

執此坐黃髮者大杯

八名童生劉英 字宛宛劉肖妹前門住人

白居易詩此時無聲勝有聲評云彼一時此一時

世說袁彥道有二妹一適殷淵源一適謝仁祖語

桓宣武云恨不更有一人配卿

執此坐未冠者三小杯

方德甫云英北方佳人兼得江南之度聲價方

爲惜早嫁耳

九名武鄉舉崔長 字長卿東院人

樂府顧對君王舞細腰評云到不

世說王子敬病篤道家上章應首過問子敬由來

有何異同得失子敬云不覺有餘事惟憶與郗家

離婚

執此坐續絃者大杯

文字元一名館選元陳大拾 字雪箏魏寄媽東院人 其妹二拾柔若無骨

獨孤及詩君家自是成蹊處評云況有庭花作主

人

世說魏武將見　使使崔李珪代帝自捉刀立

牀頭既畢令諜問曰魏王何如使曰魏王雅望非

常然牀頭捉刀人乃英雄也

執此坐前輩合席奉酒前輩不能歌者免罰三大

觥

二名館選崔五 名燕字子羽東院人亦歸歙之吳雲門善吳音而貌不勝

王維詩到門不敢題凡鳥評云畢竟是鳳

世說簡文問孫興公袁羊何似答曰不知者不負其才知之無取其體

執此坐妙音律者大杯

三名範選董九 字雙成前門住人

張籍詩茂苑鶯聲雨後新評云新聲政不必茂苑

世說戴仲若春日攜雙柑斗酒人問何之答曰往聽黃鸝聲是俗耳針砭詩腸鼓吹

執此坐能吳音與善歌者各一杯兼者雙杯

四名官生焦大 字燕如東院人

杜甫詩龍鍾自與常人殊評云種好

世說晉武與胡威語次因問威曰卿自謂孰與父清威曰臣何敢望臣父帝又問卿父以何為勝威曰臣父清常恐人知臣清常恐人不知

執此坐變名姓者免飲

五名選貢吳 字文玉前門住人

李賀詩買絲繡作平原君評云女家俠氣不必問其肖像何如

世說孫休好射雉至其時則晨去夕反羣臣莫不諫休曰雖為小物耿介過人所以好之

執此坐疎財者三大杯

六名歲貢王艮 字遜少前門住人于己丑年見已有瘁色今老狀可想矣

釋廣宣詩已證金剛不壞身評云那箇是對證

世說顧長康噉甘蔗先食尾人問所以云漸至佳境

執此坐高年身肥長者各一大杯

七名俊秀楊倒馮巧

杜甫詩賈客船隨返照來評云來何暮今五袴

世說王安豐婦常卿安豐安豐曰婦人卿婿於禮為不敬婦曰親卿愛卿是以卿卿我不卿卿誰當卿卿

執此坐面黃無鬚者各一小杯

方云巧得溫柔之度

八名歲貢遙授李十一 東院人

柳宗元詩貌同心異不可數評云人心不同有如其面

世說祖先祿少孤貧常自為母炊爨作食王北平

爲其佳名以兩婢餉之因取爲中郎人戲之曰奴價倍婢

執此坐𡚱覔一蒼頭與東末席對飲

九名武生郭秋本司人

李益詩漢家頻許郅支和評云和戎有五利

世説陸機詣王武子武子前置數斛羊酪指示陸曰卿江東何以敵此陸云有千里蓴羮但未下鹽豉耳

執此坐有北客免飲

十名吏員柳五西院人

張謂詩黄金不多交不深評云君子多乎哉

世説王夷甫嫉其婦貪濁口未嘗言錢字婦欲試之令婢以錢遶牀夷甫晨起見錢得行呼婢曰舉却阿堵物

執此坐西末席一大杯

十一名老儒唱戲張六前門住人

韓翃詩秋風疎柳白門前評云又涼又枯又賤

世説謝公時兵厮逋亡多竄南塘下諸舫中或欲一時捜索謝公不許云若不容置此輩何以爲京都

執此坐執脚者捧壺出奉合席仍自跪飲三大杯

豆史曰梅史不知爲誰其稱賞出意象之表且語多恭酪足解人頤矣但降等溷淆有二十年以前人如陳大舍王良是其譏諷意也嗟乎漢宫貴少令長門後幸惡能忝顔哉乙巳花朝日跋

或云梅史借名耳浙名士沈郎所編後官水部郎

又云京師王雪簫號文狀元崔子玉號武狀元而薛素素才技兼之一時傾動公卿都人士見之咸避席自覺氣奪鰌品中别爲立傳

蓮臺仙會品

金壇曹大章

敘曰金壇曹公家居多逸豫恣情美艷隆嘉間嘗結客秦淮有蓮臺之會同遊者毘陵吳伯高玉峰梁伯龍諸先輩俱擅才調品藻諸姬一時之盛嗣後絕響詩云維士與女伊其相謔非惟佳人不再得名士風流亦僅見之蓋相際爲尤難耳

品目

女學士王賽玉小字儒卿名玉兒行六

花當紫薇

女太史楊璆姬小字漱喜名新勻行一

當蓮花

女狀元蔣蘭玉小字雙雙名淑芳行四

當杏花

女榜眼齊愛春小字愛兒名淑芳行五

當桃花

女探花姜賓竹小字玉兒名如眞行八

花當西府海棠

女會元徐瓊英小字愛兒名文賓行三

當梅花

女會魁趙連城小字延齡名彩鴛行五

花當芍藥

女會魁陳玉英小字八十兒名士蘭行八

花當繡毬

女解元陳文姝小字回兒名素芳行五

當桂花

女經魁張如英小字奴兒名友眞行五

花當芙蓉

女經魁蔣文仙小字耐經名姝屏行五

當葵花

儲材東瓊姬小字芳春行十有傳

當蕙草

儲材王蓮梅名賓儒行一有傳

當芝草

蓮臺令規

遵舊錄用十四章雕鏤人物花卉以娟觀者

令從大會上方可行必滿十四人乃如法少一人則去一魁葉其法特難於考試考徧席各散一葉覆之令執學士太史二葉者先發覆學士指葉口舉解元當卽應非卽罰一觴次太史舉一人亦如之倘及儲材卽爲奪標而解元隱匆發凡再問而儲材不得應五舉而得狀元乃止三元張宴以次行觴隨意作樂而榜探不與焉缺一元則以次補凡五舉而儲材無偶倖爲下第散材矣聽三元任意施爲卽學士太史十舉而無當鼎甲及一元者亦罰出席不預燕而聽施爲得三元而勿舉則掄魁者奉尉一觴而同袍之情盡矣曾見行試官令者抑舉子過當故以此報之夫士不遇主司耳豈盡才之罪哉儲材而舉者命也非典試之功故雖舉猶無當也已酉夏日冰華主人定

品目花名 合學士至經魁十二人爲偶令又合狀元至儲材十二人爲奇令總之分合成十二章之數

學士　紫薇花

太史　蓮花

狀元　杏花

榜眼　桃花

探花　西府海棠

會元　梅花

會魁　芍藥

會魁　繡毬

解元　桂花

經魁　芙蓉

經魁　葵花

經魁　菊花

儲材　蕙草

儲材　芝草

廣陵女士殿最

萍鄉花史

不佞家世黃國旅寓白門情耽雪月之場意愜風騷之侶喪佩懷鄭賦西歸而未能流水遇鍾操南音以自遣爲稅廣陵甫閱兩月月成衆伎不下百人爰量品而注出身之資高卑斯在兼采詩而綴題評之語褒貶用章是使女士者流頗著殿最之等譜名花而儷色廣艷曲以成聲嘔盡閒心刋爲豪舉

異香牡丹

花史云牡丹爲王今姚家黃爲王魏家紫爲后張敏叔十二客中稱爲賞客

殿最曰國色天香掾韲塵而作粉美肌膩體剪霞艷以成粧一捻嬌姿百花魁首

溫香芍藥

花史云芍藥仙子也曾端伯十友中稱爲艷友而張敏叔十二客中又稱近客爾雅翼曰芍藥當春暮祓除之時故鄭之士女取以相贈董仲舒以爲將離贈之以芍藥然則相謔之後喻使去耳

殿最曰分西洛之景放廣陵之春態度妖嬈丰神艷冶偶爾謔時相贈慳他名曰可離

國香蘭

花史云蘭十二客中稱爲幽客爾雅翼曰蘭爲王者香草故夢蘭者以其有國香又女子之事一名女蘭淮南子曰男子植蘭美而不芳言情不相與往來

殿最曰伍衆草于深林貞姿獨異托孤根于空谷芳藹自姝興嘆者援琴行吟者紉佩

天香桂

花史云桂木仙花十友中稱爲仙友十二客中又稱仙客春秋運斗樞曰椒桂連名士起

殿最曰金粟下生幻作人間花品蘂珠結伴酒來天上香氛信是蟾緣無慚仙友

暗香梅

花史云梅花魁也十友中稱爲清友十二客中又稱清客張功甫梅品曰梅爲天下神奇花艷並秀非天時清美不宜又韻標孤特若三閭首陽寧槁山澤不

受世俗之憐也已

殿最曰芳傳春信籍占花魁移從白玉堂前窓横疎影游在紅綃軃下夢繞清都

冷香菊

花史云蘇明允稱菊爲霜下傑十友中稱爲佳友十二客中又稱壽客顧何如霜下傑特負奇氣也

殿最曰孤標堪挹秀色可餐羞開桃李之芳園雅挾松筠于淡圃

韻香荼蘼

花史云荼蘼十友中稱爲韻友此最能弘其臭味者按荼蘼譜中載有黃色此詞專詠白者又有粉紅者名刺牡丹故子兼紅白贊之

殿最曰風流能助詩狂謂之韻友名字每因酒得命曰醉紅

妙香薝蔔

花史云梔子十友中稱爲禪友爾雅翼曰梔子花白而甚秀葉實俱可觀或言西方薝蔔花金色小而香則梔非薝蔔明矣

殿最曰祇園四照曼陀共薝蔔而香芬雙樹蓮臺九品紺髮並金光而祥映中天龍女獻來世尊拈起

雪香梨

花史云韓忠獻公詩曰朝來經雨低含淚兢寫真妃寂寞粧則梨花似可爲真妃矣

殿最曰氷姿淡不粧巧妒何郎之粉縞袂清無染夢回荀令之香

細香竹

花史云竹之爲種實繁爲用亦廣而洗而對而談而

嘯而蔽而看而詠所謂涓涓淨細細香者詩人屢致意焉

殿最曰黃冠雅用籜裁白氅本宜霞罩出土有節坐對此君凌雲無心行看這叟

嘉香海棠

花史云王出以海棠爲花仙十友中稱名友

殿最曰香減韻長最愛朱唇得酒緑深紅艷偏傷翠袖捲紗

清香蓮

花史云蓮君子也十友中稱爲淨友十二客中又稱淨客按淨土之蓮青黃紅白四色金光花長一由旬諸佛坐七寶蓮臺說法梵語一大由旬八十里一小由旬四十里

殿最曰色妍而潤香遠益清彼君子兮何羨魏家富貴抑通人也却嫌陶氏隱淪

艷香茉莉

花史云茉莉十友中稱爲雅友十二客中又稱遠客嵇含南方草木狀曰耶悉茗花茉莉花皆人自西

國移植于南海人憐其芳香競植之又曰茉莉花似薔薇白者香愈于耶悉茗

殿最曰翠幙朱欄朶朶幽香梅共色瑤階玉砌垂垂清影玉爲隣

南香含笑

宋人詩云草解忘憂憂底事花能含笑笑何人則知萱草爲忘憂之條合歡爲蠲忿之葉含笑爲怡情之種矣或言即薔薇也

殿最曰粲粲綴朱欄似列石家之金谷垂垂墮如啼漢女之粧

奇香臘梅

花史云梨花之幽艷濃香不忝眞妃玉李之縞裙練帨無慚西子紫薇擅才子之譽臘梅含檀口之資豈非妙絕塵寰托根仙苑而十友十二客中未得標其姓字也

殿最曰蝤蠐領上芳綴梨花之幽艷芍藥欄前香舒素手之文無覩此素心擅爲檀口

寒香水仙

三餘帖云和氣滂礴陰陽得理則配玄榮于堂配玄即水仙也一名儷蘭一曰女星散爲配玄

殿最曰玉蕊氷肌想凌波之素魄黃冠翠袖懷姑射之仙標

素香丁香

花史云丁香十二客中稱素客古稱丁香百結不萎卷施拔心不死物理有難窮者

殿最曰夢囘枝上私語脂香花隱稍頭柔情粉褪雖拔心而不死經百結其何萎

瑞香
花史云瑞香十友中稱爲殊友十二客中又稱佳客
殿最曰風轉濃芬旖旎洒來春阴暖月新清影綢繆
結向夜窗寒

秦淮士女表

金壇曹大章

女伎之興其來尚矣顧代有名姬亦代有豔史漢上題衿記湘臯解佩錄南部烟花錄廣陵花月志諸書本雖不全散見他卷然或以標供奉或以紀冶遊或以載私奔或以傳勝事間一及此不盡若人迨于三里三曲之書則獨爲女伎一家之乘矣國初女伎尚列樂官縉紳大夫不廢歌宴革除以後屏禁最嚴當時胭脂粉黛翡翠鴛鴦二十四樓分列秦淮之市憾無有紀其盛者其後遂毀所存獨六院而已所豔獨舊院而已曾見金陵名姬分花譜自王寶奴以下凡若而人各綴一詞切而不雅十二釵女校書錄差强人意未盡當家餘子紛紛蛙鳴蟬噪刻畫無鹽唐突西子殊爲可恨頃余有事于此將一洗輓近之陋未得雅宗偶見友人表世說新語有觸于衷引而爲此客有難予表例創自龍門繼自蘭臺永作史家法程皆中外侯王公卿將相之事柰何降格于茲是以金聲玉振之音奏桑間濮上之曲也余曰不不洙泗刪

詩偏存鄭衛更生列女下及淫奔女有妍媸郎士有邪正也既可史矣何不可表乎昔之爲傳者亦史之一例但所褒不免雷同而所貶過于荼毒今之所表才伎獨詳多寡長短彰彰較著予者不得爲曲受者不得而私情與丰姿槩置不論陰有衮鉞盡屬某士一言此作者之微權也子瞻與少游論妓定以情興爲上才伎次之丰姿爲下茲亦其遺意乎客曰品以庶士而列以五科何所取則余曰有之袁彦伯作名士傳以王何諸子爲正始名一稽阮諸子爲竹林名士裴樂王謝爲中朝名士茲又其遺意也客首肯而退

序曰君子好修欲作程于後世達人任放惟行樂于當年顧南陌桑間詎攀五馬之駐而東隣牆畔未允三年之窺盍羅敷有偶而處子有儀也故情之所鍾當在若輩禮之所設豈爲吾曹千載風流向傳江左六朝佳麗宛在秦淮朱雀橋頭南引狹邪之路烏衣巷口曲通游冶之塲挾彈飛鷹籍籍繁華公子鳴鞭策騎紛紛佻達兒郎劍客藏名託茲以著俠骨文人

失職借此以耗壯心則有仙貌非凡原居天上俗緣未斷暫謫人間楊柳腰肢步塵則軆芙蓉脂肉出水不濡吹氣如蘭濯肌似玉口朱未傳依然夜語聞香而藥無施自爾晝眠知瑩橫拖秋水却厭金篦澹掃春山何須石黛杏黃衫子偏宜翡翠文裙耳後珠璫雅睽眉間寶靨可謂胡天胡帝乍陰乍陽獨立無雙橫陳第一者矣于焉魂與別也目成同題漢上之襟共結江干之佩引金張而並入迷劉阮以忘歸此處留儂豈惜纏頭之錦他年共命何須繫臂之紗墮馬粧成惜不入宮見妬藏雅賦就幸而倚案承憐此誠欲界之仙都而塵寰之樂境也吾曹游俠有斐詞人朱紫春新雌黃月旦羡名姬之卓絕憤俗子之品題乃援彦伯之凡因作龍門之表又雖沿自班馬直不媿于董孤嗚呼國色難逢彩雲易散慨自桂移梧落玉折蘭摧燕老鴻飛鸞孤鶴瘦令荆山剖璞豈盡連城冀野空群要惟一顧章相之士既以搖其筆端尺寸之夫安能肆其脣吻

士女品目

女學士

王賽玉小字儒卿名玉兒行六舊院後門街住　品

云嬴樓國色原名玉瑶島天僊舊是王

女太史

楊璆姬小字婁喜名新匀行一舊院紗帽巷住　品

云舊家號還泰國希世吳璆共楚璆

女狀元

蔣蘭玉小字雙雙名淑芳行四舊院雞鵞巷住　品

云麗質人如玉幽香花是蘭漢宮宜第一秦史合成

雙

女榜眼

齊愛春小字愛兒名淑芳行五舊院長板橋住　品

云六宮獨傾國一笑可留春

女探花

姜賓竹小字玉兒名如真行八舊院前門上住　品

云風月宜爲主心情共此君

女會元

徐瓊英小字愛兒名文賓行三舊院道堂街住

云飛瓊歸月態雲英擣玉情

女解元

王玉娟小字姐兒名彩姬行十舊院後門上住　品

云璠璵蘊籍崑山璧明麗嬋娟倚月宫

女魁

趙連城小字延齡名彩鸞行五舊院大街上住　品

云連城重良璧飛舞美纖腰

女魁

陳玉英小字八十兒名士蘭行八舊院廠兒街住

品云芳英春駐色雅調玉飛聲

女魁

陳文姝小字回兒名素芳行五舊院紅廟邊住　品

云舊里陳宫重結綺高情朱閣細論文

女魁

張如英小字奴兒名友真行五舊院石橋街住　品

云含英嬌灼灼真性自如如

女魁

蔣文僊小字耐經名姝屏行五舊院大街上住　品
云文姿本超俗僊籍近題名

儲材

陳瓊姬小字芳春行十　有傳

又

王蕊梅名賓儒行一　有傳

曲中志

天都潘之恒

楊玉香

金陵楊玉香色藝絶羣性喜讀書不與俗人偶獨居一室貴游慕之即千金不肯破顏姊曰邵三亦一時之秀孝廉林景清訪邵三因穴壁窺玉香方倚牀佇立若有所思頃之命侍兒取琵琶作數曲歌曰銷盡鑪香獨掩門琵琶聲斷月黃昏愁心政恐花相笑不敢花前拭淚痕

徐姬

金陵有徐姬者善屬詩蚤死其句云楊花厚處春陰薄清泠不勝單夾衣徐昌穀愛其婉思以詩弔之曰繞廊吟罷楊花句欲覓楊花樹已空日暮街頭春雪散杜鵑無力泣東風

張小娥

小娥文儒號也善舞當夕徐徐其行前雙鬟導以明角燈二後侍婢以二羽扇障之望之若洛川淩波左明珠而右翠羽有逕盤旋舞薦間又如天女散花張

幼于曰余猶習見徐驚鴻觀音舞萬華兒善才舞今曲中盡廢此伎矣

張楚嶼

楚嶼行大家本金陵南市樓徙居舊院以馬蕙芳爲假母遂稱馬如玉云心竊厭薄紈綺與同志者品題花月指點江山意豁如也無論一時名流藍幕郎闈媛女娛見者如以膠投漆後受戒棲霞法師易名妙慧

羅桂林

桂林曼聲遶梁酷有情致常從別筵纏綿嗢唱至要見他山長水長待放他情長意長便大慟坐客盡霑衣

王小奕

小奕舊院後門王氏女也行一時蘇桂亭葛鳳竹羅桂林與齊名如四君然上客得及門者相矜詡自豪或車馬塡咽不得度游人望其塵冉冉如金支翠蓋中人爾

葛餘芳

葛餘芳金陵舊院角妓也善鼓瑟吹笙小字雲和而人稱曰鳳竹崔倩云葛爲人修潔自好所適非其志遂除一室奉佛終焉

王賽玉

賽玉小字玉兒器宇温然故擬諸玉云鬒髮縞衣不事粧束然雜羣女中自是奪目肌豐而骨柔服藕絲履僅三寸纖若鉤月輕若凌波象爲飲器共相傳爲鞋杯後從蔣太學戾而不文竟鬱邑以死客戲蔣奈何不以昭君馬上琵琶解之

楊璆姬

姬故平康才人世以玉貌善音律擬之楚璆姬皙而上鬒星眸善睞美靨輔齒如編貝雅好翰墨又嘗游戲丹青得九畹生態時稱逸品又善舞其體之所靡何惜千金

蔣蘭玉

蘭玉行第當四小字因呼雙雙幼嬉於門有黃冠者指之曰此瑤臺侍香兒前身隸仙品今凡矣乃蘭玉故不凡含英毓華蛻塵袪汝談諧竟歲月不涉一烟

火語及枕㮣衾爛衣弛燭微若舉身而委焉蘇焉眞
一代佳人也

齊瑞春

姬甫十五怯幃羞戶少迎客以故客少知名每垂璫
細揚澤蘭微傳恍然錦雲入座素蟾落梁面淡白色
稍裡之微緋又稍裡之隱隱似猩紅漬出膚理外神
彩晃煥飛照一室

姜賓竹

賓竹修而姱秀慧而婉媚眉撫而意傳目轉而心結

一見之爲多情又如芬蘭襲衣溫犀投懷徊縈倚戀
憐人而人憐之汪仲嘉云姬能言而詞多感慨常對
月歎曰共此明月之下同心異地不知幾何人安得
負此淸光忘情舊好爲之隕涕

王玉娟

玉娟行十年殊幼初媾人輪蹄造門者日無慮十數
玉娟閉閣下幃弗之見也玄髮而明眸瑜骨而雪膚
標格閒逸如野鶴之在汀渚也

趙連城

連城名綵舊行五燕如女姪也燕如少風麗嘗遊吳
中有聲繼還都築室搆臺徜徉其間談笑鴻儒殆無
虛座又云連城雖初見不甚驚炫而情思沉鬱有雅
尚

陳文殊

文殊名素芳行五爲今院中之出色第一人也姬賦
性聰慧幼即穎異不與凡女同調沉厚晦默澹然如
無所事者雖賓客闐駢而隨物應酬未嘗錯亂而士
人敬之

陳玉英

玉英名士蘭行八少時得與名流嬿婉濡染歲久頗
解文義風度爽朗每有未同而䩄者並却之陳元植
云姬素質嬌波修軀高髻聲色具美時擬之古停雲
落雁者云

張如英

姬丰神秀發容色光生而無纖穠妖冶之態體度春
融儀文典雅而無閨房兒女之習動若無所爲靜若
無所思天然性眞不可以摹擬眞六院中絕代佳人

也

陳瓊姬

姬小字芳春行十其先姑氏名淑女者擅絕一時以故其家餘韻尚存乃令得瓊姬容止婉麗矩度幽閑不同庸調修眉俊目秀外慧中種種可意自是旖旎騷人棲遲羈客矣夫芳裘世美不獨士習爲然姬固亦有自哉

王蓮梅

姬諱賓儒行一生淑美丰姿清麗精神秀發雖容色

嬌媚而氣度瀟灑綽無朱粉態家素多姝色豪貴廣聚無虚日諸妙競相逞艷自媒姬獨處靜室未嘗衒容售合而和氣着人自能隨情偎傍每以貽骨於烟花爲恨如詠梅花詩云虚名每被詩家賣素艷常遭俗眼嗤開向人間非得計倩誰移上白龍池誠得比興之旨

徐飛卿

姬行大居舊院年十六名尚未起謝少連氏以翩若驚鴻目之由是得名周公瑕曰翩字遒媚世有衛夫人吾將爲右軍泣矣又能左右手正反雙下不失絲毫稱爲絕技

王少君

少君名曼容白晳而莊清揚巧笑殊有閨閤風其居表以長楊人遂呼爲長楊君姬學字于周公瑕學詩于余宗漢學琴于許太初爭以文雅相尚後昵張郎遂絕跡不出社客稍稍星散過長楊而歎秋詩韻琴聲若滅若沒彷彿于月魄雲影中如見少君無不人人惜之

崔嫣然

崔小字媚兒艷之者目曰嫣然蒻質麗姿見賓肅客言笑動止不爽尺寸居然禮義中人乃閑閤婉嫕挑達憨癡無不纖媚自逞尤寄情山水徘徊善卷玉女潭之間憺然忘歸

陳閏兒

姬行二依母陳氏幼居瓜洲年十三始還舊院潔清自好梳髮委地雙趾如鉤戊戌夏登吳門上方山泠然御風以頫石湖衣帶飄舉幾欲仙去惟雙鉤印苔

蘇閶如落輕紅有蕩颺之態見者魂銷

朱無瑕

姬桃葉渡邊女子幼學歌舞于朱長卿家遂冒其姓姬多慷慨憐人自憐之致雪夕氷劍送遠悲離寄悰遠韻往往足當玄賞有世無司馬相如韓君平輩足以尚之雖爲情死何益情事閒門深思有鬱鬱不可解者

董重樓

舊院琵琶巷故有樓子董之名昉于嘉靖末年當萬曆初董定姬茜姬擅名皆二華女也定姬善歌舞茜

姬工媚客客與處皆鍾情自創新宅與樓儷勝而飾緻過之重樓其女也

李文玉

姬行一小名九兒人訪之一督相迎風韻可掬又如珠泉笑波見之令人絕倒評者謂文玉臉暈宜笑或不宜顰日強起薄送我幾客更瑩然翻覺顰之爲類一顰一笑闞夫品題信無不宜者矣

徐遠音

姬行大其母曰若鴻名震一時慮其緒將絕乃得姬亭亭復出式敘之似信不誣哉曲中遷徙無常兩家幸守其故且皆有女不墮芳聲酒壚之感尚覺河山未遠

陵妓品

歙　潘之恒

詩稱士女女之有士行者士行雖列清貴而士風尤屬高華以此求之平康惟慧眼乃能識察必其人尚儒素而具靈心緊余所思咨爲蔣翹如褚茜英今則楊素生寇琰若褚猶婉弱寇頗飛揚或思前輩流風庶當品外高韻所謂存而不論者尚亦有人若乃仙度之雍容協調夜舒之高亢絶羣齊晉更伯宜以正論爲差翹如兼有而不居遐想東肅之喆居於亞旅之間傅氏秘枕以契仙中楊家竭竿以求亡子所艷所擯不以違衆爲獨專可也

一曰品　典則勝

寇四

楊超

范潤

衛朝

傅寶

楊昭

鍾留

郝賽

衛馥

二曰韵　丰儀勝

馬小大

寇白

顧鳳

劉文

沙明

王京

顧美

崔六

田七

林珠

三曰才　調度勝

王昭

顧翠

鄭妥

馬媚
馬愛
楊元
王鳳
楊章
四日色　穎秀勝
郝寶
馬嫩
備皎如
金陵妓品　三
傅七
蔣酉
以上聊紀一時之英或前輩風高或閉戶未
面或遠游他徙者都不具載辛酉十月朔識

秦淮劇品
天都潘之恒
神何以觀也蓋繇劇而進于觀也合于化矣然則劇之合也有次乎曰有技先聲技先神神之合也劇斯進巳會之者固難而善觀者尤鮮余觀劇數十年而後發此論也其少也以技觀進退步武俯仰揖讓具其質爾非得嘹亮之音飛揚之氣不足以振之及其壯也知審音而後中節合度者可以觀也然質以格囿聲以調拘不得其神則色動者形離目挑者情沮

微乎微乎生于千古之下而游于千古之上顯陳迹于乍見幻滅影于重光非旃孟之精通乎造化安能悟世主而警凡夫所謂以神求者以神告不在聲音咲貌之間今垂老乃以神遇然神之所請亦有二塗以摹古者遠志以寫生者近情要之知遠者降而之近知近者溯而之遠非神不能合也吳儂之寓秦淮者坐進此道吾以觀微得之甚矣劇之難言何惑乎秦漢之君褰裳濡足也作諸子之評
評曰諸子名家彥士溷于濁世頗多豔冶之情浪跡

徽波標于清流亦舒慷慨之節以行不以字識者自得之耳

彭大氣槩雄毅規模宏遠足以蓋世雖提刀掬泉其自託非淺

徐孟激揚蹈厲聲躁而㤀歸古來英雄以暴自錮一徹而昭在此觀矣

張大敷陳應拍綱領同流驚四座之雄談擅一時之高韻

周氏父子一莊以直一婉以恬居然方正之風雍熙

之典

小徐能游戲三昧時以冷語淡情飲人爲之心醉昧

陸三勁節高韻登塲自喜于人俱癡似以度勝者白𩦞騁望殊覺青山撩人

王四發音振林乍見雖潛其光怪亦足驚座夭矯如游龍

陳九沉默韞奇令人自溺其善爲决絶者非淺于情者也不免令瑯琊咲人

顧四奮跡淮陰登壇樹幟㑭度率真便足令喑嗚叱

氣酷思其宗兄攜未央游秦淮時直火攻之

楊四情鍾故耦感慨仳離敝貂蘇季獨不念繡被鄂君耶

吳巳婉媚翛然有出羣之韻與王小四頡頏林間勁而清一疎而亮皆後來之儁在娣姒之間亦稱雙美

王小四整潔楚楚有閨閣風愛其駿者不愛其妾所遇既殊所染亦有漸矣

朱伏亭亭濯濯瀟散自如三珠樹爲三青鳥所棲無

復有姝音之誚

丁大金陸自眉其北調得眞傳而南音亦協和觀者神悚聽者意消並有所長矣

陸四從鑾江飛艇而來烏江不渡遂令千古氣盡而偉度俠骨猶足與要離專諸爲隣

沈二翩而有度媚而不淫青女可羣娥眉易妬亦善自超者

韓二嬉笑怒駡無不中人惟善說乃知說難其縱體逞態足鼓簧舌通乎慧矣

謝頤兩大能弱能柔足以勝剛強其應節合乎桑林

曲豔品

歙　潘之恒

語云禮失而求之野樂樂其所自生中古已亡今何以觀哉余友汪季玄閎廣不慧予徒寄慨于昔而未諦審於今今之樂猶古之樂其亡者音耳其聲未始亡也余尚吳歈以其亮而潤婉而清乃若法以律之暢以導之重以出之揚袂風生飛手如玉同心齊度合乎桑林則天趣所成非由人力惟童子年其頡易露其變逾神誠能恣之以逸不繼

以惰翻然爾思亦庶乎近古矣不慧不敏願學未能就五生一寓品題以質於季玄世有求之法外者乃可語法中覺禮樂去古不遠知音者審之

國瑞枝

國瑞枝有場外之態音外之韻閨中雅度林下風流國士無雙一見心許

何處梅花篴裏吹歌餘縹緲舞餘姿渉江聊可充余佩攀得璚臺帶露枝

旻修容

曼修容徐步若馳安坐若危蕙情蘭性色授
神飛可謂百媚橫陳者矣
宛轉歌喉態轉新鶯鶯燕燕是前身已憐花底魂銷
盡設向梁間語撩人

希疏越

希疏越翛然獨立顧影自賞斂情慷慨忽發
悲吟有野鶴鷄羣之致
年少登場一座驚衆中遺盻爲多情主人向夕頻留
客百尺垂楊自選鶯

元靡初

元靡初雲衢未半秋駕方升孤月凌空獨傳
清嘯儻謂同歡畢輪毋斷發豔於三歲矣
黃鵠高飛不可呼羽衣蕭灑鬢縣珠曾棲句曲三峯
頂肯傍淮南桂樹無

掌翔風

掌翔風顏如初日曲可崩雲巫峯洛水髣髴
飛燕豈直作掌中翫耶
風前垂柳鬭腰低一翦青絲覆領齊含意未中心已

醉高雲墮砌月沉西

後豔品

歙　潘之恒

序曰乍見定情自媚者爲難況草草品題不無觖望然私所屬在首舉者國以婉至慧以格高才有殊長何嫌婉美乃若色失之瑶典失之正致失之昭望失之直權變失之粉郎余實不敏於諸技何貶焉倘有當於心不妨再續矣

慧心憐

慧心憐音叶鸞鳳騣騣騂騮千人中亦見卓

乎超距之士

音如環轉體如絃個是場中最少年莫怪同儕心爲折縱令乖老亦知憐

瑶蕣英

瑶蕣英色豔而桃氣吁以暢如縹緲仙人乍游林水而纖塵不染

美豔由來自有聲泉中識曲不知情若教藺子親操璧肯博秦庭十五城

直素如

直素如錦文自刺水操同堅寵或弛于前魚怨毎形于別鶴無金買賦爲獻長門者接踵悟後之歡自溢于初篤爾

澹泊無由表素心聊將貞操託孤琴相如不淺臨邛意託諷何嘗爲賜金

正之反

正之反松筠挺秀笙簧自鳴如徙逐靡麗亦幾失於玄賞

松聲竹韻襍笙簧箕踞長林古道旁不獨塵囂能盡

隔頓令丘壑有遺光

昭氷玉

昭氷玉美秀而潤動止含情水靜而心澄雲過而響逸矣

一束宮縧一弗珠風前美度擅吳趨排空羣玉君應見曲罷湘靈定有無

續豔品

歙　潘之恒

序曰二淨色中之蒜酪也顰笑關乎喜怒謔浪亦示微權古稱施孟能近人情則二子庶幾矣

和美度

和美度身不滿五尺虹光繚繞氣已吞象壯夫不當如是耶

解識吳儂善滑稽憨情輭語態如癡畧加粉色非真而便放機鋒不自持

寰無方

寰無方跳波浪子巧占如齊脫逢吳兒腐當

掩秧

公孫渾脫舞攞揄氣索登場爲大巫不獨喑嗚驚客座生來膽畧與人殊

劇評

天都潘之恒

一之度

余前有曲讌之評蔣六王節才長而少慧宇四顧筠具慧而乏致顧三陳七工于致而短于才兼之者流波君楊美而未盡其度吾願仙度之盡之也盡之者度人未盡者自度余于仙度滿志而觀止矣是烏能盡之

二之思

西施之捧心也思也非病也仙度得之字字皆出于思雖有善病者亦莫能彷彿其捧心之妍嗟乎西施之顰于里也里人顰乎哉

三之步

步之有關于劇也尚矣邯鄲之學步不盡其長而反失之孫壽之妖豔也亦以折腰步稱而吳中名旦其舉步輕揚宜于男而慊于女以纏束爲矜持神斯窘矣若仙度之利趾而便捷也其進若翔鴻其轉若翻燕其止若立鵠無不合規矩應節奏其豔場尤稱獨

檀令巧者見之無所施其技矣

四之呼

曲引之有呼韻呼發于思自趙五娘之呼蔡伯喈始也而無雙之呼王家哥哥西施之呼范大夫皆有淒然之韻仙度能得其微矣

五之歎

曰語之寓嘆聲法自吳始傳緩辭勁節其韻悠然若怨若訴申班之小管鄒班之小潘雖工一唱三歎不及仙度之近自然也呼嘆之能警場也深矣哉

朱子青與仙度読奕者言其音白其白步其步歎其歎所不及者思與度耳然巳近顧筠當年獲傳壽芳塵矣可易得哉西來有極音而不能奏技問蓮生有雅度而音不振劇之難言若此耶

說郛續目錄

弓第四十五

艾子後語序

世皆知艾子爲坡翁戲筆而不知其有爲作也觀其問蟹問米乘驢之説則以譏父子衛鷹雨龍移鍾之説則以譏時相即其意指其殆爲王氏作乎坡翁平日好以言語文章規切時政若此亦其一也余幼有謔僻有所得必志之歲丙子遊金陵客居無聊因取其尤雅者纂而成編以附於坡翁之後直用爲戲耳若謂其意有所寓者則吾豈敢是歲九月望長洲陸灼識

艾子後語

吳　陸灼

王法

齊大夫郕石父謀叛宣王誅之欲滅其族郕之族大以蕃聚而謀曰他人之言王必不内惟艾先生辨而有寵盍往祈焉舉族拜於艾子之庭涕泗以請艾子笑曰是不難諸公但具一繩來立可免禍郕氏以戲言亦不敢詰退而索綯以餽艾子懷其三尺以王曰郕石父包藏禍心王肆諸市當矣然爲之者石

父一人耳其宗族何辜而王欲盡殲之無乃非仁君之用心乎宣王曰此非寡人意也先王之律有明訓也政典曰與叛同宗者殺無赦是以寡人不敢曲宥以傷先王之法艾子頓首曰臣亦知王之不得已也竊有一説往年公子巫以邯鄲降秦非大王之母弟乎以是而言大王亦叛臣之族理合隨坐臣有短繩三尺敢獻於下執事請大王即日引决勿惜一身而傷先王之法王笑而起曰先生且休寡人赦之矣

訴冤

艾子夜夢遊上清朝天帝見一人衣服帶劒而失其首頸血淋漓手持奏章而進其辭曰訴冤臣秦國樊於期得罪亡奔在燕有不了事衛荆軻借去頭顱一箇至今本利未還燕太子丹爲証見伏乞追給天帝覽之蹙額而言曰渠自家手脚也没討處何暇還你頭顱於期乃退艾子亦覺

食客

艾子在齊居孟嘗君門下者三年孟嘗君禮爲上客旣而自齊反乎魯與季孫氏遇季孫曰先生久於齊

齊之賢者爲誰艾子曰無如孟嘗君季孫曰何德而謂賢艾子曰食客三千衣廩無倦色不賢而能之乎季孫曰嘻先生欺余哉三千客余家亦有之豈獨田文艾子不覺斂容而起謝曰公亦魯之賢者也翌日敢造門下求觀三千客季孫曰諾明旦艾子衣冠齋潔而往入其門寂然也升其堂則無人焉艾子疑之意其必在別館也良久季孫出見詰之曰客安在季孫悵然曰先生來何暮三千客各自歸家喫飯去矣艾子胡盧而退

講道

艾子講道於嬴博之間齊魯之士從之者數十百人一日講文王羑里之囚偶赴宣王召不及竟其説一士怏怏返舍其妻問之曰子日聞夫子之教歸必欣然今何不樂之甚士曰朝來聞夫子説周文王聖人也今被其主殷紂囚於羑里吾憐其無辜是以深生愁惱妻欲寬其憂姑慰之曰今雖見囚久當放赦豈必禁錮終身士歎息曰不愁不放只愁今夜在牢内難過活耳

認眞

艾子遊於郊外弟子通執二子從焉渴甚使執子乞漿於田舍有老父映門觀書執子揖而請老父指卷中眞字問曰識此字饒汝漿執子曰眞字也父怒不與執子返以告艾子曰執也未達通也當往通子見父父如前示之通子曰此直八兩字也父喜出家釀之美者與之艾子飲而甘之曰通也智哉使復如執之認眞一勺水吾將不得吞矣

孫兒

艾子有孫年十許慵劣不學每加榎楚而不悛其子僅有是兒恒恐兒之不勝杖而死也責必涕泣以請艾子怒曰吾爲若敎子不善耶杖之愈峻其子無如之何一旦雪作孫摶雪而嬉艾子見之褫其衣使跪雪中寒戰之色可掬其子不復敢言亦脫其衣跪其旁艾子驚問曰汝兒有罪應受此罰汝何與焉其子泣曰汝凍吾兒吾亦凍汝兒艾子笑而釋之

大言

趙有方士好大言艾子戲問之曰先生壽幾何方士

啞然曰余亦忘之矣憶童稚時與群兒往看伏羲畫八卦見其蛇身人首歸得驚癎賴伏羲以草頭藥治余得不死女媧之世天傾西北地陷東南余時居中央平隱之處兩不能害神農播厥穀余已辟穀久矣一粒不曾入口蚩尤犯余以五兵因舉一指擊傷其額流血被面而遁蒼氏子不識字欲來求教爲其愚甚不屑也慶都十四月而生堯延余作湯餅會舜爲父母所虐號泣于旻天余手爲拭淚敦勉再三遂以孝聞禹治水經余門勞而觴之力辭不飲而去[illegible]

贈予龍醢一臠余悞食之于今口尚腥臭成湯開面之網以羅禽獸嘗面笑其不能忘情於野味履癸强余牛飲不從寘余炮烙之刑七晝夜而言笑自若乃得釋去姜家小兒釣得鮮魚時時相餉余以飼山中黃鶴穆天子瑶池之宴讓余首席徐偃稱兵天子乘八駿而逃阿母留余終席爲飲桑落之酒過多醉倒不起幸有董雙成萼綠華兩箇丫頭相扶歸舍一向沉醉至今猶未全醒不知今日世上是何甲子也艾子唯唯而退俄而趙王墮馬傷脇醫云須千年血

竭傅之乃差下令求血竭不可得艾子言于王曰此有方士不啻數千歲殺取其血其效當愈速矣王大喜密使人執方士將殺之方士拜且泣曰昨日吾父母皆年五十鄰家老姥携酒爲壽臣飲至醉不覺言詞過度實不曾活千歲艾先生最善說謊王其勿聽趙王乃叱而赦之

效言

燕里季之妻美而蕩私其鄰少年季聞而思襲之一旦伏而覘焉見少年入室而門扃矣因起叩門妻驚

曰吾夫也奈何少年顧問有歸乎妻曰此無歸有實乎妻曰此無實然則安出妻目壁間布囊曰是足矣少年乃入囊懸之牀側曰問及則紿以米也啓門內季季過室中求之不得徐至牀側其囊累然而見舉之甚重詰其妻曰是何物妻懼甚囁嚅久之不能荅而季厲聲呵問不已少年恐事露不覺於囊中應曰吾乃米也季因撲殺之及其妻艾子聞而笑曰昔石言于晉今米言于燕乎

病忘

齊有病忘者行則忘止臥則忘起其妻患之謂曰聞艾子滑稽多知能愈膏肓之疾盍往師之其人曰善於是乘馬挾弓矢而行未一舍內逼下馬而便焉矢植于土馬繫于樹便訖左顧而覩其矢曰危乎流矢奚自幾乎中予右顧而覩其馬喜曰雖受虛驚乃得一馬引轡將旋忽自踐其所遺糞頓足曰踏却夫糞汚吾屨矣惜哉鞭馬反向歸路而行須臾抵家徘徊門外曰此何人居豈艾夫子所寓邪其妻適見之知其又忘也罵之其人悵然曰娘子素非相識何故出

傷人

神相

齊王好談相士之以術進者接踵乎有自稱神相者介艾子以見王曰臣艾夫子之高足弟而啓舉之受業師也即臣之術可知矣王亦聞之乎王笑曰寡人乃今日而聞君矣試觀寡人何如荅曰王勿亟也臣相人必熟覩竟日而後言言無不中於是拱立殿上以覩俄有使者持檄入白王色變相者請其故王曰秦圍即墨三月矣當發援兵相者仰而言曰臣見

大王天庭異氣必主刀兵王不應頃史有人持檄入見王色怒相者問其由王曰北陲吏盜金帛三萬是以囚之相者又仰而言曰臣見大王顴角青色必主失財王不悅曰此已驗之禍請勿言但言寡人終身休咎何如爾相者曰臣子細看來大王面部方正不是箇布衣之士艾子趨而前曰妙哉先生之相也齊王大笑相者慚而退

老配

虞任者艾子之故人也有女生二周艾子為其子求

聘任曰賢嗣年幾何荅曰四歲任艴然曰公欲配女子老翁邪艾子不諭其旨曰何哉任曰賢嗣四歲吾女二歲是長一半年紀也若吾女二十而嫁賢嗣年四十又不幸二十五而嫁則賢嗣五十矣非嫁老翁邪艾子知其愚而止

預哭

齊宣王謂淳于髡曰天地幾萬歲而翻覆髡對曰聞之先師天地以萬歲爲元十二萬歲爲會至會而翻覆矣艾子聞其言大哭宣王訝曰夫子何哭艾子收淚而對曰臣爲十一萬九千九百九十九年上百姓而哭王曰何也艾子曰愁他那年上何處去躱這場災難

牡羊

艾子畜羊兩頭於圃羊牡者好鬬每遇生人則逐而觸之門人輩往來甚以爲患請於艾子曰夫子之羊牡而猛請得閹之則降其性而馴矣艾子笑曰爾不知今日無陽道的更猛裏

筵犬

艾子晨飯畢逍遥於門見其鄰擔其兩畜狗而西者艾子呼而問之曰吾子以犬安之鄰人曰鬻諸屠艾子曰是吠犬也烏乎屠鄰人指犬而罵曰此畜生昨夜盜賊横行畏顧飽食噤不則一聲今日門闢矣不能擇人而吠而羣肆噬齧傷及佳客是以欲殺之艾子曰善

醜女

艾子遊五行多與星士游有南里先生者其術頸交也娶妻而求全無聞一女必相其容德推其命造務

底於善而後可故久而不就一旦爲媒氏所誤娶得醜女曰頭蓬目皮膚如漆雖登徒之婦不至是也南里先生不悅艾子往賀之曰賢閤容色之妙某聞之審矣第未卸奩甲願以見諭當爲吾子推之南里先生閉目搖手而荅曰辛酉戊辰乙巳癸丑艾子拊掌而退

雪濤小說

楚　江盈科

鼠技虎名

楚人謂虎爲老虫，姑蘇人謂鼠爲老虫。余官長洲，以事至婁東，宿郵館，滅燭就寢，忽碗碟砉然有聲，余問故，閽童答曰：老虫。余楚人也，不勝驚錯，曰：城中安得有此獸？童曰：非他獸，鼠也。余曰：鼠何名老虫？童謂吳俗相傳爾耳。嗟嗟，鼠冒老虫之名，至使余驚錯欲走，良足發笑。然今天下冒虛名駭俗耳者不少矣。堂皇

之上，端冕垂紳，印纍纍而綬若若者，果能遏邪萌，折權貴，摧豪强歟？牙帳之內，高冠大劍，左秉鉞，右仗纛者，果能禦群盜，北遏　南遏諸　，如古孫吳起翦之儔歟？驟而聆其名，赫然喧然，無異於老虫也；徐而叩所挾，止鼠技耳。夫至於挾鼠技，冒虎名，立民上者，皆鼠輩，天下事不可不大憂耶！

任事

天下有百世之計，有一世之計，有不終歲之計，計有久近，而治亂之分數因之。國家自洪武至於今二百四十年，承平日久，然所以保持承平之計，則日益促。自宗藩、官制、兵戎、財賦，以及屯田、鹽法，率皆敝壞之極，收拾無策，整頓無緒。當其事者，如坐敝船之中，時時虞溺，莫可如何，計日數月，冀幸遷轉，以遺後來；後來者又遺後來，人復一人，歲復一歲，而愈敝愈極，雖有豪傑，安所措手？蓋閭里中有病脚瘡者，痛不可忍，謂家人曰：爾爲我鑿壁爲穴。穴成，伸脚穴中，入鄰家尺許。家人曰：此何意？答曰：憑他去鄰家痛，無與我事。又有醫者，自稱善外科。一裨將陣回，中流矢，深入膜

內，延使治。乃持并州剪，剪去矢管，跪而請謝。裨將曰：鏃在膜內者須亟治。醫曰：此內科事，不意并責我。噫！脚入鄰家，然猶我之脚也；鏃在膜內，然亦醫者之事也。乃隔一壁，輒思委脚；隔一膜，輒欲分科，然則痛安能已，責安能諉乎？今日當事諸公，見事之不可爲，而但因循苟安，以遺來者，亦若委痛於鄰家，推責於內科之意。嗚呼！忠臣事君，豈忍如此？古人蓋有身死而屍諫，臨終而薦賢者，豈其及吾之身一策莫展，而但欲遺諸後人也哉？雖然，爲之之道蓋亦甚難。我明任

事如忠肅忠宣二公皆不免以身爲殉信乎任事之難哉

催科

爲令之難難於催科催科與撫字往往相妨不能相濟陽城以拙蒙賞葢猶古昔爲然今非其時矣國家之需賦也如枵腹待食窮民之輸將也如挖腦出髓爲有司者前迫於督促後懾於黜罰心計曰與其得罪於能陟我能黜我之君王不如忍怨於無若我何之百姓是故號令不完追呼繼之矣追呼不完箠楚

繼之矣箠楚不完而囹圄而桎梏民於是有稱貸耳稱貸不得有賣新絲糶新穀耳絲盡穀竭有鬻産耳又其甚有鬻妻鬻子女耳如是而後賦可完賦完而民之死者十七八矣嗚呼竭澤而漁明年無魚可不痛哉或有尤之者則應曰吾但使國家無逋賦吾職盡矣不能復念爾民也余求其比擬類駝醫然昔有醫人自媒能治背駝曰如弓者如蝦者如曲環者延吾治可朝治而夕如矢一人信焉而使治駝乃索板二片以一置地下臥駝者其上又以一壓焉而卽[illegible]駝者隨直亦復隨死其子欲鳴諸官醫人曰我業治駝但管人直不管人死嗚呼世之爲令但管錢糧完不管百姓死何以異於此醫也哉雖然非仗明君躬節損之政下究恤之詔卽欲有司不爲駝醫可得耶

甘利

嗚呼味之至甘者莫過於利人之至苦者莫甚於貧以至甘之味投至厭苦之人往往如石投水有受無拒故四知却饋楊震標譽於關西一錢選受劉寵著

稱於東漢彈鋏隱君覩同瓦礫敝裘老子耻食盜遺又冊所書晨星落落而垂涎染指曲敗貪圖者則天下滔滔也嘗聞一青衿生性狡能以譎計誑人其學博持教甚嚴諸生稍或犯規必遣人執之朴無赦一日此生適有犯學博追執甚急坐彝倫堂盛怒待之已而生至長跪地下不言他事但曰弟子偶得千金方在處置故來見遲耳博士聞生得金多概霽怒問之曰爾金從何處來曰得諸地中又問爾欲作何處置生答曰弟子故貧無資業今與妻計以五百金市

出二百金市宅百金置器具買童妾止以百金以其半市書將發憤從事焉而以其[illegible]先生[illegible]半月教育完矣博士曰有是哉不佞何以嘗之遂呼使者治具其豐潔延生坐觴之談笑歎洽皆異平日飲半酣博士問生曰爾適匆匆來亦曾收金篋中扃鑰耶生起應曰弟子布置此金甫定爲則妻轉身偏弟子醒已失金所在安用篋博士蘧然曰爾所言金夢耶生答曰固夢耳博士不憚言業與歎洽不能復怒徐曰爾自雅情夢中得金猶不忘先生況實得耶史一

再觴出之噫此狡生者持夢中之金回博士於盛怒之際既赦其朴又從而厚欵之然則金之名且能溺人彼實餽者人安得不爲所溺可懼也已嘗觀韓非以出婦喻黜官曰爲婦而出常也所貴善營私耳居官而黜亦常也所貴善殖貨耳嗚呼韓子之言世情也楚有一人爲令以墨罷官歸而美衣瑜食歌童舞姬受享擬王者醉中語人曰我若無主意聽孔夫子說話今且無飯喫安得有此憶此造業之人造業之言然彼直狂誕敢爲此語世之口不若人心若人者可勝數哉麗氏遺安楊公淸白能不目爲迂闊者又幾何人哉

妄心

見卵求夜莊周以爲早計及觀恒人之情更有早計於莊周者一市人貧甚朝不謀夕偶一日拾得一雞卵喜而告其妻曰我有家當矣妻問安在持卵示之曰此是然須十年家當乃就因與妻計曰我持此卵借鄰人伏雞乳之待彼雛成就中取一雌者歸而生卵一月可得十五雞兩年之內雞又生雞可得雞三

百堪易十金我以十金易五牸牸復生牸三年可得二十五牛牸所生者又復生牸三年可得百五十牛堪易三百金矣吾持此金舉責三年間半千金可得也就中以二之二市田宅以三之一市僮僕買小妻我乃與爾優游以終餘年不亦快乎妻聞欲買小妻怫然大怒以手擊雞卵碎之曰毋留禍種夫怒撻其妻仍質於官曰立敗我家者此惡婦也請誅之官司問家何在敗何狀其人歷數自雞卵起至小妻止官司曰如許大家當壞於惡婦一拳眞可誅命烹之妻

號曰夫所言皆未然事奈何見烹官司曰你夫言買妾亦未然事奈何見妒婦曰固然第除禍欲蚤耳官笑而釋之噫茲人之詐利貪心也其妻之毀卵妬心也總之皆妄心也知其爲妄泊然無嗜頹然無起即見在者且屬諸幻況未來乎嘻世之妄意早計希圖非望者獨一算雞卵之人乎

嫁禍

金陵上清河一帶善崩 太祖患之皆曰猪婆龍窟其下故爾時工部欲聞于上然疑猪犯國姓輒駕稱

雪濤小說 七

大黿爲害上惡其同元字因命漁者捕之殺黿幾盡先是漁人用香餌引黿黿凡數百斤一受鈎以前兩爪據沙深入尺許百人引之不能出一老漁諳黿性命於其受鈎時用穿底缸從綸貫下覆黿而黿用前爪攖缸不復據沙引之遂出金陵人乃作諺曰猪婆龍爲殃癩頭黿頂缸言嫁禍也嘗觀潘去華小說載馬炳然事乃知世之不幸而爲大團黿者多矣去華謂炳然官至僉都毋歸蜀泊圓風舉家皆被盜殲則殺長黿輩之報也古諺云寧人負我毋我負人業言

戒性急

凡人性急最害事非獨害事先足自害故性急人不能憂憂必損性不能怒怒必損肝皆有死道其不然者幸也余觀古今性急人有一二小事可發笑令其人自覺亦必自笑當知所以懲其性矣晉王述性急一日下筯夾雞子雞子不受筯乃投之地見其旋轉不定用木屐蹂之雞子偶墮屐齒空處不受蹂述乃就地手取置口中嚙之齧碎方吐棄我朝天順時都

雪濤小說 八

憲陳智亦性急嘗取鑰匙指錯墜地就地取之持觸磚數過盡滅其鋒乃已暑月坐廳事一蠅拂其面即叱左右捕之左右故東西馳鶩作努狀何其怒定乃罷或告之故智乃書戒性急三字於木尺置案頭然僮僕有小過輒又持木尺自扶之噫此兩公事言之皆可笑其實雞子也鑰也蠅也皆無知之物即我怒彼彼何損焉徒自苦耳是故西門豹佩韋以自緩庶幾能克已者哉

善變

夫理有常有變然有變而常者有變而變者其在於
物雀變爲蛤鷹變爲鳩此應氣而變變之常也若王
初平之石變爲羊宋康王之泥馬變爲眞馬則出於
應氣之外是物變之變矣至於人童變而丁丁變而
叟此應時而變變之常也若公牛哀之病而變虎崇
伯鯀之殛而變熊則出於應時之外是人變之變矣
余嘗細推人變又有不止此者數之物變有速有遲
夫速者耳目易及人見而駭爲遲者歲遷世移變而
不覺苟非逆覩其萌預杜其漸未有不從善入惡從

成入壞者每見貧窮之家朝胼夕胝農畝婦桑積漸
不已變爲溫飽之家溫飽之家枕詩籍書旦呻夕吟
積漸不已變爲文墨之家文墨之家鄉舉里選賓王
貢國積漸不已變爲簪纓之家簪纓之家登崇陟峻
累俸剩餘積漸不已變爲富貴之家富貴之家縱耳
娛目朝唱夜彈積漸不已變爲歌舞之家歌舞之家
塵金土珠浪費不貲積漸不已變爲鬻貸之家鬻貸
之家基產罄盡衣食不給積漸不已變爲貧窮之家
貧窮而奮則又變爲溫飽爲文墨爲簪纓爲富貴富
貴而驕則又變爲歌舞爲鬻貸爲貧窮若此者所謂
歲遷時移溺其中者往往不覺求其逆覩預防百無
一二差夫簪纓富貴非可妄冀若溫飽文墨爲人子
孫者可勉而持奈何不察其漸悵悵然以歌舞鬻
貸與貧窮而猶不知自奮與語不云乎宗廟之犧爲
畎畝之勤人之變也何日之與有噫思其變也思其
漸也乃在乎人非蝂非虧謂造化制我非愚則棄

駁祿命

末世祿命風鑑二家各持其說行於天下大端驗者

什一不驗者什九要之其人非能精諳其術皆竊糟
粕自糊其口者也第就二家較論併考諸載籍風鑑
之說在在有徵而祿命無聞焉易稱顒若詩韻委蛇
論語著誾誾侃侃雖不言相然已陰寓之矣至於傳
記蜂目豺聲卜羊舌之必敗豕視狼顧斷商臣之不
仁其言信如蓍龜不一而足若夫高祖龍準隆顏呂
公因之歸女班超虎頭燕頷識者度其必侯許負之
相亞夫唐舉之相蔡澤黥徒之相衛青與夫鄧通之
背餓死裴度之當入相在史冊中驗者居多吾祿命

之不足信此如吳貴之官有死者矣而吏部猶陞先死後陞彼之官星安在耶主員塲畢或偶然病故乃其卷作者猶然中式先死後中彼之薦元魁名星安在耶祿命之斷不足信此其淺而易見者矣若論其至則相亦何憑同一貌也仲尼陽虎一聖一狂同一目也虞舜楚王一仁一暴然則相又何可盡信但較之祿命驗處多耳

知足

富貴壽考其途無窮而天所斟酌於人其分有限第

人情豔於其所未至則有愈得而愈無厭心者嘗聞閩中林太守春澤壽一百四歲當九十九年里人拜節祝曰願公百齡公怫然怒且笑曰不曾要君家養我奈何限我壽耶姑蘇韓學士敬堂未第時人有夢其官侍郎者公熹甚已而登第入館其人時來說前夢率皆喜及轉禮侍予告而說前夢者又至公乃愴然有憂色矣夫百歲上壽也侍郎尊秩也而已至其地者遂謂止於此爲不足蓋聞里閈惡少有評風月之趣者曰妻不如妾妾不如妓妓不如偷偷着不如偷不着夫偷不着亦有何趣彼希冀者意其中有無限之妙而遂以爲不如乃知人情薄已然豔未然大率類此故知止知足之言眞是定心丸子不可一日不服

知無涯

楚人有生而不識薑者曰此從樹上結成或曰從土裏生成其人固執已見曰請與子以十人爲質以所乘驢爲賭已而遍問十人皆曰土裏出也其人啞然失色曰驢則付汝薑還樹生北人生而有不識菱者

仕於南方席上啖菱并殼入口或曰啖菱須去殼其人自護所短曰我非不知并殼者欲以清熱也問者曰北土亦有此物否答曰前山後山何地不有夫菱產於土而曰樹結菱生於水而曰土產皆坐不知故也余聞四明有蚶田嶺南有乳田夫蚶也乳也皆有血氣人皆意其胎卵生也而四明人之種蚶也用蚶水灑田中一點一蚶期至而收之如收五穀量畝多寡嶺南人之種乳也用米粉灑田中久之粉皆成形如蚕蛹及期而收之擣碎遂成乳假令不經聞見則

必執蚪與乳之必不出於田與執薑之從樹結菱之
自土產者一也乃知物理無窮造化無盡惷一例以
規物眞甕雞耳

忍耐

世人無賢不肖皆言忍言耐煩此三字言之甚易而其實有難能者若眞能忍眞能耐煩則其取禍必少取事必寡昔里中一富兒素慳亦能從事於忍遇佗家欲嫁禍乃賄一乞丐於元旦詬乞故出言詈之富兒不爲動已復詈其妻子亦不動丐者乃裸而露其醜曰爾能咬我此物乎富兒不勝忿持梃撻之一擊而斃爲仇家所持竟坐償此知從事於忍至於難忍而卒不能忍者也又一仕宦將之官其厚友送之囑曰公居官無他難只要耐煩仕者唯唯已而再囑三囑猶唯唯及於四五其人忿然怒曰君以我爲呆子乎只此二字奈何言之數四厚友曰我纔多說兩次爾遂發惱輒爲能耐煩可乎此知耐煩之當然及遇小不可耐而遂不能耐者也余所以信忍與耐煩爲難能也

心高

余郡迤西三十里有河洑山山隈有王婆廟不知何代人父老相傳此婆釀酒爲業一道士往來寓其家每索酒輒予飲累數百壺不酬値婆不與較一日道士謂婆曰予飲若酒無錢相償請爲若掘井井成泉湧出皆醇酒道士曰此所以償耳遂去婆不復釀酒但持井所出泉應酤者比夙釀更佳酤者踵至踰三年得錢凡數萬家遂富前道士忽又至婆深謝之道士問曰酒好否答曰好到好只猪無糟耳道士笑題其壁曰天高不算高人心第一高井水做酒賣還道猪無糟題訖去自是井不復出酒矣國初蜀中一耆儒題張果倒跨蹇驢圖云世間多少人誰似這老漢不是倒騎驢凡事回頭看語雖淺然其喻世切矣噫人心貪慕非名即利名利之途愈趨愈永趨而不已害及厥躬然後悔之其不爲貪得之王婆能爲回頭之果老者幾何人哉

蛛蠶

蛛語蠶曰爾飽食終日以至於老口吐經緯黃白燦

然因之自裹蠶婦操汝入於沸湯抽爲長絲
軀然則其巧也適以自殺不亦愚乎蠶荅蛛曰我固
自殺我所吐者遂爲文章天子衮龍百官紱繡孰非
我爲汝乃枵腹而營口吐經緯織成網羅坐伺其間
蚊虻蜂蝶之見過者無不殺之而以自飽巧則巧矣
何其忍也蛛曰爲人謀則爲汝自爲謀寧爲我噫世
之爲蠶不爲蛛者寡矣夫

應諧録

安成劉元卿

僧在

一里尹管解罪僧赴戍僧故黠中道夜酒里尹致沉
醉鼾睡已取刀髡其首改紲己絲反紲尹項而逸凌
晨里尹寤求僧不得自摩其首髡又絲在項則大詫
驚曰僧故在是我今何在耶夫人具形宇内罔罔然
不識眞我者豈獨里尹乎

爭雁

昔人有覩雁翔者將援弓射之曰獲則烹其弟爭曰
舒鴈烹宜翔鴈燔宜競鬭而訟于社伯社伯請剖鴈
烹燔半焉已而索鴈則凌空遠矣今世儒爭異同何
以異是

盲苦

有盲子道涸溪橋上失墜兩手攀楯兢兢握固自分
失手必墮深淵已過者告曰毋怖第放下卽實地也
盲子不信握楯長號久之力憊失手墜地乃自哂曰
嘻蚤知卽實地何久自苦耶夫大道甚夷沉空守寂

共一鬨以自矜儆者視此肖哉

搔癢

昔人有癢令其子索之三索而三弗中令其妻索之五索而五弗中也其人怒曰妻子內我者而胡難我乃自引手一搔而癢絕何則癢者人之所自知也自知而搔寧弗中乎

講學

兩人相詬於衢甲曰你欺心乙曰你欺心甲曰你沒天理乙曰你沒天理陽明先生聞之謂門弟子曰小

子聽之兩人諄諄然講學也門人曰詬也焉爲學曰汝不聞乎曰心曰天理非講學而何曰既講學又焉詬曰夫夫也惟知求諸人不知反諸己故也

萬字

汝有田舍翁家貲殷盛而累世不識之乎一歲聘楚士訓其子楚士始訓之搦管臨朱書一畫訓曰一字書二畫訓曰二字書三畫訓曰三字其子輒欣欣然擲筆歸告其父曰兒得矣兒得矣可無煩先生重貲館穀也請謝去其父喜從之具幣謝遣楚士踰時其父擬徵召姻友萬氏姓者飲令子晨起治狀成父趣之其子恚曰天下姓字夥矣奈何姓萬自晨起至今才完五百畫也初機士偶一解而即訑訑自矜有得殆類是已

猫號

齊奄家畜一猫自奇之號于人曰虎猫客說之曰虎誠猛不如龍之神也請更名曰龍猫又客說之曰龍固神于虎也龍升天須浮雲雲其尚於龍乎不如名曰雲又客說之曰雲靄蔽天風倏散之雲故不敵風

也請更名曰風又客說之曰大風飈起維屏以牆斯足蔽矣風其如牆何名之曰牆猫可又客說之曰維牆雖固維鼠穴之牆斯圮矣牆又如鼠何即名曰鼠猫可也東里丈人嗤之曰噫嘻捕鼠者故猫也猫即猫耳胡爲自失本真哉

同病

張翮子繕一榻麗以在臥內人未由見也故托疾臥榻上致姻友省問觀之其姻尤揚子者新製一襪亦欲章示其人故搴裳交足加膝而坐已問曰君何疾

張詡子龍尤揚子狀若趄相禮而眹曰吾猶亦若
也

悅諛

粤令性悅諛每布一政群下交口讚譽令乃矚一隸欲阿其意故從旁與人偶語曰凡居民上者類喜人諛惟阿主不然視人譽蔑如耳其令耳之亟招隸前撫膺高蹈嘉賞不已曰嗟知余心者惟汝良隸哉自是寵之有加

吃女

燕人育二女皆蹇極一日媒氏來約婚父戒二女曰

慎緘口勿語語則人汝棄矣二女唯唯既媒氏至坐中忽火爇姊裳其妹期期曰姊而裳火矣姊目攝妹亦期期言曰父屬汝勿言胡又言耶二女之吃卒未掩媒氏謝去

性急

十嗶子與友連床圍爐而坐其友攤案閱書而裳曳于火甚熾十嗶子從容起向友前拱立作禮而致詞曰適有一事欲以奉告諗君天性躁急恐激君怒欲不以告則與人非忠敢請惟君寬假能忘其怒而後敢言友人曰君有何陳當謹奉教于嗶子復謙讓如初至再至三乃始逡巡言曰時火燃君裳也友起視之則燬甚矣友作色曰奈何不急以告而迂緩如是于嗶子曰人謂君性急今果然耶

多憂

沈屯子偕友入市聽打談者說楊文廣圍困柳州城中内乏糧餉外阻援兵慨然踊歎不已友拉之歸日夜念不置曰文廣圍困至此何由得解以此邑邑成

疾家人勸之相羊墹外以紓其意又忽見道上有負竹入市者則又念曰竹末甚銳衢上行人必有受其戕者歸益憂病家人不得計請巫巫曰稽冥籍若來世當輪廻爲女人所適夫姓麻哈回夷族也貌陋甚其人益憂病轉劇姻友來省者慰曰善自寬病乃愈也沈屯子曰若欲吾寬須楊文廣圍解負竹者抵家又麻哈子作休書見付乃得也夫世之多憂以自戕者類此也夫

學倫

一倫兒黠甚終生行竊無犯懣老子慮其術終於身日懇傳焉父曰吾何傳爲之即是子一夕乘間入富室臥內有大櫃偶未鑰賴隱其中計伺主人寐則竊藏出也乃主人方寢而愼鑰其櫃不得出中夜彷徨夜闌益棘不得計故彈指作鼠齧聲主人驚聞之慮鼠齧衣籍亟起發鑰逐鼠兒乃予躍出逸歸對其父曰父柰何秘不兒傳兒瀕死所矣籍第令計不出是柰何父曰即此是矣吾又何傳故善教者道而弗牽開而弗達使人繼其志可謂

寡聞

漢村三老皆欵啟寡聞之叱也終生未履城市甲老偶經一過歸向二老夸所覩聞二老歆動約春糧往遊行閒甲老顧謂丙老曰至彼慎勿妄語取市子姍咲須聆吾指比至郭忽聞鐘聲乙老詫曰此何物吽號如是甲老曰此鐘鳴也丙老曰而我抵舍當市鐘內咲之甲老曰嘻誤矣鐘乃搏泥爲質而火煆成者安可咲耶甲老蓋偶見範鐘之具而未實見鐘云夫窮屑末之見而輒嘵嘵然欲以開示人將率天下而詐也

青衿

西吳族世豐於財不事詩書其母有弟補博士弟子員衣青衿來謁母大詫曰而何服此衣服哉差而貧衣不足於藍故綴以青歟柰何不兒我取足耶蓋不識青衿爲聘制服也

豕臟

某友素厲清真薄葷味而性嗜豕臟羹新市屠豕者多不潔友徵召客飲市豕臟作羹且戒庖丁令弗過

滌失其真味羹既熟臊氣觸鼻不可邇嗅友先自嘗嘖嘖歎賞曰有味哉有味哉客以友爲大方信其知味附和美賞而忘穢座中間有出而穀者吁世學者徵德濫彰掇稱至道視此者哉

賤售

上元姚三老貴甲閭右嘗買別墅其中有池亭假山背大湖怪石一日狂客王大痴來遊酌池上酒酣大痴曰翁費直幾何曰費千金大痴曰二十年前老夫曾觴詠於此主人告我費且萬金翁何得之易耶

曰我謀之久矣其孫子無可柰何只得賤售大痴
曰翁當效刻石平泉垂戒子孫異時無可柰何不宜
賤售

割碑

潁川姚尚書神道碑規制頗類顏魯公所書茅山碑
者國初州人侍郎某者欲割三之一鑱集表畏州守
難之懇祈百端州守曰姚尚書子孫微矣莫有主者
便割三分之二無不可侍郎喜過望或問守曰侍郎
割尚書之碑子不能禁又從而過許之何也守曰吾

意欲使後人割侍郎之碑猶能中分耳

面被

貧家無襴褥薦與其露足寧且露手佯謂人曰君觀
吾儕有須臾離筆研者乎至於困睡指猶似筆也小
兒子不曉事人問夜何所蓋輒答云蓋薦嫌其大
陋撻而戒之曰后有問者但云蓋被一日出見客而
薦草挂鬚上兒從后呼曰且除面上被此所謂作僞
日拙者乎

鬧氣

東坡示參寥云桃符仰視艾人而罵曰汝何等
輒居吾上艾人俯應曰汝已半截入土猶爭高下乎
桃符怒往復爭不已門神解之曰吾輩不肖方傍人
門戶何暇爭鬧氣耶此極可爲淺學爭辨者之驗

兩聾

新市有齊聾者性躁急行乞衢中人弗避道輒忿罵
曰汝眼瞎耶市人以其聾多不較嗣有梁聾者性尤
戾亦行乞衢中適之相觸而躓梁聾故不知彼亦聾
也乃起亦忿罵曰汝眼亦瞎耶兩聾鬨然相詬市子

媚笑噫以迷導迷詰難無已者何以異於是

笑禪錄

松滋潘游龍

舉遵布衲浴佛布衲曰這個從汝浴還浴得那個麽遵曰把將那個來

說一人途中肚饑至一家誆飯喫曰我能補破針鼻子但要些飯喫其家即與之飯遍尋出許多破鼻子針來喫飯畢請補之其人曰拿那邊針鼻子來

頌曰那個那個快去尋取有垢則浴有破則補若

還尋不出來我亦忪忪無主

舉舍多那尊者將入鳩摩羅多舍即時閉戶祖良久扣其門羅多曰此舍無人祖曰答無者誰

說一秀才投宿於路傍人家其家止一婦人倚門答曰我家無人秀才曰你復曰我家無男人秀才曰我

頌曰舍內分明有個人無端答應自相親扣門借宿非他也爾我原來是一身

舉臨濟示衆云有一無位眞人常向汝等面門出入初心未証據者看看時有僧問如何是無位眞人濟下禪床擒住這僧擬議濟托開云無位眞人是甚乾屎橛

說一人晚向寺中借宿云我有個世世用不盡的物件送與寶寺寺僧喜而留之且爲加敬至次早請問世世用不盡的是麽物件其人指佛前一樹破簾子云此以之作剔燈棒可世世用不盡

頌曰人人有個用不盡說出那值半文錢無位眞人何處是一燈不滅最玄玄

舉楞嚴經云縱滅一切見聞覺知內守幽閒猶爲法塵分別影事

說一禪師教一齋公屏息萬緣閉目靜坐偶一夜坐至五更陡然想起某月某人借了一斗大麥未還遂喚醒齋婆曰果然禪師教我靜坐有益幾乎被某人騙了一斗大麥

頌曰兀坐靜思陳麥帳何曾討得自如如若知諸相原非相應物如同井覷驢

舉圓覺經云此無明者非實有體如夢中人夢時非

無及至於醒了無所得

說一癡人夢拾得白布一匹緊緊持定天明即蓬頭走往染匠家急呼云我有疋布做顏色匠曰拿布來看癡人驚曰咋錯了是我昨夜夢見在

頌曰這個人癡不當癡有人夢布便縫衣更嗔布惡思羅綺問是夢麼答曰非

舉金剛經云如來說有我者則非有我而凡夫之人以爲有我

說一秀才夏日至一寺中參一禪師禪師趺坐不起秀才怪問之師答曰我不起身便是起身秀才即以扇柄擊師頭一下師亦怪問之秀才曰我打你就是不打你

頌曰有我即無我不起即是起起來相見有何妨而我見性尚無止秀才們禪和子那個眞是自如如莫弄嘴頭禪而已

舉或問藥山如何得不被諸境惑山曰聽他何礙汝曰不會山曰何境惑汝

說諸少年聚飲歌妓侑酒唯首席一長者閉目叉

手危坐不顧酒畢歌妓重索賞於長者長者拂衣而起曰我未曾看汝歌妓以手扳之曰有的何妨閉眼想的獨狠

頌曰水澆鴨背風過樹佛子宂作如是觀何妨對境心數起閉目不窺一公案

舉起信論云猶如迷人依方故迷若離於方則無有迷衆生亦爾

說吾邑中羅文學泛舟下荊州命癡奴名二生者盪槳答曰我不盪頭槳文學啞之答曰我怕不曉得路

頌曰岸夾輕舟行似馳只因方所自生疑海天空闊無人境星落風平去問誰

又曰但得稍公把柁正何愁盪槳不悠悠任他風雨和江海穩坐船頭看浪頭

舉僧問大隋如何是學人自己隋曰是我自己曰如何是和尚自己曰是汝自己

說一少年好作反語偶騎馬向鄰翁索酒翁曰我有斗酒恨無下物少年曰殺我馬翁曰君將何騎

少年即指堦下雞曰騎他翁咲曰有雞可殺無柴可煑少年曰脫我布衫去煑翁曰君將何穿少年即指門前籬笆曰穿他

頌曰指雞說馬指衫說籬誰穿誰煑誰殺誰騎叅

叅如何是自己當面不語時

舉壇經云諸佛妙理非關文字

說一道學先生教人只體貼得孔子一兩句言語便受用不盡有一少年向前一叅云某體貼孔子兩句極親切自覺心廣體胖問是那兩句曰食不

厭精膾不厭細

頌曰自有諸佛妙義莫拘孔子定本若向言下叅求非徒無益反損

舉睦州問一秀才先輩治甚經才曰治易經師曰易中道百姓日用而不知且道不知個甚麼曰不知其道師曰作麼生是道

說一僧曾與衆友戲集問杳字下着一心字是麼字座中有云生平未見此字者有云曾在某古書上見此字者有云常常見此字只記不起者有以手畫几案云必無此字者後別說出一座皆咲

頌曰最平常是最神奇說出懸空人不知好咲紛紛求道者意中疑是又疑非

舉雲芝再至翠巖求入室巖曰佛法不怕爛却天氣正冷且化炭去

說老山窮長者離城二百餘里冬月大雪忽早起披裘上馬有老奴名供耕者頭遂舌偃擁馬首而前曰天氣正冷爹爹今日往那里去長者曰我往二程祠上大會講學耕曰我也要去聽講學長者

呵之曰你曉得聽講甚麼學耕以手自指腰下曰我也去聽講冬九臘月該有褲兒穿不

頌曰冷時燒炭併穿褌這是修行喫緊人朳朳桔桔何爲也空向叢林走一生

舉桂琛見一僧來竪起拂子示之僧便作禮讃嘆云謝和尚指示琛打云我終日在掃床掃地爲甚麼不道謝和尚指示

說一老學究訓蒙門不風出一日戒其徒曰你們莫碩我去講學與後生輩聽有一徒出云先生每

日在學堂裏講底是甚麽又要去那裏講

頌曰那時不在指禪機何必讚禮竪拂子好胅哉冠赴講堂良知良知而已矣

舉崔相國入殿見雀抛糞于佛頭上問如會云一切衆生皆有佛性爲甚却抛糞于佛頭上會云他終不向鷂子頭上抛糞

說大盜夜刼人家其家驚號稱大王盜曰莫叫大王可叫我們做好漢忽聽雞鳴便喚起馬其家云好漢好漢只管請喫了早飯去

頌曰盜怕天明雀怕鷂可知佛性通諸竅若分惡類與倉門大地衆生皆不肯

舉楞伽云觀察世妄想如幻夢芭蕉雖有貪嗔癡而實無有人從愛生諸陰有皆如幻夢

說一人告友云我昨夜夢見大哭此必不祥其友解云無妨無妨夜裏夢見大哭日裏便是大笑其人復云若果然夜裏夢見有我在哭日裏豈不是無我在咲

頌曰夢時有我哭醒時無我咲貪嗔癡何在正好自觀照

舉一僧問雪峯乞師指示佛法峯云是甚麽

說甲乙兩友平素極厚一日甲偶病不勝愁苦乙來問云兄是何病所須何物我皆能辦甲云我是害了銀子的病只得二三錢便救了乙即佯爲未聞乃吞嚥云你說甚麽

頌曰黃金貴似佛法佛法貴似黃金覓時了不可得昔已與汝安心

舉盤山積師行于市肆見一人買猪肉語屠家曰精的割一斤來屠家放下屠刀叉手曰長史那個不是精的

說友人勸監生讀書生因閉門翻閱數月出謝友人曰果然書該讀我往常只說是寫的原來都是印的

頌曰個個是精心心有印放下屠刀証菩提揭開書本悟性命咄不煩閱藏參禪即此授記已竟

舉或問龍牙古人得個甚麽便休去牙曰如賊入空室

說一盜夜挖入貧家無物可取因開門徑出貧人從床上呼曰那漢子爲我關上門去盜曰你怎麽這等懶難怪你家一毫也没有得貧人曰兒不得我勤快只做倒與你偷

頌曰本來無一物何事惹賊人縱使多珍寶刼去還空室

談言

桃源江盈科

黃可

進士黃可字不可孤寒朴野淡於雅道詩句中多用驢字如獻高侍郎詩云天下傳將舞馬賦門前迎得跨驢賓之類又嘗謁舍人潘佑潘教服槐子云豐肌御老明且潘公趨朝天暗未曙見槐樹烟霧中有人若猿狙之狀追而視之即可也怪問其故乃攀條而謝曰昨蒙明公教服槐子法故今日齋戒而掇之潘大噱而去

廬山道士

廬山九天使者廟有道士忘其姓名體貌魁偉飲啗酒肉有兼人之量晚節服餌丹砂躁於冲舉魏王之鎮潯陽也郡齋有雙鶴因風所飄憩於道館迴翔嘹唳若自天降道士且驚且喜焚香端簡前瞻雲霓自謂當赴上天之召命山童控而乘之羽儀清弱莫勝其載毛傷背折血洒庭除仰按久之是夕皆斃翌日馴養者詰知其狀訴于公府王不之罪處上陳流間

之爲絕句以諷云啗肉先生欲上昇黃雲踏破紫雲崩龍腰鶴背無多力傳語麻姑借大鵬

武恭

李襄建節晉州表兄武恭性誕妄又稱好道及蓄古物遇襄生日無餉乃遺箱摯一故皂襆子與襄曰此是李令公收復京師時所服願尚書一似西平襄以書謝後聞恭生日摯一破膩脂襆頭餉恭曰知兄深慕高眞求得一洪崖先生初得仙時襆頭願兄得道一如洪崖賓寮無不大笑又記有嗍好古者以市古

物不計直破家無以食遂爲丐猶持所有顛子隨巷甌號於人曰孰有太公九府錢乞一文與武恭事正相類

華陽生

華陽有狂生一夕乘醉訪隣幽隱翁見主人庭中月色如晝梅花盛開乃朗誦宋人詩曰窻前一樣梅花月淡個詩人便不同蓋自負也主人亦朗誦宋人詩曰自從和靖先生死見說梅花不要詩蓋恐其作詩唐突梅花也生忿主人嘲已肆詬而去明日主人到

縣訟之縣官呼狂生試詩甚劣笑謂狂生曰姑免問罪押發去百花潭上看守杜工部祠堂聞者絕倒

崔張

進士崔涯張祜下第後多遊江淮常嗜酒侮謔時輩或乘飲興卽自稱俠二子好尚旣同相與甚洽崔因醉作俠士詩云太行嶺上三尺雪崔涯袖中三尺鐵一朝若遇有心人出門便與妻兒別由是往往播在人口崔張眞俠士也以此人多設酒饌待之得以互相推許一旦張以詩上牢盆使出其子授漕渠小職

得堰俗號冬瓜張二子一椿兒一桂子有詩曰椿兒遶樹春園裏桂子尋花夜月中人或戲之曰賢郎不宣作等職張曰冬瓜合出祜子戲者相與大哂後歲餘薄有資力一夕有非常人裝飾甚武腰劍手囊貯一物流血於外入門謂曰此非張俠士居也曰然張揖客甚謹旣坐客曰有一讐人十年矣得今夜獲之喜不可已指其囊曰此其首也問張曰有酒否張命酒飲之客曰此去三數里有一義士余欲報之則平生恩讐畢矣聞公氣義可假余十萬緡立欲酬之是

余願矣此後赴湯焰火爲狗爲雞無所憚張且不吝深喜其說乃扶囊燭下籌其縑素中品之物量而與之客曰快哉無所恨也乃留囊首而去期以却回及期不至五鼓絕聲東曦既駕杳無蹤跡張慮以囊首彰露且非已爲客既不來計將安出遣家人將欲埋之開囊出之乃豕首也因方悟之而歎曰虛其名無其實而見欺之若是可不戒歟豪傑之氣自此而喪矣

李西涯

武廟時內閣劉謝兩公同日去國惟西涯李公獨未去其後值逆瑾縱橫無所匡救有刺之者畫一醜惡老嫗騎牛吹笛題其額曰此李西涯相業或以告西涯公乃自題一絕云楊妃身死馬嵬坡出塞昭君怨恨多爭似阿婆牛背穩春風一曲太平歌嗚呼 武廟時何等景象公乃自謂太平昔宋南渡後一宰執致仕家居鄉人于其初度相約爲壽宰自謂门老夫不才幸爲太平宰相微天之幸坐間一儒士離席言曰天下到太平只河朔一起竊盜弩不獲蓋指金虜也宰始人慙噫若西涯者亦類是耳

李覯

李覯賢而有文章素不喜佛不喜孟子好飲酒一日有達官送酒數斗泰伯家釀亦熟一士人知其富有酒然無計得飲乃作詩數首罵孟子其一云完廩捐階未可知孟軻深信亦還癡岳翁方且爲天子女壻如何弟殺之李見之大喜留連數日所與談莫非罵孟子也無何酒盡乃辭去既而聞又有寄酒者士人再往作仁義正論三篇大率皆詆釋氏李覽之笑云

公文采甚奇但前次被公吃了酒後極索寞今次不敢相留留此酒以遣懷聞者大笑

驛吏

江南一驛吏以幹事自任典郡者初至吏曰驛中已理請一閱之刺史往視初見一室署曰酒庫諸醞畢熟其外畫一神刺史問是誰言是杜康刺史曰公有餘也又一室署云茶庫諸茗畢貯復有一神問是誰云是陸鴻漸刺史益善之又一室署云葅庫諸葅畢備亦有一神問是誰吏曰蔡伯喈刺史大笑

李淵材

淵材好談兵曉大樂通知諸國音語嘗咤曰行師頃營每患乏水近聞開井法甚妙時館太清宮於是日相其地而掘之無水又遷掘數尺觀之四旁遭其掘鑿孔穴棊布道士月夜登樓之際顰額曰吾觀爲敗龜殻乎何其孔穴之多也淵材不懌又嘗從郭太尉遊園咤曰吾比傳禁蛇方甚妙但呪語耳而蛇聽約束如使稚子俄有蛇甚猛太尉呼曰淵材可施其術蛇舉首來奔淵材無所施其術反走汗流脱其冠巾

曰此太尉宅神不可禁也太尉爲之一笑嘗獻樂書得協律郎使余跋其書曰子落筆當公不可以叔侄故溢美也余曰淵材在布衣有經綸志善談兵曉大樂文章蓋其餘事獨禁蛇開井非其所長淵材覘之怒曰司馬子長以鄉生所爲事事奇獨説高祖封六國爲失故于本傳不言者著人之美而完傳也又於子房傳載之者不欲隱實也吾何言禁蛇開井事乎聞者絶倒

士人婦

京邑有士人輩其婦大妬忌於夫小則詬詈大必捶打嘗以長繩繫夫脚有喚便牽繩聟密與巫嫗爲計因婦眠入厠以繩繫羊聟緣墻走避婦覺牽繩而羊至大驚怪召問巫巫曰娘積惡先人怪責故郎君變成羊若能改過乃可祈請婦因悲號抱羊慟哭自咎悔誓巫乃令七日齋舉家大小悉避於室中祭鬼神師祝羊還復本形聟徐徐還婦見聟啼問曰多日作羊不乃辛苦耶聟曰猶憶噉草不美腹中痛耳婦愈悲哀後復妬忌聟因伏地作羊鳴婦驚起徒跣呼先

人爲誓於是不復敢爾尚書星有好風星有好雨古註云箕星東方朔也東木克北土以土爲妻雨土也土好雨故箕星從妻所好而多雨也畢西方宿也西金克東木以木爲妻風木也木好風故畢星從妻所好而多風也由此推之則北宮好燠南宮好暘中央四季好寒皆以所克爲妻而從妻所好也予一日偶述此義坐有善謔者應聲曰天上星宿亦怕老婆乎滿堂爲之鬨然一笑

石動筩

北齊高祖嘗燕近臣爲樂高祖曰我與汝等作謎可共射之卒律葛答諸人皆射不得或云是髐子箭高祖曰非也石動筩云臣已射得高祖曰是何物動筩對曰是煎餅高祖笑動筩曰射着是也高祖又曰汝等諸人爲我作一謎我爲汝射之諸人未作動筩爲謎復云卒律葛答高祖射不得問曰此是何物答曰是煎餅高祖曰我始作之何因更作動筩曰承大家熱鐺子更作一個高祖大笑高祖嘗命人讀文選有郭璞遊仙詩嗟嘆稱善諸學士皆曰此詩極工誠如

聖旨動筩即起曰此詩有何能若令臣作當勝伊一倍高祖不悅良久語云汝是何人自言作詩勝郭璞一倍豈不合死動筩即云大家即命臣作若不勝一倍甘心合死即令作之動筩曰郭璞遊仙詩云青溪千仞餘中有一道士臣作云青溪二千仞中有兩道士豈不勝伊一倍高祖始大笑又嘗於國學中看博士孔子弟子達者七十二人動筩因問曰達者七十二人幾人已著冠幾人未著冠博士曰經傳無文動筩曰先生讀書豈合不解孔子弟子已著冠有三十人未著冠有四十二人博士曰據何文以辨之曰論語云冠者五六人五六三十人也童子六七人六七四十二人也豈非七十二人坐中皆大悅博士無以復之

權子

楚黃耿定向

志學

昔文恭羅先生遊楚楚士有就而受學者先生曰譖
敝也久矣世不省學爲何事曾有人士歆道學之聲
而慕學之者日行道上賓賓張拱跬步不踰繩矩久
之覺憊呼從者顧後有行人否後者曰無乃弛恭率
意以趨其一人足恭緩步如之偶驟雨至疾趨里許
忽自悔曰吾失足容矣過不憚改可也乃冒雨還始

權子　八　一

趨處紆徐更步過焉夫由斯言之作輟以人僞也由
後言之則迂甚矣志學者須袪此二障而後可

吾師

商季子篤好玄挾貲遊四方但遇黃冠士輒下拜求
焉偶一猾覬取其貲給曰吾得道者若第從吾遊吾
當授若季子誠從之遊猾伺便未得而季子趣授道
一日至江滸猾度可乘因給曰道在是矣曰何在曰
在舟檣杪若自升求之其人置貲囊檣下遽援檣而
升猾自下撫掌連呼趣之曰升季子升無可升忽大
倦抱檣歎叫曰得矣得矣猾挈貲疾走季子既下猶
歎躍不已觀者曰咄癡哉彼猾也挈若貲去矣季子
曰吾師乎吾師乎此亦以教我也

良知

昔陽明先生於羣弟子侍一切求學士恭愚騃人也
乍聞先生論良知不解卒然起問曰良知何物黑耶
白耶羣弟子啞然失笑士慙而赧先生徐語曰良知
非黑非白其色赤也弟子未喻先生曰其徵于色者
固良知也

權子　八　二

致知

昔杭城元宵市有燈謎云左邊左邊右邊右邊上些
上些下些下些正是正是重些重些輕些輕些益搔
癢隱語也陽明先生聞之謂弟子曰狀吾致知之旨
莫精切如此小子默識之

性命

里中一庠士少嫺于文而酒酒中年兩目罔酒幾盲
以致偃蹇其伯兄名公也謂之曰弟具才美失利第
以目故慎自愛止酒不御可也庠生對曰兄教謬哉

目則目耳酒吾命也柰何止爲一目欲吾舍此命耶
又一老友相訪時同志十數輩在座老友卒然問曰
先生徃與諸友論學以何者爲性命師時漠然未應
仲子蹷然起曰善哉是問蓋切問也世俗嘲嗜酒者
以酒爲性命嘲積財者以錢穀爲性命嘲樂貴競進
者以官爵爲性命皆常言也觸類而思吾儕爲學必
有所爲性命者試各自反思之座中同志有省

說謊

一友素愿謹嘗謂不妄語乃良知也心齋先生欲開

其悟爲言曰說謊亦良知友愕然曰如此論良知誤
天下矣頃之有縉紳投刺謁請者閽吏以報友語閽
吏曰善辭之謂余他出心齋徐詰之曰子以說謊非
良知今何故說謊友大悔自咎曰吾過矣心齋曰無
重自咎時說謊亦良知也友大不然心齋曰昔孟子
曰不可以風非說謊耶友始少解昔東廓先生寓其
所與同志論學適有士紳來造請座中同志令閽吏
託詞謝之東廓先生曰公等此處皆是放過令閽吏
還更其詞曰余在是請以見

畫一

仲子嘗遊山中偶過田夫家覩其壁柱或畫一或畫
一纍纍若易爻然因問之其人對曰儂不知書畫此
識數耳一畫一石一畫則半石也仲子曰噫孰謂易
義精微哉庖羲初畫亦止若是耳

測字

宋季有謝石者善測字高宗微行遇之書一問字令
測石思曰左看似君右看亦似君殆非凡人耶疑信
間請再書一字高宗以杖即地畫一字石曰土上加

一王也是吾君王乎遂拜伏高宗旣歸招而官之後
秦檜當國時高宗書一春字命測之其上半體墨重
石奏曰秦頭太重壓日無光檜聞而銜之中以危法
編管遠州道遇一老人于山下亦善測字石就之書
一謝字求測老人曰子于寸言中立身術士也舉掌
令更書以卜所終石書一石字老人曰凶哉石遇皮
必破遇卒必碎矣時押石之卒在傍而書字在掌中
故云石大款服請老人作字測爲何如人老人曰即
以我爲字可也石曰夫人而立山傍子殆仙哉乃下

拜願執弟子禮請益曰吾術似無滅先生乃先然仙矣而吾茲不免塵網何也老人曰子以字爲字吾以身爲字也

好光景

一衲子捧鉢來盱江近溪羅先生遇之甚謹居數年一日辭去近溪把其手請曰和尚慈悲今别我去願一言濟我衲子曰沒得說你官人家常有好光景有好光景便有不好光景等待在俺出家人只者這非等近溪爽然會心伏地數十頓首以謝

拾金

有牧豎子敝衣蓬跣日驅牛羊牧于坰間時倚樹而吟時扼谿而歌熙熙然意自適也而牧職亦舉一日拾遺金一銖納衣領中自是歌聲漸歇牛羊亦散逸不優矣又燕市一瞽子傭爲人作麪且磨且羅中夜作苦浩歌自如一夕主妻感慨蹴主公謂曰阿公微天頗饒于貲視瞽傭奚若乃終生營營反不逮渠之適何也主人曰唯唯吾第試之翌日瞽請發廩取麥主人故置金錙麥中時從旁伺之瞽傾麥磨上忽聞鏗然聲手挾拾之以爲遺也懷之踧踧色動凝佇跼蹐竊四聽無人聲乃瘞之牀下時作時住躡之自是歌輟作亦不力主乘間發取其金瞽不知也踰時瞽辭主人欲去主人佯許之瀕行即地取金亡矣窅然自喪乃復跪懇求復爲傭云

一志

留都一道士溧陽人也以募葺梵宮作橋梁爲功行貲產累數千盡齎之爲倡而躬劬苦以督工作日飲一糲卽醯鹽不御也宗伯聞而禮致之令募修朝天

宮宮成宗伯嘉賞擬牒授一秩勞之懇辭不受時百工從而受役者以千計咸茹苦如道士不受一傭亦無媮惰富室人爭輸財者累鉅萬道士曾不一日攝羣從弟子亦無乾沒分毫者梁生嘗就而問曰汝遵何德而得衆心若此曰吾第一志累吾功行耳它何知厥後道士稍繫念一孫冀就博士藝含意未發百工羣從一日散去

假人

人有魚池苦羣鷀竊啄食之乃束草爲人披蓑戴笠

持竿植之池中以備之羣鷁初回翔不敢即下已漸審視下啄久之時飛止竿上恬不爲驚人有見者竊去偶人自披蓑戴笠而立池中鷁仍下啄飛止如故人隨舉手執其足鷁不能脫奮翼聲假假人曰先故假今亦假耶

家語

吳中有一老故微而窶初弄蛇爲生其長子行乞次子釣蛙季子謳采蓮歌以丐食晩致富厚一日其老聚族謀曰吾起家側微今幸饒于貲須吏業習文學

方可掩家聲也于是延塾師館督令三子受業踰季塾師時時譽諸子業日益其老乃具燕集賓延名儒試之名儒至則試以耦語初試季子云紛紛榴絮飛季子對曰哩哩蓮華落繼試仲子云紅杏枝頭飛粉蝶仲子對曰綠楊樹下釣青蛙卒試長子云九重殿下排兩班文武官員長子對曰十字街頭叫幾聲衣食父母其老竊聆之咤曰阿曹云云猶舊時所弄蛇家語也

學如是

有鄞吏者自少從事于學行年八十平生無疾色一歲以貲產故與兒訟對簿公庭出語其徒曰吾時即對簿氣亦未動學當如是也更晩年益嬰銖有以賄浼請託者自遠往謁公府一夕無疾端坐而化于里舍其徒咸異之謂學者有得如此云

自貞

市有不貞之婦初蒙帷簿之詬赧然內愧欲死已或詬之則猶俯首至羞澁也久之抗顏與人鬭詬恬然不顧之人或挑以目或躡足而捫其股則猶嘻嘻自

明日吾心自貞嚌能浼我

習沒

蘇文忠曰南方多沒人日與水居也三歲而能步十歲而能浮十五而能沒矣夫沒者豈苟然哉必將有得于水之道者日與水居則十五而得其道生不識水則雖壯見舟而畏之故北方之勇者問于沒人而求其所以沒以其言試之河未有不溺者也

常不輕

曾有一比丘名常不輕不專誦經但見諸比丘皆禮

拜讚歎云我深敬汝等不敢輕慢汝等當得作佛遠見四衆亦復如是四衆中或生嗔恚惡口駡詈言汝是無智比丘從何來與我等授記當得作佛我等不用如是虛妄授記如此經歷多年常被駡詈不生嗔恚四衆或以瓦石杖木擊之避走遠住猶高聲唱言我不敢輕汝等汝等皆當作佛云云人爲其常作是語故號爲常不輕久之僧上慢衆輕賤是人者信伏隨從咸証菩提

恢復

晉五臺山佛教文殊氏弘法處也迨隋唐末梵宇麗甚某歲爲巨賊所據寺僧悉散去嗣一行腳過此覩之愴然奮曰斯吾祖師道場也而忍沒爲賊虜巢耶乃矢志爲恢復謀荷杖徒步走溥海内擬結僧緣以千計許志者輒裂巾爲盟而去期以某歲月日共至某所舉事至日是千人者果畢至無一後期者爰出方略戮力驅殺賊衆遂復其地糞除梵宇居衆僧已延訪僧臘中有德者登壇說法其中而已首率諸僧執弟子禮受法云

孔上

一歲都下爲同志會高陽叔子與焉時諸師曰近日竊觀諸講良知者其良知第在口吻皮上耳師曰云何叔子曰時會中一友首倡云良知在未發前識取功先主靜一友辯云良知須悟當下生機二友嘵嘵爭辯久之吾觀言主靜者時中已大動言悟生機者其微入由勝心是殺機非生機也若是良知安在哉維時近溪子從中怡怡分解形就心和身上似有些子耳師哂曰諸良知在吻皮近溪在身上爾時良知卻在眼孔也叔子甦已近溪聞之噱曰良知發對眼孔上亦大難矣身上不可謂無有也

絕技

昔伯牙學琴于連成子盡其技矣而未得其妙也疑連成子有隱叩之不已連成子無以應第率之同居海島中無何成子託迎其師子春刺船而去留牙獨居牙日見海水澒洞山林杳冥殆非人境忽然神解援琴而鼓盡得其妙世稱絕技云

中和里僻陋也居民多老死不見官府相傳里中有三騃云其一廵縣應里役晨起族長趣偵令出視事未時令方釋圓領袍服褡褳據案而坐騃子從門屏遥覷一過忙忙歸報族長曰官人未出惟夫人坐堂上耳族長譙曰豈有是哉騃子曰吾覷坐堂上者上服綠披袂而下紅裙非夫人誰耶蓋遥瞻案惟爲女裙而因以褡褳爲披袂也其一爲郡吏長吏令人署承篆騃吏直入守臥內守夫人方在沐騃吏啟戶播手屬夫人授篆夫人大驚趍避使人白守守怒扑之

騃吏起拊其髀恚曰是何人家即犬無一吠者耶其一直郡帑庫郡守遣食騃子從旁覘之出大詫語其兒曰原來官人喫飯亦與凡人同也兒呵之曰咄官人非人耶

度師

昔呂純陽受學于雲房鍾子鍾子故爲諸幻景歷試之初以榮貴紱色諸世所歆豔者而呂不動繼以寇兵患難疾病諸苦楚不可忍者而呂亦不動雲房子猶未即授也一日呂子涕泣請曰弟子從先生遊三紀于茲諸艱備嘗矣乃師竟秘不授將某非其人也鍾子曰余視子履似亦可語顧子功行未累也呂曰何修而功行乃累鍾子曰須金百萬博濟于世始得呂曰弟子窶人何從辦此鍾子曰余有丹藥可化銅鐵爲金子第懷此博施慎勿泄也呂子請曰是金卒嘗變否鍾子曰須三千歲後還本質也呂子愀然蹙曰如此則悞三千歲後人矣功行之謂何鍾子悅曰善哉即此一念長生久視道在是也呂子豁然悟惓然懌已蹷然起曰師道易易若是吾將廣師旨普度

世迷可乎雲房子曰汝試爲之于是呂子悉以所得旨授人計所度者無慮數千人乃復化身爲極貧苦狀行乞于諸所度者之門是數千人者十去二三又化身爲横遭仇誣械繫併內而過諸所度者之門則數千人者十去六七已又化身爲重罹疾病纍纍骨立而過諸所度者之門則數千人者一旦去之盡已呂子失意悵然而歸偃息河濱樹下雲房子化身一叟過而訊之呂子語以故叟曰吾非若輩比時老且衰百念俱灰自矢可身相許矣願依子終身可乎呂

皐晩得叟即許諾負之渡河以歸至河中始悟其爲師驚訝曰嘻師惟度我我惟度師耶

亂撞鐘

一招提中畜犬百十數東西閙若輪糝之以鳴鐘爲號每東鐘鳴則犬就食東西鐘鳴則犬就食西習以爲常一日諸小僧計戲羣犬初東廡鐘鳴羣犬將之東西廡鐘忽鳴羣犬羣然反西未至東鐘復鳴羣犬又欲之東而西鐘又鳴羣犬又錯愕而西顧已而東西兩鐘襍然齊鳴羣犬徬徨墀中竟莫知所之仲子

顧謂二三友曰試爲犬謀者何而可諸友未解浮光官子曰犬能一反思昨糝東今應糝西昨糝西今應糝東自不眩督于鐘聲矣仲子曰否否官子默然良久忽噱曰吾謀本是子故亂撞鐘也師鎖之

假物

海之渚有海鏡焉其腹虛洞無臟惟中藏蟹子小如黃豆而螯其足海鏡饑則蟹出拾食蟹飽而鏡亦飽或迫之火則蟹出離腸腹而海鏡立斃矣彼其所爲斃者以所假在外不在內故也水母者亦出海中胚渾凝然而絕無眼常有數蝦寄蹲腹下代爲之耳蝦行而行蝦止而止一日波蕩蝦離而水母竟躓死泥沙彼其所爲躓者以所假在物不在己故也

假托

南海之濱有蜑市焉黿暴背海隅邊幅廣修不知幾百里也居民誤爲石洲漸創茅茨鱗列成市亦不知何時也異時有穴其肩爲鐵冶者天旱火熾黿不勝熱怒而移去沒者凡數千家東海之濱有蜃焉蜃居海中吐氣則結成城堞樓臺人馬五色縹緲出煙

霧之高鳥倦飛就棲輒墮氣中竟以溺死

燈炬

淮北蜂毒尾能殺人江南蟹雄螯堪敵虎然取蜂子者不論鬭而捕蟹者未聞血指也蜂窠于土或木石人蹤跡得其處則夜持烈炬臨之蜂空羣赴焰盡殪然後連房刳取蟹處蒲葦間張一燈水滸莫不郭索而來悉可俯拾云

卻進

蝙海有魚曰馬嘉銀膚燕尾鱗用火熏之可致遠㡳

淵潛不可捕春夏乳子則隨潮出波上漁者用此時簾而取之簾爲數目廣袤數十尋兩舟引張之縋以鐵下垂水底魚過者必鉤觸求進愈觸愈怒觸愈則頰張須鉤若鎮岐者不可脫向使觸網而能退卻則悠然逝矣知進不知退用罹烹醢之酷悲夫

故犯

有獸曰猩猩人面能言笑出蜀封溪山或曰交趾血以赭罽色終始不渝嗜酒喜屨人以所耆陳野外而聯絡之伏伺其旁猩猩見之知爲餌已遂斥罵其人姓名若祖父姓名又且相戒毋墮奴輩計中携儔唾罵而去去後復顧因相謂曰盍試嘗之既而染指知味則冥然忘夙戒相與濡濡徑醉相喜笑取屨加足伏發往往顛連頓仆掩擒無遺嗚呼明知之而故犯之其愚又甚矣

顧惜

孔雀雄者毛尾金翠殊非設色者彷彿也性故妬雖馴久見童男女著錦綺必趁啄之山棲時先擇處貯尾然後置身大雨尾濕羅者且至猶珍顧不復騫舉

卒爲所擒又山鷄亦愛重其尾終日映水目眩輒溺翟雉長尾遇雨雪惜其尾棲樹杪上不下食以至餓死

出頭

有僧居常誦經不輟其徒遊方參悟歸思要其師一日指櫺間蠅曰出不向寥廓奮飛而日汨汨然鑽此故紙安能出頭其師乃有省

雜纂三續

欽　黄允交

季義山浪子以巷談寓滑稽王君玉蘇子瞻各倣之遂成風流雅謔後有續者不免畵足寧復遺珠徒爲大雅罪人未必能博好詼士一軒渠也壬子下第出白門車中識

必不來

貧士請貴要　子弟窮後邀幇閒　冷曹結客

父母召訓驕兒　衙官提勢豪

殺風景

鼓吹遊山　聽歌說家務　松林作厠

對名姬罵坐　名山壁上題詩

不如不解

衲子稱詩　閨人識字　奴善作文

武將清譚　讀書人精刀筆

難理會

坊妓私譚　村巫作神語　謬漢做文章

勸不得

醉人唱曲　妬妻罵妾　鍊爐火

講道學　老人說遠年事　愛小便宜

俗漢作詩

難忘

游過好山水　良友箴規　寵婢爲妻所遣

情人語　困阨時受人憐

不祥

呪罵天地祖先　日晏高眠　遮護子孫過失

奴僕席談　笑人家儉嗇　聽娼女傲尊長

開口說呪誓　娼女好遊談　女人口出是非

子弟好用機詐　與無賴往還

難久留

愛賭人手中錢　敗子肥田　無錢官居美任

雨中花　老年娶少艾　京中下第秀才

有妬妻畜艶婢

學不得

好音聲　膂力　美姿貌

多子　不識羞

未足信
公人說行止話　自稱閑棋高手　娼願從良
假託熟說同心話　子弟向父兄言勸學
道學人講天理　游客雌黄人物　欲爲夫納妾
避官誇說謀略
不可過
賭博被禁　好飲人無酒　浪子乏纏頭
蕩姬受檢束
暗歡喜

掘地得藏金　貪人受重賄　理學人遷美官
拐兒賺癡人得手　新婦見郎君貌美
阻興
賞花無沽酒處　村客鬧席　佳期發痁
陡頓歡喜
乞兒見横財　貧人得富妻　離亂後逢骨肉
多年致政忽起用
得人憐
作家妻妾　孝順兒　婦人不長舌

小兒不嫌粗糙　子弟好交長者
可惜
好天資不讀書　名書畫入村手　作詩贈俗人
清官罷職　好試文曳白　聰俊兒郎不自
愛　有學人弄筆頭
悶損人
客途久雨　遇村老話家務　急歸阻風
陪俗士久譚
惡模樣

村漢着新衣　和尚發怒　妬妻罵婢
謟吏謅上司　學市井聲態
這回得自在
嬾奴被逐　州縣轉京職　避軍遇赦
妾值妬妻亡
避滯
貴人見客　小兒進學堂　遣愛婢
新婚遠別　清官陞轉
富貴相

脘牧　記門簿　姙子寶釵
後庭絃索聲　院內奚奴調馬　古董客候門

叵耐

無情妓　僕傲主人
播美親朋骨肉就中取利　庸人彈射文章
敗軍奏捷

少道理

俗僧說法　醉漢教誨人　將軍掉書袋
縱子弟游閒

雜纂三續　〔八〕　五

冷淡

三家村賽社　草縣開場　廣文先生陞堂
措大會親　初學人作賦

無憑據

田夫講故事　試揚中吏鼓　村巫符咒
妓家年紀　方士自稱百歲　塞上敘軍功

不相稱

重服挾妓　佛院養雞豚　儈子吃齋
皂快不喝叱　措大鬪雞走狗　武將戒殺生

秀才出入公門

佯不會

新婦推酒　坊伎減飡　尊長問卑幼歌唱

旁不忿

豪家白占妻田　好官被劾　看雜劇邪人害正
謬漢譏駁好詩文　看嗳弄癡人作過

怕人知

僧道走狹邪路　客路帶重貲　蓄違禁物
舉子通關節　有私夫

雜纂三續　〔八〕　六

不嫌

貪人得薄賂　窮漢娶再醮婦
淹滯措大中末榜

强啼奉

妓伴老翁　村漢見貴親　病夫請客
老娶少妻

不圖好

罷任與上司放對　失節婦再嫁
革退吏胥發本官贓私　嫖蕩後打蓮花落

說不得

同官換去贓物　僧被行童對傳　買字眼着賺

在任吃劫　講學人遭妻毆

殺不得

向牙郎說物價　妄誕措大遇主司

正人前漏脫空語　嚴明官聽訟

對老伎使乖

諱不得

陰瘡出面　不要好兒郎

易圖課

貧家婢僕　俗客古書畫　下僚財物

敗子田園

沒意頭

與俗人論詞賦　向再醮婦談貞烈事

對落第舉子誇新郎君

重難

暑月登樓飲酬　破船遭風　濁音人唱無板腔

隆冬落水　醜妻奇妬　獨子不孝

失意後遇負心人

必不得

索慳人酒食　從饑寒措大假貸

窮書生乞富家婚

不快意

負病賞花　佳會主人欠賒賬　中秋月淡

不達時宜

借書籍不還　强評前輩文字　闖妓席

書生嫖　對人家子弟說淫艷事

索不相知酒食　與無賴人辯曲直

遯落解秀才看迎舉人　惡詩畫强汙人扇

不識羞

單說富貴往還　開口脫空　高自稱許

慣使小機術　剽竊詩文　逢人數子弟罪過

倚親族貴勢凌人

虛度

少年不讀書　月夜高眠　好山水不遊賞

妾遇主母妬　蕩子婦

不忍聞

屠門宰殺聲　雨夜啼鵑　邊城報敗

孤兒哭父　老人聽蒿里歌　酷吏拷掠聲

下第後唱渭城　聽少逃淫褻詞

改不得

內相嫉人形　見人便諛諂　好市井詭譎

不肯說真話　美刀筆　喜嫖賭

快意

平城走駿馬　飽帆張風　花時人送酒

年少兒子及第　勝地豪吟　美妻賢妾

聽人說神仙俠烈　乘勝逐

說郛續目錄

弓第四十六

猥談

吳郡祝允明

李公

永樂初饒人朱季文進所著書楊文貞請咎其人火其書近成化末司馬御史提學南畿得予婦翁李公琬琰集舊刻命學徒翻繕之衆請即用元本發之木司馬從之李故假諸壻府經歷吳宣宜大怒疏于朝言李某以壻祝允明在學假書令浸潤司馬某事下所司立案而已後見廚原已院判笑謂予翰林舊有一可笑事今得吳經歷本作對矣一大將乞翰林某人書專令一吏候之免其他役吏始甚德之既逾改火吏不勝蹂具牒呈其將言蒙委領某翰林文字爲渠展轉支延已及半載顯是本官不能作詩虛詞誑賊彼此一笑而已以文墨事見之疏牒前有子翰林後有子也又後數年無錫有陳公懋者註書與朱子反亦上于朝　上命笞而遣之予謂又與朱季文爲對子也

上父書

上大人丘乙已化三千七十士尔小生八九子佳作仁可知禮有八句未曉也字不知何起今小兒學書必首此天下同然書坊有解明說耳水東日記言宋學士晚年寫此必知所自又說郛中曾記之亦未暇撿向一友謂予此孔子上其父書也上大人句上上書大人謂叔梁紇丘句聖人名乙已化三千七十士尔句乙一通言一身所化十如許小生八九子佳句八九七十一也言弟子三千中七十二人更佳作仁句作猶爲也可知禮也仁禮相爲用言七十子善爲仁其於禮可知大槩取筆畫稀少開童子稍附會理也

文字

文字中稱完顏氏爲大金承襲誤也蒙古自稱大元我朝作者何曾于之以大今應云胡金爾文字門稱都御史爲中丞府尹爲京兆之屬當視語勢如何若結銜之際亦欲異衆背從別代或妄更變非也如官吏部屬書尚書史部郎中曾攝使假一品服還尋繳納書賜一品服憲臣出巡易地名如巡按貴陽至如領鄉舉書浙進士賜進士不書出身同出身但書第字爲府縣學生書郡庠邑庠或長庠吳庠之類不知

可乎

別號

道號別稱古人間自寓懷非爲敬名設也今人不敢名亦不敢字必以號稱雖尊行貴位不以屬銜爲重而更重所謂號大可笑事也士大夫名實副者固多餘唯農夫不然自鄙市村朧兒人瑣夫不識丁者未嘗無號兼之庸鄙狂怪松蘭泉石一坐百犯又兒山則弟必水伯松則仲叔必竹侮父此物則子孫引此物於不已愚哉愚哉于每狗人爲詛說多假託以規

諷猶用自愧近聞婦人亦有之向見人稱冰壺老拙乃嫠婦也又傳江西一令訊盜盜忽對曰守愚不敢令不解問左右一胥云守愚者其號也乃知今日賊亦有別號矣此等風俗不知何時可變

判語

張忠定判瓦匠乞假云天晴蓋屋雨下和泥及丁謂判木工狀云不得將皮補節削凸見心人稱之邢守邢公判重造郡門皷狀云務須緊綳密釘晴雨同聲又一守禁戴帽不得露網巾吏草榜云前不露邊後不露圈守曰公文貴簡何作對偶語乎吏白當如何守曰前後不露邊圈乃不覺一笑

破題

宋末人戲作破題古曲題云看看月上薔薇架那人應是不來也最苦是一雙鳳枕閑在繡幃下破云時至人未至君子不能無疑心物偶人未偶君子不能無感心吳歌題云月子彎彎照幾州幾家歡樂幾家愁幾家夫婦同羅帳幾家漂散在他州破云運於上者無遠近之殊形於下者有悲歡之異小曲題云媽

媽只要光光鏝我苦何曾管雪下去送官賣酒輪番幾曾得免怎容懶有客教奴伴破云吾親徇利而忘義既不能以憂人之憂吾身徇公而忘私又强欲以樂人之樂

俗儉

江西俗儉果楪作數格唯中一味或果或菜可食餘悉充以雕木謂之子孫果合又不解鎔蔗糖亦刻木飾其色以代匱一客欲食取之方知贋物便失笑賈祝之底有字云大德二年重修更胡盧也

歌曲

今人間用樂皆苟簡錯亂其初歌曲絲竹大率金元之舊略存十七宮調亦且不備只十一調中填輳而已雖曰不敢以望雅部然俗部大槩較差雅部不啻數律今之俗部尤極高而就其聲察之初無定一時高下隨工任意移易此病歌與絃音爲最蓋視金元製腔之時又失之矣自國初來公私尚用優伶供事數十年來所謂南戲盛行更爲無端於是聲樂大亂南戲出於宣和之後南渡之際謂之溫州雜劇予見舊牒其時

有趙閎夫榜禁頗述名目如趙貞女蔡二郎等亦不甚多以後日增今遍滿四方轉轉改益又不如舊而歌唱愈繆極厭觀聽蓋已略無音律腔調音者七音律者十二律呂腔者章句字數長短高下疾徐抑揚之節各有部位調者舊八十四調後七十七宮調今十一調正宮不可爲中呂之類此四者無一不其愚人蠢工狥意更變妄名餘姚腔海鹽腔弋陽腔崑山腔之類變易喉舌趁逐抑揚杜撰百端眞胡說耳若以被之管絃必至失笑而昧士傾喜之互爲自謾爾

土語

生淨旦末等名有謂反其事而稱又或託之唐莊宗皆繆云也此本金元闤闠談吐所謂鶻伶聲嗽今所謂市語也生即男子旦曰粧旦色淨曰淨兒末曰末尼孤乃官人即其土音何義理之有太和譜略言之詞曲中用土語何限亦有聚爲書者一覽可知

智者

弘治中吾鄉一豪子以事官捕之急竄匿不出官百計索之不能得或言鄉耆某多智數官延訪之耆乞屏左右乃曰欲得之須用老子官曰老子已在此矣

耆意蓋用欲取先予之術官所云謂已執其父也耆曰不是者箇老子官曰正是者箇老子耆又白如前官終不悟即叱之退曰耆蠢物尚謂一人有兩老子何智術之有

無故之死

人死有輕於鴻毛又有大無端不若鴻毛者大抵官府最多漫記二事京師人產兒一頭兩身棄諸野一丐取示人以乞錢俄頃觀者牆立鬨傳於邏廠中人白于內未報而街坊火甲不知更恐其擾攘也逐之

丐提孩去明日内吉取看火甲覓丐與兒皆亡矣懼自自經家獨一妻懼追捕亦縊一戶遂絕又二人過於途甲沈醉乙半酣甲毆乙仆視之死矣逕去總甲見之函曰于官時已暮姑以葦席四懸障屍衆寢衛於外夜半乙稍甦已迷前事思安得處此必犯夜禁故潛起而逸歸家已大醒謂其妻甲毆我明當訟之及明守者失屍驚懼須臾官來謂受賕棄屍箠楚之守者誣服請取屍來乃共往伺于郊一人醉而來衆前撲殺之昇入葦室乙詣甲喧將訟之甲與飲納之

晡乃釋甲復思昔者所由罔知爲我殺人今若此曷不白之官因邀乙往首實官訊守者屍所來不能諱棄市若濟卒牽夫公役輩無故之死又尋常事耳

癩虫

吾鄉都生自外歸裝有水銀一小簏簏上書一銀字爲識舟人以爲銀也乘其醉縛而沈之南方過癩小說多載之近聞其症乃有癩蟲自男女精液中過去故此疕而彼染如男入女固易若女染男者亦自女精中出隨精入男莖中也若男欲除蟲者以荷葉卷置女陰中既輸泄即抽出裹精與蟲悉在其中即棄之精既不入女陰宮女亦無害也此治療妙術故不厭猥褻詳述之今南中有癩人處官置癩坊居之不以貴賤知體蘊癩者家便聞官隱者有罰焉

驢姦

曩時婦人與狗姦事有公牒人皆知之又閩嫗事予記在語怪沈休文宋書凡有兩事又近數年有驢姦事漫述之燕京小民三五家共築一土室買一驢室中置磨各家有麥共往磨之一日三婦磨麥少休驢

舒息久之游騰其勢婦下劣戲言我輩能當之乎一往就之畏即已一繼之不勝而退一哂而往稍縱焉畜遂訖事畜去而婦斃焉此等事如漢濟北江都王及僧祇律獲猴精舍比丘難提死馬等甚多宇宙之間何所不有

丐戶

奉化有所謂丐戶俗謂之大貧聚處城外自爲匹偶良人不與接婚官給衣糧而本不甚窘亦婦女稍妝澤業枕席其始皆宦家以罪殺其人而籍其牝官穀

之而征其淫賄以迄今也金陵教坊二十八家亦然奉鑾稙之祖齊氏室所生也

新人

城中有女許嫁鄉間富室及期來迎其夕失女所在蓋與私人期而爲巫臣之逃矣詰旦家人莫爲計姑以女暴疾辭而來僕固已洞悉之矣壻家禮筵方啟嘉儀紛沓翹企以待比逆者至寂然主人却從者皆莫能對僕以袂掩口附耳告曰新人少出不覺一笑而已

異林

吳　徐禎卿

九仙神

閩中仙遊縣有九仙山其神靈異能知人間未然之事人或禱請輒於夢中開示形兆始雖莫測事往而推無不徵驗神道顯秘莫可彈詰予所最徵實者吾鄉衡山文太守吳邑都庫部太倉州周二牧皆親詳其事故唬之云

文太守宗儒分符温州未期遣人祈問壽算夢者見一人謂之曰往山下當有優人作戲汝可觀之夢者曰太守令我祈問壽算耳其人答云有孔老人還自問之言訖而去尋至山下遇有丹旐引喪而來果有羣優裝著綵衣翩躚輦前後鼓樂導從賓客無不鮮盛夢者前致問云今日送葬當是何人有何官職而若是乎答者曰吾鄉王太守死今當臨穴是以相送耳夢者驚寤自謂不祥乃隱此事不敢陳說徑白太守云蒙遣祈問一無答但令問孔老人當自知之太守卽便搜訪果有此人非被差遣將一大木付匠裁

鋸郎召而問之曰汝計此合鋸幾何對曰已就鋸矣
曰郎計木板當得幾何對曰合得五十有六中腐其
一數不得全耳太守怒曰木材如此何止此數便可
經營復令益之對曰數已定矣復何及乎太守時年
五十有五聞老人言不覺驚汗果及數乃疽發而卒
都庫部玄敬少貧病不得志嘗識一黃生閩中人也
嘗遊吳門一日告歸因相語曰九仙山在吾境上其
神靈驗予令坎坷吾當代卜郎見復也玄敬喜諾郎
具手疏陳述其意贈以裹糧生遂辭去至祠所焚香

祈禱具白緣由夢入一室中見兩壁上倒懸二軸各
書三大字曰在何處嶢峨高生未省諭沉吟再三忽
有一人曰子何必疑彼將自知後來吳中具以事白
玄敬不悟遍訪識者並不詳曉弘治甲寅年何中丞
鑑來巡撫江南偶見都文深蒙獎嘆往往薦揚自是
知名郡縣大夫爭相引接次年大比林御史瑭郎錄
送試院有高士達者山西人也爲山東武定州學官
來校文事閱玄敬文甚加稱賞遂獲中選其夢始著
然嶢峨字義猶未解或曰二字上並有山文高本貫
山西又仕山東兩山字義亦甚明白何云不解其徵
或然今何公爲南大司馬玄敬爲庫部其言益驗矣
周其閩人也爲常山縣學官仕既不達又復無子以
是怏怏求禱於神郎夢一大舟舟尾上有二人坐舟
中載一棺以繩纏縛甚堅既得此夢未審云何或曰
舟中著棺當是州官船尾二人郎是舟子始大暢悅
後果爲太倉州二教生二子果如其占矣

異人

雷蓬頭古名太雲不知何許人也少爲書生好道術

入沙門游又棄而學仙成化間居太和山中敝衣蓬
首行若飄雲人或於山下見之或失所在舉頭望之
遙在高崖雲霧中相距萬仞或二三十里許或時假
寐一室扃闔如故身已在他處山上祠宇咸因鎖鑰
每鷄鳴諸山法鐘遠近俱發道士驚起曰雷仙人入
宮矣荆王求見之固請曰側聞神仙之名久矣願乞
片言雲曰予丐人也何足以語仙王曰汝年幾何矣
曰雲半歲王曰汝何許人雲曰幽州生建康長廣東
編戶遼東應役王濾然不悅曰今日幸奉至人願乞

道術雲怒曰吾非俳優何術可施遂大相詆訾王不
勝怒寄遣人縶之噀以狗血遂裹以葦令厭之桎梏
置獄欲殺之夜半忽不見成化末不知所終
福州安翁者以市酤爲業常有道人沽飲輒去不償
直翁亦不責久之道人來會翁曰良意久不酬今幸
枉過乞遂偕行翁許之須臾至一山下草菴中賓
主畢道人曰有一道友去此甚近亦有仙術僕往邀
請共君娛可乎翁喜諾道人遂去久不來翁且餓
顧室中蕭然無供具惟破釜在壁下餘飯可升許仰

視屋梁上懸橘數顆壁上張畫梅一軸翁不勝餓取
釜中飯食訖道人適至曰道侶不遇無以爲款不陋
貧居可遂留數日耳翁懇辭道人再三曰煩君遠臨
無以相贈奈何翁曰可撥壁間畫耳道人曰此吾道
友之物奈何與君君既相愛吾當搨之耳既覆之以
手拭之宛然如畫因題其上曰爲買東平酒一卮邀
來相會話仙機壺天有路容人到凡骨無緣化鶴飛
莫道烟霞愁縹緲好將家國認希夷可憐寂寞空歸
去休向紅塵說是非翁持此遂別迷道不知所向問
野中人曰福州離此四月程耳翁始悟遇仙悵怏而
歸翁後以壽終于家云

呂疙瘩者不詳其名里成化間嘗游於襄鄧河洛之
間冬則臥雪夏則被褐好狎兒童且詼且詈號爲之
結小髻每搖首則髮理如櫛復爲結之如螺然滿頭
時人呼爲疙瘩一日履江水上江畔一婦人方晨汲
見之曰呂公若能行水耶呂怒取其杖笞之復履江
去弘治巳未相傳於隴右白日上昇而去

張皮雀者名道修少從其父叅議江西時每聞道院

鐘鼓笙磬之音輒往觀焉父不能禁後還吳中爲道
士師事胡風子胡風子師事莫月鼎授五雷法居玄
妙觀弟子甚衆欲密授道修以書置屋上覆甎中呼
道修曰天將雨亟升屋取隙補之道修如其言往胡
公曰得乎道修應曰得之矣於是始得秘訣驅風雷
如神常懷一皮雀卵小兒每出則小兒羣逐之故時
人謂之張皮雀好飲酒食狗肉常有病瘧者求治會
方啖狗肉遂以汁濡作符以授之曰謹握之及家而
後啓其人易之曰何物能治疾邪中途竊視之忽有

神人怒撻之幾絕一日行道中見一人責之曰汝婦將死盍返視邪入寢中婦果自縊忽絕而甦天亢旱太守朱勝求禱道修曰儒輩毎毀我欲雨設壇於學宫太守不可然不得已遂强設于里塾又令黄冠輩之以行命置水於兩廡間呼羣兒侍諾笑滿前毎作符遣一兒投水中則雲氣生其上翕合雷電轟烈大雨如注道修大呼曰請誅貪吏諸吏跪伏莫敢仰視良久曰沾足乎衆曰然雨乃止江陰旱富民周氏請禱道修往視困廪甚侈怒曰彼囷求福巳耳且爲之

禱雷雨大作道修曰彼爲富不仁請焚其廪火繞其廬焚之幾盡吳江旱王道會者禱之雨巳作道修曰王道會亦禱雨乎今日邂逅誠幸相角法術何如衆驩然建兩壇道修謂道會曰左右何居道會觀東郊巳雲遂卽左道修在右有頃雲歸于西東逸皎然雨忽大注道會大慚神驗甚衆不可測也居常佯兒意毎受錢不走但呼大宿世大宿世以壽終翌旦人於松陵長橋上見之

趙頭陀成化間吳中有喫肉和尚自言從終南山來問其姓名荅云是趙頭陀往來僧舍不假寢榻常坐於廊廡之間身着弊衲不易寒暑性好餔餟無所去擇食如燎毛飲若塡壑人莫見其溲溺故呼爲喫肉和尚毎見輒曰可作一齋爾後供者漸不能繼或絶口累日亦復晏然有一少年惡其無厭欲試苦之值大寒月邀請入舍乃欵以餘庖羊脂雜物凝貯盂中曰和尚食肉卽舉手張口瞬息噉盡又將取水數升與之曰和尚渴乎便復吸水遽足奉秫飯曰和尚飯乎卽飽飫一頓不謝而去亦無所若嘗趺坐道上有

一縣吏呵導而來儼然不動吏怒命拽去鞭笞一十亦無嗔愧尋於故處還復安坐人皆笑之有高媪者時造其家輙具食一日忽來呼媪曰我欲行矣不爲他人作取櫝越意在相報遂端坐簷下夜半而化晨有羣僧舉之而去閭巷男女聞有此事競來觀看投錢萬計媪意始解丹陽都玄敬博識士也嘗摩其顱門圓徑二寸虛通如穴光朗異常竟莫測其爲何如人也

張剌達者相傳是宋時人爲夔州掾嘗從州太守入

華山謁陳摶先生先生叙賓主就坐訖復設榻于左似有所伺太守不之悟已而一道人至藍袍葛巾蕭如也先生與之揖而坐焉道人趨而左據榻端坐傲然無遜容太守不悅先生事之甚恭因請曰先生袖中攜有何物幸以相貺道人即探出棗三枚顏色各異乃以白者授陳先生赤者自吞食之青者投太守太守愈不悅持以奉掾掾遂啖之道人遽出太守問於先生曰是何道者先生固爲恭乎先生曰此純陽眞人也太守悔恨追不能及張公自後得道國初時

往往遊人間每顯異迹　太宗時開邸北平嘗召見之語有神異及即位思慕甚篤遣胡尚書濙遍游嶽間求訪之後于泰中邂逅宣述聖意企仰道眞乞廻鶴馭以慰膺望張公曰謹奉詔但道遠日久公先就駕予當纔至耳既而胡方入朝張公果至帝延入問之曰何爲是道曰能食能糞此即是道帝不悅曰卿有仙術爲朕試之以爲榮觀不亦可乎張公遣侍豎舁一甕來即指之曰臣欲入此以觀造化即拔足縮首項刻不見呼之則諾視之無形帝命擊破之使人各持破甕一片呼之如月印水在在俱足隨呼而應莫知所爲帝曰卿可試出言訖張公忽在前帝曰卿可更窮造化之道張公曰諾即走入柱中呼之復出帝嘆曰妙哉張卿出幽入冥其至神乎張公復取水噀於中庭須臾變成巨川間岸沙際橫一渡舟張公舉手招之舟忽近人遂登舟去不知所之尋視庭際了無波痕後帝患疾食不下始悟張公之言嘆曰張公其能筭余之死生矣先是張公以草一莖授胡公曰異日陛下若有危疾以此療之於是帝服之果瘥

藝術

胡宏字任之寧波人少讀易遇一道人與語曰我有秘術子可受之但不嘗仕乃可免禍耳宏曰謹奉教遂以卜筮授之發無不中有卜者每聞宏作卦輒從鄰壁中聽之其說皆按易占無詭辭後知之遂不說易但言貞咎而已有一人家暴富心疑之宏爲設卦曰家有狸奴走入室是其祥也曰然曰狸形必大可稱之得幾斤曰七斤許曰富及七載狸奴嘗去何能久後及期狸果去不見家貧如初一人家夜有屍撐

子門莫知為誰主人懼不敢啓扃踰垣而逃卜於宏宏曰有府胥姓某者往求之訟可解矣主人往索果得其人懇乞再三曰誠不敢諱是子某親非有宿嫌求棺耳召其子遣以金帛禍乃解嘗經吳閶門郁彥容家將戒舟有唐貢士者偕其友三人來宏曰公等何為曰行藏未卜幸先生教之曰草草不暇行當總筮之卦成宏析而論之曰某君勿行當有疾厄其君中乙科唐君後必為御史後悉如其言平生占驗甚多每筮一卦則受金半兩以壽終於家

異林　八　十

葛可久吳人也性豪爽好博少遇異人授以醫術不事方書中輒神異道有狂犬可久謂人曰誰當擒之即可療惡少果環執之可久砭其腎犬臥良久差有羣少戲里中望見可久一少年從廡躍入室曰召可久診視之不驗則羣蹂之強可久可久診之曰腸已斷矣當立死耳有頃少年果死朱彥脩嘗治浙中一女子瘵且愈頰上兩丹點不滅彥脩技窮謂主人曰須吳中葛公耳然其人雄邁不羈非子所致也吾遣書往彼必來主人悅具供帳舟楫以迎使至葛公方與衆博大呼使者俟立中庭葛公瞪目視之曰爾何為者使者奉牘跪上之葛公省書不謝客行亦不返舍遂登舟比至彥脩語其故出女子視之可久曰法當刺兩乳主人難之可久曰請覆以衣援針刺之應手而滅主人贈遺甚豐可久笑曰吾為朱先生來豈責爾報邪悉置不受江浙行省左丞某者患癰疾彥脩曰按法不治可久曰尚可刺彥脩曰雖可刺僅舉體半耳亦無濟也家人固請遂刺之卒如彥脩言彥脩且討日促之行曰當及家而絕已而果然二子治驗並顯

異林　八　十一

夢徵

楊中丞一清居京師時其友王溥武昌人也計偕而來嘗同旅舍禮試已畢比將徹闈中丞夜夢入府院中左右文書狼籍滿案有一文秩即啓視之乃試錄展覽始末悉使記憶既覺即與溥言曰公等成敗吾已卜矣溥戲詰之具白其故溥曰當有溥名否曰無也曰武昌一郡當得幾人曰合有二標一在通城一在江夏溥曰誰為第一曰當是吳人又問其次曰海

南丘公雅所稱賞是其人也溥曰頗憶其文乎便了了誦之一無遺脫且曰曩論式唯是一篇今歲文場當有聯璧溥笑曰公言若驗可謂通神旣而溥果下第第一人乃是松陵趙寬廉使其次卽今孫光祿交蓋丘公門士也謂二標者通城劉紹玄江夏許節檢閱文錄得論二篇其他記誦不爽豕亥溥大驚異知公非常人矣又明年溥始登第尋亦仕爲南康太守

飲客

曾公棨偉儀雄幹善飲喜啖人莫測其量張英國輔

欲試之密使人圍其腹作紙圍置廳事後命蒼頭覘公飲飲幾許如器注圍中乃邀公飲竟日圍已溢別注甕中又溢公神色不動夜半英國具轝從送歸第屬使者善侍之意公必醉坐伺使者返命公歸亟呼家人設酒勞轝隸公取觴復大酌隸皆醉公方就寢英國聞之大驚

史百戶者性嗜飲晝夜沉醉不少醒嘗旦謁上官上官與之語憒然無所荅上官怒叱之曰汝醉邪其父聞之遂絕其飲久之病且作吳中名醫莫療有張致和者善深於脉理診之曰夜半當絕勿復紛紛及期果欲絕其妻泣曰汝素嗜飲酒今奚然久不得飲耶爲一杯與爾永訣死當無恨遂啓其齒以溫酒灌之須臾鼻竅綿綿若有息焉又灌之而唇動又灌之而漸甦以報致和致和曰彼以酒爲生酒絕則生絕愼勿藥之第飲以醇酒耳如其言果愈又飲數年乃終

女士

沈氏秀州人聰慧能屬文少選入宮爲給事中孝宗皇帝嘗試六宮守宮論沈文最佳其發端云甚矣秦

之無道也宮豈必守哉上悅擢爲第一弟溥爲貢士就試春官沈贈以詩云自少辭家侍禁闈人間天上兩依稀朝隨鳳輦趨青瑣夕捧鸞書入紫薇銀燭燒殘空有淚玉釵敲斷竟無歸年來望爾登金籍同補山龍上袞衣時競傳誦之

孟淑卿姑蘇人訓導澄之女有才辨工詩自以配不得志號曰荆山居士嘗論宋朱淑貞詩曰作詩須脫胎化質僧詩無香火氣乃佳女子鉛粉亦然朱生故有俗病李易安可與語耳爲士林所稱然性跡朗不

忌客世以此病之篇什甚富零落已多最傳者數篇
悼亡詩云斑斑羅袖濕啼痕深恨無香使返冤荳蔻
花開人不見一簾明月伴黄昏又春歸云落盡棠梨
水拍堤萋萋芳草望中迷無情最是枝頭鳥不管人
愁只管啼又長信秋詞末韻云君意一如秋節序不
敎芳草得長春冬詞末韻云雙蛾爭似庭前柳臘盡
春來又放舒眞欲與文姬羽仙輩爭長
朱氏海昌人過吳虎丘山題詩壁上云梵閣憑臨入
紫霞憑欄極目渺無涯天連淮海三千里煙鎖吳城

十萬家南北舟航搖落日高低丘隴接平沙老僧不
管興亡事安坐蒲團課法華
金陵妓者徐氏亦有文藻作春陰詩末韻云楊花厚
處春陰薄清冷不勝单裌衣亦爲清唱
鮑賽賽辰州人年十五隨父耕畲歸過虎攫父去賽
賽操刃追之相持良久竟斃于虎又沅陵縣民吳永
華女名六女年十三與姊入山采薇遇虎攫姊去六
女操杖追之虎俯首閉目若伏罪狀姊乃脱竟殺大
守聞而嘉之賞以米帛

物異
弘治甲寅遼東大風晝晦雨蟲滿地黑殼大如蠅次
年乙卯長沙旱苦竹開花楓樹生李實黄連樹生王
瓜苦蕒菜開蓮花七日而謝又歲丙辰三月叙州楠
樹生蓮花五十餘朶李樹生豆莢苕苕滿枝
弘治甲子蘇州崇明縣民顧氏家鷄胎息一物猴頭
餘悉如人狀長四寸許有尾蠕動而無聲是歲海盗
作
弘治庚戌歲武昌城中飛鴉銜一囊市人競逐之囊

墜啓視之火礫五枚欻然躍出是歲武昌災者三黄
州災漢陽災
弘治辛酉元日朝邑地震如雷城宇摵落者五千三
百餘所徧地竅發如甕口或裂長一二尋湧泉泛溢
幾成川河迄望夕猶震搖不息人民逃散
弘治戊午夏六月十有一日姑蘇錢塘二郡川湖池
沼水忽騰沸高可二三尺良久始復是歲温州泰順
縣左忽有一物横飛曳空狀如箕尾如箒色雜粉紫
長數丈餘無首吼若沈雷從東北去修武縣東岳祠

北忽有黑氣聲如雷隱隱墮地村民李霙往視之得
温黑石一枚良久乃冷
鄒嘗爲蕭山令性苛暴有何御史者老于家嘗毆之
其子求爲報讐嘗嘗飲一玉杯甚愛之一夕置几上
杯忽自躍墮地而碎嘗惡之明日難作
想文無錫人弘治己酉秋赴應天試几上筆忽自躍
是歲魁榜第二人
弘治中滎陽民家牛產一麟初不爲異偶過廨宇見
壁上畫麟始大驚悟俗謂麟能噉鐵糞金遂以鐵灌

之而斃後獻其皮於鎮府鎮府貢于庭兩脇有甲毛
從甲孔中出角栗形纔及犬大崇明民家于海中設
網忽獲一獸如犬黑色置家池中善盜魚患之驅而
入海行甚捷海水爲之披靡乃知爲犀也

語怪

吳　祝允明

重書走無常

鄷都走無常事二編已書之後以聞邑博熊君君卽
酆都人也言之甚悉益彼中以此爲常或人行道路
間或負擔任物忽擲跳數四便仆於地冥然如死途
人家屬但聚觀以伺之或六時或竟日甚或越宿必
自甦不復驚異救治也比其甦扣之則多以勾攝益
冥府追逮繁冗時鬼吏不足則取諸人間令攝鬼卒

承牒行事事訖卽還或有搬運負戴之役亦然皆名
走無常無時無之宣德永樂間年歲未的有江西光和以
進士來爲酆都令下車左右請謁酆都觀觀在酆都
山居邑外且山勢穹巍岑遠草木蔚密觀負其陽殊
極雄偉觀之後山陰復有山殿之其境益幽詭叢灌
蔽翳人迹罕到中亦有官宇則所謂北陰也其下卽
大獄凡鄉之禱祀者必之前觀香火極盛而凡仕於
彼者初蒞政亦必虔謁與社稷城隍等耳光和初至
聞衆請岸然曰焉有是哉吾久聞此語今來當官政

欲除之以息從前愚惑尚有於諂禱邪然固常視之然後毁除即命駕以往初見山門崇煥已怒比入危級甚遥入中門廣庭脩廡堂殿宏麗尤益無瞻揖之儀傲睨四顧及後室從宇皆視之遍返駕言伺當命工悉去之及至縣亦無他明晨方治事忽身畔一門子跌仆於公座下倚其韡而僵光蹴開顧左右應是卒死舁之去左右告非卒死此走無常也尤大怒何復爲此誑語邪吾固曰當殛此風妄云云者應加以重罰而復敢爾邪左右言明公姑從衆任之當

自起問之可驗苟爲不然一移動則即死矣奈何尤令喚其父母來語之故父母皆懇曰望公姑任之伺渠必自歸倘移之必死矣尤因任之越二日夜尤方坐童忽欠伸長吁如夢覺者徐徐而起神觀爽然尤問之童言向從公歸方執事忽走無常始回耳尤曰其詳奈何曰初爲冥官召去言爾可往江西某邑里攝尤睦文牒已具即持之行至彼覓尤家得之守門外二日始得入尤聞之大驚蓋睦即其弟也因扣其室廬何似童述之即其家也尤曰何以二日方入邪曰其家有犬爽惡不能前屢入屢爲犬噬輒退後乘間得入耳尤思之果有爽犬曰所攝者何如人曰即尤睦秀才也其貌爾爾語至是尤不覺慘沮知爲其弟審矣因曰今則何如曰隨已攝逮同趨徑歸於酆都矣曰然則奈何曰既至後不與我事即併我返然頗聞睦嘗得重辟不可生矣尤聞之大慟急命人訊於家得報睦果以是日暴亡尤乃入觀謝且欲加整飾官觀以致皈依之誠視其居事事完備已竊壯麗特其外無坊表之建棹楔表於門外大道而稍飾

諸暗弊處復自製文紀其事鑱之石立觀中以示來信今猶存焉

靈哥

靈哥事海内傳誦殆百年矣景泰天順間日溢于耳邇年多不信之然聞見猶繁不勝登載亦有言其已泯或言其本由假託者然謂其散泯有之盡以爲僞恐不然予兒時則聞諸先人等且其物爲性最軟媚往往與人纏綿締結託爲友朋昔景泰中有㝢閭張璞廷采成化間有吾鄉韓彥哲皆與交密張仕山右

一學職爲先公言曩入京師謁之設酒對酌坐間爲張至家探耗頃刻已來言其居室之詳及所見其家人開何語言見何動作報以無恙張筆於籍後按驗之無錙銖爽也頗與張言其身事謂在唐時與二輩同歸學仙處山中甚久師後以二丹令餌之戒餌後無入水既各吞之皆躁甚腑臟若烈焰燒炙彼不能忍竟入水浴即死予則堅忍後復自涼乃獲成道迄今當時張循其言領畧其意彷彿似謂其師乃呂公而二物者似一猴一鹿已則猴也韓初以歲貢赴銓

時祈兆於彼得驗凡言韓當宦游其地後韓果得同知德州與之相去不遠每事必諏之無不響荅其所處在曾橋閒旁民家一室不甚弘敞外設香火帷幕其內凡荅祈者自帷中言聲比嬰兒尤微殆類蠭蠅稱人每尊重仕者爲大人舉子爲進士公士庶或曰官人大率甚謙遜而善媚往往先索取土宜禮物指而言之或辭以無則曰某物在某箱篋某包袱有若干分幾以惠何不可也往往皆然故人輒驚異奉之至語禍福或不盡驗或曰其物已往今其家造爲耳

葢初降時因其家一婦人凡飲食動靜皆婦密事之與之甚昵非此婦不語食或謂亦淫之葢似亦有採取之說此婦沒後家仍以婦繼之然不知其眞也又聞之先朝因旱潦嘗令巡撫臣下有司迎入京師託之祈禳其物亦處于驛舫比至京不肯入城强之不從因問既來何不一入覲天顏荅云禁中獒狗異常我不可入竟默然歸人以是益疑爲猴狐之類云

神譴淫男女

往年兗州有人家贅壻與其妻妹私通事頗露二人

屢自分疏既而語家人吾二人不能自明當共詣岱頂質諸天齊帝遂與俱去告于神吾二人果有私乞神明加誅祝訖下山各以爲謾衆而已神固何知行至山半趨林薄僻處行淫焉久而不歸家人登山覔之始得於林則皆死矣而其二陰根交接粘著不解方知神譴之以示衆也

長安街鬼

弘治中妻父李公貞伯爲南京尚寶卿居西長安街南嘗半夜命侍婢秉燭下樓入爨室取湯水聞婢呼

喚聲良久姑來問之云有二皂隸青衣擲喝謂汝何敢來此觸犯應受杖去遂執之將撻婢罔排拒久之龍後一婦人出貌甚端好冠飾衣服非凡珍麗狀若貴嬪命婦徐徐而坐二皂供侍婦問故皂言婢犯禁故婦曰罪固應爾姑惟有之皂執不可婦又諄諭婦旁又隨一皂傳命令必釋二皂乃聽命舍去婦不服諦察得脫奔迸而來矣

提鬼巫

北濠之東有一巫人呼爲其提鬼嘗爲人送鬼自持

呪前行令一童擔羹飯香燭紙錢從之既行童覺擔漸重愈前愈重至不能任巫乃令置之地取紙燒之以驗見紙上黑氣一道卓然如立巫曰此冤鬼難治與童皆怖甚舍擔疾趨而前鬼奔逐之至前轉角三家村巫大叫一家出救扶歸其家既而與童皆死

前世娘

宣府都指揮胡縉有妾死後八十里外民家產一女生便言我胡指揮二室也可喚吾家人來其家來告胡不信令二僕往女見僕遽呼名言汝輩來何用請主翁來僕返命胡猶不信更命二婢事妾者往婢至女又呼之言生前事令必請主翁來婢歸言之胡乃自往女見胡喜言官人汝來甚好因道前身事胡即抱女於懷女附耳切切密言舊事胡不覺淚下頓足悲傷與叙委曲女又言家有某物瘞某地胡遂取女歸女益呼諸子諸婦家人一一慰諭從而發地悉得其貨因呼之爲前世娘女言幽冥間事與世所傳無異又言死者須飲迷魂湯我方飲時爲一大過啼而失湯遂不飲而過是以記臆了了既長胡將以嫁人

女不肯言當從佛法終身不嫁胡不能强既至十六七胡以事死既而子死家人皆死惟一二婦女在不能活乃强嫁之今安然纔二十餘歲耳

福菩薩

東海傍人有步於海濱者得一初生孩意爲私產所棄已且無子漫取歸畀其妻畜之兒無他異弟合眼不開久之以爲盲其人曰雖無目吾既取之不忍復棄之死地比長不肯食葷誦佛經號出家僧行甚高遠近投禮號福菩薩至高年乃坐而命其徒告以將

逝復集衆參禮師郎口吐三昧火漸出次七竅中出火以自焚焉

鬼治家

海虞有民家主母死而不離其家凡家有所爲鬼語於空中謹從之餘有利益鬼日夕在室與人雜處第不見其形闇則言明則寂一夕其女婦試言宿火于舍伺其言而啓燭之既而復語婦急發火第見黑氣一道直起三四尺其上彷彿如人首逶迤行去

常熟女遇鬼

常熟一中人之女已有家適歸寧父母步行衢中既而復歸夫家道遇一綠衣少年尾之行甚久稍漸近闚其女因肆目挑女微睨之亦動心目應之既而轉比舍遂呼女相期爲私女諾之少年言汝入門勿見舅姑與夫可託暴疾遽入房我當隨以入女又諾之既入門聲疾痛逕趨內寢少年已躡踵而入矣遽閉戶裸衣而交交既少年即去不見女亦不省何從而出也乃起粧束出房猶詑瞞之而外已窺其所爲矣扣之始諱既而少年屢至女不能拒亦不能復諱家人審之知爲妖亦無以禦之試令富室貨物無不手而得如是還往數歲踪迹漸稀女竟無他今猶安好年四十五矣不知後終何如時弘治末所聞也

桃園女鬼

嚴州東門外有桃園叢葬處也園中種桃四繚周牆弘治中有一少年元夕觀燈而歸行經園傍偶舉首見一少女倚墻頭露半體容色絕美俯視少年略不隱避少年略一顧亦不爲意舍之行前遇一人偕行少年乃衞兵餘丁其人亦同輩也且行且縱話其人

問少年婚乎曰未曰今幾歲曰十九矣又告以時日八字久之至岐路同輩別而他之少年獨行夜漸深行人亦稀稍聞後有步履聲回視即墻頭女也正相逐而來少年驚問之女言我平日政自識爾爾自忘之今日見爾獨歸故特相從且將同歸爾家謀一宵之歡爾何以驚爲少年曰汝何自知吾女因道其小名生誕家事之詳皆不謬益適尾其同輩行得之諸其口出也少年聞之信便已迷惑偕行至家其家有翁媼居一室子獨寢一房始出時自鑰其戶迷歸不

喚翁嫗自啓其寢則女已在室中坐矣亦不詳其何以先在也燈下諦觀之殊倍媚嫵新粧濃艷衣飾亦極鮮華皆綺羅盛服也翁嫗已寢子將往㸑室取飲食女言無須往我已挈之來矣即從案上取一盒子啓之中有熟鷄魚肉之類及溫酒取而共飲食之其殽胾猶熱也喫已就寢女解衣内外皆嶄然新製乃與之合猶處子爾將黎明自去少年固不知其何人也迨夜復至與之飲食寢合如昨旣而無夕不至稍久之密鄰聞其語笑聲潛窺見之語翁嫗云而子必

誘致良家子與居後覓當露禍及二老奈何翁嫗因候夜同往而覘之果見女在翁嫗愛子甚不驚之明日呼子語之故戒諭之曰吾不恐聞于官令汝獲罪汝宜速拒絶之不然與其惜汝而累吾二老人當恐情執以聞矣子不敢違備述前因然雖心欲絶之而牽戀不忍且彼亦徑自至無由可斷女知之殊不畏避翁嫗無如之何復謀諸鄰鄰勸翁首諸官翁從之展轉達於郡守李君守召子來不伺訊鞫即自承伏云云然不知其姓屬居址也守思之殆是妖祟非人

也不下刑箠教其子令以長線綴其衣明日驗之子受教歸此夜入室女已先在迎謂曰汝何忽欲綴吾衣邪袖中鋮綫速與我子不能奪即付之翌日復於守守曰今夕當以剪刀斷其裾子之剪歸女復迎接怒曰奈何又欲剪吾衣裾速付剪來吾姑貸汝子亟予之又復于守守怒立命民兵數人往擒之兵將近其家女已在室知之時方晴皎忽大雨作衆不可前乃返命于守守益怒命一徤邑丞帥兵數十往以取之女亦在室丞兵將至忽大雷電雨飜盆而下雷火

轟擊殊不能進亦回還以告守曰然則任之呼子問曰女之姿貌果何似衣裳何綵色子具言如是如是其外内裳袂一一皆是紵絲悉新裁製也每寢解衣堆積甚多而前後只此終未嘗更易一件其間一青比甲密著其體不甚解脫即脫之與一椰黃襖同置衾畔不暫舍也守曰爾去此後第接之如常時吾自有所處子去時通判某在座守顧判曰吾有一語欲語公恐公怒耳判曰何如守沉吟久之曰此人所遇之女殆或是公愛息小姐者乎判大怒詈公何見侮

之甚吾縱不肖公同寅也吾家有此等事邪公亦何乖繆如是守但笑謂言公試歸問諸夫人判愈怒幾欲罵之遽起入內急呼妻罵守言吾爲老畜所辱乃敢道此語云云妻扣其詳判言老畜先問後生聞其言女容貌衣飾如此乃顧謂我云爾妻驚曰若姑勿怒或者果是吾家大姐乎蓋判有長女未笄而殞攢諸桃園中其容色衣飾良是也判意少解出語守吾妻云云其常是吾女邪守曰固有之且幽明異途公何以怒爲第顧公勿恤之任吾裁治可耳判亦姑聽

之既而無所施設女來如故又久之有廵鹽御史按部事竣而去郡集弓兵二百輩護行守與羣僚皆送之野御史去守返兵當散去守命勿散從吾行且迂道從東門以歸至桃園守駐車麾兵悉入園卽命發判女冢視之女棺之前有一竅如指大四圍瑩滑若有物久出入者卽斵棺視女貌如生因舉而焚之盡守知女鬼已能神故寢其事乘其不知而忽舉鬼果不能禦也守恐鬼氣侵子孫或復來纏嬈召入郡中令守郡帑與同役者直宿三月無恙乃釋之其怪遂絶後子亦竟無他事在弘治中也

横林査老

毘陵之北地曰横林有査老者居之年踰五十而死死後鬼歸於家不見其形但空中言語其音卽査之素也凡家事巨細一一豫言之某當行某當止點檢門戶什器失物則指其人姓名及物所在是以貨殖獲利爲事不誤而無失物之虞家因以致富外人過謁者亦聞其言至於設宴邀賓亦陳一席於主位以爲査席仍聞査言勸酒留客等了了分明久之人亦

不爲異也如是及三年一日語家人曰我今去矣遂泯

濟瀆貸銀

濟瀆祠相傳神通人假貸前後事不一漫誌其槩一二祠有大池凡欲假金者禱於神以珓決之神許則以契券投池中良久有銀浮出如其數貸者持去貿易利市加倍如期具子本祭謝而投之銀沒而原浮其券如人間式亦有中保之人若神不許則投券入水頃之券復浮還牛馬百物皆可假借投之復出故

不死也嘗有不能償者舍其兒以盆子盛之投入俄頃盆浮起視之兒活於中無恙蓋神鑒其誠閔而貸其債也盆外濕而内中故乾其他類此故多

水寶

弘治中有回回入貢道山西某地經行山下見居民男女競汲山下一池回回駐行謂伴者吾欲買此泉可往與居人商評伴者漫往語民言烏有此買水何庸且何以携去回回言汝毋計我事第請言價民笑漫言須十金回回曰諾立與之衆曰戲耳須二十金

回回曰諾即益之民曰戲耳烏有賣理回回怒將相擊民懼乃鬧於縣縣令亦令給之曰是須三千金回回曰諾即益之令又反復言四千以至五千回回亦益之令亦懼以白於府守令語之此直戲耳回回大怒言此豈戲事汝官府皆許我我以此已逗留數日今悉以貢物充價汝尚拒我我當與决戰即挺兵相向守不得已許之回回即取椎鑿循泉破山入深穴得泉源乃天生一石池水從中出即舁出將去守令問事既成無番變試問此何物邪回回言若等知天下寶有幾衆曰不知回回曰金貝珠玉萬寶皆虚天下唯二寶耳水火是也假令無二寶人能活邪二寶自有之火寶猶易惟水寶不可得此是也凡用汲者竭而復盈雖三軍萬衆城邑國都只用以給終無竭時語畢欣欣持之以往

兩身兒

弘治末太倉民家生兒兩身背相粘著兩面向外其首如雀其陰皆雄

幽怪錄

錢唐田汝成

吳生

宋時有吳生者寓宿城西蘭若夜半聞扣扉者啓視之乃一處子容服雅淡問其從來以比隣答之謂生曰吾旦見子過門也心私悅焉欲諧伉儷有此私奔恐家人覺之姑暫歸矣生意淫蕩强留入室遂止宿焉自慶以爲巫山之遇不是過也亥至寅去往復爲常居數月寺僧視生容止稍疑之因詰生初不肯言

詰問百端乃以實告僧驚嘆曰昨一官員有女才色艶麗選充内庭病卒權殯西廊三年矣曩嘗出蠱行客汝遇得非是乎且吾隣並無處女若是者不亟去禍且及矣生惑於愛猶未忍至夜於寓間得一詩云西湖着眼事應非倚檻臨流吊落暉昔日燕鸎曾共語今宵鸞鳳嘆孤飛死生有分愁偎骨聚散無緣淚濕衣寄與吳郎休負我爲君消瘦十分肌墨色慘淡不類人書生始懼翌日遂行

戴厚甫

錢唐戴厚甫精遁甲法其母寢起樓上一夕忽見紅光貫室開幃視之乃一美女獨立榻前拔金釵以遺母既而無所見母以語戴答曰適祭遁神遂至此耳遁母見其必不久於人世矣由是悒悒逾月而卒

董太尉

紹興間吳山大井往往有洛水溺死者董太尉得之率衆製大方木以石板蓋合井口僅可下汲桶遂無投溺之患有人夜行聞井中呼曰你出錢人只怕壞了活人我幾時促替得托生是不可謂無鬼也今吳

山井幹皆以大方石甃之則又非董太尉之舊矣

程迥

程迥者伊用之裔紹興八年居臨安之前洋街門臨通衢垂簾蔽戸一日有物如燕飛入倚堂壁家人視之乃一美婦長可五六寸形質宛然容服妍麗見人殊不驚懼小聲嚦嚦可辯自言王真娘子也偶至此亦非禍君君能奉我當有利喜迥家乃就壁爲小龕居之晨夕香火供奉頗預言休咎皆驗好事者往往求觀必輸百錢方啓龕至是絡繹家遂小康至暮年

飛去不知所在

江干民

紹興八年八月十八日觀潮前期一夕江干民聞空中語曰當死於橋者數百皆兇淫不孝之人其有名未果來者當分促之不預此籍者宜斥去又聞應聲者甚衆民皆駭怪次夜跨浦橋畔人夢有一人來戒者云來日勿登橋鄰橋數家夢皆同次日觀潮橋上人皆滿得夢者見有親戚在橋急勸使去人以爲妖妄不信須臾潮至驚濤壞橋壓溺死數百人既而訪其死者平昔皆不逞輩也

董表儀

董表儀家住沙河塘欲撤屋掘土術者言太歲方不可興工董不信既而掘深三尺得一肉塊漫漫然人言即太歲也董甚悔惡投諸河後亦無禍

五通神

杭人最信五通神亦曰五聖姓氏源委俱無可考但傳其神好矮屋高廣不踰三四尺而五神共處之或配以五婦凡委巷若空圜及大樹下多建祀之而西泠橋尤盛或云其神能姦淫婦女輸運財帛力能禍福見形人間爭相崇奉至不敢啓齒談及神號凛凛乎有揺手觸禁之憂此杭俗之大可笑者也武林聞見錄載宋嘉泰中大理寺斷一大辟處決數日矣獄吏在家昏時有叩門者出視之即向所決囚也驚問曰爾爲何得至此囚曰某死已無憾但有一事相浼泰和樓五通神皆某等輩近有一他適見虚其位某欲充之因無執憑求一差檄如尋常行移但明言差充其位神得此爲據可矣吏不得已許之又曰煩製

花帽袍帶之屬出銀一笏曰以此相酬言訖而去吏不敢泄其事乃爲書牒一道及製靴帽袍帶候中夜焚之次日夢有騶從若王者下車鄭重致謝而退經數月邂逅東庫專知官因言東庫中樓上五通神日夜喧鬧如爭競狀知庫人不得安息酒客亦不敢登飲側課甚虧無可奈何吏遂以向日所遇密告之各大駭異相與增塑一神於内是日即安妥如初觀此則杭人之信五通自宋已然矣夫瞰其亡而奪之位歸又力爭眞小人之雄者而竟不能禍僞牒之吏則

其靈亦不足畏矣予平生不信邪神而御五通尤虐見其廟輒毀之凡數十所斧其像而火之溺之或投之厠中蓋將以此破鄉人之被惑者而聞者皆掩耳而走愚民之不可曉如此

扇居道人

景定間清河坊扇店有一道人求補扇店主乃與一新扇道人感之題詩扇板曰一輪明月四時新一握清風煞可人明月清風年年有人世炎涼知幾塵題畢擲扇而板厚數寸墨跡直透於背觀者紛紛買扇比常十倍遂致富未幾道士復來以袖拂之字滅不見

張居士

張居士者宋朝都吏也與妻馮氏俱好道嘗建輔真道院於湖墅家住修文坊扇子巷內設輔真道院藥局濟人一日設齋百分先期散俵子至日齋此赴齋臨期止收九十九俵子齋訖此心終不滿後因往輔真道院見所塑鐵拐僊上有一俵子題云特來赴齋見我不采空腹而歸俵縛我拐

泥孩兒

宋時臨安風俗嬉遊湖上者競買泥孩鬻歌花湖船回家分送隣里名曰湖上土宜象院西一民家女買得一壓被孩兒歸至屏橋之上玩弄不厭一日午睡忽聞有歌詩者云繡被長年勞展轉香幃還許暫偎隨及覺不見有人是夜將半復聞歌聲時月影朦朧見一少年漸近帳前女子驚起少年進撫之曰毋恐我所居去此不遠慕子姿色神魂到此人無知者女亦愛其丰采遂與合焉因遺女金環女密置箱篋明日啓篋視環乃土造者女大驚忽見壓被孩兒左臂失去金環遂碎之其怪乃絕

張公鱉

咸淳壬申七月有稍人泊舟西湖斷橋下時暑熱臥於舟尾中夜不寐見三人長不盈尺集于沙際一曰張公至柰何一曰賈平章非仁者決不相恕一曰我則已矣公等及見其敗也相與哭入水中次日漁者張公于橋下獲一鱉徑二尺餘納之賈府不二四年賈敗蓋物能知數而莫之逃也

設齋預報

賈似道毋兩國夫人嘗就道堂設雲水齋有一道人滿身疥癩謁齋衆惡不潔勉與齋罷曰此宅有鬼氣宜書符厭之索黄絹三尺畫一墨圈如大盤寘之壁間而去衆人咲之欲揭去忽見墨圈中一點通明如玉有金書正一祖師諱字盖天師降也似道又嘗齋雲水千人其數已足有一道士衣襤褸至門求齋主者以數足不肯引入道士堅求不去不得已於門側齋焉齋罷覆其鉢於案而去衆將鉢力舉之不動

啓於似道自往舉之乃有詩二句云得好休時便好休收花結子在綿州始知真僊降臨而不識也其曰綿州者蓋木綿庵之兆云

唐道錄

宋咸淳十年度宗大漸大内建醮保安太乙宫唐道錄素以精虔著名行持章伏壇出神屑霄被罡風吹繫遂排神馭氣得至魔王界内又爲天花墜壓乃竭力作法直造天門大神又行麾叱乃默叩祖師云自傳法以來有辭即達未嘗過差未審何罪若此有天丁傳祖師張真君法旨引至三省數陳所奏始得庇送奏院看詳呈覆祖師云昨奉上帝勅命不許受宋國章表但其辭意虔切難以抑遏乃命有司引押唐某恭詣玉階適逢下界公事稠衆中見真君引致一神人衣粧皆如天帝但眷下辮髮耳有十數人各荷青册一擔在庭下伺候忽傳帝旨云宋國人民疆土付汝執掌神人祗拜而退其荷册者皆隨去傍有天丁謂某言宋國曆數盡矣汝章不達由此也唐還不敢泄露後至元丙子革命方與人言之

劉家育犬

萬松嶺上多中貴之宅惟陳内侍宅最高紹興十五年盛夏因納涼四鼓未寢行人已絶忽見黄衣卒領三人自北而南一衣金紫者前行次一紫衫者又一青衫者俱到劉供奉門外將欲入金紫者難之其卒曰彼已承當如何不去迫之乃俛首而入後二人曰彦通早聽吾言當不至是是夜劉家生三犬陳言其事劉育之稍長呼彦通則奔走而前竟莫知爲何人也

沈遘堰牛

嘉祐中沈遘知杭州所經諸堰皆集堰牛以備牽挽時方大暑監官以下皆露宿堰上以伺水之出入忽聞以行輩相呼者曰明日有何生活一曰明日沈幾之子過此吾輩又有一番勞苦一曰沈幾蚤有子知杭州耶因悲咽欷歎衆潸𤁋其言氣非俗流使人蹟之乃堰下之牛有匱淚若衆乃歎息曰安知此牛非沈幾之舊朋乎

王生金穴

福州王生者來臨安省其兄止宿六和塔下次早起行大雨如注山水湧出見容穴中推出金牌六面拾而懷之窺見穴中堆積金銀無數急以土石窒穴口誌其處奔告其兄將欲取之日暮往訪竟無踪跡仍宿塔下夜夢金甲神人怒而呵之曰倚君封我金穴已掯金牌六面酬之矣安得復生覬覦其人驚覺而去

趙源再世

元延祐間天水趙源僑寓葛嶺其側即賈似道舊宅也日晚徙倚門外忽有一女子從東而來綠衣雙鬟年可十五六源注目久之明日出門又見如此凡數度源戲問之曰娘娘家居何處暮暮來此女咲而拜曰兒家與君爲隣君自不識爾源試挑之女子欣然而應遂留宿焉明旦辭去夜則復來如此月餘問其居止姓名女子終不告但曰兒常衣綠但呼我爲綠衣人可矣源一夕被酒戲之曰綠兮衣兮綠衣黃裳女子有慙色數夕不至及再來源叩之乃曰本欲與郎君偕老奈何以婢妾待之然君已知之矣不敢復

隱源問其故女慘然曰得無難乎兒實非今世人亦非有禍於君者但冥數當然耳源大驚曰願聞其詳女子曰兒故宋平章秋壑之侍女也本臨安良家子少善奕棋年十五以棋童入侍每秋壑回朝宴坐半閒堂必召兒侍奕備見寵愛是時君爲其家蒼頭職主煎茶每因供進茶甌得至後堂君時年少美姿容兒見而慕之嘗以繡羅錢篋乘暗投君君亦以玳瑁指盒爲贈彼此雖各有意內外嚴密莫得其便後爲同輩所覺讒於秋壑遂與君同賜死于斷橋之下君

令已再世爲人而兒猶在鬼錄得非命歟言訖嗚咽泣下源亦爲之動容久之乃曰審如此則君與我乃再世因緣也當更加親愛以償疇昔因曰汝之精氣能久存於世耶女曰數至則散矣源曰何時女曰三年耳及期臥病不起曰曩固與君言矣面壁而化源大慟舉衣衾而瘞之感其情不復娶役靈隱寺爲僧

附録

林下偶談卷一

宋　荊溪吳氏著　沈鼎新閱

退之原姓

退之既以仁義禮智信言性則不當立三品之論今別爲三品而以品之下者爲惡則是仁義禮智信亦可謂之惡歟其言之自相抵牾如此又曰上者可學下者可制而品則孔子謂不移也夫孔子所謂下愚不移者謂其自暴自棄者爾若下者可制則不得謂之自暴自棄亦不得謂之不移也無乃亦與孔子之

言異乎

退之作墓銘

曾子固云銘誌義近於史而亦有與史異者蓋史於善惡無不書而銘特古之人有功績材行志義之美者懼後世不知則必銘而見之或存於廟或置於墓一也吾觀退之作王適墓銘載娶侯高女一事幾二百言此豈足示後耶然退之作銘數十時亦有諷有勸諒非特虛美而已題歐陽詹哀辭謂古之道不苟毀譽於人則吾之爲斯文皆有實也史稱劉乂者持去退之金數斤曰此諛墓中人而得之者不如與劉君爲壽以退之剛直不肯諛生人以取富貴乃能諛墓中人而得金耶獨其與王用作神道碑所得鞍馬白玉帶蓋表而後受退之於此固未能免俗然他無所見也又小人欲奪金而設辭耳

柳子厚龍城錄

舊唐史譏退之爲羅池廟碑以實柳人之妄然余按龍城錄云羅池北龍城勝地也役者得白石上微辯刻書云龍城柳神所守驅厲鬼山左首福土氓制九

醜予得之不辞其理持欲隱余於斯歟寔如是則碑中所載子厚告其部將等云云未必皆柳人之妄而詩所謂驅厲鬼兮山之左豈亦用石刻語耶然子厚嘗曰聖人之道不窮異以爲神不援天以爲高其月令論斷刑論天說禘說非國語等諸篇皆此意而龍城錄乃多怪不經又何也

文字序語結語

尚書諸序初總爲一篇毛詩序亦然史記有自序西漢書楊雄傳通載法言諸序放此也其曰作五帝本

紀第一作夏本紀第二譔學行譔吾子之類與作堯典作舜典之義同蓋序語也韓退之原鬼篇末亦云作原鬼晦菴考異謂古書篇題多在後荀子諸賦是也但此篇前既有題不應復出以愚觀之此乃結語非篇題也其文意以爲適丁民有物怪之時故作原鬼以明之如史記河渠書末云余從負薪塞宣房悲瓠子之詩而作河渠書退之正祖此又送竇平序末亦云昌黎韓愈嘉趙南海之能得人壯從事之答於知已不憚行於遠也又樂貽周之愛其族叔父能合

文辭以寵榮之作送竇從事少府平序後人沿襲者甚多如李習之高愍女碑云余既悲而嘉之於是作高愍女碑杜牧原十六衛云作原十六衛賈同責荀云故作責荀以示來者孫復儒辱云故作儒辱荆公閔習云作閔習豈皆篇題之謂哉

白虎通司空解

白虎通云司空主土不言土言空者謂空尚主之何況於實以微見著也漢儒之繆如此可發千載之一笑

鳩杖

蔣考叔天台人名鶚嘗著蒙齋門人錄內載漢用鳩杖事舉風俗通云俗說高祖與項羽戰於京索間遁於薄中羽追求之時鳩正鳴其上追之者以爲必無人遂脫及即位異此鳩故作鳩杖以扶老愚謂俗說恐未必然按後漢禮儀志云仲秋之月縣道皆按戶比民年始七十者授之以玉杖餔之糜粥八十九十禮有加賜玉杖長尺端以鳩鳥爲飾鳩者不噎之鳥也欲老人不噎

王介甫初字介卿

王深甫集有臨河寄介卿詩曾南豐集亦有寄王介卿詩能改齋漫錄載南豐懷友篇蓋集中所遺者其篇末云作懷友書兩通一自藏一納介卿家

孟郊年四十六登第

東野墓誌云年幾五十始以尊夫人之命來集京師從進士試既得即去史云年五十得進士第樊汝霖云時郊年五十四三說不同按唐登科記郊登第在正元十二年李程榜又按墓誌郊死於元和九年年

六十四自元和元年逆數而上至正元十二年凡十九年矣郊登第當是年四十六又退之薦士詩酸寒溧陽尉五十幾何耄耋郊登第四年方調溧陽尉也誌謂之幾五十是矣史與樊說失之然郊集中有落第詩再下第詩又有下第東南行及下第東歸留别長安知巳等詩則郊前此嘗累舉京師矣今誌謂之年幾五十始以尊夫人之命來集京師又何也

文選君子行

文選樂府四首稱古辭不知作者姓氏然君子行李

善本無之此篇載於曹子建集意卽子建作也

曹鄴謝逸詩

曹鄴讀李斯傳詩云一車致三轂本圖行地速不知駕馭難舉足成顛覆欺暗尙不然欺明當自戮難將一人手掩得天下目不見三尺墳雲陽艸中綠姚鉉文粹只摘取四句一篇之精英盡矣文鑑載謝逸閒恨詩亦止六韻刪去蔓語一歸之正便翛然有行露之風此亦編集文字之一法也

郡丞之謂守丞

陳勝傳陳守令皆不在獨守丞與戰譙門中師古曰郡丞之居守者一曰郡守之丞

拜禹言

貞元十五年六月二十九日隴西李翺敬拜禹之堂下自賓階升北面立弗敢嘆弗敢祈退降復敬再拜笑而歸且歌曰惟天地之無窮哀人生之長勤往者余弗及來者余弗聞巳而巳而此李翺拜禹言見集中姚鉉取之於文粹所取卽佀原遠遊中語也蓋與接輿楊朱唐衢韓愈同意可悲矣

韓柳文法祖史記

退之獲麟解云角者吾知其爲牛鬣者吾知其爲馬犬豕豺狼麋鹿吾知其爲犬豕豺狼麋鹿也惟麟也不可知句法蓋祖史記老子傳云孔子謂弟子曰鳥吾知其能飛獸吾知其能走魚吾知其能遊走者可以爲罔遊者可以爲綸飛者可以爲矰至於龍吾不知其乘風雲而上天子厚遊黃溪記云北之晉西適豳東極吳南至楚越之交其閒名山水而州者以百數永最善環永之治百里北至於浯溪西至於溪

之源南至於瀧泉東至於黄溪東屯其間名山水而村者以百數黄溪最善句法亦祖史記西南夷傳西南夷君長以什數夜郎最大自滇以北君長以什數邛都最大

後山簡齋詩

後山詩俗子推不去可人費招呼氣象淺露絶少含蓄陳簡齋又模而衍之曰俗子令我病紛然來座隅賢士費懷思不受折簡呼可謂短於識而拙於才者也

黄亢臨水詩

文鑑載黄亢臨水詩云去年昨日水今日到何處蓋踏襲杜牧題安州浮雲寺樓寄湖州張郎中云當時樓下水今日到何處

呂東萊詩

東萊先生送宋子華通判長沙詩云木脱献羣峯雲生失前浦蓋用荆公暮林摇落献羣峯木落岡巒因自献少陵歸雲擁樹失山村之語

東坡于湖詩

東坡大風留金山兩日云塔上一鈴獨自語明日顛風當斷渡于湖詩云塔上一鈴語湖頭三日風用坡語也

杜子美錢起詩

錢起云山來指樵火峯去惜花林不若子美云青惜峯巒過黄知橘柚來

退之詩善形容

退之贈無本詩有云風蟬碎錦纈綠池坄菡萏英芝擢荒榛孤翮起連菼醉膽張云徹君詩多態度藹藹春容雲東野動驚俗天葩吐奇芬張籍學古淡軒昂避雞群至論李杜則云想當施手時巨刃磨天揚垠崖劃崩豁乾坤擺雷硍其形容諸人之詩亦可謂奇巧矣

岑參詩

岑參詩來亦一布衣去亦一布衣羞見關門吏還從舊路歸于武陵袒其語意云猶爲布衣客羞入故關中賈島亦云有耻長爲客無成又入關唐詩人類多衰窮悼屈之語通塞命也世間氪佩煌煌如坐塗炭

可羞者多矣爲布衣何可羞耶

山谷詩意與退之同

韓退之病中贈張十八詩意奇語雄序其與籍談辯有云吾欲盈其氣不令見麾幢牛干滿田野解旆來空杠云云廻軍與角逐斫樹收窮龐後山谷次韻答薛樂道云薛侯筆如橡崢嶸來索敵出門决一戰不見旗鼓迹令嚴初不動帳下聞吹笛乍奔水上軍拔幟入趙壁長驅劇崩摧百萬俱辟易正與退之詩意同才力殆不相下也

左經臣詩

左綿李經臣貴巖人能詩陳了翁嘗喜其一別又經無數日百年能得幾多時之句以爲非特辭意清逸可翫味也老於世幻逝景迅速讀之能無警乎然此乃古人已道之句耳戴叔倫寄朱山人云此別又萬里少年能幾時杜荀鶴送人遊江南云能禁幾度別即到白頭時魏野寄唐異云能銷幾度別便是一生休但經臣語尤婉而不迫爾

山谷詩與杜牧鄭谷同意

張祜有句云故國三千里深宮二十年以此得名故杜牧云可憐故國三千里虛唱宮詞滿後宮鄭谷亦云張生有國三千里知者惟應杜紫微秦少游有詞云醉卧古藤陰下故山谷云少游醉卧古藤下誰與愁眉唱一盃解作江南斷腸句只今惟有賀方回正與杜鄭語意同

王季友詩

唐王季友覩于舍人壁畫山水詩云野人宿在人家少朝見此山謂山曉半壁仍棲嶺上雲開簾放出湖

中鳥獨坐長松是阿誰再三招手起來遲于公大笑向予說小弟丹青能爾爲語意淺陋類兒童幼學者山谷題鄭防畫夾云惠崇煙雨歸鴈坐我瀟湘洞庭欲換扁舟歸去故人言是丹青大略與季友相類然語簡趣遠工於季友百倍矣

江文通

能改齋漫録云江文通擬湯休詩日暮碧雲合佳人殊未來蓋用魏文帝秋胡行云朝與佳人期日夕殊不來梁武帝鼓角吹横曲云日落登雍臺佳人殊未

來梁沈約洛陽道云佳人殊未來薄暮空徙倚二人所用又襲江也余謂江不但用魏文語後之襲江亦非止此二人淮南小山招隱士云王孫遊兮不歸春艸生兮萋萋陸士衡擬庭中有奇樹云芳艸久已茂佳人竟不歸卽招隱語也謝靈運詩圖景早已滿佳人殊未適蓋又祖士衡而江則兼用陸謝及魏文語也其後唐韋莊章臺夜思云芳艸已云暮故人殊未來寇萊公楚江夜懷云明月夜還滿故人秋未來無非蹈襲前語而視陸謝則又絶類矣

柳子厚祭呂衡州文

柳子厚祭呂衡州文云嗚呼化光今復何爲乎止乎行乎昧乎明乎豈蕩爲太空與化無窮乎將結爲光耀以助臨照乎豈爲雨爲露以澤下土乎將爲雷爲霆以泄怨怒乎豈爲鳳爲麟爲景星爲卿雲以寓其神乎將爲金爲錫爲圭爲璧以栖其魄乎豈復爲賢人以續其志將奮爲神明以遂其義乎後秦少游吊鐘鍾文全放此云嗚呼鍾乎今焉在乎豈復爲激宮流羽以嗣其故乎將憑化而遷改易制以周於用乎豈爲錢爲鎛爲銍爲釜以供耕稼之職將爲鼎彝以効烹飪之功乎豈爲浮圖老子之像巍然瞻仰於緇素乎豈爲麟趾褭蹏之形翕然爲玩於邦國乎豈爲干越之劍氣如虹霓掃除妖氛於指顧之間乎將爲百鍊之鑑湛如止水別妍醜於高堂之上乎然子厚又放楚辭卜居篇耳

飮墨

俚俗謂不能文者爲胸中無墨蓋亦有據通典載北齊策秀才書有濫劣者飮墨水一升東坡監試呈諸

試官云麻衣如再着墨水眞可飮山谷次韻楊明叔云睥睨紈袴兒可飮三斗墨又題子瞻畫竹石云東坡老人翰林翁醉時吐出胸中墨唐王勃屬文初不精思先磨墨汁數升酣飮引被覆面卧及寤援筆成篇不改一字人謂勃爲腹藁

食酒

飮酒謂之食酒于定國傳定國食酒至數石不亂如淳曰食酒猶言喜酒師古曰若依如氏之說食字當音嗜此說非也食酒者謂能多飮費盡其酒猶云食

言爲今流俗書輒改食字作飲字失其眞也然食酒至數石不亂可謂善飲古今所罕有也柳子厚亭飲亦云吾病痞不能食酒至是醉焉

蒲禹卿諫蜀王衍幸秦

蜀王衍荒淫惑於宦人王承休遂決秦州之幸詔下中外切諫毋后泣而止之以至絶食衍皆不從前秦州節度判官蒲禹卿叩馬泣血上表累千五百餘言且曰望陛下以名教而自節以禮樂而自防循道德之規受師傅之訓知社稷之不易想稼穡之艱難惜

高祖之基扃似太宗之臨御賢賢易色孜孜爲心無稽之言勿聽弗詢之謀勿用聽五音而受諫以三鏡而照懷少止息於諸處林亭多看覽於前王書史別修上德用卜遠圖莫遣色荒勿令酒惑常親政事勿恣閒遊又曰陛下與唐主方申歡好信幣交馳但慮聞道聖駕親行別懷疑忌其或專差使命請陛下境上會盟未審聖躬去與不去又曰陛下纂承以來率意頻離宮闕勞心費力有何所爲此際依然蹔蹕又擬遠別宸宮昔秦王之鑾駕不回煬帝之龍舟不返又曰恐敵　置郤宗祧言將道斷使蒸民以何托今慈母以何奉若不慮於危亡但恐爭於仁孝又曰劉禪俄降於鄧艾李勢遽歸於桓溫皆爲不取直言不恤政事不信王道不念生靈以至國人之心無一可保山河之險無一可憑衍竟不從行至緜谷唐師已入其境很狽而歸遂降魏王繼岌當五代時忠義之士落落如晨星歐公作史嘗有五代無全人之嘆幸而有焉則又爲之咨嗟嘆息反覆不置如蒲禹卿之忠諫非特蜀之所少亦天下所希有也然史中曾不少

槩見但云衍幸秦州羣臣切諫而已豈歐公偶失此耶予於太平廣記得此事故表而出之

東萊野步詩

司空圖有碁聲花院閉之句東坡喜之以爲吾嘗獨遊五老峰入白鶴觀松陰滿地不見一人惟聞碁聲然後知此句之工也故作詩有云誰與碁者戶外屨二不聞人聲時聞落子東萊野步亦云幽人不可親碁聲時出即此意也

劉義落葉詩

苕溪漁隱載劉義落葉詩云返蟻難尋穴歸禽易見巢黄巖左經臣亦有落葉詩禽巢先覺曉蟻穴未知霜意同而工又過之矣

林下偶談卷一終

林下偶談卷二

離騷名義

太史公言離騷者遭憂也離訓遭騷訓憂屈原以此命名其文則賦也故班固藝文志有屈原賦二十五篇梁昭明集文選不併歸賦門而別名之曰騷後人沿襲皆以騷稱可謂無義篇題名義且不知況文乎

冷齋誤載邵堯夫詩

冷齋夜話云余客漳水見塋中姪勝柔自九江來出詩示余曰仁者難逢思有常平居慎勿恃何妨爭先

世路機關惡近後語言滋味長可口物多終作疾快心事過必爲傷與其病後求良藥不若病前能自防余謂勝柔曰公癡杈詩如食鯽魚惟恐遺骨刺此詩邵堯夫作而冷齋誤以爲塋中戒者塋中手書此詩冷齋不知爲堯夫作歟

錄囚

世俗誤以錄囚爲慮囚按雋不疑傳每行縣錄囚徒還師古曰省錄之知其情狀有寃滯與否今云慮囚本錄音之去者耳音力具反而近俗訛其文遂爲思

慮之慮然則錄誤爲慮自唐已然矣

桃源

淵明桃花源記初無仙語蓋緣詩中有奇蹤隱五百一朝敞神界之句後人不審遂多以爲仙如韓退之詩云神仙有無何渺茫桃源之說尤荒唐劉禹錫云仙家一出尋無蹤至今流水山重重王維云初因避地去人間及至成仙遂不還又云重來遍是桃花水不下仙源何處尋王逢原亦云惟天地之茫茫兮故神仙之或容惟昔王之制治兮惡魅魑之人逢逮後

世之陵夷兮固神鬼之爭雄此皆求之過也惟王荆公詩與東坡和桃源詩所言最爲得實可以破千載之惑矣

坡賦祖莊子

莊子内篇德充符云自其異者視之肝膽楚越也自其同者視之萬物皆一也東坡赤壁賦云蓋將自其變者觀之雖天地曾不能以一瞬自其不變者觀之則物與我皆無盡也而又何羨乎蓋用莊子語意

文章緣起

梁任昉有文章緣起一卷著秦漢以來文章名目之始按論之名起於秦漢以前荀子禮論樂論莊子齊物論到十二論呂不韋八覽六論是也至漢則有賈誼過秦論昉乃以王褒四子講德論爲始誤矣

西山江西湖南之政

西山初守泉南士民愛之如父母後帥隆興頗抑强扶弱謗讟幾相半改帥潭士民愛之復如泉南後西山退居書于冊云洪之政駁任氣爲之也湘之政醇任理爲之也若公可謂知過進德者矣

知文難

柳子厚云夫文爲之難知之愈難耳是知文之難甚於爲文之難也蓋世有能爲文者其識見猶蔽於一偏况不能爲文者乎昌黎毛穎傳楊誨之猶大笑以爲怪海之蓋與柳子厚交游號稍有才者也東坡謂南豐編太白集如贈懷素艸書歌并笑矣乎等篇非太白詩而濫與集中東萊編文鑑晦菴未以爲然以諸有識者所見尚不同如此則俗人之論易爲紛紛宜無足怪也故韓文公則爲時人笑且排下筆稱意

則人必怪之歐公作尹師魯墓銘則或以爲疵謬歐公初取東坡則羣嘲聚罵者動滿千百而東坡亦言張文潛秦少游上之超軼絕塵者士駭所未聞不能無異同故紛紛之論亦嘗及吾與二子吾策之審矣士如良金美玉市有定價豈可以愛憎口舌貴賤之歟作太息一篇使秦少章藏於家三年然後出之蓋三年後當論定也往時水心先生沒引後進如饑渴然自周南仲死文字之傳未有所屬晚得篔窗陳壽老即傾倒付囑之時士論猶未厭水心舉太息一篇

爲證且謂他日之論終當定於今日今纔十數年世上文字日益衰落而篔窗卓然爲學者所宗則論定固無疑然水心之文世猶深知之者少則於篔窗之文宜亦未必盡知之也更一二百年後以俟作者然後論益定耳

水心合銘陳同甫王道甫

水心少與陳龍川游龍川才高而學未粹氣豪而心未平水心每以爲然也作抱膝軒詩鐫誚規責切中其病是時水心初起而龍川已有盛名龍川雖不樂亦不怒垂死猶托銘於水心曰銘或不信吾當虛空中與子辯故水心祭龍川文云子不余謬懸俾余銘且曰必信視我如生壽昔之言余豈敢苟哀哉此酒能復飲否水心既嘗爲銘而病耗失之後乃爲集序精峭卓特歎其才不爲世所知世所知者科目耳又謂同甫之學惟東萊知之晦菴不予又不能奪而予猶不曉皆所謂必信者後諸子再求銘水心遂以陳同甫王道甫合爲一銘蓋用太史公老子韓非及魯連鄒陽同傳之意老子非韓非之比然異端著書則

同魯連非鄒陽之比然慷慨言事則同陳同甫之視王道甫雖差有高下而有志復讎不畏權倖則同其言大義大慮大節以爲春秋戰國之材無是稱揚同父至矣末後微寓抑揚其論尤正又與昌黎評柳子厚略相類水心於龍川自少至老自生至死只守一說而後輩不知本末或以爲疑此要當爲知者道也

沙漲江合出宰相

國史章得象傳閩中謠云南臺江合出宰相至得象相時沙湧可涉台州舊有謡云下渡沙漲出宰相至

謝子肅爲相果驗

爲文須遇佳題伸直筆

爲文須遇佳題伸直筆不然則文雖工不足貴矣今世以掌制爲儒者至榮夫不能堪其任者固不足爲榮矣就能堪其任而朝廷或繆於升黜不必遇佳題朝廷或牽於忌諱不能伸直筆則掌制乃儒者之至辱也開禧間廟堂欲以水心直北門水心辭不能且云某作一詔當用十日半月恐不及事蓋是時國論已非水心正慮墮此二者故設辭耳篔窻初入館史

相極傾慕未幾意嚮不合語人曰陳壽老好一臺諫官只太執耳後又遣所親諭意欲以爲權直學士院篔窻答云某不能以文字與人改不可爲權直史聞之不樂篔窻遂久不遷蓋史當國凡代言者必進藁本史或手自塗抹或令館人刪改如辛卯火災陳立道卓艸罪已求言詔有云朕爲人子孫而不能保守宗廟爲人父母而不能安全井邑儘有意味史惡其太直不用再具藁復不用至三具藁復不付出叩之則曰令敷文黨改矣敷文其子宅之也陳但飲氣而已所謂儒者之至辱又不止於無佳題枉直筆而已當時代言之人猶不自知耻可嘆也

子美艸堂詩

子美艸堂詩云舊犬喜我歸低徊入衣裾鄰舍喜我歸沽酒攜葫蘆大官喜我來遣騎問所須城郭喜我來賓客溢村墟蓋用木蘭詩云爺娘聞女來出郭相扶將阿姊聞妹來當戸理紅妝小弟聞姊來磨刀霍霍向豬羊但連用古人句亦不可爲法也

詩人以艸爲諷

自離騷以艸爲諷諭詩人多效之者退之秋懷云白露下百艸蕭蘭共憔悴青青四牆下已復生滿地樂天咸陽原上艸云野火燒不盡春風吹又生僧贊寧詩要路花爭發閑門艸易荒後山詩集牆頭霜下艸又作一番新後徐師川詩遍地閑花艸乘春傍路生意皆有所譏也

曹緯詩

杜詩冉冉征途間誰是長年者曹緯蹈襲之云爲問征途間誰如此山者

寬於一天下

杜牧贈宣州元處士云蓬蒿三畝居寬於一天下潘與嗣逍遙亭詩用其語云寬於一天下原憲惟桑樞

行色野色詩

司馬池行色詩云冷於陂水淡於秋遠陌初窮見渡頭賴得丹青無畫處畫成應遣一生愁前輩稱之此詩惟第一句最有味范文正公野色詩非煙亦非霧冪冪映樓臺白馬忽點破夕陽還照開肯隨芳艸歇疑逐遠帆來誰會山公意登高醉始回第二聯亦豈

下於池詩乎此梅聖俞所謂狀難寫之景如在目前也

四六與古文同一關鍵

本朝四六以歐公爲第一蘇王次之然歐公本工時文早年所爲四六見別集皆排比而綺靡自爲古文後方一洗去遂與初作逈然不同他日見二蘇四六亦謂其不減古文葢四六與古文同一關鍵也然二蘇四六尚議論有氣燄而荆公則以辭趣典雅爲主能兼之者歐公耳水心於歐公四六暗誦如流而所作亦甚似之顧其簡淡朴素無一毫嫵媚之態行於自然無用事用句之癖尤世俗所難識也水心與篔窻論四六篔窻云歐做得五六分蘇四五分王三分水心笑曰歐更與饒一兩分可也水心見篔窻四六數篇如代謝希孟上錢相之類深歎賞之葢理趣深而光燄長以文人之華藻立儒者之典刑合歐蘇王爲一家者也眞西山嘗謂余四六頗淡淨而有味余謝不敢當因言本得法於篔窻然才短終不能到也

孔子問禮於老子

孔子適周問禮於老子老子曰吾聞良賈深藏若虛君子盛德容貌若愚去子之虛氣與多慾態色與淫志是皆無益於子之身吾所以告子者若是而已夫孔子以禮問聃則聃非不知禮者而聃之言如此亦豈非禮之意然而獨諱言禮顧以爲禮者忠信之薄而亂之首也葢聃之於禮尚其意不尚其文然使文而可廢則意亦不能以獨立矣此老子鑑文之獘而矯枉過正之言也或謂有二老子絕滅禮樂之老子與孔子問禮之老子不同兼太史公老子傳多疑詞

既稱莫知其所終又稱百六十餘歲或二百餘歲既稱太史儋卽老子又稱非也世莫知其然否意者有二老子而太史公不能斷邪余謂老子所答問禮之言卽是道德五千言之旨其論禮之意則是其廢禮之文則非耳太史公雖不能斷然亦卒斷之曰老子隱君子也既曰隱則其年莫得詳亦宜矣且太史公去周近尚不能斷後二千餘年將何所據而斷耶

二公不免於癡

歐公記菱溪石慮後人取去則以劉氏子孫不能長

有此石爲戒東坡記四菩薩畫慮後人取去則既以父母感動人子而亦以廣明之賊不能全子孫而有此畫爲戒以僕觀之石雖奇畫雖工要皆外物耳歐公之移置二石雖非取爲已有其爲取一也東坡既知捨此畫矣而猶汲汲恐他人之取其爲不能捨亦一也石與畫自二公不能不戀戀而欲使他人不戀得乎中人以上不待戒中人以下苟萌貪心雖刑禍立至尚不知戒況身後盛衰乎且東坡之捨此畫曰爲父母也安知他人取之者不亦曰爲父母乎然則二公之見猶不免於癡矣（郁云米元章臨終焚所玩法書名畫卽是此意）

鮀

台之諺稱水母以鰕爲眼蓋非虛語廣韻言鮀卽水母也以鰕爲目

文字有江湖之思

文字有江湖之思起於楚辭嫋嫋兮秋風洞庭波兮木葉下模想無窮之趣如在目前後人多倣之者杜子美云蒹葭離披去天水相與永意近似而語亦老陳止齋送葉正則赴吳幕云秋水能隔人白蘋況連

空意尤遠而語加活水心送王成叟姪云林黃榾柮重渚白蒹葭輕意含蓄而語不費

讀中興頌詩

讀中興頌詩前後非一惟黃魯直潘大臨皆可爲世主規鑒若張文潛之作雖無之可也陳去非篇末云小儒五載憂國淚杖黎今日溪水側欲摟奇句謝兩公風作浪湧空心惻蓋當建炎亂離奔走之際猶庶幾少陵不忘君之意耳張安國篇末亦云北望神臯雙淚落只今何人老文學語亦頓挫含蓄然首句云

錦繃兒啼思塞酥雖曰紀事其淫褻亦甚矣首以淫褻化分之語似非臣子所宜言至於末句乃若愛君憂國者則吾未敢信也

文有正氣素質

文雖奇不可損正氣文雖工不可掩素質

爲文大槩有三

爲文大槩有三主之以理張之以氣束之以法

前輩不肯妄改已成文字

前輩爲文雖或爲流俗嗤點然不肯輒輕改蓋意趣

規模已定輕重抑傷已不苟難於遷就投合也歐公作范文正公神道碑載呂范交歡弭怨始末范公之子堯夫不樂欲刪改公不從堯夫竟自刪去一二處公謂蘇明允曰范公碑爲其子弟擅於石本移動使人恨之荆公作錢公輔母墓銘錢以不載甲科通判出身及諸孫名欲有所增損荆公答之甚詳大略謂一甲科通判苟粗知爲詞賦雖閭巷小人皆可以得之何足道哉故銘以謂閭巷之士以爲夫人榮明天下有識者不以置悲歡榮辱其於心也七孫業文有

可道固不宜略若皆兒童賢不肖未可知列之於義何當也又云鄙文自有意義不可改也宜以見還而别求能如足下意者爲之耳東坡作王晉卿寳繪堂記内云鍾繇至以此嘔血發塚宋孝武王僧虔至以此相忌桓玄之走舸王涯之複壁皆以兒戲害而國凶而身此留意之禍也王嫌所引用非美事請改之坡答云不使則已即不當改蓋人情喜諛而多避忌雖范錢王門人猶不免何怪流俗之紛紛乎而作者之文固不肯諛固不肯避忌雖與范錢王厚善亦終

不爲改也水心作汪參政勃墓誌有云佐右執政共持國論執政蓋與秦檜同時者也汪之孫浙東憲綱不樂請改水心答云凡秦檜時執政某未有言其善者獨以先正厚德故勉爲此自謂已極稱揚不知盛意猶未足也汪請益力終不從未幾水心死趙蹈中方刊文集未就門下有受汪囑者竟爲除去佐佑執政四字牌木亦除之非水心意也水心答書惜不見集中退之云吾之爲此文豈取其句讀不類於今者邪思古人而不得見學古道則欲兼通其詞通其詞

者本志於古道者也古之道不苟毀譽於人則吾之爲斯文皆有實也然則妄改以投合則失其實矣穆伯長貧甚爲一僧寺記有賈人致白金求書姓名伯長擲金於地曰吾寧餓死終不以匪人汙吾文也夫求書姓名且不可而肯妄改以投合乎前古作者所爲墓誌及他文後多收入史傳使當時苟務投合則已不能自信豈能信世乎水心爲篔窻集序末云趍捨一心之信否藏百世之公此二句最有味學文者宜思焉故凡欺誑以爲文者文雖工必不傳也

水心文不爲無益之語

自古文字如韓歐蘇猶間有無益之言如說酒說婦人或諸謔之類惟水心篇篇法言句句莊語

水心文可資爲史

水心文本用編年法自淳熙後道學興廢立君用兵始末國勢汙隆君子小人離合消長歷歷可見後之爲史者當資焉

陳後山詩

復齋漫錄載陳後山詩云平生精力盡於詩蓋出於溫公上通鑑表臣之精力盡於此書之語予觀杜荀鶴贈山中詩友云平生心力盡於文亦恐其語偶同耳

寇萊公詩

萊公詩野水無人渡孤舟盡日橫人謂其有宰相器然韋應物亦有野水無人舟自橫之句豈亦便可擬其爲宰相邪

崑崙月窟東嶄巖

杜詩被堅執銳略西極崑崙月窟東嶄巖崑崙月窟在西而謂之東何也前後註詩者皆不分曉解此義

詩意蓋謂驃將軍略地至西方之極而回顧崑崙月窟却在東也

林下偶談卷二終

林下偶談卷三

水心文不蹈襲

水心與篔窻論文至夜半曰四十年前曾與呂丈說呂丈東萊也因聞篔窻其文如何時案上置牡丹數瓶篔窻因譬如此牡丹花他人只一種先生能數十百種蓋極文章之變者水心曰此安敢當但譬之人家觴客或雖金銀器照座然不免出於假借自家羅列僅甆缶瓦盃然却是自家物色水心蓋謂不蹈襲前人耳甆瓦雖謙辭不蹈襲則實語也然蹈襲最難

必有異稟絕識融會古今文字於胸中而灑然自出一機軸方可不然則雖臨紙雕鏤祇益爲下耳韓昌黎爲樊宗師墓誌言其所著述至多凡七十五卷又一千四十餘篇古未嘗有而不蹈襲前人一言一句又以爲文從字順則樊之文亦高矣然今傳於世者僅數篇皆艱澁幾不可句則所謂文從字順者安在此不可曉也

退之慚筆

王黃州以昌黎祭裴太常文甑石之儲常空於私室方丈之食每虛於賓筵爲慚筆蓋不免類俳陳止齋亦以昌黎顏子不貳過論爲慚筆蓋不免有科舉氣余觀昌黎祭薛中丞文豈亦所謂慚筆者邪然顏子論乃少作不足怪二祭文皆爲衆人作則稍屈筆力以略傍衆人意雖退之亦有不得已焉耳

水心文章之妙

四時異景萬卉殊態乃見化工之妙肥瘠各稱妍淡曲盡乃見畫工之妙水心爲諸人墓誌廊廟者赫奕州縣者艱勤經行者粹醇辭華者秀穎馳騁者奇崛

隱遯者幽深抑鬱者悲愴隨其資質與之形貌可以見文章之妙

歐公文林

歐公凡遇後進投卷可采者悉錄之爲一册名曰文林公爲一世文宗於後進片言隻字乃珍重如此今人可以鑒矣

東坡享文人之至樂

王德父名象祖臨海人早從丘宗卿入蜀有志義立晚爲水心所知德父嘗爲余言自古享文

人之至樂者莫如東坡在徐州作一黄鶴樓不自爲記而使弟子由門人秦太虚爲賦客陳無已爲銘但自袖手爲詩而已有此弟有此門人有此客可以指呼如意而雄視百代文人至樂孰過於此　余謂自古山水游觀之處遇名筆者已罕牽而遇則大者文一篇小者詩一聯而止耳未有同時三文而皆卓偉可以傳不朽者坡之詩又未論也盛山十二詩唱者止如此和者固不能無優劣退之滕王閣記云文列三王之右與有榮焉此特退之謙辭如退之記固宜

傳三王如勅之序雖載人口而綺靡甲弱乃爾其餘可知也以同時遇三文而皆可傳自古惟黄鶴樓耳

水心能斷大事

水心平生靜重寡言有雅量喜愠不形于色然能斷大事紹熙末年光廟不過重華宫諫者盈庭中外洶洶未幾壽皇將大漸諸公計無所出水心時爲司業御史黄公度使其壻太學生王裴仲温密問水心曰今若更不成服當何如水心曰如此却是獨夫也仲温歸以告黄公公大悟而内禪之議起於此

晦翁斬大囚

晦翁帥潭一日得趙丞相簡密報已立　嘉王爲今上當首以經筵召公晦翁藏簡袖中竟入獄取大囚十八人立斬之纔畢而登極赦至

劉正字不階墀

王參預帥閩以貴倨御僚屬正字劉公朔時爲福清宰初至以法不當階墀令吏先白之參預怒劉公俟客位連日不得見竟棄去曰吾不妨教學子以活參預使吏覘之則已過大義渡矣不得已使吏挽回批

報以省元特免階墀他不爲例劉公在福清每出遇市巷小兒讀書者必下車問其讀何書爲解説訓誨之市巷小兒皆相習爲士而邑之士風特盛福清之政至今人稱之

陳龍川省試

陳龍川自大理獄出赴省試試出過陳止齋舉第一場書義破止齋笑云又休了舉第二場勉强行道大有功論破云天下豈有道外之功哉止齋笑云出門便見哉然此一句却有理又舉第三場策起云天下大勢之所趨天地鬼神不能易而易之者人也止齋

云此番得了既而果中榜

沙溪驛詩

與化沙溪驛有詩題壁上云沙溪祇是舊沙溪今日重來路欲迷獨有暮鴉知我意白雲深處盡情啼不知何人作

水心薦周南仲

韓侂胄當國欲以水心直學士院艸用兵詔水心謝不能爲四六易彥章見水心言院吏自有見成本子何難荅兒童之論非知水心者既而衛清叔被命艸

詔云百年爲墟誰任諸人之責一日縱敵遂貽數世之憂清叔見水心擧似誤以爲墟爲成墟水心問之衛憫然他日周南仲至水心謂清叔文字近頗長進然成墟字可疑南仲愕曰本爲墟字亻改也水心方知南仲實代作蓋南仲其姻家也水心因薦南仲宜爲文字官遂召試館職

魁輔碑

陳自强本太學服膺齋生既當國齋中爲立碑刻魁輔二大字雷參政孝友時爲學官作記稱頌以諂之刻大字之下陳敗雷欲磨去以泯其迹諸生不從一日諸生赴公試雷遣人亟磨去之嘉定更化雷復職用反攻他人爲附韓而欲自表其非韓黨可嘆也

詞人懷古思舊

詞人即事睹景懷古思舊感慨悲吟情不能已今擧其最工者如劉禹錫金陵詩山圍故國周遭在潮打空城寂寞回淮水東邊舊時月夜深還過女牆來憑溪詩溪水悠悠春自來艸堂無主燕飛回隔簾惟見中庭艸一樹山榴依舊開又艸聖數行留斷壁木奴

千樹屬鄰家惟見里門通德榜殘陽寂歷出樵車竇鞏南遊詩傷心欲問前朝事惟見江流去不回日暮東風春艸綠鷓鴣飛上越王臺東坡昆陽城賦橫門豁以四達故道宛其未改彼野人之何知方傴僂而畦菜張安國題黃州東坡詩老仙騎鶴去稗子飯牛歌益人已逝而迹猶存迹雖存而景隨變古今詞云語言百出究其意趣大槩不越諸此而近世倣傚尤多遂成塵腐亦不足貴矣

和平之言難工

和平之言難工感慨之詞易好近世文人能兼之者惟歐陽公如吉州學記之類和平而工者也如豐樂亭記之類感慨而好者也然豐樂亭記意雖感慨辭猶和平至於蘇子美集序之類則純乎感慨矣乃若憤悶不平如王逢原悲傷無聊如邢居實則感慨而失之者也

陳簡齋詩

簡齋之詩晚而工如木落太湖白梅開南紀明憔慨賦詩還自恨徘徊紓嘯却生哀山林有約吾當去天

地無情子亦饑樓頭客子杪秋後日落君山元氣中世亂不妨松偃蹇村空更覺水潺湲皆佳句又有晚晴獨步及題董宗禹園先志亭等古詩亦皆佳

陳元爲杜韓之先驅

唐之古詩未有杜子美先有陳子昂[illegible]韓退之先有元次山陳元蓋杜韓之先驅也至杜韓茈彬彬耳

詞科習氣

東坡言妄論利害攙說得失爲[illegible]科習氣余謂近世詞科亦有一般習氣意主於諂辭主於誇虎頭鼠尾外肥中枵此詞科習氣也能消磨盡者難耳東萊早年文章在詞科中最號傑然者然藻繢排比之態要亦消磨未盡中年方就平實惜其不多作而遂無年耳

李習之諸人文字

文字之雅澹不浮混融不琢優游不迫者李習之歐陽永叔王介甫王深甫李太白張文潛雖其淺深不同而大略相近居其最則歐公也淳熙間歐文盛行

陳君舉陳同甫尤宗之水心云君舉初學歐不成後乃學張文潛而文潛亦未易到

劉原父文

劉原父文醇雅有西漢風與歐公同時爲歐公名盛所掩而歐曾蘇王亦不甚稱其文劉嘗歎百年後當有知我者至東萊編文鑑多取原父文幾與歐曾蘇王並而水心亦亟稱之於是方論定

晦翁按唐與正

金華唐仲友字與正博學工文熟於度數居與陳同

甫爲鄭同甫雖工文而以强辯俠氣自負度數非其所長唐意輕之而忌其名盛一日爲太學公試官故出禮記度數題以困之同甫技窮見黜既揭榜唐取同父卷示諸考官咸笑其空疎同父深恨唐知台州大修學又修貢院建中津橋政頗有聲而私於官妓其子又頗通賄賂同甫訪唐於台州知其事具以告晦翁時高炳如爲台州倅才不如唐唐亦頗輕之晦翁時浙東提舉按行至台炳如前途迎而訴之晦翁至即先索州印逮吏旁午或至夜半未巳州人頗駭

唐與時相王季海爲鄉人先密申朝嫌省避晦翁按章及後季海爲改唐江西憲而晦翁力請去職蓋唐雖有才然任數要非端士或謂晦翁至州竟按去之足矣何必如是張皇乎同甫之至台州士子奔湊求見黄巖謝希孟與同甫有故先一日與樓大防諸公飲巾山上以待之賦詩有云須臾細語夾簾言說盡尊拳并毒拳語已可怪既而同甫至希孟借郡中伎樂燕之東湖同甫在坐與官妓語酒至不即飲希孟怒詰責之遂掀案擊妓樂皆驚散明日有輕薄子爲謔詞末云何時一樽酒重與細論文一州傳以爲笑

銘詩

銘詩之工者昌黎六一水心爲最東坡表忠觀碑銘云仰天誓江月星晦蒙强弩射潮江海爲東只此四句便見錢鏐忠勇英烈之氣閑爍乾坤上清儲祥宮碑銘云於皇祖宗在帝左右風馬雲車從帝來狩閱視新宮察民之言佑我文母及其孝孫讀之儼然如畫悚然如見而天帝與祖宗所以念下民眷子孫之意又仁慈惻怛如此後之爲文者非不欲極力模寫

往往形貌雖具而神氣索然矣

近世詩人

大序云亡國之音哀以思退之論魏晉以降以文鳴者其聲淸以浮其節數以急其辭淫以哀其志弛以肆近世詩人爭效唐律就其工者論之即退之所謂魏晉以降者也而况其不能工者乎

范雎蔡澤

范雎蔡澤者傀偉之尤耳若澤說雎而代之相無分寸謀於秦而遷于二子皆稱其羈旅入秦繼踵

取御相垂功於天下又曰二子不因困厄其能激乎遷之繆如此非所謂退處士而進姦雄者歟

漢武帝用王恢議擊匈奴

夷狄叛服不常以恩信結之猶懼其變而況以詐先之乎漢武帝建元六年匈奴請和親王恢議請擊之韓安國以爲不如和親便羣臣多附安國帝乃許和親然不三載復從王恢之策欲誘致以利而伏兵擊之是不以恩信結之而以詐先之也匈奴安得而不叛自是而後入上谷入鴈門入代殺太守殺都尉殺

掠吏民漢無一日不被其擾而帝亦耻初謀之不遂命將出帥無虚歲而海內耗矣蓋自王恢之謀始也初帝命恢與韓安國擊閩越懷南王安上書諫而安國無一語知其事雖可已而名義猶正也至是則力爭不可知其名義太不正也使恢謀不行匈奴未必屢叛武帝雖黷武亦豈如是甚哉

衛青重汲黯

衛青一奴虜也然貴爲大將軍日見尊寵汲黯與之抗禮不拜而青愈賢之數請問國家朝廷所疑遇黯於平日公孫弘號爲儒者反怨黯之面折而陰欲置之死地曾一奴虜之不若也哀哉

東坡頴濵論三良事

東坡秦穆公墓詩云昔公生不誅孟明豈有死之日而忍用其良乃知三子殉公意亦如齊之二子從田橫古人感一飯尚能殺其身今人不復見此等乃以所見疑古人子由和篇云泉上秦伯墳下埋三良士三良百夫特豈爲無益死當年不幸見迫脅詩人尚記臨穴惴豈如田橫海中客中原皆漢無報所秦國

吞西周康公穆公子盡力事康公穆公不爲負豈必殺身從之遊未子乃以侯嬴所爲疑三子王澤旣未竭君子不爲詭三良殉公意要自不得已二詩不同愚謂子由之說稍近君子進退存亡要不失正而已豈苟爲匹夫之諒哉論者罕能知此如王仲宣云結髮事明主愛恩良不訾臨沒要之死安得不相隨曹子建亦云生時等榮樂旣沒同憂患若然則是三良者特荆軻聶政之徒耳東坡晚年和淵明詩云三子死一言所死良已微賢哉晏平仲事君不以私我豈

犬馬哉從君求蓋帷殺身固有道大節要不虧君爲社稷死我則同其歸顧命有治亂臣子得從違魏顆與孝愛三良安足希蓋其飽更世故閲義理熟矣前詩作於壯年氣鋭之時意亦有所激而去也

唐德宗時太學風俗不美

余讀何蕃傳朱泚之亂太學諸生舉將從之來請起蕃蕃正色叱之六館之士不就亂當時六館之士如此其衆豈能守節義者獨蕃一人而已乎至讀柳子厚與太學諸生書云僕少時常有意遊太學受師説

以植志持身焉當時説者咸曰太學諸生聚爲朋曹侮老慢賢有墮窳敗業而利口食者有崇飾惡言而肆鬬訟者有淩傲長上而誶罵有司者其退然自克特殊異者無幾耳乃知當時太學風俗不美如此其欲從泚無疑

相如美人賦

宋玉諷賦載於古文苑大略與登徒子好色賦相類然二賦蓋設辭以諷楚王耳司馬相如擬諷賦而作美人賦亦謂臣不好色則人知其爲誣也有不好色而能盜文君者乎此可以發千載之一笑

名紙

梁何思澄終日造謁每昔宿作名紙一束暁便命駕朝賢無不悉狎名紙蓋起於此今人謂之名贄非也

乞巧文似送窮文

子厚乞巧文與退之送窮文絶類亦是擬楊子雲逐貧賦特名異耳

林下偶談卷三終

林下偶談卷四

聖上親政二事

紹定之末史相甍聖上親政即日梁成大李知孝出國門西山在泉聞之喜甚曰二凶去矣閩特犬豕越乃虺蛇益梁閩人李越人也未幾並除洪公咨夔王公遂爲察官西山尤喜曰四十年無此矣余嘗歎息此二事與石徂徠所頌慶曆何以異益進賢退不肖固難而決裂迅疾如此者尤難此非特聖主英斷追蹤堯舜亦是天理人心終無泯滅時節特其一晦一

明各關氣數而氣數未嘗不回世人但隨氣數以爲變遷者眞冥愚無知者也余賀西山起廢再知泉州啓云弊事萬端終有轉旋之理仁心一點本無歇息之期時紹定五年之冬也至六年之冬果驗又云百轉躬通吾何榮以何辱一番用舍世有重而有輕西山頗稱賞

太史公循吏傳

太史公循吏傳文簡而高意淡而遠班孟堅循吏傳不及也

賈誼傳贊

曩見曹器遠侍郎稱止齋最愛史記諸傳贊如賈誼傳贊尤喜爲人誦之蓋語簡而意含蓄咀嚼儘有味也

張守節史記正義

張守節爲史記正義云班書與史記同者五十餘卷少加異者不弱即劣史記五十一萬六千五百言序二千四百一十三年事漢書八十一萬言序二百二十五年事遷引父致意班書父修而固蔽之優劣可

知矣余謂此言止論才未論識也堯舜典當時史官作也形容堯舜盛德發揮堯舜心術鋪序堯舜政教不過千餘言而坦然明白整整有次第詳悉無纖遺後世史官曾足窺其藩哉曾子固謂不特當時史官不可及凡當時執筆而隨者意其亦皆聖賢之徒也要之論後世史才以遷爲勝然視古已霄壤矣按班固序傳稱叔皮惟聖人之道然後盡心焉尊其父至矣謂之蔽其父者非也

司馬貞張守節論史記

司馬貞云史記十二紀象歲星一周八書法天時八
節十表倣剛柔十日三十世家比月有三旬七十列
傳取懸車之暮齒百三十篇象閏餘而成歲張卜節
亦云而獨以列傳七十象一行七十二日言七十者
舉全數也餘二日象閏餘也余按遷書本無此語蓋
後人穿鑿臆說也亦可謂繆矣

程蘇分黨

山谷稱周濂溪胸次如光風霽月又云西風壯士淚
多爲程灝滴東坡爲濂溪詩云夫子豈我輩造物乃

其徒益蘇氏師友未嘗不起敬於周程如此惜乎後
因嚬笑而成仇敵也

李悅齋和登樓賦

悅齋李季允和王仲宣登樓賦不特語言工其愛君
戀國感事憂時忠操過仲宣矣

水心詩

水心詩蚤已精嚴晚尤高遠古調好爲七言八句語
不多而味甚長其間與少陵爭衡者非一而義理尤
過之難以全篇槩舉姑舉其近體弍聯者花傳春色

枝枝到雨遞秋聲點點分此分量不同周匝無際也
汀當澗處水新漲春到極頭花倍添此地位已到功
力倍進也萬草有情風暖後一節無伴月明邊此惠
和夷清氣象也包容花竹春留巷謝遣蒲荷雪滿涯
此陽舒陰慘規模也隔垣孤磬度別井暗泉通此感
通處無眼斷也舉世聲中動浮生背帶來此眞實處
非安排也時艤橋畔船辭杜冷水觀邊花發枝此往
而復來也有兒有女後應好同穴同時今奈何此哀
而不傷也此日深探應徹底他時直上自摩空此高

下本一體特有等級也蓍蔡羲前識簫韶舜後音此
古今同一機初無起止也所謂關於義理者如此雖
少陵未必能追攀至於冈上岧嶤吳越遶從開闢
數羲皇此等境界此等襟度想像無窮極則惟二天
能之他如驛梅吹凍蘂杙雨送春聲綠圍齊長柳紅
糝半舍桃聽雞催謁駕立馬待紬書野影晨迷樹天
文夜照城驪岑天象切浴硯海光翻地深湘渚浪天
遠桂陽城置杜集中何以別乃若遵臘冰千筋勾春
柳一絲嫌迷王弼宅蒿長孟郊墳帆色拼曉月艣音

擧夕煙門邀百客醉囊諱一金存難招古渡外空老夕陽濱又特其細者

四靈詩

水心之門趙師秀紫芝徐照道暉璣致中翁卷靈舒工爲唐律專以賈島姚合劉得仁爲法其徒尊爲四靈翁然倣之有八俊之目水心廣納後輩頗加稱獎其詳見徐道暉墓誌而末乃云尚以年不及乎開元元和之盛而君既死蓋雖不没其所長而亦終不滿也後爲王木叔詩序謂木叔不喜唐詩聞者皆以爲

疑夫爭妍鬭巧極外物之意態唐人所長也及要其終不足以定其志之所守唐人所短也木叔之評其可忽諸又跋劉潛夫詩卷謂謝顯道稱不如流連光景之詩此論既行而詩因以廢矣潛夫能以謝公所薄者自鑿而進於古人不已參雅頌軼風騷可也何必四靈哉此跋既出爲唐律者頗怨而後人不知反以爲水心崇尚晚唐者誤也水心稱當時詩人可以獨步者李季章趙蹈中耳近時學者歆艷四靈剽竊模倣愈陋愈下可歎也哉

好罵文人之大病

山谷答洪駒父書云罵犬文雖雄奇不作可也東坡文章妙天下其短處在好罵切勿襲其軌也往時永嘉薛子長有俊才至老不第文字頗有罵譏不平之氣水心爲其集序微不滿焉余少時未涉事亦頗喜爲譏切之文篔窻袖以質水心水心曰儁甚吾鄉薛象先端明其初聲名滿天下特少儁耳然當吳之年未有吳之筆也吳年少筆先脫似王逢原但好罵氣未平亦似王逢原耳後二年余以新藁見水心曰此

番氣漸平宜更平可也余因是知好罵乃文字之大病能克去此等氣象不特文字進其胸中所養益宏矣

山谷思邪惇夫詩

西山嘗舉山谷詩云惇夫若在鐫此老不令平地生崎嶇余曰鐫字未穩事父母幾諫不聽則號泣而隨之耳子豈應鐫其父邪然邪恕游程氏之門早歲立節如此而晚乃顛倒錯繆師友且不得而挽回之矣豈一子所能鐫耶

止齋送陳益之詩

止齋送陳益之詩甚工且有理致首云論事不欲如戎兵欲如衣冠佩玉嚴整而和平作文不欲如組繡欲如踈林茂麓窈窕而敷榮陳益之年正盛論事豪勇而作文喜爲詰屈聱牙故以此勉之又詩云詭亦煩繩墨風味何如餘典則末云君看風雅詩三百亦有初章三歎息皆有深長之意學者所當思也益之自負用世才榦而脫略邊幅不羈故又以繩墨典則規之

水心因啓事薦士

水心舊爲監司有一舉員未發批付書吏令搜檢僚屬通啓內有兩句云氣禀天下之至清品列人間之最上吏既檢呈即日剡薦惜不記其姓名耳

止齋得謗

止齋倅福州年正盛聰明果決帥梁丞相一委聽之有富人訴僕竊盜僕辭連其主之女止齋必欲逮女以問諸寓公皆救不獲於是有傳艮之謗未幾論去後止齋歷郡守部使者死之日□槖竭然僅餘白金數十兩以驗其子貧困謁先友黃文叔尚書于建康頗周之止齋得謗如此至今猶有未盡知者可歎也

蘇雲卿

蘇雲卿廣漢人身長七尺美鬚髯寡言笑與張丞相德遠爲友靖康擾避地豫章東湖之南包巾布褐治圃種蔬耘植溉注皆有法視他圃獨勝夜則織屨屨堅緻涉遠難敗人爭取之名曰蘇翁艸鞋德遠人相貽書致厚幣屬帥漕曰雲卿管樂流亞也聞今灌園東湖斯人非折簡可招爲我詣其廬必致之帥漕

更野服作遊客入圃翁方運鋤客揖與語良久延入坐土炕汲泉煮茗案無他物惟西漢史一冊客問翁鄉里曰廣漢客又問張德遠亦廣漢人嘗識之否翁爲言德遠家世歷歷客曰德遠之才可爲宰相否翁掉頭不可客問何以翁曰惜其長於知君子短於識小人二客徐拱立出書幣謂某等非遊客承乏帥漕張丞相命屈先生共濟大業翁色變喉間隱隱有聲似怨張暴已蹤跡帥漕呼輿隸約同載翁謝以翌日當納謁晨與候之戶閉闃無人聲抉而闖焉則書幣

不啓翁已遯矣人莫知所之帥漕復命德遠拊几嘆
曰求之不早實懷竊位之羞作箴以識之云雲卿風
節高於傳霖予期與之共濟當今山潛水杳邈不可
尋弗力弗早予罪曷鍼其圖　屬郡人宋自適正父
趙章泉名其室曰灌園巷雲卿今入國史遺逸傳

木尚書訴鄭景元

永嘉木尚書待問少從學於鄭敷文敷文大儒也名
伯熊字景望其弟名伯英字景元負氣尚義之士也
登甲科爲第四名以母老不肯仕宦奉岳祠養母不

出者二十年紹興末上中興急務書十篇極言秦檜
之罪文亦豪健浩博諸公忌而畏之孝廟朝無人爲
提挍景元亦不屑求用晚自號歸愚翁有歸愚集其
姪蔡行之帥閩爲之鋟版三山永嘉稱敷文爲大鄭
公景元爲小鄭公一時英俊皆推尊之敷文死後木
尚書造宅侵鄭氏地界景元不平往與木詈詬而手
擊之景元亦大爲木之子弟所箠明日木訴之魏逮
景元時景元待次教官扶其母以出木慚悚退縮而
止木素無聞望止以大魁爲從官爾因此事永嘉人

薄之

紹熙立君詔

紹熙末光廟有疾嘉王之立起於水心先生與徐子
宜之謀趙忠定令水心艸詔序孝廟大慚所以立嘉
王之故云病無嘗藥之人崩乏居喪之主忠定不肯
用刪爲之水心曰禍將作矣吾當亟去益爲立君大
事不明言其故必有小人造謗興讒以禍諸君子者
水心竟不言功隨即去國徐子宜本爲都司以功進
從官未幾托胄果造謗忠定貶死而子宜亦遠竄水

心既不言功受賞亦不因功受禍若水心可謂知幾
卓識之君子矣此事游丞相語余謂得之於先忠公
之說如此又云先忠公嘗說如水心先生樣人若出
而用於朝時節必大如忠公名仲鴻後以僞學與水
心同入黨籍坐廢者也其謚曰忠簡寔爲謚議

東萊以譽望取士

淳熙間永嘉英俊如陳君舉陳蕃叟蔡行之陳益之
六七輩同時並起皆赴太學補試芮國器爲祭酒東
萊爲學官東萊告芮公曰永嘉新俊不可不收拾君

舉訪東萊東萊語以一春秋題且言破意就試果出
此題君舉徑用此破且以語蕃叟蕃叟其從弟也遂
皆中榜此蓋以譽望取士猶有唐人之意似私而實
公也

蔡行之省試

蔡行之本從止齋學既以春秋爲補魁止齋遂改爲
賦以避之東萊爲省試官得一春秋卷甚工東萊曰
此必小蔡也且令讀書養望三年以其卅冊投之帳
頂上未幾東萊以病先出院衆試官入其室見帳頂

上有一卅卷甚工謂此必東萊所甚喜而欲置前列
者遂定爲首選此事水心先生云

陳止齋

止齋年近三十聚徒於城南茶院其徒數百人文名
大震初赴補試纔抵浙江亭未脫帽優方外士及太
學諸生逆而求見者如雲吳琚貴公子也冠帶執刺
候見於旅邸巳昏夜矣既入學芮祭酒節差爲大學
舉錄令二子拜之齋序止齋辭不敢當徑遯之天台
山國清寺士友紛然從之者數月其時止齋有待遇
集板行人爭誦之既登第後盡焚其舊槀獨從鄭景
望講義理之學從薛常州講經制之學其後止齋文
學日進大與曩時異嘗言太祖肇基紀綱法度甚正
可以繼三代所著建隆編是也於成周制度講究甚
詳有周禮說嘗以進光廟紹熙間光廟以疾不過重
華宮止齋力諫至牽御衣衣爲之裂除中書舍人不
拜命而去後謚曰文節止齋之文初則工巧綺麗後
則平淡優游委蛇宛轉無一毫少作之態其詩意深
義精而語尤高後學但知其時文罕有識此者蔡行

之亦鋟其集於三山但水心取其學取其詩不甚取
其文蓋其文頗失之孱始初時文氣終消磨不盡也

魏鶴山言事去國

寶慶初朝貴多不敢輕接客接亦不敢一語及時事
魏鶴山爲右史論事方岌岌一日獨會客余亦在坐
鶴山言易泰卦只說一通字今日在上者多猜防掩
蔽而下情不通於上在下者多料想驚傳而上情不
通於下如何得有泰之象他日復上封事首論泰卦
即此意也故相欲覩諸公意嚮有一從官招諸從官

飲因言今日之事正如主人設醴觴客爲客者當荷主人美意乃或指謫主人某事未是某事未善豈禮耶衆唯唯無語鶴山獨謂不然主人招客固美意然或所言議背理不合人情爲客者亦可强從命耶故相聞此語知决難兩立鶴山於是有靖州之行

堯舜典

堯典有君道焉猶易之乾也舜典有臣道焉猶易之坤也詩周南召南亦然

尚書文法

今人但知六經載義理不知其文章皆有法度如書之禹貢最當熟看舜典載巡狩事云歲二月東巡守至於岱宗柴望秩於山川肆覲東后協時月正日同律度量衡修五禮五玉三帛二生一死贄如五器卒乃復其事甚繁下載五月南巡狩則但云至於南岳如岱禮一句而已八月西巡狩但至于西岳如初十一月朔巡狩但云至北岳如西禮不復詳載望秩協同禮玉等語蓋文法變化所謂如岱禮如初如西禮之類語活而意盡皆作文之法也至於伊訓太甲咸有一德說命無逸等篇皆平正明白其文多整後世偶句蓋起於此

聖賢道統

典謨中皐陶論九德當居第一禹議論次之䕫論樂又次之益亦有告戒又次之其後伊尹言一德仲虺言建中傅說言學箕子言九疇周公言無逸召公言敬德此皆是道統之傳爲後世所宗者也至孔子曾子子思子孟子則類聚而究切之無遺誼矣孟子論道統亦云若伊尹萊朱則見而知之萊朱即仲虺也

但孟子獨不拈出箕子豈以僅及見武王而不及見文王耶

孟子文法

孟子七篇不特推言義理廣大而精微其文法極可觀如齊人乞墦一段尤妙磨人雜說之類蓋倣於此

甘蔗

甘蔗謂之諸蔗亦謂之都蔗

相如賦云諸蔗巴苴注云甘柘也曹子建都蔗詩云都蔗雖甘杖之必折巧言雖美用之必滅六帖云張協有都蔗賦

唐任翻詩

唐項斯周朴任翻皆赤城人能詩見赤城志按唐文志項斯詩一卷周朴詩二卷任翻詩一卷獨翻詩世罕傳者今郡齋有翻小集僅十篇而已翻有題巾子廣軒詩集中不載詩云絕頂新秋生夜涼鶴飛松露滴衣裳前村月照半江水僧在翠微開竹房

林下偶談卷四終

滇載記

新都楊慎

滇域未通中國之先有低牟苴者居永昌哀牢之山麓（今金齒地）有婦曰沙壹浣絮水中觸沈木若有感是生九男曰九隆族種類滋長支裔蔓衍竊據土地散居谿谷分爲九十九部其渠酋有六各號爲詔語謂詔爲王其一曰家舍詔（今蒙化府）其二曰浪施詔（今浪穹縣）其三曰鄧賧詔（今鄧川州）其四曰施浪詔（今浪穹縣蒙次和之地）其五曰摩些詔（今麗江府）其六曰蒙雋詔（今建昌）兵埒不能相君長至漢有仁果時九隆八族之四世孫也強大居昆彌川（今白崖定西嶺）傳十七世至龍祐那當蜀漢建興三年諸葛武侯南征雍闓師次白崖川獲闓斬之封龍祐那爲酋長賜姓張氏割永昌益州地置雲南郡於白崖諸　慕武侯之德漸去山林徙居平地建城邑務農桑諸部於是始有姓氏龍祐那之十六世孫曰張樂進求遜位于家氏考其時蓋唐世也張氏或稱昆彌國或稱白國或稱建寧國其年系莫可推詳

家氏始興曰細奴羅九隆五族牟苴篤之三十六世

孫也耕于巍山之麓數有神異孳牧繁息部衆日盛
代張氏立國號曰封民蒙氏始稱南詔實唐貞觀三
年也遷居瓏玗圖山（今蒙化）及高宗時遣子入侍朝命
授細奴羅以巍州刺史死僞謚高祖又稱奇王子邏
晟嗣
邏晟僭立當高宗上元元年至睿宗景雲中姚州蠻
先附吐蕃御史李知古請兵擊降之築城置州縣重
稅賦因誅其豪傑掠其子女爲奴婢群蠻怨怒引吐
蕃攻知古殺之於是姚嶲路絕晟猶奉唐正朔死僞

滇載記　八　二

謚世宗子晟羅皮嗣
晟羅皮之立當玄宗先天元年立孔子廟于國中死
謚威成王子皮羅閣嗣
皮羅閣之立當玄宗開元十六年受唐冊封爲雲南
王賜名歸義於是南詔浸强大而五詔微弱皮羅閣
因仲夏二十五日祭先之期建松明爲樓以會五詔
宴醉後羅閣佯下樓擊鼓舉火焚樓五詔遂滅閣路
劒南節度使求合五詔爲一朝廷許之於是盡有雲
南之地因破吐蕃卒爲邊患不可復制既併五詔乃

卜太和形勝左洱水右蒼山山海之交結於子午遂
築太和城自蒙舍徙居之立上下二關曰龍首曰龍
尾連陷巂川永昌石鼓沙追睒龍佉睒後遣其孫鳳
伽異入朝唐授鴻臚少卿妻以宗女賜樂一部南詔
於是始有中國之樂死子閣羅鳳嗣
閣羅鳳之立以天寶八年故事酋長謁都督偕妻子
行鳳挈家至雲南太守張乾陁皆私之復多徵求鳳
怒反攻雲南殺乾陁取夷州三十二陷巂州獲唐西
瀘令鄭回拜清平官（即其國丞相也）天寶十年夏四月庚寅

滇載記　八　三

劒南節度使鮮于仲通將命致討鳳伽異及段儉魏
逆戰于西洱河唐兵死者六萬人仲通僅以身免封
儉魏爲清平賜名段忠國以旌之遂臣于吐蕃吐蕃
封之爲東帝刻碑國門之外明叛唐非得已也僭國
號曰大蒙始建年號曰贊普鐘十三年劒南留後李
宓將兵擊之爲蒙氏所誘全軍没焉唐益發兵竟不
能克前後死者二十萬人南詔自是始與　國隔絕
矣代宗大曆十四年死僞謚神武子鳳伽異未嗣而
死孫異牟尋立僭改元贊普鍾七長壽十一

異牟尋以唐代宗大曆十四年嗣立有智數善撫衆居史城史城今喜州也遣兵吐蕃入寇唐神策都將李晟擊破之異牟尋懼改城羊睒苴咩今大理改國號曰大理自稱曰日東王僭封五嶽四瀆幷立祠三皇廟春秋致祭以國界內點蒼山爲中嶽東川界江雲露松外龍山爲東嶽在今祿勸州一名絳雲露山一名雲龍山有十二峯皆峭拔其山有共命鳥大銀生部日界蒙樂山爲南嶽在今樂甸又名無量山其山千仞有一殿提住自空中來天帝娶天女處永昌騰越界高黎共山爲西嶽在今騰衝一名崑崙隅東臨瀾江西臨龍川左右有千川名爲穹甸草卉四叙不凋瘴氣最惡冬雪至春方融夏

秋穹甸炎熾商賈愁怨爲之諺曰冬時欲歸來高黎共上雪夏秋欲歸來無奈穹甸熱春時欲歸來囊中絕貲糧麗江界玉龍山爲北嶽在今麗江一名雪山其山九峯雪貫四時玉立萬仞千里望之若在咫尺與蜀松州諸山相接也以黑惠江瀾滄江潞江麗江爲四瀆接點蒼之巔添洱河之水立官號曰九爽三托其地東至於銅柱鐵橋蟠桃玉榆東南至於交趾南至於驃國木落山西至於太石西北至於吐蕃北至於神川東北至於黔巫八方之地屬以入滇從中國敎令都曰苴咩別都曰善闡皆中國降人爲之經畫也德宗貞元三年鄭回說以大義令復歸唐異牟尋然之會西川節度使韋臯招撫羣蠻尋因求內附而猶結好吐蕃臯乃爲書遺尋叙其歸化之誠轉至吐蕃吐蕃疑之異牟尋歸附之志益堅九年上表請絕吐蕃復臣於唐十年自將數萬人襲吐蕃大曳之遣其弟獻圖納貢及吐蕃所頒金印請復號南詔唐以其功遣使册之賜銀窠黃金印王北面跪受之宴使者出玄宗所賜器物指老笛工歌女曰皇帝所賜龜玆惟二人在耳使者曰南詔當深思祖考子孫勿替盡忠皇唐對曰敢不敬使者之命死僞謚孝恒

改元二見龍上元子尋閣勸嗣尋閣勸以唐德宗貞元十五年立死子勸龍晟立僞謚孝文改元應道

勸龍晟以唐永貞元年立淫虐不道其臣嵯顛殺之而立其弟勸利晟謚曰幽改元龍興

勸利晟以唐憲宗元和元年立死僞謚靖王子晟豐祐立改元全義

晟豐祐以穆宗長慶四年立趦敢善用其下文宗太和三年西川節度使杜元穎不恤士卒有流人蠻境

寡蠻衣食之由是蠻得知蜀虛實與其臣嵯巔遂□
□寇以蜀卒爲鄉導襲陷邛戎巂三州引兵徑入成
都掠取諸經籍大掠子女工技數萬人及珍貨而還南
詔工技文織自是與中國埒矣豐祐乃遣使上表請
罪元穎朝廷以李德裕代之德裕保障有方索南詔
所掠百姓得四千人豐祐死僞謚昭成子世隆立改
元二保和天啟
世隆之立以唐武宗會昌十三年初韋皐開蜀清溪
道以通群蠻入貢又選子弟聚之成都教之書數以

羈縻之而軍府不時給其廩須南詔因是不肯入貢
及世隆立朝廷以其名同玄宗諱不行册禮諭令更
名謝恩然後遣使會世隆寇巂州事遂寢世隆乃僣
稱皇帝懿宗咸通三年西寇安南四年寇交阯殺蘇
幾十五萬人留兵二萬使其將楊思縉據之谿洞
夷皆降五年寇邕州敗還七年節度使高駢大破之
復定交阯十年世隆傾國入寇陷巂爲及黎雅嘉三
州十一年進攻成都不克引還僖宗乾符元年復寇
西川陷黎州入寇邛崍關勝負不常二年攻雅州聞

高駢以西川遣使請和駢發兵追至大渡河殺獲甚
衆擒其酋長數十人四年復寇越巂死於景淨寺自
世隆嗣立以來爲邊患殆二十年中國爲之虛耗而
其國亦弊僞謚景莊皇帝子隆舜嗣改元建極
隆舜通鑑作法堯也南詔名皆父子相承世隆之子曰隆舜近是之立以僖宗乾
符四年性好畋獵酣宴委國事於其臣是歲請和許
之又遣請和親廣明元年遣宗正少卿李龜年充使
中和元年上表款附三年以宗室女妻之後内嬖失
道爲竪臣楊登所殺僞謚宣武子舜化真嗣改元二

貞明嵯耶
舜化真之立以唐昭宗乾寧四年改元□與上書於
唐唐欲報以詔王建言小　不足辱詔書臣在西南
彼何敢犯塞從之立四年其臣鄭買嗣奪之而滅其
國追謚孝哀蒙氏自細奴羅至舜化真十有三世立
三百十年而爲鄭氏
鄭買嗣本唐鄭回之後世爲家氏清平唐昭宗光化
二年既滅家氏而自立改國號曰大長和改元曰安
國死僞謚德桓子旻嗣立攻蜀黎州王建發兵大破

之俘斬數萬級溺死數萬人求婚於南漢漢主以會城公主妻之改元五曰始元曰天瑞景星曰安和曰貞祐曰初曆死僞謚肅文子隆亶嗣立改元天應未幾爲東川節度使楊干貞所殺鄭氏三傳歷年二十有六而爲趙氏

趙氏名善政爲封氏清平楊干貞旣殺滅鄭氏遂拔善政而立之後唐明宗之天成三年也改國號曰大天興立僅十月干貞又奪之而爲楊氏

楊氏名干貞旣奪趙氏而有家國改國號曰大義寧

改元曰尊聖貪虐無道中外咸怨通海節度使段思平與師問罪干貞不能禦走死楊氏立僅二年而段氏興焉

段氏之先武威郡人有名儉魏者佐蒙氏有功賜名忠國擢清平官六傳而生思平思平生有異兆楊干貞忌之使人索捕思平逃匿得奇戟于品甸波大村又得神驥於葉鏡湖（在雲南縣止南大波鋪是也）饑摘野桃剖之核膚有文曰青昔思平析之曰青乃十二月昔乃二日令楊氏政亂吾當以是日舉義乎遂借兵東方黑爨松爨三十七部皆助之衆至河尾是夕思平夢人斬其首又夢玉瓶耳缺又夢鏡破懼不敢進丘其軍師董迦羅曰三夢皆吉兆也公爲大夫夫去首爲天天子兆也玉瓶去耳爲王王者兆也鏡中有影如人有敵鏡破則無影無影則無敵矣三夢皆吉兆也思平乃決明旦引兵欲渡莫知所從見江尾一婦被瓔而浣者指曰人從我江尾馬從三沙矣尉國名大理從之得濟旣逐楊氏而有蒙國遂改國號曰大理改元曰文德時後晉天福二年也死僞謚太祖傳

子思英立未幾死僞謚文經武緯皇帝國人立其叔思良思良以後晉開運三年改元至治死僞謚　宗傳于思聰

思聰以後周廣順三年立改元三曰明德廣德聖德死僞謚　宗傳于素順（素順於思聰未知何屬也）

素順以宋太祖建隆四年立時王全斌旣平蜀欲因兵威取滇以圖進於上太祖鑒唐之禍基於南詔以玉斧畫大渡河曰此外非吾有也由是雲南三百年不通中國段氏得以覗臨榮爨以長世焉素順十七

年改元明正死僞謚應道皇帝傳子素英素英以宋
太宗雍熙三年立改元五曰廣明明應明聖明德明
治死僞謚昭明傳于素廉
素廉以宋眞宗祥符二年立改元二曰明啟乾典死
僞謚敬明傳于素隆
素隆以宋天禧二年立改元曰明通天聖避位爲僧
死僞謚秉義傳于素貞
素貞以宋仁宗天聖四年立改元正治死僞謚聖德
傳于素典

素典以宋慶曆元年立改元二聖明天明以無道國
人廢之而立思廉
思廉以宋慶曆四年立皇祐中廣西儂智高掠廣州
敗走大理狄青募死士使大理求之會智高已死於
大理函其首至京師段氏至是始聞名於中國思廉
立三十一年改元四曰保安政安政德　死僞謚
世宗傳子連義
連義以宋熙寧八年立改元二曰上德廣安爲其臣
楊義貞所弑楊義貞篡立自號廣安皇帝凡四年段
氏臣岳侯高智昇遣子昇太起東方兵討滅之而立
段壽輝（壽輝連義之從子）壽輝立二年改元曰上明傳於正
明
正明以宋元豐五年立改元三曰保立建安天祐避
位爲僧時國人皆歸心高氏遂奉高昇太爲主而段
氏中絶
高昇太有功段氏爲國人所立以宋哲宗之元符二
年立國改國號曰大　國改元上治臨終屬其子太
明曰段氏不振國人推我我不得已從之今其子已

長可還其故物爾後人勿效尤也太明遵其遺言求
段氏餘子正淳立之而段氏復興號曰後理國高氏
世相之賞罰政令皆由之國人稱爲高國主波斯崑
崙諸國來貢大理者皆先謁相國焉
正淳復國改元天授以高太明爲相高太連爲柵主
遣太連朝宋求經籍得六十九家立十三年再改元
曰開明文安避位爲僧傳子正嚴死僞謚中宗
正嚴以宋徽宗大觀二年立四十年改元四曰日新
保天廣運避位爲僧傳子正興死僞謚憲宗

正興以宋高宗紹興十七年立改元四永貞太寶龍
興盛明避位爲僧傳子智興死僞謚景宗
智興以宋孝宗乾道八年立改元五日利貞盛德嘉
會元亨安定死僞謚宣宗傳子智連
智連以宋寧宗慶元六年立改元鳳曆死僞謚享天
傳弟智祥
智祥以宋寧宗開僖元年立改元天開仁壽死僞謚
神宗傳子祥興
祥興以宋理宗嘉熙三年立改元道隆甲辰元兵攻

之高禾逆戰敗死宋遣使祭之祥興死僞謚孝義傳
子興智
興智以元憲宗元年立改元天定壬子歲元忽必烈
將兵擊之分三道進自臨洮經行山谷二千餘里浮
金沙江以革囊濟進薄大理興智及高太祥拒戰大
敗祥興奔善闡太祥就擒不屈斬于五華樓下時白
日當午忽雲起雷震世稚異之曰忠臣也遂ゝ興智
滅其國段氏自思平至興智二十二主歷三百五十

元旣滅段氏而有其地得五城八府䝉郡三十有七
設大理都元帥府仍錄段氏子姓世守其土敉與智
封爲摩訶羅嵯管領八方與智死元季亂中原多故
段氏復據之於是有十一總管出焉
一代總管曰信苴段實元中統二年入覲世祖嘉之
賜璽書令總管大理善闡會川建昌永昌騰越諸郡
以功累授行省參政以攻石城今曲靖及仁德府今尋甸
功錫虎符爲總管
二代總管信苴段忠至元中隨元帥伐西番破會川

通善闡平休林武定緬甸之役皆有功授金齒宣慰
兼掌軍民萬戶府
三代總管信苴段慶元封爲宣武將軍妻以公主入
朝繼授雲南省參政
四代總管信苴段正
五代總管信苴段隆
六代總管信苴段俊
七代總管信苴段義
八代總管信苴段光時元大德中中原板蕩梁王以

元宗室鎮善闡與段氏分域構隙至大二年梁王大破光兵光將高蓬守羅那關梁王密招之不從乃賂蓬庖人刺蓬以其首獻梁王王斧庖人戮之至治元年玉案山產小赤犬群吠過野占云天狗墜地爲赤犬其下有大軍覆境又時雨鐵民舍山石皆穿人物值之多斃謠俗號曰鐵雨

九代總管信苴段功初襲爵爲蒙化知府至正十二年繼立爲總管癸卯明玉珍自楚入蜀據之分兵四掠號曰紅巾明玉珍自將紅巾三萬攻雲南梁王及

憲司官皆奔威楚諸部悉亂功謀于員外楊淵海淵海卦之吉乃進兵至呂閣敗紅巾于關灘江殺獲千計紅巾收合餘衂再戰復勝殺段氏驍酋鐵萬戶紅巾屯古田寺段氏夕潛火其寺紅巾軍亂死者什七八又追至囘磴關大敗之紅巾大呼之曰待明年來復仇時功在戰間得玉珍母寄其子書云爾征南務得之不得輕還軍少糧乞我當添補楊淵海效其書跡易之曰中國兵來急爾宜早歸遂募能人紅軍營者有小卒陳惠願行玉珍得書恐國中有變又新失利遂急收軍功追之至七星關又勝之而還紅巾既退梁王深德段功以女阿蓋妻之爲之奏授雲南平章功自是威望大著于西南梁王曲意奉之功戀戀不肯歸國其大理夫人高氏寄樂府促之歸其詞曰風捲殘雲九霄冉冉逐龍池無偶水雲一片綠寂寞倚屏幃春雨紛紛促蜀錦半牀閒鴛鴦獨自宿好語我將軍只恐樂極生悲寃鬼哭功得書乃歸既而復往其臣楊智張希喬留之不聽既至善闡梁人私語梁王曰段平章復來有吞金馬嚥碧雞之心矣盍早

圖之梁王始啟疑於平章密召阿蓋主命之曰親莫若父母寶莫若社稷功今志不滅我不已脫無彼猶有他平章不失富貴也今付汝以孔雀膽一具乘便可毒殺之主潛然不敢受命夜寂人定私語平章、曰我父忌阿奴願與阿奴西歸因出毒具示之平章曰我有功爾家我趾自蹶傷爾父尚嘗爲我褁之爾何造言至此三諫之終不聽明日邀功東寺演梵至通濟橋馬逸因令番將格殺之阿蓋主聞變失聲哭曰昨宵燭下纔講與阿奴雲南施宗施秀煙花殞身今

曰果然阿奴雖死奴不負信黃泉也欲自盡梁王防
衞者乃萬方主慭憤作詩曰吾家住在鴈門深一片
閒雲到滇海心懸明月照青天青天不語今三載欲
隨明月到蒼山悞我一生路裏彩（錦被名也）吐嚕吐嚕段
阿奴（吐嚕可惜也）施宗施秀同奴歹（歹不好也）。雲片波潾不見
人押不蘆花顏色改（押不蘆乃北方起死回生草名）肉屏獨坐細思
量（肉屏駱駝背也）西山鐵立霜瀟灑（鐵立松林也）平章從官員外
楊淵海亦題詩粉壁飲藥而卒詩曰半紙功名百戰
身不堪今日總紅塵死生自古皆由命禍福于今豈

怨人蝴蝶夢殘滇海月杜鵑啼破點蒼春哀憐永訣
雲南土錦酒休教灑淚頻梁王哀淵海之才繼意欲
爲已用見詩痛悼乃厚恤之令隨平章櫬歸葬大理
十代總管信苴段寶功之子洪武元年嗣職梁王遣
矢刺平章七攻大理不克乃講和奏陞寶爲雲南左
承未幾明玉珍復侵善闡梁王遣叔鐵木的罕借兵
大理時寶已長答書云殺虎子而還哏其虎母分狙
栗而自詐其狙公假途滅虢獻璧吞虞金印玉書乃
爲釣魚之香餌繡閣淑女自設掩雉之網羅況平章

既亡弟兄楚絕今止遺一孥一奴奴再以葬黎氏契
又可配阿禨妃如此事諾我必借大兵如其不可待
金馬山換作點蒼山昆明池改作西洱河時來矣書
後附以詩云烽火狼煙信不待驪山舉戲是支五平
章枉喪紅羅帳員外虛題粉壁圖鳳別岐山祥兆隱
麟遊郊藪瑞光無自從界限鴻溝後成敗興衰不屬
吾梁王見之恨寶入骨平章女僧奴志恒不忘復仇
將適建昌阿黎氏出手刺繡文旗以與寶曰我自束
髮聞母稱父冤恨非男子不能報此旗所以識也今

歸夫家收合東兵飛檄西洱汝急應兵會善闡又作
詩二章曰珊瑚勾我出香閨滿目潸然淚濕衣冰鑑
銀臺前長大金枝玉葉下芳菲烏飛兎走頻來往桂
馥梅馨不暫移惆悵同胞未忍別應知含恨點蒼低
何彼穠穠花自紅歸車獨別洱江東鴻臺燕苑難經
目風刺霜刀易塞胸雲舊山高連水遠月新春疊與
秋重淚珠恰似通宵雨千里關河幾處逢後寶聞
高皇帝開基金陵遣其叔段真自會川入京奉表歸
欵朝廷亦以書報之（見御製文集）時有妖巫女歌曰蠡

道君爲山海主山海笑諧諧園中花謝千萬朶別有
明主來寶數日疾卒子明嗣
十一代總管信苴段明洪武十四年授以宣慰壬戌
春正月天兵破善闡梁王自鴆黨屬悉俘明遣都使
張元亨馳書頴川侯傅友德西平侯沭英麾下曰大
理乃唐交綏之外國善闡實宋斧畫之餘邦難列營
屯徒勞兵甲請依唐宋故事寬我蒙段奉正朔佩華
篆比年一小貢三年一大貢友德怒㮶辱其使明再
上書曰漢武習戰僅罷益州元祖親征秖緣善闡乞

貢班師友德答明書曰我　大　龍飛淮甸混一區
宇陋漢唐之小智卑宋元之淺圖天兵所至神龍助
陣天地應符汝段氏接武蒙氏運已絕於元世寬命
延息以至于今我師已殲梁王報汝世仇不降何待
三月傅沐二將分兵宵緣點蒼顛繞出下關之背先
樹旗幟遲明段兵驚潰大軍策馬亂流而濟明遂就
擒并其二子仁義至金陵
太祖聖諭曰爾父寶曾有降表朕不忍廢賜長子名
歸仁授永昌衛鎮撫次子名歸義授鴈門衛鎮撫大

理悉定是夏六月元普顏篤復叛據佛光寨在[illegible]東北[illegible]
先不華叛據鄧州甲子正月十七日頴川侯傅友德
復自七星關回軍大理平鄧川破佛光寨因定賦法
築城隍設衛堡立學校比於中州列郡焉
逸史氏曰史稱西南　靡莫之屬以什數滇最大元
封中以兵臨滇王舉國降然皆未有稱也及張氏受
姓後世迭若長者蒙氏鄭氏趙氏楊氏段氏高氏凡
七姓惟蒙段最久故著稱焉　僭盜名號互起滅若
蜂蟻然不足錄也然至與　夏交綏抗陵瘕我齊民

世主甘心焉以無用戕有用是可慨已漢司馬氏傳
西南　誠有意哉余嬰罪投裔求蒙段之故於圖經
而不得也問其籍於舊家有白古通玄峰年運志其
書用僰文義兼衆教稍爲删正令其可讀其可載者
葢盡此矣滇僰於三代爲荒服漢僅剽分其方雖以
三兵力勝之而不能守也于今列箐落而郡縣之馴
鱗介而衣裳之華風沃澤同域共貫昭代夾宇前是
孰竝傳稱神農地過日月之表幾近是哉夫分隔之
亂昔如彼大　統之治今若此千羽不警百五十年

言具故則金匱秘文縉紳罕睹况荒徼乎余慕宋司馬氏作通鑑采獲小説若河洛行年紀廣庾妖亂志者百二十家法孔子著春秋取群書於百二十國也因是有感遂纂采段事以爲滇載記其諸君子祖春秋而述二司馬氏者亦將有取於斯焉

滇載記

書目索引

《説郛三種》書名索引凡例

一、本索引採用四角號碼排列：首字以四角號碼順序排列，並注出四角及附角號碼，然後取第二個字的第一、二角號碼排列于書名之前；遇有第一個字的四角及附角號碼相同者，則根據第二個字的四角號碼大小順次排列；第二個字的四角號碼又相同，則據第三個字的四角號碼排列；從第三個字起不注出號碼，以此類推。

例：35206 神
22 神仙傳
28 神僧傳
40 神境記
60 神異記
神異經

二、條目中書名之後所列數碼，斜線前是卷數，斜線後是頁數；數碼前的“商”、“宛”、“續”字分别爲《説郛一百卷》（商務印書館）、《説郛一百二十弓》（宛委山堂本）、《説郛續四十六弓》（宛委山堂本）的簡稱。

例：
荔枝譜（宋）蔡襄撰　商七七/一一一二
荔枝譜一卷（宋）蔡襄撰
宛一〇五/四八五八
荔枝譜一卷（明）曹蕃撰
續四一/一九一二

三、索引後附有書名首字筆畫四角號碼對照表。

一九八八年四月

40蓮臺仙會品一卷　續四四/二〇三七
4430_7芝
60芝田録　商三/四八
　商七四/一〇七八
　芝田録一卷　宛三八/一七五七
4432_7芍
44芍藥譜　商七〇/一〇四六
4433_1燕
11燕北雜記　商四/七二
　燕北雜記一卷　宛五〇/三三二七
　燕北録一卷　宛五六/二五八三
17燕翼詒謀錄　商九六/一二九五
　燕翼貽謀錄五卷　宛四四/二〇一一
24燕射記一卷　宛五三/二四三七
47燕都妓品一卷　續四四/二〇二八
50燕書一卷　續三/一三三
77燕几圖一卷　宛九九/四五五六
　燕閒録一卷　續二〇/九六八
4433_6煮
26煮泉小品一卷　續三七/一七四〇
44煮茶夢記一卷　續四三/二〇一一
4439_4蘇
09蘇談一卷　續一四/六七六
72蘇氏族譜一卷　宛七一/三三二八
　蘇氏演義　商七五/一〇八六
　蘇氏家語一卷　續二九/一四一二
4440_0艾
17艾子雜說一卷　宛三四/一五九七
　艾子後語一卷　續四五/二〇五八
4440_1莘
67莘野纂聞一卷　續一三/六三五
4440_6草
40草木子一卷　續二/五〇
44草花譜一卷　續四〇/一八八一
90草堂三謠一卷　宛六八/三一八三
4440_7孝
17孝子傳（諸傳摘玄之一）
　商七/一三三
　孝子傳一卷　宛五八/二七〇六
21孝經緯（古典録略之一）
　商二/二七
　孝經左契一卷　宛五/二四一
　孝經內事一卷　宛五/二四三
　孝經右契一卷　宛五/二四二
　孝經援神契（古典録略之一）
　商二/二六
　孝經援神契一卷　宛五/二三九
　孝經鉤命決一卷　宛五/二四〇
4442_7荔
44荔枝譜一卷（明）鄧道協撰
　續四一/一九一五
　荔枝譜二卷（明）徐𤊹撰
　續四一/一八九八
　荔枝譜一卷（明）宋珏撰
　續四一/一九〇五
　荔枝譜（宋）蔡襄撰　商七七/一一一二
　荔枝譜一卷蔡襄撰　宛一〇五/四八五八
　荔枝譜一卷曹蕃撰　續四一/一九一二
　募
22募種兩堤桃柳議一卷　續四〇/一八七九
4444_1葬
00葬度一卷　續三〇/一四三五
4445_6韓
04韓詩外傳（諸傳摘玄之一）
　商七/一三六
　韓詩外傳　商八〇/一一三三
11韓非子　商四七/七六八
22韓仙傳一卷　宛一一二/五一七一
26韓魏公遺事　商六四/九八〇
　韓魏公事　商六四/九八〇
　韓忠獻別録　商三/五三
4446_0姑

27茶解一卷　續三七/一七五六
30茶寮記一卷　續三七/一七六一
87茶録一卷馮時可撰　續三七/一七五〇
茶録（宋）蔡襄撰　商八一/一一四三
茶録一卷（宋）蔡襄撰　宛九三/四二四六
88茶箋一卷　續三七/一七五四
棊
05棊訣一卷　宛一〇二/四六九七
葉
17葉子譜一卷　續三九/一八三四
藥
08藥譜一卷　宛一〇六/四八九三
87藥録一卷　宛一〇六/四八九六
4491$_0$杜
04杜詩箋一卷　宛七九/三六七六
44杜蘭香傳一卷　宛一一三/五二一八
杜蘭香別傳（諸傳摘玄之一）　商七/一三三
76杜陽雜編　商六/一一七
杜陽雜編三卷　宛四六/二一一七
4491$_2$枕
01枕譚一卷　續二一/一〇二九
50枕中書一卷　宛七/三三二
4491$_4$桂
38桂海虞衡志　商五〇/七九二
桂海虞衡志一卷　宛六二/二八五二
桂海花木志一卷　宛一〇四/四八〇三
44桂苑叢談　商七/一四三
桂苑叢談一卷　宛二六/一二四九
蘿
22蘿山雜言一卷　◦　續二/六七
權
17權子一卷　續四五/二〇八四
50權書一卷　宛九/四二九
4491$_7$植
45植杖閒談一卷　宛二八/一三三五
63植跋簡談　商二〇/三七三
4492$_7$菊
08菊譜一卷（宋）范成大撰　宛一〇三/四七二八
菊譜一卷（宋）史正志撰　宛一〇三/四七四一
菊譜（宋）劉蒙撰　商七〇/一〇三四
菊譜一卷（宋）劉蒙撰　宛一〇三/四七三六
44菊坡叢語一卷　續一九/九四八
葯
60葯圃同春一卷　續四〇/一八七六
4494$_7$枝
22枝山前聞一卷　續一三/六四八
菽
60菽園雜記一卷　續一三/六三〇
4496$_0$楮
07楮記室一卷　宛一四/七〇七
4498$_1$棋
20棋手勢一卷　宛一〇二/四七〇二
21棋經一卷　宛一〇二/四六九八
60棋品一卷　宛一〇二/四七〇二
4498$_6$横
33横浦語録　商九八/一三三二
櫝
44櫝蓄記一卷　宛三/一三四
4499$_0$林
10林靈素傳一卷　宛一一三/五二〇八
林下詩談一卷　宛八四/三八八九
林下偶譚一卷　宛二二/一〇四七
林下偶談四卷　附録/一
林下清録一卷　宛七五/三五〇九
林下盟一卷　續二八/一三七三
12林水録一卷　續二七/一三一八
26林泉高致一卷　宛九一/四一六七

羯鼓録一卷　宛一〇二/四七一〇
87120 釣
12釣磯立談一卷　宛三一/一四三八
鉤
00鉤玄　商五三/八二五
鉤玄一卷　宛二四/一一八一
87132 銀
22銀山鐵壁謾談一卷　續二六/一二八八
錄
60錄異記一卷　宛一一八/五四一五
87140 叙
90叙小志一卷　宛七七/三五八五
87182 歙
16歙硯説一卷　宛九六/四四〇七
歙州硯譜一卷　宛九六/四四〇三
87420 朔
10朔雪北征記一卷　續二六/一二八一
87427 鄭
72鄭氏家範一卷　宛七一/三三四七
87620 卻
57卻掃編　商一四/二七三
卻掃編一卷　宛三二/一四九七
88117 鑑
53鑑戒録　商九/一九一
鑑戒録一卷　宛二七/一二九一
88220 竹
08竹譜　商六六/一〇〇三
竹譜一卷　宛一〇五/四八三〇
32竹派一卷　續三五/一六八〇
44竹林詩評一卷　宛八〇/三六九八
47竹坡詩話　商八八/一二〇〇
竹坡老人詩話一卷　宛八四/三八六一
88261 簷
66簷曝偶談一卷　續一七/七九三
88304 蓬
30蓬窗續録一卷　續一七/八一〇
41蓬櫳夜話一卷　續二六/一三〇二
51蓬軒別記一卷　續一七/八〇八
88430 笑
36笑禪録一卷　續四五/二〇七五
88441 算
21算經一卷　宛一〇八/四九六〇
88503 箋
08箋譜銘一卷　續三六/一七〇五
88507 筝
08筝譜　商七〇/一〇四六
筆
07筆記　商四/八〇
21筆經一卷　宛九八/四五二〇
44筆勢論略一卷　宛八六/三九六〇
64筆疇一卷　續三/一二六
74筆髓論一卷　宛八六/三九六四
75筆陣圖一卷　宛八六/三九六二
88627 筍
08筍譜二卷　宛一〇五/四八三八
88741 餅
44餅花譜一卷　續四〇/一八五六
88777 管
17管子(讀子隨識之一)　商六/一一二
20管絃記一卷　宛一〇〇/四六〇三
88801 箕
27箕龜論一卷　宛一〇九/五〇四三
88903 纂
60纂異記一卷　宛一一八/五四一八
88986 籟
27籟紀一卷　宛一〇〇/四五九二
90000 小
08小說　商二五/四四一
小說舊聞記　商四九/七八七
小說舊聞記一卷　宛四四/二〇六〇
10小爾雅一卷　宛四/二〇二

筆畫索引

本索引彙集《説郛三種書名索引》中書名的第一個單字，依筆畫部首排列。單字以後的數目字，是各單字在《説郛三種書名索引》裏的四角號碼。

亢	00217
心	33000
尹	17507
丑	17105
孔	12410
水	12230

五畫

玉	10103
正	10101
古	40600
平	10409
未	50900
本	50230
甘	44770
世	44717
可	10620
石	10600
戊	53200
打	51020
北	11110
甲	60500
申	50006
田	60400
史	50006
四	60210
代	23240
仙	22270
生	25100
白	26000
令	80307
瓜	72230
玄	00732
永	30232
半	90500
司	17620
皮	40247
幼	24727

六畫

刑	12400
寺	40341
吉	40601
老	44711
地	44112
耳	10400
艾	44400
西	10600
戎	53400
在	40214
存	40247
有	40227
百	10600
列	12200
夷	50032
同	77220
因	60430
曲	55600
肉	40227
耒	50900
先	24211
竹	88220
伏	23234
仰	27220
行	21221
名	27600
交	00408
衣	00732
冰	32130
次	37182
江	31110
汛	37110
汝	34140
宅	30714

安	3040$_4$
字	3040$_7$
艮	7773$_2$
七畫	
戒	5340$_0$
适	3130$_2$
孝	4440$_7$
志	4033$_1$
芍	4432$_7$
芝	4430$_7$
杜	4491$_0$
李	4040$_7$
酉	1060$_0$
成	5320$_0$
否	1060$_9$
扶	5503$_0$
折	5202$_1$
投	5704$_7$
抒	5702$_2$
求	4313$_2$
步	2120$_1$
見	6021$_0$
虬	5211$_0$
困	6090$_4$
吹	6708$_2$
呂	6060$_0$
吳	2643$_0$
別	6240$_0$
岕	2222$_8$
牡	2451$_0$
秀	2022$_7$
兵	7280$_1$
何	2122$_0$
佛	2522$_7$
延	1240$_1$
希	4022$_7$
狂	4121$_4$
冷	3813$_7$
冶	3316$_0$
忘	0033$_1$
快	9503$_0$
判	9250$_0$
沙	3912$_0$
沂	3212$_1$
汴	3013$_0$
沆	3011$_7$
決	3513$_0$
汲	3714$_7$
宋	3090$_4$
良	3073$_2$
妖	4243$_4$
八畫	
長	7173$_2$
武	1314$_0$
青	5022$_7$
坦	4611$_0$
幸	4040$_1$
芸	4473$_1$
花	4421$_4$
芥	4422$_8$
林	4499$_0$
枝	4494$_7$
析	4292$_1$
松	4893$_2$
枕	4491$_2$
雨	1022$_7$
兩	1022$_7$
東	5090$_6$
事	5000$_7$
奇	4062$_1$
來	4090$_8$
拙	5207$_2$

拊	54000
拘	57020
抱	57012
卧	73700
函	10772
肯	21227
卓	21406
虎	21217
尚	90227
果	60904
明	67020
昌	60600
易	60227
岩	22601
忠	50336
非	11111
制	22200
牧	28540
物	27520
秇	24917
委	20404
岳	72772
侍	24241
使	25206
佩	27210
兒	77217
金	80109
近	32302
征	21211
徂	27210
采	20904
周	77220
炙	27809
京	00906
庚	00237
放	08240

法	34131
河	31120
泊	36100
宜	30107
官	30777
宛	30212
空	30101
初	37220
居	77264
姑	44460
始	43460
孤	12430
阿	71220

九畫

春	50603
珊	17140
封	44100
政	18140
革	44506
苕	44602
英	44530
范	44112
茅	44222
胡	47620
南	40227
柘	41960
相	46900
柳	47920
述	33309
咸	53200
厚	71247
郁	47227
括	52064
拾	58061
貞	21806
省	90602

星	60104	飛	12413
昨	68011	癸	12430
昭	67062	幽	22770
品	60660	紅	21910
哈	68061	約	27920
香	20609	紀	27917
重	20104	**十畫**	
保	26294	珩	11121
促	26281	秦	50904
俗	28268	敖	58240
侯	27234	素	50903
皇	26104	毒	40775
泉	26232	馬	71327
衍	21103	貢	10806
後	22247	荊	42400
卻	87620	草	44406
食	80732	茶	44904
胎	73260	茹	44460
胟	77250	荔	44427
負	27806	桂	44914
風	77210	桓	41916
弈	00443	桐	47920
郊	07427	格	47964
帝	00227	桃	42913
前	80221	軒	51040
洞	37120	起	47801
洗	34111	真	40801
汧	31140	夏	10247
洽	38161	原	71296
洛	37164	殉	17220
宣	30106	致	18140
宦	30717	晉	10601
客	30604	峽	24738
建	15400	晁	60113
韋	40506	晏	60404
姚	42413	耕	55900

乘	20901	浣	33111
秘(祕)	23900	宵	30227
笑	88430	容	30608
筝	88507	祛	34231
倦	29212	祐	34260
射	24200	祖	37210
烏	27327	神	35206
鬼	26213	祕(秘)	33200
師	21727	冥	37800
徐	28294	書	50601
倉	80607	郡	17627
豹	27220	退	37303
奚	20430	娛	46434
剡	92800	桑	77904
脈	72232	能	21211
訓	02600	孫	12493
記	07617	除	78294
高	00227	紙	22940
亳	00714	十一畫	
畜	00603	琉	10113
席	00227	[illegible]	17601
庭	00241	教	48440
唐	00267	荻	44289
效	08440	莘	44401
病	00127	莊	44214
悦	98016	乾	48417
迷	39309	程	46914
益	80107	梅	48957
兼	80337	梓	40941
朔	87420	帶	44227
家	30232	研	11640
涑	35196	逐	31303
酒	31160	雪	10177
涉	31121	推	50014
浩	34161	採	52094
海	38157	捫	57020

逭	31306	祥	38251
常	90227	袖	35260
野	67122	晝	50106
唱	66060	張	11232
唾	62014	婚	42464
異	60801	參	23202
國	60153	陸	74214
造	34306	陵	74247
偶	26227	陳	75296
御	27220	陰	78231
從	28281	陶	77220
船	27461	陷	77277
貧	80806	終	27933
釣	87120	紹	27962
釵	87140	十二畫	
彩	22922	琴	11207
脚	77220	琵	11711
魚	27336	琬	13112
猗	44221	博	43042
許	08640	壺	40107
麻	00294	報	47447
庸	00227	華	44504
鹿	00211	菽	44947
旌	08214	菌	44600
翊	07120	菊	44927
商	00227	黃	44806
望	07104	棊	44904
瓶	81417	朝	47420
清	35127	楮	44960
渚	34160	棋	44981
淮	30114	植	44917
涼	30196	椒	47940
涪	30161	煮	44336
深	37194	焚	44809
梁	33904	硯	16610
啓	38604	雁	71214

盛	5320_0
雲	1073_1
揚	5602_7
搜	5704_7
握	5701_4
揮	5705_6
掾	5703_2
稚	7021_4
紫	2190_3
虛	2121_7
晰	6202_1
景	6090_6
貴	5080_6
喰	6804_6
圍	6050_6
無	8033_1
餅	8874_1
程	2691_4
筍	8862_7
筆	8850_7
備	2422_7
傅	2324_2
牌	2604_0
集	2090_4
復	2824_7
番	2060_9
勝	7922_7
逸	3730_1
猥	4623_2
觚	2223_0
然	2333_3
詞	0762_0
就	0391_4
善	8060_5
粧	9091_4
尊	8034_6

曾	8060_6
湖	3712_0
湘	3610_0
渤	3412_7
溫	3611_7
游	3814_7
寒	3030_3
寓	3042_7
窗	3060_8
視	3621_0
畫	5010_6
開	7744_1
間	7722_7
登	1210_8
發	1224_7
隋	7422_7
陽	7622_7
鄉	2722_7
絕	2791_7

十三畫

瑯	1712_7
鼓	4414_7
聖	1610_4
葉	4490_4
葬	4444_1
募	4442_7
葆	4429_4
葦	4450_6
蒟	4492_7
敬	4864_0
熙	7733_1
楚	4480_1
楊	4692_7
楓	4791_0
槎	4891_1
賈	1080_6

酬	1260_{0}	詢	0762_{0}
感	5320_{0}	該	0068_{2}
零	1030_{7}	遊	3830_{4}
歲	2125_{3}	靖	0512_{7}
虜	2122_{7}	新	0292_{1}
虞	2123_{4}	意	0033_{6}
睦	6401_{4}	慎	9408_{1}
鼎	2222_{1}	愧	9601_{3}
遇	3630_{2}	煬	9682_{7}
暖	6204_{7}	義	8055_{3}
暇	6704_{7}	豢	9023_{2}
園	6073_{2}	煎	8033_{2}
蜥	5412_{7}	遒	3830_{6}
過	3730_{2}	道	3830_{6}
農	5523_{2}	遂	3830_{3}
蜀	6012_{7}	資	3780_{6}
嵩	2222_{7}	滇	3418_{1}
稗	2694_{0}	滄	3816_{7}
筭	8844_{1}	溪	3213_{4}
傳	2524_{3}	溶	3316_{8}
傷	2822_{7}	運	3730_{4}
雋	2022_{7}	補	3322_{7}
鼠	7771_{7}	羣	1750_{1}
遁	3230_{6}	鄉	4742_{7}
會	8060_{6}	經	2191_{1}
禽	8042_{7}	十四畫	
艇	2244_{1}	瑣	1918_{6}
艅	2849_{4}	碧	1660_{1}
鉤	8712_{0}	墐	4411_{4}
愛	2024_{7}	趙	4980_{2}
觥	2921_{1}	嘉	4046_{5}
解	2725_{2}	夢	4420_{7}
試	0364_{0}	蒼	4426_{7}
詩	0464_{1}	蒹	4423_{7}
詰	0466_{1}	蓉	4460_{8}
話	0266_{4}	蒙	4423_{2}

槁	40927	閩	77136
榕	43968	疑	27481
歌	17682	遜	32309
甄	11117	緒	24960
摭	50031	綱	27920
裴	11732	維	20914
對	34100	綠	27932
睽	62034		十五畫
蜩	57120	靚	56210
彀	77247	輦	55506
幙	44234	駒	77320
罰	60620	翬	17506
種	22914	蓮	44304
箕	88801	蔣	44247
箋	88503	蓼	44202
管	88777	樗	41927
銀	87132	輞	57020
鳳	77210	輟	57047
誠	03650	醉	10648
語	01661	震	10232
豪	00232	撫	58031
彰	02422	歐	77782
端	02127	賢	77806
齊	00223	劇	22200
漢	34134	賞	90806
漱	37182	賜	66827
漂	31191	數	58440
漫	36147	影	62922
漁	37136	嘯	65027
演	33186	墨	60104
漏	37127	稽	23961
賓	30806	稿	20927
賔	30806	質	72806
褚	34260	劍	82800
閨	77104	鄱	27627
聞	77401	遯	31303

劉	7210$_{0}$
諸	0466$_{0}$
論	0862$_{7}$
談	0968$_{9}$
調	0762$_{0}$
廣	0028$_{6}$
羯	8652$_{7}$
養	8073$_{2}$
翦	8012$_{7}$
鄭	8742$_{7}$
潛	3116$_{1}$
澗	3712$_{0}$
潘	3216$_{9}$
潯	3714$_{6}$
澄	3211$_{8}$
窮	3022$_{7}$
彈	1625$_{6}$
鄧	1712$_{7}$
隣	7925$_{9}$
樂	2290$_{4}$
緗	2690$_{0}$
緯	2495$_{6}$

十六畫

聱	5840$_{1}$
髻	7260$_{1}$
蔬	4411$_{3}$
燕	4433$_{1}$
翰	4842$_{7}$
樹	4490$_{0}$
橫	4498$_{6}$
樵	4093$_{1}$
橋	4792$_{7}$
機	4295$_{3}$
輶	5806$_{1}$
戫	5322$_{7}$
遼	3430$_{9}$

霏	1011$_{1}$
霍	1021$_{4}$
擁	5001$_{4}$
冀	1180$_{1}$
盧	2121$_{7}$
鄴	3792$_{7}$
遺	3530$_{8}$
默	6333$_{4}$
積	2598$_{6}$
穆	2692$_{2}$
學	7740$_{7}$
儒	2122$_{7}$
歙	8718$_{2}$
衛	2122$_{7}$
錢	8315$_{3}$
錦	8612$_{7}$
錄	8713$_{2}$
膳	7826$_{5}$
獨	4622$_{7}$
龜	2711$_{7}$
諾	0466$_{4}$
謔	0161$_{1}$
諧	0166$_{2}$
塵	0021$_{4}$
辨	0044$_{1}$
龍	0121$_{1}$
燉	9884$_{0}$
燈	9281$_{8}$
螢	9913$_{6}$
糖	9096$_{7}$
遵	3830$_{4}$
澤	3614$_{1}$
澹	3716$_{1}$
澠	3711$_{7}$
凝	3718$_{1}$
寰	3073$_{2}$

窺 3051$_6$
穎 2198$_6$
壁 7010$_4$
豫 1723$_2$
隨 7423$_2$

十七畫

環 1613$_2$
趨 4780$_2$
韓 4445$_6$
臨 7876$_6$
霞 1024$_7$
戲 2325$_0$
嶺 2238$_6$
還 3630$_3$
篷 8830$_4$
谿 2846$_8$
臆 7023$_6$
謝 0460$_0$
襄 0073$_2$
應 0023$_1$
濯 3711$_4$
禪 3625$_6$
避 3030$_4$
翼 1780$_1$
隱 7223$_7$

十八畫

藏 4425$_3$
藿 4421$_4$
舊 4477$_7$
醫 7760$_1$
邇 3130$_2$
鼂 6071$_7$
蟫 5114$_6$
魏 2641$_3$
雙 2040$_7$
歸 2712$_7$

雞 2041$_4$
觴 2822$_7$
顏 0128$_6$
雜 0091$_4$
甕 0071$_7$
禮 3521$_8$
繙 2296$_9$
織 2395$_0$

十九畫

麗 1121$_1$
壠 4111$_1$
藝 4473$_1$
藜 4413$_2$
藩 4416$_9$
藥 4490$_4$
櫝 4498$_6$
麓 4421$_1$
麴 4740$_2$
願 7128$_6$
蹴 6311$_4$
獸 6363$_4$
羅 6091$_4$
簷 8826$_1$
邊 3630$_2$
蟹 2713$_6$
譚 0164$_6$
譙 0063$_1$
識 0365$_0$
譜 0866$_1$
廬 0021$_7$
壟 0110$_4$
韻 0668$_6$
類 9148$_6$
瀟 3412$_7$
瀛 3011$_7$
寶 3080$_6$

關 7777_2
嬾 4748_6
繪 2896_6

二十畫

勸 4422_7
蘇 4439_4
獻 2323_4
懸 6233_9
黥 6039_6
纂 8890_3
釋 2694_1
繼 2291_3

二十一畫

驃 7139_1
驂 7332_2
蘜 4452_7
蘭 4422_7
攝 5104_1
鐵 8315_0
鷄 2742_7
護 0464_7
灌 3411_4
鶴 4722_7
蠡 2713_6
續 2498_6

二十二畫

聽 1413_1
權 4491_4
籟 8898_6
儼 2624_8
鑑 8811_7
讀 0468_6
鬻 1722_7

二十三畫

蘿 4491_4
巖 2224_8
麟 0925_9
欒 2290_4

二十四畫

鬬 7712_1
蠶 7113_6
靈 1010_8
攬 5801_6
讕 0762_0

二十五畫

觀 4621_0

二十九畫

鬱 4472_2